# LA BATAILLE DE L'ATLANTIQUE
# (1939-1945)

Collection CAMPAGNES & STRATÉGIES
dirigée par
Philippe RICALENS

*Les Grandes Batailles*

Guy MALBOSC

# LA BATAILLE DE L'ATLANTIQUE (1939-1945)

## La victoire logistique et celle du renseignement clés de la victoire des armes

Préface de la seconde édition
Hervé Coutau-Bégarie

2e édition

ECONOMICA
49, rue Héricart, 75015 Paris

*Illustration de la couverture* : Convois de navires marchands, protégés par l'aviation et la marine de guerre pendant la guerre de 1939-1945. © Keystone.

# TABLE DES MATIÈRES

**Index**

# PRÉFACE DE LA SECONDE ÉDITION

La guerre, on le sait depuis Clemenceau, est une chose trop sérieuse pour être laissée aux seuls militaires. De la même manière, l'histoire militaire est une chose trop complexe pour être laissée aux seuls historiens de profession. Le livre de Guy Malbosc sur la bataille de l'Atlantique en apporte une preuve éclatante.

L'auteur n'est pas un historien universitaire et cela se remarque d'emblée à l'absence totale de notes. Cela ne l'empêche pas d'avoir beaucoup lu et de maîtriser une information abondante et sûre. Mais il est d'abord un opérationnel, à la fois officier de réserve et consultant pour l'industrie et, comme tel, habitué à aller directement à l'essentiel, sans s'encombrer de détours méthodologiques ou d'appareil critique. Le résultat est un livre très pédagogique, d'une remarquable clarté et d'une quasi-exhaustivité. Quand on évoque la bataille de l'Atlantique, l'image qui surgit spontanément est celle des *U-Boote* de l'amiral Dönitz. Mais l'action des raiders de surface, si elle ne peut rivaliser avec celle des sous-marins par les succès enregistrés, a quand même eu des effets indirects importants, en perturbant de manière sensible la navigation alliée pendant de longues périodes durant les deux premières années du conflit. Il y a eu aussi les opérations côtières, trop souvent oubliées ou négligées malgré leur importante cruciale.

En fait, la bataille de l'Atlantique a été la combinaison d'un ensemble d'armes : les sous-marins, mais aussi les avions, les navires de surface et les mines. Guy Malbosc établit le bilan final dans des annexes très détaillées : on arrive à 21,5 millions de tonnes coulées pour l'ensemble de la guerre, dont plus des 2/3 (68 %) par les sous-marins. Vient ensuite l'aviation, dont le rôle est souvent minimisé en raison de la polarisation sur le bombardement stratégique ou l'intervention dans la bataille terrestre, les opérations aéronavales étant identifiées aux seules opérations des porte-avions. Or, il n'y a pas eu de grandes batailles de porte-avions dans l'Atlantique. Mais l'aviation basée à terre a quand même représenté 13,5 % des pertes alliées et une part importante des destructions de *U-Boote.* Il faut aussi signaler le rôle des mines, l'arme du pauvre mais qui a coulé presque autant de navires marchands que les unités de surface. C'est un avertissement à retenir aujourd'hui, alors que plus de 50 pays dans le monde possèdent des mines et que leur fabrication ne présente pas de difficultés techniques considérables. En 1991, lors de la guerre contre l'Irak, deux grandes unités de l'US Navy ont été mises hors de combat par des mines du type E, dont la première version date de 1908.

On parle couramment de guerre du Pacifique, mais seulement de bataille de l'Atlantique. Il y a là une déformation doublement malheureuse. D'abord, parce qu'elle donne au concept de bataille une extension démesurée, qui l'éloigne de son essence originelle : il vaudrait mieux parler de campagne pour rendre compte d'un événement qui a duré plus de cinq ans, avec de multiples séquences et sur un théâtre d'opérations démesuré. Ensuite, parce qu'elle tend à réduire cette composante majeure de la seconde guerre mondiale à sa seule dimension militaire alors qu'il s'agit d'un phénomène beaucoup plus complexe, mettant en œuvre tous les éléments de la puissance des belligérants. Le grand mérite de Guy Malbosc est de dépasser cette vision traditionnelle trop étroite, centrée sur les seules opérations, pour bien faire ressortir les différentes facettes de cette soi-disant bataille.

Spécialiste d'optimisation des flux industriels, il met, à juste titre, l'accent sur le problème capital de l'organisation : une meilleure rotation des convois, un meilleur accueil dans les ports, procurent des millions de tonnes supplémentaires pour le fret, avec des résultats équivalents à ceux d'un énorme effort de production des chantiers ou, à l'inverse, de destruction des navires marchands par l'Allemagne. Il y a aussi le problème capital du renseignement, auquel Guy Malbosc consacre tout un chapitre. Ce fut une véritable bombe, dans les années 1970, lorsque le mieux gardé des secrets de la seconde guerre mondiale a enfin été révélé : les Britanniques étaient parvenus à déchiffrer la quasi-totalité des codes allemands et ce fut l'une des clés de leur victoire. La bataille de l'Atlantique n'a nullement été, comme l'a trop longtemps répété la vulgate stratégique, une nouvelle version de la guerre de course contre la puissance maritime dominante, guerre des corsaires toujours condamnée à l'échec d'après la doctrine. Ce fut une guerre des communications d'un genre nouveau avec, non plus des corsaires isolés, mais bien une véritable force organisée, entièrement sous-marine et commandée par un quartier-général (à terre) qui déterminait les objectifs et conduisait directement la bataille. L'amiral Dönitz avait théorisé sa tactique des meutes dans un ouvrage paru en 1939, *Die U-boote Waffe,* que, naturellement, pratiquement personne n'avait lu. Désormais encadrés et commandés, les sous-marins avaient une action démultipliée et ils auraient pu gagner la bataille de l'Atlantique si Hitler n'avait mis si longtemps à comprendre que l'Allemagne n'avait aucune chance de rivaliser avec la *Royal Navy* pour les unités de surface, donc pour l'acquisition de la maîtrise de la mer, et qu'elle devait concentrer tous ses efforts sur la guerre des communications par les sous-marins, en vue de l'interdiction de la mer à son adversaire. L'amiral Castex, le plus grand nom de la pensée stratégique navale française, a été l'un des tout premiers, en 1942, à reconnaître cette évolution de la maîtrise de la mer, entrevue par l'amiral Daveluy dès 1919 dans *Les enseignements maritimes de la guerre anti-germanique*, cette dissociation entre ce que les auteurs anglo-saxons à partir de Bernard Brodie, allaient ultérieurement appeler *sea control* et *sea denial,* distinction fondamentale et, aujourd'hui encore, souvent incomprise. La prépondérance industrielle des alliés devait logiquement leur donner la victoire, mais les choses auraient pu connaître un tour différent si les Allemands avaient su saisir la fenêtre d'opportunité qui s'offrait à eux en 1940-1941. Mais alors, le nombre de *U-boote* à la mer était ridiculement faible, insuffisant pour obtenir des résultats décisifs. Quand Hitler se décidera enfin, en 1943, à accorder la priorité absolue à l'arme sous-marine, il sera trop tard : les performances incroyables des chantiers allemands ne suffiront pas face à la toute puissance industrielle américaine. L'amiral Dönitz comprendra très tôt qu'il a perdu la bataille de l'Atlantique mais il continuera néanmoins, non par fanatisme comme on l'a souvent prétendu, mais en raison des effets indirects, là encore si souvent incompris : en 1944, un *U-boot* à la mer représentait l'immobilisation, à des tâches défensives, de 25 navires de surface et 100 avions alliés.

L'autre grand mérite du livre de Guy Malbosc est de nous rappeler qu'un système n'est jamais indépendant des hommes qui le font fonctionner. On voit très bien l'opposition entre la routine d'un grand nombre de décideurs, restés prisonniers de leurs idées préconçues d'avant-guerre, et la capacité d'innovation d'esprits d'exception qui vont modifier le cours des choses par leur sens stratégique ou tactique et par l'élan qu'ils seront capables d'insuffler aux exécutants. Au sommet, l'amiral Pound chez les Britanniques, le grand amiral Raeder chez les Allemands, en restent à des schémas périmés, ils sont incapables de comprendre la nouveauté et le caractère décisif de cette guerre sous-marine. En dessous d'eux, au niveau que l'on appelle maintenant opératif, à l'inverse, on trouve des chefs exceptionnels : Dönitz bien sûr, mais aussi son adversaire britannique l'amiral Horton, qui va stimuler la défense des convois. Et, à l'échelon tactique, il y a de grandes figures : du côté allemand, les as que sont Prien, Kretschmer, Schepke ou Brandi ; du côté britannique, le commodore Walker, l'instigateur de nouvelles tactiques de lutte anti-sous-marine. Il ne faut pas oublier non plus le rôle des scientifiques. Le livre met bien en lumière la part décisive du commandant Winn, le grand as de l'exploitation des décryptements, non seulement par ses talents d'organisateur, mais aussi par son tact diplomatique qui lui permet de faire comprendre à ses supérieurs la difficulté de ce travail de renseignement qui ne peut être traité par un état-major opérationnel ordinaire. Il y a aussi de véritables savants, non seulement ceux qui mettent au point des moyens nouveaux comme le radar ou le schnorchel, mais aussi les premiers tenants de ce que l'on appelle aujourd'hui l'évaluation opérationnelle : un groupe de savants britanniques dirigé par PMS Blackett démontre ainsi mathématiquement qu'en raison de l'immensité de l'océan, la navigation groupée en convois est d'un rendement très supérieur à la navigation isolée.

Ce livre est une magnifique synthèse de tous les aspects d'une campagne extraordinairement complexe. Pour les maîtriser tous, il fallait quelqu'un animé par la passion de l'histoire, par une parfaite connaissance des rouages de l'institution militaire et plus généralement, des organisations complexes. Guy Malbosc réunit toutes ces qualités. C'est ce qui lui permet de présenter ce livre qui, dès sa première édition, s'est imposé comme une référence obligée en langue française et qui est appelé, avec cette deuxième édition, revue et augmentée, à rester longtemps la lecture de base sur le sujet.

**Hervé COUTAU-BÉGARIE**

*Directeur du cours de stratégie*
*au Collège Interarmées de Défense*
*Président de l'Institut de Stratégie et des Conflits –*
*Commission Française d'Histoire Militaire*

# PRÉFACE DE LA PREMIÈRE ÉDITION

La bibliographie disponible en France sur la bataille de l'Atlantique se limite à des ouvrages anciens que l'ouverture de nouvelles archives a rendu périmés ou à des traductions de livres étrangers. Aussi, l'étude de Guy Malbosc comble-t-elle une lacune. Puisée aux meilleurs sources, cette étude constitue une somme, un travail de bénédictin qui se lit avec une déconcertante facilité. Aucun élément n'est négligé.

À juste titre, ce travail ne se limite pas à l'Atlantique Nord, mais à l'ensemble de l'océan et à ses annexes, océan Indien, Méditerranée, Arctique, tous les secteurs où les forces de l'Axe se sont livrées à l'attaque de la navigation alliée. À juste titre encore, l'étude ne se borne pas à l'action de sous-marins, mais concerne les grandes unités de surface, les raiders, les sous-marins de poche, les engins d'assaut et l'aviation.

Cette bataille a mis en œuvre des moyens de plus en plus importants et des procédés techniques de plus en plus raffinés. En septembre 1939, ni les Allemands ni les Alliés ne sont réellement prêts à cet affrontement. La Kriegsmarine n'aligne qu'une vingtaine de sous-marins océaniques. Anglais et Français manquent cruellement de bâtiments d'escorte. L'effort des deux camps sera considérable. En cinq ans, les Allemands mettront plus de 1 100 sous-marins en service dont 780 disparaîtront pour des causes diverses. 250 U-boote seront encore opérationnels le 8 mai 1945. Les Britanniques et les Américains entreprendront la construction de centaines de corvettes et de frégates, sans négliger des porte-avions d'escorte.

Sur le plan technique, les submersibles de la Seconde Guerre mondiale ne sont pas fondamentalement différents de ceux de la fin du premier conflit. Toutefois, leur efficacité a été renforcée par l'adoption de la soudure des coques permettant une immersion beaucoup plus importante, l'utilisation de calculateurs pour le lancement des torpilles, de détecteurs de radar et l'adoption de torpilles de plus en plus sophistiquées, même si au départ le problème de la mise à feu magnétique a réservé des mécomptes. À partir de février 1944, l'adoption du Schnorchel permet aux U-boote de s'affranchir de la surface et de se soustraire en grande partie à la menace aérienne.

Du côté allié, les progrès portent sur la détection, radar et sonar, les systèmes d'armes, grenades, mortiers, sur la tactique avec les procédures inaugurées par le commandant Walker. Guy Malbosc souligne encore l'effort considérable effectué dans les deux camps pour la recherche du renseignement et la rupture des codes. Il ne néglige pas certaines erreurs du commandement allié, notamment dans l'emploi de l'aviation de bombardement. L'entêtement à vouloir détruire les sous-marins dans les chantiers ou dans les bases n'a abouti qu'à de lourdes pertes pour des résultats dérisoires.

L'auteur consacre, encore, un chapitre à l'énorme effort réalisé par les Alliés, notamment les Américains, dans la construction de bateaux de commerce à la chaîne, type Liberty ships ou pétroliers T2. 38 millions de tonnes de navires seront ainsi mis en service. Cet effort n'avait pas seulement pour but de compenser les pertes infligées par l'adversaire, mais de répondre aux exigences de théâtre d'opérations de plus en plus vastes et aux disparitions liées à la fortune de mer, qui ont fini par représenter le quart des pertes.

Le recrutement des équipages de commerce alliés, la formation accélérée de centaines de jeunes officiers constituent des passages particulièrement bien venus. Il en est de même en ce qui concerne le recrutement et l'entraînement des équipages et des officiers des U-boote, dont la combativité, fait exceptionnel, s'est maintenue jusqu'à la fin, en dépit de chances de survie de plus en plus faibles. Accomplir trois patrouilles, à partir de 1944, constitue un exploit et entraîne une décoration spéciale.

Guy Malbosc ne néglige naturellement pas la portée de cette bataille qui s'est poursuivie pendant toute la durée de la guerre. Un succès ou un échec commandaient toute la stratégie alliée et ce n'est pas un hasard si la conduite de la bataille de l'Atlantique a été considérée comme prioritaire en janvier 1943, lors de la conférence de Casablanca.

Si les Allemands avaient réussi à maintenir un taux de pertes de 600 000 tonnes de navires de commerce par mois, les Alliés n'auraient pu assurer un ravitaillement suffisant à l'Union Soviétique et surtout transférer en Afrique du Nord et en Grande-Bretagne les divisions prévues pour les débarquements de Normandie et de Provence. Un retard apporté à la création du second front aurait eu des conséquences politiques désastreuses et probablement remis en cause la grande alliance avec l'Union Soviétique, dont le maintien conditionnait la victoire sur l'Allemagne. En définitive, la victoire remportée par les Alliés au printemps de 1943 a eu des répercussions décisives sur l'issue du conflit.

**Philippe MASSON**

# AVANT-PROPOS DE LA PREMIÈRE ÉDITION

Il y a cinquante ans, le cours de la bataille de l'Atlantique se retournait définitivement en faveur des Alliés. Cette victoire logistique et militaire était la condition nécessaire, mais pas suffisante, de la victoire sur les forces de l'Axe.

Cet ouvrage, dont le but est de fournir au lecteur l'essentiel de cette gigantesque bataille, est rédigé à partir des documents et des sources cités en référence.

L'accent a été mis sur un certain nombre de points importants ou troublants tels que :

- conservatisme de la pensée militaire,
- nécessaire continuité des traditions,
- importance du fait logistique,
- rôle clé du renseignement,
- imbrication des stratégies navales et terrestres, si évidente sur le théâtre méditerranéen,
- enchainement des causes des succès des Allemands puis des Alliés,
- part du hasard,
- décision et indécision des chefs.

Le rôle du renseignement et du décryptage est un aspect moins connu mais cependant largement déterminant de cette bataille. Il est fait une large place à ces techniques très actuelles de la maîtrise de l'information, de son traitement et de sa manipulation.

Sans trop entrer dans la technique, les avancées scientifiques et techniques déterminantes dans une bataille de ce genre sont présentées. Il en est de même de certains points d'organisation des forces et des états-majors, généralement passés sous silence.

L'organisation est également l'une des clés de la victoire, comme le montre l'organisation différente des services de renseignements alliés et allemands, et les résultats qu'ils ont obtenus en conséquence.

Des chapitres intercalés dans le récit chronologique traitent les points techniques et particuliers. Des tableaux insérés dans le texte et une annexe donnent les chiffres clés de cette bataille. En matière de logistique, la principale vérité est celle des chiffres.

Enfin, pour faciliter la liaison entre des événements dispersés au fil des pages, des répétitions ont été volontairement placées aux endroits où elles paraissent nécessaires.

L'auteur remercie vivement :

- le professeur Philippe Masson, chef du département d'Histoire du Service Historique de la Marine Française, pour ses conseils et son amicale assistance ;
- et Gilbert Bloch, historien trop discret d'*Enigma* et du décryptage.

# AVANT-PROPOS DE LA SECONDE ÉDITION

Je remercie vivement les lecteurs de la première édition, grâce auxquels cette seconde édition est rendue possible, et l'éditeur, pour cette marque de confiance.

Des corrections de détails ont été effectuées. La déclassification de documents a entraîné la publication d'études sur des sujets éclairés maintenant sous un jour nouveau. Certains points ont pu être nuancés ou précisés ; en particulier sur le refus de la Royal Navy d'utiliser la « Type X » ainsi que sur la coopération entre R. Winn et son homologue américain K. Knowles.

Les contacts avec les lecteurs de la première édition furent rares, ce que je regrette, mais fructueuses. En particulier, les rencontres avec le CA Menes, enseigne à bord de la *Lobelia*, et J. Montangon, ex quartier-maître radio à bord du *Sénégalais*, opérateur HF/DF, ont permis d'enrichir l'histoire par le vécu.

Le chapitre 10 sur la guerre des télécommunications a pu être ainsi complété. Certains aspects de cette formidable bataille m'ont semblé mériter d'être développés en annexe :

- Annexe 1 : La bataille du convoi ONS.5
- Annexe 2 : La marine marchande norvégienne
- Annexe 3 : Le commandant R. Winn, un héros méconnu
- Annexe 4 : Convois et guerre froide
- Annexe 5 : La guerre des mines
- Annexe 6 : Les chiffres clés de la bataille

Par ailleurs, la bibliographie a été complétée, mais de manière modérée. En effet, Internet a connu une expansion considérable depuis la première édition qui date tout de même de 1995. Les passionnés d'histoire savent y retrouver facilement une foule de références et peuvent acheter en ligne n'importe quel ouvrage quels que soient sa langue et ses vendeurs. Seuls, quelques sites sont mentionnés. Les DVD estimés comme les plus marquants sont également cités.

Bonne lecture,

**Guy MALBOSC,**

*Le Fret, Crozon,*
*Avril 2010.*

guy.malbosc@sf.fr

# Représentation schématique du champ de bataille

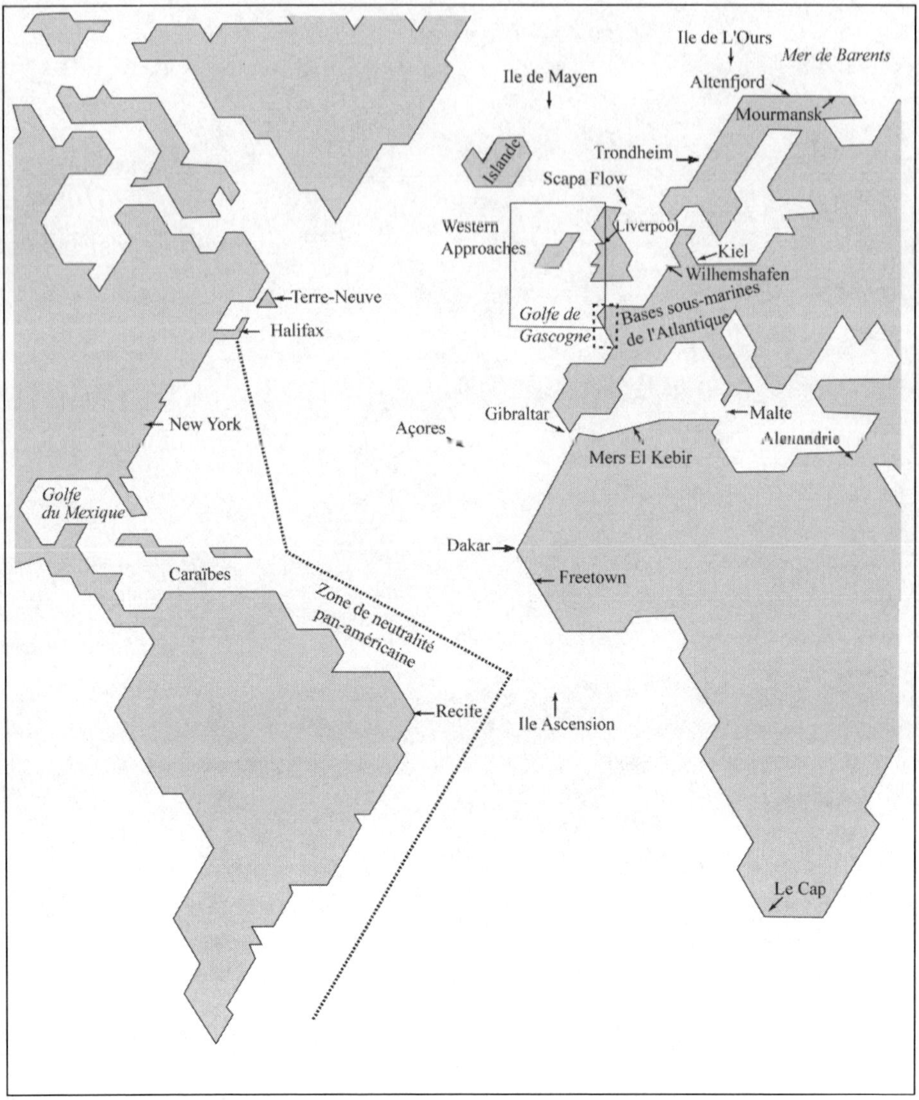

CHAPITRE 1

# *Les forces en présence et leurs préparatifs*

## 1. LE CONTEXTE HISTORIQUE

La bataille de l'Atlantique (cette expression est de W. Churchill) est la plus longue bataille de l'Histoire. En effet, à la différence de 1914-1918, les Allemands pratiquent activement la guerre aux navires de commerce, du premier jour de la guerre, le 3 septembre 1939, à la capitulation du Reich, le 8 mai 1945.

L'amiral Dönitz, qui dirigera la flotte sous-marine allemande pendant toute la guerre, estime en 1939 que l'Allemagne peut vaincre en détruisant le trafic marchand adverse. Ce qui est possible à condition d'éviter les erreurs stratégiques de la première guerre mondiale. La guerre sous-marine peut être rapidement décisive à condition de la commencer au plus tôt et sans restriction. Il faut également disposer d'emblée d'une flotte sous-marine nombreuse, de l'ordre de 300 unités. La mise au point et la construction des sous-marins doivent être une priorité stratégique. Le III^e Reich sera tout aussi hésitant que le Kaiser, pour des raisons différentes. La priorité ne sera accordée aux sous-marins que trop tardivement pour renverser le cours de la guerre.

Le sort de la guerre s'est effectivement joué sur mer. Il suffit de considérer le retard provoqué par le manque de tonnage de navires marchands sur les plans d'offensive Alliés en 1942 et 1943 pour s'en convaincre. L'opération « Torch » de novembre 1942, le débarquement en Afrique du Nord, n'est que la version limitée, faute de moyens de transport maritime suffisants, du plan « Sledgehammer » planifiant le débarquement en France. La crise du début 1943, qui marque le sommet de l'efficacité des sous-marins allemands, fait même craindre un ajournement des débarquements prévus en France en 1944. C'est à juste titre que les Anglo-Saxons, lors de la conférence de Casablanca en janvier 1943, décident d'accorder la priorité à la Bataille de l'Atlantique, au risque de mécontenter le difficile allié Soviétique, pressé de voir s'ouvrir un second front à l'Ouest. La victoire des Alliés dans cette bataille est l'un des tournants majeurs, sinon le plus important, de la guerre.

Entre ces deux dates, 3 septembre 1939-8 mai 1945, se situe une longue histoire, faite de courage, de drames, de ruses, d'innovations techniques, d'espoirs et de désespoirs, dans chacun des deux camps.

La déclaration de la guerre surprend les belligérants dans un état de préparation très différent l'un de l'autre.

Dès 1939, contrairement à 1914, la France et la Grande-Bretagne se préparent à une guerre longue, dans laquelle la guerre sur mer, le blocus de l'Allemagne et la riposte inévitable joueront un rôle déterminant. Les Alliés espèrent qu'une position défensive leur permettra de développer leur économie de guerre. Moins tardif que dans d'autres domaines, le réarmement naval des Alliés leur donne cependant un poids sur mer très supérieur à celui de l'Allemagne, mais avec des lacunes.

La déclaration de la guerre est par contre une surprise pour Hitler. Ayant obtenu lors de la conférence de Munich ce qu'il voulait obtenir des démocraties occidentales, Hitler comptait sur leur faiblesse pour leur faire accepter l'invasion de la Pologne. Le jeu des Alliances, entre la France et la Pologne, entre la France et la Grande-Bretagne, conduisit à la guerre.

La rapide victoire terrestre allemande en France est une surprise pour tout le monde. Mais sur mer et dans les airs, il en allait tout autrement. En effet, malgré quelques points forts, la marine allemande n'était pas prête.

Quant aux Alliés, l'échec de la conférence du Désarmement de Genève en 1934, le retrait de l'Allemagne puis du Japon de la Société des Nations, la politique intérieure de l'Allemagne à partir 1933, date de la nomination de Hitler à la Chancellerie, leur avaient clairement indiqué la montée des périls. Les programmes de réarmement furent lancés en France et en Grande-Bretagne, sans hâte excessive.

## 2. LES FORCES NAVALES EN SEPTEMBRE 1939

Les peuples d'Europe, traumatisés par les épreuves de la première guerre mondiale, ont tendance à croire à l'impossibilité d'un nouveau conflit. Les courants pacifistes sont actifs à des degrés divers en Europe et aux USA. Les dépenses militaires diminuent considérablement.

### *La conférence de Washington et ses suites*

Les marins ne partagent pas l'optimisme ambiant. On ne pouvait en effet oublier le rôle déterminant des communications maritimes pendant le premier conflit mondial. Entre autres, c'est par la mer qu'arrivèrent en Europe les 2 millions de soldats américains qui permirent la victoire sur l'Allemagne. La possession d'une marine reste le moyen privilégié d'assurer l'indépendance économique, donc la souveraineté d'une nation. Ce sentiment est particulièrement fort chez les Anglo-Saxons, qui ont plus que les autres nations le sentiment de dépendre de la mer. Ces impératifs stratégiques d'une part, les contraintes budgétaires d'autre part, et enfin la montée en puissance de la marine japonaise, conduisent à la mise sur pied de la conférence de Washington de 1921-1922, consacrée à la question navale et au désarmement. Outre la reconnaissance de la souveraineté de la Chine, la conférence prescrit des mesures de désarmement, qui conduisent les signataires à détruire ou stopper la construction d'un bon nombre de navires, et de limiter les mesures de fortification dans la zone du Pacifique. Le ratio entre les tonnages de cuirassés entre les États-Unis, la Grande-Bretagne et le Japon est fixé à 5, 5, 3. La France et l'Italie étant limitées à 1,7. Ces ratios tiennent compte de l'étendue des zones d'influence stratégique des uns et des autres. Le tonnage d'un cuirassé est limité à 35 000 tonnes, celui d'un croiseur à 10 000 tonnes. Le calibre maximum de l'artillerie étant respectivement de 406 et 203 mm. L'Allemagne ne peut construire que des croiseurs.

L'Allemagne s'empresse d'ailleurs de tourner les accords, ne supportant pas davantage le traité de Washington que le traité de

Versailles qui avait fixé les conditions de sa défaite. Le traité de Washington est appliqué pendant les années vingt.

### *Les années trente*

Le début des années trente et la grande crise économique occidentale changent la face des choses. Le Japon poursuit la croissance de sa flotte en toute impunité. L'Amérique, centrée sur ses difficultés économiques, devenait de plus en plus isolationniste. La conférence de Londres de 1930 met en lumière le mécontentement du Japon. Un ratio de 10, 10, 7 est établi pour les croiseurs et les destroyers, et la parité lui est accordée pour les sous-marins. Cet accord, salué par les démocraties comme une action positive sur le désarmement sanctionne, en fait la course aux armements. Le Japon envahit ensuite la Mandchourie en 1931, se retire de la Société des Nations et dénonce le traité de Washington. Hitler prend le pouvoir en 1933 et entreprend le réarmement de l'Allemagne. Une nouvelle conférence navale se tient à Londres en 1935. Parmi les principaux résultats, on remarquera une convention signée par 14 pays, dont l'Allemagne, bannissant la guerre sous-marine « illimitée » ; les sous-marins doivent se comporter comme un navire de surface et arraisonner les navires marchands dans les règles traditionnelles du droit de prise. Inutile de préciser que personne n'imagine que cet accord irréaliste, contredisant l'expérience de la première guerre mondiale, puisse s'appliquer longtemps. Plus étrange encore est la signature d'un pacte bilatéral entre l'Angleterre et l'Allemagne, fixant le tonnage de la flotte allemande à 35 % de celui de la flotte britannique, soit 420 000 tonnes ; l'Allemagne obtient la parité pour les sous-marins. L'attitude britannique est une tentative de contrôler le réarmement allemand, justifié par la montée en puissance de la flotte soviétique de la Baltique. C'est une victoire pour Hitler, qui forge ainsi petit à petit sa conviction sur la faiblesse des démocraties. Il convient de remarquer au passage que la Grande-Bretagne n'a pas jugé utile d'associer son allié français à la négociation de cet accord. Les Français furieux expriment aussitôt leur certitude quant à la fragilité de cet accord. Conviction renforcée par l'apparition miraculeuse d'un premier sous-marin allemand une semaine après la signature de l'accord ! Les services de renseignements alliés suivent alors l'accroissement de la flotte sous-marine allemande, sans entraîner de réaction des amirautés. La croyance de l'amirauté britannique aux vertus de l'Asdic est absolue et la menace sous-marine paraît vraiment secondaire.

### *La balance des forces*

Les flottes qui vont s'affronter dans cette guerre sont donc issues d'un réarmement naval plus ou moins contrôlé. En septembre 1939, les marines ont atteint des degrés de préparation au combat divers. Sur le théâtre Atlantique-Méditerranée, les forces opérationnelles sont les suivantes :

**Théâtre Atlantique :**
**forces opérationnelles en septembre 1939**

| | *G.-B.* | *France* | *Allemagne* | *Italie* |
|---|---|---|---|---|
| Cuirassés et croiseurs de bataille | 15 | 6 | 5 | 5 |
| Porte-avions | 6 | 1 | 0 | 0 |
| Porte-hydravions | 2 | 1 | 0 | 0 |
| Croiseurs lourds | 23 | 7 | 1 | 7 |
| Croiseurs légers | 35 | 10 | 5 | 12 |
| Destroyers d'escadre | 100 | 32 | 17 | 21 |
| Destroyers d'escorte | 101 | 44 | 13 | 67 |
| Sous-marins | 38 | 79 | 39 | 115 |
| Tonnage total | 1 300 000 | 600 000 | 250 000 | 550 000 |

Ce tableau présente les forces opérationnelles, c'est-à-dire en mesure de participer à la bataille. Les unités écoles, les navires non affectés, les unités à l'instruction, ne sont pas pris en compte. D'où l'écart, par exemple, entre le nombre de sous-marins possédés par l'Allemagne, 57, et l'effectif opérationnel qui n'est que de 39 unités.

Comparer des potentiels est bien difficile. Chaque marine s'est équipée pour contrer l'adversaire potentiel. Les navires construits par une puissance ont un avantage sur un type de navire de même classe d'une marine voisine. Mais la stratégie navale possède un gros avantage sur la stratégie terrestre. Il est en effet très rarement possible de compenser un potentiel plus faible par l'effet de surprise. Dans l'esprit des stratèges navals, un cuirassé ne peut être détruit que par un autre cuirassé, et un croiseur ne peut être détruit que par un autre croiseur, ou un navire de ligne. Quant à la résistance aux torpilles, elle est directement fonction de la taille, dont dépend le cloisonnement du navire. La comparaison des forces par type de navire révèle la limite de l'action possible des marines en présence. Cela dit, on verra au cours de cette guerre à quel point la détermination et l'habileté des commandements, ainsi que le hasard, peuvent infléchir le cours des choses théoriquement déterminé par la balance des forces. La comparaison des forces est de plus compliquée par les astuces techniques introduisant des facteurs de supériorité par rapport aux navires similaires. Ce qui est le cas en matière de rénovation de navires anciens. Deux cuirassés rénovés ne sont pas nécessairement équivalents ; les faiblesses anciennes sont plus ou moins compensées. C'est ainsi que le *Hood*, malgré sa quasi-refonte, avait conservé la faiblesse du blindage de ses ponts et une protection insuffisante des soutes à munitions. Faiblesse qui lui fut probablement fatale contre le *Bismarck.*

Ces marines ont un point commun. Elles reflètent le conservatisme de la pensée militaire. La place accordée, dans les faits et dans les esprits, aux cuirassés et navires de ligne est importante. Malgré l'enseignement que l'on aurait pu tirer de la guerre sous-marine menée par l'Allemagne en 1917-1918, les états-majors persistent à croire que les navires de ligne sont l'instrument essentiel de la souveraineté navale. La menace sous-marine n'est pas prise en compte à sa juste valeur, pas plus par l'Allemagne que par les autres nations. Cette remarque s'applique également à l'aéronavale. Cependant, les impasses commises par les marines sont différentes, compte tenu de leur vision stratégique des combats futurs.

## 2.1. Les marines alliées

Les marines alliées, en terme de tonnage, ont nettement l'avantage sur les marines de l'Axe. Cette supériorité n'est vraie que dans le cadre de combats navals classiques entre flottes de surface.

### *La marine britannique*

En ne considérant que le nombre de navires, cette marine est aussi puissante à elle seule que les trois autres marines. La stratégie retenue pour le conflit qui se prépare était la même que celle ayant prévalu lors du premier conflit mondial :

- empêcher la flotte allemande de sortir de la Baltique et de la mer du Nord,
- assurer avec la flotte de surface la protection des lignes de communication avec les États-Unis et l'Empire britannique pour acheminer les renforts et les approvisionnements.

L'Amirauté a géré au mieux son budget de construction et de rénovation. La marine britannique de 1939 est en principe la première marine du monde. Ses officiers et ses équipages sont des professionnels, héritiers de plusieurs siècles de supériorité navale. Ils se montreront souvent capables de compenser leur infériorité locale par une supériorité tactique ; comme le montrent le combat contre le *Graf Spee* ou le raid sur Tarente.

L'amirauté britannique considère qu'elle est déficiente en navires de ligne. Ce sentiment profond tient à ce qu'elle estime que les lignes de communications sont essentiellement menacées par les navires de surface. En effet, sur les 15 cuirassés disponibles, trois seulement possèdent l'armement et la vitesse leur permettant de s'opposer aux cinq navires de ligne allemands. Seuls, deux des 15 cuirassés, le *Nelson* et le *Rodney*, avec une artillerie principale de 406 mm, sont de construction moderne ; tous les autres sont des unités rénovées. Le programme de réarmement britannique est très en retard dans le domaine des navires de ligne. C'est pour cette raison que l'Amirauté pousse la France à terminer au plus vite ses deux 35 000 tonnes, le *Richelieu* et le *Jean Bart*.

Les six porte-avions sont hétérogènes, tant en ce qui concerne les performances que le nombre d'appareils transportés. Un seul d'entre eux, l'*Ark Royal*, est récent. L'Amirauté était consciente de l'importance du porte-avions. Mais à la suite d'un conflit de compétence et d'attribution avec la RAF, créée après guerre, l'aéronautique navale n'est que l'ombre de celle existant en 1918. Ses effectifs et son équipement sont limités. Les appareils sont surclassés par ceux des marines ennemies. Cependant, après des erreurs dans la doctrine d'emploi qui coûtèrent la perte du *Courageous*, les Britanniques feront un usage redoutable du couple cuirassé-porte-avions. La perte du *Bismarck* est largement due à l'efficacité de ce binôme.

Croiseurs et destroyers sont de conceptions diverses, en fonction des menaces qu'ils doivent contrer. Les croiseurs montrèrent leur capacité à résister aux coups et à neutraliser des unités plus puissantes, comme le montrera le combat contre le *Graf*

*Spee*. Ils sont bien équipés en artillerie antiaérienne et abondamment pourvus en munitions de ce type. Ce choix se révélera judicieux. La défense antiaérienne des croiseurs et destroyers est renforcée constamment au cours de la guerre, compte tenu de l'efficacité des bombardements en piqué et des hydravions torpilleurs allemands. Cette menace, comme dans les autres marines, avait été sous-estimée. Les destroyers britanniques et leurs torpilles feront preuve d'une pugnacité redoutée des grands navires allemands. Car aucun navire, à des degrés divers, n'est à l'abri des torpilles. La crainte de cette pugnacité est l'une des causes de la défaite allemande dans la bataille de la mer de Barents.

Les sous-marins sont surtout conçus pour contrer la flotte de surface. Ils seront peu efficaces dans ce rôle. En revanche, les sous-marins seront très efficaces en Méditerranée pour détruire les navires ravitaillant les forces de l'Axe. Dans l'ensemble, la menace sous-marine est sous-estimée. L'Amirauté n'hésite pas à écrire en 1937 : « Le sous-marin ne sera plus jamais en mesure de nous poser les mêmes problèmes qu'en 1917. » La marine française pense la même chose. Les deux marines vont manquer rapidement d'escorteurs. La confiance britannique repose sur une confiance exagérée dans les vertus de l'Asdic, qui équipe 200 bâtiments, et sur le système des convois, qui avait fait ses preuves en 1917-1918. L'ouvrage de l'amiral Dönitz publié en 1939 et révélant sa stratégie de la guerre sous-marine passe complètement inaperçu ! Dans cet ouvrage, le futur amiral Dönitz explique clairement que la meilleure technique d'attaque est pour les sous-marins l'attaque en surface ; ce qui assure une meilleure efficacité à leurs tirs, à la torpille ou au canon. La menace de l'Asdic est ainsi contournée par la même occasion.

L'autre technique nouvelle en matière de détection est le radar, dont la portée est faible. Le radar, équipement alors lourd et volumineux, commence à équiper les unités les plus importantes. Cette technique sera miniaturisée au cours de la guerre et les escorteurs vont en bénéficier. La généralisation de la technique du radar sera l'une des causes de la victoire sur les U-Boote.

Un autre avantage de la marine britannique, en Méditerranée, réside dans la possession de bases stratégiques de premier ordre, à Alexandrie, mais surtout à Gibraltar et Malte. Les extrémités Est et Ouest sont ainsi tenues, tout comme le Centre. Ces positions joueront un rôle déterminant dans la destruction des approvisionnements destinés à l'Afrika Korps, et donc dans sa défaite finale.

La Royal Navy forme en 1939 avec ses 1 300 000 tonnes de navires un ensemble homogène et puissant, avec des forces et des faiblesses. Elle souffre d'un soutien industriel insuffisant, dû au réarmement tardif. Ses effectifs se révéleront vite à la limite de leurs possibilités, et dès 1939 l'aide américaine se montre nécessaire. La marine britannique, aidée par la flotte des Dominions, et surtout celle du Canada, mènera seule la bataille de l'Atlantique de juin 1940, après la défection de la flotte française, en janvier 1942, date de l'entrée effective des États-Unis dans la guerre. L'amirauté allemande, avec ses sous-marins comme avec ses navires de surface, réussira à provoquer la dispersion des escadres britanniques. La Royal Navy parviendra cependant à contrer la flotte de surface adverse. Par contre, la bataille contre les U-Boote fut à deux doigts d'être perdue.

### *La marine française*

Avec 600 000 tonnes à flot en 1939, soit la moitié de la flotte britannique, la France possède une marine comme elle n'en a peut être jamais possédée dans le passé. La marine française est la première des marines secondaires ; les États-Unis lui accordent la même valeur qu'à la marine japonaise. Malgré les difficultés économiques et politiques de l'après-guerre, le réarmement naval s'est effectué de manière continue dès 1922, malgré la sous-estimation du rôle de la marine lors du dernier conflit. L'instabilité ministérielle est compensée par l'action continue de deux ministres de la Marine, Georges Leygues et François Piétri. L'état-major de la Marine sera dirigé pendant cette période cruciale par des amiraux de premier ordre. Militaires et ministres maintiendront la cohérence d'un plan de réarmement qui tient compte d'un nouveau conflit contre l'Allemagne et l'Italie. Bien que la parité avec l'Italie qui lui a été imposée par la Conférence de Washington ait été ressentie comme un camouflet, la France n'est concernée que par les limites qualitatives, en tonnage et armement par navire, du traité.

Les objectifs stratégiques de la marine française sont très voisins de ceux de son allié britannique :

- maintien des communications avec l'Afrique du Nord, pour acheminer les 300 000 hommes de l'armée d'Afrique ainsi que des travailleurs,

– maintien des communications avec le reste de l'empire colonial et avec le reste du monde. Le commerce maritime représente 66 % des échanges,
– défendre les côtes et attaquer le commerce adverse.

Le plan naval vise la parité avec l'Allemagne et l'Italie réunies. La flotte de 1939 est équilibrée, compte tenu de ses objectifs. Comme dans la marine britannique le rôle du sous-marin reste l'attaque de la flotte de surface ennemie et non pas l'attaque de son trafic commercial, pour éviter l'opprobre des autres nations. Jusqu'en 1927 l'effort porte sur les croiseurs lourds et les destroyers, bien adaptés au théâtre méditerranéen et à la protection des lignes de communication. Les destroyers français de cette époque passent pour être les meilleurs du monde. Pour contrer les flottes allemandes et italiennes qui se dessinent au milieu des années 30, l'effort porte alors sur les navires de ligne. D'où la réalisation des croiseurs de bataille de 26 500 tonnes, *Dunkerque* et *Strasbourg*, destinés à contrer les cuirassés de poche allemands, et la mise en chantier des cuirassés de 35 000 tonnes *Richelieu* et *Jean Bart*. Ces navires sont à même de répondre aux cuirassés allemands *Bismarck* et *Tirpitz* dont la mise en service en 1941 devait modifier considérablement les données stratégiques. Le *Richelieu* est en voie d'achèvement au début de la guerre et le *Jean Bart* est loin d'être terminé.

La flotte sous-marine française est conséquente, comme il sied à une marine qui avait inventé le premier sous-marin opérationnel en 1888. En 1920, il avait même été envisagé de supprimer la flotte de surface pour la remplacer par une flotte de 250 à 300 sous-marins. Cette idée était trop en avance sur son temps pour être retenue. L'amiral Dönitz ne parviendra pas non plus à faire passer la même idée. Le calcul français de 1920 donne une bonne estimation, puisque Dönitz évalue également la flotte sous-marine idéale à 300 unités. Jusqu'en juin 1940, les sous-marins, mis à part les mouilleurs de mines comme le *Rubis*, joueront un rôle des plus limités.

Cette belle marine présente cependant des faiblesses parfois étonnantes :

– le rôle de l'aéronavale est sous-estimé, au nom d'une conception ancienne de la marine, fondée sur la cuirasse et le canon. Les contraintes budgétaires ont également pesé sur ce chapitre du plan naval ;

- les techniques modernes de détection sont ignorées. Le radar est expérimental et l'Asdic est loin d'être généralisé ! On se demande vraiment pourquoi ; d'autant plus que l'Asdic est né des travaux conjoints des savants français et britanniques entrepris dès 1917. La Grande-Bretagne équipera en urgence quelques navires français en Asdic au début de la guerre. Par contre, les transmissions sont de premier ordre. Elles assureront d'ailleurs la permanence du contact entre le gouvernement et les forces lorsqu'il quittera Paris en juin 1944 ;
- la priorité accordée par les ingénieurs aux performances techniques donne aux bâtiments français une mauvaise tenue à la mer par gros temps, même en Méditerranée. Les records de vitesse ne font pas nécessairement de bons navires, et les avaries de machines sont fréquentes. Par contre, parmi les bonnes innovations techniques françaises, on remarque les obus à indicateur de couleur. Ce qui permet à plusieurs navires tirant sur la même cible de mieux régler leur tir ;
- l'artillerie manque totalement de standardisation, contrairement à celle de la marine britannique. La logistique est une affaire des plus délicates ! Cette artillerie complexe n'est pas au point lors de l'entrée en guerre et donne des résultats médiocres. L'artillerie antiaérienne est très insuffisante, et les navires en souffriront en Norvège et à Dunkerque ;
- le rayon d'action des navires est trop faible pour le théâtre atlantique. Les destroyers ne peuvent accomplir le trajet Brest-Dakar sans escale !
- contrairement aux bases britanniques, les base de Mers el-Kébir, Casablanca et Dakar ne sont que des escales, ne disposant pas d'infrastructures capables de soutenir une flotte.

La marine française est trop exclusivement conçue pour le théâtre de la Méditerranée occidentale et l'ennemi italien. Le sous-équipement des bases africaines témoigne de la sous-estimation de la logistique dans la stratégie navale.

Contrairement à la pratique du premier conflit mondial, où l'état-major résidait sur un navire-amiral accompagnant la flotte principale, il est créé un puissant état-major à terre, capable de coordonner les actions simultanées et variées d'une flotte moderne.

L'amiral Darlan, chef d'état-major à partir de 1937, hérite d'un outil remarquable, dont il renforce les capacités opérationnelles par de nombreux exercices. La coordination stratégique avec l'allié britannique est claire :

- la flotte française est capable à elle seule de contrer la marine italienne. Les Britanniques peuvent consacrer à la Méditerranée un minimum de moyens, suffisant à assurer la supériorité totale des Alliés sur la marine italienne. En particulier, les Britanniques interdiront l'entrée de navires allemands en Méditerranée ;
- à la demande des Britanniques, les croiseurs de bataille *Dunkerque* et *Strasbourg* et leur escorte sont basés à Brest. Ils constituent une « force de raid », seule force alliée capable de contrer les cuirassés de poche allemands ;
- la flotte française assurera l'escorte des convois dans sa zone d'action.

La coopération entre les marines britannique et française, active depuis le premier conflit mondial, est renforcée devant la montée des périls par l'accord de Portsmouth d'août 1939. Cet accord prévoit de nombreux exercices communs et des conférences d'état-major ; les échanges de matériels de haute technicité sont planifiés, tels que l'équipement Asdic des navires français. Les zones d'opération sont également définies. La complémentarité stratégique est totale. Mais il n'existe aucune standardisation technique entre les deux marines, qui ne peuvent se soutenir mutuellement. Le navire de l'une des marines qui relâche dans un port de l'autre marine se trouve, d'un point de vue technique, en territoire étranger. Cette contrainte limite l'interopérabilité des deux marines.

La marine française accomplit ce qu'on attendait d'elle de septembre 1939 à juin 1940. Elle souffre comme son allié britannique du manque de navires d'escorte, compensé plutôt mal que bien par l'armement de chalutiers et autres petits navires. La réussite contre la marine italienne dépasse les espérances, puisque celle-ci ne se manifeste pas ! Après l'armistice, cette marine, sortie peu affaiblie des combats de 1940, sera celle du gouvernement de Vichy. Il convient de noter qu'en juin 1940, tous les navires en état de naviguer se mettent hors d'atteinte des Allemands, conformément aux promesses faites à l'allié britannique. La flotte de Vichy va désormais susciter la convoitise ou la crainte des belligérants. Le destin de la flotte française tourne alors au tragique. Conçue pour lutter contre les flottes italienne et allemande, cette marine livrera ses plus durs combats contre ses anciens alliés anglo-saxons. La moitié des navires rescapés se saborderont à Toulon en novembre 1942. Le reste de la flotte, après rénovation, rejoindra les Alliés, à côté desquels combattent depuis juin 1940 les quelques unités des Forces Navales Françaises Libres. À la fin de la guerre, la flotte française est réduite à la moitié de son tonnage de 1939 ; ses unités sont techniquement dépassées ; ses infrastructures industrielles et techniques n'existent plus. La flotte française ne retrouvera plus jamais la puissance relative qui était la sienne avant guerre.

### 2.2. Les marines de l'Axe

La constitution de l'axe Rome-Berlin en octobre 1936 est trop tardive pour susciter la mise au point d'une stratégie navale commune. Les marines italienne et allemande se sont développées en fonction de leurs propres objectifs stratégiques. L'interopérabilité entre les marines de l'Axe est tout aussi inexistante qu'entre les marines alliées. Il est cependant prévu que la flotte allemande attire un maximum de navires à ses trousses dans l'Atlantique pour que la Méditerranée soit dégarnie. L'importance de Malte est par ailleurs sous estimée.

#### *La marine italienne*

La marine italienne avait contré avec succès la flotte autrichienne lors de la première guerre mondiale. L'expérience de cette guerre a montré que le tempérament italien est plus porté sur les actes d'héroïsme individuels que sur les actions de longue durée nécessitant la coordination des forces. Cette marine bénéficie des services d'ingénieurs réputés et imaginatifs, qui conçoivent des navires originaux et performants, mais pas toujours efficaces. L'Italie fasciste, en politisant les forces armées, contribua à l'affaiblissement du commandement. Les contraintes budgétaires, comme partout en Europe, pèsent sur le réarmement naval italien. La flotte italienne de septembre 1939, forte de 550 000, puissance proche de celle de la marine française, forme cependant un ensemble impressionnant.

Les flottes italienne et française sont comparables, car les objectifs stratégiques ont beaucoup de points communs. La comparaison stratégique doit être menée avec prudence, puisque la flotte française doit répartir ses forces entre l'Atlantique et la

Méditerranée. L'Italie semble être alors la première puissance navale en Méditerranée.

Le rôle essentiel de la marine italienne est d'assurer les communications avec ses possessions coloniales, en particulier avec la Libye. Les communications avec les colonies de Somalie et avec l'Éthiopie, conquises en 1936, passent soit par Suez, soit par Gibraltar. L'ennemi est dans ce cas la flotte britannique. D'où un effort de construction navale portant d'abord sur les croiseurs et les destroyers, pour assurer la défense des communications. La crise ouverte avec la Grande-Bretagne lors de la conquête de l'Éthiopie, le soutien apporté par l'Italie aux forces franquistes, donnent des ambitions à Mussolini. Ce qui conduit l'Italie à envisager un affrontement avec la Royal Navy. L'Italie lance alors la construction de navires de ligne pour assurer la suprématie navale. D'où cette impressionnante flotte de 1939.

Mais, sur les 5 cuirassés en ligne, 4 sont des unités anciennes rénovées. Bien que la rénovation de ces navires soit considérée comme la plus réussie du genre, le supplément de vitesse qu'ils acquièrent ne compense pas la faiblesse de leur armement et de leur blindage, pourtant renforcé. Ces navires succomberont au combat. Le cinquième cuirassé, le *Littorio*, est une unité moderne, suivie en 1940 par deux unités du même type. Malgré leur vitesse théorique de 30 nœuds, leur blindage, la portée impressionnante de leurs canons de 380 mm, 43 km, ces navires n'obtiendront aucun succès au combat.

Les croiseurs italiens sont bien armés et rapides. Les ingénieurs réalisent des prouesses, et un croiseur léger atteint la vitesse de 42 nœuds ! 4 des 7 croiseurs lourds dépassent les limites imposées par le traité de Washington. Mais ils ne résisteront pas aux obus de 380mm des cuirassés britanniques lors de la bataille du cap Matapan en mars 1941, où 3 d'entre eux seront coulés.

Les destroyers sont nombreux, rapides et bien armés. Trente d'entre eux sont comparables aux unités de la classe *Hunt* britannique.

L'ampleur de la flotte sous-marine est étonnante. Cette arme est considérée par les Italiens comme une alternative moins coûteuse qu'une flotte de surface pour couper les communications en Méditerranée. L'Italie semble être sur ce point la seule puissance à avoir exploité les enseignements de la première guerre mondiale. Cependant, les sous-marins italiens sont peu maniables, et leur temps de prise de plongée trop long les rend vulnérables.

Ils devront être modifiés pour soutenir l'effort allemand dans l'Atlantique. Ils ne remporteront d'ailleurs que peu de succès, au prix de lourdes pertes. Par contre, les Italiens remporteront des succès notoires avec leurs nageurs de combat équipés de torpilles pilotées par deux plongeurs, les *maiale*. Leurs exploits resteront des succès tactiques, mal exploités sur le plan stratégique.

La marine italienne souffre de faiblesses comparables à celles de la flotte française.

L'impasse sur le radar et l'Asdic est identique. Celle sur les escorteurs de convois et le porte-avions est justifiée par la disposition d'une aéronautique basée de chaque côté de la Méditerranée, en mesure d'assurer la protection des convois. Cette aéronautique sera surclassée par l'aviation britannique, malgré sa faiblesse numérique. Le péril grave menaçant les approvisionnements de Rommel entraînera l'arrivée périodique en Méditerranée d'une aviation allemande puissante. L'Italie bénéficie également par sa position géographique de bases d'une importance stratégique primordiale pour le contrôle de la Méditerranée centrale.

Après juin 1940 et la mise en sommeil de la flotte française, la flotte italienne dispose du potentiel nécessaire pour assurer une suprématie totale sur la flotte britannique de la Méditerranée. Manquant d'esprit d'initiative et d'entraînement, la flotte italienne sera cependant surclassée par le savoir-faire de son adversaire britannique.

### *La marine allemande*

Le traité de Versailles avait limité la flotte allemande à 100 000 tonnes ; la possession de sous-marin lui étant interdite. L'Allemagne s'empresse de tourner les traités, sans rencontrer beaucoup d'opposition. Au contraire, le traité bilatéral anglo-allemand de 1935 entérine le réarmement naval allemand. Le non respect des traités permet à l'Allemagne de construire des navires plus rapides, plus lourds et mieux armés que les navires de même catégorie que ceux des nations respectant les traités. La conception stratégique de cette flotte est due à l'amiral Räder. Le plan naval de 1935, puis le plan « Z » de 1938 doivent permettre à l'Allemagne de posséder en 1947 une flotte en mesure de contrer les flottes britannique et française. La guerre surprend donc la marine allemande, qui se trouvera hors d'état d'influencer l'issue du conflit. Avec ses 250 000 tonnes, la flotte allemande ne représente que le huitième des flottes franco-britanniques. La victoire de l'Allemagne ne peut être que continentale. La pénurie relative de matières premières et d'ouvriers spécialisés porte un coup fatal au plan « Z ». Seuls, les navires lancés seront terminés ; ce qui est le cas des cuirassés *Bismarck*, *Tirpitz* et du croiseur lourd *Prinz Eugen*. La priorité sera lentement accordée aux sous-marins, qui atteindront un nombre significatif à partir de 1942 (cf. annexe 6). La flotte de surface ne sera en aucun cas à la mesure des ambitions allemandes.

L'Allemagne aligne, entre autres, en septembre 1939 :

- 2 croiseurs de bataille de 32 000 tonnes, le *Scharnhorst* et le *Gneisenau*, armés chacun de neuf canons de 280 mm. Cet armement est trop faible pour détruire leur adversaire potentiel, les cuirassés alliés, armés de pièces de 380 mm et plus. Les pièces de 280 mm ne sont pas sensiblement plus efficaces que celles de 203 mm, calibre permis par le traité de Washington. Ces navires sont sur-armés pour s'attaquer aux convois et à leurs escortes, et pas assez pour battre ou résister aux cuirassés adverses ;
- 3 croiseurs cuirassés. Ces *panzerschiffe*, appelés par les Alliés *cuirassés de poche*, sont des navires originaux, contrevenant aux accords de Washington. Ils sont armés chacun de six pièces de 280 mm et déplacent 12 000 tonnes. Le plus connu d'entre eux est le *Graf Spee*, dont la courte carrière s'achèvera en décembre 1939 ; le navire, endommagé par des croiseurs britanniques, se sabordera ;
- 8 croiseurs, dont le *Hipper* et le *Nürnberg*. Les navires de ligne et les croiseurs possèdent une artillerie secondaire puissante et nombreuse, bien adaptée à la destruction des convois, qui reste leur objectif principal. L'armement antiaérien est également conséquent. Dans l'ensemble, ces deux catégories de navires ne remporteront que des succès directs limités. Les historiens s'interrogent encore sur les causes de la prudence excessive de l'amirauté allemande, qui la privera de victoires semble-t-il faciles contre les convois. Question d'autant plus troublante que le commandement de la Wehrmacht et de la Luftwaffe fera preuve de ses capacités à surprendre l'adversaire ;
- 22 destroyers d'escadre. Ces navires dépassent de 50 % le tonnage permis par le traité de Washington. L'armement principal de 150 mm est trop lourd, et le comportement à la mer de ces navires limite leurs possibilités par gros

temps. C'est ainsi que les destroyers escortant le *Scharnorst* seront renvoyés à leur base à cause de la tempête. Le *Scharnhorst* affrontera seul l'escadre britannique qui le détruira en décembre 1943. Les 20 autres destroyers, plus proches des navires Alliés, rendront davantage de services ;

– et puis surtout, l'Allemagne ne dispose que de 57 sous-marins, dont seulement 26 de type VII et IX, capables d'affronter l'Atlantique. Cette flotte sous-marine a été reconstituée de manière clandestine. Ce point est exposé dans le chapitre 3 consacré aux U-Boote. Malgré sa haute technicité, l'arme sous-marine possède un bon rapport coût/efficacité. Un bâtiment tel que le type VII, déplaçant 700 tonnes, peut couler des cargos, qui, à partir de 1942, transportent 10 000 tonnes de fret. Le record de destruction en une seule croisière est de 87 000 tonnes !

Les sous-marins allemands sont peu différents de ceux de 1914-1918, qui atteignirent une quasi-perfection. Ces navires sont des submersibles, naviguant le plus souvent en surface, où leur vitesse (18 nœuds) est supérieure à celle des escorteurs et des convois. Leurs performances en plongée (7 nœuds) sont modestes, et surtout de courtes durées (cf. chapitre 2). Les U-Boote de 1939 sont un peu plus lents que ceux de 1918, mais ils ont une autonomie supérieure, emportent 12 à 14 torpilles au lieu de 6, et plongent plus profond.

Une flottille non négligeable de vedettes lance-torpilles, les S-Boote (*schnellboote*), exercera sur le trafic côtier en Manche une menace identique à celle que feront peser les U-Boote dans l'Atlantique. Ces vedettes auront une meilleure efficacité en tant que moyen de fixer le potentiel adverse que par les destructions directes qu'elles effectueront, soit 230 000 tonnes de navires marchands. Les S-Boote sont des navires quasi parfaits dans leur catégorie, d'une hydrodynamique superbe, et les répliques Alliés ne seront pas aussi performantes.

L'amirauté allemande est, en 1939, parfaitement consciente de sa faiblesse. La flotte de surface jouera en fait un rôle direct limité, mais un rôle indirect d'une importance disproportionnée par rapport à son potentiel offensif. Ce rôle indirect est exprimé par le concept de « fleet in being ». L'amiral Räder essayera en vain de faire comprendre à Hitler l'intérêt de ce concept. En effet, une flotte aussi limitée que semble l'être celle de l'Allemagne n'en représente pas moins un danger redoutable, sur lequel les marines Alliées ne peuvent faire l'impasse. Ces marines s'équipent pour contrer la menace allemande, utilisant ainsi des ressources qui feront défaut ailleurs. Car pour contrer à coup sûr la menace allemande, il faut construire une flotte plus nombreuse. Compte tenu de l'immensité du champ de bataille sur lequel s'exerce la stratégie navale, le premier souci d'un amiral de cette époque est tout simplement de trouver l'adversaire. Il faut se souvenir que le *Scharnhorst* et le *Gneisenau* purent effectuer une (et une seule) croisière de deux mois et détruire 115 000 tonnes de navires marchands sans que l'armada lancée à leurs trousses les trouve ! Pour augmenter les chances de localiser rapidement l'adversaire, il vaut donc mieux disposer d'un plus grand nombre d'unités que lui, sous peine de disperser dangereusement ses moyens et risquer d'être trop faible en cas de rencontre de l'ennemi.

Il est même possible d'affirmer la validité du paradoxe principal du concept de « fleet in being ». Une flotte, sans même quitter son port, mais menaçant de le faire, constitue un danger tel que l'adversaire est conduit à immobiliser des forces pour contrer une éventuelle sortie offensive. Ces forces feront défaut dans un autre secteur du champ de bataille. De ce point de vue, la flotte de surface allemande jouera pleinement son rôle, au prix de la destruction de ses principaux navires et de leurs équipages. Il suffit de voir l'ampleur des moyens mis en œuvre pour couler le *Bismarck* et le *Tirpitz* pour s'en convaincre.

Quant à la flotte sous-marine, elle atteindra un rapport coût/efficacité qui sera tout prêt d'être fatal aux Alliés. Le renversement de la situation stratégique au printemps 1943 n'en est que plus étonnant. Mais l'amiral Dönitz continuera avec ses U-Boote d'exercer une forte menace sur les convois en raison du formidable potentiel ennemi qu'il fixe ainsi, en l'empêchant de se transformer en chars ou en bombardiers supplémentaires. Alors que du côté allemand, le plan 1943 de construction des U-Boote, devenu effectivement prioritaire, ne consommera que 8 % de la production d'acier allemande. Ce chiffre démontre à lui seul à quel point le rapport coût/efficacité des sous-marins est avantageux.

### 2.3. La marine soviétique

Comme les autres forces armées, la marine soviétique est victime des purges staliniennes de 1937-1938 qui frappent le haut commandement. La marine soviétique, tout au long du conflit, manque de doctrine et de pensée stratégique. Elle sera d'une passivité souvent surprenante. Les Occidentaux lui accordent une valeur douteuse. L'amiral Vian, qui évalue la qualité des infrastructures de Mourmansk et Arkangelsk qui s'apprête à accueillir les convois arctiques, est horrifié par ce qu'il trouve. Les choses s'améliorent d'ailleurs à partir de 1942.

À la veille de la guerre, la flotte soviétique est forte de :

- 3 cuirassés rénovés,
- 9 croiseurs dont 5 récents,
- 30 destroyers,
- 180 sous-marins,
- 130 vedettes lance-torpilles.

Deux cuirassés de 40 000 tonnes, deux porte-avions et d'autres unités sont en construction. Les navires soviétiques manquent de fiabilité, et l'Union Soviétique n'hésite pas, avant la guerre, à se rapprocher des Occidentaux, idéologie mise à part, pour compléter ses compétences. D'où des rapprochements avec les États-Unis dans le domaine des cuirassés, avec l'Italie pour les croiseurs et destroyers, et avec l'Allemagne pour les sous-marins. Bien avant l'annulation du traité de Versailles, l'URSS avait autorisé l'Allemagne à procéder chez elle à des essais d'éléments de sous-marins !

L'URSS achète à l'Allemagne le croiseur *Lützow*, qui ne sera jamais terminé en raison des tergiversations allemandes. Après juin 1941, l'URSS recevra de l'Angleterre un cuirassé ancien et deux sous-marins.

Les flottes allemande et soviétique se neutraliseront toute la guerre en Baltique. Les sous-marins finlandais et l'aviation allemande provoquent de sérieux dégâts. Le futur colonel H. Rudel, qui sera crédité de la destruction de 500 chars soviétiques, coupe en deux le cuirassé *Marat* avec la bombe de 1 000 kg de son Stuka. Reléguée au fond du golfe de Finlande, privée de ses principales bases, la marine soviétique soutient davantage les combats terrestres qu'elle n'engage les forces navales adverses. Même en 1944-1945, la Kriegsmarine garde le contrôle du théâtre et n'est pas gênée outre mesure dans ses opérations d'évacuation.

En mer Noire, le soutien des forces terrestres est la principale fonction de la flotte. Le grand destroyer *Taschkent*, acheté aux Italiens, ravitaille plusieurs fois Sébastopol assiégée. Les sous-marins sont actifs. Les petites unités soviétiques et allemandes se livrent de multiples combats. La flotte soviétique ne pourra s'opposer aux évacuations allemandes.

La flotte du Nord est chargée de protéger les convois de Mourmansk. Les marins alliés se plaindront de son manque d'ardeur. Mourmansk est constamment bombardée par les Allemands, qui n'arriveront pas à s'emparer de cette région.

## 3. L'ORGANISATION DES FORCES ET LES PRÉPARATIFS

L'efficacité des armées et des flottes repose autant sur l'organisation des forces que sur les forces elles-mêmes. Le manque de coordination entre les flottes françaises et espagnoles à Trafalgar fut l'une des causes de leur défaite. L'armée française a été vaincue en juin 1940 pour des raisons tenant davantage à son organisation et à la qualité de ses chefs qu'à cause de son potentiel, au moins équivalent à celui de le Wehrmacht. L'importance de l'organisation est encore plus importante dans la guerre sur mer à cause du caractère particulièrement dramatique des combats. En effet, le plus souvent, le vaincu est totalement détruit. Des navires coûteux, des équipages dont la qualification est élevée sont perdus, sans qu'il soit possible de les remplacer rapidement, même si l'on dispose des effectifs suffisant. S'il suffit de quelques semaines pour donner à un fantassin sa formation de base, il faut des mois pour former un marin. Quant au commandement, son efficacité repose sur une formation lente et complexe, s'appuyant sur une longue tradition. Un bon exemple *a contrario* de l'importance de cette formation des officiers vient de la marine soviétique qui ne joua qu'un rôle modeste malgré sa puissance. Les purges staliniennes qui se sont abattues sur les officiers de marine comme sur ceux des autres armées ont un effet encore plus dévastateur sur la marine que sur les autres armées. L'armée de Terre soviétique reconstituera brillamment un haut commandement efficace, mais la marine ne se remettra pas des purges staliniennes.

### 3.1. La préparation et les premières mesures alliées

La montée des périls conduit les Britanniques à exploiter les enseignements de la première guerre mondiale en particulier dans deux domaines :

- le renseignement naval,
- la protection du trafic par l'organisation des convois.

### *Le renseignement naval*

Il est bien difficile d'essayer de montrer l'importance du Renseignement sans entrer dans des détails, fastidieux pour les non-spécialistes. Mais le renseignement jouera dans la bataille de l'Atlantique un rôle primordial. Aussi est-il nécessaire d'exposer rapidement son organisation. Les aspects plus techniques sont exposés dans le chapitre 10 sur la guerre des télécommunications.

Le renseignement naval et les cryptanalystes britanniques, qui ont joué un rôle déterminant dans la victoire contre les U-Boote de 1917, sont mis en demi-sommeil après 1919.

L'été 1937, sous la pression de la guerre civile espagnole, voit la naissance d'une cellule (OIC pour Operational Intelligence Centre) de renseignement au sein de l'amirauté britannique, capable d'exploiter les décryptements ainsi que toutes les autres sources, trafic radio, relevés goniométriques, agents, pour transmettre des synthèses aux cellules opérationnelles. Cette organisation bénéficie de l'expérience acquise grâce à la célèbre *Room 40* dirigée par l'amiral Hall lors de la première guerre mondiale. La cheville ouvrière de l'OIC est le lieutenant de vaisseau Denning, qui, après avoir mis sur pied ce service, est responsable du renseignement sur les flottes de surface. Se formant sur le tas, il deviendra l'un des plus habiles spécialistes de l'histoire du Renseignement, et finira sa carrière en 1965 comme vice-amiral.

L'OIC est un peu créé contre les désirs de l'establishment de la Royal Navy, qui voit là une atteinte possible à sa liberté de manœuvre opérationnelle. C'est une des raisons pour laquelle la plupart des officiers de l'OIC, dont Denning, appartiennent au commissariat (paymasters) de la Royal Navy. L'Amirauté accorde à ces officiers l'avantage de ne pas avoir d'idées préconçues quand à l'incidence du Renseignement sur la conduite des opérations. Pendant la première guerre mondiale, ces idées préconçues ont nuit à l'exploitation du très bon travail mené par la *Room 40*, ancêtre de l'OIC.

En effet, pour mieux comprendre à quel point la centralisation du renseignement peut déplaire aux amiraux responsables d'une flotte, il faut se souvenir du rôle déterminant joué par la Marine britannique depuis des siècles. De la déroute de l'*Invincible Armada* à Trafalgar, les victoires navales ont permis à l'Angleterre d'assurer sa suprématie en Europe voire dans le Monde. Les amiraux britanniques sont des Lords, conscients depuis trois siècles de leur importance. Un amiral commandant une escadre jouit en mer d'une grande autonomie, contrepartie de ses responsabilités stratégiques. L'amiral prend ses décisions en exploitant lui-même le peu de renseignements dont il dispose. Il opère sur un champ de bataille immense. La localisation de l'ennemi et de sa direction est alors une tâche déterminante. Les informations, le renseignement, sont le plus souvent fournis par les navires envoyés par l'amiral en éclaireurs. L'amiral dispose donc de la totalité des moyens lui permettant de combattre. Il est alors seul maître de ses décisions.

Les choses se compliquent lors de la première guerre mondiale, avec l'intrusion croissante de la technique dans la guerre, et en particulier dans la guerre navale. Par exemple, l'emploi des télécommunications change complètement la face des choses. Le Renseignement, qu'il soit naval ou terrestre, devient une discipline à part, exercée par des spécialistes d'un genre nouveau. La collecte du renseignement est très technique et nécessite des moyens qui ne peuvent plus être localisés sur les navires d'une flotte. L'amiral dépend alors d'autres moyens que les siens pour acquérir le renseignement. Mais il est tenté de conserver l'exploitation du renseignement, ce qui est une erreur. En effet, dans ce domaine-là aussi, le choix des informations considérées comme déterminantes, l'analyse de leurs corrélations ou de leurs interactions est tout aussi technique. Ce que les amiraux britanniques de la première guerre mondiale n'admettent pas facilement. Ils estiment que les équipes de renseignements à terre doivent leur fournir des informations brutes, qu'ils exploiteront eux-mêmes, sur leur navire amiral, au besoin dans le fracas d'une bataille. Mais le manque de qualification des états-majors d'escadre engendrera quelques mécomptes, entre autres lors de la bataille du Jutland.

En effet, l'équipe de la *Room 40*, sous la direction de l'amiral Hall, est une équipe de cryptanalystes, civils et militaires, considérés par les amiraux comme de brillants amateurs. Cependant, le contact quotidien ainsi établi avec l'ennemi fait de cette équipe le meilleur connaisseur des intentions de l'amiral Scheer, commandant la flotte de haute mer allemande. Lorsque le 31 mai 1916 la flotte allemande prend la mer pour une bataille décisive contre la flotte britannique, elle ne sait pas que depuis deux heures, la flotte britannique de l'amiral Jellicoe, alertée par les cryptanalystes de l'amiral Hall, navigue à sa rencontre. La coopération entre le Renseignement naval et le commandement opérationnel cessa cependant de porter ses fruits, faute d'une bonne compréhension des possibilités et des difficultés de l'art du Renseignement.

Le directeur des opérations, à l'Amirauté, demande vers midi si l'on avait localisé « DK », l'indicatif de l'amiral Scheer. Il est probable que, dans l'esprit de cet officier, la précision de la question doit conduire à une réponse précise, permettant de savoir où est la flotte allemande. Ce mélange de technique et de stratégie entre les mains d'un non-spécialiste du renseignement entraînera un grave mécompte. On lui répond en effet très directement que cet indicatif est localisé à Wilhemshaven. La réponse est aussi précise que la question, mais elle n'apporte que la confusion stratégique. Si cet officier avait tout simplement demandé où était l'amiral allemand, on lui aurait répondu que, selon ses habitudes, l'amiral Scheer utilisait un autre indicatif lorsqu'il prenait la mer, et on lui aurait dit où pouvait se trouver la flotte allemande. Car le directeur des opérations en déduit que puisque « DK » est à terre, la flotte allemande n'a pas appareillé, alors qu'elle est en mer depuis 10 heures ! Les deux flottes se rencontrent par hasard, et sans résultat notoire. L'amiral Jellicoe attribuera à tort ce mécompte à la qualité douteuse du renseignement. Opinion renforcée peu après par une position manifestement fausse attribuée à l'arrière-garde allemande ; erreur relevée à juste titre par l'état-major de Jellicoe qui en déduit, à tort cette fois, qu'il ne faut pas compter sur la *Room 40* pour savoir quelque chose. Les cryptanalystes n'y étaient pour rien, l'erreur venant du navire allemand ! La *Room 40* décryptera ensuite des messages indiquant clairement la route de retraite allemande. Cette information ne sera même pas transmise par l'Amirauté à l'amiral Jellicoe, qui ratera la flotte allemande. L'erreur d'organisation est de ne pas avoir laissé agir la *Room 40* comme une véritable cellule de renseignement opérationnel, effectuant elle-même les synthèses diffusées aux commandements opérationnels. À la décharge des amiraux, il faut savoir que l'arrivée du renseignement en tant que technique militaire est une discipline nouvelle, à laquelle il faut s'habituer. Les ambiguïtés diminueront au printemps 1917 lorsque la *Room 40* cessera de diffuser des informations brutes et séparera le décryptage de son exploitation. Mais il est un peu tard pour que cette organisation et ses conséquences entrent dans les mœurs, puisqu'une telle organisation signifie le transfert des questions stratégiques des amiraux en mer à l'Amirauté à terre. Cette responsabilité est enlevée aux chefs d'escadre, qui se consacreront désormais aux problèmes tactiques. Il s'agit là d'un changement profond des habitudes navales, allant à l'encontre d'une tradition d'autonomie séculaire.

L'amirauté britannique est consciente de la survivance de ces traditions lorsqu'elle décide de peupler l'OIC de « paymasters ». Comme ces officiers ne commandent jamais d'unité, les amiraux ne peuvent donc les considérer comme des concurrents potentiels. D'autre part, ne commandant pas à la mer, les paymasters sont libérés des soucis tactiques affectant les états-majors opérationnels. L'Amirauté leur confie donc une tâche de renseignement bien comprise : recherche et collecte des informations, exploitation et synthèse, orientation de la recherche.

La tâche d'un service de renseignement militaire s'exprime d'ailleurs de manière simple. Un tel service doit être en mesure de répondre en permanence à trois questions :

1) Nature de l'ennemi : la « nature » de l'ennemi est définie par son armement principal. Par exemple, division blindée, groupe de bombardiers moyens, escadre de croiseurs de batailles, meute de sous-marin, etc.
2) Volume de l'ennemi : armée de 5 divisions blindées de 11 000 hommes et 250 chars chacune, escadre de 3 croiseurs, etc.
3) Intentions de l'ennemi. Pour répondre à cette question, il faut disposer d'un minimum de connaissances sur les objectifs et les méthodes de l'ennemi.

La réponse à ces trois questions se dédouble, en se référant à l'ennemi actuel puis à l'ennemi futur. Cette démarche est appliquée à chacune des zones géographiques dont le service est responsable.

L'élaboration du renseignement est donc une tâche difficile. On comprend alors mieux les raisons qui ont conduit l'amirauté britannique à confier à un organisme unique comme l'OIC la tâche de définir l'ennemi.

La crise tchécoslovaque conduit l'OIC à son organisation du temps de guerre. Des cellules spécialisées traquent les différentes composantes de la marine allemande, sous-marins, flotte de surface, flotte de commerce, raiders de surface. La cellule pilotant les convois se trouve de l'autre côté du couloir. La coordination est ainsi des plus naturelles.

Il convient de noter qu'une organisation unique, Bletchley Park (1 000 personnes en 1943), traite la quasi-totalité des décryptements adverses, au profit des cellules de renseignement des trois armées et des ministères. Bletchley Park forme et contrôle les spécialistes des sections décentralisées de Malte, Alexandrie, Hong Kong, Bombay, pour ne citer que les plus importantes.

La première étape de la chaîne est celle de l'interception et de la localisation goniométrique du trafic adverse. Les équipements et les spécialistes des trois armées sont progressivement intégrés dans une organisation unique, le *service* « *Y* », mis sur pied au début de la guerre. Les interceptions sont transmises par telex à Bletchley Park. Les messages sont ensuite décryptés puis évalués par les analystes, eux-mêmes spécialisés par armée.

Bletchley Park diffuse ensuite avec prudence les synthèses issues des décryptements bruts, tout en étant capables de discuter de leur valeur avec les officiers traitants des différentes armées. Seul, l'OIC reçoit directement les décryptements bruts. Le sujet est bien délimité et l'interprétation des messages est plus facile. L'OIC gagne ainsi un temps précieux qui permet de prendre rapidement les décisions nécessaires. Mais la nécessité de préserver le secret de la source limite le nombre des destinataires et limite, au moins au début, les possibilités d'exploitation qui dépendent d'une bonne coordination inter-armées. De plus, toujours au début de la guerre, les destinataires de ces messages classés « *Ultra* » ne savaient pas si leurs correspondants d'une autre armée en étaient également destinataires, et ne pouvaient pas le leur demander compte tenu du secret absolu de la source « *Ultra* » ! Les Britanniques surmontent progressivement ces difficultés.

L'organisation alliée du décryptage est un avantage décisif, renforcé à partir de 1942 avec l'entrée en guerre des États-Unis. La création en janvier 1941 d'une *Photographic Interpretation Unit* commune aux trois armées est une belle opération du même genre que celle de la constitution de Bletchley Park. La mise en commun des compétences procurera aux Alliés un avantage certain dans cette difficile technique de renseignement.

Le décryptement des messages de l'adversaire jouera un rôle important, souvent méconnu des commandants opérationnels, pour chacun des belligérants. Leur rôle est ponctuellement mentionné dans cet ouvrage ; leur importance réelle est très largement supérieure à ce que pourrait le laisser croire les exemples cités. Ces décryptages constituent de très loin la principale, voire l'unique source d'information. Cependant, l'acquisition de renseignements directement exploitables nécessite la mise en œuvre coordonnée de tous les moyens d'investigation disponibles : analyse du trafic radio, relèvements goniométriques, radar, reconnaissances aériennes, interrogatoire des prisonniers, exploitation des rares documents saisis. Dans les territoires occupés par l'Allemagne, des agents infiltrés ou résidants effectueront un travail de renseignement de premier ordre. Les mouvements de Résistance paieront un lourd tribut pour fournir aux Alliés des renseignements de grande précision.

Cette forte organisation du renseignement britannique, en prise directe avec les opérations, fut l'un des facteurs de victoire les plus décisifs.

L'organisation du commandement da la marine française, sans accorder autant d'importance au renseignement, avait suivi une voie semblable. Un état-major centralisé, disposant de moyens de transmissions très performants, mené par des équipes relativement peu nombreuses, assurera parfaitement sa mission jusqu'en juin 1940.

### *Les convois*

Les alliés franco-britanniques sont à deux doigts de la catastrophe logistique lorsqu'en avril 1917 ils perdent 881 000 tonnes de navires marchands, record mensuel des deux guerres. Car les Amirautés estimeront longtemps indigne d'elles la protection des navires marchands. La décision est censée venir de l'affrontement direct entre les grands navires de ligne. Alors que du temps des guerres contre Louis XIV ou Napoléon, la Royal Navy organisait et protégeait des convois vitaux de plusieurs centaines de navires ! Il faut en 1917 toute l'énergie d'un Lloyd George et une remise en ordre de statistiques biseautées pour ramener les Amirautés au sens des réalités. Les résultats sont très rapidement bénéfiques pour les Alliés.

En 1917, seulement 1,2 % des bâtiments naviguant en convois sont perdus, contre 15 % de pertes pour les bâtiments naviguant isolément. Cette leçon ne sera pas oubliée, et personne ne croyait au respect de l'accord sur la guerre sous-marine de 1936, qui, en principe, rend inutile les convois.

Aussi, dès avril 1939, une conférence franco-britannique met au point la tactique des convois, ainsi que l'organisation nécessaire à la bonne marche de cette délicate opération. La faiblesse des moyens d'escorte et des moyens aériens limite les ambitions. Il s'agit de protéger une flotte marchande britannique de

9 500 unités, soit 21 millions de tonnes, et la flotte marchande française de 1 300 unités pour 3 millions de tonnes. En moyenne, 2 500 navires britanniques de plus de 3 000 tonnes sont en mer chaque jour, et 700 sont dans les ports. Ce qui donne une idée de la difficulté de la tâche des défenseurs.

Les convois (36 navires en moyenne, répartis sur 4 lignes) sont protégés sur une partie de leur parcours par de trop rares escorteurs (parfois un seul), pourvus d'une arme nouvelle, l'Asdic, dont on attend beaucoup. L'Asdic permet de repérer, avec un peu de chance, les sous-marins en plongée, pour les combattre au moyen de grenades sous-marines. Au début de la guerre, la portée de l'Asdic, selon les conditions de propagation du son dans l'eau, n'est au plus que de 1 mille nautique (1 852 mètres). La portée atteindra plus tard 2 milles nautiques. La température et la salinité de l'eau de mer, qui varie en couches successives de la surface au fond, influencent beaucoup la propagation de l'onde Asdic. Ces phénomènes sont plus ou moins bien connus des scientifiques de l'époque. Les sous-mariniers disposent de cartes de salinité, qui peuvent éventuellement leur servir à échapper à la détection. Les sonars actuels, aussi sophistiqués soient-ils, rencontrent toujours les mêmes difficultés. La plus grande connaissance du milieu marin permet aux sous-marins de se mettre à l'abri de toute détection venant de la surface en naviguant sous la thermocline.

Il suffit de lire les rares souvenirs écrits par les sous-mariniers allemands pour connaître à quel point la présence de parfois un seul escorteur pouvait entraver leur action. Les États-Unis, lors de leur entrée en guerre, mettront cependant plusieurs mois avant de suivre cette logique.

L'autre arme nouvelle dont disposent les Britanniques est le radar. En 1939, seuls quelques navires sont équipés. Cette technique est perfectionnée tout au long du conflit, pour devenir un équipement répandu et efficace. Les Alliés conserveront un avantage dans ce domaine en réussissant à miniaturiser le radar, de telle sorte que des petits navires et les avions puissent en être équipés. Les équipements allemands étaient beaucoup plus volumineux.

## ***Les lacunes***

*La première lacune est l'insuffisance des moyens d'escorte.*

La marine française participera activement à la protection des convois jusqu'en juin 1940.

Après cette date, l'essentiel de la bataille des convois reposera sur les marines britannique et canadienne. En 1939, les Britanniques ne disposent que de 200 navires d'escorte, largement équipés de l'Asdic, dont l'efficacité est surestimée. Le nombre d'escorteurs s'accroîtra lentement, pour atteindre 3 200 unités équipées de l'Asdic à la fin de 1944. Mais, en attendant, il faut faire appel à toutes les ressources disponibles, y compris celles de la marine canadienne, quasi inexistante. Ses effectifs passeront de 3 500 hommes en 1939 à 95 000 en 1945 !

*La seconde lacune est l'insuffisance des moyens aériens.*

La première guerre mondiale avait également démontré que 5 navires seulement furent coulés pour la totalité des convois bénéficiant d'une couverture aérienne. L'avion primitif de cette époque dirige l'escorte vers le sous-marin. Le convoi ainsi éclairé bénéficie d'une sécurité à peu près totale. Cette leçon la sera oubliée, pour deux raisons :

La Royal Air Force est créée le 1er Avril 1918, sous l'impulsion du général Trenchard. Pour défendre son autonomie acquise de fraîche date, la RAF a tendance à estimer que tout ce qui vole lui appartient. Cette mainmise sur les moyens aériens, en fonction des seuls besoins d'une stratégie aérienne en pleine création, se fait au détriment de la coordination avec les besoins des autres armées. C'est ainsi que l'armée de terre britannique, comme son allié français d'ailleurs, ne dispose en 1939 d'aucun appareil d'appui au sol ; alors que la Luftwaffe peut bénéficier des services rendus par les *Stukas*. Quant à l'aéronautique navale, puissante en 1919, elle est complètement oubliée de cette stratégie aérienne naissante. La Royal Navy entre en guerre avec ses biplans *Swordfish*, qui, bien que datant de 1936, sont une version améliorée de leurs ancêtres de 1914-1918. Bien que désuets, ils rendront d'ailleurs de très grands services. Mais il y avait quand même mieux à faire. Le Coastal Command utilisera avec succès le grand hydravion quadrimoteur *Sunderland*, redouté des U-Boote et des chasseurs adverses, dont le rayon d'action de 2 850 km aurait été utile à la protection des convois. Mais il y en avait trop peu en service en 1939. L'aéronautique navale française est quasi inexistante, représentée par les hydravions transportés par le *Commandant Teste*.

Un autre avatar de la stratégie aérienne, partagée par tous les belligérants, est la croyance en la possibilité d'obtenir une victoire rapide en bombardant massivement les centres économiques et logistiques de l'adversaire. Le théoricien du bombardement stratégique est le général italien Douhet. Dans les années vingt, il publie plusieurs ouvrages sur la question, en réaction contre l'ampleur des pertes et des dégâts issus de la première guerre mondiale. La guerre avait été longue et dévastatrice parce qu'aucun des belligérants n'avait les moyens d'obtenir rapidement la victoire. L'énorme puissance de l'arme aérienne naissante lui paraît donc comme le meilleur moyen de détruire rapidement les centres vitaux de l'adversaire. De plus, la démoralisation des populations civiles provoquée par des bombardements intensifs ne pourrait que pousser l'adversaire à demander la paix. Cette idée est très largement partagée par tous les belligérants. Il est possible que l'ampleur des dégâts prévisibles provoquée par cette guerre aérienne absolue ait été l'une des causes de la « faiblesse » des démocraties lors de Munich ou du « coup de Prague ».

Les Anglo-Saxons cultiveront cette stratégie et accorderont la priorité au bombardement stratégique au détriment des autres formes de guerre aérienne, et en particulier de la guerre aéronavale. Cette politique constante, malgré le manque de preuve des résultats de cette stratégie, retardera beaucoup la mise à disposition de l'aéronavale des appareils nécessaires. Les rares avions à grand rayon d'action, tardivement disponibles, dotés du radar, se révéleront rapidement comme un moyen de lutte déterminant. La priorité accordée au bombardement stratégique repoussera leur entrée dans la guerre sous-marine. Il faudra donc attendre la montée en puissance de l'industrie américaine pour doter l'aéronavale, dont l'action fut décisive pour vaincre les U-Boote. La supériorité aérienne alliée sera aussi décisive pour la guerre sur mer que pour la guerre terrestre.

Il convient de noter un autre point qui désavantage les Alliés. Le tonnage moyen des navires marchands est de l'ordre de 5 000 tonnes, au lieu de 2 500 tonnes lors du premier conflit. Ce qui signifie qu'une torpille atteignant son but est deux fois plus dévastatrice, et qu'un navire marchand est deux fois plus important !

Les convois sont donc encore plus justifiés que lors de la première guerre mondiale.

### 3.2. La préparation et les premières mesures allemandes

À son arrivée au pouvoir en 1933, Hitler freine le réarmement naval, pour se ménager les bonnes grâces de l'Angleterre. La compétition navale menée par le Kaiser contre la Grande-Bretagne est considérée comme l'une des causes du premier conflit mondial. Hitler désire éviter l'entrée dans une éventuelle guerre de la Grande-Bretagne. D'où la limitation de la flotte, gage de la stratégie navale limitée de l'Allemagne, et la volonté de souligner le caractère continental de la stratégie allemande.

Dans une note du 3 septembre 1939 – déclaration de la guerre –, le grand amiral Räder constate l'impréparation totale de la Kriegsmarine. Ses 250 000 tonnes de navires représentent le huitième de la puissance navale franco-britannique. Le grand amiral est partisan d'une guerre sous-marine totale et sans restriction, pour éviter les erreurs de la première guerre mondiale. Mais compte tenu de leur insuffisance numérique, ni la flotte de surface, ni les sous-marins ne peuvent à cette date provoquer un effet décisif.

La flotte de surface allemande jouera un rôle des plus limités dans cette bataille. L'essentiel des combats sera donc mené par la flotte sous-marine allemande.

#### *L'arme sous-marine*

Les sous-marins de la marine impériale ont été tout près de gagner la bataille du blocus en 1917-1918. Seules, les hésitations allemandes sauvent les Alliés du désastre. La marine impériale avait commencé la guerre avec 20 sous-marins. Leur construction ne s'accélérera qu'en 1916, avec une centaine d'unités lancées. Ce rythme insuffisant sera tenu jusqu'à la fin de la guerre, et 345 unités seront ainsi construites. Les pertes, très inférieures à celles que l'on allait connaître dans cette nouvelle guerre, s'élèveront à 178 unités. L'état-major de l'arme sous-marine estime à l'époque qu'il lui faut 200 sous-marins opérationnels pour gagner la bataille logistique. Cette leçon est partiellement oubliée.

Les sous-mariniers allemands de 1918 ne se considèrent pas comme des vaincus. Dès 1920, le Japon, l'Argentine, la Suède, l'Italie, la Finlande font appel, sous des formes diverses, au savoir-faire allemand dans le domaine des sous-marins. Ce savoir-faire est donc conservé, et en 1925, un chantier naval monté aux Pays-Bas, piloté par les clandestins de l'arme sous-marine, construit, quelques sous-marins pour des pays divers. Le lieutenant de vaisseau Canaris, vétéran des services secrets en Espagne et Méditerranée, est l'un des « voyageurs de commerce » de cette arme sous-marine clandestine. L'Allemagne conserve ainsi sa maîtrise de la conception des sous-marins.

Clandestinement, parce que contraire au traité de Versailles, la reconstitution de l'arme sous-marine se poursuit, au moins au début, avec une relative discrétion, dès 1932. Les 6 premiers sous-marins côtiers de 250 tonnes, arrivés en pièces détachés des Pays-Bas, sont assemblés en 1935. Le traité bilatéral anglo-allemand de 1935 entérine cet effort de réarmement et accorde à l'Allemagne la parité avec la Grande-Bretagne dans le domaine des sous-marins.

La première flottille de sous-marins est constituée le 1er septembre 1935, sous le commandement du capitaine de vaisseau Dönitz, sous-marinier de la première guerre mondiale. Dönitz ne peut que constater la modestie de ses moyens. Les hésitations du commandement allemand quant à l'aspect décisif de la guerre sous-marine se traduisent par un ralentissement sensible des livraisons de U-Boote. : 21 en 1936, 1 en 1937 et 9 en 1938. Dans un mémorandum du 1er septembre 1939 exploitant les résultats d'un long « Kriegspiel », Dönitz estime que la seule manière de vaincre rapidement l'Angleterre est de s'attaquer à son trafic marchand de l'Atlantique Nord. Ce qui suppose une flotte sous-marine de 300 unités, dont un tiers est opérationnel en permanence, un tiers en transit et le dernier tiers au repos et en maintenance. Ce plan ne sera réalisé qu'en 1942-1943. En septembre 1939, le commodore Dönitz ne dispose que de 57 sous-marins, dont seulement une vingtaine de type océanique. Ce qui interdit toute victoire rapide.

L'amiral K. Dönitz commandera les U-Boote pendant toute la durée du conflit. Disposant longtemps de l'initiative, il change souvent les zones d'effort de ses U-Boote, déjouant les efforts locaux et de durée limitée de la défense adverse. Les cartes ne donnent qu'une idée de cette bascule des zones d'effort. Ce jeu se prolongera jusqu'à ce que les Alliés disposent des forces nécessaires à la protection navale et aérienne de la totalité des convois. Il met au point des techniques de combat tirant les enseignements de la première guerre mondiale.

Signalons trois aspects tactiques particuliers :

### *Les meutes*

L'amiral Dönitz écrit dans ses souvenirs à quel point l'apparition des convois alliés en 1917 lui procura un sentiment de frustration profond. Seul devant 30 ou 40 cibles potentielles, son U-Boot après avoir coulé deux ou trois navires, devait laisser filer le gros du convoi. L'idée de grouper les sous-marins pour attaquer un convoi germait déjà. Encore faut-il disposer d'un nombre de U-Boote suffisant pour les faire manœuvrer. Aussi, lorsque les effectifs atteignent le niveau souhaité et contrairement aux habitudes du premier conflit, les U-Boote vont opérer en « meutes » de 5 unités au début, de 20 à 30 en 1943. Chaque meute est prépositionnée sur une ligne de 200 à 250 milles, en travers de la route supposée des convois. Un convoi est repérable jusqu'à une distance de 25 milles. Le U-Boot ayant repéré un convoi ne doit pas l'attaquer, mais doit alerter le PC de Dönitz et continuer à filer le convoi. Cette organisation augmente fortement l'efficacité collective des U-Boote, dans le domaine de la détection des convois, puis de leur attaque de nuit, en surface pour déjouer l'Asdic, par une ou plusieurs meutes regroupées par le PC, profitant de la faiblesse des escortes qui durera jusqu'en 1943. Les attaques de nuit en surface seront une surprise totale pour les Alliés.

L'amiral Dönitz doit batailler contre sa hiérarchie pour imposer la tactique des meutes. L'objection principale réside dans le danger représenté par un trafic radio important, contrepartie obligée de cette tactique. Mais l'amiral Dönitz estime, d'une part, que l'accord de 1936 ne sera pas respecté et que les navires marchands circuleront en convois, selon les enseignements du dernier conflit ; d'autre part, que le risque bien réel du repérage des U-Boote par la goniométrie adverse ne suffit pas à lui seul à remettre en cause le bénéfice attendu de la tactique des meutes. Des pertes raisonnables font partie du prix à payer pour obtenir la victoire. Dès 1938, l'amiral entraîne ses U-Boote à attaquer des convois escortés.

### *Le ravitaillement en mer*

Cependant, l'éloignement des bases de la Baltique du théâtre atlantique limite les possibilités d'action. Le ravitaillement en mer est étudié avant-guerre, et fait partie de l'entraînement normal. Cette technique permet de maintenir plus longtemps un potentiel offensif dans des zones lointaines, en diminuant la fréquence des allers et retours des U-Boote vers leurs bases. Cette mission est d'abord assurée par des navires marchands en 1941, puis par des sous-marins spécialement construits pour cet usage à partir de 1942. La mission déterminante de ces navires sera écourtée par l'effort particulier de renseignement et de décryptage radio effectué par les Britanniques. Les ravitailleurs seront pistés et détruits les uns après les autres.

### *Les télécommunications*

Le commandement des U-Boote est centralisé. Ils communiquent tous par radio codée et cryptée avec un PC unique, celui de l'amiral Dönitz. La synthèse est rapide, ce qui permet de diriger et regrouper les U-Boote vers les points tactiquement intéressants.

Les écoutes radio fournissent des renseignements précieux sur les mouvements des convois.

D'où une guerre permanente du cryptage et du décryptage des messages. Chaque camp ignorant jusqu'à la fin de la guerre ce que l'adversaire décrypte, chacun ayant pris les mesures préventives supposées assurer la sécurité de ses télécommunications !

### *Les lacunes allemandes*

Outre l'impréparation quantitative, il convient de signaler deux autres points :

– Tout comme la Royal Navy, la Kriegsmarine ne dispose pas d'aéronautique navale. Göring refusa jusqu'à la fin de la guerre de constituer des unités spécialisées. La coordination tactique entre l'aviation et la marine est une affaire délicate, qui donne parfois de bons résultats. On peut citer la couverture aérienne du passage de la Manche par le *Scharnhorst*, le *Gneisenau* et le *Prinz Eugen* en février 1942, et les opérations dévastatrices de la Luftwaffe sur les convois arctiques, en particulier par les hydravions-torpilleurs *Heinkel 115*. Le principal manque se manifestera dans le domaine de la protection des sous-marins entrant ou sortant de leurs bases atlantiques, après juin 1940, ce qui entraîna des pertes considérables pour les U-Boote.

– La guerre des télécommunications et du renseignement est dispersée entre huit services plus ou moins concurrents. Cette dispersion des moyens et des compétences diminue l'exploitation opérationnelle des renseignements, et multiplie les sources de faiblesse et d'erreurs, exploitées par les services de décryptage Alliés. Cependant, la Kriegsmarine bénéficie des remarquables services du B-Dienst, son service de renseignement particulier, et du X-Bdienst, chargé du décryptage.

## 4. LA FIN DE LA BATAILLE

Malgré la sensible croissance de leur nombre, les U-Boote sont vaincus pour des raisons multiples.

La crainte d'un débarquement en Norvège et les opérations en Méditerranée conduisent Hitler et Räder à immobiliser un grand nombre de sous-marins dans ces zones, contre l'avis de Dönitz. La pression des U-Boote dans l'Atlantique en est affaiblie.

La guerre des télécommunications est finalement gagnée par les Alliés, qui parviendront, entre autres, par décrypter en temps réel le trafic chiffré par la machine Enigma. Les U-Boote sont victimes de l'abondance de leur trafic radio, contrepartie obligée de la tactique des meutes.

Le tournant de la bataille se situe au printemps 1943. En mars, les Alliés doutent de la victoire, tant les U-Boote sont dévastateurs. La roue tourne vite. En avril 1943, les moyens de lutte, planifiés par les Alliés de longue date, entrent en service.

En effet, des escorteurs plus nombreux, équipés d'un radar et d'un radiogoniomètre efficaces, accompagnés par des porte-avions d'escorte, soutenus par une aviation enfin présente sur la totalité du parcours des convois, renversent définitivement le cours de la bataille.

Les Alliés peuvent alors utiliser les renseignements issus du décryptage du trafic de la Kriegsmarine pour attaquer les U-Boote et leurs ravitailleurs, au lieu de se contenter, comme par le passé et faute de moyens, de détourner les convois.

À partir de juillet 1943, le tonnage lancé par les Alliés devient définitivement supérieur au tonnage coulé. La puissance industrielle des États-Unis joue un rôle déterminant.

Malgré les innovations techniques des Allemands et la combativité de leurs équipages, la bataille de l'Atlantique est gagnée par les Alliés.

À partir de l'été 1943, bien peu de U-Boote réussissent à effectuer plus de trois patrouilles. Pendant la première guerre mondiale, un sous-marin allemand avait une chance raisonnable d'effectuer 5 patrouilles.

La victoire des Alliés sur les U-Boote aurait été plus rapide si un plus grand nombre d'avions avait été affecté plus tôt à la protection des convois. En effet, 50 % des U-Boote détruits l'ont été par l'aviation, coopérant ou non avec les escorteurs.

Signalons enfin qu'à partir de 1943, les Alliés décryptent la quasi-totalité des messages japonais et allemands alors que leurs adversaires ne décryptent plus le trafic allié. Les Alliés disposent alors d'un avantage majeur dans le domaine du renseignement. En particulier, la maîtrise des décryptages leur permet de tester la validité de « Fortitude », le gigantesque plan de camouflage des opérations de Normandie. Les Alliés espéraient que ce plan pourrait tenir pendant les deux premières semaines suivant le jour J. Les messages allemands et japonais interceptés montrent clairement pendant les six semaines qui suivent le 6 juin que le débarquement principal est toujours attendu dans le Pas-de-Calais !

La victoire des Alliés fut également facilitée par un fait stratégique majeur, rarement évoqué :

**Les Alliés n'eurent pas à soutenir une seconde bataille des communications dans le Pacifique.**

En effet, malgré les demandes allemandes, les Japonais se refusèrent à utiliser leur flotte sous-marine (75 unités en 1942) dans une guerre logistique. Les Japonais persisteront à les utiliser contre les navires de combat ou pour ravitailler leurs garnisons, et ne couleront que 250 000 tonnes de navires marchands. Ce n'est qu'en novembre 1943 qu'un état-major est créé pour traiter la guerre sous-marine et la protection des convois. 300 escorteurs seront lancés, mais la défense sous-marine japonaise n'atteindra jamais l'efficacité de celle des Anglo-Saxons. Cette défense provoquera cependant la destruction de 52 des 289 sous-marins américains engagés en opération. Soit un taux de perte extraordinairement bas comparé à celui des U-Boote. Il faut préciser qu'à partir du second trimestre de 1943, les Américains décrypte le « code des Maru », utilisé par les convois de la marine marchande japonaise. Les sous-marins américains interviennent alors avec une efficacité renforcée.

L'absence de toute offensive durable contre leur chaîne logistique permet aux Américains de faire l'économie de l'organisation des convois. En particulier, ils peuvent consacrer la totalité de leur effort de construction navale militaire au lancement de navires destinés à l'offensive. Cette particularité contribue à faire pencher la balance des forces en faveur des Américains.

Par contre, les Américains mèneront une guerre efficace contre les navires marchands japonais, circulant le plus souvent sans protection. Les sous-marins américains, de construction relativement facile, bien adaptés aux longues distances du Pacifique, dotés très tôt du radar, surclasseront les défenses japonaises. Après avoir surmonté une sévère crise des torpilles (détonateurs défectueux, à l'instar de ce que connurent les sous-mariniers allemands !) et mis au point des tactiques appropriées, les Américains couleront 8 617 234 tonnes de navires marchands japonais, soit 2 345 unités (60 % par les sous-marins opérant en meutes de 3 à 4 unités, le reste par l'aviation), représentant 80 % de la flotte marchande, asphyxiant le Japon et ses garnisons lointaines. Les Américains s'attacheront en particulier à détruire les pétroliers japonais, privant progressivement les forces japonaises de leur approvisionnement en hydrocarbures, au point de réduire très fortement leurs capacités d'entraînement et de déplacement. En décembre 1941, le Japon dispose d'une flotte marchande de 6 millions de tonnes. Les 4 millions de tonnes construites pendant la guerre ne peuvent compenser les pertes. Le Japon finit la guerre avec une flotte marchande réduite à 1,5 million de tonnes.

Les sous-marins américains infligeront également de lourdes pertes aux navires de guerre japonais, qui représenteront environ 30 % de leurs victimes. Ils couleront entre autres 5 porte-avions et une quarantaine de destroyers. Lorsque les sous-marins pourront de nouveaux utiliser les ports des Philippines, ils manqueront de cibles, tant la flotte marchande japonaise est décimée. Le commandement les emploiera au sauvetage des équipages de bombardiers victimes d'un amerrissage forcé. La contribution des sous-marins américains à la victoire dans le Pacifique est donc capitale.

Dans le Pacifique comme dans l'Atlantique, la maîtrise des espaces marins s'est donc révélée déterminante.

L'Italie perdra également 80 % de sa flotte marchande lors des combats en Méditerranée.

Le bilan final de la Bataille de l'Atlantique est tragique :

Les Alliés perdent directement dans ces combats, sur toutes les mers, 5 150 navires marchands dont 650 navires français, soit 21 millions de tonnes, l'équivalent de la flotte marchande britannique de 1939, le tiers de la flotte mondiale de l'époque. Les pertes subies dans l'Atlantique Nord et à proximité des Îles britanniques représentent plus de 70 % du tonnage coulé. Les pertes humaines dans les rangs de la marine marchande sont de l'ordre de 45 000 à 50 000 hommes. On estime à 80 000 hommes les survivants d'un torpillage ou d'un naufrage. Les équipages des navires marchands, dont les chances de survie en cas de torpillage sont des plus réduites, sont les grands oubliés de cette bataille. Et pourtant, les convois n'auraient pas existé sans leur courageux travail anonyme. Les chiffres relatifs aux pertes de navires marchands sont sous-estimés puisque seuls les navires de gros tonnage ont été pris en compte.

La Royal Navy perdit 74 000 hommes, le Coastal Command 5 900, la marine canadienne 2 000.

Si l'on compare le chiffre des pertes humaines de cette bataille avec celui des pertes provoquées par les combats terrestres, qui se chiffrent en millions d'hommes, on ne peut qu'être surpris par le total des pertes navales, relativement très faible. Et pourtant, l'Atlantique fut sans doute l'un des théâtres d'opération les plus importants, déterminant pour la victoire en Europe.

Les U-Boote détruisent à eux seuls 2 828 navires marchands, soit 55 % des pertes alliées (voir l'annexe 6).

60 % des pertes sont des navires isolés, 9 % des retardataires de convois et 30 % des navires formant un convoi. Ce qui démontre pleinement l'efficacité des convois.

Mais 268 millions de tonnes de matériel de guerre et de subsistances traverseront l'Atlantique, pour soutenir l'effort des Britanniques et des Soviétiques, puis préparer le débarquement allié de 1944.

La victoire n'aurait pas été possible sans l'engagement de la puissance industrielle et financière des États-Unis. Trente-huit pays bénéficièrent des 48 milliards de dollars de l'époque au titre de la loi prêt-bail. La dette fut non seulement annulée à la fin de la guerre, mais de plus le plan Marshall viendra soutenir la reconstruction de l'Europe.

Les U-Boote subissent dans ces combats 63 % de pertes (739/1170), et leurs équipages perdent 76 % de leurs effectifs (31 240/41 000) (voir l'annexe 6). Si on ne considère que les 863 U-Boote engagés en opération, le taux de perte atteint 73 % : 630 d'entre eux ont été détruits en combattant.

**Flottes marchandes (1939)**

| | *Millions de tonnes* | *%* |
|---|---|---|
| Empire britannique | 21,2 | 36,93 |
| USA | 9,4 | 16,38 |
| Japon | 5,6 | 9,76 |
| Norvège | 4,6 | 8,01 |
| Allemagne | 4,3 | 7,49 |
| Italie | 3,3 | 5,75 |
| France | 3,1 | 5,40 |
| Pays-Bas | 2,9 | 5,05 |
| Grèce | 1,9 | 3,31 |
| Danemark | 1,1 | 1,92 |
| Total | 57,4 | 100,0 |

# CHAPITRE 2

# *La bataille de septembre 1939 à mars 1941*

## 1. LES OPÉRATIONS DE SEPTEMBRE 1939 À JUIN 1940

### *Les premières mesures et les premiers combats*

La guerre commence en
le 1er septembre 1939 et est déclarée le 3 septembre à 11 heures. Winston Churchill retrouve à 64 ans, dans le cabinet Chamberlain, le poste de ministre de la Mer qu'il avait occupé lors du dernier conflit.

Les États-Unis sont à cette époque fortement isolationnistes. Cependant, le président Roosevelt et son cabinet observent de près la situation, en cherchant un moyen de soutenir les démocraties sans heurter les convictions de l'Amérique profonde. Des conversations secrètes entre les états-majors britanniques et américains permettent à l'Amérique, en mai 1939 de prendre la mesure du problème. La montée du nazisme en Europe est analysée en conjonction des sympathies pro-allemandes de certains états sud-américains. Un amendement voté par le Congrès permet de fournir à la France et à la Grande-Bretagne les armements qui leur font défaut, en particulier des avions de chasse, sur la base du « cash and carry ». Une mesure astucieuse lui permet d'aider indirectement les marines alliées. Les USA, sous l'égide de la conférence des 21 républiques panaméricaines, définissent une zone de « neutralité », de 300 (au Sud) à 1 000 milles (au Nord) des côtes américaines. Ce qui allège la tâche des escorteurs britanniques et canadiens jusqu'à l'entrée en guerre des USA. Cette zone de neutralité est patrouillée par des unités américaines.

**Septembre 1939-mars 1941**

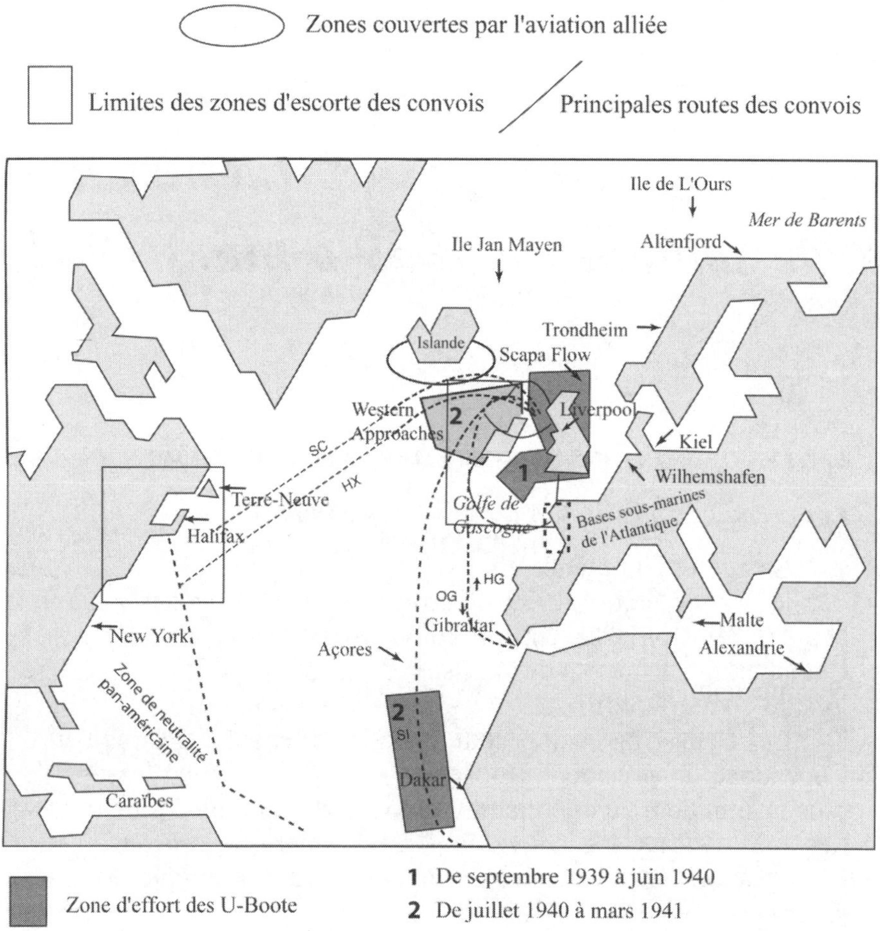


Mais surtout, Roosevelt établit une ligne de communication privée avec Winston Churchill. Le président américain doutant de la combativité de Chamberlain pousse ainsi implicitement Churchill vers le pouvoir. Les deux hommes entretiendront pendant toute la guerre une correspondance abondante, amicale, dont le rôle stratégique est de première importance.

Conformément aux plans franco-britanniques, le premier convoi est formé le 2 septembre, sur le trajet Gibraltar-Le Cap. 2 500 navires britanniques sont en mer, pour importer, entre autres, la totalité des hydrocarbures du pays. Faute de moyens, il est décidé que les navires filant plus de 15 nœuds navigueront isolément, protégés par leur vitesse.

La bataille de l'Atlantique commence immédiatement. Le 3 septembre 1939, à 20 h, le *U-30*, l'un des 18 U-Boote opérant dans l'Atlantique coule le paquebot britannique *Athenia.* Il s'agit de la première manifestation de la Bataille de l'Atlantique. Cette bataille se prolongera, sans interruption, jusqu'au 8 mai 1945.

Ce premier torpillage allemand n'aurait pas dû avoir lieu. L'amirauté allemande avait ordonné aux U-Boote d'appliquer le traité de 1936, et donc d'arraisonner leurs victimes selon les « règles de prise » traditionnelles. Hitler pariait qu'une victoire éclair en Pologne lui éviterait un conflit majeur à l'issue douteuse avec la Grande-Bretagne. Dans le même ordre d'idée, les U-Boote ne devaient pas attaquer les navires français, Hitler espérant ainsi rompre la solidarité franco-britannique. Ces restrictions à la guerre sous-marine totale seront plus ou moins maintenues par l'Allemagne jusqu'en mai 1940. En ce début de guerre, les commandants de U-Boote peuvent encore prendre soin de leurs victimes. L'attitude des belligérants est prudente, pour éviter le pire. Le blocus économique de l'Allemagne est déclaré, mais on se contente de bombarder les villes allemandes de tracts prêchant la paix. Les Alliés sont sans illusions sur l'efficacité du blocus, compte tenu de la situation des neutres tels que la Suède, qui continue à vendre son minerai de fer à l'Allemagne, et de la non-belligérance de l'Italie, et surtout des livraisons effectuées dans le cadre du traité germano-soviétique. La poursuite de la montée en puissance allemande fait craindre une ouverture des hostilités à l'Ouest au printemps prochain, celui de 1940.

Les dispositions de combat sont prises dès la mi-août. Les U-Boote sont prépositionnés dans les eaux côtières britanniques. Deux cuirassés de poche, le *Graf Spee* et le *Deutschland* passent dans l'Atlantique sans se faire repérer. Ils ne recevront l'ordre de s'attaquer au trafic marchand que le 26 septembre. La force de raid française, dont les pièces maîtresses sont les cuirassés *Dunkerque* et *Strasbourg*, est en mesure d'agir, à partir de Brest ou Dakar. Ces navires participeront, en vain d'ailleurs, à la chasse aux cuirassés de poche.

Les Britanniques minent la Manche, ce qui oblige les U-Boote à contourner la Grande-Bretagne par le Nord de l'Écosse pour atteindre l'Atlantique. Leur zone d'action se limite à la mer du Nord et aux îles Britanniques.

Au début de cette guerre, alors que les convois sont mis sur pieds immédiatement, on constate une curieuse contradiction dans la doctrine d'emploi des forces britanniques. Les escorteurs sont rares et le rôle principal de la Royal Navy est semble-t-il de protéger les convois. Elle disperse cependant ses forces en les utilisant en groupes de chasse, opérant indépendamment des convois, les laissant sans défense. Le porte-avions *Courageous*, bien que faisant partie d'un groupe de chasse, est torpillé par le *U-29* du lieutenant de vaisseau Schuhart le 17 septembre. 519 hommes d'équipage périssent. Un autre porte-avions, l'*Ark Royal*, est atteint par trois torpilles, qui n'explosent pas. Le cuirassé *Barham* est également endommagé. Malgré l'Asdic, les U-Boote percent le rideau défensif des escorteurs, qu'il s'agisse de convoi ou d'escadre ; leur combativité en sort renforcée. En revanche, l'amirauté britannique persistera jusqu'en mars 1940 à croire en l'efficacité de ses groupes de chasse. Seule, l'ampleur des pertes marchandes la conduit à accorder la priorité à la protection des convois. En février 1940, trois navires marchands seulement sont coulés en convoi, contre quarante-deux navigant isolément. L'efficacité des convois ne fait aucun doute.

Au début de cette guerre, le petit nombre d'escorteurs, ainsi que la faiblesse (ou l'absence) de la couverture aérienne, limitent fortement l'efficacité de la protection des convois, dont l'escorte est souvent réduite à une seule unité. Les convois ne sont alors possibles que dans une zone de 650 km à l'ouest de l'Irlande. Au-delà, les navires marchands sont dispersés.

Les grands paquebots, protégés par leur vitesse, naviguent seuls. Le paquebot français *Île de France* sera utilisé jusqu'en 1945, effectuant des dizaines de traversées et transportera 300 000 combattants. Les paquebots britanniques *Queen Elisabeth* et *Queen Mary* accompliront un service identique.

### *Le raid sur Scapa-Flow*

L'amiral Dönitz cherche le moyen d'infliger un maximum de dégâts malgré ses maigres forces. Il conçoit un plan audacieux, dont l'exécution est confiée à un officier exceptionnel. Le 13 octobre, le *U-47*, commandé par le Kapitän-Lieutnant (KL) G. Prien pénètre dans la principale base navale des îles britanniques, Scapa-Flow, au Nord de l'Écosse, mouillage habituel de la Home Fleet. On ne peut rêver d'un meilleur objectif que celui-ci pour renverser à peu de frais en faveur de l'Allemagne le rapport des forces navales. Le KL Prien accomplit l'exploit de navigation de rentrer dans la rade. Mais la Home Fleet est sortie ! Le *U-47* coule le vieux cuirassé *Royal Oak* provoquant la perte de 800 hommes d'équipage. Il accomplit l'exploit encore plus difficile de sortir de la rade, malgré de très forts courants de marée, sans avoir été repéré. Cette action avait été tentée deux fois sans succès lors de la première guerre mondiale.

La Home Fleet se disperse alors dans les autres mouillages d'Écosse en attendant que Scapa Flow soit défendue. Ce mouvement est anticipé par Dönitz qui envoie deux U-Boote dans la région. Le cuirassé *Nelson*, sur lequel se trouve ce jour-là W. Churchill, est frappé le 30 octobre par trois torpilles qui n'explosent pas, tirées par le *U-56* du lieutenant de vaisseau Zahn. Les sous-mariniers allemands font connaissance avec l'une de leurs plaies, les torpilles défectueuses. Les U-Boote mouillent également des mines qui feront en novembre deux victimes de poids : le cuirassé *Nelson* et le croiseur *Belfast*, immobilisés pour des mois.

### *La fin du* **Graf Spee**

Les navires de bataille allemands tentent des actions contre les navires marchands, sans grands succès :

• Le 23 novembre 1939, les croiseurs lourds *Scharnhorst* et *Gneisenau* coulent un croiseur auxiliaire anglais et regagnent leur base sous la pression de la flotte britannique, à laquelle ils échappent, aidés par le mauvais temps. Cette opération avait été engagée pour attirer vers les croiseurs allemands une partie des forces alliées pourchassant le *Graf Spee*.

• Le 13 décembre 1939, le cuirassé de poche *Graf Spee*, prépositionné depuis fin août dans l'Atlantique Sud et resté insaisissable, est endommagé par trois croiseurs britanniques. Le 2 décembre, le message de détresse émis par l'une des victimes du *Graf Spee* donne enfin une indication aux Britanniques. Le commodore Harwood a le flair de conduire sa division de croiseurs vers le Rio de la Plata, en raison du fort trafic marchand de cet estuaire. Les adversaires se rencontrent à l'aube du 13 décembre. Le commodore, avec ses deux croiseurs légers, l'*Achilles* et l'*Ajax*, armés de pièces de 152 mm et le croiseur *Exeter*, armé de pièces de 203 mm, attaque des deux côtés à la fois. Le *Graf Spee*, dont l'artillerie de 280 mm peut pulvériser les croiseurs légers, est obligé de diviser sa puissance de feu. Le navire allemand ne repère au début que l'*Exeter*. Il estime avoir tout son temps pour le combattre, ne jugeant pas utile d'utiliser au plus tôt son allonge et sa puissance de feu supérieures. Erreur fatale. Bien qu'ayant sérieusement endommagé ses adversaires qui rompent le combat, le *Graf Spee* est endommagé par l'*Exeter* qui lui perce la coque juste au-dessus de la flottaison. Le commandant Langsdorff estime alors préférable de réparer ses avaries plutôt que de détruire ses adversaires. Il rallia le port neutre de Montevideo. Les Britanniques font tout ce qu'ils peuvent pour retarder l'appareillage du *Graf Spee* et laisser le temps à leurs forces de rejoindre la région. La BBC distille des rumeurs selon lesquelles une flotte importante se dirigeait vers le Rio de la Plata. Cette situation est transmise à l'amirauté allemande et à Hitler qui donnent leurs instructions. Le 17 décembre au soir, le *Graf Spee* a épuisé ses droits à séjourner dans un port neutre. Il se saborde dans le Rio de La Plata, après n'avoir coulé que 13 navires marchands en trois mois. Mais il avait mobilisé à sa poursuite la moitié de la flotte britannique, soit huit groupes de chasse, et une partie de la flotte française. Ce cas démontre deux choses :

- la capacité des Britanniques à utiliser au mieux leur faiblesse pour attaquer un ennemi plus puissant. Des cas de ce genre se produiront plusieurs fois au cours de la guerre et inciteront à chaque fois le commandement allemand à une prudence parfois excessive ;
- la capacité de la Kriegsmarine à mobiliser et disperser les escadres adverses, pour frapper en un point moins défendu. Les Alliés prennent rapidement conscience de la faiblesse de leurs moyens d'escorte, mais ne peuvent la pallier rapidement.

### *Les corvettes*

Les Britanniques lancent en toute hâte le programme de construction des corvettes de la classe *Flower*, dont le plan initial est celui d'un navire baleinier ! La première est lancée en avril

1940. Ce petit navire de 62 m emporte de 60 à 70 hommes d'équipage. Son armement principal est constitué par ses 60 grenades sous-marines et un canon de 105 mm. Il est doté de l'Asdic, puis plus tard du radar. L'armement sera renforcé en 1942 par un mortier anti-sous-marin, le « hedgehog ». La corvette est très inconfortable et roule abominablement par gros temps. Sa vitesse de 15 nœuds est inférieure à celle d'un U-Boot en surface. Mais c'est un navire fiable et robuste qui remplira parfaitement sa mission. On en construisit 288 qui coulèrent 50 U-Boote ; certains d'entre eux furent coulés à l'abordage !

### *L'offensive des U-Boote et des corsaires*

En novembre 1939, les Allemands larguent par avions des mines magnétiques, dont la production est limitée par les contraintes de la guerre, à proximité des ports anglais. Elles font de nombreuses victimes (250 000 tonnes de navires coulées en 3 mois) avant qu'une parade ne soit trouvée. Cette arme est nouvelle, et il faut attendre les premières victimes pour constater la présence de ces mines. Les dégâts auraient été plus importants si les Allemands avaient pu larguer la totalité de leur stock. Mais Göring refuse d'engager les appareils de la Luftwaffe et leurs équipages expérimentés. C'est d'ailleurs à la suite d'une erreur de largage commise par un pilote de la Kriegsmarine que les Britanniques peuvent récupérer une mine et étudier une parade. Les Allemands profitent de l'hiver particulièrement rude pour infester de mines classiques les côtes Est de l'Angleterre. Le 17 janvier, Dönitz reçoit l'autorisation de couler sans avertissement les navires évoluant dans des zones où ils peuvent être supposés avoir été détruits par une mine. Les résultats sont significatifs ; le tableau de chasse des U-Boote passe de 81 000 tonnes en décembre à 170 000 tonnes en février 1940. Ce mois-là, les pertes totales alliées atteignent le chiffre record de 227 000 tonnes.

Pour augmenter la pression sur les approvisionnements alliés, six corsaires marchands allemands appareillent au printemps 1940. Ils vont sévir dans des terrains de chasse lointains : l'Atlantique Central et Sud, inaccessibles à cette époque aux U-Boote. Ceci obligera la défense adverse à se disperser pour les contrer, affaiblissant ainsi la protection des convois des Atterrages Ouest (Western Approaches), victimes préférentielles des U-Boote. L'amirauté allemande disperse ainsi les forces de l'adversaire. Contrairement aux croiseurs auxiliaires alliés, le plus souvent des paquebots rapides sur lesquels sont « posés » des canons, les corsaires allemands sont des cargos à grand rayon d'action, bien équipés pour leur mission. Des possibilités de camouflage multiples leur permettent de changer d'apparence et rendent leur identification difficile, d'autant plus qu'ils changent rapidement de zone d'action. Ils paraissent ainsi plus nombreux qu'ils ne sont et provoquent une dispersion plus importante des forces lancées à leur recherche. Leur armement, canons et torpilles, est camouflé derrière des panneaux à commande hydraulique. Certains disposent d'un hydravion pour faciliter le repérage de leurs proies. Ces corsaires sont ravitaillés par leurs victimes ainsi que par les U-Boote et les forceurs de blocus de l'Ettapendienst. Ces navires ne seront actifs que jusqu'à la fin de 1942 et ne couleront pendant la guerre que 800 000 tonnes. Mais leur apparent don d'ubiquité fit bien courir les marines alliées. L'OIC mettra des mois à détecter l'arrivée des corsaires marchands allemands, dont la localisation exacte est des plus difficiles. Leur apparence d'honnête navire marchand endort la méfiance de leurs victimes qui n'ont pas le temps d'envoyer le message de détresse conventionnel « RRR ». La victime peut d'ailleurs se tromper et émettre « QQQ », qui signifie son attaque par un navire de guerre, ce qui ne fait qu'accroître la perplexité de l'OIC. Un coup de canon part d'ailleurs dans la passerelle au premier signal d'émission radio. Au cas où le message serait émis, encore faut-il que des stations gonio alliées le capte. Le corsaire observe le silence radio. S'il doit émettre, il change aussitôt de terrain de chasse. Les documents qu'il capture donnent au B-Dienst des informations précieuses sur les routes, les codes et les procédures alliés. Le plus connu de ces corsaires est l'*Atlantis*, dont l'histoire est exposée au chapitre 6.

### *L'invasion de la Norvège*

Début mars, la pression sur les convois diminue, sans que les Alliés puissent interpréter l'événement. Les U-Boote sont rappelés à leurs bases pour être préparés à l'offensive contre la Norvège. L'importance stratégique de la Norvège, principale voie d'acheminement du minerai de fer suédois largement utilisé par l'Allemagne, n'avait échappé à personne. Les plans franco-britanniques et allemands en témoignent. La paralysie stratégique des Alliés avait retardé les opérations qui devaient débuter le 28 mars par le minage des côtes norvégiennes. La décision allemande est prise à la suite d'une action éclair de la Royal Navy. Le 15 février, sur ordre de W. Churchill, le capitaine de vaisseau Vian commandant le destroyer *Cossack*, prend à l'abordage, au sabre, comme au bon vieux temps, le ravitailleur *Altmark*, camouflé dans un fjord norvégien. Le commandant Vian, qui se manifeste ainsi pour la première fois, délivre 300 prisonniers britanniques. Cet exploit est célébré dans la presse britannique ; c'est un éclat de joie et de fierté très bon pour le moral et Churchill avait eu une bonne idée.

Mais cette atteinte délibérée à la neutralité norvégienne fait craindre à Hitler d'autres actions alliées. Il décide de prendre les devants. Le 8 avril 1940, la quasi totalité de la flotte allemande, soutenue en force par l'aviation, envahit à la surprise totale des Alliés le Danemark et la Norvège avec six divisions. Cette remarquable action combinée est l'une des rares manifestations de la Blietzkrieg. La violente réaction de la Royal Navy ne sauve pas la Norvège qui possède pourtant une armée de 200 000 hommes. Mais la Kriegsmarine perd 10 destroyers et le croiseur lourd *Blücher*, tandis que le *Scharnhorst*, le *Gneisenau* et deux croiseurs sont endommagés. Ces pertes ne seront jamais compensées. Par contre, les U-Boote vont bénéficier immédiatement des bases norvégiennes qui les rapprochent de leurs terrains de chasse. Le débarquement allié à Narvik est une réaction sans lendemain. Il n'en est pas de même de la capture par les Britanniques des Féroé, entre les Shetland et l'Islande, puis de celle de l'Islande. Ces îles joueront un rôle stratégique de premier ordre dans le camp allié. Malgré sa participation à l'opération de Narvik, le gros de la flotte française est alors concentré en Méditerranée pour contrer une intervention jugée imminente de l'Italie.

### *La campagne de France et ses conséquences*

La capture de la Norvège provoque la chute du ministère Chamberlain. Winston Churchill devient Premier ministre le 10 mai 1940, le jour où les divisions allemandes envahissent la France en passant par les « impénétrables » Ardennes. La poussée allemande est freinée à Dunkerque où l'évacuation des troupes par mer commence le 26 mai. Couverte par une division française qui se sacrifie sur place, l'opération « Dynamo » se termine le 4 juin. Des milliers de navires de toutes tailles réussissent à évacuer 342 000 combattants dont 130 000 Français, sous la pression constante de l'aviation allemande. Les destroyers franco-britanniques paient un lourd tribu à cette opération. Près de la moitié de la centaine de destroyers britanniques est hors de combats. La Royal Navy perd dans cette opération 6 destroyers et la marine française, 7. L'armée de terre britannique perd la quasi-totalité de ses armements lourds et n'aurait pu faire face à un débarquement allemand entrepris dans la foulée, mais avec quels navires ? La plupart des soldats français sont repartis aussitôt en France pour poursuivre la lutte. Mais les ports français tombent les uns après les autres. La 7e Panzer de Rommel capture Cherbourg le 19 juin. Bayonne tombe le 26 juin. Le moral des populations britanniques et surtout françaises est au plus bas.

Le 24 mai, Hitler lève toutes les restrictions à la guerre sous-marine.

L'Italie déclare la guerre à la France le 10 juin. Le gros de la flotte française tient en respect une flotte italienne fantôme qui se manifeste par sa discrétion. Les Italiens perdent cependant 10 sous-marins en juin, leur pire mois de toute la guerre. Ce qui témoigne de leur impréparation. À cette époque-là, Bletchley Park décrypte les messages de la marine italienne. La plupart des 10 sous-marins italiens coulés l'ont été à cause des décryptages britanniques.

La flotte française, jusqu'à l'armistice de juin 1940, participe activement à la protection des convois. Elle escorte 56 convois, entre l'Angleterre et Gibraltar, composés de 90 % de navires britanniques. Dès la fin des combats, la flotte française se met hors d'atteinte des Allemands, comme l'avait promis l'amiral Darlan à Churchill. Le cuirassé *Jean Bart*, en cours de finition, quitte Saint-Nazaire le 19 juin, quelques instants avant l'arrivée des Allemands, et malgré les attaques de la Luftwaffe. Le cuirassé avait reçu ses machines six jours avant. Il s'évade pendant les deux seules heures possibles, dans un chenal creusé en urgence qui lui laissait quelques centimètres d'eau sous la quille. 70 navires de combat, dont le cuirassé inachevé *Richelieu*, transportant les élèves de l'École navale, les deux goélettes de l'École navale et 50 navires marchands quittent Brest. De nombreux navires gagnent directement l'Angleterre. Le croiseur sous-marin *Surcouf* quitte à grand peine son grand carénage et réussit à gagner Plymouth sur ses seuls moteurs électriques. Pas un seul navire français en état de naviguer ne tombe aux mains des Allemands.

Les conditions d'armistice sont très favorables pour la flotte française qui reste sous contrôle national, surveillée de loin par les

Italiens et les Allemands. Ces conditions viennent de Hitler lui-même. Son entourage souhaite des conditions dures, revanche de l'Armistice de 1918. Hitler estime que des conditions trop dures peuvent pousser les Français à continuer la lutte à partir de l'Afrique du Nord ou à envoyer la flotte en Grande-Bretagne. Dès le 17 juin, l'amiral Darlan indique d'ailleurs que la ligne de repli de la flotte est l'Afrique du Nord. Il rentre au gouvernement du maréchal Pétain, décidé à l'arrêt des combats. L'amiral partage cet objectif devant l'incurie du commandement terrestre et la pauvreté technique des ports d'Afrique du Nord, incapables d'assurer le soutien de la flotte. Il n'existe dans ces ports aucun stock stratégique de munitions ou de pièces de rechange. La solution britannique est illusoire. Les arsenaux britanniques sont surchargés et l'absence de standardisation entre les deux marines rend impossible le soutien de la flotte française, car une flotte est très dépendante de son soutien à terre. Les flottes passent d'ailleurs beaucoup plus de temps au port qu'en mer. La solution africaine est des plus douteuses. L'armée d'Afrique est disparate et dépourvue d'armements lourds. L'aviation, renforcée par de nombreux appareils venus de France, ne dispose que d'une logistique primitive. Elle est totalement démunie de moyens de détection et d'identification dont l'importance va bientôt être révélée par la bataille d'Angleterre. Le refus de l'armistice par la France aurait probablement conduit une Wehrmacht dopée par ses victoires à monter une opération éclair, du style de celle de la Norvège, pour s'emparer de l'Afrique du Nord à partir de la Sicile ou de la Libye. Dans ces conditions, le sort proposé par l'Allemagne à la flotte française apparaît particulièrement favorable. Le 26 juin, l'amiral Darlan profite de son dernier message chiffré pour donner ses dernières instructions secrètes. La flotte reste sous pavillon et équipages français. Elle ne doit pas tomber aux mains des belligérants. En cas de menace, les navires doivent gagner les USA ou se saborder. Les navires réfugiés à l'étranger ne pourront entrer sans ordre en guerre contre les forces de l'Axe. La flotte française est à ce moment-là répartie en Afrique du Nord, à Dakar, aux Antilles, à Alexandrie et à Toulon. Elle est largement hors d'atteinte des forces de l'Axe qui étaient les seules à pouvoir utiliser les navires français puisque les infrastructures de la flotte française étaient entre leurs mains. Les navires réfugiés outre-mer sont d'ailleurs condamnés à une lente dégradation par manque de ces infrastructures techniques et industrielles. Les navires qui pourront rejoindre le camp allié en 1943 devront être profondément rénovés avant de pouvoir participer à la lutte.

Mais pour le moment, le sort de la flotte française devient une obsession pour les Britanniques. Churchill s'était rendu en France le 12 juin pour étudier la situation avec le gouvernement de Paul Reynaud, partisan de la poursuite de la lutte. Le très francophile Churchill est à la fois atterré et déçu par l'effondrement français. Pendant ce temps, d'intenses contacts diplomatiques entre les USA et les franco-britanniques tentent d'obtenir des USA la promesse de soutenir leur lutte. Cette condition paraissant indispensable pour que la France refuse l'armistice. La réponse négative des USA précipite la France vers l'armistice, demandé le 17 juin par le gouvernement Pétain. À partir de ce moment, et malgré les assurances qui lui ont été données, Churchill et son cabinet qui n'ont aucune confiance dans la parole de Hitler – on les comprend – doutent de la possibilité durable de la flotte française à se soustraire aux forces de l'Axe. L'effondrement du moral des amiraux et des officiers français, rapporté par les officiers de liaison britanniques, renforce d'ailleurs la méfiance du cabinet britannique. Dans une correspondance à Roosevelt, Churchill évoque la possibilité selon laquelle la flotte française pourrait servir de monnaie d'échange dans un marché ou un chantage proposé par l'imprévisible Hitler. Un échange flotte contre province sera d'ailleurs évoqué lors de l'entrevue Pétain-Göring de décembre 1941 ! Le 23 juin, un discours radio-diffusé de Churchill met en cause la légitimité du gouvernement Pétain, fait part de la « stupeur » de l'Angleterre devant l'armistice et encourage les Français à poursuivre la lutte aux côtés des Anglais. Le sort de la flotte française est également évoqué dans les premiers discours radiodiffusés du général de Gaulle. La réponse du maréchal Pétain qui déclare que la France est seule juge de ses intérêts, la fidélité des colonies au nouveau gouvernement de la France, conduisent le cabinet britannique à envisager de traiter par la force le problème posé par la flotte française. D'autre part, Churchill doit également rassurer les Américains, dont le soutien lui paraît plus que jamais indispensable, à un moment où certains responsables – et non des moindres – tels le général Marshall, ne doutent pas du succès d'une invasion allemande. Bien plus, le secrétaire d'État Cordell-Hull insiste auprès de Churchill pour que la flotte britannique soit transférée aux USA en cas de menace directe sur le territoire britannique ! C'est ce contexte psychologique, politique et diplomatique difficile qui oblige Churchill à montrer sa détermination aux yeux de tous, y compris ses compatriotes. D'où les tragiques événements qui vont suivre en juillet.

### *Le début des « temps heureux » et la crise des torpilles*

Pendant ce temps, les Allemands sont aux portes de l'Angleterre, et la bataille de l'Atlantique reprend de plus belle. La faiblesse des moyens d'escorte, fortement réduits après Dunkerque, marque le début des « temps heureux » des U-Boote, qui opèrent individuellement. Leurs transmissions radio sont des plus limitées et leur repérage par les stations gonio britanniques à peu près impossible. Le manque de renseignement quant à leur effectif et leur action est quasi total. Les U-Boote coulent 58 navires (284 000 tonnes) en juin 1940. Ce résultat relativement modeste n'est dû qu'au petit nombre d'U-Boote opérationnels ; seulement une douzaine d'entre eux sont en mer, dont 6 opérationnels jusqu'en juillet 1940. Le score des U-Boote est limité par la médiocre qualité de leurs torpilles. Les mises à feu magnétiques explosent prématurément et l'immersion trop importante des torpilles les fait passer sous leurs victimes. Les commandants de U-Boote font part de leur mauvaise humeur à Dönitz. Les défauts sont partiellement corrigés, en copiant le système de mise à feu à percussion des torpilles britanniques ! La capture du sous-marin britannique *Seal* lors de la campagne de Norvège avait fourni des torpilles intactes aux Allemands. Les codes de la Royal Navy sont capturés par la même occasion. C'est une très bonne prise pour le XB-Dienst !

Pour en revenir aux torpilles, le défaut du réglage de l'immersion est réglé début 1942 lorsqu'un U-Boot, effectuant une vérification en principe interdite de ses torpilles, découvre le défaut de conception du système de réglage de l'immersion. Le système de mise à feu magnétique des torpilles allemandes ne sera au point que fin 1942. Les Américains connurent également une crise des torpilles au début de la guerre contre les Japonais, et en particulier, lors de la bataille de Midway. Non seulement les avions-torpilleurs américains se firent décimer mais au moins un coup au but n'explosa pas.

### *Le renseignement naval*

Le service de renseignement-radio (B-Dienst) de la marine allemande décrypte les codes navals britanniques depuis 1936, et le fera jusqu'en juin 1943. Avec de solides arguments, la Royal Navy se refusera à utiliser une machine à chiffrer (cf. chapitre 10), contrairement à la Kriegsmarine. Les Britanniques ne décryptent pas encore le trafic radio des U-Boote. La lutte contre la machine Enigma n'en est qu'à ses débuts (cf. chapitre 5). Les moyens de renseignement sont encore embryonnaires, dans tous les domaines, y compris la reconnaissance aérienne. Les premières reconnaissances sont effectuées par un avion privé, affrété par un « honorable correspondant ». Les très rares appareils soustraits de la chasse pour la reconnaissance-photo ne permettront jusqu'en juillet 1941 qu'une couverture épisodique des ports allemands, rendant peu exploitables les photos obtenues. C'est ainsi que le *Scharnhorst* est photographié au début 1940 alors qu'il se trouve en cale sèche à Wilhemshaven. Le commandant Denning, responsable du renseignement sur les flottes de surface à l'OIC, est critiqué par les amiraux pour ne pas les avoir informé de l'indisponibilité du navire. Denning leur fait remarquer que la rareté des reconnaissances ne permet pas de déterminer si le croiseur lourd allemand vient d'entrer en cale sèche ou s'il se prépare à quitter sa cale ! Ce qui calme les amiraux sans pour autant procurer des moyens de reconnaissance supplémentaires. L'absence de ces moyens de reconnaissance enlève toutes chances à l'OIC de détecter les préparatifs allemands pour l'expédition de Norvège.

L'inexpérience des combattants, celle des opérateurs-gonio et des navigateurs du Coastal Command, procurent à l'OIC une masse de faux renseignements qui conduit à la dispersion des forces vers des cibles fantômes. Cette inexpérience est générale : aucun service allié ne put détecter de manière certaine la menace allemande sur la Norvège et le Danemark. Les analyses du trafic allemand et quelques repérages gonio donnaient à penser que quelque chose se préparait. Mais la technique était trop neuve pour provoquer des recherches que les Britanniques n'ont alors pas les moyens d'effectuer.

***Bilan de cette période de 10 mois :***

| | | |
|---|---|---|
| Pertes alliées | : | 702 navires marchands, soit 2 336 000 tonnes, soit 233 600 tonnes/mois. |
| U-Boote coulés | : | 24, soit 2,4/mois. |

## 2. LES OPÉRATIONS DE JUILLET 1940 À MARS 1941

### *Les U-Boote dans les ports français*

L'amiral Dönitz suit avec attention la progression des armées allemandes. Il fait acheminer rapidement les éléments logistiques indispensables vers les ports français ; les premiers trains partent dès le lendemain de l'armistice. L'amiral reconnaît lui-même les ports le 23 juin. Dès le 7 juillet, le *U-30* est le premier des sous-marins à gagner Lorient. Un mois plus tard, l'arsenal est en mesure d'assurer le soutien des U-Boote. À partir de cette date, les U-Boote abandonnent les ports allemands. Ils économisent en moyenne une semaine de temps mort par croisière et leur disponibilité opérationnelle augmente de plus de 20 %. L'amiral Dönitz installera rapidement son PC dans un bunker construit sous une villa de Kernevel, près de Lorient. L'amiral attend le moment favorable à l'application de la tactique des meutes. Bénéficiant des ports français et norvégiens, les U-Boote élargissent alors leur zone d'action vers l'Ouest et le Sud de l'Atlantique.

Le port de Brest est tout indiqué pour servir de port d'attache aux navires de ligne allemands. Le nouveau préfet maritime allemand est l'As des sous-mariniers des deux guerres, le vice-amiral von Arnaud de la Pérrière. Une partie des ouvriers de l'arsenal, quelques marins et leurs officiers, assurent sous contrôle allemand certaines tâches techniques. Ces personnes fourniront aux Britanniques des renseignements précieux sur les navires de ligne séjournant dans la rade, tels que le *Scharnhorst* et le *Gneisenau*. Saint-Nazaire est l'autre port de l'Atlantique pouvant accueillir des navires de ligne. Ce détail technique est cependant capital d'un point de vue stratégique. Il conduira au début de 1942 à l'exécution d'un raid étonnant, resté dans les annales (cf. chapitre 7).

Les moyens de reconnaissance de la Luftwaffe fournissent à l'amirauté allemande des informations régulières et de premier ordre. Les navires marchands repérés sont alors les victimes soit des U-Boote, soit des bombardiers, en particulier les *Stuka,* redoutables en Manche et mer du Nord. Les bombardiers quadrimoteurs Focke-Wulfe 200 « Kondor » basés à Bordeaux effectuent des reconnaissances sur l'axe Bordeaux-Stavanger. En trois à quatre sorties par jour, ils coulent en 1940 108 000 tonnes et en endommagent 168 000 autres. Ils font également de la reconnaissance et du homing au profit des U-Boote. Le 22 novembre 1941, le bombardement de leur aérodrome bordelais les paralyse pour trois semaines. Les Kondor se rattrappent en janvier et février 1941. Avec 15 appareils opérationnels, ils coulent 47 navires, soit 168 000 tonnes et endommagent 19 autres bâtiments. Mais la coopération marine-aviation sera toujours aléatoire du côté allemand ; l'amiral Dönitz le déplore dans ses souvenirs. Le Kampfgeschwader 40 de Bordeaux participera à la bataille de l'Atlantique selon les mouvements d'humeur de Göring et la coopération ponctuelle entre les commandements locaux de la Luftwaffe et de la Kriegsmarine.

### *Le drame de Mers-El-Kébir*

Le cabinet de guerre britannique se sent isolé, comme au temps de Louis XIV ou de Napoléon, face à un adversaire dominant le continent et menaçant d'envahir une Angleterre qui ne dispose plus d'aucune armée de terre digne de ce nom. L'entrée en guerre de l'Italie doit conduire à une augmentation des opérations en Méditerranée. Ce qui, en l'absence de l'allié français, nécessite un effort plus important que prévu de la Royal Navy, dont les forces disponibles en Atlantique sont réduites d'autant. Il est même envisagé de ramener la flotte d'Alexandrie à Gibraltar. L'amiral Cunningham fait remarquer que cette disposition entraînerait la perte de Malte, puis celle de l'Égypte ! L'Amérique ne soutient que de loin l'effort des Britanniques. Une fois de plus, la Royal Navy est le dernier rempart de l'Angleterre, alors que sa situation stratégique devient préoccupante. Il faut au moins empêcher la flotte française de tomber aux mains de l'Axe. Sinon, le rapport des forces navales risque d'être très défavorable à la Grande-Bretagne. L'état-major britannique se déclare favorable à une action de force contre l'escadre de Mers-El-Kébir. Les amiraux en poste en Méditerranée s'y opposent, au nom de la fraternité d'armes renforcée par les 10 mois de guerre menés en commun. Ils ne doutent pas de la détermination de leurs homologues français à saborder la flotte si nécessaire. Ils redoutent qu'une action de force ne dissuade les marins français de se joindre à la lutte contre l'Axe. Le « first sea lord », l'amiral Pound, surmonte ses propres objections et lance l'opération *Catapult* destinée, à s'emparer des navires français présents dans les ports britanniques et à neutraliser la flotte de Mers-El-Kébir. Il confie le commandement de la flotte chargée de Mers-El-Kébir à l'amiral Somerville. Devant les réactions horrifiées des amiraux restés en contact étroit avec leurs homologues français, l'amiral North qui rentre de Mers-El-Kébir et témoigne de la détermination des marins français, Cunningham, commandant à Alexandrie et du capitaine de vaisseau Holland, commandant l'*Ark Royal*, l'amiral Somerville tente de modifier le plan initial pour le rendre plus acceptable.

À l'aube du 3 juillet, la force H, dont les éléments lourds sont les navires de ligne *Hood*, *Resolution* et *Valiant*, accompagnés du porte-avions *Ark Royal*, couverts par les destroyers et les sous-marins, se présente devant Mers-El-Kébir avec l'ultimatum destiné à l'amiral Gensoul et lui enjoignant de se saborder, de gagner les Antilles ou de rejoindre les forces britanniques. L'amiral fait allumer les feux et transmet l'ultimatum à l'amirauté française. Il lui est répondu de s'opposer par la force à l'escadre britannique. Les discussions se poursuivent au-delà de l'expiration de l'ultimatum britannique, soit 12 h 30. Les officiers britanniques et français n'arrivent pas à croire que l'on puisse se canonner entre frères d'armes. Les difficultés de communication entre l'amiral Gensoul et l'amirauté française qui se trouve dans la région bordelaise après avoir fuit Paris, sont extrêmes. Les navires français sont parés au combat. Le nouvel ultimatum expire à 16 h 30. À 16 h 35 la délégation britannique quitte le *Dunkerque*. Dix minutes plus tard, les Britanniques ouvrent un feu dévastateur sur les navires français au mouillage. L'amiral Gensoul demande l'arrêt des tirs à 17 h 15. Le *Dunkerque* et le *Provence,* gravement endommagés, parviennent à s'échouer. Le *Bretagne* avait chaviré. Le *Strasbourg* et 5 destroyers avaient réussi à s'échapper, évitant les torpilles des Swordfish. Ils rallient Toulon qui les accueille comme des vainqueurs. En vingt minutes et 1 300 morts, l'anglophile flotte française est devenue anglophobe. La « perfide Albion » s'était une nouvelle fois manifestée aux dépens cette fois-ci d'un allié. Les USA sont rassurés quant à la détermination britannique et quant à la neutralisation des navires de lignes français. Ce matin du 3 juillet, les navires français mouillés dans les ports britanniques avaient été pris d'assaut par des commandos. Les équipages capturés sont traités comme des prisonniers de guerre. L'intelligence des amiraux, Cunningham du côté britannique et Godfroy du côté français empêche un drame à Alexandrie où les navires français et anglais sont mouillés dans la même rade. L'escadre française est désarmée. Les équipages, dont la solde sera réglée par les Britanniques, restent sur place jusqu'en 1943.

Le 6 juillet, les Swordfish de l'*Ark Royal* viennent achever le *Dunkerque*. Le 7 juillet, les Swordfish du porte-avions *Hermes* endommagent le *Richelieu* mouillé à Dakar. Il ne reprendra la mer qu'en 1943 pour rallier New York et y bénéficier d'une remise en état. La modeste escadre des Antilles est neutralisée sous contrôle américain.

L'opération « Catapult » est terminée. La propagande allemande exulte : « l'Angleterre combattra jusqu'au dernier Français ». Mais Hitler et Mussolini mesurent l'ampleur de la détermination britannique. Lord Mountbatten écrira dans ses mémoires que ce drame n'a cesser de hanter la Royal Navy. De Gaulle se demande si la France Libre naissante a encore un sens. En contrepartie de Mers-El-Kebir, Churchill va désormais soutenir de Gaulle contre vents et marées. Le 14 juillet fait l'objet de cérémonies franco-britanniques. De Gaulle est reçu par le roi George VI le 24 août. Mais l'amiral Darlan ne pardonnera jamais aux Anglais d'avoir douté de sa parole. Cette fureur explique en partie le sabordage de la flotte de Toulon en novembre 1942. Car l'un des résultats inattendus de Mers-El-Kébir est l'assouplissement des conditions d'armistice. Le gros de la flotte française rallie Toulon où elle peut se maintenir en bon état dans un port bien défendu. Cette flotte puissante et moderne fera désormais l'objet des convoitises des belligérants des deux camps.

Le drame de Mers-El-Kebir et la saisie des navires français dans les ports britanniques détournent un grand nombre de marins français de rejoindre la France Libre. L'amiral Muselier sera le seul officier de ce grade à se rallier, le 30 juin. Après Mers-El-Kebir, il effectue une descente restée paraît-il mémorable à l'amirauté britannique. Il demande que lui soient remis les navires saisis. Il met sur pied les très modestes Forces Navales Françaises Libres (FNFL). Pour des raisons de maintenance déjà évoquées, seuls trois avisos et cinq sous-marins, dont le *Surcouf*, sont opérationnels. Les FNFL ne recevront qu'en mars 1941 la première de leurs 9 corvettes, dont 2 seront coulées. Les FNFL recevront plus tard 6 frégates, dont une sera coulée. Ces unités participeront à la bataille des convois.

### *Le début de la coopération américano-britannique*

La quasi-panique britannique qui avait conduit à l'opération « Catapult » mène également Churchill à demander un renforcement rapide des moyens d'escorte aux USA. Il obtient le prêt de

50 destroyers de la dernière guerre qui vont être sortis de leur « cocon ». Les conseillers de Roosevelt découvrent opportunément une astuce légale qui permet de contourner l'isolationnisme dominant ; le président avait le droit d'*échanger* les destroyers, contre des bases antillaises que possédaient les Anglais.

La coopération américano-britannique se renforce. La Royal Navy fait profiter l'US Navy de son expérience dans le domaine de la détection, qu'il s'agisse de l'Asdic ou du RDF (Radio Direction Finding), bientôt baptisé *radar*. Ce transfert de technologie est fort apprécié des Américains. Par contre, l'Allemagne apprécie fort peu cet appui direct des USA qui correspond cependant aux hypothèses qui avaient été formulées, selon lesquelles l'isolationnisme américain limiterait l'aide à la Grande-Bretagne à la fourniture d'armes et d'approvisionnements.

Ce même mois de juillet, le Congrès américain vote les crédits du programme de la construction d'une « marine des deux océans ». Le programme prévoit la construction de 1 325 000 tonnes de navires de guerre, soit l'équivalent de la flotte britannique ; 50 millions de dollars sont affectés à la construction de navires d'escorte. L'Amérique est assez riche pour se lancer dans un tel programme dont la réalisation est prévue sur deux ans. En attendant, on espère que la Grande-Bretagne tiendra bon !

La flotte marchande britannique est renforcée par les flottes des pays occupés. Les navires norvégiens (1990 pour 4 800 000 tonnes), hollandais (1 532 pour 3 000 000 tonnes), rejoignent le camp allié. Les Britanniques saisissent 380 000 tonnes de navires français. 530 000 tonnes se rallient aux FNFL ; 1 700 000 tonnes sont soit capturées par l'Axe ou naviguent sous le pavillon de l'État français. La flotte marchande française de la Méditerranée sera utilisée par l'Axe pour ravitailler ses combattants. Cette flotte perdra environ 200 navires et sera pratiquement anéantie. Le renforcement de la flotte marchande britannique ne suffira pas à compenser les pertes infligées par les U-Boote qui réapparaissent sur les routes des convois.

### *Les U-Boote reviennent dans l'Atlantique*

En effet, la fin des opérations norvégiennes et françaises, l'abandon du projet d'invasion de la Grande-Bretagne, libèrent les marines alliées et allemandes qui consacrent l'essentiel de leurs moyens à la bataille des convois qui est relancée. L'amirauté allemande n'avait jamais cru en la possibilité d'un débarquement en Angleterre. Le 15 août, Hitler déclare le blocus total des côtes britanniques. Au grand soulagement de l'amiral Dönitz, les routes des convois alliés, faute de moyens d'escorte, sont inchangées (cf. carte). Si ce n'est que ces routes sont infléchies vers l'Islande, pour bénéficier de la proximité des escortes. À cette époque, les convois sont escortés par la marine canadienne naissante jusqu'à 400 milles de ses côtes. Les convois naviguent ensuite seuls, parfois escortés par un croiseur auxiliaire dont l'efficacité est discutable. Les escortes retrouvent les convois au Sud de l'Islande, voire à l'Est, entre l'Islande et le Nord de l'Écosse.

L'organisation des convois se met progressivement en place. La numérotation des convois devient nécessaire compte tenu de leur nombre. On les repère ainsi plus facilement sur les cartes. Deux types de convois partent du Canada. Les convois lents immatriculés SC partent de Sidney, au Nord d'Halifax ; leur vitesse est de 7 à 8 nœuds et il leur faut 15 jours pour atteindre la Grande-Bretagne. Les convois rapides, immatriculés HX, partent de New York via Halifax, et il leur faut également 15 jours de traversée. Leur rapidité est toute relative, de l'ordre de 9 à 10 nœuds, alors que les cargos récents atteignent 15 nœuds. Mais il est impossible de constituer des convois homogènes. Les commandants de cargos rapides ont été tentés plus d'une fois de faire bande à part, croyant à tort être sauvés par leur vitesse. Le partage des responsabilités entre le commodore du convoi, souvent un amiral retraité et le responsable de l'escorte, souvent un jeune capitaine de corvette, est clairement défini. Le commodore du convoi est responsable de la bonne organisation du convoi, du respect de la discipline de navigation et des changements de route. La route est fixée par la cellule « convois » de l'Amirauté. Le responsable de l'escorte est seul juge de ses choix tactiques. Les procédures de transmission par signaux optiques permettent d'observer un silence radio salutaire, rompu en cas de nécessité absolue.

Cependant, ce silence radio est rompu pour des raisons de service indispensables, telles que la recherche des retardataires ou la modification du point de rendez-vous avec l'escorte. Le service de renseignement allemand, le B-Dienst, qui connaît les codes des convois, exploite cette information. Le rayon d'action limité des U-Boote et leur petit nombre empêche Dönitz de mettre en œuvre la tactique des meutes. Mais il donne des consignes très combatives aux commandants de U-Boote, en s'appuyant sur deux arguments.

- La constatation des faiblesses de l'Asdic de l'époque, victime de « zones d'ombre » provoquées par les conditions bathythermiques, et de sa méconnaissance de la profondeur à laquelle navigue le sous-marin détecté. Les U-Boote se protègent en plongeant aussi profond que possible, parfois au-delà des normes établies par les constructeurs. Des consignes de silence très strictes sont appliquées à bord des U-Boote détectés ; l'Asdic est vu par les Allemands comme un hydrophone hyper-sensible. Cette impression fausse est renforcée par l'imprécision du grenadage, auquel un commandant ayant les nerfs solides échappe par des changements de route brusques et fréquents.

  En fait, la faiblesse des escortes limite la contre-attaque à un seul navire qui perd souvent le contact en étant obligé de se porter en avant de la route supposée du sous-marin pour larguer ses grenades par l'arrière, puisque le grenadeur, plan incliné sur lequel roulent les grenades, est à l'arrière de l'escorteur. Dans l'esprit des sous-mariniers, le grenadage est d'autant plus inefficace qu'il est bref. Car l'escorteur doit rapidement abandonner une poursuite largement aveugle pour reprendre son travail principal de protection du convoi.
- Les U-Boote abandonnent la torpille à détonateur magnétique, sur ordre de Dönitz qui croit davantage ses commandants de sous-marins que ses techniciens de l'armement. L'efficacité du torpillage est ainsi renforcée, ce qui encourage la combativité des commandants de U-Boot. Il leur est prescrit d'attaquer de nuit et en surface. Ce qui surprendra totalement les escortes, dont le principal moyen de détection, l'Asdic, est ainsi contourné. Le radar est encore un équipement peu répandu, mais qui progresse chez les Alliés.

Les résultats sont catastrophiques pour les Alliés. Pendant la dernière semaine d'août, les U-Boote coulent 110 000 tonnes de navires marchands, chiffre hebdomadaire record pour toute la guerre. Dönitz trouve insuffisant ses effectifs dans l'Atlantique. La détection des cibles reste hasardeuse et l'amiral souhaitera toujours augmenter le nombre de ses « yeux ». L'aviation de patrouille maritime aurait dû lui être d'une grande aide. Nous verrons à quel point la coopération avec la Luftwaffe sera des plus délicates.

En août, 27 sous-marins italiens viennent renforcer les U-Boote et s'installent à Bordeaux. La conception des sous-marins italiens est inadaptée à l'Atlantique. Le kiosque est trop haut, et donc trop visible. En surface, l'air est fourni aux diesels par le panneau du kiosque, ce qui est acceptable en Méditerranée mais pas dans le mauvais temps quasi permanent de l'Atlantique Nord ; les sous-marins italiens sont souvent inondés !

L'entraînement des équipages est davantage tourné vers l'action individuelle que vers l'action collective. L'individualisme italien se prête mal à la coordination des forces que Dönitz commence à mettre en place. Les sous-marins italiens ne réussissent ni à guider d'autres sous-marins vers un convoi, ni à garder le contact, ni à attaquer en groupe. Les très modestes résultats italiens sont une mauvaise surprise pour les Allemands. En octobre et novembre, ils opèrent dans la même zone que les U-Boote. Les sous-mariniers italiens coulent 20 tonnes par bâtiment et jour de mer ; les U-Boote coulent 1 115 tonnes ! Envoyés dans l'Atlantique Sud, les sous-marins italiens vont obtenir des résultats honorables contre les unités isolées. Les Lieutenants de vaisseau Cossato et Gazzana qui coulèrent respectivement 86 438 et 90 601 tonnes, se situent au niveau des As allemands.

Mais Dönitz ne compte plus sur les sous-marins italiens qui sont priés d'assurer eux-mêmes leur approvisionnement en gasoil ! Six mois plus tard, la flottille italienne est réduite et ne compte plus que 10 unités.

### *Les meutes*

L'amiral Dönitz s'installe à Lorient fin août, et met en application la dévastatrice tactique d'attaque par « meutes » de U-Boote (Rudeltaktik). Ces meutes sont prépositionnées sur les routes possibles des convois. Ces routes sont imposées par la géographie et la durée admissible du trajet.

Quand l'existence d'un convoi est approximativement établie par le B-Dienst ou par un U-Boote, le PC de Dönitz en avertit les sous-marins les plus proches et envoie un bâtiment pour repérer et suivre le convoi. Cet éclaireur renseigne le PC de Dönitz qui guide le reste de la meute par radio. La meute se regroupe pour une attaque de nuit, en surface et si possible au canon, pour économiser les torpilles. La tactique est inaugurée fin octobre. Huit sous-marins, dont certains sont entre les mains des meilleurs commandants de l'époque, les KL Prien, Endrass, Kretschmer, Schepke, Liebe, repèrent successivement trois convois au Sud de l'Islande. En trois nuits, regroupés à chaque fois par Dönitz, ils détruisent 38 navires. Le convoi SC7 à lui seul perd 21 navires, soit les deux tiers de son effectif. Kretschmer traverse en diagonale le convoi et coule cinq navires. La panique provoque la dispersion des navires, rendant leur escorte, pourtant nombreuse, inefficace. Les U-Boote, dirigés il est vrai par des commandants d'exception, disposent de plus de cibles qu'ils ne peuvent en tirer ; le combat cessa faute de torpilles. Ces 17 et 18 octobre 1940 sont les pires jours de toute la guerre. Le chapitre 8 consacré à la bataille des convois SC122 et HX229 montre la mise en œuvre parfaite de la tactique des meutes.

L'amiral Dönitz voit ainsi se confirmer les options qu'il avait prises dès 1935. Mais la tactique des meutes ne peut être appliquée que par des commandants et des équipages expérimentés et nécessite un plus grand nombre de sous-marins. Malgré la faiblesse de ses effectifs opérationnels, Dönitz conserve sa priorité à la formation qui s'effectue à l'abri de la Baltique. L'amiral est conscient de la durée de la lutte et prépare le long terme.

Les pertes alliées augmentent en flèche (voir annexe 6). Le mois d'octobre, avec 63 navires coulés représentant 352 000 tonnes, établit un record qui ne sera battu par les U-Boote que lorsqu'ils séviront sur les côtes américaines, à partir de janvier 1942. Le rendement par sous-marin et par jour de mer atteint lui aussi des records qui ne seront pas battus. Ce rendement est de :

| | |
|---|---|
| juin 1940 | 514 tonnes |
| juillet 1940 | 593 tonnes |
| août 1940 | 664 tonnes |
| septembre 1940 | 758 tonnes |
| octobre 1940 | 920 tonnes |

La mise en service du port de Lorient permet à Dönitz de disposer de 8 à 9 sous-marins opérationnels au lieu de 6. Mais il est encore loin des 100 U-Boote opérationnels qui lui paraissent nécessaire pour gagner la bataille des convois. La priorité du commandement allemand reste la bataille continentale.

### *L'opération politico-militaire contre Dakar*

En septembre 1940, une opération franco-britannique contre Dakar est montée. Le général de Gaulle, à défaut d'agrandir le pré carré de la France Libre par l'Afrique du Nord, espère rallier l'Afrique occidentale française, dont la pièce maîtresse est Dakar. Le ralliement du cuirassé *Richelieu* et d'une garnison importante serait bienvenue dans le camp de la France Libre. D'autre part, de Gaulle se méfie de la perfide Albion et préfère s'emparer de Dakar avant que les Anglais ne le fassent eux-mêmes. Car cette base est bien placée pour soutenir les convois de la route du Cap. La méfiance du général est prémonitoirement justifiée. En mai 1942 les Britanniques débarqueront à Madagascar sans en informer le gouvernement de la France Libre ! Churchill soutient à fond le projet, avec l'accord de Roosevelt, qui tombe à pic, à un moment où la guerre semble se calmer sans qu'on sache vraiment ce qui se cache derrière cette accalmie. Cette opération est à la mesure des moyens réduits de l'Angleterre qui compte ainsi montrer qu'elle garde une capacité offensive. De même que lors de l'attaque contre Mers-El-Kebir, Churchill est persuadé que Vichy ne se manifestera pas. Le plan est un mélange de persuasion, à la charge de la France Libre et d'intimidation, à la charge d'une flotte britannique imposante. Si l'action se heurte à une résistance coordonnée, le recours à la force est envisagé. Ni les FFL, ni l'Amirauté ne se réjouissent de s'attaquer une nouvelle fois à des forces françaises. Trois jours avant le départ, des renseignements frais vont dans le sens de la résistance. Les batteries côtières sont plus puissantes que prévues et le *Richelieu* peut tirer avec l'une de ses tourelles de 380 mm. Mais dans le même temps on enregistre le ralliement du Tchad, du Congo et du Cameroun, où l'on entend parler pour la première fois d'un certain Leclerc. L'opération est donc lancée. Le 13 septembre, l'arrivée probable à Dakar d'une escadre française fait craindre que le gouvernement de Vichy soit au courant de l'opération. Cette escadre, envoyée de Toulon pour réduire la dissidence en Afrique équatoriale, passe Gibraltar sans être inquiétée et se trouve à Dakar le 23 septembre, lorsque l'escadre franco-britannique se présente. La garnison et la flotte de Dakar, dont le moral et les effectifs sont ainsi renforcés, se défendent. Les autorités de Dakar sont en liaison constante avec Vichy qui leur enjoint de résister, pour préserver l'armistice. Les tentatives de négociation, puis de débarquement, sont entrecoupées de violentes canonnades. Les assaillants se retirent le 25. Les cuirassés *Barham* et *Résolution* sont gravement endommagés par le tir du *Richelieu* et par les torpilles du sous-marin *Bévéziers*. 19 des 51 appareils de l'*Ark Royal* ont été perdus. Tous les bâtiments britanniques ont été touchés.

Le fiasco de l'opération est dû à des causes multiples. L'impréparation psychologique, la méconnaissance de l'état d'esprit des forces de Dakar, la combativité de ces forces, sont largement responsables de cet échec allié. L'effet est désastreux dans les dominions et aux USA qui rendent les gaullistes responsables de l'échec, par leurs prétendues indiscrétions (ce qui servira de prétexte aux Américains pour tenir la France Libre à l'écart du débarquement en Afrique du Nord de novembre 1942). Pour tout arranger, cette défaite intervient au moment crucial de la Bataille d'Angleterre. L'Angleterre est seule à s'opposer à l'Allemagne, et l'issue des combats est alors des plus douteuses.

### *L'aide américaine*

En septembre également, les premiers des 50 vieux destroyers « prêtés » par les USA arrivent en Grande Bretagne. Ils sont immédiatement équipés de l'Asdic. Le potentiel britannique en destroyers est ainsi augmenté de 30 %. Mais il faudra attendre le premier trimestre 1941 pour que ces navires soient vraiment opérationnels. Churchill fait de la lutte anti-sous-marine l'une de ses priorités et il préside lui-même le *Battle of the Atlantic Comittee*. Les moyens alliés vont bientôt être renforcés.

En effet, Roosevelt est réélu, pour son troisième mandat, en novembre 1940. Les échanges personnels entre Churchill et Roosevelt peuvent donc se poursuivre et s'intensifier et le patient travail de communication de Churchill donne ses fruits. Churchill fait le bilan des besoins stratégiques et montre qu'à cette allure la Grande-Bretagne sera en cessation de paiement dans six mois. La loi Prêt-Bail est mise en chantier. Elle sera votée le 9 mars 1941, assortie d'un budget de 7 milliards de dollars. L'isolationnisme américain était bien mort, malgré les récriminations de personnalités telles que Ch. Lindbergh. La puissance industrielle des USA entre dans la guerre, au bénéfice des Britanniques et des USA eux-mêmes qui se réarment. La coopération entre les amirautés américaine et britannique s'intensifie. L'US Navy met au point le plan de mise en œuvre de l'escorte des convois atlantiques ; ce plan est étudié pour être opérationnel dès avril 1941. Les états-majors américains sont persuadés du caractère inévitable de leur entrée en guerre.

### *La victoire de Tarente*

À la fin de l'été, les flottes italiennes et britanniques s'affrontent dans des escarmouches qui permettent aux Britanniques de tester le manque de combativité de leur adversaire. Le manque d'initiative stratégique des Italiens qui ne prennent pas Malte malgré l'extrême faiblesse de ses défenses, est également noté. Ces différents comportements incitent les Britanniques à l'action.

Malte est modestement renforcée en aviation par des opérations qui deviendront classiques. Des porte-avions venant de Gibraltar s'approchent à distance de sécurité de Malte et lancent des Hurricanes vers l'île, bombardée par l'aviation italienne.

Bien qu'entourées de forces italiennes dix fois plus nombreuses, les forces britanniques d'Égypte maintiennent ces forces à distance par une campagne d'été faite de coups d'épingles offensifs. Le général Wavell estime pouvoir porter un coup sévère aux Italiens. Churchill, encouragé par l'évolution favorable de la Bataille d'Angleterre, est séduit par la perspective d'un succès terrestre. Contre l'avis de ses états-majors, il souhaite faire parvenir rapidement, donc par la Méditerranée, trois régiments blindés en Égypte. Encore faut-il neutraliser la flotte italienne. C'est pour cette raison que l'amiral Cunningham et l'escadre d'Alexandrie montent l'opération sur Tarente. Le 11 novembre 1940, les biplans Swordfish décollent du porte-avions moderne *Illustrious* pour attaquer la flotte italienne de Tarente. Cette attaque audacieuse effectuée de nuit, surprend complètement les Italiens. Les Swordfish coulent un cuirassé rénové et immobilisent pour des mois 2 cuirassés, dont le flambant neuf *Littorio*, et endommagent aussi 2 croiseurs. Ils assurent ainsi la suprématie britannique en Méditerranée. Mais plus important peut-être, les Fulmar de l'*Illustrious* détruisent la vingtaine d'hydravions et de bombardiers de cette base, ainsi que les réserves de carburant. Seuls, deux Swordfish ne sont pas rentrés. Les convois britanniques sont tranquilles pour des mois. Le rôle majeur du porte-avions est ainsi démontré. Il est possible que le raid sur Tarente ait servi de modèle à l'attaque sur Pearl Harbor.

Le général Wavell peut donc être renforcé par l'apport des convois. Son offensive, du 9 décembre 1940 au 9 février 1941 reconduit les Italiens à la frontière libyenne. L'étirement de ses lignes logistiques le retient de poursuivre l'offensive pour détruire totalement les forces italiennes. Rommel débarque en Afrique fin février 1941. L'île de Malte, dont le rôle clé était apparu lors de ces premiers engagements, est renforcée modestement, faute de moyens. Ce porte-avions naturel va désormais être au centre des combats aéronavals qui vont accompagner la guerre du Désert. La capacité de chacun des camps à protéger ses convois et à détruire les convois adverses aura une influence décisive sur les combats terrestres. Stratégie navale et stratégie terrestre sont bien totalement complémentaires.

### *Le bilan de 1940*

En cette fin d'année, les Britanniques ont pris la mesure de l'ennemi italien et lui ont coulé 166 040 tonnes de navires marchands. Une petite lumière brille à la fin de cette triste année 1940.

Car malgré les victoires britanniques en Méditerranée, le bilan de 1940 est catastrophique. En 1940, 4 millions de tonnes sont perdues, contre 1 million de tonnes construites. Les pertes humaines sont également difficiles à compenser. Le rythme des pertes était devenu trois fois supérieur à celui des constructions. Les chantiers britanniques sont engorgés par 2 600 000 tonnes de navires en réparation. Cette année 1940 fut la période la plus faste des U-Boote. La faiblesse des escortes leur permet un rendement élevé, de l'ordre d'une trentaine de navires coulés pour un U-Boot perdu.

Une bonne partie des pertes est due à l'action des bombardiers allemands, opérant à partir des aérodromes de Bordeaux (France) et Stavanger (Norvège). Le Focke-Wulf 200 *Kondor* peut ainsi voler de France en Norvège, dans une croisière risquée de 2 000 milles. Les *Kondor* coulent 66 000 tonnes en novembre 1940, sans opposition britannique, faute de moyens. Les ports de la Manche deviennent intenables. Le trafic est concentré vers les ports gallois et écossais.

La ration alimentaire des Britanniques se réduit de plus en plus. Même le sacro-saint thé est rationné en janvier 1941 ! Lord Woolton, dirigeant la plus grande chaîne de distribution britannique, est le ministre du ravitaillement. Il organisa le rationnement avec sa science de la grande consommation. Il ne mit en service que les cartes de rationnement qu'il était possible d'honorer. Contrairement à la France, le marché noir fut des plus limité. Et tout aussi contrairement aux attentes de Hitler, les privations infligées aux Britanniques n'entraînèrent aucun mouvement de découragement ou de révolte.

### *Le commandant Winn*

Les moyens d'acquisition du renseignement se développent lentement et son exploitation devient crédible et plus efficace. En particulier, il est plus facile d'effectuer des reconnaissances aériennes régulières sur les ports français que sur les lointaines bases allemandes. Au début de 1941, un centre d'analyse unique regroupe les spécialistes de l'interprétation photo. Ils travaillent sur la totalité des sources, au bénéfice de l'ensemble des intéressés, ce qui permet entre autres d'éviter certaines des erreurs commises au début de la guerre. Une photo avait semé l'alarme à l'Amirauté ; elle montrait une flotte de sous-marins supplémentaire que l'on décide de bombarder. Cette flotte située dans un port tout à fait inhabituel intrigue le commandant Denning, qui demande à voir les photos. Il s'agissait de barges, dont le poste de pilotage surélevé fait penser à un kiosque de sous-marin. Les câbles reliant les « kiosques » à l'avant du « sous-marin » n'étaient pas les antennes caractéristiques des U-Boote, mais d'inoffensives cordes à linge sur lesquelles séchait d'ailleurs la lessive des marins allemands !

Bletchley Park affine ses méthodes d'analyse, fondée sur la seule nature des signaux émis par les U-Boote. Le décryptage sera pour plus tard.

En décembre 1940 entre en scène l'un des héros les plus méconnus de la guerre, le capitaine de corvette Rodger Winn, avocat dans le civil, qui devient le responsable de la cellule traquant les U-Boote, après en avoir été le commandant en second. L'Amirauté n'hésite pas à confier un poste aussi important à un civil, en appuyant sa décision sur la qualité des méthodes d'analyse et d'extrapolation des mouvements des U-Boote mises au point par R. Winn.

Sa profonde intelligence du renseignement jointe à ses qualités d'avocat firent de R.Winn un personnage clé de la bataille des convois. Il sera nommé capitaine de vaisseau en 1944, honneur qui n'avait jamais été accordé à un officier de Réserve de la Royal Navy ! Winn côtoie à l'OIC un autre réserviste, qui devint plus tard célèbre dans un autre genre, le lieutenant de vaisseau Ian Flemming, futur père de *James Bond.*

### *Les corsaires cuirassés*

Le cuirassé de poche *Scheer*, sous les ordres du capitaine de vaisseau Krancke, accomplit de novembre 1940 à mars 1941 une mission analogue à celle du *Graf Spee* en Atlantique Sud, la plus profitable de celles effectuées par un corsaire. Le *Scheer* attaque ses victimes à la tombée de la nuit, se faisant passer pour un croiseur britannique, pour empêcher ses victimes d'envoyer le signal de détresse « RRR » conventionnel. Il rencontre sans encombre ses ravitailleurs, cargos comme l'*Atlantis* ou sous-marins. L'organisation complexe de cette croisière est un modèle du genre. Il faut attendre le 21 février pour que l'une de ses victimes ait le temps d'envoyer le message « RRR ». La chasse organisée ne donne rien et le *Scheer*, comme le *Hipper*, revenant d'une croisière de trois semaines, regagnent l'Allemagne sans difficulté. Le *Scheer* avait coulé un peu moins de 100 000 tonnes. Mais la perturbation de l'organisation des convois qu'il avait provoquée fut encore plus contraignante pour l'amirauté britannique. La « petite » marine allemande réussit alors parfaitement ce qui lui était demandé. Nous verrons qu'il n'en sera pas toujours ainsi.

En février et mars 1941, les navires de batailles allemands *Scharnhorst* et *Gneisenau* font peser une grave menace sur les lignes de communication alliées. Leur redoutable duo ne peut être contré que par deux cuirassés. Malgré les efforts britanniques de l'Amirauté qui détecte leur présence en mer, ces navires commandés par l'amiral Lütjens qui périra en mai avec le *Bismarck*, partent de Kiel, contournent les îles britanniques, effectuent leur croisière en coulant 16 cargos, puis se réfugient à Brest, alors que la Royal Navy, qui n'a pas réussit à les intercepter, les attend sur le chemin du retour vers Kiel. Il peut sembler extraordinaire que des navires de cette taille puissent passer inaperçus pendant deux mois d'une armada lancée à leurs trousses. Compte tenu des moyens techniques de l'époque, ces navires ne peuvent être trouvés que par hasard, l'aviation, le décryptage ou des relevés gonio. Au milieu de l'Atlantique, il n'y avait alors aucun appareil en mesure d'effectuer des patrouilles lointaines, hormis les appareils embarqués, dont le rayon d'action est limité. Les fausses pistes sont nombreuses. Les cuirassés *King George V*, *Rodney*, *Nelson*, et d'autres navires, se trouvent à chaque fois trop loin de leur cible lorsque par hasard elle est détectée. Les navires allemands observant un large silence radio, ni la gonio ni l'analyse du trafic ne peuvent révéler leur position. Restait la chance qui avait tant aidé les croiseurs anglais à découvrir le *Graf Spee* ; la chance, sur cette immensité atlantique, était cette fois du côté allemand ! Le séjour à Brest de ces navires, rejoints plus tard par le *Prinz Eugen*, ne sera d'ailleurs pas une sinécure. Renseignés par la Résistance, les Britanniques bombarderont ces navires au moins une fois par semaine, sans résultat notoire, hormis la destruction progressive de la ville.

### *Les Alliés s'organisent*

En janvier 1941 la bataille d'Angleterre est considérée comme perdue par le commandement Allemand. Hitler donne ses directives pour l'attaque de l'URSS. Ce changement de priorité s'effectue au détriment des U-Boote qui perdent progressivement l'appui d'une bonne partie de leur soutien aérien, ce qui allège sensiblement la pression exercée sur les convois. Ce bref répit est de courte durée et les destructions relancent la courbe vers de nouveaux sommets (voir annexe 6). Les Alliés prennent alors des mesures pour essayer de limiter leurs pertes.

Le 1er février 1941, les USA constituent la flotte de l'Atlantique, sous les ordres de l'amiral King, dont on reparlera dans quelques mois. La zone de sécurité américaine est prolongée en avril jusqu'au 26e méridien Ouest, soit la pointe Ouest de l'Islande. Les Açores, îles européennes, font partie de cette zone, patrouillée par les navires US, qui renseignent les Britanniques. L'engagement américain se fera encore plus net au cours de l'été 1941.

Les Britanniques prennent de vigoureuses mesures d'organisation, civiles et militaires. Le 6 mars 1941 une directive édicte un certain nombre de mesures dont l'application doit être suivie chaque jour par le Comité de la Bataille de l'Atlantique. Quarante mille hommes sont démobilisés pour désengorger les ports et les chantiers. Un gain de 15 jours dans les rotations des cargos se traduit par une capacité d'importation supplémentaire de 5 millions de tonnes.

Il est décidé d'intensifier les bombardements sur les ports atlantiques et d'équiper des bombardiers à long rayon d'action du radar ASV. Ces avions seront confiés au Coastal Command, dont le contrôle opérationnel est désormais assuré par la Royal Navy. La coopération marine-aviation, si déterminante dans la bataille des convois, en est sensiblement renforcée. Une mesure technique aussi anodine en apparence que l'équipement radio VHF monté sur les navires et les avions renforce leur efficacité combative en leur permettant de communiquer directement entre eux. Toute mesure technique ou d'organisation revêt une importance particulière. C'est l'emploi coordonné de ces mesures qui entraînera la victoire des Alliés.

La protection immédiate des convois sera renforcée par des navires marchands transformés en porte-avions d'escorte. En attendant, des cargos, les « cam-ships », seront équipés d'une catapulte permettant de lancer un chasseur *Hurricane* contre l'aviation d'observation adverse. Chaque lancement se traduit par la perte de l'appareil. Le pilote saute en parachute et doit être récupéré par un navire du convoi. La protection antiaérienne des ports est renforcée, ce qui n'empêche pas vraiment une offensive de bombardement allemande sur ces ports. Liverpool, Plymouth et Bristol sont très endommagés.

En février, l'amiral sir Percy Noble est nommé au commandement des Western Approaches, dont le PC est transféré de Plymouth à Liverpool, c'est-à-dire à proximité des zones d'arrivée et de départ des convois. Ce PC, relié directement à l'Amirauté dont il duplique les cartes de situation, prend le commandement opérationnel de la bataille des convois dans l'Atlantique Nord. L'amiral Noble est le premier à penser que l'entraînement des équipages est aussi décisif que le nombre des escorteurs. L'amiral exploite à fond les bonnes idées de ses prédécesseurs. Il renforce le rôle des techniques d'entraînement de chaque escorteur. Ces navires passent trois semaines dans des centres dont le plus célèbre est celui de Tobermory, sur la côte Ouest de l'Écosse. Le vice-amiral Stephenson reprend du service en juillet 1940 avec le grade de commodore et soumettra des dizaines d'escorteurs à un entraînement réaliste et épuisant. Le passage à Tobermory ou dans un des deux autres centres de formation est d'ailleurs une étape obligatoire précédant l'affectation à un groupe d'escorte. En effet, la plupart des officiers et des hommes d'équipage sont des réservistes dont la cohésion doit être obtenue au plus tôt, car ils sont tout de suite confrontés à la bataille.

Le *groupe d'escorte* est la réponse de la défense à la tactique des meutes. Ils sont créés en octobre 1940, pour remplacer l'action individuelle des escorteurs par une action collective, défensive ou offensive. Les groupes d'escorte se composent de 5 à 8 navires, sous commandement unique, ce qui renforce la cohésion et l'efficacité des escortes. Le groupe en entier escorte un convoi. Son commandant décide de détacher ou non les escorteurs chargés du secours ou de l'attaque. L'escorte garde ainsi l'essentiel de sa cohésion et maintient en place le rideau défensif contre d'autres agresseurs potentiels. L'attaque d'un U-Boot se fait par équipe de deux escorteurs. L'un grenade pendant que l'autre essaye de maintenir le contact Asdic. La chasse peut ainsi durer plus longtemps et être plus efficace. Certains commandants de groupes d'escorte ou plus tard de groupe de chasse vont devenir aussi célèbres que leurs adversaires des U-Boote. C'est ainsi que le capitaine de vaisseau Macintyre) et son 5$^{e}$ groupe coulent le *U-100* du KL Schepke et le *U-99* du KL Kretschmer la même nuit, alors qu'ils attaquaient le convoi HX122.

Le tableau des moyens alliés est complété par la mise en service opérationnel de nouveaux escorteurs. Ils sont maintenant 375, dont 240 destroyers, soit 140 de plus que neuf mois plus tôt. Les destroyers sont plus rapides en surface que les U-Boote qu'ils peuvent contre-attaquer rapidement. Quelques moyens aériens supplémentaires, dotés du radar (portée 15 milles nautiques), permettent d'étendre la couverture aérienne jusqu'au 19$^{e}$ degré Ouest, soit le milieu de l'Islande, et repoussent les U-Boote toujours plus vers l'Ouest. L'ensemble de ces mesures fait de mars 1941 un tournant significatif de la guerre sur mer.

D'autant plus que la perte des trois « As » parmi les commandants de U-Boote (Günther Prien, 194 000 tonnes coulées, Joachim Schepke, 156 000 tonnes coulées et Otto Kretschmer, prisonnier après avoir coulé 270 000 tonnes en dix-huit mois) marque la fin des « temps heureux » des sous-mariniers allemands. Leur disparition est considérée aussi bien par Churchill que par Dönitz comme un événement majeur, tant ces officiers d'exception étaient exemplaires et stimulants pour les autres commandants de U-Boot. La courbe des destructions atteint en avril un pic, suivi d'un renversement de tendance qui va durer quelques mois (cf. annexe 6). L'amiral Dönitz va retirer ses meutes des Western Approaches et les concentrer vers le Sud-Ouest de l'Atlantique. Pendant toute la guerre, l'amiral Dönitz se montrera très habile à modifier rapidement le point d'application de ses forces, mettant ainsi en défaut pour un temps les moyens d'escorte adverses.

La menace du radar n'est pas perçue immédiatement par les Allemands. Lorsqu'ils prirent pleinement conscience de cette menace, ils n'auront de cesse d'y trouver une parade. Ils utiliseront avec des succès variables différents types de détecteurs de faisceau radar, ce qui permettait au sous-marin de s'esquiver, au détriment de l'exécution de sa mission. Le schnorchel sera en

1944 une parade plus efficace, mais peu performante au plan tactique, puisque la vitesse du sous-marin naviguant au schnorchel est inférieure à sa vitesse habituelle en plongée, déjà très faible.

***La bataille du cap Matapan***

Depuis janvier, Le Fliegekorps X a quitté la Norvège pour s'installer en Sicile et renforcer les 200 appareils italiens basés dans cette région, mais peu efficaces. Cette puissante formation de 170 appareils, dont les équipages sont spécialisés dans l'attaque des navires, avait depuis malmené la flotte et les convois britanniques, donnant ainsi l'exemple aux Italiens. Malte est bombardée sans arrêt en février et mars et se trouve dans une situation critique. Le porte-avions *Illustrious* est touché lors d'une opération de ravitaillement, ainsi que le croiseur *Southampton* qui doit être sabordé. L'amiral Cunningham réclame des renforts appropriés pour lutter contre la Luftwaffe qui devient l'ennemi principal de sa flotte. L'aviation allemande perturbe sérieusement le trafic du canal de Suez en y mouillant des mines magnétiques. Rommel a débarqué fin février avec l'Afrika Korps. Mars 1941 voit la guerre se réveiller en Méditerranée. Les Britanniques débarquent en Grèce et en Crète le 14 mars. Les troupes sont prélevées sur l'armée d'Égypte. Elles feront défaut devant l'offensive de Rommel qui se prépare à une vitesse insoupçonnée. Les forces navales et aériennes britanniques sont très dispersées. Le trafic italien vers la Libye n'éprouve que 2 % de pertes.

Les Allemands poussent la flotte italienne, traumatisés depuis l'affaire de Tarente, à intervenir en mer Égée pour surprendre au mouillage les navires britanniques de Crète, en lui promettant une couverture aérienne. Les messages entre la Luftwaffe et la marine italienne sont décryptés les 25 et 26 mars. C'est donc en toute connaissance de cause que l'amiral Cunnigham envoie son escadre de croiseurs au Sud de la Crète. Il attend un moment favorable pour appareiller avec ses cuirassés.

La flotte italienne se regroupe et prend la mer le 27 mars. L'amiral Lachino, sur le cuirassé moderne *Vittorio Veneto*, est sans illusions sur cette couverture aérienne. La flotte italienne est repérée par un Sunderland, dont le message est intercepté par les Italiens qui se savent ainsi découverts. Les convois britanniques vont sûrement se disperser. Reste la flotte d'Alexandrie qui est peut-être en mer. L'escadre italienne met le cap vers le Sud de la

Crète. Les avions de reconnaissance italiens ne peuvent décoller à cause du mauvais temps. L'amiral Cunningham, alerté par le Sunderland, joue au golf pour donner le change aux espions puis appareille de nuit avec son escadre, trois cuirassés et un porte-avions, vers le Sud de la Crète. Le rendez-vous que les flottes britanniques et italiennes se sont fixé sans le savoir est pour le matin du 28. Les avant-gardes de croiseurs se canonnent. Les Britanniques, surclassés en puissance et en vitesse, tentent d'attirer les Italiens vers le gros de l'escadre. Les Italiens ne poursuivent pas et se replient vers l'Ouest en renseignant l'amiral Lachino. Les croiseurs britanniques font alors demi-tour pour garder le contact. Ils échappent de peu au *Vittorio Veneto*, venu à toute allure à leur rencontre. Les avions du *Formidable* attaquent au bon moment et contraignent les Italiens à se retirer vers le Nord-Ouest. L'amiral Cunningham ne peut rattraper le *Vittorio Veneto*. Il essaye de le retarder en employant son aéronavale. À 15 h 19, les avions torpilleurs du *Formidable* placent un coup au but alors que des bombardiers partis de Crète fixent la DCA italienne. Le *Vittorio Veneto* perd une demi-heure puis repart vers Tarente. Il ne peut être rattrapé avant la nuit. L'amiral Cunningham, contre l'avis de son état-major, décide de continuer la poursuite et de se préparer à un combat de nuit, très inhabituel pour l'époque. Confiant dans ses radars, il lance une nouvelle fois les avions du *Formidable* qui torpillent le croiseur *Pola* vers 20 h. L'amiral Lachino détache deux croiseurs et 4 destroyers pour remorquer le *Pola*. Au même moment, les radars de l'avant-garde britannique détectent le *Pola* immobilisé. L'amiral Cunningham accourt, croyant avoir affaire au *Vittorio Veneto*. Les Italiens, sans radar et sans précaution arrivent en ligne de file. À 22 h 30, éclairés par un destroyer, les cuirassés britanniques pulvérisent en 4 minutes les deux croiseurs et deux destroyers. Le *Pola*, dont l'équipage échappe au contrôle de ses officiers, est pris à l'abordage par les marins du destroyer *Jervis* puis envoyé par le fond.

Cette bataille du Cap Matapan, qui n'aurait peut-être pas eu lieu sans un décryptage décisif, est intéressante à plusieurs titres. C'est la première bataille aéronavale de la guerre. L'avion est utilisé comme éclaireur avant d'être chargé de ralentir l'ennemi. Cette technique aura raison du *Bismarck* dans quelques mois. Une année plus tard, la bataille de la mer de Corail verra les flottes japonaises et américaines s'affronter sans jamais se voir, par avions interposés. L'aéronavale prend ainsi le pas sur le traditionnel navire de ligne, sans que cette vérité s'impose vraiment aux amiraux, très attachés à l'importance passée des navires de ligne. Un autre enseignement notoire de la bataille du cap Matapan est le rôle du hasard, provoqué par la logique militaire. Les flottes se rencontrent par hasard, mais la destination qu'elles avaient choisie toutes les deux, l'île de Gavdhos, au Sud de la Crète, était logique ; le Sud de la Crète offrait davantage de possibilités de manœuvres que le Nord. Mais le rôle du hasard s'arrête là. Comme à Tarente, les qualités tactiques des marins britanniques leur ont permis de compenser leur infériorité numérique. La détermination de l'amiral Cunningham qui recherche un combat de nuit, est remarquable. Après Tarente et la relative discrétion de la marine italienne depuis juin 1940, l'amiral s'était sans doute fait une certaine idée de la psychologie de ses adversaires ; cette idée l'incita probablement à se lancer à leurs trousses en prenant quelques risques. Il deviendra d'ailleurs premier lord de l'Amirauté en août 1943. Enfin, la marine italienne restera dans ses bases jusqu'à sa reddition. Cette victoire stratégique aura coûté 1 avion et son pilote à la Royal Navy ; la marine italienne perd 5 navires et 2 500 hommes. Cette victoire, comme celle de Tarente, est un baume pour les Britanniques et un coup d'assommoir définitif pour la marine italienne. Elle n'interviendra plus en force. Les succès viendront de petites unités. C'est ainsi qu'une torpille pilotée *Maiale* coule le croiseur *York* le 26 mars. Le principal ennemi de la Royal Navy en Méditerranée sera désormais la Luftwaffe, venant soutenir l'Afrika Korps de Rommel.

***Bilan de la période juillet 1940-mars 1941 :***

Pertes alliées : 896 navires marchands, soit 3 664 370 tonnes, soit 407 152 tonnes/mois.
U-Boote coulés : 13, soit 1,44/mois.

***Bilan total de la période septembre 1939-mars 1941 :***

Pertes alliées : 1 598 navires marchands, soit 6 000 372 tonnes, soit 315 809 tonnes/mois.
U-Boote coulés : 37, soit 1,95/mois.

Compte tenu de leurs pertes et du petit nombre d'unités entrées en service, l'effectif des U-Boote opérationnels est constant pendant cette période, de l'ordre de 30 unités.

CHAPITRE 3

# *Les U-Boote et leurs prédateurs*

## 1. L'ARME SOUS-MARINE ALLEMANDE

### 1.1. Les sous-marins

***Description***

Les U-Boote de la seconde guerre mondiale sont peu différents de ceux de la période 1914-1918.

Le U-1, lancé en juin 1935, était d'une conception très proche du U-35 de 1918, qui atteignait une quasi-perfection technique. Les angles du profil hydrodynamique sont un peu arrondis, mais l'organisation générale du bâtiment est identique.

Les *machines*, deux moteurs diesel MAN pour la navigation en surface, deux moteurs électriques pour la navigation en plongée, sont à l'arrière. Les moteurs diesels sont d'une robustesse à toute épreuve. En vitesse de croisière, ils fonctionnent alternativement toutes les quatre heures. Il est ainsi possible de les lancer à plein régime à tout instant. Les moteurs électriques sont alimentés par des batteries, dont le poids et le volume sont considérables. Les plaques de plomb sont plus lourdes que les machines, et ces batteries occupent environ la moitié de l'espace intérieur disponible. Les organes de commandement sont au centre, ainsi que le kiosque. L'avant est consacré à la zone vie et aux torpilles.

L'équipement de bord est très sophistiqué pour l'époque. De nombreux appareils aident le sous-marin à naviguer et à combattre.

Le *périscope*, scellé sous vide, est réchauffé électriquement pour éviter la buée. Il permet au sous-marin de voir la surface en plongée, à la profondeur d'immersion périscopique, soit environ 15 mètres. Le sous-marin dispose de 2 périscopes, un pour le combat, l'autre pour la veille, dont le champ est plus large. Le périscope de combat est réticulé, pour faciliter l'estimation des données nécessaires au tir des torpilles. Plusieurs grossissements sont disponibles, ainsi que des filtres. Un prisme pivotant permet d'observer le ciel. Il est possible d'adapter un équipement photo, qui a permis d'enrichir les archives de documents saisissants.

Un *compas gyroscopique* permet de naviguer en plongée sur le cap voulu.

L'*équipement radio* est des plus performants. La stabilité des composants est telle que les messages sont envoyés directement après le choix de la fréquence, sans échange avec la station destinatrice pour un réglage. Dans la seconde moitié de la guerre, il sera possible de recevoir des messages en plongée, à l'immersion périscopique, sur des longueurs d'onde de 15 à 20 kilomètres. Par contre, le sous-marin ne peut émettre qu'en surface. Plus tard, une antenne sera fixée sur le schnorchel. Tous les messages sont chiffrés ou déchiffrés à l'aide de la machine Enigma. Le fonctionnement de cette machine est décrit dans le chapitre 10 traitant de la guerre des télécommunications.

Les *hydrophones*, ancêtres du sonar passif, sont manipulés par un opérateur expérimenté, capable d'identifier les différents bruits sous-marins. Cet équipement d'écoute permet de déterminer la distance, le sens du déplacement et le relèvement du navire « écouté ». Tout comme celui du sonar des navires de surface, l'emploi des hydrophones est des plus délicats. Comme il l'a déjà été évoqué, de nombreux phénomènes physiques liés à la différence de salinité et de température des couches sous-marines perturbent la propagation du son dans l'eau de mer. Le relèvement peut devenir incertain. Les U-Boote disposent de cartes indiquant les courants sous-marins et les courbes de salinité. Ce qui leur permettait parfois d'échapper au contact Asdic. Les bruits sous-marins sont nombreux, et leur identification « à l'oreille » est souvent délicate. L'ambiguïté ne pouvait être levée qu'à faible distance de la source sonore, situation dangereuse entre toutes !

Les U-Boote, comme leurs congénères de 1914-1918, sont des submersibles, naviguant le plus souvent en surface. Leur silhouette, très basse sur l'eau, la peinture grise, rend leur repérage par les vigies des convois difficile, surtout par mer houleuse. Le sous-marin piste un convoi en naviguant à 6 milles en arrière du convoi. Seuls, les mats et les fumées du convoi sont visibles, alors que le sous-marin est peu visible à cette distance. Pour abaisser encore leur silhouette, ils emplissent partiellement d'eau leurs ballasts. Leur seul moyen de vision lointaine est la jumelle. Les U-Boote profitent de leur relative invisibilité pour rechercher et attaquer leurs victimes de nuit, en surface, à la torpille ou au canon, ce qui leur permet de contourner les moyens de détection adverses, et en particulier l'Asdic, inopérant en surface. Cet avantage cessera avec la généralisation du goniomètre Huff/Duff et du radar dans le camp Allié. L'effort de miniaturisation entrepris par les Alliés permettra de monter le radar sur la quasi-totalité des escorteurs ainsi que sur les avions de patrouille et d'attaque maritime. Les U-Boote perdent ainsi leur invisibilité relative. Les différents détecteurs antiradars dont ils seront dotés augmenteront leurs chances de survie, mais pas leurs possibilités offensives. Les Allemands limiteront d'ailleurs l'emploi de ces détecteurs, croyant à tort que l'énergie de leur amplificateur était captée par les radars alliés. Les U-Boote peuvent à partir de 1943 larguer des « *bolds* », ballons dont la surface parsemée de fils métalliques devait leurrer les radars. L'efficacité de ces leurres, tout comme leur équivalent destiné à l'Asdic, bulles d'air réfléchissant les ondes Asdic, était des plus limitées. Mais ils avaient au moins le mérite de rassurer les sous-mariniers.

La double coque des U-Boote leur assure un très bon comportement marin en surface. Ce qui n'empêchait pas les équipages de souffrir lors des navigations en surface par gros temps.

La construction est des plus solides. Les coques sont soudées sous pression ce qui, joint à leur forme cylindrique, leur donne une grande résistance à la pression hydrostatique. Les U-Boote peuvent se réfugier à grande profondeur, de l'ordre de 200 mètres, soit le double des profondeurs admises pour les sous-marins alliés. Ce qui explique l'inefficacité relative du grenadage. Les Alliés furent désagréablement surpris en constatant ces performances sur le *U-570*, capturé par un bimoteur *Hudson* du Coastal Command en août 1941. L'équipage de ce sous-marin avait été « liquéfié » par le mal de mer et avait perdu toute ardeur combative ; il n'obéissait plus aux officiers, qui ne purent même pas profiter de la nuit pour se saborder ou s'enfuir, alors que le sous-marin n'était surveillé que par un chalutier armé. Ce cas de rébellion est probablement unique dans les annales de l'U-Bootswaffe. Les Alliés, devant la solidité du *U-570*, remplacent l'explosif des grenades sous-marines par le Torpex, plus brisant et beaucoup plus puissant que le TNT. Les détonateurs des grenades sous-marines sont également modifiés pour exploser à la profondeur maximale indiquée par le profondimètre. Les escorteurs s'apercevront à l'usage que les U-Boote plongent encore plus profond, au-delà de 210 mètres, et les détonateurs seront à nouveau modifiés. Cependant, la coque du sous-marin n'est pas blindée, et le rend extrêmement vulnérable aux coups, qu'il soit en surface ou en plongée.

### *La navigation en plongée et le schnorchel*

Le sous-marin se met en immersion en remplissant d'eau ses ballasts. Il a profité de sa navigation en surface pour remplir ses réservoirs d'air comprimé à 200 bars. En effet, le sous-marin utilise cet air comprimé pour chasser l'eau des ballasts et remonter à la surface. Les batteries alimentant le sous-marin en plongée sont également rechargées en surface. Ce qui signifie que, par construction, un sous-marin ne peut rester longtemps en plongée sans remonter en surface. L'autonomie en plongée est, selon la vitesse, de 10 à 14 heures, limitée par les batteries, les réserves d'air, ou les deux à la fois. Il faut en moyenne trois heures en surface pour reconstituer les réserves d'air comprimé, ventiler le bâtiment et recharger les batteries. Cette obligation de remonter périodiquement sera bien exploitée par l'aviation alliée, et provoquera la perte d'un bon nombre d'U-Boote ; en particulier, lors des différentes offensives aériennes sur le golfe de Gascogne.

Mais à partir de février 1944, les U-Boote sont équipés du « Schnorchel », qui leur permet de naviguer en plongée et au moteur diesel, à la profondeur d'immersion périscopique. Le Schnorchel est une invention hollandaise, dont les prototypes furent montés sur 4 sous-marins, dont 2 se réfugièrent en Angleterre en 1940. Les 2 autres furent capturés par les Allemands, qui ne s'intéressèrent au procédé que sous la pression des événements. Les alliés n'exploitèrent pas cette invention.

Le dispositif hollandais n'était utilisé que pour la ventilation du sous-marin. Les Allemands développent le dispositif pour le brancher également sur l'échappement des moteurs diesels. Un flotteur bouche automatiquement le tube au passage d'une vague. Mais si le tube est bouché trop longtemps, les diesels, qui s'alimentent avec l'air du sous-marin, peuvent le mettre en dépression. Ce qui est parfois dommageable pour les tympans de l'équipage. Sans compter que l'échappement se répand alors dans l'habitacle, menaçant cette fois l'équipage d'asphyxie. Ce dispositif, dont l'emploi est donc délicat, est difficilement repérable, de jour et par mer calme, par l'aviation. Il est surtout utilisé de nuit, et apporte une relative sécurité contre le danger aérien. La vitesse en plongée, dans une zone d'insécurité, est limitée à 1 ou 2 nœuds. Ce qui réduit sensiblement la mobilité opérationnelle du sous-marin. L'intérêt du schnorchel est donc plus défensif qu'offensif. Mais la précision croissante des radars alliés va rendre la détection nocturne du schnorchel de plus en plus efficace.

### *La technique de torpillage*

Le sous-marin peut utiliser plusieurs armes. Il peut détruire ses cibles au canon, à condition de jouir de l'impunité en surface. Cet avantage cessera avec la généralisation du radar dans le camp Allié. À partir de 1942, les types VII mis en service seront démunis de leur canon de 88 mm, et leur DCA est renforcée. Le sous-marin peut mouiller des mines, de manière d'autant plus efficace que leur mise en place passe le plus souvent totalement inaperçue de l'adversaire. Cette possibilité sera abondamment utilisée au début de la guerre dans les eaux britanniques. Le cuirassé *Nelson* et le croiseur *Belfast* seront sérieusement endommagés par les mines. L'armement principal est la torpille. Déjà utilisée lors de la première guerre mondiale, la technique des torpilles et du torpillage est constamment améliorée lors du second conflit mondial.

Le sous-marin de la première guerre mondiale envoyait ses torpilles selon une trajectoire linéaire. Le submersible se comporte comme un canon et pointe sur la cible, en anticipant ses mouvements comme le fait un chasseur de canards.

Les U-Boote bénéficient dans ce domaine d'un progrès notoire. Un calculateur permet de régler les éléments de tir de la torpille, dont la trajectoire courbe peut s'écarter de 90, puis plus tard de 180 degrés de celle du sous-marin. Il suffit de maintenir la cible dans le réticule du périscope de combat pour modifier automatiquement le réglage de la trajectoire de la torpille par l'intermédiaire d'une tringlerie. Cependant, le calcul de la trajectoire dépend initialement de l'estimation correcte par le commandant de la distance, de la vitesse, et de la route de la cible. La profondeur d'immersion de la torpille est également déterminée par le commandant. L'efficacité du calculateur dépend donc largement de la justesse de l'estimation des paramètres de tir. Le calculateur, qui fit l'admiration ultérieure des Alliés, permet de traiter en même temps 5 cibles différentes. Pour mieux exploiter cet avantage, certains commandants de U-Boote, comme le commandant Kretschmer, numéro 1 des sous-mariniers, n'hésitent pas à s'infiltrer au centre d'un convoi, pour tirer rapidement sur plusieurs cibles et profiter de la panique et de l'imbrication du U-Boot dans le convoi pour continuer à torpiller puis s'esquiver. Pour les attaques en surface, une lunette spéciale reliée au calculateur rend les mêmes services que le périscope. En plongée, le sous-marin peut pister discrètement l'adversaire, pour attendre le moment favorable au torpillage. Les convois « lents » se déplacent à la vitesse de 6 à 8 nœuds, vitesse en plongée des U-Boote. Il faut des heures, parfois des jours à un U-Boot pour pister sa cible et se placer en position de tir. D'autre fois, l'attente est courte. Le K.L. Schuhart, en septembre 1939, met deux heures avant de torpiller et couler le porte-avions britannique *Courageous*. Le *Courageous* zigzague pourtant de manière permanente pour se protéger d'une attaque sous-marine, et file parfois 25 nœuds pour récupérer ou lancer ses avions. Le U-Boot du commandant Schuhart ne file en plongée que 6 à 8 nœuds. Il suit les évolutions du porte-avions, sans être détecté par les escorteurs, jusqu'à ce que le *Courageous* se place sur le travers de son U-Boot, lui offrant ainsi une cible facile. La torpille emporte 400 kg d'explosifs. Ce qui est largement suffisant pour pulvériser un escorteur ou un navire marchand. Lorsque la cible est importante, ce qui est le cas du *Courageous*, ou lorsque l'estimation des paramètres de tir semble douteuse, le U-Boot tire une gerbe de deux ou trois torpilles, pour augmenter ses chances de succès. C'est ainsi que l'enseigne de vaisseau Endrass, premier officier de quart de l'*U-47* commandé par G. Prien, infiltré dans la base de

Scapa Flow, ne lance pas moins de 7 torpilles sur le cuirassé *Royal Oak*, dont 4 le touchent et le font couler.

Les Allemands, comme les Américains d'ailleurs, mettent un certain temps avant d'équiper leurs torpilles d'un système de mise à feu fiable. Les commandants de U-Boote se plaignent longtemps des ratés de leurs torpilles, et l'efficacité de leurs tirs est inférieure à celle de leurs anciens de 1918, comme le note alors l'amiral Dönitz dans son journal en juin 1942. À cette époque, l'efficacité est de 50 % ; il faut tirer deux torpilles pour enregistrer une explosion.

À partir de l'automne 1943, les U-Boote disposent d'une panoplie de torpilles adaptées aux différents types de cibles :

- torpille classique, propulsée par un moteur à combustion dont le comburant et de l'air comprimé. Sa vitesse est ajustable, de 30 à 44 nœuds, et sa portée varie ainsi de 20 000 à 6 000 mètres. La torpille à air comprimé laisse derrière elle un sillage de bulles provenant des gaz de combustion. De jour, les vigies peuvent la repérer et le navire visé peut parfois éviter la torpille ;
- torpille à propulsion électrique. Elle ne couvre que 6 000 mètres au plus à une vitesse de 30 nœuds, mais son sillage est discret ;
- torpille FAT (Feder Apparat Torpedo). Les essais de cette torpille à trajectoire sinusoïdale débutent au deuxième trimestre de 1942. Même si le sillage est observé, il est bien difficile d'anticiper la trajectoire de cette torpille pour l'éviter ;
- torpille acoustique Zaunkönig, se dirigeant automatiquement vers la partie la plus bruyante et la plus vitale du navire, la machine ou l'hélice. Le U-Boot peut ainsi tirer sans qu'il lui soit nécessaire de voir sa cible. Il doit par contre plonger rapidement à grande profondeur pour éviter d'être victime de sa torpille au cas où elle serait déviée à la suite d'un incident quelconque.

Les torpilles FAT et acoustiques sont destinées à l'attaque des escorteurs, les autres aux navires marchands. En effet, le bruiteur mis au point par les Alliés pour leurrer la torpille acoustique, baptisé « foxer », gêne beaucoup les évolutions des escorteurs. Un nouveau modèle permet aux destroyers d'évoluer à vitesse quasi normale. Cependant, pour des raisons tactiques, le foxer était de préférence traîné par des navires marchands. Les escorteurs sont souvent victimes de cette torpille acoustique. Il semble cependant qu'aucun des navires ayant remorqué un foxer n'ait été atteint par une torpille acoustique.

Lorsque la mise à feu magnétique est au point, les U-Boote se font particulièrement meurtriers en tirant la torpille sous le navire visé. La torpille explose ainsi sous le navire, le soulevant de la surface de l'eau. Il se casse en deux en retombant et coule rapidement.

Mais l'efficacité des moyens alliés est telle que ces armes nouvelles ne peuvent renverser le cours de la bataille.

### *Alberich*

L'un des progrès techniques allemands parmi les plus mystérieux pour les Alliés ne leur est connu que par son code « *Alberich* ». En août 1944, dans une zone restreinte au large des Scillys, en cinq jours, le U-480 coule une corvette canadienne, un dragueur de mine anglais et deux cargos navigant en convoi. Les décryptages apprennent aux Alliés que le prédateur est le U-480, un type VII C courant. Le retour triomphal du bâtiment en Norvège, la pluie de récompenses qui atteint son commandant, l'Oberleutnant Förster, ainsi que l'équipage, la propagande allemande, lèvent les derniers doutes des Alliés. Ce U-Boot, qui n'a pas été détecté par les escorteurs, est probablement équipé d'une arme secrète. Mais laquelle ? Il importe de savoir de quoi il s'agit pour étudier la portée de la menace et préparer rapidement des contre-mesures. Il est en effet primordial d'assurer la sécurité de l'intense trafic transmanche qui suffit tout juste à satisfaire les besoins des armées Alliées sur le continent.

Aussi, lorsque le U-480 reprend la mer le 6 janvier 1945, les décryptages le concernant sont-ils analysés avec le plus grand soin. Le mot *Alberich* revient souvent dans les messages. Les analystes de Bletchley Park, experts en résolution d'énigmes en tout genre, finissent par découvrir dans la mythologie wagnérienne un sorcier invisible, Alberich. Sous l'eau, ce sous-marin possède le moyen de se rendre invisible à l'Asdic. Il est en effet équipé d'un revêtement en caoutchouc, percé de trous dont leur nombre, leur disposition et leurs diamètres sont étudiés pour absorber sensiblement l'énergie de l'Asdic. Le collage des plaques est délicat. Le moindre défaut peut rendre le sous-marin détectable. Le U-480, qui se repose le plus souvent sur le fond, arrache d'ailleurs plusieurs plaques de son armure et rend son retour périlleux. Le U-480, qui semble être le seul dont les messages mentionnent *Alberich*, n'est détectable que dans un rayon de 300 mètres. La Royal Navy comprend que le U-480 est plus ou moins invisible à l'Asdic. Équipé du schnorchel, il est donc indétectable.

La découverte accidentelle de son épave en 1998 provoqua la curiosité des historiens et des plongeurs, en particulier Innes McCartney. Le revêtement anéchoïde est remonté. L'exploitation des archives de la Royal Navy montre le piège tendu à ce premier sous-marin furtif, dont la zone de patrouille est connue par les décryptages. Des mines sont mouillées sur la route des convois côtiers qui sont discrètement déroutés. L'une de ces mines détruit le U-480 et son équipage entre le 29 janvier et le 20 février 1945.

L'étude et l'application des tuiles anéchoïdes ne seront reprises que dans les années 1970 par la marine soviétique, suivie avec retard par les marines occidentales. Le sorbotane, matière amortissante très appréciée des marathoniens, entre dans la composition de ces tuiles.

### *Les types de U-Boot*

Les Allemands lancent des dizaines de modèles de U-Boote, dont les plus nombreux sont les *types VII* et *IX*. Ils font l'objet d'améliorations constantes. Certains détails se révèlent à la longue d'une grande utilité. C'est ainsi que l'échappement des diesels se fait dans les ballasts. Ce qui dilue la fumée et enduit la paroi des ballasts d'une pellicule graisseuse qui renforce leur protection contre la corrosion.

Les Alliés connaissent assez bien les principaux types opérationnels. Les documents saisis sur le *U-49* lors de la campagne de Norvège leur ont donné ces informations. En octobre 1940, l'interrogatoire des rescapés du *U-32* les informe du mauvais fonctionnement des torpilles allemandes. Par contre, le commandant du *U-31*, capturé en mars 1940, exagère volontairement les retards de construction. D'où une sous-estimation de la croissance de la flotte des U-Boote !

Le *type VII* est l'adversaire le plus fréquent des convois. Il représente à lui seul plus de la moitié des U-Boote construits, soit 659 sur un total de 1 170. Il est souvent désigné comme un « 500 tonnes », du nom du déplacement en surface des premiers modèles. Très maniable et très marin en surface, il plonge en 20 secondes avec un équipage bien entraîné.

Le *type VII C* est le modèle le plus construit. Il coûte 4 millions de marks. Ses caractéristiques techniques sont les suivantes :

- déplacement : 753 à 857 tonnes en plongée,
- dimensions : 71 x 6.6 x 5 m,
- moteurs :
  . 2 diesels Man de 1 400 CV chacun, puis 2 200 CV à partir de 1942,
  . 2 moteurs électriques de 375 CV,
- vitesse : 17 nœuds en surface, 8 nœuds en plongée,
- rayon d'action : 6 500 milles nautiques à 12 nœuds en surface, 80 milles nautiques à 4 nœuds, en plongée,
- armement : 1 canon de 88 mm, supprimé plus tard, 1 canon de 20 mm antiaérien, 5 tubes lance-torpilles (dont 1 à l'arrière). Il emporte 12 torpilles ou 14 mines,
- équipage : 44 hommes.

Le *type IX*, plus de 180 construits, est plus grand, déplaçant 1 600 à 1 800 tonnes. Son rayon d'action est de 23 700 milles nautiques à 12 nœuds en surface, 57 milles nautiques à 4 nœuds en plongée. L'équipage est de 48 hommes. Il emporte 22 torpilles. Moins manœuvrant et plus lent à plonger du fait de sa taille, il est cependant un adversaire très redoutable. Si les deux premiers parmi les U-Boote ayant coulé le plus fort tonnage sont des *types VII,* les six suivants sont des *types IX*. La plus longue croisière, soit 225 jours de mer, fut réalisée par le *U-196*, un *type IX D2*.

Le révolutionnaire *type XXI*, atteignant 17 nœuds en plongée grâce à de nouveaux moteurs électriques, arrive trop tard pour changer le cours de la guerre sous-marine. Ce sous-marin est issu des travaux du professeur Walter et de son équipe qui, dès janvier 1940, mettent au point un prototype doté d'un nouveau type de moteur à propulsion anaérobie, donc en circuit fermé. Une énergie chimique remplace le carburant qui a besoin d'air pour brûler. La maîtrise de la réaction de décomposition du peroxyde d'hydrogène (eau oxygénée) en oxygène et en chaleur est très difficile. Les recherches seront reprises par toutes les marines après-guerre ; des prototypes à propulsion anaérobie chimique ne donneront satisfaction que dans les années 1990 !

Le prototype Walter atteint la vitesse fabuleuse de 28 nœuds en plongée ! Les énormes difficultés techniques rencontrées dans la mise au point du moteur retardent le projet. En avril 1943, il est décidé d'utiliser les acquis du projet pour réaliser le *type XXI*, moins révolutionnaire mais cependant très en avance. Le moteur Walter est remplacé par des diesels classiques et des moteurs électriques trois fois plus puissants que ceux en service.

La ligne hydrodynamique du type XXI est exceptionnelle, et sa coque est recouverte d'une peinture antiradar ainsi que du revêtement Alberich absorbant dans une certaine mesure l'énergie du faisceau Asdic adverse. Il emporte 22 torpilles et dispose de capteurs lui permettant en principe de repérer et d'attaquer ses cibles en plongée. Le minage systématique de la Baltique par les Alliés paralyse l'entraînement des types XXI et empêche la mise en service des 119 unités construites avant la fin de la guerre. Ce navire est le premier véritable sous-marin. Il fut ensuite copié par toutes les marines du monde.

Une réduction du type XXI aboutit à la mise au point d'un sous-marin côtier, le *type XXIII*, atteignant 12,5 nœuds en plongée ! Armé de deux torpilles, il mesure 35 mètres et son équipage est de 14 hommes. Huit sont opérationnels pendant les trois derniers mois de la guerre. Ils remportent des succès modérés, mais restent indétectés. Ce qui en dit long, compte tenu de la puissance des escortes alliées de cette époque, sur le degré de perfection technique de ces nouveaux sous-marins. Il était temps que la guerre s'arrête.

Le rayon d'action des U-Boote est prolongé, surtout en Atlantique Sud et Ouest, par l'emploi de navires ravitailleurs. Devant la riposte alliée, qui aboutit au printemps 1941 à la destruction des ravitailleurs de surface, on construit à partir de 1942 des sous-marins ravitailleurs de *type XIV*, les « *milchkühe* » (vaches à lait). Ces bâtiments peuvent ravitailler complètement dix U-Boote, et tripler ainsi la durée de leur maintien en opération. Mais les besoins en sous-marins ravitailleurs sont sous-estimés, et seulement dix types XIV sont construits. Le type IX est également utilisé comme ravitailleur de carburant. Les mouilleurs de mines de type X sont convertis en ravitailleurs à partir de 1943, pour combler les vides faits dans les rangs des milchkühe par les Alliés. L'emploi des ravitailleurs permet de continuer à utiliser le type VII, aux remarquables qualités d'attaques, beaucoup plus économique à construire que les unités à grand rayon d'action.

Les Alliés ne ménagent pas leurs efforts pour essayer de suivre les progrès techniques de l'adversaire. Au début de 1944, les idées de l'OIC, qui aimerait bien préciser le potentiel adverse au moment du débarquement en Normandie, sont plutôt confuses.

Les explications des prisonniers empêchent de distinguer le prototype Walter des types XXI et XXIII. Fin avril 1944, les reconnaissances aériennes permettent de repérer le type XXIII et d'estimer correctement sa nouvelle technique d'assemblage. La lumière n'est totale qu'à partir d'août 1944. Le décryptage des comptes-rendus de la mission navale japonaise à Berlin permet de connaître les caractéristiques techniques ainsi que les retards dans la mise en service. En décembre, les Japonais apprennent ainsi aux Alliés que leurs bombardements retardent la mise en service des nouveaux types au moins jusqu'en mars 1945.

Les arsenaux construisent 1 170 U-Boote, ainsi que plus de 700 sous-marins de poche et engins spéciaux, dont le rôle sera à peu près nul. Le tableau ci-dessous donne leurs caractéristiques.

| ***Nom*** | ***Type, équipage*** | ***Dimensions*** | ***Armement*** | ***Rayon d'action*** | ***Unités cons-truites*** |
|---|---|---|---|---|---|
| Marder | Torpille pilotée<br>1 homme | 2,8 tonnes<br>8 mètres | Cône explosif | 35 milles<br>à 2,5 nœuds<br>30 mètres | |
| Molch | Sous-marin<br>1 homme<br>Submersion | 10,5 tonnes<br>12 mètres | 2 torpilles | 43 milles<br>à 5 nœuds<br>40 mètres | 390 |
| Biber | Sous-marin<br>1 homme<br>Submersion<br>et surface | 6 tonnes<br>10 mètres | 2 torpilles<br>2 mines | 13 heures<br>à 7 nœuds<br>en surface ;<br>1 h 30 à 6 nœuds<br>en plongée | 324 |
| Hecht | (type XXVII)<br>Sous-marin<br>2 hommes<br>Submersion<br>et surface | 12 tonnes<br>16 mètres | 1 torpille<br>et<br>1 mine<br>de 800 kg | 60 milles<br>à 4 nœuds<br>50 mètres | 53 |
| Seehund | (type XXVIIB)<br>Sous-marin<br>2 hommes<br>Submersion<br>et surface | 12/15 tonnes<br>14 mètres | 2 torpilles | 54 heures<br>à 5 nœuds<br>en surface ;<br>plongée<br>à 50 mètres,<br>20 heures<br>à 3 nœuds | 250 |
| Linse | Vedette radio<br>pilotée<br>2 hommes | 1,2 tonne | Cône explosif<br>300 kg | 4 h 30<br>à 15 nœuds | |
| Dackel | Torpille à<br>longue portée | 12 mètres | Cône explosif | 57 km<br>à 9 nœuds | |

Les Marder, cousines des Maiale italiennes, sont utilisées sans succès en Italie contre la flotte d'Anzio. Engagées en baie de Seine, on leur attribue la perte de quatre ou cinq unités britanniques, dont une frégate. Le Molch n'a jamais été engagé. Les Biber sont engagés en Normandie, sans grand succès. Utilisé ensuite comme mouilleur de mines dans l'estuaire de l'Escaut. Le Hecht n'a été utilisé que pour l'entraînement. Le Seehund est engagé dans l'estuaire de l'Escaut et le long des côtes de la mer du Nord ; la frégate française *La Combattante* est probablement coulée par un Seehund.

Le Linse est un binôme de deux petites vedettes, pilotées chacune par un homme. La première est porteuse de la charge explosive. Son pilote la conduit à proximité de la cible puis saute à l'eau. Il est récupéré par la seconde vedette, dont le pilote guide la vedette-explosive par radio. Ce tandem est utilisé sans grand succès en Normandie et dans l'estuaire de l'Escaut.

Le Dackel est une torpille à longue portée. Lancées du Havre, elles sont capables d'atteindre les plages de débarquement ou les côtes anglaises. Il semble qu'elles n'aient remporté aucun succès.

Ces petites unités n'ont pu être engagées correctement par leurs courageux équipages à cause du mauvais temps qui a sévi à l'automne et pendant l'hiver 1944. Le contrôle exercé par les petites unités et l'aviation alliée s'est révélé meurtrier pour ces petites unités allemandes.

Les décryptages alliés permettent de connaître l'existence de ces engins ainsi que, bien souvent, leurs préparations d'attaque. Les Alliés apprennent également à quel point les succès revendiqués sont exagérés.

La construction des U-Boote ne devient vraiment prioritaire qu'en 1943, à la suite de l'accord privé, approuvé ensuite par Hitler, conclu entre Dönitz et A. Speer, responsable de l'économie de guerre allemande. La production se concentre exclusivement à partir de juin 1943 sur les nouveaux types XXI et XXIII, pouvant à eux seuls provoquer un renversement stratégique au profit des Allemands. A. Speer confie la production des types XXI et XXIII à un remarquable ingénieur, O. Merker. Ce dernier applique à ce programme les techniques de construction américaines utilisées pour les Liberty Ships ! Le type XXI est ainsi décomposé en 9 tronçons, assemblés sur cale au dernier moment, en seulement 8 semaines, au lieu des cinq mois de la technique antérieure. Ce qui limite dans une large mesure les effets retardateurs des bombardements alliés. Comme le montre le graphique, la production de U-Boote se maintient à un niveau très élevé, et n'est ralentie par les bombardements alliés que dans les derniers mois de la guerre.

La nouvelle méthode de production est également plus économique. Il ne faut plus que 260 000 à 300 000 heures de travail pour fabriquer un type XXI, alors que l'ancienne méthode nécessitait 460 000 heures de travail. C'est un gain de temps et de main d'œuvre appréciable en ces temps de pénurie.

**Croissance de la flotte des U-Boote**

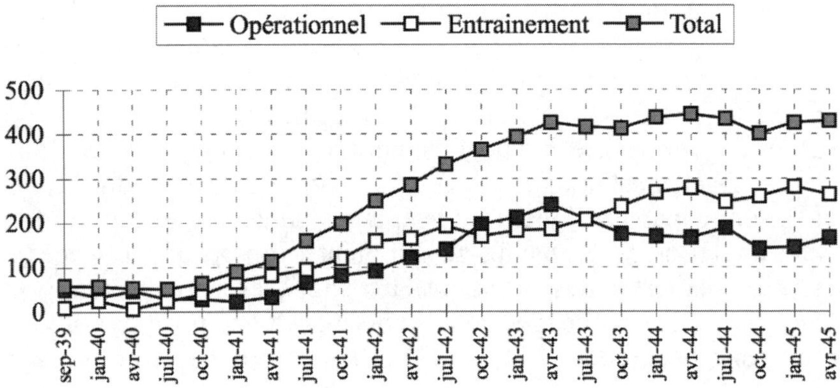


## 1.2. L'amiral K. Dönitz

L'amiral Dönitz fait partie des rares chefs militaires que l'on identifie à leur spécialité. Nelson symbolise la marine, Guderian les blindés, et Dönitz symbolise les U-Boote et les sous-mariniers. Dönitz s'est dévoué d'une manière telle à l'arme sous-marine que ses hommes s'appelaient entre eux le « Freikorps Dönitz ».

De son côté Dönitz, en tête de ses souvenirs, publiés sous le titre *Dix ans et vingt jours*, écrit que ce commandement lui « apporta tout ce qui remplit la vie d'un homme d'action : les responsabilités, le succès, la défaite, la fidélité et le respect de ses subordonnés, les épreuves et les souffrances personnelles ». Ce qui caractérise assez bien ce que fut la vie de l'homme des U-Boote. C'est en parfait technicien de son arme que Dönitz se prépare à une guerre qu'il pense inévitable.

### 1.2.1. *Biographie sommaire*

Karl Dönitz est né en 1891 à Berlin, dans l'Allemagne du Kaiser. Il est élevé dans un patriotisme à la prussienne et comme beaucoup, il choisit la carrière militaire. Il entre dans la marine, une arme nouvelle, dans laquelle un Allemand issu de la société civile et sans tradition militaire pouvait espérer faire plus facilement carrière.

*La première guerre mondiale*

De septembre 1913 à 1916, il est enseigne sur le *Breslau*. Ce croiseur fait partie avec le *Goeben* de l'escadre de l'amiral Souchon, réfugiée en Turquie, et navigant d'ailleurs sous pavillon turc. Dönitz doit donc abandonner la casquette pour le fez ! Ces navires se battent en mer Noire contre les unités russes, de loin les plus nombreuses. L'expérience de ces combats subtils sera ensuite très utile à Dönitz, lorsqu'il lui faudra étudier les méthodes d'attaque des convois. À l'époque des Dardanelles, Dönitz avait été observateur aérien. L'expérience du futur amiral dans le domaine des flottes de surface est donc assez large.

Puis Dönitz passe sur les sous-marins, basés dans le port autrichien de Pola. Arrive enfin le moment tant attendu du premier commandement, celui du *UG-25*, puis celui du *UB-68*. Le 4 octobre 1918, vers 1 h du matin, au large de Malte, les veilleurs repèrent un convoi. Le *UB-68* s'infiltre, manque de peut d'être abordé à l'occasion d'un zigzag du convoi, mais attaque en surface et coule un vapeur. Poursuivi par un escorteur, le *UB-68* plonge, pour revenir ensuite en surface pour une nouvelle attaque. Au matin, Dönitz est sur l'avant du convoi, mais le jour arrive trop vite ; il faut se mettre en immersion périscopique. Mais le sous-marin entraîne son équipage vers une plongée incontrôlée et fatale. Dönitz fait chasser partout, remonte à toute vitesse pour émerger au milieu du convoi et se faire canonner. N'ayant plus d'air comprimé, il fait saborder son navire. Dönitz est peu de temps prisonnier des Anglais et en profite pour méditer son expérience.

Un premier sujet de réflexion est la puissance stratégique de l'arme sous-marine. Seule, l'indécision du commandement devant la poursuite et l'intensification de la guerre sous-marine a sauvé les forces adverses de l'asphyxie. La coûteuse flotte de surface n'a pas servi à grand-chose.

Sa méditation le conduit ensuite vers une conclusion essentielle. L'œil à son périscope, il avait souvent regretté d'être le seul attaquant d'un convoi. Son attaque individuelle ne pouvait avoir qu'une portée limitée. Il est tellement difficile de repérer un convoi qu'une attaque solitaire correspond plutôt à un gâchis en termes d'efficacité militaire. D'ailleurs, la dernière opération de Dönitz aurait dû être effectuée en équipe avec un autre sous-marin qui n'avait pu rejoindre à temps. Mais il ne s'agissait là que d'une initiative individuelle. Les sous-mariniers, en effet, jouissaient à cette époque d'une liberté de manœuvre totale, liberté renforcée par la faiblesse de leurs moyens radio ; ce qui les mettait à l'abri des idées pas toujours bonnes de leur commandement. En fait, l'arme sous-marine était efficace, mais un peu par hasard, et beaucoup moins qu'elle aurait pu l'être. Une première conclusion le conduit à privilégier l'attaque des convois en groupe, de nuit, et en surface. D'autres sous-mariniers ont d'ailleurs abouti à la même conclusion. Une autre conclusion est liée à la spécificité technique et tactique de l'arme sous-marine. Elle le conduit à penser que les sous-marins doivent être commandés par un sous-marinier. La doctrine du futur amiral s'élabore ainsi progressivement sur l'acquis de son expérience. Mais nous n'en sommes pas encore là.

### *La seconde guerre mondiale*

La captivité de Dönitz se termine en juillet 1919. Malgré les troubles de l'Allemagne d'après guerre, son général de beau-père le persuade de rester dans la Marine, avec l'espoir de retrouver un jour l'arme sous-marine. Dönitz poursuit sa carrière, accompagné de notes flatteuses. Il rejoint en 1930 l'état-major de Wilhemshaven, sous les ordres du capitaine de vaisseau Canaris, qui perçoit mieux que ses prédécesseurs la personnalité de Dönitz. Il le dépeint comme un officier ambitieux, ne sachant pas déléguer, interférant dans les responsabilités d'autres officiers, excitable et nerveux au point d'en avoir des douleurs stomacales ; défauts accompagnant d'incontestables qualités professionnelles ! Dönitz eut certainement connaissance de ses notes ; Canaris, des années plus tard, remarquera le changement de comportement notoire de son ex-subordonné.

En juillet 1935, le capitaine de vaisseau Dönitz commande le croiseur école *Emden*. Dönitz apprécie beaucoup ce commandement agréable. Il fait connaissance avec les élèves-officiers, dont A. Schnee et F. Guggenberger, futurs as de l'arme sous-marine. Mais l'Histoire le rattrape. Au retour d'une croisière, l'amiral Räder lui confie la mise sur pied de l'arme sous-marine. La personnalité exceptionnelle de l'amiral Dönitz va le conduire à un parcours professionnel tout aussi exceptionnel et assez unique dans l'histoire militaire.

Au début de 1943, il devient Grand Amiral, mais il dirige la Kriegsmarine tout en conservant le commandement de la flotte sous-marine. L'amiral maîtrise aussi bien les aspects techniques et stratégiques de son métier que les aspects humains et politiques. Cette nomination lui offre des facilités pour développer la flotte sous-marine de la manière qu'il estime nécessaire. Instruit par l'expérience, le nouveau Grand Amiral sait bien qu'il ne suffit pas de prendre des décisions au sommet, là où il se trouve désormais, pour rendre effective la priorité donnée à la construction des U-Boote. Dönitz a le flair d'estimer la valeur du ministre des armements, A. Speer, tant comme organisateur de génie que favori de Hitler. Rappelons que la production de guerre de l'Allemagne n'a cessé de croître jusqu'à la fin de l'été 1944. C'est donc en toute connaissance de cause que Dönitz lui confie la construction des U-Boote, réalisant ainsi une triple opération : assurer le développement des U-Boote tout en se faisant encore mieux apprécier de Hitler, tout en se dégageant d'un problème difficile. Même s'il est certain que ses objectifs techniques lui ont dicté cette mesure, on ne peut que remarquer au passage le sens politique de l'amiral !

Il manifestera fermement ses positions à sa hiérarchie et à Hitler lui-même. Ce « parler vrai » conduira Hitler à le désigner comme son successeur en avril 1945. Le caractère exceptionnel de la personnalité de Dönitz est relevé par les Américains. De tous les accusés devant le tribunal de Nüremberg, Dönitz est celui possédant le QI le plus élevé ! L'amiral, soutenu de manière inattendue par l'amiral Nimitz, expliquant qu'il a mené dans le Pacifique une guerre sous-marine de même nature que celle dirigée par Dönitz, évite la pendaison et restera plus de onze ans en prison. La guerre lui aura coûté ses deux fils, officiers de marine. Le cadet disparaît avec son U-Boot, l'aîné périt à bord d'une vedette lance-torpilles.

### *La stratégie sous-marine*

Le capitaine de vaisseau Dönitz prend le commandement à l'automne 1935 de la première et unique flottille de 3 sous-marins, la flottille « Weddingen », du nom d'un as de la première guerre mondiale. Un an plus tard, il est commodore, commandant de l'arme sous-marine ; il est nommé contre-amiral en octobre 1939, suite au raid réussi de G. Prien à Sapa Flow.

Il n'aura de cesse de hisser l'arme sous-marine à un niveau au moins équivalent à celui atteint en 1917-1918. Mais les choix stratégiques effectués par Hitler et l'amiral Räder sont tout autres.

Les premiers plans de réarmement navals, datant de 1930, se proposent de construire une marine traditionnelle, une marine de surface « équilibrée », composée de grands bâtiments, de moyens et de petits. Les sous-marins reçoivent la portion congrue, car leur rôle semble se limiter à intervenir en Baltique contre la flotte soviétique. Cette conception des choses chagrine Dönitz, au point que son nouveau commandement lui semble être une voie de garage. D'autant plus que Hitler, soucieux jusqu'en juin 1940 et au-delà de se ménager les bonnes grâces de l'Angleterre, limite le développement de la Kriegsmarine en général et celui des U-Boote en particulier.

De plus, l'amiral Räder est un marin traditionnel, privilégiant la flotte de surface, et qui a compris l'intérêt de Hitler pour les grands navires. L'ambitieux plan « Z » de 1938, un plan de dix ans, est le reflet de cette tendance. La flotte sous-marine est limitée ; elle n'atteindra que 174 unités fin 1943.

Dönitz, dont les vues stratégiques sont différentes, est confiné dans son rôle opérationnel, et donc largement exclu des prises de décision qui le concernent. Sa préférence pour le type VII, plus maniable, n'est pas prise en compte. Pas plus que les conclusions tirées dès 1936 des essais effectués lors de la guerre d'Espagne : une flotte de 300 U-Boote, dont 75 % de types VII, suffirait à couper les approvisionnements de la Grande-Bretagne. Ses demandes d'accélération de la mise en chantier des U-Boote sont ignorées. Pire, les types IX, plus gros et moins maniables, sont privilégiés par Räder. Dönitz, faute sans doute de se faire entendre par ses supérieurs, publie en janvier 1939 *L'Arme sous-marine*, surprenant ouvrage dans lequel il détaille aussi bien la tactique que la stratégie de ses U-Boote. Cet ouvrage, pas plus que celui de Guderian *Achtung Panzer*, n'est pris en considération par les analystes militaires français ou anglais. Au plan intérieur, il est trop tard pour inverser le cours des choses.

La tâche immédiate de Dönitz est donc de rendre opérationnels la flottille qui lui a été confiée. N'ayant reçu aucune directive, il forge l'arme sous-marine selon ses idées et ses buts.

L'entraînement et la formation doivent procurer aux officiers et aux équipages un enthousiasme et une confiance absolue envers leur arme, malgré l'Asdic. Cet entraînement doit être aussi proche que possible des conditions opérationnelles pour appliquer une tactique en trois points :

– torpiller en surface, pour se débarrasser de l'Asdic, et de nuit, pour bénéficier de l'invisibilité relative du sous-marin. L'attaque s'effectue de l'extérieur du convoi par le tir d'une gerbe de torpilles, pour augmenter la probabilité de coup au but. Dönitz préconise, en surface comme en plongée, de lancer les torpilles à 600 mètres du but ;
– faire coopérer plusieurs sous-marins pour attaquer un objectif collectif, escadre ou convoi. Ce qui préfigure la tactique des meutes, qui est appliquée pour la première fois en octobre 1940 ;
– augmenter la capacité d'éclairage des sous-marins, dont le rayon de visibilité n'est que de 6 milles nautiques, par une coopération coordonnée avec l'aviation.

Seul, ce dernier point ne sera jamais réalisé de manière satisfaisante. L'impasse faite sur l'aéronavale et le manque de coopération avec la Luftwaffe, due à l'obstination de Gœring, seront l'une des causes de la défaite des U-Boote. La maîtrise aérienne alliée aurait de toute manière contrecarré cette tactique. Pour le reste, l'amiral s'attache à mettre au point les conditions techniques et la formation nécessaires à la réalisation de ce programme. Dönitz se prépare pour le prochain conflit. Il est persuadé que la victoire logistique, dont l'Allemagne de 1917 avait été très proche, peut être obtenue avec une flotte de 100 U-Boote opérationnels, soit 300 unités en service. Ce chiffre ne sera atteint qu'au printemps 1942.

L'amiral Dönitz met également au point les conditions d'emploi des U-Boote. Il opte pour un commandement centralisé à terre. Ce qui impose un équipement radio adapté ainsi que des procédures minimisant les temps d'émission des U-Boote. D'où le soin apporté à la qualité des procédures radio des U-Boote, et en particulier à la complexité des techniques de chiffrement. Bien que les enquêtes très sérieuses effectuées par les spécialistes en cas de doute sur l'imperméabilité des procédures Enigma aient toujours conclu à cette inviolabilité, Dönitz fera jouer son flair de chef pour renforcer la sécurité des procédures radio.

Les différentes possibilités de grouper les sous-marins pour la reconnaissance puis l'attaque des convois sont également testées. La coordination est volontairement limitée à la reconnaissance et au regroupement. Il ne semble pas possible d'imaginer un chef d'escadre, compte tenu de la faible visibilité, du manque de vues d'ensemble et du silence radio qu'il faut maintenir. Le combat des sous-marins d'une meute est décentralisé. Imposer cette technique de combat est donc une grande hardiesse, compte tenu du conservatisme de la pensée militaire.

Il convient de remarquer que Dönitz développe l'arme sous-marine avec l'appui modéré de son chef, le grand-amiral Räder. Comme ses collègues des autres marines, Räder reste un tenant de la suprématie des flottes de surface. Dönitz ne pourra exposer ses idées directement à Hitler que lorsqu'il sera devenu grand-amiral, en janvier 1943. Avant cette date, les besoins de l'arme sous-marine sont traités par la voie hiérarchique, c'est-à-dire filtrés par Räder.

### 1.2.2. *Le style de commandement, le moral et la politique*

La situation de Dönitz dans la machine militaire allemande est des plus curieuses. Lorsqu'il prend son commandement en 1935, il n'est qu'un petit élément de la Kriegsmarine parmi d'autres, d'un rang honorable, mais subordonné. Nous savons à quel point Dönitz est persuadé de l'importance stratégique de la guerre sous-marine ; nous avons aussi une idée du flair politique de l'amiral, qui lui permet d'évaluer l'impact des U-Boote dans l'esprit des nouveaux responsables de l'Allemagne. Ce qui ne suffit cependant pas à expliquer la manière dont Dönitz, dès le début de l'arme sous-marine, s'est affranchi de la chaîne de commandement de la Kriegsmarine, pour dépendre de l'amiral en chef lui-même. Ce circuit court le libère des pesanteurs habituelles de toute institution militaire. Sa liberté de manœuvre n'est limitée que par un seul homme, l'amiral Räder, qui lui impose les décisions stratégiques prises par Hitler. Et c'est en adepte du circuit court que Dönitz organise son état-major de guerre.

*Un état-major réduit*

L'organisation du commandement de l'arme sous-marine est réalisée avec des moyens très réduits, très simples, d'une grande sobriété et d'une efficacité remarquable. Cette organisation est totalement différente de celles des états-majors alliés, dotés d'un personnel souvent nombreux. Dönitz se contente de deux adjoints ; l'un pour les opérations, l'autre pour le reste.

L'amiral Dönitz pilote lui-même, le plus souvent, les principales attaques, avec un état-major opérationnel de 6 officiers, dirigés pendant toute la guerre par le contre-amiral Godt. Dans ses souvenirs, Dönitz parle de l'amiral Godt comme étant son adjoint et son ami. Les tâches d'un état-major opérationnel comprennent, outre les opérations elles-mêmes, le suivi du potentiel, la sécurité des ports et des atterrages, le renseignement, les télécommunications et la tenue de la situation amie et ennemie. Les effectifs correspondant d'un état-major allié sont de 5 à 10 fois plus nombreux. Les officiers de l'état-major de Dönitz sont donc constamment sous pression, d'autant plus qu'ils connaissent bien leurs frères d'armes au combat.

Les officiers de l'état-major opérationnel sont des sous-mariniers confirmés. Les plus connus sont le capitaine de corvette Hessler, gendre de l'amiral, qui a coulé 120 000 tonnes en 1941, et le lieutenant de vaisseau Schnee qui a coulé 100 000 tonnes en deux ans. Tous les matins, la conférence d'état-major est présidée soit par Dönitz soit par l'amiral Godt. L'amiral Godt, qui sera d'une grande discrétion pendant et après la guerre, est la cheville ouvrière de ce PC. Il est chargé, entre autres, de la difficile coordination avec les autres commandements et les alliés de l'axe. Sur le théâtre méditerranéen, la coordination sera toujours compliquée, aussi bien pour des raisons techniques que politique. L'amiral Godt est responsable de l'organisation de la recherche des convois et du regroupement des meutes pour l'attaque. Ce qui implique le suivi individuel de plusieurs dizaines d'unités. Il coordonne la plupart des attaques des meutes contre les convois. Dönitz prend la direction des opérations dans quelques affaires chaudes, comme en mars 41 lors de la bataille des convois SC122 et HX229, et reste alors des heures dans son PC. D'où l'identification profonde entre l'Ubootwaffe et Dönitz.

Un second état-major tout aussi mince, sous les ordres de l'amiral von Friedebourg, gère les autres services de l'arme sous-marine dont la formation, dispensée par des officiers ayant commandé à la mer. Dönitz considère que la symbiose entre les opérations et la formation est indispensable pour disposer d'équipages du niveau requis.

Le PC opérationnel du bunker de Kernevel, près de Lorient, se compose de deux pièces.

- Une salle de situation, dont les murs sont couverts de cartes. On y reporte les positions connues ou estimées des convois et des U-Boote en mer. La situation météo, si importante dans l'Atlantique Nord, est également reportée, ainsi que le tableau d'effectif des U-Boote. C'est dans cette salle qu'arrivent tous les messages des U-Boote et les informations du service de renseignement particulier de la marine, le B-Dienst ; les résultats des décryptages réussis par le XB-Dienst sont également centralisés dans cette pièce. C'est là que les officiers analysent la situation et donnent leurs ordres aux U-Boote.
- Une seconde pièce, baptisée « le musée », est destinée aux tableaux de bord matérialisant par des chiffres et des courbes les pertes ennemies, les constructions nouvelles, le rendement des U-Boote, les routes des convois. L'amiral mène une bataille contre la logistique adverse dont les chiffres traduisent l'évolution actuelle et future.
- Le central radio, fonctionnant en permanence, occupe un autre bunker.

Le contact direct avec les équipages occupe beaucoup Dönitz. L'amiral est très présent auprès de ses équipages, de telle sorte que chaque homme pouvait se sentir personnellement engagé par lui. Le lien entre les hommes et leur chef est à la base de la cohésion de l'arme sous-marine. Le lien entre Dönitz et ses hommes est le prolongement du lien qui unit un commandant de U-Boote à ses hommes. L'équipage est d'abord une équipe partageant la même vie, dans le même inconfort et les mêmes risques. L'amiral sait par expérience l'importance de cet état d'esprit et la force qu'il donne. Aussi, dès leur retour de croisière, l'amiral s'entretient avec les commandants des conditions du combat et des problèmes de vie courante. Ce qui lui permet d'analyser très vite les changements intervenus dans la tactique des escortes ou dans celle de l'aviation. Il est ainsi possible d'émettre rapidement de nouvelles directives aux U-Boote, aux ingénieurs chargés de la maintenance ou de la construction, et aux instructeurs formant les nouveaux équipages. Tenu au courant par radio des péripéties vécues par chaque sous-marin à la mer, Dönitz les encourage au combat et leur envoie les félicitations en cas de succès. Il fait préparer à l'avance les décorations, de telle sorte qu'elles soient remises des l'arrivée du bâtiment.

Son austérité prussienne se double d'un certain paternalisme. Il maîtrise ses sentiments en voyant l'état dans lequel reviennent ses équipages, mais fait ce qu'il peut pour améliorer leur sort. Les sous-mariniers sont des privilégiés, à la mesure des risques courus et de leur importance stratégique ; ils sont les hommes les plus décorés de l'armée allemande. Ils bénéficient de facilités inconnues du reste de la Wehrmacht et de l'Allemand moyen de l'époque.

L'amiral maintient le contact entre les équipages et leurs familles, et des messages annoncent les naissances ou règlent la procédure des mariages par procuration. Sa caisse noire renfloue parfois les finances délabrées d'un commandant de U-Boot désireux d'aller tirer une bordée à Paris.

*Le moral et la politique*

Tout ceci fait partie d'un système dans lequel le souci d'être efficace s'allie à un réel attachement de Dönitz pour ses hommes. Car malgré des pertes qui deviennent effroyables à partir de la mi-43, le lien affectif entre Dönitz et ses hommes, le moral et la pugnacité restent intacts. Les obsèques de l'amiral, en 1981, bien des années après la guerre, donnent une idée de la force de la relation affective reliant les sous-mariniers. Il s'agissait d'une cérémonie privée, suivie par des milliers d'anciens de l'Uboot-waffe. La délégation officielle de la Bundeswehr avait été priée de venir en civil.

Il convient donc de s'interroger sur l'origine de la force morale qui anime les hommes de Dönitz et Dönitz lui-même, dont les deux fils disparaissent en mer, à une époque où, lorsque trois U-Boote partent en opération, un seul rentre au port.

Le cas des sous-mariniers doit être rapproché de celui de l'ensemble des combattants allemands qui croient à la victoire jusqu'au franchissement du Rhin par les Alliés et se montrent résolus jusqu'au bout. Il est impossible de traiter ce problème en quelques lignes. Le chapitre consacré par le professeur Ph. Masson au moral et à la politique dans son *Histoire de l'Armée allemande 1939-1945* nous donne quelques idées majeures.

Il faut se souvenir qu'en 1918, l'Allemagne s'est effondrée de l'intérieur. La révolte des équipages de la flotte a donné le signal de la déliquescence. La défaite, la guerre civile, le traité de Versailles, la faible république de Weimar, tout cela est ressenti par la majorité des Allemands comme une période honteuse, indigne de la grande Allemagne, seule puissance digne de diriger l'Europe continentale. Car la prétention hégémonique qui date de Bismarck est toujours vivace.

Au-delà du soin apporté par le commandement à la qualité de la vie militaire, au-delà de l'esprit de corps, il nous faut prendre en compte la dimension politique. Le national-socialisme, de manière plus ou moins consciente, a comblé les aspirations complexes d'un peuple traumatisé par la défaite puis par la crise économique. La jeune génération, élevée dans le culte de la patrie et du Führer, en tire un sentiment de fierté et de confiance. L'unité nationale s'est refaite autour de Hitler, et ce sentiment d'unité, renforcé par la conviction de participer au développement de la grande Allemagne, donne à tous les Allemands la force de combattre ou celle de résister aux épreuves. À cela s'ajoute la fascination exercée par Hitler sur les masses allemandes. Certains psychanalystes avancent que Hitler avait su guérir le peuple allemand de ses frustrations.

Les généraux eux-mêmes sont victime de cette fascination ; Dönitz la ressent particulièrement et fait son possible pour limiter ses contacts avec Hitler pour conserver sa liberté de pensée. Mais Dönitz, comme les autres officiers, est reconnaissant à Hitler d'avoir restauré l'unité nationale. Dans ses discours officiels en tant que chef de la Kriegsmarine puis en tant que successeur du Führer, l'amiral met toujours en avant l'unité du peuple allemand qui, contrairement à celui de 1918, reste soudé dans l'épreuve.

Le souvenir des mutineries de 1918 pèse en effet lourd dans l'esprit des sous-mariniers. Les sous-mariniers de 1918 étaient restés solidaires de leurs chefs ; le commandement leur avait même confié la mission impossible de mater la rébellion. Les sous-mariniers de la seconde guerre mondiale, dopés par le national-socialisme, se sentent plus que d'autres dépositaires de cette unité nationale, et veulent faire au moins aussi bien que leurs anciens. La capacité de Dönitz à faire de l'Ubootwaffe un corps soudé au chef par des liens personnels, ayant la conviction de détenir à lui seul le cours de la guerre, en a fait un groupe encore plus dévoué à Hitler que les autres. Cet incident rapporté par l'amiral Topp est significatif. En 1944, un commandant de U-Boot expérimenté touche un nouveau bâtiment et son jeune équipage, issu des mouvements de jeunesse nazis. Le commandant est doté de sens critique et d'un franc parler. Il avait l'habitude de s'entretenir avec ses officiers de la situation militaire et politique. En prenant possession de son U-Boot, il voit un portrait de Hitler et demande qu'il soit enlevé, « pas d'idolâtrie à bord », dit-il. Ses officiers le dénoncent en l'accusant de miner l'esprit combatif de l'équipage. Le commandant est emprisonné pendant des mois, jugé par une cour martiale et fusillé. Il n'avait reçu la visite d'aucun officier.

De plus, la combativité des sous-mariniers, comme celle d'ailleurs du reste de la Wehrmacht, est poussée à l'extrême par la principale conclusion de la conférence de Casablanca en janvier 1943 : la lutte contre l'Allemagne sera poursuivie jusqu'à son effondrement total. Tous les Allemands se sentent alors le dos au mur, obligés de combattre pour la victoire ou la fin de l'Allemagne. Les sous-mariniers y puisent sans doute une force supplémentaire pour affronter les risques du combat, de plus en plus élevés. La perspective d'employer une arme aussi nouvelle que le type XXI, capable d'inverser le cours des choses en se montrant invincible dans l'Atlantique, donne aux sous-mariniers la force de poursuivre un combat qu'eux seuls pourraient gagner.

La capacité d'un régime politique à détourner les vertus d'un peuple au profit de ses objectifs criminels, la passivité bienveillante de la caste militaire envers la montée en puissance d'Hitler est un autre problème. Comment reprocher à Dönitz et à ses sous-mariniers d'avoir cru en l'homme providentiel Hitler ?

## 1.3. Les hommes et les bases

Bien commandée et disposant d'un matériel performant, l'arme sous-marine allemande n'aurait pu atteindre une telle efficacité sans le soin accordé à la formation des hommes. Cette formation fait d'eux des combattants expérimentés, ce qui est normal, mais elle les habitue également à supporter les difficiles conditions de la vie à bord. Le commandement fait de son mieux pour nourrir les équipages et rendre agréables les permissions. Hommes et U-Boote seront protégés dans des bases sous-marines.

### *La formation des sous-mariniers*

La formation opérationnelle des équipages est considérée dans son sens le plus large, abordant les domaines, humains, tactiques et techniques. Cette formation est adaptée à la doctrine d'emploi, qui sera en permanence confrontée aux réalités changeantes du combat. Ce qui peut conduire à modifier la doctrine et les équipements et à former les équipages en conséquence. La formation est donc continue et s'adresse aussi bien à

Dönitz et son état-major qu'aux sous-mariniers. En cette fin de 1935, Dönitz démarre en terrain vierge.

Les officiers suivent d'abord une formation classique et, comme les hommes d'équipage, se portent ensuite volontaires pour l'arme sous-marine.

La sélection des élèves-officiers de marine est d'une sévérité extrême, incluant un « test de courage ». Il s'agit de résister à un courant électrique le plus longtemps possible ! La formation s'effectue à bord de voiliers. Et il est certain que naviguer l'hiver dans la Baltique est une rude école. L'instruction se poursuit à bord des vieux croiseurs rescapés de la première guerre mondiale. Les cadets remplissent toutes les fonctions possibles. L'école navale est à Flensbourg.

Les premiers officiers-instructeurs de l'arme sous-marine renaissante sont, en 1935, Dönitz lui-même et l'ingénieur mécanicien Thedsen. Ils communiquent leur foi en l'arme sous-marine à une époque où certains la disent périmée en raison des progrès des moyens de défense. Cette impulsion initiale est déterminante. Elle donnera une première génération de commandants de grande qualité.

La formation des sous-mariniers à pour but de leur donner une maîtrise parfaite de leur navire dans toutes les circonstances. Pendant six mois, l'équipage subit un entraînement intensif, fondé sur un degré de répétition difficilement supportable à moins d'être très motivé. Les instructeurs simulent toutes sortes de pannes et d'avaries. L'équipage doit aussi bien maîtriser les aspects techniques, délicats à bord d'un sous-marin, que les aspects tactiques. En effet, la maîtrise de la navigation à bord d'un sous-marin est en soi un exercice compliqué. Tel un ballon dans l'air, un sous-marin est en équilibre sous l'eau. Le dosage de la quantité d'eau dans les ballasts détermine la profondeur de plongée et l'équilibre du bâtiment. Cet équilibre une fois établi, l'assiette est maintenue par l'action des barres de plongées. Une assiette négative trop importante peut envoyer le sous-marin vers le fond d'une manière irrémédiable. Inversement, une assiette positive excessive l'expédie à toute vitesse vers la surface. Dans les dures conditions du combat, de tels défauts de maîtrise sont possibles ; ils peuvent être catastrophiques. Aussi, l'ingénieur mécanicien, entre autres, contrôle en permanence l'équilibre du navire, et compense par de l'eau de mer les pertes de poids provoquées par la consommation de fuel ou le tir des torpilles. Une torpille pèse 1 500 kg, et son départ doit être immédiatement compensé. Avant de lancer la première torpille, l'exercice est préparé soixante-six fois. Le sous-marin doit avoir effectué plusieurs dizaines de plongées rapides avant d'être envoyé au combat. La formation se termine par un exercice tactique regroupant de 10 à 14 U-Boote, devant attaquer un convoi fortement protégé, survolé par une aviation longtemps bien supérieure en nombre à celle des convois alliés. Le futur amiral Topp, l'un des meilleurs sous-mariniers de Dönitz, commandera ce convoi. Le réalisme de l'exercice diminue cependant au long de la guerre, dans la mesure où les progrès techniques alliés ne sont que très peu perçus par la Kriegsmarine. La participation d'un sous-marinier aussi confirmé que l'amiral Topp à l'instruction est un cas général. En effet, Dönitz se montrera toujours soucieux du réalisme de la formation. Seuls, des sous-mariniers confirmés peuvent assurer le passage de la pratique à la théorie, et transmettre ainsi leur expérience.

Les commandants de U-Boote sont choisis avec un soin particulier. Ils doivent posséder des qualités psychologiques et techniques parfaites, vitales dans ce genre de combat. La cohésion de l'équipage repose largement sur le commandant, souvent très jeune : 23 ans en moyenne au début de la guerre, 21 ans à partir de la mi-1943.

La formation des commandants s'appuie entre autres sur l'emploi d'un simulateur, le Fürhungsgerät, reconstituant un kiosque de sous-marin. Le futur commandant est placé dans des conditions très proches de celles de la réalité. Cet équipement est à cette époque unique au monde. Le soin apporté à la sélection et à la formation des commandants de U-Boote se comprend d'autant mieux qu'un commandant bénéficiait en fait d'une grande indépendance, malgré la tactique des meutes, utile à la détection et au regroupement. L'attaque reste une affaire individuelle.

### *Les sous-mariniers*

Des centaines de commandants de sous-marin ayant servis en opération, l'histoire retient les noms d'une douzaine d'entre eux, les « as ». Comme dans toutes les armées, la présence d'un petit nombre de commandants d'élite entraîne tous les autres. On considère que 40 à 50 % des pertes provoquées par les U-Boote sont le fait de 10 % des commandants. Lorsque le capitaine de corvette Kretschmer est capturé en mars 1941 après la destruction de son *U-99*, il avait déjà coulé 270 000 tonnes ! Ce record sera approché, mais jamais dépassé. De même que ne sera pas dépassé le record établi par le commandant von Arnauld de la Perrière et son *U-35*, qui coula 200 navires pour 500 000 tonnes en Méditerranée lors du premier conflit mondial. Le tableau des as de la seconde guerre mondiale est le suivant :

| ***Grade et Nom*** | ***Navires*** | ***Tonnage*** | ***Date de disparition*** |
|---|---|---|---|
| O. Kretschmer | 46 | 272 216 | |
| W. Lüth | 47 | 228 981 | 14/05/1945 |
| G. Prien | 31 | 194 103 | 07/03/1941 |
| E. Topp | 34 | 185 434 | |
| H. Schultze | 35 | 180 073 | |
| H. Lehmann-Willenbrock | 24 | 183 223 | |
| V. Schütze | 35 | 180 073 | |
| K. F. Merten | 27 | 170 275 | |
| H. Liebe | 31 | 168 506 | |
| H. Bleichrodt | 27 | 160 711 | |
| W. Henke | 25 | 157 064 | 15/06/1944 |
| G. Lassen | 26 | 156 083 | |
| J. Schepke | 37 | 155 882 | 17/03/1941 |
| C. Emmermann | 27 | 152 852 | |
| E. Kals | 21 | 150 986 | |
| A. C Piening | 26 | 141 521 | |
| E. Endrass | 26 | 140 517 | 21/12/1941 |
| R. Gysae | 24 | 139 413 | |
| J. Mohr | 29 | 135 067 | 03/04/1943 |
| K. Scholtz | 25 | 127 990 | |
| G. Krech | 22 | 121 163 | |
| H. Witte | 22 | 119 533 | |
| R. Hardegen | 23 | 119 408 | |
| G. Hessler | 21 | 118 854 | |

L'archétype des commandants de U-Boot reste le capitaine de corvette G. Prien. Son raid à Scapa Flow, sa personnalité attachante, sa détermination lui valent cette place au gotha des sous-mariniers. Son second, lors du raid à Scapa Flow, le lieutenant de vaisseau E. Endrass, reçoit en juin 1940 le commandement du *U-46* comme récompense de sa brillante conduite. En octobre 1940, le *U-46* piste pendant des heures un convoi sur une mer démontée et permet à Dönitz de rassembler d'autres U-Boote pour la première attaque en meute. Endrass attaque en surface, coule un destroyer puis un cargo. Il tire deux torpilles sur un pétrolier ; l'une n'explose pas. Avant d'achever le pétrolier, il fait évacuer l'équipage. Pourchassé par un destroyer, il plonge en catastrophe. Deux hommes de quart, croyant l'abordage inévitable, se jettent à la mer. Malgré la nuit, le *U-46* part à leur recherche. Lorsqu'on les retrouve, des heures après, l'un est mort de froid, l'autre a perdu la raison. Endrass disparaît avec tout son équipage en décembre 1941 lors de la seconde croisière de son *U-567*, victime du commandant Walker.

Le commandant Schepke est victime du *Vanoc* et du *Walker* du commandant Macintyre en mars 1941. Ces deux unités sont parmi les toutes premières équipées d'un radar. Les commandants Schepke et Kretschmer sont probablement les deux premières victimes du radar. La même nuit, le *Walker* pourchasse le *U-99* du commandant Kretschmer et le grenade à mort. Le *U-99* plonge de manière incontrôlable jusqu'à 210 m, prenant l'eau d'une manière définitive. Il parvient à remonter et sort de l'eau comme une fusée à proximité du *Walker*, qui mitraille le sous-marin, que l'équipage abandonne en bon ordre. Kretschmer est dans le kiosque, fumant son cigare, arborant sa casquette blanche. Il demande au *Walker* de sauver son équipage. Le sous-marin se cabre brusquement sous le poids des tonnes d'eau qui l'envahissent, et un officier retombe dans le sous-marin. Kretschmer descend le chercher dans le noir et le remonte. Les charges de destruction n'explosent pas, et l'équipage de prise du *Walker* est prêt à sauter à bord. Kretschmer et son officier mécanicien se bagarrent pour descendre ouvrir les vannes. L'officier mécanicien est le plus rapide. Le *U-99* coule en projetant Kretschmer à la mer. Le *Walker* récupère les sous-mariniers qui grimpent à son bord à l'aide d'un filet. Kretschmer est le dernier dans l'eau glacée. Le *Walker* reprend sa route alors que Kretschmer est traîné dans la mer, trop épuisé pour monter. Il est sauvé par ses hommes. Les deux commandants se saluent. Macintyre fait conduire son prisonnier dans sa propre cabine. Kretschmer s'assoit et s'endort aussitôt, épuisé par dix jours de combats incessants et un sauvetage dramatique.

La personnalité du commandant Kretschmer est exceptionnelle. Il est le plus destructeur des sous-mariniers, place qu'il occupe depuis les premiers mois de la guerre. Il commandait à l'époque un sous-marin côtier, le *U-23*, envoyé par Dönitz sur les côtes Est de la Grande-Bretagne pour de difficiles missions de mouillage de mines. Il acquiert une rare maîtrise du torpillage, en tirant de très près, 200 m, pour rentabiliser son petit nombre de torpilles, en opposition avec la technique officielle du tir en gerbe. En mai 1940, il reçoit le commandement d'un type VII, le *U-99*, avec lequel il s'attaque aux convois atlantiques avec une audace particulière. Contrairement à la doctrine officielle qui préconise l'attaque à partir de l'extérieur du convoi, Kretschmer s'infiltre le plus souvent à l'intérieur du convoi, sous couvert de la nuit et de l'expérience limitée des escorteurs, et du revers de leur tactique de riposte. En octobre 1940, le SC7 est attaqué par une meute de 7 U-Boote qui lui coulent 17 unités en deux nuits, dont 9 sont à l'actif de Kretschmer. Le *U-99* profite de l'attaque des U-Boote et de la riposte des escorteurs, tournées l'une et l'autre vers l'extérieur du convoi, pour s'infiltrer entre deux colonnes et torpiller à l'estime et à bout portant. Kretschmer exploite ainsi la fixation des escorteurs effectuée par les autres U-Boote. Inutile de dire que cette manière de faire est réservée à une élite. Le renforcement progressif du nombre et de l'efficacité des escortes, effectif au printemps 1941, sonne le glas des sous-mariniers de la première génération et de leurs tactiques téméraires.

Les qualités humaines de Kretschmer sont plus attachantes que ne le laissent supposer les photos officielles, qui nous montrent un visage dur. Il a appris l'anglais dans les collèges britanniques et secourt autant que possible les naufragés victimes de ses torpillages. Par ailleurs, le sang-froid et la réussite de Kretschmer en font une idole pour son équipage, qu'il invite au restaurant à chaque retour de croisière. En juillet 1940, le *U-99* coule l'un des navires d'un convoi et plonge. L'escorte le retrouve à l'Asdic et entreprend un grenadage sévère, long et précis, qui secoue le U-Boot et plonge l'équipage dans l'angoisse que l'on devine. Il faut utiliser les appareils respiratoires de secours et attendre la fin de l'attaque. Kretschmer commence par dormir, puis par lire. Un de ses officiers remarque qu'il tient son livre à l'envers, mais c'est l'exemple qui compte. Le *U-99* fait surface après 20 heures d'immersion, avec des batteries théoriquement vides depuis longtemps. La personnalité de Kretschmer ne passera pas non plus inaperçue dans les camps de prisonniers où il finira la guerre.

Tout aussi étonnant est le cas de ce commandant qui ramène au port après une navigation de quatre mois avec une voile de fortune son sous-marin, privé de machines et de radio à la suite d'un grenadage. Que dire de l'ingénieur mécanicien général Zieb, commandant les bases de la mer Noire ? En août 1944, il est coincé sur le cours inférieur du Danube par la défection de la Roumanie, avec des dizaines de bâtiments côtiers et des milliers de marins et de blessés. Il s'improvise chef d'escadre et entreprend de remonter le Danube, sous le tir des Roumains et de l'aviation soviétique. Il doit combattre pour réduire les batteries qui lui barrent le passage. Il atteint début septembre une zone contrôlée par les troupes allemandes, ramenant l'essentiel de son escadre et 2 600 blessés. Ces cas, choisis de manière arbitraire, témoignent de la qualité des officiers de l'arme sous-marine.

***La vie à bord***

Car il faut des qualités et un moral d'acier pour endurer la vie de sous-marinier. Les exploits des U-Boote sont fortement médiatisés. Malgré des pertes sévères, les équipages ont un moral d'acier jusqu'au dernier jour de la guerre.

À terre, les équipages disposent de mesures de repos et de remise en condition exceptionnelles. Le traitement de faveur dont bénéficient les équipages à leur retour de mission leur fait oublier en partie leurs mauvaises conditions de vie à bord. La température est souvent inférieure à 10 degrés, et il est bien difficile de faire sécher les vêtements mouillés. L'atmosphère confinée et humide donne une odeur d'huile à tout, y compris aux aliments, qui ont tendance à moisir. Les vivres frais sont épuisés au bout d'une semaine car il n'y a pas de frigo à bord. La nourriture est ensuite constituée de conserves. Le pain se conserve très mal et moisi rapidement. La promiscuité est totale, les hommes dorment et mangent à leur poste de combat. L'hygiène est réduite à sa plus simple expression ; il n'existe aucun équipement de distillation de l'eau de mer. Les hommes portent d'ailleurs des sous-vêtements réglementaires noirs !

Les sous-marins sont mal ventilés en surface par les panneaux de coque, dont l'ouverture est impossible par temps même moyen. Il n'existe aucune ventilation en plongée. Les odeurs sont donc concentrées ! Les sous-mariniers s'y habituent par la force des choses. À leur arrivée au port, l'odeur qui s'échappe des panneaux enfin ouverts évoque davantage celle d'un cloaque que celle d'un bâtiment des temps modernes. L'usage prolongé du schnorchel rend l'atmosphère intérieure particulièrement désagréable.

L'autre inconfort notoire est le manque de place, qui oblige chaque homme, sauf le commandant, à partager sa couchette avec un autre membre de l'équipage appartenant à un autre quart. Cette technique de la « bannette chaude » limite fortement les moments de repos. Seules, les patrouilles dans les mers du Sud peuvent offrir aux équipages quelques vrais moments de détente. Il est possible de se baigner et de prendre le soleil, ce qui n'est pas sans danger. C'est ainsi que le capitaine de corvette Mützelburg, l'un des As, avec 83 302 tonnes coulées en un an, va se tuer en septembre 1942. Son *U-203* roule au moment où il plonge du haut du kiosque. Le commandant se fracasse sur la coque de son navire.

Le livre et le film *Le Bateau* donne une bonne idée des conditions de vie à bord. Le contraste est saisissant lorsque l'on imagine la vie des sous-mariniers américains telle qu'elle ressort de la visite d'un sous-marin comme le *Pampanito*, que l'on peut voir à San-Francisco.

### *Les bases sous-marines*

La vision stratégique que s'est faite Dönitz est solide et bien claire dans son esprit. Il attend le moment d'avoir la possibilité de porter le combat dans l'Atlantique, loin de l'aviation, loin aussi des escortes. Il suit avec attention la campagne à l'Ouest, pour profiter au plus vite de l'effondrement inespéré de la France. Début juin, il envoie des officiers de son état-major reconnaître les ports français. Dès le lendemain de l'armistice, il fait préparer des trains chargés de personnel, de matériel et de torpilles à destination de la France. Le 23 juin, il effectue une reconnaissance, et choisit d'installer sa principale base et donc son PC à Lorient, qui dispose d'un bon arsenal. Dönitz s'éloigne de Berlin pour être plus efficace en étant plus près de ses équipages.

Le 7 juillet, le *U-30* est le premier U-Boot à bénéficier des possibilités de Lorient. À partir du 2 août, les U-Boote sont rattachés à un port français. Dönitz s'installe à Lorient début septembre. C'est une affaire qui n'a pas traîné. Les U-Boote peuvent ainsi passer une semaine de plus dans leurs zones de combat. Pire pour les Alliés, cette allonge supplémentaire permet aux U-Boote d'attaquer au-delà de la zone de protection des convois.

L'amirauté allemande s'attend alors à une offensive aérienne qui ne vient pas. Même après les violents affrontements aériens de la bataille d'Angleterre les ports de l'Atlantique ne sont pas bombardés outre mesure. Cette mansuétude risquant d'être de courte durée, Dönitz décide de protéger ses U-Boote en mettant en chantier au printemps 1941 des bases sous-marines à l'épreuve des bombes, à Brest, Lorient, Saint-Nazaire, La Pallice et Bordeaux. Soixante-cinq ans après, les bases sont toujours là, à peine écornées par les bombes.

Le principe de ces bases, étudié dans les années 30, est partout le même. L'abri en béton couvre en partie l'un des bassins d'un port militaire, comme Brest, ou civil, comme La Pallice. Le chantier de la base de La Pallice, à côté de La Rochelle, est ouvert en avril 1941. Les ouvriers sont fournis, comme pour les autres grands travaux militaires, par l'Organisation Todt, à laquelle le gouvernement de Vichy trouve pour ce chantier une abondante main d'œuvre marocaine. Deux alvéoles sont achevées en octobre et cinq autres à la fin de l'année. La base sera agrandie en 1942. La base se compose de deux alvéoles à flot pouvant accueillir chacune deux sous-marins, et de huit cales où les bâtiments peuvent être mis au sec. La base comporte les locaux et les équipements techniques lui permettant d'assurer la maintenance des U-Boote ainsi que leur ravitaillement en vivres, munitions et fuel.

De nombreuses batteries de DCA protègent ces bases. Une porte blindée isole l'alvéole de l'extérieur pour parer les attaques aériennes en enfilade ou à la torpille. Le tout forme un bloc carré de 200 mètres de côté et 30 mètres de haut, ayant nécessité 426 000 mètres cubes de béton. L'épaisseur de la dalle supérieure est d'environ 10 mètres. Cette toiture se compose de deux dalles, séparées par un vide contenant des poutres en béton. Ce vide est destiné à l'absorption du souffle de l'explosion des bombes. Le système a bien fonctionné. La seule perforation enregistrée est celle de La Pallice où deux bombes Tall Boy de 6 tonnes sont tombées dans le même trou, sans faire beaucoup de dégâts.

La plus grande base construite en France est celle de Lorient. L'abri construit sur un bassin est complété par deux abris construits sur la terre ferme. Les U-Boote y sont transférés par un système de transbordement. Lorient peut accueillir une trentaine de U-Boote. Des bases du même type sont construites en Norvège.

Les Alliés sont tenus au courant de la construction de ces bases et les plans techniques leurs sont communiqués. La Résistance, par l'intermédiaire d'agents tels que le lieutenant de vaisseau Philippon, à Brest, relié au réseau du colonel Rémy, ou à Lorient l'ingénieur du Génie Maritime Stosskopf, du réseau Alliance, effectue un gros travail de renseignement. À la surprise de ces réseaux, les Anglais ne bombardèrent pas les chantiers. Il fut répondu aux résistants que cela serait fait d'une manière plus efficace lorsque ces abris seraient terminés ! Cette brillante idée eut les effets que l'on connaît. L'amiral Dönitz écrit dans ses mémoires qu'à Lorient tout était détruit, sauf la base sous-marine. Lorsque l'on connaît l'efficacité définitive du bombardement en décembre 1942 de la base de Marseille en construction, on ne peut que regretter la priorité donnée au bombardement des villes allemandes (cf. chapitre 7).

## 2. LES PRÉDATEURS DES U-BOOTE

La lutte contre les U-Boote se situe sur deux champs de bataille distincts. Le premier champ de bataille recouvre les batailles de convois entre les escortes et les U-Boote. Le second champ de bataille se situe sur les routes de transit des U-Boote ; leur principal ennemi est alors l'aviation alliée. Cette forme de lutte est évoquée en particulier au chapitre 9. Les paragraphes ci-après présentent une synthèse sur la technique de combat des groupes d'escorte. Bien qu'ils agissent souvent en exploitation de décryptages, les commandants opérationnels l'ignorent totalement.

### *La comptabilité des pertes*

Les succès remportés par les U-Boote leur ont coûté cher. Le détail des pertes par théâtre est donné dans l'annexe 6.

Les chiffres ci-après sont donnés par le commandant Roskill. Cette source est la seule à détailler les pertes selon leur cause militaire. Le total des pertes ne coïncide pas exactement avec celui donné dans l'annexe 6, dont le détail vient des travaux du professeur J. Rohwer, postérieurs à ceux du commandant Roskill. Les écarts entre ces deux sources ne changent pas le cours de l'Histoire.

| ***Causes de la destruction*** | ***Nombre*** |
|---|---|
| Escorteurs | 246 |
| Aviation basée à terre | 245 |
| Aviation embarquée | 43 |
| Partagé entre aviations embarquées et basées à terre | 2 |
| Partagé entre escorteurs et aviation basée à terre | 33 |
| Partagé entre escorteurs et aviation embarquée | 15 |
| Sous-marins | 21 |
| Bombardement des ports | 62 |
| Mines | 25 |
| Autres | 64 |
| Cause inconnue | 29 |
| **Total** | **785** |

Il n'est pas surprenant de constater que les pertes se partagent entre les escorteurs et l'aviation.

Le détail des « autres causes » est assez surprenant.

| | |
|---|---|
| Action soviétique | 7 |
| Collisions | 27 |
| Accidents | 4 |
| Fortune de mer | 9 |
| Sabordage ou inutilisable | 17 |

Les sabordages de ce tableau concernent des unités endommagées ou jetées à la côte, et qui ont préféré se saborder. Ne pas confondre ces sabordages avec le sabordage de masse qui a été effectué après la reddition. Si on enlève les sabordages et les modestes pertes provoquées par les Soviétiques, on atteint un chiffre, joint aux causes inconnues (29), proche de 10 % des pertes. Le simple fait de naviguer est dangereux ! Le tribut payé à la Mer par les navires marchands est d'ailleurs du même ordre : 12,3 %.

Les pertes vont en croissant du début à la fin de la guerre.

| *1939* | *1940* | *1941* | *1942* | *1943* | *1944* | *1945* | *Total* |
|---|---|---|---|---|---|---|---|
| 9 | 24 | 35 | 87 | 237 | 242 | 151 | 785 |

Le gros de l'offensive aérienne se situe en 1943 ; 116 des 245 U-Boote détruits par l'aviation basée à terre, essentiellement le Coastal Command, l'ont été en 1943.

La lutte entre les escorteurs et les U-Boote est par contre constante. La vigilance des escortes et leurs techniques de combat se sont sans cesse améliorées. Le cas du commandant Walker sert de guide pour aborder ce domaine.

## 2.1. Les navires d'escorte

La pénurie d'escorteurs qui sévit au début de la guerre a conduit à utiliser toutes sortes de navires. Des chalutiers et des remorqueurs ont participé en nombre à ces tâches d'escorte. Compte tenu de leur taille, qui les rend inaptes aux escortes lointaines par gros temps, leur rôle est restreint aux escortes côtières.

Les bâtiments qui ont constitué les groupes d'escorte en 1942-1943, au plus fort de la lutte, sont de quatre types. Les escorteurs sont tous équipés de l'Asdic depuis le début de la guerre. Ils reçoivent ensuite des équipements radars de plus en plus performants, et les destroyers sont équipés en plus du radiogoniomètre rapide Huff/Duff.

### *Les corvettes*

Le plan de réarmement naval d'urgence conduit les Britanniques à lancer le programme de construction des corvettes de type « Flower », qui vont bien sûr toutes porter des noms de fleur. Leur plan est une adaptation de celui d'un navire baleinier britannique. C'est à la suite d'une démarche effectuée à l'Amirauté par le propriétaire du chantier qu'a été étudiée et acceptée l'idée de transformer un bâtiment civil. Ces bâtiments sont initialement destinés à opérer à proximité des côtes. La pénurie d'escorteurs conduit à les employer pour les escortes lointaines. Leur petite taille les rend sensibles au gros temps. Leurs équipages souffrent beaucoup des conditions de vie, spartiates par temps calme, mais intenables dans la tempête. Les enseignes des FNFL se souviennent de l'eau qui circulait sur le plancher du carré des officiers ou de l'impossibilité de prendre un repas chaud par gros temps. Les hommes de service sur la passerelle ne peuvent rester secs que par temps calme. Sur les unités sous commandement non britannique, l'équipage national est complété par une équipe de 7 à 8 matelots britanniques spécialisés dans les transmissions et le chiffre, sous les ordres d'un BNLO, British Naval Liaison Officer.

Près de 300 unités sont construites dans divers chantiers et constituent longtemps l'essentiel des escortes.

| | |
|---|---|
| Dimensions | 62 x 10 x 5 m |
| Déplacement | 925 à 1 170 t |
| Armement | 1 x 102 mm (4"), 1 AA de 40 mm, 2 x 20 mm AA,<br>2 mitrailleuses, 60 grenades ASM |
| Effectif | 80 hommes |
| Vitesse maxi | 15 à 16 nœuds |
| Rayon d'action | 3 000 milles à 15 nœuds, 5 500 milles à 9 nœuds |

L'équipement radar et Asdic sera progressivement amélioré. L'armement sera ensuite complété par un mortier ASM

Hedgehog. Ces petits bâtiments seront de tous les convois, y compris ceux de Mourmansk. Leur point faible est leur vitesse, inférieure à celle d'un sous-marin en surface.

### *Les avisos*

Ces bâtiments sont conçus avant la guerre. Ils disposent à la fois d'un bon armement antiaérien et anti-sous-marins. C'est avec ce type de bâtiment que le commandant Walker et son groupe se montrent d'efficaces chasseurs de sous-marins.

| | |
|---|---|
| Dimensions | 90 x 12 x 2,6 m |
| Déplacement | 1 350 t |
| Armement | 3 tourelles doubles de 100 mm AA, 10 x 20 mm AA |
| Effectif | 180 hommes |
| Vitesse maxi | 20 nœuds |

Tenant bien la mer, ces bâtiments sont aptes au combat même par mauvais temps.

### *Les frégates*

Les frégates de la classe « River » bénéficient des enseignements tirés depuis le début de la guerre et sont spécialement conçues pour la lutte ASM. Les 151 unités de ce type sont dérivées des sloops de la classe *Black Swann*. La puissance est diminuée au profit de l'endurance, la propulsion par turbines est remplacée par une machine alternative et la construction de la coque est simplifiée en utilisant la technique appliquée aux corvettes. Le navire est moins coûteux que son modèle mais bien adapté à la lutte ASM et à l'escorte des convois.

| | |
|---|---|
| Dimensions | 93 x 11 x 2,7 m |
| Déplacement | 1 370 t |
| Armement | 2 x 102 mm (4"), 10 x 20 mm AA<br>(armement AA variable), 150 grenades ASM |
| Effectif | 110 hommes |
| Vitesse maxi | 20 nœuds |
| Rayon d'action | 7 700 milles à 12 nœuds , 5 600 milles à 16 nœuds |

Ces bâtiments emportent plus du double de grenades ASM que les corvettes. Ils sont dotés du radar, du Huff/Duff et du

Hedgehog. Leurs cousines américaines des années 1943-1944, les destroyers de la classe DE, sont construites selon un modèle similaire. Militairement efficaces, elles offrent à leurs équipages un confort à l'américaine, avec habillement sur mesure, laverie automatique, pressing, cinéma, cafeteria, couchettes individuelles et conditions d'hygiènes « normales ». Les équipages français du *Sénégalais*, du *Tunisien* et du *Hova* et des trois autres frégates affectées à la marine française gardent un bon souvenir de ces bâtiments.

***Les porte-avions d'escorte***

Les études menées avant-guerre par les amirautés française, britannique, américaine et japonaise montrent l'intérêt d'adjoindre aux convois des porte-avions de protection, d'un tonnage voisin de 10 000 tonnes. Des bâtiments de ce type peuvent également soutenir les troupes au sol. La solution retenue était de convertir des cargos en porte-avions. Sous la pression des évènements et compte tenu de la surcharge des chantiers britanniques, une solution d'urgence est adoptée, en attendant la production des chantiers américains.

Les CAM-ships sont des cargos équipés d'une catapulte pouvant lancer un seul chasseur. Le rôle de ce chasseur est d'éloigner ou d'abattre le Kondor pistant le convoi. Sur ce plan-là, l'objectif est atteint, mais l'appareil, généralement un vieux Hurricane, est perdu. La récupération du pilote après son amerrissage est hasardeuse par gros temps et dans les mers froides. Les pilotes polonais s'illustrent dans ces missions risquées. Trente-cinq CAM-ships sont armés par la Royal Navy de juin 1941 à août 1942, date du retrait de ces unités, remplacées par les porte-avions d'escorte.

La seconde des solutions provisoires est les MAC-ships, cargos céréaliers ou pétroliers dotés d'un pont d'envol simple et transportant quatre appareils Swordfish. La transformation prend du temps, mais dix-neuf unités entrent progressivement en service à partir d'avril 1943. Aucun U-Boot n'est coulé par les avions des MAC, mais les convois ainsi escortés ne perdent aucun navire. Les MAC sont retransformés à leur état initial à la fin de 1944.

La couverture aérienne des convois devient vraiment efficace avec les porte-avions d'escorte. Deux solutions ont été essayées. La première, plus rapide, consiste à transformer un bâtiment. Le pont d'envol en bois est posé sur la coque d'un cargo. Le premier entré en service, l'*Audacity*, est construit à partir d'un cargo allemand capturé. La brève carrière du bâtiment et de ses six chasseurs Wildcat, appelés Martlet par les Britanniques, est cependant probante.

La seconde solution consiste à construire un porte-avion léger sur la base d'une coque marchande. Dans le courant de 1941, l'US Navy demande un grand nombre de porte-avions légers, pour l'entraînement des pilotes ou le transport des appareils vers les lointaines bases du Pacifique. Ce besoin s'ajoute à celui des demandes britanniques pour la protection des convois. Les deux projets sont fondus en un seul.

Les chantiers américains construisent cent quinze porte-avions d'escorte de ce type, dont trente-huit sont cédés à la Grande-Bretagne. Les quatre premières unités livrées à la Royal Navy, HMS *Archer*, *Avenger, Biter* et *Dasher* entrent en service d'avril à septembre 1942.

Ces bâtiments de 10 000 tonnes (15 000 t à pleine charge), tel le HMS *Biter*, futur *Dixmude* de la Marine nationale, ont un équipage de 550 hommes, mesurent 150 mètres et sont propulsés à 16 nœuds par leurs moteurs diesel. Ils disposent d'un armement AA, sont équipés du radar puis du Huff/Duff, et transportent de 12 à 15 appareils. Les appareils sont des chasseurs Wildcat ou des avions torpilleurs Avenger, tous deux américains, ou des appareils britanniques divers. Le biplan Swordfish, équipé du radar et de roquettes, se montre bien adapté à la lutte ASM, même par mauvais temps ; dépassé sur les autres champs de bataille, cet appareil effectue une seconde carrière avec les convois. La majorité de ces porte-avions d'escorte servira dans le Pacifique.

Ces bâtiments sont initialement mal accueillis par les marines américaine et britannique. Baptisés « *babby flat tops* » ou « *woolworth carriers* », ils paraissent bien vulnérables aux Britanniques. En effet, le système de circulation et de stockage du carburant semble présenter des risques. Leur mise en service est longue et délicate. Le premier emploi de ces unités est le soutien du débarquement en Afrique du Nord, et non pas l'escorte des convois. Les craintes britanniques sont confirmées par la perte du HMS *Avenger* le 15 novembre 1942. La torpille envoyée par le *U-155* provoque l'explosion instantanée des réserves de carburant. Il n'y aura que dix-sept survivants. Les porte-avions d'escorte britanniques sont renvoyés aux chantiers. En mars 1943, HMS *Dasher*, qui n'avait pas encore été transformé, explose au port, tuant 379 des 528 hommes de son équipage. L'amélioration de la sécurité, qui nécessite trois mois de travaux, est systématique. Mais les unités disponibles sont en priorité affectées à l'Afrique du Nord. Il faut attendre mars 1943 pour que les convois bénéficient de la protection du USS *Bogue*, suivi du HMS *Biter* en avril, du HMS *Archer* en mai. Il suffit de disposer de quatre à cinq de ces unités pour assurer la couverture aérienne totale des quatre à cinq convois qui sillonnent à tout instant l'Atlantique Nord.

Leur mise en service opérationnelle change complètement les conditions de la lutte ASM. Le binôme escorteur-avion, bien entraîné et bien commandé, est fatal à de nombreux U-Boote, et fait capoter la tactique des meutes. En effet, le U-Boot pistant le convoi est souvent la première victime des avions. Les autres sont privés d'information pour rejoindre le convoi, et sont souvent coulés ou dispersés lors de leur navigation en surface.

## 2.2. Le commandant Walker

L'Histoire a retenu le nom d'un petit nombre de commandants de groupes d'escorte. Les commandants Macintyre, Gretton, Sherbrooke, de la Royal Navy, les commandants Heinemann et Gallery, de l'US Navy, sont les plus connus. Mais le commandant Walker tient une place particulière. Il est à l'origine de l'adoption de techniques de lutte ASM plus efficaces, qu'il a appliqué avec un rare succès à la tête de son groupe d'escorte.

### *Un début de carrière difficile*

L'enseigne de vaisseau John Walker sort major de l'École navale de Darmouth. Il embarque à 18 ans sur le cuirassé *Ajax*, en juin 1914. Son père est capitaine de vaisseau. Walker est mal à l'aise sur les grands navires, où son esprit critique est peu apprécié. Embarqué sur le torpilleur *Sarpedon*, il fait connaissance avec ce qui va devenir sa passion, la lutte anti-sous-marine, dont il devient un spécialiste patenté après guerre. Il sert comme responsable de la lutte ASM à l'escadre de l'Atlantique puis à celle de Méditerranée, à bord des cuirassés amiraux. Son indépendance de caractère nuit à son avancement. Il passe capitaine de frégate de justesse. Il est affecté ensuite en Chine, dans un poste trop mondain pour lui ; puis il est nommé second du cuirassé *Valiant*. Il quitte le cuirassé en 1937, avec des notes mitigées ; il est n'est pas nommé capitaine de vaisseau, mais il est cependant nommé commandant en second de l'école de lutte ASM de Portland. Il proclame que cette lutte est vitale pour la Grande-Bretagne. Les amiraux britanniques, comme leurs confrères des autres nations, pensent toujours à la primauté de la cuirasse et du canon. Walker n'est donc pas dans la ligne de pensée de ses chefs. Il n'en est pas moins nommé responsable de la lutte ASM de la zone Sud, à Douvres.

La guerre commence. Il ne réussit pas à obtenir un commandement en mer ; il se morfond à Douvres, s'occupant des champs de mines qui barrent la Manche aux U-Boote. En mars 1941, il rend visite à un ami, responsable de la lutte ASM à l'Amirauté. Ce dernier connaît d'une part l'état catastrophique des pertes et, d'autre part les qualités de Walker. Il viole un peu la voie hiérarchique pour proposer Walker à l'amiral Sir Percy Noble, commandant les Western Approaches. À ce moment-là, on cherche partout les rares spécialistes de la lutte ASM. En septembre, Walker reçoit le commandement de l'aviso *Stork*, basé à Liverpool. Étant le plus ancien dans le grade le plus élevé, il prend la tête des neuf unités du 36e groupe d'escorte.

### *Le commandant Walker prend la mer*

Le groupe suit l'entraînement habituel des escorteurs à Tobermory. Walker y met sa marque en insistant sur le comportement collectif du groupe au combat. L'amiral Noble est le premier à avoir pensé que la formation des escorteurs est aussi importante que leur nombre. C'est également lui qui a constitué des groupes d'escorte fixe, sous un commandement unique, pour renforcer la cohésion du groupe et sa combativité. Le commandant Walker est donc pour une fois dans la ligne de son chef en préconisant un comportement agressif et collectif de l'escorte. Son plan de lutte ASM de nuit est même adopté. Il consiste à utiliser de nombreux artifices éclairants pour déjouer et contre-attaquer les U-Boote qui, à cette époque, attaquent de préférence la nuit et en surface. La méthode est généralisée. Le commandant Walker commence à mettre sa marque dans la Bataille de l'Atlantique.

Le groupe appareille en novembre avec un convoi pour Gibraltar. Il fait trop mauvais pour que les U-Boote attaquent, et Walker fait manœuvrer son groupe.

À la mi-décembre, le groupe est renforcé par trois torpilleurs et le porte-avions d'escorte *Audacity*, pour escorter les 32 navires du HG76, de Gibraltar à l'Angleterre.

À cette époque, Dönitz obtient une meilleure coopération avec la Luftwaffe. Les Kondor basés en France sont efficaces sur la route des convois de Gibraltar, qu'ils repèrent à l'abri des avions du Coastal Command, dont le rayon d'action est trop faible pour les contrer. Dönitz peut alors diriger les U-Boote vers les convois repérés et former une meute pour l'attaquer. La méthode est efficace. À tel point que les Britanniques affectent en septembre l'*Audacity* à la protection des convois de cette ligne. Il se montre à son tour assez efficace pour que Dönitz fasse de sa destruction un objectif prioritaire.

Le HG76 appareille le 14 décembre. Ses avions attaquent deux U-Boote. Le 15, l'escorteur australien *Nestor* coule le U-127. La croisière s'annonce mouvementée. Le HG76 est repéré par un Kondor le 16 décembre. Dönitz dirige vers lui neuf U-Boote. Un escorteur repère deux avions suspects à la limite de la visibilité. Décryptages aidant, l'OIC confirme. Walker sait désormais qu'une meute se prépare à attaquer. Walker fait décoller à l'aube du 17 l'un des six Martlet de l'*Audacity*, dans l'espoir de découvrir les U-Boote pisteurs. L'un d'eux est repéré par le travers bâbord du convoi. Le branle-bas de combat vient de sonner. Walker se précipite vers l'intrus avec quatre autres escorteurs. Les autres escorteurs resserrent le dispositif pour former un écran autour du convoi. Cette manœuvre est à cette époque tout à fait inhabituelle. Les escorteurs restent d'ordinaire à proximité du convoi, et leur contre-attaque est ainsi très limitée. Walker attaque le premier, à plus de vingt milles de son convoi. Seule, une victoire peut faire passer cette grave entorse aux règles. Le début de l'attaque n'est pas brillant. Le contact est perdu après un premier grenadage. Walker rattrape son convoi, lorsque le Martlet patrouilleur lui signale un sous-marin sur le tribord du convoi. Le U-Boot plonge, mais il est grenadé, et doit remonter à la surface. Le sous-marin est poursuivi par le groupe de Walker et le Martlet. L'avion est abattu par l'artillerie du sous-marin, qui est lui-même canonné par Walker et deux de ses escorteurs. Les escorteurs recueillent les survivants du *U-131*, responsable du contact avec le convoi, coulé à sa première croisière. Le groupe de chasse rejoint le convoi après une opération de huit heures. La technique d'attaque de Walker vient de faire ses preuves, et la confiance du groupe envers son chef est renforcée.

Walker est averti dans la nuit qu'un groupe de cinq à six U-Boote se prépare à attaquer. Le 18 au matin, un Martlet décolle pour la première patrouille de la journée. Le *U-434* décide de prendre la relève du *U-131*, dont le silence est significatif de sa perte. Il est aperçu par le *Stanley*, alors qu'il navigue à dix mille du convoi. Le sous-marin plonge. Il est ensuite grenadé par le *Stanley* et trois autres escorteurs, détachés de l'escorte par Walker. Les chocs sont d'une violence extrême. La coque du *U-434* se fissure, et la torpille du tube arrière explose. Le sous-marin désemparé fait surface, l'équipage saute à l'eau et le U-Boot se retourne et coule. Il disparaît lui aussi à sa première croisière. La bataille n'est pas terminée. Les Martlet mettent en fuite deux Kondor, mais deux escorteurs retournent à Gibraltar pour mazouter.

Le *U-574*, en mer pour sa première croisière, assiste à la destruction de ses deux compagnons de meute. Il attaque dans la nuit du 19 et torpille le *Stanley*. Walker fait tirer des éclairants pour retrouver le U-Boot, et se rapproche de l'épave du *Stanley* pour recueillir les survivants. À distance de sécurité du *Stanley*, Walker fait larguer des grenades. Les U-Boote ont en effet l'habitude d'essayer d'échapper à l'Asdic en se camouflant à proximité de l'épave de leur victime. Puis Walker fait exécuter un demi-tour à son *Stork* pour une seconde attaque. Le *U-574* fait surface, désemparé par la première attaque. Le *Stork* fonce vers lui pour l'aborder, mais le sous-marin manœuvre de telle sorte que les deux adversaires effectuent le même mouvement de giration. L'équipage du *Stork* canonne puis mitraille le sous-marin. Le *Stork* aborde le sous-marin devant le kiosque, et largue un chapelet de grenades, qui secouent le U-Boot et le *Stork*. On recueille 25 hommes du *Stanley* et 5 sous-mariniers. Au même moment, un cargo est torpillé. Mais l'aube arrive, et le convoi peut espérer une accalmie.

Un nouveau cargo est torpillé dans la nuit du 21. Quelques minutes plus tard, c'est l'*Audacity* qui est torpillé. Trois escorteurs vont à son secours. Le *Deptford* aperçoit brusquement un sous-marin en surface. Walker rallie en faisant tirer des éclairants. Les deux escorteurs grenadent leur proie pendant une bonne heure, sans recueillir la preuve formelle de la perte du U-Boot. Ils viennent pourtant de couler le *U-567* de E. Endrass, l'un des as de la flotte sous-marine, le second de G. Prien lors du raid à Scapa

Flow. Dans la nuit, le *Deptford* aborde accidentellement l'arrière du *Stork*. La situation de l'escorte n'est alors pas très brillante. Le *Deptford* et le *Stork* se traînent à dix nœuds, et n'ont plus d'Asdic. La plupart des radars du groupe sont en panne, et le porte-avions a été coulé ; et les U-Boote pistent probablement le convoi. Le 22, un Liberator survole le convoi, qui entre alors sous la couverture aérienne des Western Approaches. Dönitz suspend l'attaque le 23. La bataille du HG76 inaugure la coopération entre le groupe d'escorte et le porte-avions pour attaquer et non plus seulement repousser les assaillants. Sont inaugurés également la chasse prolongée par une partie du groupe ainsi que l'emploi des éclairants. Le convoi n'a perdu que deux navires marchands et a coulé cinq U-Boote. La Royal Navy a perdu deux unités. Pour illustrer la tension qui peut exister à ces moments-là, signalons le cas du *Ogmore Castle*. Il est ébranlé par une vague particulièrement puissante. L'équipage s'imagine avoir heurté un sous-marin et abandonne le bâtiment. L'un des escorteurs de Walker inspecte le cargo et, ne voyant rien de suspect, fait regrimper l'équipage à bord.

Walker est tout surpris d'être décoré de la DSO. Mais il ne réussit pas à faire complètement partager ses vues à l'Amirauté. Cependant, l'amiral Noble admire la cohésion du groupe de Walker, et aimerait bien que tous ses groupes soient aussi soudés.

### *La méthode s'affine*

Le 36e groupe d'escorte reprend la mer. Walker fait manœuvrer ses unités, et obtient des commodores de convoi qu'ils fassent de même avec leurs propres unités. L'entraînement devient pesant. Ce n'est que le 14 avril 1942 que le groupe retrouve les U-Boote. L'attaque se déroule comme à l'exercice. Le U-Boote repéré de nuit par le radar d'un escorteur est aussitôt attaqué. On tire des éclairants, et le *Stork* rejoint le *Vetch*. Les autres escorteurs restent autour du convoi. Le U-Boot est grenadé par les deux escorteurs, qui coulent le *U-252* en vingt minutes. Le *Vetch* a fait la plus grosse part du travail ; son commandant demande à Walker l'autorisation d'accorder à l'équipage la double ration de rhum. L'autorisation est accordée, et devient la règle en cas de victoire dans le groupe du commandant Walker.

Le 9 juin suivant, le 36e groupe d'escorte, réduit au *Stork* et à trois corvettes, prend en charge les vingt navires du HG84. Les hasards des pannes et des révisions ont réduit le groupe à sa plus simple expression. La pénurie d'escorteurs est de règle ; l'*Audacity* n'a pas été remplacé, et la couverture aérienne n'est assurée que par l'unique Hurricane d'un CAM ship. De jour, le *Stork* est en avant du convoi et, la nuit, il passe à l'arrière, la place la plus dangereuse. C'est par l'arrière que les U-Boote ont tendance à attaquer. Les 12, 13 et 14, le convoi est pisté par un Focke Wulf Kondor. L'attaque est probable. Le 14, Walker fait catapulter le Hurricane pour chasser le Kondor. Le pilote est récupéré ; ce qui n'est pas toujours facile. Le premier U-Boot est repéré au goniomètre en fin d'après-midi. Malgré la faiblesse de son groupe, Walker attaque le sous-marin pisteur. Le convoi est attaqué toute la nuit. Les corvettes repoussent les assaillants. Leur dispersion est fatale au convoi ; une seconde meute coule quatre navires et s'esquive. Un Liberator vient couvrir le convoi. La nuit suivante, un U-Boot est repoussé. L'escorte n'a plus de grenade ; mais, pense Walker, l'ennemi ne le sait pas. En fait, Dönitz fait attaquer le convoi par neuf bombardiers. Ils sont repoussés par le torpilleur *Wild Swan*, qui provoque un combat unique dans les annales de la guerre, et détourne sur lui l'attaque. Il coule après avoir sauvé le convoi. Le convoi arrive épuisé à Liverpool, après avoir perdu cinq navires.

Contre toute attente, Walker est félicité pour cette vigoureuse défense. Ses méthodes sont maintenant acceptées par l'Amirauté. L'amiral Noble le fait nommer capitaine de vaisseau ; et pour l'envoyer au repos malgré lui, il nomme Walker au commandement des flottilles de Liverpool. En effet, Walker est de ces chefs qui s'investissent totalement dans le combat, au prix d'un épuisement physique et nerveux destructeur. L'amiral Noble préserve ainsi son meilleur chasseur de U-Boote en l'envoyant à terre pour six mois.

Walker remplit sa nouvelle tâche avec son énergie habituelle. Il insuffle aux commandants des groupes d'escorte l'attitude agressive dont il s'est fait une règle, preuves à l'appui, pour attaquer les U-Boote et non pas seulement les éloigner.

L'amiral Horton prend le commandement des Western Approaches en novembre 1942. Il partage largement les idées de Walker, qui souhaite voir se constituer des groupes de soutien, dotés d'un porte-avions d'escorte, pour chasser les U-Boote là où ils se sentent en sécurité : dans le golfe de Gascogne et au milieu de l'Atlantique. La nomination de Dönitz en janvier 1943 à la tête de la Kriegsmarine fait craindre le pire. Les pertes remontent en effet dès janvier et février. L'amiral Horton laisse Walker reprendre la mer, à bord du *Starling*, un aviso tout neuf. Le groupe se compose de six avisos de la même classe, ce qui lui donne une puissance rare pour l'époque. Après avoir accompli leur cycle de formation individuel, les six unités et leurs neuf cents hommes se regroupent le 28 avril et forment le Second groupe de soutien.

### *Le Second groupe de soutien*

La mise sur pied des groupes de soutien est donc une victoire de Walker. Il manque encore les porte-avions, qui pour le moment sont trop peu nombreux, et opèrent en Afrique du Nord en soutien de l'opération Torch. Jusqu'en juin, le groupe est curieusement à l'abri des combats qui provoquent le retournement stratégique de la Bataille de l'Atlantique. L'entraînement imposé à tous par Walker est devenu un sport. Les manœuvres sont ainsi devenues des réflexes.

Le groupe doit cependant lutter avec patience du 1er juin 10 h au 2 juin à minuit pour venir à bout du *U-202* et de son habile commandant. Walker constate que le sous-marin est capable d'atteindre la profondeur incroyable de 240 mètres ; ce qui explique l'inefficacité du grenadage. Il faut donc modifier les détonateurs des grenades. Par contre, le contact a été gardé en permanence, malgré les dizaines de leurres Asdic largués par le U-Boot. C'est en juin que le commandant Winn observe le retrait des U-Boote de l'Atlantique Nord. L'Amirauté décide de faire sienne une autre idée de Walker, celle de chasser les U-Boote dans le golfe de Gascogne, en liaison avec les Catalina et les Sunderland de patrouille maritime. Le Second groupe de soutien est ainsi envoyé le 17 juin dans la partie du golfe de Gascogne qui comprend les routes de transit vers les bases de Lorient et de Bordeaux.

La coopération avec les avions de patrouille est difficile. L'enthousiasme des équipages ne compense pas leur inexpérience, et le groupe perd beaucoup d'énergie à courir après des sous-marins fantômes, situés parfois par un navigateur distrait dans la banlieue parisienne !

L'Asdic a fait des progrès ; sa portée est plus grande, et il indique également la profondeur. Ce qui permet à Walker de mettre en pratique une autre de ses idées, l'attaque rampante. Cette tactique nécessite l'emploi de deux ou trois escorteurs. Le contact Asdic est maintenu à bonne distance par le chef de groupe. Le U-Boot entend l'Asdic dans le lointain, et ne se sent pas directement menacé. Son commandant s'abstient d'effectuer des manœuvres d'évasion, grosses consommatrices d'énergie. Pendant ce temps, les deux autres escorteurs s'approchent à faible vitesse du U-Boot, guidés par le chef de groupe. Leurs hélices ne font alors qu'un faible bruit, qui n'est perceptible par le U-Boot qu'au dernier moment, celui où les escorteurs larguent leurs grenades, selon les ordres du chef de groupe. Les grenades sont réglées pour exploser à des profondeurs échelonnées, selon l'estimation que l'on peut faire de la profondeur d'immersion du U-Boot. Avec deux escorteurs, la victime est encadrée par un véritable tir de barrage. La manœuvre, qui se généralise, est également risquée pour l'escorteur, en cas d'explosion prématurée d'une grenade. La consommation de grenade est non négligeable, mais les résultats sont là.

L'offensive aérienne alliée sur le golfe de Gascogne est à son pic en juillet, lorsque Dönitz essaye de protéger ses U-Boote en les faisant naviguer en groupes de deux ou trois, se couvrant mutuellement par leur armement antiaérien renforcé. C'est un échec complet. Le groupe de Walker participe à l'attaque des vaches à lait *U-461* et *U-462*, couvertes par le *U-504*, en coordination avec l'aviation. Le *U-461* est coulé par un Liberator, le *U-462* est coulé au canon par les escorteurs. Le *U-504* est détruit par une attaque rampante. Dönitz donne alors des consignes de prudence. Lors de la sortie suivante du groupe, à la mi-août, la mer est vide de U-Boote. Mais le groupe est attaqué deux fois par des bombardiers allemands. Ils sont repoussés par la belle défense collective du groupe. C'est au retour de cette croisière que Walker apprend la disparition de l'un de ses fils, embarqué sur un sous-marin. Ses deux autres fils sont également embarqués.

À l'automne 1943, Dönitz essaye de relancer la bataille des convois. Il compte sur l'efficacité de la torpille acoustique. Le groupe de Walker appareille le 15 octobre, en compagnie du porte-avions d'escorte *Tracker*, pour le centre de l'Atlantique. Les six avisos, telle une ligne de U-Boote, ratissent l'océan en ligne de front ; le *Tracker* suit à un mille en zigzaguant. Début septembre, le groupe essuie une de ces tempêtes qui font penser à l'enfer. Le *Tracker* encaisse une gîte supérieure à cinquante degrés, qui endommage ses Swordfish. Les avisos sont tordus par la force du vent et de la mer, les rivets et les soudures sautent. À bord du *Starling*, il n'existe plus aucun endroit sec. Dans la nuit du 5, le *U-226* est repéré. Il est pisté puis détruit « avant le breakfast », comme l'avait prédit Walker, à la première passe de l'attaque rampante menée par le *Starling*. Deux heures plus tard, un autre sous-marin est repéré par un appareil du *Tracker*. Walker anticipe les manœuvres de dérobement de son adversaire, le *U-842*, qui est coulé à 14 heures, à la seconde passe d'une nouvelle attaque rampante. Les équipages savourent une nouvelle fois les joies de la double ration de rhum. Le groupe est à court de carburant, et se dirige vers Terre-Neuve, en essuyant une nouvelle tempête, qui rend inutilisable le *Woodcock*. Les Américains ont préparé un accueil qui réchauffe les équipages étrillés par la tempête, mais victorieux. Lors du voyage de retour, le groupe repousse l'attaque d'une meute. Il s'amarre à ses quais de Liverpool le 5 janvier 1944. Tous les avisos du groupe sont en cale sèche. Walker se plaint de la mauvaise qualité des constructions navales du temps de guerre. Il écrit également dans son rapport d'opération que les porte-avions d'escorte sont devenus plus encombrants qu'utiles. Les U-Boote ne naviguent plus que rarement en surface de jour, et les avions embarqués ne sont utiles que dans la demi-heure qui précède la nuit ou le lever du soleil.

### *La croisière la plus dévastatrice de la guerre*

Le groupe appareille pour le centre de l'Atlantique le 29 janvier. Les six avisos remis à neuf ou presque sont renforcés par deux porte-avions d'escorte. Walker se dit qu'ils auront au moins l'utilité d'attirer les U-Boote ! Il s'en faut de peu le 31 janvier pour que le *Nairana* soit victime d'un U-Boot téméraire, qui se glisse entre la ligne des avisos et lui, et que le hasard d'un zigzag offre aux torpilles du sous-marin. Le porte-avions est sauvé par la réaction fulgurante de l'aviso au contact, le *Wild Goose*. Une attaque rampante et soixante grenades ont raison du *U-592*. Les avisos se ravitaillent auprès du second porte-avions, l'*Activity*, et le groupe se porte le 7 février au secours des 81 navires du double convoi SL147-MKS38. L'équipe du commandant Winn, s'appuyant sur les décryptages, estime que la menace est de l'ordre de 15 U-Boote. Le 8 à 22 h 30, la vigie du *Wild Goose* aperçoit avant le radar un U-Boot en surface. L'aviso fonce pour aborder le sous-marin, qui plonge en catastrophe. Walker, qui s'attend à une attaque en masse, ordonne au convoi une nouvelle route et passe à l'attaque. Le commandant du *U-762* est assez audacieux pour rester à l'immersion périscopique. La même vigie repère le périscope à proximité de l'aviso, qui ne peut que mitrailler l'appareil et obliger le sous-marin à plonger. Le *Woodpecker* arrive et mène une attaque rampante dirigée par le *Wild Goose*. Les trente-deux grenades sont fatales au U-Boot. L'escorte repousse peu après deux autres U-Boote. À six heures du matin, un nouvel assaillant est détecté sur l'avant du convoi. Walker détache deux avisos pour chasser l'intrus. Le *Kite* se trouve à proximité du U-Boot, qui émerge de la brume, et plonge. Le *Kite* applique la consigne de Walker pour prévenir une attaque à la torpille acoustique ; il réduit sa vitesse, pour que ses hélices devenues plus silencieuses n'attirent plus la torpille, et largue une grenade, pour que sa déflagration détruise la torpille. Une énorme explosion prouve la justesse de cette tactique ; le U-Boot avait lancé sa torpille acoustique en plongeant. La première attaque rampante ne donne rien ; si ce n'est qu'une autre torpille acoustique lancée en plongée par le sous-marin explose en fin de course. La faible vitesse requise pour ce type d'attaque avait protégé les avisos. Le contact est gardé par les deux avisos.

À l'aube, les vigies du *Starling* voient une torpille se diriger vers leur bâtiment. Walker fait immédiatement larguer la bordée de grenades réglées à l'immersion minimale et fait donner un violent coup de barre. La torpille est détruite à quelques mètres du *Starling*. Seul, un entraînement forcené peut permettre de réaliser en si peu de temps une manœuvre aussi compliquée. L'équipage à ce moment-là est à même de comprendre le bien-fondé des méthodes de leur commandant, qui a bénéficié lui-même de son propre entraînement pour avoir lancé cet ordre de manière réflexe. Le *Starling* est violemment secoué, des quantités de choses sont brisées, dont les bouteilles du carré, mais l'attaque rampante se poursuit contre ce coriace adversaire. Le *U-734* est désintégré par un grenadage de saturation.

Le *Starling* rejoint alors le *Kite* et le *Magpie*, toujours aux prises avec leur adversaire, aussi astucieux que le *U-734*. Très dangereux même, car le *U-238* décoche une nouvelle torpille acoustique au *Kite ;* la torpille explose à proximité de l'aviso, prise dans les explosions d'une bordée de grenades qui explosent au bon moment. Le *Starling* assiste avec inquiétude à cette formidable explosion, qui fait disparaître le *Kite* sous des trombes d'eau. Le *Kite* est secoué, se bat avec ses voies d'eau, mais poursuit son grenadage, jusqu'à épuisement des stocks. Le *Starling* dirige alors une attaque au Hedgehog exécutée par le

*Magpie*, qui fait mouche, suivi par un grenadage en règle du *Starling*, qui a raison du U-Boot.

Le groupe part vers un autre convoi pour se ravitailler en grenades, puis rallie le HX278. Une attaque collective détruit le *U-424*. Au même moment et dans la même zone, d'autres convois sont attaqués. Dönitz change d'objectifs, car il se rend compte de la forte opposition rencontrée par ses U-Boote de la part de groupes comme celui de Walker. Le groupe est dirigé vers un autre convoi, le ON224. Walker prend alors en même temps le commandement conjoint de son groupe et de celui du 7$^{e}$ groupe. C'est une lourde charge pour un homme qui a peu dormi ces derniers jours. Seule l'action maintient éveillé tout le monde. Le 19 février, après sept heures de grenadage, le *U-264* fait surface et se saborde. La totalité de l'équipage est recueillie. Cette sixième victime vaut une double ration de rhum à l'ensemble des équipages. La nuit suivante, le tiers-avant du *Woodpecker* est emporté par une torpille acoustique. L'équipage est sauvé. Le groupe rallie Liverpool le 25 février 1944. Tout le monde est épuisé par cette croisière de quatre semaines, marquée par des combats incessants. Le groupe a consommé pas moins de 634 grenades et a détruit six U-Boote. Aucune autre croisière ne sera aussi dévastatrice pour l'ennemi. Cette bataille, comme celles subies par les autres convois au même moment, est la dernière tentative de Dönitz pour attaquer en force les convois de l'Atlantique Nord. Walker et ses hommes ne le savent pas encore. En attendant, ils ont la surprise d'être accueillis par les plus hautes autorités de l'Amirauté et par une bonne partie de la population de Liverpool. La maison de whisky Johnnie Walker ne manque pas à cette occasion d'approvisionner Walker.

Le groupe reprend la mer en mars pour éliminer les sous-marins météo. Rien ne devait maintenant entraver les préparatifs du débarquement.

En attendant, Walker reçoit une nouvelle décoration, et son ancienneté dans le grade est rétroactivée. L'Amirauté efface ainsi les notes mitigées du passé de Walker.

### *La dernière mission*

Le Second groupe de soutien, accompagné du *Tracker*, effectue une ultime opération de nettoyage de l'Atlantique début mai. Ceux qui connaissent bien Walker savent que malgré ses signes extérieurs de bonne forme, le commandant est épuisé ; un poste à terre aurait changé son destin.

Avec son flair habituel, Walker retrouve le *U-473*, qui vient de couler le torpilleur américain *Donnell*. Le commandant du *U-473* évite les grenades en zigzaguant, en faisant demi-tour, bref, toutes les ruses y passent. La chasse dure une journée, puis une nuit. Le type IX navigue d'après l'Asdic à -270 mètres, hors d'atteinte des grenades. Mais il lui faudra bien remonter. Une gerbe de torpilles acoustiques qui ratent les avisos marque la fin prochaine des réserves du sous-marin. Le bruit des ballasts est repéré par les hydrophones, et le *U-473* fait surface, sous les étraves des avisos, qu'il essaye de semer dans la nuit. Atteint par la canonnade, le sous-marin fait soudainement face à ses adversaires, et décoche une dernière salve de torpilles acoustiques, qui ratent une nouvelle fois leur but. Puis le U-Boot fonce sur le *Starling*, et n'est stoppé que par le tir précis du *Wren*. Le courageux *U-473* disparaît ; trente hommes sont sauvés.

À son retour, Walker est invité à dîner par l'amiral Horton, pour parler de l'avenir. Pour Walker, l'avenir c'est la protection du débarquement, deux mois de permission, une promotion au grade de contre-amiral, et son envoi dans le Pacifique à la tête d'une escadre de porte-avions. Walker a beau lui expliquer qu'il souhaite prendre sa retraite à la fin de la guerre, et donc que cette promotion ne l'intéresse pas et qu'il préfère rester avec son groupe, rien n'y fait.

Le Second groupe de soutien se prépare à sa mission avec un réalisme voulu par l'Amirauté pour tous les bâtiments prévus pour l'opération Neptune, le volet naval du débarquement. Les attaques fictives par sous-marins, avions et vedettes se succèdent. Dans un champ de bataille aussi étroit que la Manche, avec la densité de navires à laquelle il faut s'attendre, il est nécessaire de réagir très vite. Cet entraînement imposé à des vétérans de la lutte ASM se montrera très efficace.

On s'attend d'ailleurs à une violente réaction de Dönitz, comme le montre l'alerte donnée aux U-Boote au mois de janvier (cf. chapitre 9).

Les commandants reçoivent leurs instructions début juin. Walker et son groupe sont affectés à la couverture Ouest de la flotte de débarquement. Walker commande une flotte d'une quarantaine de bâtiments. La défense est établie sur deux lignes, de Brest aux îles Scilly et du cap Land's End aux îles anglo-normandes. Walker se voit confier les responsabilités d'un amiral, mais sans disposer d'un état-major à la mesure de la tâche. En conséquence, Walker est partout à la fois, ne prend aucun repos pour orchestrer celui des autres et poursuivre son offensive contre les U-Boote qui tentent de percer les lignes de défense. Eisenhower avait demandé deux semaines de tranquillité absolue pour établir solidement la tête de pont. Ce contrat est largement rempli. L'aviation et les escorteurs alliés maintiennent un barrage anti-sous-marins étanche. Walker est toujours sur le pont, et son entourage constate à quel point il est fatigué.

Le groupe rallie Liverpool le 2 juillet pour une remise en condition et un repos bien mérité. Mais le groupe appareille le 8 sans son chef, hospitalisé pour une grosse fatigue, pense-t-on. Le 9 à l'aube, le groupe apprend le décès de son chef. Le message de l'Amirauté attribue le décès au surmenage.

Une montagne de télégrammes adressés à son épouse, venant de toutes les marines alliées, montre la place prise par Walker au Panthéon des marins. Les obsèques, particulièrement émouvantes, suivies par une foule de civils et de militaires, sont restées dans les annales. Le cercueil est ensuite immergé au large, dans la mer à laquelle il avait tout donné.

Le commandant Roskill écrit :

> « Par son profond sens de la mer, sa connaissance des tactiques des U-Boote, son expérience de la lutte anti-sous-marine, par sa capacité à transformer son groupe en une équipe solidaire, chaque commandant sachant ce qu'on attendait de lui et le faisant d'instinct, il devint probablement le plus connu et le plus efficace de tous les commandants de groupes d'escorte alliés. Sa brusque disparition en juillet 1944 était une grosse perte ; mais à cette époque, il avait démontré ce qu'il était possible de faire avec des tactiques bien étudiées appliquées avec la plus extrême vigueur, et la torche qu'il avait allumée fut maintenue bien haut par les hommes qu'il avait formés. »

Le commandant Walker est crédité avec ses deux groupes de la perte de 21 sous-marins. Ses tactiques offensives ont probablement fait reculer un nombre encore plus grand de sous-marins. Au-delà des chiffres, somme toute dérisoires par rapport aux enjeux, l'histoire militaire retient l'exemple donné par Walker à ses hommes et à bien des combattants, à une époque où la victoire était loin d'être acquise.

# CHAPITRE 4

# *Les Liberty Ships*

La construction de masse des Liberty Ships est la solution industrielle au problème posé par la destruction de masse des navires marchands alliés. Cette aventure industrielle se double d'une aventure humaine, celle des équipages qui risquent leur vie à chaque minute d'une traversée toujours trop longue.

## 1. L'ORGANISATION INDUSTRIELLE

Dès 1940, les chantiers britanniques sont surchargés. Au poids du programme de construction accéléré d'escorteurs et de navires marchands s'ajoute celui des réparations et de la mise à niveau des vieux bâtiments, comme les 50 « vieux » destroyers de la dernière guerre prêtés par les USA. En 1939, pendant la drôle de guerre, les Britanniques perdent 150 navires marchands. Le rythme croissant des destructions rend inévitables des mesures d'exceptions.

### *La Commission Maritime et les chantiers*

Des mesures d'exception avaient déjà été prises lors de la première guerre mondiale. Un chantier de 50 cales fut spécialement construit à Philadelphie pour réaliser un programme de 120 cargos plus ou moins standardisés. Le premier d'entre eux fut lancé en août 1918 et ces navires ne jouèrent aucun rôle dans le conflit. Mais la leçon ne fut pas oubliée.

En 1936, aux USA, le « Merchant Marine Act » met sur pied la Commission Maritime, dont la mission est de prendre les mesures permettant de disposer rapidement en cas de crise d'une flotte de commerce suffisante. À cette date, 90 % de la flotte de commerce américaine a 20 ans ou plus, ce qui paraît alors inacceptable dans le contexte de l'époque. Au réarmement naval militaire en cours doit correspondre une rénovation de la flotte marchande. Le premier président de cette commission, pendant une très courte période, est J. Kennedy, père du futur président des États-Unis.

La Commission Maritime est dirigée pendant toute la guerre par le vice-amiral Land, spécialiste des constructions navales et proche du président Roosevelt. L'amiral connaît bien les milieux parlementaires, ce qui, même en temps de guerre, est toujours utile car le Congrès exerce son droit de contrôle sur les programmes navals, conduisant l'amiral Land à fournir de nombreuses explications. Une commission sénatoriale présidée par H. Trumann surveille de près les profits excessifs des fournisseurs. La Commission Maritime est propriétaire des chantiers commandités et les investissements lourds sont donc à sa charge, d'où une surveillance des comptes qui provoquera des controverses à la fin de la guerre. L'amiral Land est donc trop occupé pour se charger de l'opérationnel. Le vice-président de la Commission Maritime est le contre-amiral H. Vickery, responsable du programme de construction. Le surmenage qui est la contrepartie de cette tâche écrasante n'est pas étranger à son décès en mars 1946.

La commission s'attaque à la partie navale du Victory Program. Le plan prévoit la construction de 6 millions de tonnes de navires marchands en 1942, et 10 millions en 1943. Les multiples priorités du Victory Program freinent la montée en puissance de l'industrie. L'industrie de guerre s'organise et, fin 1942, l'amiral Land et les industriels travaillent dans le cadre d'une économie largement planifiée.

La Commission standardise un petit nombre de types de cargos et de pétroliers pouvant être construits rapidement. Le premier exemplaire d'une série de 20 cargos standardisés est lancé en avril 1939. Ce fut une expérience limitée mais utile, le délai de construction est abaissé à 6 mois, contre 10 à 12 pour le programme de 1918.

La guerre allait donner au programme de constructions navales une accélération phénoménale, à la mesure des défis à l'américaine. Avec 500 000 tonnes coulées chaque mois en 1941, les besoins des Alliés atteignent rapidement une ampleur nécessitant des mesures d'urgence. D'autre part, la neutralité très engagée des USA les conduit lentement vers la guerre.

Le premier programme mis sur pied en 1940 pour combler les vides semble presque dérisoire, compte tenu des pertes déjà subies. Il s'agit du programme des 60 « ships for victory » destinés aux Britanniques, confié aux chantiers de l'industriel californien J. Kaiser. Il faut se souvenir que malgré la décision stratégique du président Roosevelt de soutenir les Alliés, l'aide américaine se devait d'être prudente et limitée pour satisfaire une opinion publique isolationniste. Et de toutes façons, la montée en puissance de l'industrie américaine nécessite des délais.

En 1941, l'entrée en guerre des USA semble imminente. Le Victory Program, sous la direction du général Wedemeyer, fixe les objectifs militaires et industriels de la mobilisation américaine. Ce plan prévoit, entre autres, que la future armée de 8 millions d'hommes sera soutenue par une flotte marchande de 10 millions de tonnes. Ces besoins s'ajoutant à la nécessité de compenser les destructions de la guerre sous-marine rendent inévitable un plan de constructions navales d'envergure. Les Liberty Ships et les autres navires de commerce représentent la plus grosse part du programme.

Les chantiers US en construiront 38 millions de tonnes, à comparer aux 21 millions de tonnes coulées. Les chantiers produiront également 8 millions de tonnes de navires de guerre, dont le chiffre étonnant de 82 000 embarcations de débarquement en tous genres.

### *Le chantier de Marinship*

La réalisation de ce programme nécessite la construction de chantiers spéciaux, avec des ateliers de construction des sous-ensembles et des grues en plus grand nombre.

Les chantiers poussent à la rapidité des villes en bois de la conquête de l'Ouest, comme en témoigne l'exemple du chantier de Marinship, l'un des nombreux chantiers de la baie de San Francisco.

L'amiral Land demande une proposition au groupe Bechtel le 2 mars 1942. L'étude commence aussitôt et un projet est soumis en 24 heures. Les plans sont mis au point et le marché est signé le 12 mars. Les travaux commencent début avril. Les travaux de construction des 6 cales et de leur environnement, dont des hangars immenses, sont assez avancés pour que la première quille soit posée le 27 juin ! Le premier navire sera lancé en septembre, soit six mois après la signature du contrat. À la fin de 1942, le chantier occupe 19 000 personnes et 5 navires ont été livrés. Il convient de dire que ce chantier, soit par l'intermédiaire de la Commission Maritime, soit par les contacts directs entre industriels, a bénéficié de l'expérience acquise, ce qui explique en partie l'origine de ses performances. Le dernier des 93 navires construits est lancé en octobre 1945. Le chantier a également réparé 23 navires. Le chantier est définitivement fermé en mai 1946. Il a fonctionné trois ans et demi, en ayant formé 75 000 personnes ; l'effectif maximum a été de 22 000 personnes.

## 2. LES NAVIRES ET LES TECHNIQUES DE PRODUCTION

### *Les navires-types*

Le choix du modèle standard de cargo est très important car il doit se prêter à une production de masse. Le président Roosevelt a la passion des bateaux. Avec l'amiral Land, ils choisissent un modèle de cargo, dérivé d'un vieux plan britannique, dont la standardisation avait été étudiée par la Commission Maritime. C'est un grand cargo de 135 mètres, capable de transporter 10 000 tonnes, soit le contenu de 300 wagons de chemin de fer, à 10 ou 11 nœuds. Il est propulsé par une machine alternative simple, à chauffe au fuel, lente et quelque peu dépassée, mais dont la construction et l'entretien sont plus faciles, y compris dans les ports soviétiques. À cette époque, il était courant d'équiper les cargos de turbines pouvant les propulser à 15 ou 16 nœuds. Mais le réalisme l'emporta sur la technique, ce qui n'est pas si fréquent.

Bien que l'utilité de l'armement de bord soit des plus douteuses, les Liberty Ships sont armés.

Sur les navires sous pavillon américain, l'équipage se composait de 81 hommes dont 36 canonniers, commandés par un enseigne. L'armement se compose de deux pièces, de 125 mm à l'avant et 75 mm à l'arrière et de 6 pièces de 20 mm anti-aériennes. Le Liberty Ship est relativement résistant. Ses quatre cales sont séparées par des cloisons étanches lui permettant, souvent, par mer calme, de rester à flot après un torpillage

L'autre type de navire standard est le pétrolier de type T2. Sa construction beaucoup plus délicate que celle des cargos est plus longue. Le navire est de conception très moderne ; il est muni de machines ou moteurs puissants, de 8 000 à 10 000 chevaux. Ces différentes motorisations limitent beaucoup la standardisation. Il faut d'autre part poser une trentaine de kilomètres de tuyaux, dont la fabrication et la pose sont relativement longues. Le record de construction est de 33 jours, à l'actif du chantier de Marinship. On est loin des 4 jours et 15 heures du Liberty Ship *Robert E. Peary.*

Les 14 premiers Liberty Ships sont lancés le 27 septembre 1941. Ce Liberty Fleet Day est très largement médiatisé. Pendant toute la guerre, l'activité des chantiers navals est ainsi très médiatisée et les vedettes de cinéma parrainent des quantités de navires.

### *La standardisation*

La production de masse de ces cargos repose sur une standardisation poussée, inconnue auparavant dans cette industrie, atteignant 60 % du navire. Les 250 000 éléments sont répartis en sous-ensembles, assemblés par des sous-traitants ou le chantier. De la pose de la quille au lancement, une centaine de sous-ensembles sont préparés puis mis en place. Les sous-ensembles sont complets. Par exemple, les câbles électriques, la tuyauterie, les miroirs de toilettes, les échelles, les étagères, font partie des sous-ensembles posés par des grues de 250 tonnes. La machine pèse à elle seule 135 tonnes. Après le lancement, il reste 250 sous-ensembles à mettre en place, parmi lesquels l'armement de bord, ce qui ne représente plus que 20 % des travaux. Le magasin de pièces de rechange et l'équipement du cargo représentent 50 000 articles. Le confort est à l'américaine, ce qui n'était pas du luxe, compte tenu de la difficulté des conditions de navigation.

Le succès de la technique est dû aux expériences antérieures, y compris celle de la première guerre mondiale. Mais les besoins d'une production de masse ont conduit des ingénieurs ignorant tout des navires à se pencher sur leur construction rapide. Les idées nouvelles, inspirées des techniques de l'industrie automobile, ont pu s'épanouir sans préjugés, pour en utiliser ce qui était transposable à la construction des navires. En particulier, l'assemblage des sous-ensembles peut être effectué par des travailleurs moins qualifiés que les spécialistes des techniques traditionnelles. L'énorme effort de formation en est facilité. De plus, la gamme de fabrication comporte un nombre considérablement réduit de postes de travail, ce qui facilite le pilotage de la production et son contrôle.

La principale différence avec l'industrie automobile réside dans le déplacement des sous-ensembles. Il n'est bien sûr pas question de placer le navire sur un convoyeur se déplaçant devant les postes de travail. Au contraire, les sous-ensembles sont fabriqués sur le chantier, d'une longueur de 1 500 mètres pour celui de Marinship, et convergeant dans le bon ordre vers la cale de montage à l'aide d'une armada de grues. Cette technique permet également de monter plusieurs navires à la fois. Les sous-ensembles sont montés de manière indépendante, et des stocks-tampons sont constitués pour assurer la rapidité du montage final. Ces stocks sont de l'ordre de dix à douze navires en pièces détachées sur les chantiers de J. Kaiser. Ce niveau élevé de stocks est justifié par la nécessité d'éviter tout arrêt du montage et pour occuper la main-d'œuvre en cas d'arrêt du montage ou de tout autre aléa, y compris les aléas d'approvisionnement.

Cette technique ne s'applique pas au pétrolier T2, dont la standardisation est moindre. Pour aller vite, il faut cette fois faire du *juste à temps* et fabriquer les bons sous-ensembles le plus tard possible pour les faire converger vers la cale de montage. Cette technique était tout à fait nouvelle et son application nécessite une planification sans faille. La défaillance d'un seul poste d'assemblage peut immobiliser tout le chantier ! Signalons qu'aujourd'hui, le *juste à temps* est un objectif souhaitable mais difficile à atteindre pour bien des entreprises.

Il est également nécessaire de modifier l'organisation du travail. Les chantiers travaillent habituellement 7 jours sur 7 en trois équipes, ce qui signifie que les travaux d'entretien et de réparation interfèrent avec la production et la stoppe parfois de manière aléatoire ; d'où la constitution de stocks-tampons. Comme il n'est pas possible d'interrompre la fabrication d'un pétrolier de manière aléatoire, on passe à la semaine de 6 jours, le dimanche étant réservé à la maintenance.

La recherche permanente d'une meilleure productivité pour la construction des pétroliers est à l'origine d'une autre astuce d'organisation. Les ouvriers sont affectés à une cale de montage. Leur productivité dépend donc de la bonne fourniture des sous-ensembles, ce qui n'est pas toujours le cas. Aussi, pour pallier cet aléa, les spécialistes d'une même section d'assemblage sont regroupés en équipes homogènes, se déplaçant d'une cale à une autre, en fonction des besoins. Ils sont ainsi plus productifs. Toutes ces mesures aboutissent à des gains de productivité spectaculaires. Le chantier de Marinship passe en un an de 1 575 000 à 736 000 heures par pétrolier. Aucun des navires ainsi fabriqués ne souffrit d'une avarie majeure.

Tous ceux qui aujourd'hui sont confrontés aux problèmes d'organisation de la production bénéficient d'une expérience datant d'un demi-siècle, devant beaucoup à l'économie de guerre. Dans ces conditions, il n'est pas surprenant que les systèmes informatisés de gestion de la production soient nés aux États-Unis.

L'autre parti pris industriel est l'emploi du soudage au lieu du rivetage. Le soudage est plus rapide, mais la technique est nouvelle dans la construction navale. Au moins au début, le soudage de membrures de qualités d'acier incompatibles provoque des dégâts plus ou moins graves, y compris la disparition soudaine de cargos, dont les membrures se dessoudent au contact des eaux froides. D'autre part, il est beaucoup plus facile de former des ouvriers et ouvrières au soudage qu'au rivetage et il fallait former rapidement des dizaines de milliers de personnes. De plus, il est plus facile d'exécuter des soudures de bonne qualité dans le confort des hangars d'assemblage que de poser des rivets sur le navire, dans des positions parfois acrobatiques.

L'organisation industrielle se perfectionne rapidement avec l'expérience de tous les chantiers, mise en commun par la Commission Maritime. Les premiers Liberty sont construits entre 253 et 197 jours pour le chantier Kaiser. À partir de 1943, le délai moyen descend à une quarantaine de jours ! Les résultats dépassent un plan pourtant estimé très optimiste. En 1942, on construit 8 millions de tonnes au lieu de 6, et en 1943, 19 millions au lieu de 10. Les derniers des 2 700 Liberty Ships construits sont lancés en octobre 1945. Seuls, 195 d'entre eux furent perdus, toutes causes confondues. Les Liberty Ships naviguèrent ensuite pendant au moins vingt ans, faisant honneur à leur construction.

L'orchestration des commandes de matière et de sous-ensembles aux sous-traitants repose sur une logistique industrielle de premier ordre, gérée manuellement !

Le plan d'approvisionnement de l'ensemble des chantiers est piloté de manière centralisée de Washington par les services de l'amiral Vickery, ce qui est indispensable pour éviter des « arrangements » entre chantiers et fournisseurs.

Après Pearl Harbour, l'amiral Land éprouve toutes les peines du monde à maintenir la parité des priorités d'approvisionnements entre les constructions marchandes et militaires. En effet, la pénurie d'acier et en particulier de tôles est sérieuse jusqu'en 1944.

Le contrôle exercé par la Commission sur ses chantiers est également un modèle du genre. L'amiral Vickery suit au jour le jour les performances et ses télégrammes écrits au vitriol réveillent les ardeurs défaillantes. Mais l'amiral laisse aux industriels une entière liberté de gestion. Les chantiers ne sont contrôlés que par de petites équipes qui surveillent l'emploi des fonds publics et dirigent les spécialistes chargés d'inspecter et de « commissionner » les navires. Mais parfois, la Commission devient bureaucratique en intervenant dans le choix des noms attribués aux navires !

La Commission Maritime stimule également les ardeurs en instaurant des concours et récompenses pour les chantiers méritants. Lorsque le chantier de Marinship gagne son premier « Tanker Champ », une manifestation spontanée des 5 000 travailleurs présents célèbre l'événement. Sur les chantiers américains, le respect des droits syndicaux allait de pair avec le patriotisme.

Le personnel des chantiers passe de 100 000 au début de la guerre à 700 000 personnes en 1943. D'où un énorme effort de recrutement et de formation. Les besoins de main d'œuvre font envisager des mesures de contraintes. Elles sont repoussées au nom du respect des droits civils et syndicaux. Lorsque les techniques de standardisation sont suffisamment au point, la Commission Maritime développe un programme standard de formation, appliqué sous son contrôle dans les chantiers.

En 1940, seulement 36 femmes participent directement à la production des navires, tous chantiers américains confondus ! Les femmes font une entrée en force, non seulement comme soudeuses, tâches ou elles excellent, mais aussi comme superviseurs ou contrôleurs, ce qui est également une révolution. Le personnage de « Rosie la soudeuse » est largement médiatisé.

Cet afflux de main-d'œuvre féminine pose des problèmes nouveaux aux chantiers. Les salaires des travailleuses des chantiers navals deviennent supérieurs de 40 % aux salaires féminins habituels. De plus, la Commission Maritime établit la règle de parité entre les salaires masculins et féminins, à qualification égale, ce qui explique en partie le succès des campagnes de recrutement. En 1943, 160 000 femmes travaillent directement à la production des navires. Les femmes occupent alors aux États-Unis 25 % des emplois productifs, contre 8 % en 1941. Cette révolution sociale est l'un des effets secondaires inattendus de la production de masse des Liberty Ships. Il est à noter que la fermeture des chantiers et le retour des GI's provoqueront le retour à la maison de la plupart de ces travailleuses.

### *Les coûts*

Le prix d'un Liberty Ship est évalué à 1 500 000 $ en 1941, pour un standard de production de 500 000 heures/homme. Les coûts réels se sont étagés, selon les chantiers, de 1 543 000 à 2 099 000 $, avec un coût moyen de 1 600 000 $. Cet écart très faible pour ce genre de projet s'explique par la qualité des études d'industrialisation. Des primes ou des pénalités allant de 60 000 à 140 000 $ par navire sanctionnent la plus ou moins bonne tenue des délais de production, d'où une compétition entre les chantiers. Le record est établi par l'un des chantiers Kaiser qui lance le *Robert E. Peary* en 4 jours et 15 heures. Le navire prend son service trois jours après !

À titre de comparaison, le prix standard d'un tanker T2 est de 2 800 000 $, ce qui donne une idée de sa difficulté de construction.

Les primes encaissées par les industriels sont examinées à la loupe à la fin de la guerre par le Congrès. Il en ressort que le retour sur investissement des industriels est de l'ordre de 700 %, soit 41 000 $ par navire, ce qui paraît exorbitant aux yeux de la commission d'enquête. Exorbitant par rapport à quoi, demande l'amiral Land. Il n'y eut pas de réponse. La réponse sous-entendue est que la victoire est moins coûteuse que la défaite. Les industriels, J. Kaiser en tête, ne manquent pas de faire remarquer les retombées économiques positives du programme de constructions navales sur l'économie du pays. D'autant plus que le personnel des chantiers avait été très correctement payé, à titre d'incitation au rendement. Il semble d'ailleurs qu'aucune grève n'ait affecté les chantiers américains, contrairement aux grèves ayant sévi sur les chantiers britanniques au début de la guerre. Il n'en reste pas moins vrai que l'économie de guerre a renforcé la puissance de groupes industriels tels que ceux de J. Kaiser et W. Bechtel, favorisant l'émergence du complexe « militaro-industriel » américain, selon une expression de D. Eisenhower.

## 3. LES ÉQUIPAGES

### *Le métier et ses risques*

La détermination des équipages des navires marchands est en tous points comparable à celle des sous-mariniers allemands. Le courageux travail de ces hommes ne leur apporte pourtant aucune considération particulière, malgré les risques encourus. En cas de torpillage, les pétroliers s'embrasent et les hydrocarbures en flammes se répandant autour de l'épave interdisent le plus souvent toute évacuation. Les cargos transportant des munitions sont volatilisés par la torpille ou la bombe qui les frappe. Les matelots de service dans la machinerie sont le plus souvent les premières victimes. Ils sont bien placés pour entendre le bruit des explosions sous-marines, même lointaines. Ces hommes savent bien qu'ils peuvent être noyés en un instant et que la probabilité d'avoir le temps de grimper jusqu'au pont en cas de destruction du navire est des plus faibles. Les cas de panique sont rares, mais ils existent.

Le poste le plus exposé est celui du graisseur des paliers de l'arbre d'hélice, qui doit se faufiler dans un tunnel dont il est impossible de s'extraire rapidement en cas de torpillage. Dans l'Atlantique Nord et *a fortiori* dans l'Arctique, les probabilités de survie des naufragés sont à peu près nulles. La survie dans les eaux de l'Arctique est inférieure à 5 minutes. Le pilote du Hurricane catapulté par un Cam Ship et qui doit être ensuite récupéré par l'équipage d'un bâtiment, accomplit cependant son devoir pour sauver son convoi, alors que ses chances de survie tiennent du miracle.

Les naufrages de nuit sont les plus meurtriers, les naufragés devant souvent attendre le jour pour être secourus. Les équipages des convois arctiques, les plus durs et les plus dangereux, sont équipés d'un vêtement de survie, porté en permanence, qui protége du froid pendant une à deux heures dans l'eau. Les mécaniciens ne peuvent pas porter cet équipement rassurant, ce qui ne fait qu'augmenter leur angoisse.

Les risques sont d'autant plus grands que la pénurie de navires conduit les armateurs à faire naviguer de vieilles bailles menaçant de se désintégrer à chaque tour d'hélice. Et cependant, on ne manque jamais de volontaires, pas même pour les équipages des pétroliers. Il n'est pas rare de voir les rescapés d'un torpillage reprendre du service.

La sécurité des équipages des convois arctiques fait l'objet de soins particuliers. Les canots reçoivent un équipement adapté et un dispositif permet de lancer rapidement les radeaux de survie à la mer. Des navires de secours spécialisés sont progressivement intégrés à l'escorte des convois arctiques. Ils sont équipés pour recueillir et soigner les naufragés, de jour comme de nuit, à la lumière des projecteurs ; mais ils peuvent être torpillés, comme n'importe lequel des navires du convoi. La récupération des naufragés est une opération dangereuse. En principe, il est interdit aux escorteurs aussi bien qu'aux navires marchands de ralentir ou de stopper pour recueillir les naufragés. Car un navire stoppé offre une cible très facile à l'ennemi. Et pour remonter le moral de tout le monde, radio-coursives colporte des histoires toutes plus abominables les unes que les autres sur les naufrages passés sous silence, ou sur le « barbarisme » de l'ennemi, réputé mitrailler les canots de sauvetage ou laisser les naufragés dans l'eau pour les regarder mourir de froid !

Le risque est d'ailleurs le même pour les équipages des escorteurs qu'une torpille fait couler en une quinzaine de minutes, ce qui est par exemple le cas de la corvette des FNFL *Mimosa* qui ne compte que 4 survivants sur ses 69 hommes d'équipage.

Les statuts des équipages sont très différents. Les marins britanniques sont réquisitionnés, naviguent sous l'uniforme de la Royal Navy et sont soumis à la discipline militaire. Le confort est aussi spartiate que la solde, de l'ordre de 10 £ par mois. Leur motivation première est la défense de leur pays.

Les marins américains restent des professionnels navigants aux conditions obtenues par leurs syndicats, qui, en contrepartie, garantissent l'absence de conflit jusqu'à la victoire. La solde de base est de l'ordre de 100 $, multipliée par 3 ou 4 par le jeu des primes de risques. Par exemple, le matelot contraint d'hiverner en URSS, ce qui n'est pas une partie de plaisir tant l'« accueil » des Soviétiques manque de chaleur, touche 3 200 $, somme importante à l'époque. Il est de plus couvert par une assurance fédérale sur la vie, gratuite, de 10 000 $ et a droit aux congés de sa convention collective, pénurie de personnel ou non. Les matelots s'engagent pour un voyage en Russie, rarement pour deux. Les canonniers sont militaires et ne touchent que 50 $ par mois. L'équipage des Liberty Ships est logé dans des conditions acceptables, alors que les canonniers, victimes du mal de mer, occupent les parties les plus inconfortables du navire.

La différence de solde entre les marins britanniques et américains provoque quelques belles bagarres dans les ports. Il en sera de même lors de l'arrivée massive des GI's en Angleterre, leur solde étant celle d'un capitaine britannique !

Le comportement indépendant des marins américains se manifeste aussi chez les commandants qui, au moins au début, acceptent mal les règles de la discipline des convois. Il n'est pas rare de charger l'enseigne responsable de l'équipe des canonniers d'obtenir du commandant le respect de la discipline. Mission impossible pour un très jeune officier confronté à un vieux loup de mer !

Les équipages des navires marchands et de leurs escorteurs, tout comme les pilotes de chasse de la Bataille d'Angleterre, font partie des « *so few* » ayant joué un rôle déterminant dans la victoire. Les pertes humaines subies par les équipages des navires marchands sont estimées de l'ordre de 45 000 à 50 000 hommes.

### *Le canot numéro sept*

La presse alliée se fait parfois l'écho de récits de naufrages. Le but principal est de célébrer le stoïcisme des marins, et les récits sont loin d'être exhaustifs. Entre 1940 et 1944, les Britanniques ont interrogé les survivants de 448 naufrages. Le but de l'étude, qui n'a été publiée qu'en 1956, est de déterminer les conditions matérielles et psychologiques de la survie. Ce domaine avait fort peu été exploré avant-guerre et il a fallu un certain temps pour améliorer les équipements, qui restent cependant rustiques par rapport à ceux d'aujourd'hui. Il ressort de cette enquête que la probabilité de survivre à un naufrage est de l'ordre de 50 %. La phase la plus dangereuse étant celle séparant le torpillage de l'embarquement dans un canot ou sur un radeau. Il est en effet difficile de s'extraire des fonds du navire, le choc déformant les structures et les flammes interdisant certains passages. Il faut essayer de se vêtir correctement, et trouver place dans un canot, en admettant qu'il soit possible de le mettre à l'eau, ou sauter dans l'eau froide à proximité d'un radeau. Certains navires coulent en dix minutes ou moins, d'autres en beaucoup plus longtemps. Les possibilités d'évacuation dépendent de nombreux facteurs, dont la météo, le jour ou la nuit. Dans ces conditions, le rapport constate que 80 % des décès se produisent pendant cette première phase du naufrage. L'expérience montre que rien ne se passe comme prévu. Les hommes se regroupent autour des canots les plus accessibles, qui correspondent rarement à ce que prévoit le plan d'évacuation, pourtant répété plusieurs fois à titre d'exercice. Les choses tournent tout de suite à la catastrophe ; il faut avoir la chance qu'une personne prenne les choses en mains, et ce n'est pas nécessairement le plus ancien dans le grade le plus élevé. Car la panique et l'urgence modifient les rapports d'autorité et les remplacent par des rapports fondés sur la compétence. Le phénomène reste vrai dans le canot ou sur le radeau. Les naufragés sont unanimes pour reconnaître que la bonne organisation matérielle et psychologique est le principal facteur de survie. Les naufragés doivent être solidaires, organisés et commandés pour survivre. L'autorité est acceptée et fondée sur la compétence du leader de fait, indépendamment du grade. Quitte à ce que l'autorité formelle retrouve son utilité dans certaines circonstances.

L'enquête britannique est systématique, ce qui implique que les questions sont stéréotypées. Chose curieuse, les réponses le sont autant, émanant le plus souvent d'officiers qui s'expriment de manière aussi impersonnelle et lapidaire, comme ils le font dans leur livre de bord.

Les récits de naufrage sont donc rares. Le plus connu est *Le canot de sauvetage numéro sept,* du lieutenant de vaisseau West, passager du *Britannia*, torpillé au large de l'Afrique. Les lignes qui suivent sont un condensé très libre de ce récit. West s'était en effet astreint à tenir un journal de bord.

Le 21 mars 1941, le SS *Britannia* navigue à l'Ouest de Freetown (10°N, 25°W) lorsqu'il est coulé au canon par un U-Boot. Comme d'habitude jusqu'à la généralisation des canots de survie gonflables, la mise à l'eau des canots de sauvetage est difficile et la gîte du navire rend impossible l'emploi de certains d'entre eux. Si bien que 82 hommes se retrouvent à bord du canot numéro 7, prévu pour 56 passagers assis. Ce canot de 9 mètres de long est dangereusement surpeuplé et la plupart des naufragés sont donc debout. La vie devient tout de suite très compliquée pour les 19 Britanniques, les 24 Sikhs et les 39 Indiens appartenant à l'équipage. Les récits de naufrage insistent tous sur un point qui s'est révélé essentiel. Il faut une organisation d'enfer pour survivre à l'enfer et la présence d'une autorité est indispensable. Il faut, en effet, aider la volonté à surmonter les épreuves pour que l'esprit l'emporte le plus longtemps possible sur la matière. Tout relâchement de la volonté de vivre peut être fatal. Le hasard, l'endurance et la Providence font le reste. Trente-huit passagers vont survivre, 13 Britanniques, 10 Sikhs et 15 Indiens. Il leur a fallu supporter 23 jours de navigation sous une canicule tropicale et vivre d'une ration quotidienne d'eau de 15 cl pendant la première semaine puis de 60 cl les deux autres semaines.

Le canot numéro 7 est en bois. Le bois et le calfatage sont trop secs et le canot prend l'eau. West organise l'écopage, rendu difficile par l'entassement humain et une houle qui rend tout de suite malades de nombreux naufragés. Il faut écoper sans arrêt. Le second jour l'un des Mac, il y a deux Écossais à bord, répare un bordé enfoncé. Puis, maintenu par les pieds, la moitié du corps dans l'eau, il calfate avec des morceaux de couverture. Il n'y aura plus de grosse infiltration mais il faudra toujours plus ou moins écoper, de jour comme de nuit. Le canot est ouvert et embarque facilement. Outre West, il y deux autres officiers, les deux « Mac », lieutenants du *Britannia*. Les officiers tiennent une conférence quotidienne pour déterminer au mieux ce qu'il convient de faire, dans tous les domaines. Il faut d'abord faire l'état des lieux.

Le canot est pourvu de ce que l'on considérait à l'époque comme un équipement de survie. Soit un compas, deux voiles, huit avirons, 75 litres d'eau, des boîtes de lait condensé, des biscuits de mer, une pharmacie, des fusées, du petit matériel et une douzaine de couvertures. Disons tout de suite que le matériel de pêche n'a jamais permis d'attraper quoi que ce soit !

La décision principale est de choisir une route. Il semble plus indiqué de se diriger vers l'Afrique, distante de 600 milles. Mais la navigation au près se montre rapidement impossible, tant la gîte est insupportable dans cette embarcation surchargée. Il faut donc mettre le cap sur le Brésil, à 1 200 milles, soit environ 18 jours de navigation, mais accessible par vent arrière, ce qui laisse le canot plus stable. La conséquence de cette décision est la mise en place d'un rationnement sévère de l'eau, 15 cl, et des biscuits, un seul, le tout pour une journée. Le calcul des rations est d'autant plus restrictif que West ne sait pas combien de personnes se trouvent à bord. Le canot est trop surchargé pour organiser un comptage. La navigation est réduite à sa plus simple expression. L'un des officiers s'est embarqué avec un compas de relèvement. La comparaison avec le compas du bord donne une idée de la déviation et du cap, fort mal tenu par les timoniers de fortune. La vitesse est estimée en observant le défilement d'un débris le long du canot. Une seule montre résistera jusqu'au bout à l'humidité. Ce calcul est nécessaire pour estimer la durée de la traversée et calculer les très maigres rations.

Cette sous-alimentation, jointe au mal de mer et à l'impossibilité de se reposer, entraîne une dégradation rapide de la condition physique. West perd au total 40 % de son poids et déclare que cette perte se produit la première semaine. Le moindre effort devient donc pénible. Le quatrième jour, le haubanage, resté sec trop longtemps, casse. Il faut réparer et regréer. Le premier jour, cette opération avait été faite par deux hommes. Au matin du quatrième jour, il faut cinq hommes. Ils sont tellement épuisés qu'un long repos leur est nécessaire avant de pouvoir avaler leur maigre ration. Le surpeuplement rend bien évidemment impossible la possibilité de s'allonger. Il faut faire de la place pour dormir un peu, par roulement. Ce n'est que le sixième jour que West peut dormir deux heures.

Les biscuits de mer sont trop durs pour être consommés par des mâchoires et des estomacs affaiblis. Le liquide distribué sous forme de lait condensé ou d'eau l'est en trop petite quantité pour que l'on puisse tremper les biscuits. Au bout de trois ou quatre jours, bien peu en consomment. Mais West ne se souvient pas d'avoir particulièrement souffert de la faim. Le manque de liquide, la promiscuité, le bruit, la chaleur, etc. étaient autrement insupportables.

Il paraît rapidement clair que la discipline serait le principal facteur de survie. Le comportement des uns et des autres est en effet fort différent. Les passagers sikhs forment un groupe bien distinct, bruyant, indiscipliné et querelleur. Les Britanniques forment un groupe solidaire, que les hasards de l'embarquement ont placé à l'arrière du canot. L'équipage indien est au milieu.

Le neuvième jour, une bagarre plus violente que les autres éclate chez les Sikhs. Les officiers ont le plus grand mal à calmer tout le monde et à ramasser les poignards et couteaux en tous genres, aidés cependant par les éléments les plus modérés. Le cinquième jour, les Britanniques avaient délimité leur territoire à l'aide d'avirons placés en travers du canot.

Contrairement à ce que l'on pourrait croire, le partage des maigres vivres et leur distribution s'effectuent sans difficulté. C'est la cohabitation, rendue insupportable par la promiscuité, qui est difficile. Les officiers doivent se dépenser sans compter et donner l'exemple dans deux domaines, les travaux et l'hygiène. La principale routine de travail est l'écopage. Les spectateurs doivent se déplacer pour que les écopeurs puissent atteindre toutes les parties du canot ; soulever un gobelet puis le vider par-dessus bord devient très rapidement aussi pénible que si l'on avait soulevé un seau ; aussi le travail doit-il être réparti pour économiser les forces de chacun. Pour éviter de blesser les pieds en leur marchand dessus, les chaussures ont été jetées à la mer le troisième jour.

L'autre cas nécessitant une bonne attitude collective est la récupération de l'eau de pluie. Le manque d'eau est une torture pour tous. Certains indiens essayent même d'acheter West pour qu'il augmente leur ration d'eau. Les deux premières averses sont perdues, tant l'arrivée de l'eau à fait perdre tout contrôle aux Indiens. Les mouvements désordonnés ont même menacé la stabilité du canot. L'eau de la troisième averse est récupérée, avec les moyens du bord, car cet aspect pourtant important de la survie n'était pas prévu. La ration quotidienne d'eau passe donc à 60 cl le neuvième jour, distribuée en deux fois. Après discussion, il est décidé d'augmenter la ration des mourants, pour rendre leurs derniers instants moins pénibles.

L'hygiène est également un point crucial. Au début, les intestins fonctionnent, mais les naufragés ont assez de force pour faire leurs besoins par-dessus bord. Et puis la faiblesse arrive ; certains n'ont plus la force de discipliner leurs intestins. Le canot pourrait se transformer rapidement en égout sans des efforts acharnés et désagréables pour le nettoyer. Puis le manque d'eau stoppe les fonctions intestinales. West a eu les intestins « noués » dès le premier jour. Ce n'est que lentement, compte tenu des effets progressifs de l'augmentation de la ration d'eau, que les intestins se remettent à fonctionner. West note qu'il est allé à la selle le dix-huitième jour.

Les naufragés se sont embarqués dans des tenues bien évidemment inadaptées à leur aventure imprévue. Ceux qui ont les membres protégés résistent mieux au soleil dévastateur. Le canot est parfois recouvert d'une voile pendant la journée, mais cela ne suffit pas. Une recette héritée du capitaine Bligh, le commandant du *Bounty*, apporte un soulagement certain ; tremper ses vêtements dans l'eau et les laisser sécher sur soi. La nuit, les embruns refroidissent tout le monde, et on claque des dents. West ne trouve pas grand-chose dans la pharmacie pour soulager brûlures et furoncles. Tel un médecin, il fait chaque matin sa tournée. Il lui faut vider et nettoyer les plaies, et les badigeonner de teinture d'iode. Les plaies sont telles que beaucoup ne peuvent trouver une position qui ne les fasse pas souffrir et leur permette un peu de repos. Les passagers les plus atteints sont revigorés par des massages et des douches froides.

Les Britanniques font de gros efforts pour leur hygiène individuelle. Le bain matinal soulage et permet de se nettoyer un peu. L'intérieur de la bouche est très rapidement couvert d'un dépôt blanchâtre. Il faut laver soigneusement le tout à l'eau de mer. Cette eau de mer qu'il ne faut surtout pas boire. Plusieurs naufragés indiens qui n'ont pu résister à la tentation en meurent.

Le point le plus important est l'énergie mentale. Énergie soutenue par la conférence quotidienne, par la prière, chaque groupe priant à sa manière. Ces aides collectives sont utiles, mais l'énergie la plus importante réside en chacun. Les officiers ont de quoi s'occuper, mais qu'en est-il des autres ? L'inaction et la promiscuité irritent d'abord contre les autres et puis contre soi-même. Le cerveau boucle sur un petit nombre de points d'ancrage, toujours les mêmes.

Le moment le plus dur se situe à la fin de la première semaine. Même une personnalité aussi forte que celle de West vacille. « Notre peau paraissait desséchée et ressemblait à un vieux parchemin terni, tendu sur un squelette. Nos yeux étaient injectés de sang et enfoncés dans nos orbites, nos langues rouges et enflées, et comme trop volumineuses pour notre bouche, ce qui nous donnait sans arrêt envie de déglutir. Nous commençâmes à penser combien il serait facile de ne plus faire l'effort de vivre. » West connaît d'ailleurs un moment critique ; il est maintenu en vie par les deux autres officiers, qui le réchauffent contre eux toute la nuit, bien qu'étant eux-mêmes dans un état critique.

Beaucoup font donc l'effort de survivre. La navigation se poursuit. La mort attaque le septième jour, où le cuisinier indien se jette à l'eau. Elle poursuit son œuvre quotidienne, en particulier le quinzième jour : sept morts. Immerger les corps est une cérémonie déplaisante. Les Britanniques et les Sikhs immergent rapidement leurs morts, après un bref instant de recueillement. Les Indiens dévêtent leurs morts et laissent le corps dans le canot. L'immersion est faite par les Britanniques.

Pendant la troisième semaine, le rationnement, la faim et la soif, la chaleur, l'écopage, l'hygiène, l'immersion des cadavres, deviennent une routine.

La terre est en vue le vingt-deuxième jour, mais ce n'est que le lendemain que les trente-huit rescapés peuvent aborder en sûreté. Le canot s'échoue à 200 mètres de la plage. La récupération de ce qui peut être utile au campement est pénible. Les naufragés ne peuvent marcher, ils se tiennent par la main et traînent les pieds comme ils peuvent. Personne ne peut imaginer la satisfaction avec laquelle les naufragés s'étendent enfin sur le sable chaud et se laisser aller au repos, sans arrière-pensée. Le surlendemain, les habitants de cet estuaire brésilien les conduisent en pirogue vers un hôpital. Ce n'est qu'à ce moment, où ils sont pris en main par les médecins, que les naufragés réalisent leur état. Ils sont soignés et retrouvent très progressivement une alimentation normale. Au bout d'un mois, ils peuvent se déplacer sans aide. Mais à son retour en Angleterre, le commandant West sera hospitalisé plusieurs mois.

Cette aventure, pour aussi terrible qu'elle soit, est celle de survivants. Un grand nombre de marins n'ont pas eu cette chance. Le récit du naufrage de la corvette *Compass Rose*, l'un des chapitres les plus saisissants de *La Mer cruelle*, de Nicholas Monsarrat, décrit de manière poignante la manière dont la mort l'emporte sur les naufragés.

# CHAPITRE 5

# *La bataille d'avril à décembre 1941*

En avril 1941, les Allemands ne disposent que de 32 U-Boote opérationnels. Leurs bases françaises les rapprochent des convois de l'Atlantique. La faiblesse de leur effectif est compensée par l'habileté de leurs commandants. La riposte alliée se fait de plus en plus efficace ; elle donne un coup d'arrêt à l'offensive des U-Boote. L'aide des sous-marins italiens, peu adaptés à l'Atlantique, sera des plus faibles. Ils remporteront quelques succès en Méditerranée. La bataille continue en Atlantique, mais l'attention se focalise en Méditerranée. L'arrivée de Rommel en février provoque la reprise directe des combats terrestres entre la Grande-Bretagne et l'Allemagne. L'Allemagne disperse ses moyens et prend du retard dans l'exécution de ses plans stratégiques, d'une manière qui lui sera fatale. Dönitz ne cessera de regretter cette dispersion de ses maigres forces qui l'oblige à alléger la pression sur le théâtre majeur de l'Atlantique.

L'histoire de cette courte période est marquée par plusieurs événements qui sont tous reliés d'une manière ou d'une autre à la bataille des convois. Le cours de la bataille de l'Atlantique s'infléchit en faveur des Alliés qui commencent à décrypter de manière opérationnelle le trafic radio des U-Boote et des unités de surface adverses.

Nous allons donc commencer à suivre les opérations en Méditerranée, ce qui présente, entre autres, l'intérêt de montrer plus clairement qu'ailleurs l'importance déterminante de la logistique sur la conduite des opérations terrestres.

**Avril 1941-décembre 1941**

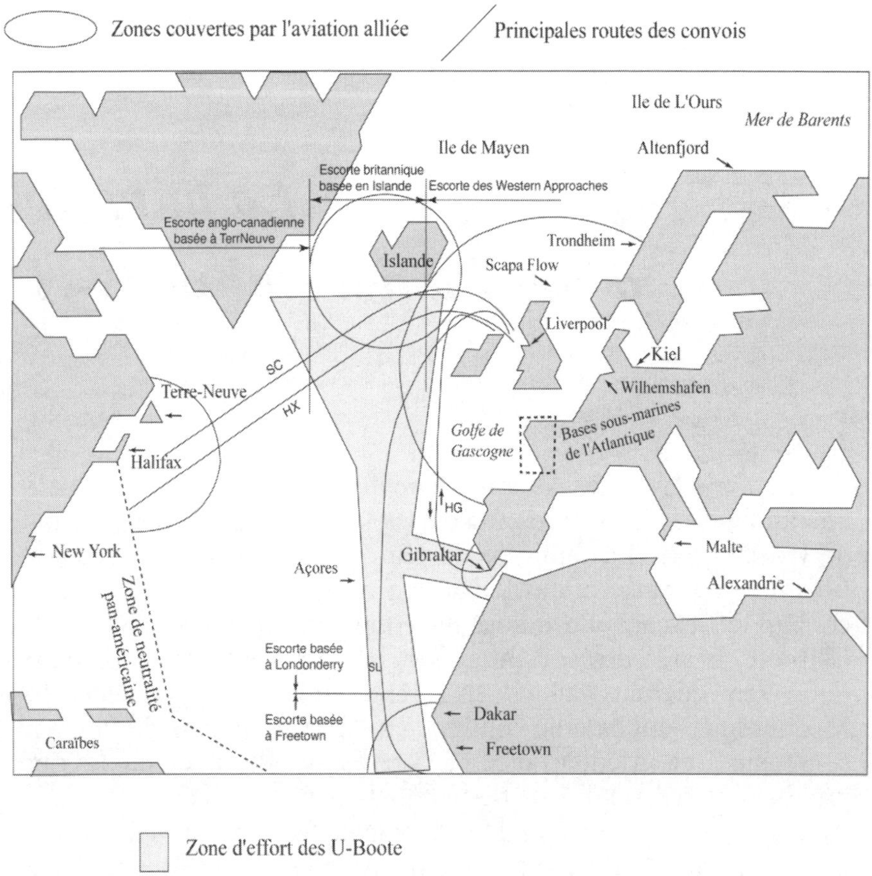


L'imbrication des stratégies navales et aériennes qui se consacrent à la bataille logistique, et de la stratégie de conquête terrestre est totale. La guerre du Désert est marquée par l'arrivée de Rommel. Les approvisionnements des belligérants viennent par mer et la bataille des convois sera féroce. Les succès alternatifs des belligérants sur le terrain dépendent directement de leur capacité à asphyxier la logistique adverse. À la longue, la supériorité tactique de Rommel sera victorieusement combattue par la victoire logistique adverse.

L'Allemagne envahit l'URSS en juin 1941. Le poids stratégique de la guerre à l'Est conduit à limiter le soutien apporté à Rommel. Les premiers convois partent pour Mourmansk. Ils écrivent la première page d'une histoire tragique entre toutes.

Le Japon attaque à Pearl Harbour le 7 décembre 1941. L'entrée en guerre des États-Unis change profondément le cours des choses.

Compte tenu de la complexité des opérations, l'activité des théâtres Atlantique et Méditerranéen est présentée de manière séparée.

## 1. LES COMBATS SUR LE THÉÂTRE MÉDITERRANÉEN

La carte ci-dessous indique de manière schématique les points de repère de ce théâtre.

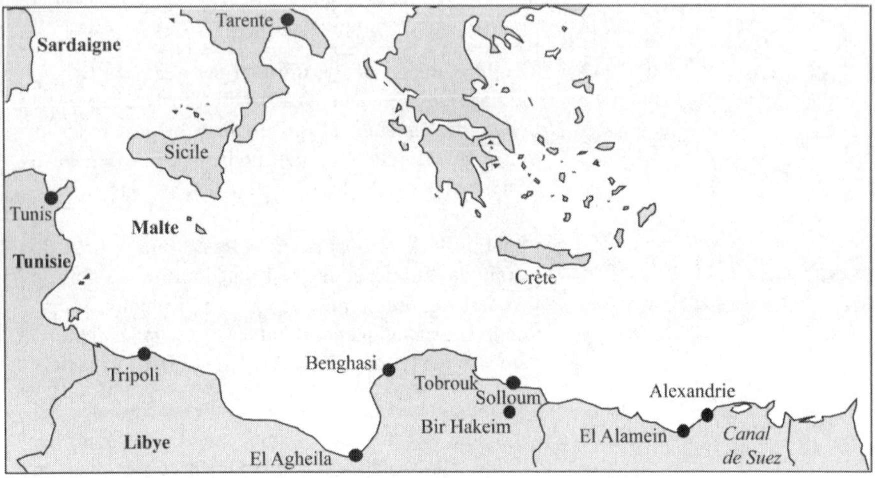


Distance de El Alamein à El Agheila : 1 200 kilomètres

La guerre du Désert s'est traduite par des allers et retours entre la Libye et l'Égypte, exécutés sous l'action de l'un ou l'autre des belligérants. Ces allers et retours dépendent largement de l'action exercée sur les lignes logistiques adverses.

Les combats ont lieu dans la bande côtière. Les principaux épisodes sont les suivants :

| ***Sens du mouvement*** | ***Dates*** | ***Description*** |
|---|---|---|
| ◄——● | 09/12/1940 ® 09/02/1941 | Le général Wavell reconduit les Italiens à la frontière libyenne, sur la ligne de El Agheila. Mais il ne peut exploiter plus avant son succès, compte tenu de l'élongation excessive de ses lignes de ravitaillement. Les Britanniques capturent 130 000 prisonniers italiens et ne perdent que 1 000 hommes. |
| ●——► | 31/03/1941 ® 31/04/1941 | Rommel et l'Afrika Korps arrivent en février et passent à l'offensive le 31 mars. Le front se stabilise à la frontière égyptienne, sur la ligne de Saloum. Une garnison britannique tient Tobrouk.<br>La Luftwaffe protège la logistique de l'Axe et rend prudente une Royal Navy dont les forces sont dispersées par l'évacuation de la Grèce et de la Crète. |
| ◄——● | 18/11/1941 ® 11/01/1942 | Les Britanniques reconduisent l'Afrika Korps à El Agheila. Le siège de Tobrouk est levé.<br>Ni la Luftwaffe, aspirée par les combats en Russie, ni la marine italienne, toujours surclassée, n'ont pu éviter le renforcement de Malte. La victoire logistique britannique facilite la victoire terrestre. |
| ●——► | 21/01/1942 ® 30/06/42 | Rommel reçoit des renforts et surprend les Britanniques en reprenant aussitôt l'offensive. Après la chute de Bir Hakeim qui est tenu par les Français jusqu'au 11 juin, Rommel poursuit son avancée. Il est stoppé sur la ligne d'El Alamein, ses troupes étant épuisées.<br>La Luftflotte II du maréchal Kesselring, retirée du front de Russie et les U-Boote, retirés du théâtre Atlantique, ont permis la percée de Rommel. L'opiniâtreté britannique à ravitailler Malte et les renforts amenés par les convois d'Afrique stoppent Rommel. |
| ◄——● | 23/10/1942 ® 23/01/1943 | Montgomery lance une puissante offensive à El Alamein et enfonce définitivement les forces de l'Axe. Les Allemands se réfugient fin janvier en Tunisie, derrière la ligne Mareth. La guerre du désert est terminée.<br>La maîtrise aérienne et maritime alliée assure leurs mouvements logistiques face à une Luftwaffe dispersée sur les différents théâtres et des U-Boote progressivement neutralisés. |

## 1.1. Les opérations du printemps 1941

La guerre du Désert est un combat interarmées. L'efficacité de l'aviation et de la marine conditionne le succès des combats terrestres. La guerre des approvisionnements et des lignes de communication est vitale. La logistique entre en force dans la doctrine militaire, pour ne plus jamais la quitter. La guerre des convois est encore plus déterminante sur ce théâtre que dans l'Atlantique. En effet, la quasi-totalité des cargaisons est destinée directement aux combattants. L'arrivée au bon moment d'un seul pétrolier influence immédiatement le sort de la bataille. Les convois se composent d'un petit nombre de navires, de deux à cinq. La détection de ces convois est donc plus difficile et leur attaque l'est encore plus ; les navires d'escorte sont plus nombreux que les cargos. Il est possible d'affirmer que le sort de la guerre dans cette partie du monde s'est joué à un pétrolier près, empêchant l'habileté manœuvrière de Rommel et de ses troupes de l'emporter. Les Britanniques ont fait tout ce qu'ils ont pu pour remporter la bataille des convois.

***Rommel attaque***

Bénéficiant de l'appui du Fliegekorps X, les convois amenant l'Afrikakorps à Tripoli passent sans encombre. Le 31 mars, Rommel monte une petite opération pour dégager sa ligne de contact. Le dispositif britannique est à ce moment déséquilibré par la ponction effectuée pour monter les opérations en Crète et en Grèce, car les Allemands ont envahi la Grèce le 6 avril. Rommel est difficilement contenu et cette « petite » opération conduira les troupes de l'Axe à la frontière égyptienne !

Les forces aéronavales britanniques sont dispersées ; elles doivent opérer sous la menace constante de l'aviation allemande. Mais la menace exercée par l'Afrikakorps est telle que l'Amirauté presse l'amiral Cunningham d'accentuer son effort contre les convois, lui demande de bloquer Tripoli avec des moyens lourds tout en soutenant les opérations en mer Égée. L'amiral demande des moyens aériens supplémentaires pour protéger ses navires. Il sait très bien qu'il est impossible de les lui fournir, mais l'argument lui permet d'éviter l'envoi à Malte du cuirassé *Barham*. L'île est bombardée sans arrêt et les mines larguées par l'aviation allemande paralysent souvent le port. Mais il envoie quand même à Malte le 11 avril une division de quatre destroyers, qui dès le 16 avril attaque avec succès les 5 navires d'un convoi à destination de la Libye, en perdant un destroyer. Il y a d'autant moins de temps à perdre que l'avancée de Rommel se situe à hauteur de Tobrouk, assiégé depuis le 11 avril. L'escadre d'Alexandrie monte alors une diversion compliquée pour faciliter une opération du gros de l'escadre sur Tripoli. L'amiral Cunningham arrive sans être détecté et bombarde Tripoli à l'aube du 21 avril. L'escadre repart à toute vitesse à Alexandrie. L'amiral essaye alors de convaincre l'Amirauté qu'un coup comme celui-ci ne peut être réussi qu'une seule fois et réclame des moyens aériens pour bombarder Tripoli à partir de l'Égypte. Comme on ne peut les lui fournir, la bataille logistique reposera presque entièrement sur la Royal Navy et ses sous-marins. Malte est un porte-avions naturel de plus en plus précieux qu'il faudra ravitailler par des opérations compliquées et risquées.

### *L'évacuation de la Grèce*

De retour à Alexandrie, l'escadre doit s'attaquer à l'évacuation de la Grèce. Le port du Pirée, seul grand port disponible, est inutilisable depuis la nuit du 6 avril. Cette nuit-là, première nuit de l'attaque allemande, la Luftwaffe bombarde le port. Un cargo chargé de munitions est atteint et saute, provoquant la destruction de dix autres navires, et rendant le port inutilisable. L'évacuation, beaucoup plus difficile que celle de Dunkerque, ne peut être conduite que pendant quelques heures de nuit, car la supériorité aérienne allemande interdit toute opération diurne. Toutes les unités légères de l'escadre d'Alexandrie participent à l'opération, ainsi que les cargos qui auraient pu ravitailler l'armée d'Égypte. L'évacuation est terminée le 4 mai ; 80 % des troupes est récupéré, mais des navires marchands sont perdus. La Crète et les autres îles sont menacées.

### *Le ravitaillement de Malte*

Rommel est obligé de prendre Tobrouk avant de continuer sa progression. Des convois que les Britanniques ne peuvent stopper le renforcent en blindés. Rommel monte une offensive en règle. La place résiste remarquablement et fixe les troupes de Rommel. C'est le moment de passer à la contre-offensive, à condition de ravitailler Malte et les troupes de Wavell. Churchill décide de faire passer un convoi de 5 cargos rapides. L'escadre de Gibraltar, renforcée du cuirassé *Queen Elizabeth* et de deux croiseurs destinés à l'escadre d'Alexandrie, accompagne le convoi jusqu'aux parages de Malte. L'escadre d'Alexandrie qui monte au passage un bombardement de diversion sur Benghazi, prend ensuite le relais. L'un des cargos saute sur une mine, mais le 9 mai, 288 chars et 43 Hurricanes arrivent à Alexandrie.

Le Fliegekorps X est retiré de Sicile à la mi-mai à destination des Balkans. Cette unité a perdu environ le tiers de ses appareils. Mais l'aviation britannique de Malte est réduite à sa plus simple expression. Le 18 et le 21, sans perdre de temps, les porte-avions *Ark Royal* et *Furious* lancent 47 Hurricanes vers Malte, ce qui ne compense pas les appareils perdus. Six jours plus tard, l'*Ark Royal* lancera ses Swordfish contre le *Bismarck,* au large de Brest, avec les résultats que l'on sait, faisant ainsi une belle démonstration de flexibilité d'emploi.

***L'évacuation de la Crète***

Les troupes aéroportées allemandes attaquent la Crète le 20 mai. Les décryptages alliés permettent dès le 5 mai de se préparer à l'attaque. D'où les pertes allemandes.

L'escadre d'Alexandrie est engagée pour empêcher un débarquement allemand et pour ravitailler la garnison, sous la pression constante de l'aviation adverse. La baie de Suda, le meilleur mouillage de l'île, est malheureusement située sur la côte Nord de l'île, très accessible à l'aviation allemande. L'évacuation de l'île et de ses 32 000 combattants se fait de minuit à 3 h, à partir du 28 mai, dans des conditions difficiles. Elle se termine le 1^er^ juin. 18 600 hommes sont récupérés, au prix de pertes navales sensibles.

Trois croiseurs et six destroyers sont perdus. Deux cuirassés, un porte-avions, six croiseurs et sept destroyers sont endommagés. Rien qu'au cours des opérations de Grèce et de Crète, 220 000 tonnes de navires marchands sont perdus. Pendant les cinq premiers mois de 1941, les Alliés perdent 383 000 tonnes. L'Axe a perdu 250 000 tonnes de navires marchands pendant la même période.

Après un succès initial, la contre-offensive terrestre est stoppée le 27 mai. Les chars britanniques sont détruits à longue distance par l'emploi en masse des canons de 88 mm antiaériens allemands qui entrent ainsi dans l'Histoire. Le front se stabilise à la frontière égyptienne. Les deux camps profitent des chaleurs de l'été qui limitent l'activité, pour reconstituer leurs forces.

Le bilan des campagnes de printemps est satisfaisant pour les Alliés, si l'on replace cette période dans l'ensemble de la guerre. L'initiative malheureuse de l'Italie avait obligé Hitler à soutenir son allié, mis à mal par les Grecs et les Britanniques. L'intervention britannique était politiquement et stratégiquement justifiée. La contre-offensive de Rommel fut une mauvaise surprise, mais on peut considérer que les dégâts sont limités. Mais les pertes navales sont sensibles. Une fois de plus, après l'expérience de Narvik, il est montré qu'une flotte doit disposer de la maîtrise des airs pour soutenir des opérations terrestres. Compte tenu de la rapidité des événements, la Grande-Bretagne n'avait pas le temps d'acheminer les moyens permettant de construire les bases avancées qui auraient pu accueillir des renforts aériens.

Les pertes allemandes sont tout aussi sensibles. Les Fliegekorps X et XI sont très éprouvés. Les troupes aéroportées ont été pratiquement détruites lors des combats de Crète ; elles ne seront jamais reconstituées, ce qui interdit toute opération contre Malte. Mais surtout, le plan d'invasion de la Russie a pris deux mois de retard, deux mois qui feront défaut aux Allemands pour l'emporter avant l'hiver.

Le gain stratégique de cette période est à l'avantage des Alliés. Les combattants sur le terrain et les opinions publiques ont une impression toute différente.

## 1.2. Les opérations du second semestre 1941

### *L'affirmation de la stratégie britannique*

Le temps où les escadres britanniques pouvaient se déplacer sans grande opposition en Méditerranée est bien fini. L'escadre d'Alexandrie, le canal de Suez, Malte, sont sous la menace constante des bombardements et des mines. Pour le moment, on ne signale pas la présence des U-Boote, mais ils pourraient bien se manifester d'ici peu. Le ravitaillement de Malte et de Tobrouk est problématique.

Par contre, l'Axe dispose maintenant avec Benghazi d'un port commode, plus facile à atteindre depuis l'Italie, offrant à ses convois des routes d'évasion plus nombreuses. Mais, Benghazi est plus proche d'Alexandrie. Une menace conjointe britannique sur Tripoli, à partir de Malte et sur Benghazi, provoquera la dispersion des forces de l'Axe. De plus, la présence allemande en mer Égée peut fournir des cibles intéressantes. L'acheminement du pétrole roumain vers la Grèce, la Crète, l'Italie et la Libye nécessitera en effet un trafic que les Britanniques entendent bien stopper.

En attendant, la Grande-Bretagne affermit son contrôle sur la région.

Du 8 juin au 11 juillet, de nouveaux combats fratricides opposent les forces vichystes de Syrie aux Britanniques et aux Français Libres. Les destroyers français basés à Beyrouth repoussent les destroyers britanniques et ne sont vaincus que par l'aviation.

Le 11 juin, une opération combinée permet de prendre le port d'Assab, en Érythrée. La mer Rouge ne sera plus jamais une zone de combat. L'accès à l'Égypte par le Sud devient une route à peu près sûre pour les neutres, y compris les navires américains. Cependant, la totalité du canal est sous la menace de l'aviation allemande.

En mai, une tentative de révolte anti-britannique, soutenue par l'Allemagne, avait été contrée en Irak. Fin août, une opération combinée s'empare des terminaux pétroliers iraniens, convoités par l'Axe. Huit navires marchands de l'Axe, ainsi que de nombreux « touristes » sont capturés. La Grande-Bretagne contrôle ainsi ses approvisionnements pétroliers.

### *La préparation des offensives d'automne*

Les deux camps fourbissent leurs armes pour préparer les offensives d'automne.

Jusqu'en décembre prochain, date de sa délivrance, Tobrouk est ravitaillé de nuit par mer. Toutes les nuits, deux destroyers apportent les approvisionnements. Chaque semaine, des mouilleurs de mines rapides effectuent des transferts de troupe. 20 000 hommes sont ainsi relevés entre juin et octobre. L'aviation allemande coule 25 navires, dont 6 destroyers et endommage 9 destroyers. Mais Tobrouk résiste bien et fixe les troupes de l'Axe. Les chars, amenés par les tout nouveaux Tank Landing Crafts et l'artillerie, stockés à Tobrouk recompléteront rapidement les pertes lors de l'offensive d'automne.

De la même manière qu'au printemps, une vaste opération est montée en juillet pour ravitailler Malte. L'escadre de Gibraltar est renforcée par le cuirassé *Nelson* et trois croiseurs, pour escorter deux porte-avions, six navires marchands et un transport de troupes. L'amiral Cunningham effectue une sortie dissuasive au large du Sud de l'Italie. Les Italiens ainsi leurrés comprennent trop tard ce qui se trame. Malgré l'intervention de leur aviation, des approvisionnements, 5 000 hommes et 145 chasseurs, arrivent sans encombre. Un seul destroyer est perdu. Les chasseurs de l'*Ark Royal* ont protégé efficacement leur escadre. Une attaque italienne menée avcc des sous-marins de poche, des vedettes lance-torpilles et des avions est repoussée fin juillet par les défenseurs de Malte. La même opération de ravitaillement, la dernière de l'année, se répète en septembre, avec le même succès. L'aviation de Malte est complétée par des bombardiers moyens, dont quelques Wellington équipés de radar, pour attaquer aussi bien les convois maritimes que les convois terrestres, pour affaiblir les troupes de l'Axe avant l'offensive planifiée pour novembre. Les préparatifs de cette opération et les réactions adverses sont décryptés par chaque camp. La Royal Navy fait croire que les grosses unités d'Alexandrie et Gibraltar sont engagées. Du coup, la flotte italienne qui était sortie sur la foi des décryptages, fait demi-tour ! Mais le *Nelson* est endommagé par des avions-torpilleurs italiens.

D'autre part, l'Amirauté lève toutes les restrictions à la guerre sous-marine et renforce la flottille basée à Malte. Des actions combinées, faisant intervenir, le décryptage du trafic de la Luftwaffe et celui de la marine italienne, l'aviation de reconnaissance, les quatre destroyers de la force K, arrivés à Malte le 21 octobre et les sous-marins, opérant en meutes de 3 à 5 unités, désorganisent les flux logistiques adverses. Les pertes marchandes subies par les forces de l'Axe font un bon vers les hauteurs du graphique.

**Théâtre méditerranéen : pertes marchandes de l'Axe**

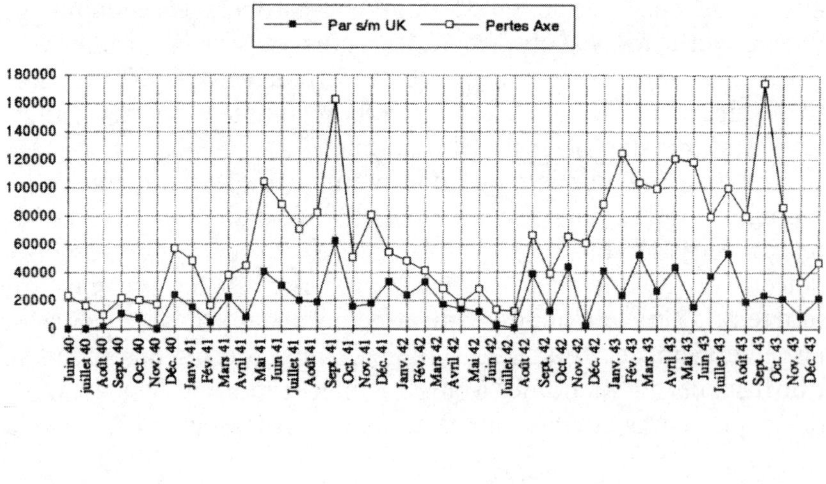

Le caractère chaotique de la courbe provient de ce que les convois, britanniques ou de l'Axe, sont irréguliers. L'imprécision relative du renseignement oblige les Britanniques à attaquer un maximum de navires ennemis. Comme il n'est pas possible de s'attaquer à tous les convois ennemis, certaines cargaisons importantes arrivent à bon port. C'est ainsi que les navires transportant la 90$^{e}$ division « légère » passent complètement inaperçus des Britanniques. Cela dit, un décryptage réconfortant du 1$^{er}$ août 1941 apprend aux Britanniques que Rommel dispose en tout et pour tout de carburant pour deux jours d'opérations ! Les résultats sont à la mesure des efforts, mais il en faut plus que ça pour battre Rommel.

***L'avantage naval britannique***

Les convois italiens composés de paquebots rapides sont décimés, malgré leurs très fortes escortes. Le même convoi est attaqué jour et nuit. Le 8 novembre, l'aviation de Malte repère un convoi de 7 navires marchands, escorté par 6 destroyers, le tout couvert à distance par une escadre de 2 croiseurs et 4 destroyers. La force K attaque de nuit, coule la totalité du convoi ainsi qu'un destroyer et retourne à Malte sans être inquiétée. Le sous-marin *Upholder* qui a l'habitude redoutable de ne pas gâcher ses torpilles, coule un autre destroyer. Le même *Upholder* avait coulé le 18 septembre deux des quatre paquebots de 20 000 tonnes utilisés comme transports de troupes. Les décryptages avaient jusqu'alors déclenché sans résultat des manœuvres d'interception.

La marine italienne, une fois de plus, est assommée. Les transports à destination de la Libye sont stoppés. En septembre 40 % du tonnage expédié par l'Axe est coulé, 63 % en octobre et 77 % en novembre. Sans compter que le tonnage expédié est en diminution constante. Rommel note qu'il a reçu 8 000 des 60 000 hommes qu'on lui avait promis ! Avec la destruction quelques jours plus tard, toujours par la force K, d'un convoi de deux pétroliers partis de Grèce, l'aviation qui soutient directement Rommel voit ses possibilités réduites à peu de choses. Ces destructions se produisent juste avant le déclenchement de l'offensive d'automne britannique, l'opération « Crusader » qui débute le 18 novembre. Cette opération sera un succès. Tobrouk sera libéré en décembre et l'offensive s'arrêtera le 11 janvier 1942 à la frontière libyenne. Mais Rommel mènera une retraite exemplaire, ne perdant qu'un minimum de forces, bien que la situation logistique de ses troupes continue à se dégrader.

La force K est renforcée fin novembre et continue à détruire les transports de troupes et les pétroliers destinés à l'Afrikakorps. Le commandement allemand pour lequel l'Afrique est un théâtre secondaire et qui était resté sourd aux demandes de Rommel, réalise tout d'un coup qu'une catastrophe se prépare. Rommel avait demandé que le sort de Malte soit réglé pendant l'été. L'opération avait été préparée mais jamais déclenchée par les Allemands, entre autres parce que Mussolini avait envie d'attaquer Malte lui-même, ce qui avait dissuadé les Allemands de faire quoi que ce soit.

Hitler décide en octobre le retour en force de la Luftwaffe en Italie. Ce sera la Luftflotte II, retirée du front de l'Est, commandée par le maréchal Kesselring qui va désormais jouer un rôle clé dans la région. Mais il faut des semaines pour désengager cette aviation du front de l'Est qui n'est opérationnelle dans sa nouvelle zone d'opérations que début décembre. Son action ainsi que celle des U-Boote va être déterminante pour permettre à Rommel de reprendre l'offensive.

Les destroyers britanniques poursuivent leur travail de sape. Le 13 décembre une division de 4 destroyers, allant de Gibraltar à Alexandrie, tombe par hasard sur une force italienne repérée par un Wellington de Malte. Les destroyers s'infiltrent entre la côte tunisienne et les deux croiseurs italiens. Fort peu visibles du large, les destroyers torpillent les deux croiseurs qui transportent une cargaison de pétrole à Tripoli. La logistique des troupes de l'Axe continue à se dégrader.

Cette période faste de la Royal Navy ne va pas durer.

### *La riposte allemande*

L'amirauté allemande se rend compte de l'incapacité des Italiens à protéger les convois destinés aux troupes de Rommel. Il est donc décidé de transférer des U-Boote de l'Atlantique à la Méditerranée et d'en positionner d'autres à l'ouest de Gibraltar pour attaquer les convois britanniques arrivant d'Angleterre. Ces transferts sont exécutés à partir de la fin octobre contre l'avis de Dönitz qui considèrera toujours que l'Atlantique est le champ de bataille prioritaire. Même si le passage de Gibraltar est parfois mortel, les U-Boote entrent tout de suite en opération. L'*Ark Royal* est torpillé le 13 octobre. Il coule à proximité de Gibraltar, après avoir évacué l'équipage et les avions. Le cuirassé *Barham*, malgré son rideau protecteur de destroyers, est coulé le 24 novembre par le *U-331*, provoquant la perte de presque tout son équipage. Son explosion est l'une des photos d'archives les plus saisissantes. D'ici la fin de l'année, les U-Boote couleront également un croiseur. Deux destroyers de la force K sautent sur des mines et d'autres sont endommagés.

Enfin, le 19 décembre, le groupe d'hommes-grenouilles et de sous-marins destinés aux opérations spéciales du commandant-prince V. Borghèse monte une opération spectaculaire. Un groupe de trois torpilles pilotées *maiale* )est déposé par le sous-marin *Scirè* du commandant Borghèse à proximité d'Alexandrie. Profitant de la sortic nocturne de destroyers, le groupe profite de l'ouverture des filets pour s'infiltrer dans le port et se diriger vers ses objectifs. Les Italiens sont bien renseignés par leurs reconnaissances aériennes ; ils atteignent leurs objectifs, malgré l'obscurité et le grand nombre de navires à quai. L'opération est dangereuse. Les engins sont délicats à piloter et la technique de plongée sous-marine avec un scaphandre à circuit fermé est embryonnaire. Rester des heures dans l'eau froide tout en accomplissant des manœuvres délicates nécessite des qualités humaines peu communes. L'équipage de deux hommes doit amener son engin sous la cible et détacher ensuite la tête contenant 300 kg d'explosifs. Le lieutenant de vaisseau de La Penne perd son équipier et se charge seul du *Valiant*. Il remonte épuisé, est fait prisonnier, puis prévient au dernier moment le commandant de l'imminence de la catastrophe. Mais il en dit un minimum et le commandant le remet à fond de cale, tout en faisant évacuer son navire. À l'heure prévue, un pétrolier, puis les cuirassés *Queen Elizabeth* et *Valiant* sautent.

La Penne s'en sort et les six plongeurs italiens sont prisonniers. Les deux cuirassés sont immobilisés pour un an.

À ce moment-là, la marine italienne est maîtresse de la Méditerranée, mais n'en profite pas. Il faut dire à sa décharge qu'elle n'en sait rien, jusqu'à la fin janvier, faute de renseignement direct. Les cuirassés atteints reposent bien droits sur la vase. Les reconnaissances aériennes ne peuvent montrer qu'ils sont plus bas sur l'eau que d'habitude.

L'amiral Cunningham ne dispose plus que de dix destroyers et l'*Ark Royal* n'est pas remplacé. Le soutien et le ravitaillement des opérations à terre est limité. L'opération « Crusader » ne peut exploiter sa percée et s'arrête devant la ligne de défense adverse d'El Agheila le 11 janvier 1942. Malgré la combativité des sous-marins britanniques qui endommagent entres autres le *Vittorio Veneto*, les convois de l'Axe vont passer. Grâce à l'action des U-Boote et des hommes-grenouilles, la guerre dans le désert va durer une année de plus.

La guerre devient mondiale le 7 décembre avec l'attaque de Pearl Harbour. Le général hiver stoppe les armées allemandes devant Moscou et Leningrad. L'année 1942 s'annonce difficile.

Dans l'Atlantique, la guerre navale avait également été marquée par des événements importants.

## 2. LES OPÉRATIONS DANS L'ATLANTIQUE

Cette période est marquée par l'une des plus dramatiques batailles de l'histoire navale : celle qui s'est terminée par la destruction du *Bismarck.*

### 2.1. Les différents aspects de la bataille

#### *L'escadre allemande de Brest*

L'Amirauté est parfaitement consciente de la menace que le *Scharnhorst* et le *Gneisenau,* mouillés à Brest, font peser sur les convois. D'autant plus que des indices permettent à l'OIC de penser qu'une diversion montée par les deux croiseurs pourrait permettre à un groupe venu d'Allemagne d'atteindre l'Atlantique. Il est même possible que le *Bismarck* qui termine ses essais, soit l'une de ses unités et qu'il soit le chef de groupe. Dans ce cas, il faudrait engager toute la Home Fleet pour contrer une escadre aussi forte.

En attendant, les seules actions possibles sont à la charge de l'aviation. Encore faut-il savoir où sont mouillés les croiseurs allemands dont le poste est souvent changé. De plus, ils sont très bien camouflés. Mais depuis le début de l'année, sous l'impulsion des services spéciaux britanniques et de ceux de la France Libre, les réseaux de renseignements se mettent progressivement en place. C'est ainsi que le colonel Rémy commence à mettre sur pied la *Confrérie Notre-Dame*, réseau qui comptera probablement 1 200 personnes. Il sera décimé deux fois et le tiers de ses membres sera fusillé. Rémy recrute à Brest le lieutenant de vaisseau Philippon, sous-marinier resté à Brest avec d'autres officiers pour faire fonctionner l'arsenal et le port, sous le contrôle des

Allemands. D'autres agents, appartenant à d'autres réseaux, surveillent Brest et s'ignorent soigneusement pour des raisons de sécurité. L'exploitation de leurs renseignements ne sera pas toujours à la mesure des risques courus.

Le lieutenant de vaisseau Philippon, alias *Hilarion*, est chargé de mettre en culture les espaces disponibles pour améliorer le ravitaillement des marins français restés à Brest, ce qui lui permet de circuler, d'observer et de rendre compte par l'intermédiaire d'un agent qui porte les messages au quartier maître et radio, Bernard Anquetil, caché à Saumur. Il sera plus tard repéré par la gonio allemande, capturé et fusillé. Un aviso de la marine nationale a porté son nom.

Depuis l'arrivée des deux croiseurs, Hilarion communique leur emplacement et leur niveau de disponibilité. Les bombardements commencent aussitôt, sans résultat. Dans la nuit du 5 au 6 avril 1941, une bombe tombe à quelques mètres du *Gneisenau* et n'explose pas. Le bâtiment change de poste le lendemain. Deux avions torpilleurs britanniques qui effectuent une patrouille de routine le surprennent alors que les filets de protection ne sont pas en place. Avant d'être abattus, ces avions torpillent le navire. Il est immobilisé au moins pour six mois. L'héroïsme de ses pilotes permet à la Royal Navy de marquer un point décisif. Comme le *Scharnhorst* répare ses ennuis mécaniques, ces deux navires sont indisponibles pour accompagner le *Bismarck*. Faire gagner la pleine mer au *Bismarck* et à un autre navire est déjà difficile. Une force plus nombreuse serait encore plus probablement repérée. Malgré l'impossibilité de monter une diversion à partir de Brest, la sortie du *Bismarck* et du croiseur lourd *Prinz Eugen*, sister ship du *Scharnhorst*, est décidée. Ils doivent éviter la bataille et se consacrer à la destruction des convois. Cinq pétroliers et deux cargos sont prépositionnés pour ravitailler le groupe, commandé par l'amiral Lütjens qui avait dirigé avec succès la sortie du *Scharnhorst* et du *Gneisenau* en février et mars dernier.

Début mai, Hilarion signale la hâte suspecte des Allemands à pousser les travaux de finition des *Ducs d'Albe* situés en plusieurs endroits de la rade et pourvus du dispositif permettant de fixer les filets anti-torpilles. Leur taille est telle qu'un cuirassé d'au moins 35 000 tonnes puissent s'y amarrer. Des fuites laissent entendre qu'un cuirassé est attendu dans les trois semaines qui viennent. Le commandant Denning reçoit cette information qui recoupe celles en provenance de Gdynia, où le *Bismarck* et le *Prinz Eugen* se préparent pour leur sortie, à l'abri des reconnaissances aériennes.

Il est clair pour l'Amirauté qu'une sortie de ces deux navires est imminente.

## *La bataille contre le* **Bismarck**

L'amiral Tovey prépositionne la Home Fleet pour intercepter les deux corsaires. Il dispose du *Hood*, grande unité dépassée malgré sa refonte, des cuirassés modernes *Nelson*, *King George V* et *Prince of Wales*, ce dernier en cours d'achèvement, deux ou trois croiseurs lourds, six croiseurs légers et une douzaine de destroyers.

Dans la seconde semaine de mai, l'OIC note la recrudescence des reconnaissances aériennes sur Scapa Flow et sur le détroit de Danemark, entre l'Islande et le Groenland. Cette information est obtenue en partie grâce au décryptage du trafic de la Luftwaffe. L'amiral Tovey place ses croiseurs en embuscade. Il attend alors l'information qui lui permettra d'appareiller à coup sûr avec le gros des forces, sans risquer de faire demi-tour pour ravitailler. Le signal vient des pays scandinaves. Le chef des services secrets suédois entretient des relations amicales avec l'attaché militaire norvégien et l'attaché naval britannique. Le 20 mai, un croiseur suédois qui suit par routine les évolutions des navires allemands signale le passage des détroits danois à 15 h par une forte escadre accompagnant deux navires de ligne se dirigeant vers le Nord-Ouest. Cette information transite par les trois personnages cités, avant d'être transmise à 21 h, pour atteindre Denning à minuit. L'attaché naval britannique avait coté son message B3, utilisant pour la première fois le système de cotation du renseignement mis au point par l'OIC. La lettre côte la valeur de la source, le chiffre celle de l'information. Compte tenu des autres informations disponibles, dont celles venant de la résistance norvégienne, Denning côte le message B2. L'Amirauté et l'amiral Tovey sont informés à 3 h 30 le 21 mai. Denning obtient une reconnaissance aérienne, qui repère à 13 h 30 les deux navires près de Bergen. Les deux navires sont identifiés et l'amiral Tovey envoie le *Hood* et le *Prince of Wales* rejoindre ses deux croiseurs patrouillant le détroit de Danemark. L'amiral attend la confirmation du départ du groupe allemand pour appareiller avec le reste de ses forces. Mais la météo se dégrade au point d'interdire toute reconnaissance aérienne pendant 24 heures. L'effort se reporte en vain sur les décryptages. Deux officiers prennent alors le risque de décoller pour reconnaître Bergen et ses environs. L'amiral Tovey est informé le 22 mai à 20 h du départ des navires allemands. Il appareille à 23 h, après avoir réglé le délicat ballet de la relève et du ravitaillement des croiseurs montant la garde dans le détroit de Danemark, entre l'Islande et le Groenland.

Les Allemands prennent beaucoup de précautions pour préserver le secret de leur appareillage. Un nouveau code, le Neptune, est mis en service. L'amirauté allemande est rapidement informée par les services de l'amiral Canaris, qui ont probablement décrypté le message de l'attaché naval britannique en Suède, que les Britanniques sont sur la piste du *Bismarck*. Mais les reconnaissances aériennes allemandes sur Scapa Flow sont mal interprétées. Le B-Dienst signale que le trafic radio adverse est normal. Il semble que tout soit paisible du côté britannique. L'amiral Lütjens est donc totalement surpris le 23 au soir d'être pisté par deux croiseurs qui ne le lâchent pas de toute la nuit, malgré un temps épouvantable. C'est le radar qui fait la différence. Le *Hood* et le *Prince of Wales* font route pour intercepter leur adversaire. Un croiseur de bataille ancien, le *Hood*, dont les ponts sont mal protégés et un cuirassé sortant de son chantier, le *Prince of Wales*, sur lequel des ouvriers de l'arsenal essayent de mettre en état l'artillerie, affrontent deux navires récents sortant d'une longue période d'entraînement. Pour des raisons inconnues, le *Hood* ouvre le feu à grande distance, s'exposant au danger des tirs plongeants de l'adversaire. Après huit minutes de combat, le *Hood* est touché et explose le 24 mai à 6 h. On ne récupère que 3 survivants sur les 1 400 hommes d'équipage. Le *Prince of Wales* continue le combat et touche les citernes du *Bismarck*. Le cuirassé britannique est touché à plusieurs reprises. Il se dérobe, mais poursuit les navires allemands en compagnie des croiseurs *Norfolk* et *Suffolk*. L'amiral Lütjens, craignant d'être à court de mazout, décide d'interrompre sa croisière. Soulignons que dans cet engagement comme dans d'autres, les artilleurs allemands conservent un avantage qui date du précédent conflit. Des appareils de pointage optique de premier ordre et un entraînement poussé leur permettent d'envoyer des coups au but plus rapidement que leurs adversaires, quelle que soit la distance.

Le 25 mai à 3 h, le *Suffolk* perd le contact radar. Malgré les recherches, les navires allemands restent introuvables. Les Britanniques mènent alors la chasse sur la moitié de l'Atlantique avec tous les bâtiments disponibles, dont 19 bâtiments lourds, y compris ceux qui couvrent les convois que l'on laisse sans défense. En effet, le *Bismarck* peut se diriger soit vers la France, soit vers le Nord. La force H est également alertée et remonte de Gibraltar vers le Nord-Ouest. À la surprise des Anglais, le *Bismarck* émet un long message à 7 h. Ce message n'est pas décrypté à temps (il faut une semaine à cette époque) mais l'analyse de la transmission permet d'identifier le *Bismarck* à coup sur. On suppose que l'amiral Lütjens se croyant toujours poursuivi avait jugé le silence radio désormais inutile. Une heure plus tard, le *Bismarck* émet un autre message, non décrypté, mais tout aussi relevé par les stations gonio britanniques. Malheureusement, compte tenu de la distance et des stations ayant effectué le relevé, seule la latitude du *Bismarck* est certaine. L'OIC estime que le *Bismarck* fait route au Sud-est de sa dernière position connue et se dirige donc vers la France. Mais la transmission tarde. L'information n'est transmise à l'amiral Tovey qu'à 10 h. Malheureusement, probablement par manque d'entraînement, les relèvements sont reportés sur une carte classique au lieu de l'être sur les nouvelles cartes-gonio spéciales. L'état-major de Tovey estime alors que les relèvements montrent que le *Bismarck* fait route au Nord-Est et qu'il regagne donc la Norvège. L'amiral avait demandé qu'on lui transmette les relèvements bruts qu'il espérait compléter par ceux effectués avec les nouveaux équipements gonio de ses destroyers ; ce qui ne put être fait, mais l'OIC n'en savait rien. D'autres relevés, dont un attribué par erreur au *Bismarck*, confirment l'OIC dans son opinion ; l'OIC en informe explicitement l'amiral Tovey qui infléchit sa route en début d'après-midi. *Le Bismarck* est loin. Ce même après-midi, l'Amirauté envoie le *Rodney* vers le Nord-Est. Tovey en conclut que l'hypothèse norvégienne est toujours d'actualité. Il adopte une route intermédiaire qui diminue ses chances d'intercepter le *Bismarck*. Des reconnaissances aériennes ne donnent rien. Mais l'écoute du trafic de la Luftwaffe permet de détecter la mise en place d'une couverture aérienne sur Brest. Le commandement opérationnel, toujours d'après l'étude du trafic radio, passe de Kiel à Brest. La destination du *Bismarck* est maintenant certaine. L'OIC avait vu juste dès le début. L'amiral Tovey prend la bonne route, mais la position exacte du *Bismarck* reste inconnue. La chance abandonne le *Bismarck* quand un Catalina le repère le 26 à 10 h 30, 700 milles nautiques à l'Ouest de Brest. Tovey n'a qu'une petite chance de l'intercepter, à condition de maintenir une vitesse élevée. Le *Prince of Wales* et le *Repulse* ont fait demi-tour, à court de mazout, comme les destroyers de couverture. Le *King George V* et le *Rodney* qui l'a rejoint, sont seuls, et doivent intercepter rapidement le *Bismarck* sous peine de rentrer à petite vitesse, donc avec beaucoup de risques. La force H arrive à distance pour lancer les avions de l'*Ark Royal.* Une première attaque en début d'après-midi, par un temps bouché, manque de peu le *Sheffield* envoyé en éclaireur pour guider les avions. Il évite les torpilles et signale qu'un bon nombre d'entre elles ont explosé en touchant l'eau. La mise à feu magnétique est défaillante. Lorsqu'une seconde vague de 15 Swordfish décolle en fin de journée, les mises à feu magnétiques ont été remplacées par les anciennes à contact. Par un temps encore plus bouché et une visibilité réduite, le *Bismarck* est attaqué à 21 h. L'attaque dure 40 minutes. Sur les treize torpilles lancées, deux atteignent leur cible. La torpille qui frappe une hélice et le gouvernail du *Bismarck* signe son arrêt de mort. Le cuirassé contrôle difficilement sa route et sa vitesse est très réduite. Le commandant Vian et ses destroyers avaient été déroutés de leur convoi pour rallier l'amiral Tovey, privé de son écran de destroyers. Le commandant Vian entend le message du Catalina et se déroute de son propre chef vers le *Bismarck*, anticipant l'ordre qu'il aurait reçu de Tovey, mais trop tard. Le groupe rejoint le *Bismarck* juste après l'attaque des Swordfish. Ne maîtrisant plus sa manœuvre, le *Bismarck* s'est mis à la cape et fait route au Nord-Ouest, face au vent, et se rapproche ainsi de ses poursuivants. Les destroyers du commandant Vian pistent leur victime pour le compte de l'amiral Tovey. Bien que le *Bismarck* dispose de toute sa puissance de feu, ils attaquent à la torpille à l'aube du 27, ralentissant le cuirassé. Le *King George V* et le *Rodney* arrivent à distance de tir. Après une heure et demie de combat, l'artillerie du *Bismarck* est totalement détruite et le navire est en feu. Il est achevé à la torpille et coule à 10 h 30 le 27 mai. Les destroyers britanniques repêchèrent seulement 109 des 2 403 hommes d'équipage. Par crainte de la présence de sous-marins adverses, les Britanniques ont interrompu le sauvetage ; 200 à 300 naufragés vont périr. Le *Prinz Eugen*, après l'engagement contre le *Hood*, avait été envoyé très au Sud pour mazouter. Il atteint Brest sans encombre le 1er juin pour soigner ses avaries de machines.

La victoire sur le *Bismarck* a été obtenue à la suite d'un remarquable travail de coordination entre le renseignement naval, l'aviation, et les escadres en mer. L'amiral Tovey soulignera à quel point les chefs et les états-majors ont été capables de prendre les bonnes décisions sans qu'il lui soit nécessaire d'intervenir, faisant honneur à leur formation. Enfin, les Swordfish, menés par des équipages déterminés et très entraînés, ont opéré dans des conditions réputées impossibles. Un seul d'entre eux sera perdu.

Mais il s'en est fallu de quelques heures pour que le *Bismarck* puisse être couvert par la Luftwaffe. Une fois de plus, le couple cuirassé-porte-avions, qui a fait ses preuves à Tarente et au cap Matapan, se révèle comme une combinaison majeure. Le rôle de l'aéronavale ne fera qu'augmenter. Enfin, malgré sa très remarquable résistance aux coups, la destruction du *Bismarck*, comme celle ultérieure de son jumeau, le *Tirpitz*, marque la fin du mythe du cuirassé indestructible. Les Allemands estiment que leur défaite est largement due à l'efficacité de la radiogoniométrie britannique qui fournit des repérages précis. Cette opinion sera maintenue jusqu'à la fin de la guerre, ce qui arrangera bien, sans qu'ils le sachent, les Britanniques qui bénéficieront ainsi d'un camouflage imprévu de leurs décryptements.

L'événement est annoncé dans les deux camps avec un impact sur l'opinion publique bien différent, comme on l'imagine sans peine.

### *La lutte contre les autres grandes unités de surface*

La menace exercée sur les convois par la flotte de surface allemande s'allège fortement avec la perte du *Bismarck*. Les croiseurs lourds *Scharnhorst, Gneisenau* et *Prinz Eugen* se sont réfugiés à Brest pour y être remis en état. Ils sont soumis à des bombardements incessants qui prolongent leur immobilisation.

Les autres grandes unités allemandes sont en Norvège ou dans la Baltique, surveillées de près par les reconnaissances aériennes britanniques. L'Amirauté veut bien sur éviter l'intrusion de ces bâtiments dans l'Atlantique. Le *Tirpitz* et le cuirassé de poche *Lützow*, jumeau du *Graf Spee*, semblent prêts à forcer le passage. Ce renseignement vient d'un décryptage ; en effet, Bletchley Park vient de casser le réseau Hydra. Il est même possible que l'action comprenne d'autres grandes unités allemandes. L'amiral Tovey positionne début juin sa flotte au point d'interception habituel, entre l'Islande et le Groenland. L'escadre allemande est repérée par le Coastal Command le 13 juin à proximité des côtes Sud de la Norvège. Il ne s'agit pas du *Tirpitz* mais du *Lützow* qui est torpillé. Il sera indisponible pour six mois.

Les opérations allemandes contre l'URSS immobilisent un certain nombre d'unités de la Kriegsmarine en Baltique, ce qui diminue la probabilité d'une percée dans l'Atlantique et allège aussi la protection du trafic côtier allemand en Norvège. Une opération est montée sans grand succès contre les ports de Kirkenes et Petsamo d'où partent les cargos chargés de nickel et de fer, si importants pour la construction navale allemande.

D'autre part, l'escorte des convois arctiques échoit aux escadres de l'amiral Tovey qui doit également surveiller les croiseurs basés à Brest. En juillet, l'alerte est donnée lorsque que Hilarion-Philippon et d'autres sources signalent la sortie pour essais du *Scharnhorst*. Là encore, les avions du Coastal Command le trouvent au large de La Pallice et l'endommagent sérieusement. Il regagne difficilement Brest à la faveur de la brume où il devra rester huit mois de plus pour être remis en état ! L'escadre de Brest est constamment bombardée et la rade est abondamment minée. Les ports de Lorient et Saint-Nazaire sont également souvent minés par la RAF.

### *Les convois arctiques*

L'organisation des convois arctiques se met en place dès août 1941. Le trajet est de 1 400 à 2 000 milles, selon les conditions de navigation, ce qui implique le ravitaillement en mer de l'escorte. La fréquence des convois est moindre que dans l'Atlantique, à cause des conditions météo, de la rareté des escortes et de la proximité des bases allemandes en fin de parcours. Lorsque les Allemands prennent conscience en décembre de l'importance de ce nouveau flux logistique, ils mettent en place des forces aériennes et navales importantes au Nord de la Norvège, y compris des U-Boote. La bataille des convois arctiques va bientôt commencer. Pour le moment, les douze premiers convois sont passés sans encombre.

### *Les convois côtiers britanniques*

La Royal Navy doit également protéger le trafic côtier autour des Îles britanniques. Ce trafic est menacé par les mines, l'aviation, les S-Boote et le mauvais temps. Le 6 août, le convoi FS69 essuie une tempête particulièrement forte et perd 6 navires qui s'échouent après avoir perdu leur chef de file. Les aviations s'affrontent dans l'attaque et la défense de leurs convois respectifs. L'avantage est nettement du côté britannique, dont les sorties aériennes sont de l'ordre de 60 000 pour la période avril-décembre, soit six fois plus que les sorties allemandes.

Dans l'Atlantique, les U-Boote cherchent leur second souffle après les pertes du mois de mars. Recherche d'autant plus nécessaire que les mesures alliées se renforcent.

## 2.2. Les mesures d'organisation alliées

### *L'amélioration de la situation des escortes*

Les bases d'Islande deviennent opérationnelles ; les escorteurs peuvent y mazouter. Les convois sont escortés jusqu'au 35e Ouest, soit sur la moitié de leur parcours. Une escadrille de bimoteurs Hudson et une autre de Sunderland sont basées en Islande. La protection aérienne devient également plus efficace.

La marine canadienne monte en puissance et s'organise. Ce qui renforce le nombre des escorteurs et rend possible une mesure importante. Le 27 mai, le convoi HX129 est le premier à être escorté sur la totalité de son parcours. Mais les moyens aériens restent insuffisants.

À la mi-juillet, c'est au tour des convois africains d'être escortés sur la totalité de leur parcours. L'escorte des convois de Gibraltar est sensiblement renforcée. La plupart des croiseurs auxiliaires britanniques, très souvent victimes des corsaires de surface allemands, sont alors retirés du service et transformés en transports de troupes, ce qui sera bien utile en novembre 1942 pour les opérations d'Afrique du Nord.

### *La neutralité engagée des USA*

En avril, les chantiers américains sont autorisés à remettre en état les navires de guerre britanniques. À partir de cette date, cette possibilité précieuses est largement utilisée.

Le 25 avril, les États-Unis étendent leur zone de « neutralité » jusqu'au 25e méridien Ouest, réduisant ainsi le terrain de chasse des U-Boote. Les navires américains patrouillent cette zone et renseignent les Britanniques. Les U-Boote ont l'ordre d'éviter les incidents avec les navires américains, y compris ceux navigant dans la zone de blocus des Îles britanniques. Les Allemands veulent éviter l'entrée en guerre des USA. La neutralité américaine devient encore plus curieuse avec la relève le 7 juillet des troupes britanniques d'Islande par une brigade de Marines soutenue par des moyens navals.

En août 1941, Churchill et Roosevelt signent la « Charte de l'Atlantique », prémices de l'Organisation des Nations Unies. Un autre point de l'accord apporte un ballon d'oxygène très apprécié à la Royal Navy qui considère alors que l'Amérique participe directement à la Bataille de l'Atlantique. Les USA étendent leur zone de sécurité jusqu'à l'Islande, ce qui implique que des unités américaines escortent à partir de septembre des convois jusqu'à cette île. Les amirautés américaines et britanniques coordonnent les mesures navales et aériennes de protection des convois, pour répartir au mieux leurs forces. Les escorteurs américains mazoutent en Islande et repartent avec un convoi allant vers l'Amérique ou le Canada. Ces convois sont ouverts aux neutres et aux autres nationalités, dont la britannique, ce qui représente un gain d'une cinquantaine d'escorteurs pour les Britanniques, si bien que les U-Boote sont obligés d'identifier la nationalité de l'escorte avant d'attaquer un convoi. Des incidents étaient inévitables. En septembre, le destroyer américain *Greer* échange des coups avec le U-652. L'incident est monté en épingle par le président Roosevelt, relayé par les médias. L'inévitable se produit le 31 octobre, avec le torpillage du destroyer *Reuben James,* première victime américaine de la Bataille de l'Atlantique.

L'entrée en guerre de leur pays était considérée comme très probable par les autorités américaines, d'où les mesures précitées, complétées par la mise en place en Grande-Bretagne de bases navales et aériennes à partir de juillet.

Le 17 août, le premier des 60 cargos du programme « 60 navires pour la Grande-Bretagne » sort des chantiers américains de J. Kaiser, concrétisant l'entrée en guerre de la puissance industrielle américaine. Ces « Victory Ships » qui ne compensent qu'une infime partie des pertes, vont bientôt être suivis par le flot des « Liberty Ships ». Ce flot-là va être décisif.

La guerre s'étend à l'Est. Le 21 juin, l'Allemagne attaque la Russie. Staline demande immédiatement l'aide des Anglo-Saxons. La réponse est rapide. Le 21 août, le premier convoi pour Mourmansk appareille de l'Islande. Du côté allemand, l'amiral Raeder est le seul à comprendre le rôle stratégique capital de Mourmansk. Il demandera en vain la prise du port et la destruction de la voie ferrée, artère vitale pour l'URSS.

### *L'amélioration de la couverture des convois*

Les mesures prises par les Américains sont surtout des mesures d'organisation. Le poids de la lutte repose encore complètement sur les marines britanniques et canadiennes. Le ballet des convois et de la relève de leurs escortes est une affaire complexe, soumise aux caprices des tempêtes. L'idéal est de faire en sorte qu'un convoi « entrant », allant du Canada en Grande-Bretagne croise un convoi « sortant », c'est-à-dire allant en sens inverse. La protection est assurée successivement par quatre groupes d'escorte qui accompagnent leur convoi jusqu'au point où ils sont censés relever l'escorte d'un convoi allant dans l'autre sens. Il suffit d'une attaque de U-Boote ou d'une tempête pour modifier la planification. Les escorteurs à court de fuel doivent parfois laisser les convois sans protection jusqu'au prochain point de rendez-vous. La responsabilité de toute cette organisation est celle du commandement des Western Approaches, en liaison directe avec l'Amirauté et en particulier avec la salle de situation sous-marine, désormais commandée par R. Winn, ce qui permet d'exploiter au mieux les renseignements disponibles sur la menace sous-marine pour dérouter les convois, en s'assurant que le groupe d'escorte ne tombera pas en panne de mazout.

Le nombre d'escorteurs augmente lentement mais sûrement, de l'ordre de 6 à 8 unités par mois, ce qui permet de fournir à chaque convoi une escorte de 4 à 5 navires. L'escorte peut protéger le convoi et assurer les besognes habituelles de recherche des attardés, assistance aux navires avariés, sauvetage ou remorquage. Il devient plus difficile aux U-Boote de s'infiltrer dans un convoi. Mais la riposte est limitée à l'attaque par un seul escorteur, pendant un temps trop court, pour rejoindre au plus tôt le convoi. La tactique anti-sous-marins est encore défensive, ce qui ne changera qu'avec une augmentation sensible du nombre d'escorteurs.

La couverture aérienne, grâce à la loi Prêt-Bail qui commence à fournir des avions, en particulier des Catalina, s'étend sensiblement. Mais il subsiste au centre de l'Atlantique une zone de 300 milles inaccessible aux avions. Il faudra attendre encore 18 mois et beaucoup de pertes avant de disposer des Liberator capables d'agir au centre de l'Atlantique. L'aviation de l'époque est en mesure de signaler les U-Boote aux escortes, sans être capable de les détruire. Ni la tactique, ni les armements ne sont au point. Sur les quarante-neuf U-Boote et les trente-cinq sous-marins italiens perdus entre septembre 1939 et septembre 1941, quatre seulement ont été détruits par l'aviation, qui a cependant obtenu la reddition du *U-570*.

Cependant, ce qui fut appelé plus tard « the Bay offensive » débutera en novembre 1941, sous l'impulsion du nouveau commandant du Coastal Command, sir Joubert de la Ferté. Il s'agit d'attaquer les U-Boote dans le golfe de Gascogne, lorsqu'ils naviguent en surface pour rejoindre leurs bases ou lorsqu'ils les quittent. Le 30 novembre, le *U-206* est coulé par un bombardier Whitley. À partir de ce moment-là, le danger aérien sera de plus en plus précis dans cette région.

Devant ces mesures de protection, surtout efficaces aux deux extrémités du parcours d'un convoi, l'effort des U-Boote se reporte au centre de l'Atlantique et en Atlantique Sud, contre les convois et les navires isolés. En effet, les escorteurs sont toujours trop peu nombreux et il avait été décidé en novembre 1940 d'autoriser un plus grand nombre de navires « rapides » à naviguer seuls. Les résultats de cette entorse aux systèmes de convois est statistiquement connu en mai 1941. Il montre que les pertes de navires isolés sont trois fois supérieures à celles subies par les navires en convoi, soit 15 % de pertes au lieu de 5 % pour les convois. La même statistique montre que les U-Boote savent choisir leurs cibles. Les convois « entrant » sont trois à quatre fois plus visés que les convois vides. La nécessité des convois est confirmée par les résultats à fin décembre. D'avril à décembre 1941, 206 des 328 navires détruits ne naviguaient pas en convois.

Les destructions du second trimestre restent importantes, mais elles chutent en juin pour ne reprendre de la hauteur qu'en janvier 1942. Ce répit, outre l'efficacité des escortes, est également dû à l'offensive allemande contre l'URSS qui mobilise une partie des forces aériennes ayant jusqu'alors attaqué les convois et les ports. La baisse d'efficacité des U-Boote n'est pas compensée par la Luftwaffe.

### *Le progrès des décryptages alliés*

L'efficacité des escortes est renforcée par celle lentement croissante du renseignement naval. Les relevés gonio et l'analyse du trafic radio donnent des résultats intéressants, comme on l'a vu lors de l'opération montée contre le *Bismarck*. Le décryptage des codes de la Wehrmacht et de la Luftwaffe fournit également des renseignements précieux. Depuis mars 1941, Bletchley Park décrypte le réseau Heimisch/Hydra, utilisé par les unités de surface dans les eaux métropolitaines. Le *Lützow* a été victime de ces décryptages en juin 1941. La clé utilisée par ce réseau pour les unités opérant dans les eaux lointaines ne sera jamais décryptée. Les corsaires, principaux utilisateurs de cette clé, sont d'une trop grande discrétion pour que leurs transmissions puissent être attaquées.

Mais en ce qui concerne la bataille principale, rien ne remplace vraiment le décryptage direct du trafic radio des U-Boote dont les codes et les procédures sont particulièrement hermétiques. Il est certain que rien ne peut être fait sans posséder ces fameuses procédures. Des instructions à ce sujet sont diffusées. La capture de deux chalutiers météo allemands ne donne qu'un début de piste. Mais le 8 mai 1941, la chance tourne en faveur des Alliés. Ce matin-là, le *U-110* du capitaine de corvette Lemp, qui avait torpillé l'*Athenia* en septembre 1939, et le *U-201* du lieutenant de vaisseau Schnee attaquent en surface le convoi OB318, au large des Hébrides. L'escorte répond vigoureusement et le *U-110* plonge en catastrophe sous une pluie de grenades. Le sous-marin endommagé devient incontrôlable, plonge vers les profondeurs et remonte de manière inexplicable, pour faire surface entre deux escorteurs. Le *Bulldog* fonce sur le *U-110*. Tout le monde croit l'abordage imminent et l'équipage du sous-marin se jette à l'eau. L'escorteur stoppe à proximité, repêche les survivants qui sont envoyés rapidement sous les ponts pour ne rien voir de la suite des opérations et envoie une équipe de prise s'emparer du matériel Enigma. Lemp, qui constate que son navire ne coule pas, essaye de remonter à bord lorsqu'il est abattu par l'équipe de prise. Les interrogatoires de prisonniers et la capture du *U-570* avaient permis de fournir des indications précises sur l'emplacement de ces matériels. Le *Bulldog* regagne son port à toute vitesse, avec son précieux chargement. Le secret de cette capture sera soigneusement conservé et permettra une attaque décisive du trafic chiffré des U-Boote. La percée de ce secret devait jouer un grand rôle dans la bataille des convois. La prise est exploitée très rapidement car elle n'est que le chaînon manquant attendu par les décrypteurs de Bletchley Park.

Pour la première fois, R. Winn et son équipe ont une vue complète, actuelle et future, sur le nombre et l'action des U-Boote opérationnels. Ils tiennent à jour en temps réel sur une immense carte la position des unités allemandes et britanniques, U-Boote et flottes de surface, ainsi que celle des convois et des escortes. Cette carte est la synthèse des informations élaborées par les autres cellules de l'OIC. Petit à petit, une véritable banque de données sur les mœurs des U-Boote, les tactiques de Dönitz, la contexture-type des messages, se constitue, de telle sorte que même le décryptage partiel d'un message puisse être exploité. Les U-Boote vont être victimes de leur trafic radio.

La connaissance des positions ennemies donne des résultats spectaculaires.

Il devient possible, par exemple, de dérouter un convoi menacé et de renforcer son escorte. Ce qui est le cas le 23 juin du convoi « entrant » HX 133, menacé par une meute de dix U-Boote, repérés par l'OIC. L'escorte de deux convois « sortant », sur lesquels l'OIC ne détecte aucune menace, vient renforcer celle du HX 133. Les attaques se succèdent pendant 5 jours. Les treize escorteurs coulent 2 U-Boote et ne perdent que 5 cargos.

En juin également, les Britanniques, grâce aux décryptages radio, parviennent également à détruire la quinzaine de navires ravitailleurs, chalutiers-météo et corsaires marchands allemands en mer. Six ravitailleurs sont directement coulés grâce aux décryptages. Sept des huit ravitailleurs prépositionnés pour la croisière du *Bismarck* sont coulés. C'est à cette époque que les messages de renseignement issus de décryptages sont expédiés sous le timbre « ultra » qui restera dans l'Histoire. Bien entendu, les destinataires ignorent la source de l'information qui leur est transmise chiffrée par le « *one time pad system* », absolument hermétique (cf. chapitre 10).

Cette action militaire se double d'une action diplomatique envers l'Espagne qui renonce aux facilités accordées aux ravitailleurs allemands pour opérer à l'abri des Canaries. L'amiral Dönitz réplique à la destruction de ses ravitailleurs de surface en lançant le programme de construction des sous-marins ravitailleurs, les « vaches à lait » (Milchkuhe). Le premier exemplaire entrera en service en mars 1942.

En novembre 1941, le plus célèbre des corsaires marchands allemands, l'*Atlantis*, est coulé. À lui seul, l'*Atlantis*, commandé par le capitaine de vaisseau Rogge, coula 22 navires, soit 145 000 tonnes, en 655 jours de mer. Ce bilan est comparable à ceux obtenus par les meilleurs commandants de U-Boote. En fait, l'*Atlantis* est lui aussi une victime des décryptages britanniques. Si le réseau Hydra « mers lointaines » n'est pas décrypté, il n'en est pas de même du réseau Hydra « eaux métropolitaines » qu'il utilise pour communiquer avec les U-Boote qu'il doit ravitailler et qui, lui, est lui décrypté. Ceci permet à l'Amirauté de diriger des forces vers la zone de rendez-vous. La carrière de l'*Atlantis* a été exposée plus en détail au chapitre 6.

Les enquêtes de sécurité menées par les Allemands leur font attribuer leurs pertes à la conjonction de toutes sortes de sources de renseignements, à l'efficacité de la goniométrie adverse et à l'augmentation du nombre d'escorteurs. La perte du *Bismarck* est attribuée à son long message radio. L'inviolabilité d'Enigma n'est pas remise en cause, mais les restrictions au trafic radio sont renforcées.

### *Le renseignement naval britannique*

À la fin 1941, l'OIC dispose d'un ensemble de connaissances précises sur les procédures utilisées par les U-Boote, la personnalité de leurs commandants, la manière de réagir de Dönitz, la position et les mouvements adverses. Cet acquis provient de l'exploitation coordonnée de toutes les sources disponibles, dont la plus importante est le décryptage du trafic des U-Boote. Cet acquis n'est cependant pas définitif. Les décryptages ne sont pas permanents, ni assez rapides, ni toujours complets. Jusqu'en juillet, les instructions capturées sur le *U-110* permettent un décryptage en temps réel. Passé cette date, le délai de décryptage dépasse rarement 24 heures. Ce qui est parfois suffisant pour retarder gravement une prise de décision. Les U-Boote partant en opération signalent leur arrivée dans la zone d'opération à peu près toujours au même endroit. C'est là qu'ils reçoivent leurs premières instructions du PC de Dönitz qui leur enjoignent de gagner un autre point à un ou deux jours de mer. Le retard dans le décryptage n'a pas grande importance. Ces messages rituels émis en entrant ou sortant de la zone d'opération permettent de faire le compte des U-Boote. Ce compte est assez juste. En particulier, l'estimation faite en mars et avril 1941 situe à 90 le nombre de U-Boote opérationnels. Ce chiffre, vérifié après guerre, est rigoureusement exact. Le 1er septembre, l'Amirauté estime que 184 U-Boote sont opérationnels et que leurs pertes depuis le début de la guerre est de 44 unités. Les chiffres exacts étaient respectivement 198 et 47. Malgré les aléas du décryptage et son interruption pendant une bonne partie de 1942, l'effectif des U-Boote, grâce à l'utilisation d'autres sources, mises en chantiers, pertes, sera connu d'une manière acceptable. L'efficacité de la maigre équipe du commandant Winn conduit l'Amirauté à lui retirer de temps en temps l'un de ses assistants pour renforcer l'équipe de renseignements des autres commandements et de tarder un peu pour les remplacer. Winn, comme d'autres officiers de l'OIC, est souvent à la limite du surmenage.

Les Britanniques essayent bien sûr d'attaquer les convois côtiers allemands. Le décryptage du code Heimisch/Hydra, utilisé entre autres par les petites unités telles que les dragueurs de mine, les S-Boote et les caboteurs affectés au trafic côtier, donne des informations sur les mouvements de ces navires, ce qui permet, de monter des opérations dévastatrices sur les convois côtiers allemands ou de faire courir les dragueurs de mine. Les unités côtières allemandes sont le plus souvent attaquées par les avions du Coastal Command. Les comptes-rendus d'opération, indispensables pour évaluer les pertes et donc pour tenir à jour le potentiel ennemi, sont exploités par l'OIC, mais avec une certaine méfiance, tant les résultats paraissent importants. Les décryptages permettent de connaître les pertes, telles qu'elles sont comptabilisées du côté allemand. L'écart est tel qu'une commission est chargée de revoir à la baisse les scores annoncés par le Coastal Command, pour la période de mai à juin 1941.

Les chiffres réels ont été connus après guerre.

| | *Unités coulées* | *Unités endommagées* |
|---|---|---|
| Revendiqué par Coastal Cd | 104 | 72 |
| Pertes révisées | 31 | 55 |
| Réalité | 7 | 7 |

L'écart entre les pertes annoncées et les pertes réelles est assez surprenant. On peut dire à la décharge des aviateurs que la vitesse du combat, le stress provoqué par la défense, rendent bien difficile une vue saine de la situation. La tâche des services de renseignement en est d'autant plus compliquée.

Le suivi des travaux de dragage est souvent le prélude à la sortie ou à l'arrivée d'une grosse unité. Cette information est particulièrement importante pour contrer les mouvements de ces grandes unités.

Les sources sont sévèrement protégées. En particulier, les informations issues des décryptages sont classées « Special Intelligence » et ne sont transmises qu'à un tout petit nombre de personnes. Il ne suffit pas à un amiral d'être l'un des « Sea Lords » pour accéder à ces informations dont, par ailleurs, Churchill est très friand. Les destinataires opérationnels ne connaissent jamais la nature exacte de la source qui, dans le cas des décryptages, est toujours supposée être un moyen conventionnel. Afin de permettre aux opérationnels de se faire une opinion ou de compléter l'information émise par l'OIC, les messages séparent les faits de leur interprétation.

L'OIC améliore sa coordination interne. Un plot unique regroupe les cartes auparavant tenues à jour par les cellules Opérations pour les escortes et la cellule Mouvements pour les convois. Le responsable en est le capitaine de corvette R.A. Hall,) fils de l'amiral ayant dirigé le renseignement naval pendant la première guerre mondiale. L'équipe de R. Winn est de l'autre côté du couloir. L'exemplarité des relations entre ces deux équipes est restée dans les annales. Une trentaine de personnes dont 21 auxiliaires féminines mettent à jour les cartes en permanence. L'équipe du commandant Hall traite en moyenne 300 messages par jour !

Bletchley Park croule sous l'énorme charge du décryptage. En octobre, A. Turing, le mathématicien à l'origine des « bombes » et du premier ordinateur, court-circuite sa hiérarchie et écrit directement à Churchill pour lui demander un renfort en personnel qu'il obtient immédiatement. La lettre de Turing est annotée d'un « *action this day* » de la main de Churchill. Ce qui donne une idée de l'importance des travaux de décryptage sur la conduite de la guerre.

En décembre, après l'entrée en guerre des USA, l'amiral Godfrey, commandant l'OIC, se rend à Washington pour conseiller les Américains dans le domaine du renseignement. Son assistant, Ian Flemming planifia avec ses confrères américains la mise en œuvre de l'Office of Strategic Services (OSS), ancêtre direct de la CIA.

La Résistance française fournit des informations de premier ordre sur la construction des bases sous-marines, leur organisation et leur trafic. C'est ainsi qu'à Bordeaux, Jean Fleuret, syndic des pilotes du port, membre du réseau du colonel Rémy, transmet ses renseignements au risque de sa vie, de mars 1941 à juin 1942, date de son arrestation. Le colonel Rémy estime que les renseignements ainsi transmis à Londres permirent la destruction de 11 sous-marins allemands et italiens et de 20 cargos transportant des cargaisons d'importance stratégique pour l'Allemagne.

À la fin de cette année 1941, le renseignement naval est en mesure d'apporter une aide décisive aux commandants opérationnels.

### *WATU et la formation tactique*

Les pertes de 1941 ont mis en cause l'efficacité du couple Asdic-grenades pour détruire les U-Boote. Les commandants de groupes d'escorte les plus expérimentés, MacIntyre, Gretton et Walker, estiment que le manque d'efficacité provient davantage d'une coordination insuffisante que d'un manque de moyen. Ils regrettent d'être obligés d'améliorer la formation des unités de leurs groupes pendant les escortes opérationnelles ! L'Amirauté pense un peu la même chose. C'est ainsi qu'est créé en décembre 1941 le Western Approaches Tactical Unit and Intelligence, (WATU), destiné à l'amélioration de la formation tactique des officiers. Cette école se monte malgré les réticences inattendues de l'amiral Noble, accablé par les soucis opérationnels. Cette formation se montre tout de suite indispensable. L'école est placée sous les ordres du capitaine de frégate G. Roberts, qui avait dû quitter la marine pour raison de santé. Les appréciations unanimement élogieuses portées sur l'action du commandant Roberts montrent que cette nomination fut des plus judicieuses. Environ 5 000 officiers suivront les cours. Allant de pair avec la formation des groupes d'escorte, cette école de tactique contribuera beaucoup à l'augmentation constante de l'efficacité des groupes d'escorte. Une deuxième école sera créée fin 1942 à Londonderry et une troisième en 1945.

Les moyens sont réduits. Outre Roberts, qui sera nommé capitaine de vaisseau, l'école fonctionne avec quatre officiers de réserve, un maître principal et 24 Wrens. L'école est implantée à Liverpool, au PC des Western Approaches. Le commandant Roberts met au point ou améliore les thèmes tactiques en étudiant le rapport d'opération des groupes d'escorte. Le cours dure six jours ; il se compose de conférences et d'exercices tactiques. Les commandants d'escorteur et leur second sont répartis autour d'une grande salle. Le plancher simule l'Atlantique, sur lequel circulent les maquettes, manipulées par des Wrens, représentant les navires du convoi et les escorteurs. L'un des officiers est désigné comme commandant du groupe d'escorte. Pendant les exercices de jour, les stagiaires sont placés derrière un écran qui restitue la visibilité qu'ils auraient de la passerelle de leur navire. Pour les exercices de nuit, les stagiaires ne voient rien et doivent exploiter les messages. Ces messages sont transmis avec des délais correspondant à la réalité. Le commandant Roberts en reçoit un double, pour adapter l'animation. Le thème se déroule par séquences de trente minutes, coupées par des commentaires ou des instructions de recalage des stagiaires. La simulation dure des heures. Lorsqu'elle arrive à sa phase critique ou finale, les écrans sont enlevés ou la lumière rétablie, et le commandant Roberts dirige lui-même et commente cette phase finale. Plus tard, lorsque les porte-avions d'escorte apparaissent, un cours spécial sera monté pour étudier les conditions d'emploi de cette arme nouvelle. De même seront étudiées et simulées les parades aux torpilles acoustiques. Enfin, certaines batailles de convoi importantes, telle celle du SC118, sont reconstituées sous les yeux de l'amiral Horton et des officiers du groupe d'escorte.

Ce cours augmente l'efficacité des groupes d'escorte en renforçant la confiance des officiers envers leurs moyens de lutte et en montrant les avantages de la coordination. De tels cours existeront dans toutes les marines alliées.

L'amiral Horton inclut ces cours dans le programme normal des escorteurs. Il prolongera la formation en salle en créant un Commanding Officer's Qualifying Course. Le directeur du cours est basé sur le yacht *Philante*, simulant un convoi défendu par le groupe stagiaire. Le convoi est attaqué pendant une croisière de 36 à 48 heures par trois à quatre sous-marins et des avions. Ce type de cours est toujours en usage dans les marines de l'OTAN.

Les résultats seront jugés très satisfaisants par les experts et par l'Histoire. Il convient de remarquer qu'il n'était guère possible de créer le WATU. plus tôt. En effet, personne n'avait une expérience quelconque de la guerre sous-marine moderne. Il a donc fallu du temps pour réunir avec certitude les informations nécessaires à l'élaboration d'une doctrine. Cette doctrine doit d'ailleurs évoluer en fonction de l'évolution des techniques et des tactiques amies et ennemies. L'amiral Dönitz procède de même, en ayant l'avantage de l'antériorité qui appartient à celui qui mène l'offensive initiale.

## 2.3. Les opérations de la fin de l'année

### *La menace des U-Boote se déplace*

La menace des escortes est telle que l'action dans l'Atlantique Nord est déplacée en juillet et août vers les côtes britanniques, sans succès, à cause de la couverture aérienne. Comme on l'a vu plus haut, le transfert de U-Boote en Méditerranée, de part et d'autre de Gibraltar, allège pour un temps la menace en Atlantique. En décembre, il ne reste que 37 U-Boote dans l'Atlantique, dont 12 à l'Ouest de Gibraltar. Cette baisse de régime des

U-Boote n'atteint pas le capitaine de corvette Hessler), gendre de Dönitz, qui coule 14 navires totalisant 87 000 tonnes au cours d'une même patrouille de 135 jours, devenant ainsi le recordman dans ce genre de compétition. Les premiers U-Boote de *type IX,* dont celui du commandant Hessler, disposant d'un rayon d'action de 10 000 milles, soit à l'époque 47 jours en mer, porté plus tard à 30 000 milles, interviennent avec succès dans les zones lointaines de l'Atlantique Sud et de l'océan Indien. En mai, cinq types IX coulent 32 navires ; les meutes n'en coulent que 25 en Atlantique Nord. Après la destruction des ravitailleurs, les types IX font escale dans les ports coloniaux espagnols et portugais. Avertis de cette disposition par les décryptages, les Alliés effectuent des démarches diplomatiques pour la faire cesser. Une seconde vague de types IX envoyée à la fin de l'année contre les convois d'Afrique ne donne rien. Les Alliés ont une maîtrise des décryptages qui leur permet de dérouter à temps les convois. En décembre 1941, Dönitz suspend l'opération.

Le répit est de courte durée. La réplique des U-Boote est pour bientôt, avec l'accroissement sensible de leur effectif opérationnel.

| ***Période*** | ***Opérationnel*** | ***Entraînement*** | ***Total*** |
|---|---|---|---|
| Janvier 1941 | 22 | 67 | 89 |
| Avril 1941 | 32 | 81 | 113 |
| Juillet 1941 | 65 | 93 | 158 |
| Octobre 1941 | 80 | 118 | 198 |
| Janvier 1942 | 91 | 158 | 249 |

Le bombardement des chantiers navals allemands ne ralentit pas le rythme de construction des U-Boote. Les Alliés n'en seront vraiment conscients qu'à partir du second semestre 1944, sans pouvoir être beaucoup plus efficaces. Dans le même genre, on note l'absence de réaction devant la construction des bases sous-marines qui a débuté au printemps 1941. L'abri de Saint-Nazaire, terminé en juillet, abritera ainsi 26 U-Boote. Bien que des agents comme Hilarion-Philippon aient donné à temps les informations utiles, aucun bombardement ne viendra contrecarrer la construction des abris. D'ailleurs, avant la construction des bases, les U-Boote n'avaient pas été trop inquiétés dans les ports français. Le Bomber Command britannique s'en tient, et s'en tiendra, à sa stratégie du bombardement des villes allemandes, dont l'efficacité ne repose que sur des hypothèses.

On ne peut que regretter ce manque de clairvoyance, qui coûtera très cher aux navires et aux marins Alliés, alors que le remède était simple. Dès l'invasion de la zone Sud en novembre 1942, Dönitz fait construire une base sous-marine à Marseille. Le 2 décembre 1942, 118 forteresses-volantes américaines bombardent le chantier. Les fondations sont endommagées à leur base, et leur assise ne peut être rétablie. L'abri ne sera jamais terminé.

### *Apparition du porte-avions d'escorte*

La menace aérienne allemande est matérialisée par le Focke-Wulfe 200 Kondor qui intervient, soit comme bombardier, soit comme avion de reconnaissance. Son apparition au-dessus d'un convoi entraîne une attaque prochaine des U-Boote. Cet aspect de la coopération marine-aviation fonctionne trop bien au goût des Alliés. Ne disposant pas de chasseurs à grand rayon d'action, les Alliés décident d'adjoindre ces chasseurs aux convois. L'Amirauté commande d'urgence des porte-avions d'escorte aux USA, et décide, en attendant, de transformer des cargos en porte-avions d'escorte. En juin, l'*Audacity*, l'ex-cargo allemand *Hannover* transformé en porte-avions d'escorte, prend la mer. Il transporte 6 appareils, ce qui suffit à assurer la sécurité aérienne d'un convoi. La carrière de l'*Audacity* sera courte et cependant efficace. Le navire est intégré au groupe d'escorte du capitaine de vaisseau Walker, le plus efficace des chasseurs de sous-marins. En décembre 1941, il est torpillé lors de la bataille du convoi HG76 qui dura une semaine. Les Britanniques perdent également un destroyer, mais seulement deux des 32 navires de ce convoi. Les Allemands perdent cinq U-Boote, dont le *U-567* du lieutenant de vaisseau Endrass. Second du commandant Prien lors de son raid à Scapa Flow, Endrass avait coulé 140 000 tonnes en 18 mois. Le *U-567* n'en était qu'à sa seconde croisière. Malgré la perte de l'*Audacity*, cette bataille a permis de tester avec succès la validité du concept du porte-avions d'escorte. Ce type de bâtiment jouera désormais un rôle clé dans la protection des convois. Cette bataille montre également la validité des méthodes de combat du commandant Walker qui vont faire école (cf. chapitre 3 sur les U-Boote et leurs prédateurs).

***Pearl Harbour et ses conséquences***

En cette fin d'année, la guerre s'allume de l'autre côté du globe. Le 7 décembre 1941, les Japonais attaquent Pearl Harbour. Les États-Unis entrent en guerre aussi bien contre le Japon que contre l'Allemagne. La guerre devient mondiale et rien ne sera plus comme avant.

À court terme, on constate que l'attaque de Pearl Harbour est un modèle dans l'exécution. Mais il ne s'agit nullement d'une victoire stratégique japonaise, ce qui aurait été le cas si les porte-avions avaient été détruits. Faute d'un effort de renseignement adéquat, les Japonais ne pouvaient savoir que ces porte-avions étaient en manœuvre. Cette impasse sur le renseignement leur sera fatale six mois plus tard à Midway.

En attendant, l'Amirauté avait décidé en octobre de renforcer les défenses de Singapour par une force de deux cuirassés, supposés dissuader les Japonais d'un raid contre la Malaisie. Le *Prince of Wales* et le *Repulse* sont en place dans la région fin novembre. Les Japonais lancent leurs opérations d'invasion dans la foulée de Pearl Harbour. Ils débarquent au Nord de Singapour le 8. L'amiral Philipps prend la mer pour détruire la tête de pont. Devant l'absence de couverture aérienne, repéré par un hydravion japonais, il fait demi-tour. Mais il décide d'attaquer une autre tête de pont, découverte à proximité de sa position. Le 10, l'escadre britannique est attaquée en force par l'aéronavale japonaise. Les deux cuirassés sont détruits. Le *Repulse* sauve 796 de ses 1 309 hommes d'équipage, le *Prince of Wales* 1 285 sur 1 612 hommes. L'Amirauté ne dispose d'aucun autre moyen. Singapour doit se défendre seule.

**Bilan de 1941**

| | Nb mois | *Pertes* | | | *Pertes mensuelles* | | |
|---|---|---|---|---|---|---|---|
| | | Tonnage allié | Unités | U-Boote | Tonnage/mois | Unités/mois | U-Boote/mois |
| 1er semestre 1940 | 10 | 2 336 002 | 702 | 34 | 233 600,20 | 70,20 | 3,40 |
| 2e semestre 1940 | 6 | 2 411 031 | 579 | 18 | 401 828,50 | 96,50 | 3,00 |
| Total 1939-1940 | 16 | 4 747 033 | 1 281 | 52 | 296 689,56 | 80,06 | 3,25 |
| 1er semestre 1941 | 6 | 2 884 307 | 760 | 19 | 480 717,83 | 126,67 | 3,17 |
| 2e semestre 1941 | 6 | 1 444 251 | 539 | 33 | 240 708,50 | 89,83 | 5,50 |
| Total 1941 | 12 | 4 328 558 | 1 299 | 52 | 360 713,17 | 108,25 | 4,33 |

Les autorités allemandes sont semble-t-il surprises par l'attaque japonaise. Mais la réaction est rapide. L'amiral Dönitz envisage tout de suite les ravages que des sous-marins pourraient infliger à un trafic côtier américain abondant et peu protégé. Car il estime à juste titre que les Américains n'ont aucune expérience dans ce domaine et qu'il leur faudra du temps pour l'acquérir. Fidèle à son principe d'attaquer là où le rendement des U-Boote est le plus élevé, l'amiral obtient l'autorisation d'engager douze sous-marins dans les eaux américaines. Mais l'Allemagne doit faire la guerre sur plusieurs fronts et les forces sous-marines sont dispersées. Dönitz n'obtient que cinq U-Boote, des types IX, capables de faire le trajet aller et retour et de rester deux à trois semaines en opérations. Ces U-Boote doivent attaquer ensemble à son signal, de manière individuelle, pour disperser la défense. L'amiral cherche à envoyer le plus possible de ses unités dans les eaux américaines, en obtenant l'arrêt de leur envoi en Méditerranée. Tout est en place pour l'opération « *Paukenschlag* », coup de cymbales qui va cueillir à froid les Américains début janvier.

CHAPITRE 6

# *L'*Atlantis, *corsaires marchands et forceurs de blocus*

L'Allemagne de 1939 possède, encore moins que celle de 1914, une marine à la hauteur de ses ambitions. La stratégie d'une marine de moindre puissance que celle de son adversaire est simple à énoncer : disperser les forces adverses pour porter des coups là où la défense est dégarnie. Car l'adversaire ne peut être fort sur toutes les mers. Et comme en temps de guerre le trafic maritime est encore plus vital qu'en temps de paix, il faut assurer la sécurité des lignes logistiques. À ce jeu-là, il suffit de petits moyens pour faire courir l'adversaire. La simple suspicion de la présence d'un corsaire camouflé provoque, à elle seule, autant de perturbations qu'une présence effective. Comme les corsaires effectuent de fréquents changements de cap et de zone d'effort, ils créent ainsi des troubles disproportionnés par rapport à la menace réelle.

Il faut se souvenir que les deux guerres mondiales se déroulent avec des moyens techniques réduits dans le domaine de la localisation des navires. Le seul moyen est la radiogonométrie, à condition de disposer d'un nombre suffisant de stations d'écoute. Encore faut-il que deux stations au moins captent le même message et que la signification de ce message soit claire. Comme les corsaires sont d'une grande discrétion radio, que leur trafic ne sera en conséquence jamais décrypté, il faut espérer capter le message d'une de leur victime. Comme le plus souvent il leur est intimé l'ordre de ne pas émettre, sous peine de coups de canon, la localisation d'un corsaire ou de ses victimes est un sport difficile.

L'Allemagne du Kaiser avait pratiqué cette guerre de course. Le croiseur léger *Emden* avait bien perturbé le trafic charbonnier avant d'être coulé. Un autre croiseur léger, le *Königsberg*, avait mobilisé à ses trousses deux douzaines de navires britanniques avant de se faire coincer dans l'estuaire d'un fleuve africain.

Après les croiseurs légers, un peu trop voyants, l'Allemagne avait utilisé des cargos, capables de modifier leur aspect, armés de pièces de 150 mm et de tubes lance-torpilles. Le *Möwe,* le *Wolf* et le *Seeadler* coulèrent 300 000 tonnes de navires marchands.

Les *Q-ships* britanniques leur avaient bien rendu la pareille. Ces navires marchands, camouflés de la même manière que leurs congénères allemands, avaient piégé et détruit quelques sous-marins et limité les ardeurs belliqueuses d'un plus grand nombre encore. Les trois heures du combat du Q-ship *Dunraven* et du *UC-71* sont restées dans les annales.

Cette expérience de la guerre de course qui fascine tous les marins, reste dans les mémoires.

## 1. L'*ATLANTIS* ET LES CORSAIRES MARCHANDS

La Kriegsmarine jettera dans la bataille deux vagues de croiseurs marchands. Seule, la première vague remportera des succès significatifs, à la fois quant au tonnage coulé et capturé, et plus important, quant à sa capacité à disperser les forces adverses. L'*Atlantis* est le plus connu des corsaires marchands de la première vague. L'histoire de cette première vague est décrite à travers celle de l'*Atlantis*.

Les corsaires cuirassés, dont le cas est brièvement évoqué, n'ont qu'une brève carrière.

### 1.1. Les préparatifs

Le réarmement naval allemand est observé avec attention par les marines françaises et britanniques dont la stratégie est alors élaborée en commun.

***La stratégie allemande***

L'amiral Raeder, principal artisan de la montée en puissance de la Kriegsmarine renaissante, garde en mémoire les possibilités de la guerre de course. Le premier plan naval est « économique » et conçu pour la bataille logistique. Les pièces principales sont les sous-marins et les cuirassés de poche. Le second plan, le plan « Z », est un plan de réarmement classique. Il vise à la constitution d'une marine puissante, capable d'actions offensives contre l'ennemi probable, c'est-à-dire la Royal Navy.

La Royal Navy et les marines alliées sont conscientes du danger. Le rôle des cuirassés de poche et des sous-marins est clair. Aussi est-il décidé bien avant l'ouverture des hostilités d'appliquer le système des convois (cf. chapitre 1). Des groupes de chasse, peu nombreux au début de la guerre, sont prédisposés pour intervenir dès qu'un renseignement le leur permettra. En octobre 1939 les marines françaises et britanniques ont prépositionné huit groupes de chasse, soit vingt croiseurs, ce qui n'est pas rien, dont la cible principale est constituée par les cuirassés de poche. Ce déploiement de force est rendu nécessaire par l'armement de ces cuirassés de poche. On se souvient que l'Allemagne n'a pas respecté les limitations du traité de Washington. Les cuirassés de poche sont des croiseurs plus lourds de 2 000 tonnes que ce qui est autorisé pour un croiseur, mais surtout leur armement de 6 pièces de 280 mm surclasse l'armement de 203 mm ou 150 mm des croiseurs alliés qui respectent le traité de Washington. En conséquence, les cuirassés de poche doivent être pourchassés par des navires de ligne rapides. Au début de la guerre, les Alliés n'ont qu'un petit nombre de ces unités. Il leur faut prendre des risques et envoyer des croiseurs à la recherche de ce puissant adversaire.

L'objectif consistant à disperser les forces adverses est donc immédiatement atteint par l'Allemagne. Il ne pouvait d'ailleurs pas en être autrement.

La destruction des navires marchands adverses est un objectif secondaire. Les corsaires marchands ne peuvent que s'attaquer aux navires isolés, difficiles à trouver, puisque les convois sont mis en place tout de suite. Par contre, les cuirassés de poche et les autres corsaires militaires ont la puissance nécessaire pour s'attaquer aux convois.

Le plan « Z » a les faveurs d'Hitler. Cette marine-là doit être prête en 1946-1947. La guerre, éclatant de manière imprévue pour Hitler en 1939, prend la Kriegsmarine au dépourvu. Elle n'est prête ni pour la guerre de course, ni pour les batailles rangées. Les trois cuirassés de poche, *Spee*, *Scheer* et *Deutschland*, ne peuvent suffirent à mener à eux seuls la guerre de course. D'ailleurs, la Royal Navy ne supporte pas ce genre de chose. On le verra bien avec la fin rapide du *Graf Spee* dans le Rio de La Plata dès le mois de décembre 1939.

Aussi est-il prévu avant les hostilités d'armer des cargos rapides pour la guerre de course. L'amiral Raeder prévoit d'utiliser les 26 cargos du plan d'armement dans les mers lointaines, en particulier l'océan Indien, et de les faire équiper pour le mouillage de mines. Car la présence de mines dans une région lointaine peut faire craindre la présence de sous-marins et donc augmenter la perturbation chez l'adversaire. Et comme il peut se passer un bon moment avant que l'adversaire ne se rende compte que ces mines ont été mises en place par un corsaire marchand, on peut ainsi entretenir le doute plus longtemps.

Les armateurs reçoivent donc discrètement des primes pour faire renforcer le pont principal de certains cargos en cours de construction. Ce qui permettra plus tard d'y installer des pièces de 150 mm. Il en est ainsi du *Goldenfels*, cargo rapide de 7 862 tonnes, plus connu sous son nom de guerre, l'*Atlantis*. Ce bâtiment est le plus connu des corsaires marchands allemands. D'autres navires marchands allemands vont se faire connaître, comme ravitailleurs ou comme forceurs de blocus.

Les rendez-vous entre les corsaires et leurs ravitailleurs sont soigneusement planifiés. Ces ravitaillements sont un moment dangereux et il faut éviter de donner à l'adversaire ne serait-ce que des soupçons. Le milieu de l'Atlantique, les îles du Pacifique sous mandat japonais, les Kerguelen, bien trop lointaines pour que la France exerce son contrôle, sont des points de rendez-vous ou de refuge discrets. Plus tard, lorsque les U-Boote opèrent dans les mers lointaines, les corsaires marchands participent à leur ravitaillement. Lorsqu'un corsaire capture un pétrolier chargé de mazout, il essaye de le garder avec lui, pour bénéficier de cet approvisionnement gratuit.

La marine italienne mettra en service un seul corsaire marchand, qui sera coulé avant d'avoir fait quoi que ce soit. Les Japonais armeront deux ou trois corsaires qui n'obtiendront que de faibles résultats. La majeure partie du tonnage allié coulé par les corsaires est imputable à l'Allemagne.

***L'*Atlantis *se prépare***

Le capitaine de frégate Bernhard Rogge est un officier de carrière. Enseigne de vaisseau en 1915, il reste dans la marine après la guerre. En 1939, il commande pour la seconde fois un voilier-école qu'il emmène, comme le premier, dans les mers du Sud. Le commandant Rogge connaît son affectation du temps de guerre, un croiseur auxiliaire. En septembre 1939, il récupère le *Goldenfels*, qui reçoit bientôt son non de code, *Schiffe 16*. Le commandant recrute lui-même son équipage et supervise l'armement de son bâtiment.

L'équipage d'un corsaire marchand est beaucoup plus nombreux que celui d'un cargo. Car il est prévu d'acheminer vers l'Allemagne les prises les plus intéressantes. Il faut donc pouvoir disposer d'un bon nombre d'officiers et de matelots pour constituer les équipages de prise. Le corsaire embarque 20 officiers et 328 hommes, tous soigneusement sélectionnés.

L'armement s'effectue dans l'improvisation du début de la guerre. Si le plan naval a bien prévu les cargos et le renforcement de leur pont, il ne dit rien de leur transformation en corsaire. Il faut improviser et négocier. Le commandant Nerger, qui a commandé le corsaire marchand *Wolf* pendant le premier conflit, transmet son expérience de l'art du camouflage des armements.

Les canons de 150 mm sont fixés sur le pont, camouflés par des fausses caisses dont les panneaux sont rabattables. Il y en a six, plus un canon de 75 mm pour les coups de semonce, selon la bonne vieille tradition des corsaires. L'armement antiaérien se compose de deux affûts doubles de 37 mm et de quatre canons de 20 mm. Quatre tubes lance-torpilles s'ouvrent sous la flottaison. Le bâtiment emporte également deux petits hydravions et 92 mines.

Le navire mesure 160 mètres de long et 20 mètres de large. Il peut parcourir 60 000 milles à 10 nœuds. Sa vitesses maximale est de 18 nœuds. Le *Pinguin,* le *Thor* et le *Kormoran* ont des caractéristiques similaires ; leur capacité de minage est trois fois supérieure. Les quatre autres corsaires marchands de cette première vague ont un rayon d'action inférieur et un armement identique. Ces préparatifs ayant lieu en pleine guerre passent complètement inaperçus des Alliés. La surprise sera donc complète.

L'*Atlantis* entre en service en décembre 1939, enregistré comme navire-base. Le dur hiver 1939-1940 retarde l'entraînement. Sous la pression des événements, les corsaires marchands sont envoyés discrètement en opération. L'*Atlantis* appareille le

31 mars. Pour déjouer le blocus britannique, il se déguise en cargo russe. Un grand nombre de navires marchands sont assurés ou réassurés auprès de la compagnie britannique Lloyd's. Le « registre » décrivant les milliers de bâtiments assurés est entre les mains d'un grand nombre de commandants alliés. Ils disposent ainsi d'un moyen commode d'identifier les bâtiments. Le commandant Rogge, qui a été promu capitaine de vaisseau, espère que la liste des bâtiments soviétiques est moins à jour et qu'il a ainsi plus de chance de tromper son monde en cas d'arraisonnement. Aidé par la tempête, il sème deux croiseurs britanniques. L'*Atlantis* entre dans l'Atlantique début avril pour rejoindre sa zone d'action, la route Freetown-Le Cap.

Les autres corsaires marchands appareillent tout aussi discrètement. L'*Orion* en avril, le *Widder* en mai, Le *Thor* et le *Pinguin* en juin, puis le *Komet* en juillet. Ces bâtiments constituent ce que l'on a appelé ensuite la première vague de corsaires marchands.

## 1.2. La croisière de l'*Atlantis*

L'attaque de la Norvège par l'Allemagne le 9 avril 1940 déclenche une riposte navale britannique violente. Il est demandé à l'*Atlantis* de couler un maximum de navires le plus tôt possible, pour attirer vers lui des unités alliées et alléger leur pression en Norvège.

Ces ordres ne réjouissent pas Rogge. La sécurité de l'*Atlantis* risque d'être compromise, sans pour autant soulager la Kriegsmarine.

### *Les premières prises*

L'équateur est atteint le 24 avril. Le passage de la ligne s'effectue avec le cérémonial traditionnel. Il est temps de changer de camouflage, les cargos russes étant des plus rares dans cette zone.

Le commandant Rogge a soigneusement étudié avec l'officier responsable du camouflage le registre des Lloyd's. Il s'agit de trouver les navires dont la silhouette est semblable à celle de l'*Atlantis*, pour emprunter leur identité et leur aspect en cas de besoin. Il faut aussi que ces navires aient une raison valable de naviguer dans la même zone que l'*Atlantis*. Pour le moment, l'*Atlantis* se déguise en *Kasii-Maru*. Le bâtiment est repeint. On peut voir des marins japonais sur le pont, ainsi que des touristes, dont une femme poussant un landau. C'est qu'il ne faut rien négliger pour tromper son monde.

Puis le commandant Rogge explique à l'équipage la mission de l'*Atlantis*. Il s'agit de couler quelques navires, à des endroits assez éloignés les uns des autres, pour désorganiser le trafic allié. C'est ainsi que le paquebot *City of Exeter* n'est pas attaqué. D'ailleurs, qu'aurait-on fait des passagers ?

Le 3 mai, le cargo britannique *Scientist*, de 6 200 tonnes, est stoppé au canon. Car l'opérateur radio émet courageusement le signal « QQQ », signifiant l'attaque par un navire marchand. Le corsaire doit donc tirer sur la passerelle, derrière laquelle se trouve la cabine-radio. L'équipage de prise s'empare de quelques documents mais les instructions secrètes ont été détruites. Le cargo est ensuite coulé à l'explosif. Les 77 hommes d'équipage sont les premiers prisonniers du corsaire. Ces prisonniers sont traités aussi bien que possible. L'hospitalité du commandant Rogge restera célèbre. La plupart des commandants de ces corsaires traiteront leurs prisonniers avec humanité. Exception faite du commandant du *Widder* puis du *Michel*, le commandant Rückteschell, ancien sous-marinier de la première guerre, qui sera condamné à 16 ans de prison comme criminel de guerre en 1947.

Pour en revenir à l'*Atlantis*, le message d'alerte de sa victime n'est pas capté. Il devait atteindre Freetown le 10 mai. L'*Atlantis* est au moins tranquille jusqu'à cette date.

Conformément à ses ordres, l'*Atlantis* se dirige vers la région du Cap pour y mouiller ses mines. Il pénètre d'abord dans l'océan Indien, puis fait demi-tour, pour donner l'impression de venir d'une mer asiatique, ce qui est assez normal pour un cargo japonais. Les mines sont mouillées le 10 mai. Pour donner le change, on largue une bouée marquée « U-37 ». Et pour tromper les prisonniers, on simule un rendez-vous avec un sous-marin imaginaire !

### *L'alerte est donnée*

Le champ de mines est découvert le 13 mai. Le radio de l'*Atlantis* capte le message. Mais cet indice est bien mince pour que son exploitation par les Britanniques puisse se faire. Il existe des tas de raisons, en temps de guerre, pour qu'un bâtiment disparaisse. Les mines peuvent avoir été mises en place par un sous-marin.

À cette époque, le commandant Denning, responsable à l'Operationnal Information Centre (OIC) de l'amirauté de la cellule traitant le renseignement sur les flottes de surface, ne dispose d'aucun indice révélant la présence d'un corsaire marchand allemand. Les indices vont s'accumuler lentement, tant les corsaires sont discrets. Cependant, entre mars et juin 1939, le commandant Denning s'est préparé. Il a ouvert une section chargée de suivre les mouvements de tous les navires marchands allemands, italiens et japonais, car certains d'entre eux peuvent être ou devenir des corsaires. Les sources d'information du commandant sont les Lloyd's, auxquels il est relié par ligne directe et les fonctionnaires du ministère du Commerce en poste à l'étranger.

Par prudence, l'*Atlantis* change de route et se transforme en 24 heures en cargo hollandais. L'*Atlantis* apprend peu après que le vrai cargo hollandais vient d'être coulé. Comme les possibilités d'usurpation d'identité sont limitées et que changer d'aspect est une opération épuisante, le commandant Rogge décide de conserver son camouflage.

Le cargo norvégien *Tirranna* est capturé le 10 juin. L'*Atlantis* en profite pour lui emprunter son apparence et se dirige vers Colombo. Le *Tirranna* part avec un équipage de prise pour se cacher et rejoindre l'*Atlantis* plus tard. Rien ne se passe pendant un mois. Puis le 11 juillet, le *City of Bagdad* est capturé. Il a eu le temps d'émettre le signal de détresse qui ne sera pas exploité. Le cargo est coulé à l'explosif. Les documents secrets ont été saisis. Ils contiennent la description d'un navire suspect qui ne peut être que l'*Atlantis* ! Il est temps de modifier le camouflage. L'un des deux opérateurs-radio du commandant Rogge est un cryptologue. Il exploite les documents secrets qui vont permettre à l'*Atlantis* de déchiffrer le trafic de ses futures victimes pour mieux les traquer. Les opérateurs-radio font également leur possible pour brouiller l'émission du signal de détresse des victimes du corsaire.

Le corsaire *Orion* est parti le 6 avril et opère dans l'Atlantique Nord. Dès le 24 avril, il capture le cargo britannique *Haxby*. Il va ensuite déposer ses mines devant le port d'Auckland. Elles ne feront qu'une victime, le *Niagara*, qui transporte une fabuleuse cargaison de dix tonnes d'or. Cette cargaison sera bien vite récupérée car l'empire britannique est au bord de la cessation de paiements. Le corsaire passe ensuite dans le Pacifique. Le 19 juin, il capture le cargo norvégien *Tropic Sea* qui doit rejoindre ensuite la France avec un équipage de prise. Le *Tropic Sea* est capturé en juillet par un sous-marin britannique à proximité des côtes françaises. Comme il transporte également l'équipage du *Haxby*, le pot aux roses est découvert.

La présence d'au moins un corsaire marchand est maintenant certaine. Le commandant Denning ouvre une sous-section consacrée au suivi de ces corsaires. L'officier responsable est le lieutenant de vaisseau P. Beesly,) réserviste de la Royal Navy et futur adjoint du commandant Winn. Ce premier corsaire, l'*Orion*, est baptisé « raider A », puisqu'il est le premier d'une liste qui ne fait que s'ouvrir et qu'il est plus commode de le suivre à la trace en lui donnant un nom. Commence alors une patiente collecte d'informations pour pister avec beaucoup de difficultés les mouvements des corsaires. Les informations sont rares, et l'itinéraire des corsaires, tels que l'*Orion* ou l'*Atlantis* qui parcourent des milliers de kilomètres, est bien difficile à prévoir. Les victimes n'ont pas toujours le temps d'émettre le signal « QQQ ». Dans la hâte, elles émettent parfois « RRR » signal d'attaque par un croiseur, ou « SSS » signal d'attaque par un sous-marin. Les très rares messages captés apportent souvent la confusion. Pour reconstituer l'itinéraire d'un corsaire, il faut lui attribuer les bonnes victimes, lorsqu'elles sont connues. C'est un travail qui est souvent remis en cause. Ce n'est que de cette manière que l'on peut déterminer le nombre et la zone d'action des corsaires. Le système se met en place lentement. En mai 1941, les corsaires A à G, c'est-à-dire tous les corsaires en service, sont identifiés et suivis de manière régulière.

Mais en juillet 1940, les corsaires ont encore de beaux jours devant eux. La Grande-Bretagne poursuit seule la lutte. La Royal Navy perd le bénéfice de la coopération avec la marine française. Les moyens navals sont regroupés à proximité des Îles britanniques pour contrer un éventuel débarquement allemand. Jusqu'à ce que ce danger soit écarté, les corsaires n'ont pas grand-chose à craindre de la Royal Navy, dont les moyens laissés disponibles sont consacrés à l'escorte des convois.

## *L'activité des corsaires*

Le 9 juillet, le *Komet* entre en campagne par un exploit de navigation. Avec l'aide des brise-glace soviétiques, car on est sous le régime du pacte germano-soviétique, le corsaire atteint en deux mois le Pacifique par la route du Nord. Sa zone d'action s'étend de l'Indonésie à la Nouvelle-Zélande.

Le *Widder* est au centre de l'Atlantique. Le *Thor* croise au milieu de l'Atlantique Sud, du Brésil à l'Argentine. Le *Kormoran* et le *Pinguin* croisent au milieu de l'Atlantique Nord, du Groenland au Brésil. Le *Pinguin* rejoindra ensuite l'océan Indien et l'Australie. L'*Orion* croise du Sud de l'Australie à l'Indonésie. Les corsaires ont deux à deux une zone d'action commune, ce qui leur permet des facilités d'assistance. L'*Atlantis* et le *Pinguin* se rencontreront ainsi en décembre autour d'un ravitailleur. Cette première vague de corsaires marchands et cuirassés est soutenue par un remarquable réseau de 18 ravitailleurs et pétroliers.

Les destructions deviennent sensibles à partir de juillet. L'*Atlantis* croise au milieu de l'océan Indien. Il détruit le *City of Bagdad* le 11 juillet 1940, puis le *Kammendine* le 13 juillet. Il recueille 140 personnes, dont 5 femmes et 2 enfants qui rejoignent les 160 prisonniers du corsaire. La vie à bord devient difficile. Rogge envoie son premier message à Berlin. Il est en croisière depuis trois mois et demi et il a coulé 30 000 tonnes.

Il retrouve le *Tirranna* le 29. Le mauvais temps retarde les opérations de remise en état du *Tirranna*. Le 2 août, un navire s'approche des deux cargos allemands. C'est un sister-ship du *Tirranna,* venant prêter assistance, car il le croyait en difficulté. Le *Talleyrand* rejoint la liste des victimes du corsaire. Le 5 août, le *Tirranna* part pour la France avec un équipage de 18 hommes et 273 passagers. Le commandant Rogge a profité de cette escale en pleine mer pour réprimer ceux de ses marins coupables d'avoir pillé les prisonniers et pour dédommager les victimes. Un marin est même renvoyé en France avec les prisonniers.

Début août, le corsaire intercepte un message de l'amirauté britannique demandant à tout navire captant un signal de détresse brouillé de signaler sa position et le relèvement de l'émission. L'OIC soupçonne la présence du corsaire, contre lequel on ne pourrait envoyer que des croiseurs auxiliaires. C'est à peu près tout ce qu'il est possible de faire. Le commandant Rogge est prévenu.

La nuit du 24 août, un cargo s'approche lentement de l'*Atlantis*. Rogge craint d'être en présence d'un Q-ship. Après deux heures d'observation, une torpille du corsaire rate son but. Le cargo est stoppé au canon, et le navire, un charbonnier, flambe d'une manière telle qu'il faut le couler au plus vite, par crainte d'attirer l'attention. Le commandant du *King City* reproche à Rogge ses coups de canon inutiles qui ont fait quatre morts, les premières victimes du corsaire. Rogge voulait faire une guerre

« propre », c'est une illusion qui s'envole. Le 9 septembre, l'arraisonnement d'un pétrolier conduit l'*Atlantis* à détruire au canon la passerelle, pour interrompre l'émission du signal de détresse ; trois morts de plus. Le corsaire juge plus prudent de changer de zone et se dirige plein Nord vers Ceylan.

La victime suivante est arraisonnée avec l'aide de l'hydravion. Mais le *Benarty* a le temps d'émettre qu'il est attaqué par un avion. L'équipage de prise rapporte les codes secrets ; c'est une prise appréciable. L'autre victime de septembre a également le temps d'émettre et le message est relayé dans tout l'océan Indien. Par prudence, l'*Atlantis* change deux fois son camouflage. Le *Tirranna* arrive sans encombre au large de la Gironde. Il est torpillé par un sous-marin anglais.

Cette mauvaise nouvelle n'arrange pas le moral à bord du corsaire. Il ne se passe rien pendant les trois premières semaines d'octobre. La nourriture et l'eau sont rationnées pour tout le monde, équipage et prisonniers.

Le 26 octobre, le cargo yougoslave *Dormitor* est capturé. Rogge y installe 260 prisonniers et 14 hommes d'équipage et envoie le cargo en Somalie italienne. Le *Durmitor* est une vieille baille qui se traîne de manière inconsidérée. Il transporte du sel et les rats pullulent. Les conditions de vie des prisonniers, sous la chaleur des tropiques, deviennent intenables. L'enseigne de vaisseau qui a la charge de cette équipée fait fabriquer des voiles et brûle dans la chaudière tout ce qu'il peut trouver. Il atteint sa destination après une navigation de plus de vingt jours.

En novembre, deux pétroliers sont capturés. Le mazout récupéré permet à l'*Atlantis* de prolonger sa croisière pendant deux mois supplémentaires. Le 11 novembre, c'est au tour du paquebot britannique *Automedon* d'être capturé. Un abondant courrier secret est capturé ainsi qu'une grande quantité de whisky et de cigarettes. Les documents secrets sont envoyés au Japon à bord de l'un des deux pétroliers norvégiens. L'autre est coulé.

Début décembre, le *Pinguin* capture un pétrolier chargé de 10 000 tonnes de diesel. Rogge décide de profiter de l'aubaine pour remplir ses soutes. Les deux corsaires se rencontrent et fêtent cet événement. Berlin a fait pleuvoir les Croix de Fer sur l'équipage. Rogge est nommé chevalier. Tout ceci est dignement arrosé. Puis les prisonniers sont transférés sur le pétrolier. L'*Atlantis* met le cap sur les Kerguelen pour remettre le navire en état et reposer l'équipage. En neuf mois de croisière, le corsaire a capturé ou coulé 94 000 tonnes. Et ce n'est pas fini.

L'hivernage commence mal. Le corsaire s'empale sur une aiguille rocheuse. Rogge n'hésite pas à enfiler le scaphandre pour aller lui-même constater les dégâts. Il fait transborder des dizaines de tonnes de munitions et de fret pour modifier la répartition des masses. On se livre à toutes sortes de manœuvres mais le bâtiment reste cloué au rocher. Comme il reste peu de vivres et que l'île, à part de l'eau douce, n'a que peu de gibier, les perspectives sont des plus sombres. Quelques jours plus tard, une tempête déhale le corsaire qui l'a échappé belle. Les réparations sont difficiles mais le corsaire reprend la mer le 10 janvier. Il a maintenant l'aspect d'un cargo norvégien récent qu'on espère absent des registres du Lloyd's.

### *Les derniers mois de l'*Atlantis

En ce début d'année 1941, le cuirassé de poche *Scheer* effectue des travaux de révision dans l'Atlantique Sud en compagnie du *Thor* et du *Pinguin*. Puis ils repartent vers leurs terrains de chasse : la route Freetown-Le Cap pour le *Scheer* et le *Thor*, le *Pinguin* vers l'Antarctique, pour s'attaquer aux baleiniers. L'*Orion* se remet en état dans une île des Mariannes. Le *Komet*, qui avait réussi à capturer avec l'*Orion* quatre cargos chargés de phosphates à Nauru, au Sud des Marshall, refait une apparition à Nauru puis se dirige vers le Sud de l'océan Indien. Le *Widder* était rentré à Brest fin octobre, après avoir coulé 58 000 tonnes en six mois.

L'*Atlantis* repère un cargo le 22 janvier que son hydravion attaque. Le *Mandasor* est coulé mais il a émis son message de détresse. L'opérateur britannique donne par erreur une fausse position, vers laquelle se dirigent des croiseurs britanniques. L'*Atlantis* l'a échappé belle. Puis le 31, le cargo *Speybank* est capturé puis gardé comme ravitailleur. Le 2 février, c'est un pétrolier norvégien, le *Ketty Bröwig*, qui est capturé et conservé comme ravitailleur. Rogge demande des instructions à Berlin car le carburant diesel de ses prises peut intéresser d'autres navires. Le 10, il rencontre le ravitailleur *Tannenfels*, et récupère l'équipage de prise qui avait conduit le *Durmitor* en Somalie. Rogge récupère ses deux ravitailleurs et cette petite escadre se porte à la rencontre du *Scheer*. Les commandants s'échangent des renseignements. Rogge fait une bonne opération en échangeant un stock de stylos contre des œufs ! Puis chacun repart.

Un autre rendez-vous avec le *Scheer* était prévu. Mais le *Scheer* n'y est pas. Il a dû quitter l'océan Indien devant la menace britannique. Au printemps 1941, les marines alliées reprennent l'initiative perdue (cf. chapitre 2) et la chasse aux corsaires peut reprendre. Après plusieurs semaines d'inaction, l'*Atlantis* retrouve le *Speybank*. Après un dernier ravitaillement, le cargo part pour Bordeaux. Rebaptisé *Doggerbank*, il effectuera une seconde carrière comme mouilleur de mines et ravitailleur de sous-marins. Il sera d'ailleurs coulé par erreur par l'un d'eux en mars 1943. Le *Ketty Bröwig* sera surpris peu après en compagnie d'un ravitailleur, et coulé par le croiseur *Camberra* dans l'océan Indien. Fin mars, l'amiral Raeder félicite l'équipage qui est en mer depuis un an.

Les Alliés prennent de plus en plus de précaution et les proies se font rares. L'*Atlantis* abandonne l'océan Indien pour l'Atlantique Sud. Sa première victime est le paquebot égyptien, donc neutre, *ZamZam*. C'est bien sûr avec consternation que Rogge s'aperçoit de la chose. Cette affaire pourrait faire autant de bruit que celle du *Lusitania*, car il a des passagers américains à bord. Les 300 prisonniers seront transférés sur le ravitailleur *Dresden* qui rejoindra la France. Rogge, qui ne ménage pas ses efforts pour humaniser sa guerre, est traité de « boucher » par la presse américaine.

Rogge se ravitaille auprès de deux autres navires et récupère trois hydravions en pièces détachées. L'équipage reçoit également du courrier, le premier depuis un an. Le corsaire devrait rentrer, car sa croisière était prévue pour un an, mais Rogge dispose de carburant et de munitions et l'équipage a bon moral. La croisière continue.

L'*Atlantis* se dirige une nouvelle fois vers la ligne Freetown-Le Cap. Pour économiser le carburant, on coupe les moteurs et on se laisse dériver. Le 17 mai vers minuit, Rogge a beaucoup de chance. Le cuirassé *Nelson* et un porte-avions passent à 3 milles de l'*Atlantis* sans le voir. Et il n'était pas question de remettre les moteurs en route. Car un démarrage à froid provoque une gerbe d'étincelles. En mai, le corsaire coule un cargo. Il apprend le 8 mai la perte du *Pinguin*, coulé au large de la pointe Est de l'Afrique par le croiseur *Cornwall*. En dix mois de croisière, le *Pinguin* avait coulé 136 551 tonnes.

## 1.3. Le combat contre les corsaires marchands

L'aventure du *Pinguin* est révélatrice de la difficulté de la lutte contre ce type de navire. La première difficulté est de les trouver. La suite de l'opération est tout aussi compliquée. Les procédés de combat contre les corsaires marchands ne sont affinés qu'après bien des déboires subis par les Britanniques.

### *Le difficile apprentissage*

Faute de moyens, les Britanniques ne peuvent au début opposer aux corsaires adverses que leurs propres croiseurs marchands. Le choix des Britanniques est dans ce domaine très différent de celui des Allemands. La Royal Navy choisit d'armer des paquebots. Leur vitesse, mais ils ne sont pas tous dans ce cas, leur tonnage voisin de 15 à 20 000 tonnes, les rendent aptes à patrouiller sur de grandes distances par tous les temps ; on les équipe de six à huit pièces de 152 mm, datant souvent du premier conflit. Par contre, ces bâtiments ne sont pas équipés de l'Asdic et leur taille en fait une belle cible. Six d'entre eux sont victimes des U-Boote en 1940. Mais la Royal Navy manque de navires ; ils sont retirés de l'Atlantique Nord, mais leur emploi est provisoirement maintenu dans les mers lointaines. Plus tard, ils seront utilement convertis en transport de troupes.

Lorsqu'ils rencontrent par hasard un corsaire marchand allemand, les croiseurs auxiliaires britanniques sont très défavorisés. Leur attitude trahit leur mission alors que le corsaire, mieux armé, plus petit et donc moins vulnérable, joue pleinement de l'effet de surprise.

À la fin de juillet 1940, l'amiral Harwood, le vainqueur du *Graf Spee*, envoie en patrouille le croiseur auxiliaire *Alcantara* au large des côtes brésiliennes car la présence d'un corsaire est probable. Il s'agit du *Thor* qui a déjà coulé 6 navires en juin. L'amiral patrouille plus au Sud. L'*Alcantara* a la malchance de trouver le *Thor* qui endommage gravement son adversaire avant de s'échapper. Le 5 décembre, le *Thor* fait subir le même sort à un autre croiseur auxiliaire, le *Carnavon Castle's*. Le *Thor* échappe aux croiseurs lancés à sa poursuite. L'année suivante, en mars 1941, le *Thor* vient à bout du croiseur auxiliaire *Voltaire* après un combat de deux heures et repêche les 197 survivants. Le corsaire allemand rejoint son port en avril.

Le *Kormoran* est encore plus virulent. Il est en croisière depuis décembre 1940 et il a coulé 68 274 tonnes lorsqu'il est rejoint le 19 novembre 1941 au large de l'Australie par le croiseur australien *Sidney*. Le croiseur commet l'erreur de ne pas transmettre à l'Amirauté la prétendue identification du *Kormoran*. Par contre, il lui demande d'émettre le code secret d'identification. Il navigue parallèlement au *Kormoran*, à environ 2 000 mètres. Le *Kormoran* répond à ce message par l'ouverture d'un feu précis qui surprend et endommage l'imprudent *Sidney* qui est même touché par une torpille. Le combat reprend et les deux adversaires sont en flammes. Le *Sidney* se retire et il explose peu après ; il n'y aura aucun survivant. Le *Kormoran* se saborde ; 315 de ses 400 hommes d'équipage s'embarquent dans les canots et seront plus tard faits prisonniers par les Australiens.

Le combat du *Pinguin* et du *Cornwall* est utilisé pour améliorer les procédés de combat britanniques. Le *Pinguin* venait de couler la veille le pétrolier *British Emperor* qui avait eu le temps d'émettre le signal de détresse. Ce message est capté par le *Cornwall* qui chasse les corsaires, comme d'autres croiseurs le font sur d'autres mers, car la riposte britannique s'est mise en place. L'hydravion du *Cornwall* repère un navire marchand suspect. Le croiseur est prudent, mais pas assez, contre un adversaire aussi coriace que le *Pinguin*. Le *Pinguin* fait durer l'identification puis, lorsqu'il est certain d'avoir été découvert, il tire sur le croiseur, et touche son gouvernail. Le croiseur répare rapidement ses avaries et coule le *Pinguin* au canon.

Ce combat est abondamment commenté par les Britanniques. On reproche au *Cornwall* de s'être approché trop près. Le vrai problème est la difficulté de pouvoir identifier rapidement un navire marchand. Les bâtiments alliés seront bientôt pourvus d'un signal de reconnaissance secret avant qu'une meilleure solution soit mise en place. Les navires marchands sont suivis à l'OIC par le commandant Hall. Une liaison radio permet alors de savoir si le cargo suspect peut vraiment être celui qu'il prétend. Ce système sera efficace contre l'*Atlantis* qui, pour le moment, poursuit sa croisière.

### *La fin de l'*Atlantis

L'*Atlantis* apprend, fin mai, la victoire du *Bismarck* sur le *Hood*, suivie de la perte du *Bismarck*. L'effort naval britannique s'amplifie. Il serait prudent de rejoindre un nouveau terrain de chasse. Le corsaire consacre deux semaines à la révision de ses machines puis reçoit l'ordre de patrouiller sur la ligne Amérique du Sud-Freetown. Le 16 juin, il bat le record des 445 jours de mer sans escale du corsaire de la première guerre *Wolf*. Aucun bâtiment de guerre n'est encore resté en mer aussi longtemps que l'*Atlantis*.

Le 1er juin, restent en opération outre l'*Atlantis*, trois autres corsaires marchands. Il s'agit de l'*Orion*, du *Kormoran* et du *Komet*. Ces trois derniers commencent à être à court de ravitaillement. Il faut dire qu'en juin, grâce aux décryptages d'Enigma, les Britanniques ont éliminé la plupart des ravitailleurs et des chalutiers météo de l'Atlantique (cf. chapitre 10), ce qui gêne considérablement les corsaires et les U-Boote. L'*Atlantis* a géré sagement ses prises ; le recomplètement en munitions a été effectué grâce au *Scheer* et sa situation logistique est donc satisfaisante.

Le corsaire coule un cargo le 17 juin, puis un autre le 22. Le *Balzac* résiste, zigzague pour gêner le tir, émet des messages de détresse, bref, il faut près de 200 obus pour le stopper. Les canons sont usés ; ils sont devenus imprécis.

Le 26, l'*Atlantis* reçoit l'ordre de ravitailler l'*Orion*. Ce dernier avait échappé de justesse au *Cornwall* grâce à son hydravion et le corsaire s'était éloigné à toute vitesse de cette zone dangereuse. L'*Orion* poursuit sa croisière, sans beaucoup de succès, car les navires alliés délaissent les routes usuelles. Le corsaire rejoindra son port en août 1941. En quinze mois de croisière, il a coulé 57 744 tonnes.

L'*Atlantis* passe dans le Pacifique. Les cibles sont des plus rares. Ses radios apprennent à l'*Atlantis* à quel point la chasse aux corsaires est active. Le 10 septembre, il capture le cargo *Silvaplana*. C'est la première prise depuis juin. Dans les documents secrets se trouve la carte établie par l'amirauté britannique indiquant les routes recommandées aux navires navigant isolément. C'est une indication que l'*Atlantis* va utiliser ensuite. Par prudence, le corsaire fait un large détour au large de la Nouvelle-Zélande avant de se diriger vers les Kerguelen où il a rendez-vous avec le *Komet* et le ravitailleur *Münsterland*. Il est prévu que l'*Atlantis* soit de retour au port pour Noël.

Les corsaires se séparent le 24 septembre. Rogge et ses officiers font leur possible pour occuper leur équipage. L'inaction relative d'un corsaire est souvent dure à supporter par les équipages, en mer depuis des mois. De courtes vacances sur une île discrète du Pacifique remettent les hommes en forme. La mer est bien vide et Rogge repasse dans l'Atlantique plus tôt que prévu, le 29 octobre.

Les radios de l'*Atlantis* apprennent au commandant Rogge qu'un ravitailleur de sous-marins a été perdu. Rogge se propose comme ravitailleur. Berlin donne son accord et un rendez-vous est fixé pour ravitailler le *U-68*. Ce qui est fait le 13 novembre. Par prudence, sachant que des U-Boote avaient été surpris en cours de ravitaillement, Rogge emmène le *U-68* loin du point prévu par Berlin. Puis il reçoit l'ordre de ravitailler le *U-126*. Rogge, qui avait prévu d'entretenir ses machines, ne comprend pas pourquoi on lui demande ce qui aurait pu être fait par le ravitailleur *Python* qui doit arriver dans ces parages. Rogge ne sait pas à quel point cet ordre de Berlin est une mauvaise idée.

Les rendez-vous entre les U-Boote et leurs ravitailleurs étaient prévus avant leur départ. C'est une bonne mesure de sécurité puisqu'aucun message ne pourra révéler ou même faire soupçonner le rendez-vous. Mais depuis la destruction des ravitailleurs allemands en juin, il faut bien fixer les rendez-vous avec des ravitailleurs improvisés tels que l'*Atlantis* par radio. Bletchley Park a décrypté le message adressé aux *U-126* lui enjoignant de rejoindre l'*Atlantis*. Le croiseur *Devonshire* est envoyé dans les parages du rendez-vous.

En attendant son rendez-vous, l'*Atlantis* recherche des proies. Le temps est mauvais et le précieux hydravion fait un amerrissage difficile dont il ne se remet pas. Le corsaire a bien deux autres appareils en caisses, mais il n'a pas le temps d'en monter un avant le rendez-vous avec le *U-126*. Rogge est très ennuyé. Car l'hydravion est un facteur de sécurité important dans un tel rendez-vous. Le corsaire arrive à son rendez-vous le 22 novembre, à 350 milles au nord-ouest de l'île Ascension.

L'hydravion du croiseur repère un navire marchand isolé à l'aube. Le *Devonshire* met le cap sur le cargo pour l'identifier. L'*Atlantis* n'a pas vu le petit hydravion Walrus. Peu après, le *U-126* fait surface et le ravitaillement commence. L'alerte retentit à 8 h 16 lorsqu'une vigie de l'*Atlantis* signale l'arrivée du croiseur. Le sous-marin plonge en catastrophe, laissant le commandant Bauer sur l'*Atlantis* qui essaye de fuir en avant toute. L'hydravion Walrus survole la scène, dont la signification est des plus claires. Le *Devonshire* est désormais prévenu de la présence d'un U-Boot, et il zigzague à bonne vitesse, hors de portée des canons du corsaire qui garde son allure d'honnête cargo. Des coups de semonce obligent le corsaire à stopper ses machines. Il lui est demandé par radio de s'identifier. Le corsaire essaye de se faire passer pour le *Polyphemus*, un cargo hollandais. Le commandant du *Devonshire* rend compte ; il lui est répondu qu'il ne peut s'agir du *Polyphemus*. La première salve part directement vers l'*Atlantis*. Le commandant Rogge doit rapidement donner l'ordre d'évacuer le navire en feu. En une demi-heure, tout est fini. Les charges de sabordage explosent. Le commandant Rogge, qui semble hésiter à quitter son bâtiment, est respectueusement mais fermement incité à se jeter à l'eau avec l'équipe de sabordage. Le *Devonshire* est trop menacé par la présence du U-Boot pour tenter le sauvetage des naufragés. Ces naufragés vont maintenant vivre l'une des équipées les plus originales de cette guerre.

### *Le sauvetage des naufragés*

Le *U-126* fait surface à la fin des combats. Il s'agit d'organiser du mieux possible la vie des 305 rescapés. Les deux médecins de l'*Atlantis* soignent les blessés qui sont transférés à bord du sous-marin. Seuls, sept hommes sont portés disparus. La flottille, remorquée par le *U-126*, met le cap sur le Brésil où il semble possible de se cacher. La traversée devrait durer une dizaine de jours. Berlin est prévenu. Le ravitailleur *Python* est envoyé à leur rencontre. En attendant, la vie dans les canots, sous un soleil de plomb, devient rapidement difficile. Le 24 novembre, soixante-seize heures après le naufrage, le *Python* rejoint la flottille. Tout le monde respire mieux, mais pas pour longtemps. Les naufragés sont maintenant au sec.

Puis le *Python* met le cap sur la France. Mais il doit également ravitailler plusieurs U-Boote. Le 30 novembre, c'est au tour du *U-68*, rejoint par le *UA*. Mais Bletchley Park avait également décrypté le message fixant ce rendez-vous. À 15 h 30, le croiseur *Dorsetshire*, sister-ship du *Devonshire,* apparaît à l'horizon. Les sous-marins plongent aussitôt. L'hydravion du croiseur repère les traces de mazout. La prudence est de mise et le croiseur se met à zigzaguer. Le *Python*, bardé de plates-formes de DCA, n'a aucune chance de se faire passer pour un honnête cargo. L'évacuation s'organise en bon ordre. Le ravitailleur est sabordé ; il coule à 18 h 30. 414 hommes sont répartis dans les nombreuses embarcations de sauvetage. Le *Devonshire* s'éloigne, craignant la menace des sous-marins.

Les deux U-Boote font surface et préviennent Berlin. Deux U-Boote vont rejoindre les naufragés ainsi que quatre sous-marins italiens. Rogge prend le commandement de cette escadre qui met le cap au Nord. Cent naufragés embarquent à bord des sous-marins qui remorquent chacun cinq canots. Les jours se passent. Les échanges radio vont bon train et Rogge craint d'être intercepté par les Britanniques. Le 3 décembre voit arriver le *U-129*, à court de combustible. Le *U-124* arrive deux jours après. Il vient de la position du naufrage de l'*Atlantis*, espérant secourir l'équipage. Il rencontre sur place le croiseur léger britannique *Dunedin* et le coule. Rogge embarque tout le monde à bord des U-Boote. Chaque sous-marin transporte environ 100 naufragés plus ses 50 hommes d'équipage. On imagine mal, alors qu'en temps normal la place est déjà réduite, comment cet entassement humain pouvait vivre. Dix jours plus tard, les sous-marins italiens sont au rendez-vous, au large des îles du Cap-Vert. Les sous-marins arrivent tous à Saint-Nazaire à la fin décembre.

Rogge et ses officiers sont reçus et décorés par l'amiral Raeder. En vingt mois, l'*Atlantis* a coulé ou capturé 145 697 tonnes de navires marchands. Rogge est nommé contre-amiral. Il reprend du service en 1955 dans la Bundesmarine et terminera sa carrière comme vice-amiral.

**Bilan de la première vague de corsaires marchands**

| *Nom* | *Dates de sortie* | *Zones d'action* | *(Unités) et tonnage coulé ou capturé* | *Fin de croisière* |
|---|---|---|---|---|
| *Atlantis* | 31/03/1940<br>22/11/1941 | Atlantique Sud<br>Pacifique<br>océan Indien | (22) 145 967 | Coulé<br>par le croiseur<br>*Devonshire* |
| *Pinguin* | 22/06/1940<br>08/05/1941 | Atlantique<br>océan Indien<br>et Antarctique | (17 + 11 baleiniers)<br>136 551 | Coulé<br>par le croiseur<br>*Cornwall* |
| *Thor* | 06/06/1940<br>30/04/1941 | Atlantique Sud<br>et central | (11) 83 000 | Retour au port |
| *Kormoran* | 03/12/1940<br>19/11/1941 | Atlantique Sud<br>et central<br>océans Indien<br>et Pacifique | (11) 68 274 | Coule<br>et est coulé<br>par le croiseur<br>*Sidney* |
| *Widder* | 06/05/1940<br>31/10/1940 | Atlantique<br>Central | (10) 58 645 | Retour au port |
| *Komet* | 09/07/1940<br>30/11/1941 | Pacifique | (6 + 3 partagés)<br>42 959 | Retour au port |

### 1.4. Les corsaires cuirassés

Les cuirassés de poche et les croiseurs allemands ont pour mission de s'attaquer aux convois. Leur puissance surclasse en effet celle d'une escorte normale, surtout au début de la guerre. Le sort de ces corsaires est évoqué au cours des chapitres chronologiques. Ce paragraphe est une synthèse de leur carrière. Signalons que l'identification visuelle des croiseurs est difficile, car ils ont tous une silhouette très voisine et ne diffèrent que par la taille. De nombreuses erreurs d'identification seront commises dans le stress des combats. Les Alliés franco-britanniques ont mis sur pied huit groupes de chasse pour contrer les sorties attendues des croiseurs allemands.

Le premier des corsaires cuirassés à prendre la mer est le *Graf Spee*, suivi du *Deutschland.*

Les deux cuirassés de poche s'infiltrent sans être détectés, à un moment où la guerre n'est pas encore déclarée. Comme les U-Boote, ils sont prépositionnés et prêts à intervenir. Les deux corsaires ne sont identifiés de manière certaine que fin octobre, lorsque des naufragés rescapés de leurs cargos coulés par les corsaires sont sauvés par des bâtiments alliés. Le *Graf Spee* a déjà capturé ou coulé 6 navires marchands. Le *Graf Spee* coule sa dernière victime le 7 décembre. Depuis le début du mois, les Britanniques ont lancé plusieurs unités à ses trousses. Le 13 décembre, l'escadre de l'amiral Harwood rencontre le corsaire, qui est endommagé (cf. chapitre 2). Le corsaire se réfugie en Uruguay, puis se saborde dans le Rio de La Plata. Le *Deutschland* est rappelé à Kiel après avoir coulé deux cargos. Le cuirassé de poche a échappé aux groupes de chasse.

Le *Scheer* quitte son port sans être repéré. L'aviation britannique est très occupée par la Bataille d'Angleterre. Il est reconnu par un convoi en novembre. Puis il rencontre le HX84, escorté d'un unique croiseur auxiliaire, le paquebot *Jervis Bay*. Le *Jervis Bay* se sacrifie et le corsaire ne coule que cinq navires. Les Alliés attendent le corsaire sur le chemin du retour alors qu'il a mis le cap au Sud. Les convois sont désorganisés pour un temps devant la menace et les ports sont congestionnés. La ligne logistique alliée est à cette époque, bien fragile. Le 24 novembre, une de ses victimes a le temps de le signaler. Deux escadres, comportant chacune un porte-avions, chassent le corsaire. Le commandant Kranke change de terrain de chasse. Pendant ce temps, le *Hipper* profite de la dispersion des forces provoquées par la chasse au *Scheer* pour se glisser lui aussi dans l'Atlantique.

Il s'attaque à un convoi de transports de troupes fortement escorté. Le *Hipper* est endommagé et repoussé. Mais l'escorte est trop occupée par la protection du convoi pour lui donner la chasse. Puis le *Hipper* connaît des ennuis mécaniques qui l'obligent à rentrer à Brest.

Le *Scheer* poursuit sa très profitable croisière, ravitaillé en mer par des corsaires marchands, tels que le *Thor* et le *Pinguin* ou par des ravitailleurs tels que l'*Altmark,* pétrolier spécialement affecté au *Scheer*. Le *Scheer*, préférant capturer plutôt que couler ses prises, a mis au point une ruse pour empêcher ses victimes d'envoyer un message de détresse. Il les approche de nuit et se fait passer pour un croiseur britannique dont il utilise les procédures de reconnaissance, récupérées sur une prise. Sa trace est perdue. Elle n'est retrouvée que le 21 février 1941, lorsqu'une victime émet un message de détresse. Le corsaire est alors dans le canal de Mozambique. La victime suivante émet également un signal de détresse. Il était prévu que le corsaire rentre en mars. Le commandant Kranke met prudemment le cap vers l'Allemagne. Il est repéré le lendemain par l'hydravion de reconnaissance du croiseur *Glasgow*. Une escadre comportant le porte-avions *Hermes* est envoyé à la poursuite du *Scheer*. Le contact est perdu le 22. Puis le *Scheer* rencontre l'*Atlantis* au milieu de l'Atlantique et rentre à Bergen sans se faire repérer. Sa croisière est la plus efficace de celles entreprises par les corsaires cuirassés. Mais la perturbation que le *Scheer* a provoquée dans l'organisation des convois est plus importante que ses prises.

Le départ en janvier 1941 des croiseurs lourds *Scharnhorst* et *Gneisenau* est correctement anticipé et repéré par les Britanniques. Les cuirassés de la Home Fleet ratent de peu les deux croiseurs, dont la trace est ensuite perdue. Au moins les Britanniques renforcent-ils les escortes par un navire de ligne aussi souvent que possible. Les deux croiseurs allemands, bénéficiant de la remarquable organisation du ravitaillement en mer, sont très mobiles. Ils échappent aux patrouilles aériennes et navales. Le vieux cuirassé *Ramillies* accompagne le HX106, ce qui suffit à éloigner les croiseurs allemands qui cherchent à détruire un maximum de navires marchands avec un minimum de risques. Les corsaires sont vus à plusieurs reprises mais changent de terrain de chasse rapidement. Ils se déplacent de l'Atlantique Nord à l'Atlantique Sud, faisant effectivement courir les escadres alliées.

Ils reviennent au large d'Halifax. Les 15 et 16 mars, ils coulent seize navires appartenant à des convois dispersés. Berlin donne prudemment le signal du retour. Les Britanniques attendent le groupe sur la route de la Norvège. L'amiral Lütjens trompe son monde. Après avoir fait route au Nord, vers le détroit de Danemark, il met le cap au Sud-Est, pour atteindre Brest. Le mauvais temps l'aide à passer inaperçu des avions britanniques. Quand on considère le nombre d'unités les ayant recherchés et repérés, on est conduit à admettre que cette fois-ci, Neptune naviguait avec les Allemands. Leur escadre a coulé 115 000 tonnes de navires marchands.

Le *Hipper* reprend la mer le 1er février 1941. Son terrain de chasse est situé entre les Açores et le Portugal. C'est une zone propice aux ravitailleurs allemands. Le *Hipper* rencontre le SLS64 le 12 mars. Le convoi n'est pas escorté ; il perd sept navires. Le commandant Meisel doit rentrer pour faire réparer une nouvelle fois les machines du *Hipper*. Les Britanniques ne peuvent l'empêcher d'atteindre Brest. Pire, le croiseur entreprend le périlleux voyage de Brest à Kiel qu'il réussit à accomplir en passant aussi inaperçu que le *Scheer*.

Quant à la sortie du *Bismarck* et du *Prinz Eugen,* elle tourne à la catastrophe pour les Allemands. La poursuite du *Bismarck* est exposée au chapitre 5.

La carrière des corsaires cuirassés est terminée dans l'Atlantique. Les tentatives effectuées ensuite par les Allemands contre les convois arctiques se sont soldées par des échecs catastrophiques pour les survivants de la flotte de haute mer allemande.

Dans la période 1939-1941, la marine allemande a réussi, avec des moyens inférieurs à ceux des Alliés, à provoquer des dégâts et surtout des perturbations, disproportionnés par rapport à la puissance mise en œuvre. L'amiral Raeder peut légitimement s'estimer satisfait et les félicitations adressées aux équipages sont justifiées. Hitler ne comprendra jamais le bien-fondé de cette stratégie. Les rapports entre l'amiral Raeder et Hitler vont se dégrader. Hitler admet difficilement les risques encourus par les grandes unités de surface qu'il voit surtout comme un instrument de prestige. Le changement de nom du *Deutscland* en *Lützow* est caractéristique de cet état d'esprit. Les consignes de prudence qui seront ensuite données aux grandes unités seront souvent paralysantes pour les chefs en mer. Les échecs de la flotte de surface allemande contre les convois arctiques sont en partie dus à ces consignes paralysantes.

**Croisières des corsaires cuirassés allemands**

| *Nom* | *Dates de sortie* | *Zones d'action* | *(Unités) et tonnage coulé ou capturé* | *Fin de croisière* |
|---|---|---|---|---|
| *Deutschland* | 24/08/1939<br>15/11/1939 | Atlantique Nord | (2) 7 000 | Retour au port.<br>Rebaptisé *Lützow* |
| *Admiral Graf Spee* | 21/08/1939<br>17/12/1939 | Atlantique Sud<br>océan Indien | (9) 50 000 | Endommagé par escadre britannique ;<br>se saborde dans le Rio de la Plata |
| *Admiral Scheer* | 23/10/1940<br>01/04/1941 | Atlantique Nord et Sud<br>océan Indien | (16) 99 059 | Retour au port |
| *Admiral Hipper* | 30/11/1940<br>27/12/1940 | Atlantique Nord | (1) 6 078 | Retour au port |
| *Scharnhorst et Gneisenau* | 22/01/1941<br>22/03/1941 | Atlantique Nord et central | (22) 115 622 | Retour au port |
| *Admiral Hipper* | 01/02/1941<br>13/02/1941 | Ouest Gascogne | (8) 34 000 | Retour au port |
| *Bismarck et* | 21/05/1941<br>27/05/1941 | Atlantique Nord | — | Coulé par *Home Fleet* et *Force H* |
| *Prinz Eugen* | 21/05/1941<br>01/06/1941 | Atlantique Nord | — | Retour au port |

## 1.5. La seconde vague de corsaires marchands

L'entrée en guerre des USA et du Japon modifie les conditions d'emploi des corsaires. La surveillance aérienne et radiophonique, grâce aux décryptages, des grandes unités de surface allemandes, les escadres américaines qui entrent progressivement dans la bataille, tout ceci rend suicidaire une sortie des croiseurs allemands. Ils sont regroupés en Norvège, à la fois pour s'opposer à un débarquement allié, idée qui obsède Hitler et que les Alliés entretiennent, que pour s'attaquer aux convois arctiques, puisque l'Allemagne est maintenant en guerre contre son ex-allié soviétique.

Il appartient donc aux corsaires marchands de prendre modestement la relève. En effet, la seconde vague n'a pas l'ampleur de la première. Elle appareille au début de 1942. Il est prévu, comme par le passé, qu'une flotte de ravitailleurs leur permette de durer.

### *Les croisières de la seconde vague*

Le *Thor* appareille en janvier pour sa seconde croisière. Il doit atteindre l'Antarctique, pour s'attaquer aux baleiniers alliés, comme l'avait fait le *Pinguin* l'année précédente. Aidé par son radar et son hydravion, il coule cinq navires isolés au début de sa croisière. Puis il se rend au large de Ceylan. Il capture deux navires, dont un petit paquebot britannique qui sera réutilisé comme forceur de blocus. Il atteint Yokohama le 9 octobre. Il est amarré à couple du ravitailleur *Uckermark*, qui explose le 30 novembre, provoquant la destruction du *Thor* et d'un autre navire allemand. Le *Thor* avait coulé 10 navires en dix mois.

Le *Stier* se glisse dans l'Atlantique par la Manche et atteint l'Atlantique central. Il coule deux pétroliers début juin, mais ne rencontre plus de victimes potentielles ensuite. Il est ravitaillé plusieurs fois par le *Charlotte Schliemann*, navire qui effectuera une longue carrière. Le 27 septembre, le corsaire s'attaque au Liberty Ship américain *Stephen Hopkins*, dont le commandant n'est pas décidé à se laisser faire. Il tire avec son unique pièce de 100 mm sur le corsaire qui s'est approché d'un peu trop près. Les deux adversaires se canonnent pendant trois heures, et se coulent mutuellement. L'équipage du *Stier* est recueilli par le ravitailleur *Tannenfels*. Seuls quinze survivants du cargo américains atteignent la côte brésilienne, après une navigation de 31 jours.

Le départ du *Michel* est bien anticipé par les Britanniques. Mais le corsaire, fortement escorté, échappe aux attaques aériennes et s'infiltre par la Manche. Son efficace mais brutal commandant, valorise l'expérience acquise lors de sa première croisière avec le *Widder*. Le *Michel* est équipé d'un S-Boot qui sera utilisé avec succès. Le corsaire se fera une spécialité dans les attaques par les nuits sans lune. Il coule sa première victime le 19 avril, dans l'Atlantique Sud. Il coule au total huit navires en quatre mois. Il fait ensuite des allers et retours entre l'océan Indien et l'Atlantique Sud, autant pour semer ses poursuivants que les éloigner des points de rendez-vous entre les ravitailleurs et les U-Boote. Il coule plusieurs navires alliés, toujours de nuit, utilisant son S-Boot comme moyen de reconnaissance et d'attaque. Son retour par le golfe de Gascogne, en février 1943, paraît risqué, compte tenu de la surveillance aérienne exercée par les Alliés. Le *Michel* est envoyé au Japon. Après une remise en condition, l'unique corsaire restant en service part en croisière en mai 1943, sous les ordres du commandant du *Thor*. Il commence par couler deux cargos. Le raréfaction des cibles le conduit dans l'océan Indien. Il coule un pétrolier norvégien en septembre. Les navires isolés se font très rares sur toutes les mers à partir du second semestre 1943 ; le *Michel* ne trouve aucune cible et rentre au Japon. Il est coulé par le sous-marin américain *Tarpon*, à proximité des côtes japonaises. Ainsi disparaît le dernier des corsaires marchands allemands.

**La seconde vague de corsaires marchands allemands**

| *Nom* | *Dates de sortie* | *Zones d'action* | *(Unités) et tonnage coulé ou capturé* | *Fin de croisière* |
|---|---|---|---|---|
| *Thor* | 14/01/1942<br>09/10/1942 | Atlantique Sud<br>océan Indien | (10) 56 037 | Incendié<br>à Yokohama<br>30/11/1942 |
| *Stier* | 20/05/1942<br>27/09/1942 | Atlantique<br>central et Sud | (4) 29 406 | Coulé<br>par le Liberty Ship<br>*Stephen Hopkins* |
| *Michel* | 20/03/1942<br>01/03/1943 | Atlantique Sud<br>océan Indien | (14) 94 362 | Atteint le Japon |
| *Michel* | 21/05/1943<br>17/10/1943 | océan Indien<br>Pacifique Sud | (3) 27 632 | Coulé<br>par le sous-marin<br>US *Tarpon* |
| *Komet* | | | — | Coulé<br>dans la Manche<br>le 14/10/1942 |
| *Togo* | | | — | Endommagé<br>dans la Manche<br>le 13/02/1943<br>Retour<br>en Allemagne |

Le *Komet* et le *Togo* se font surprendre alors qu'ils tentent de s'infiltrer dans la Manche. Le *Komet* est suivi à la trace par l'équipe du commandant Denning, grâce aux décryptages. Le corsaire est photographié et ses préparatifs d'appareillage, révélés par la mise en place d'escortes, sont tout à fait clairs. Le mauvais temps et un retard dans les décryptages permettent au *Komet* d'atteindre Dunkerque, puis Le Havre. Le corsaire progresse ainsi par bonds, de port en port, de préférence la nuit. Les Britanniques prépositionnent une escadre de neuf destroyers et douze MTB et attendent le prochain mouvement, du Havre à Cherbourg. Le corsaire est coulé à minuit, le 14 octobre 1942, au large de La Hague. Cette opération est un bon exemple de l'exploitation réussie d'un long effort de renseignement.

Le *Togo* est endommagé par l'aviation britannique à la suite d'une opération menée en exploitation du travail de renseignement de l'équipe du commandant Denning. Le *Togo* ne reprendra pas la mer. La guerre de course est terminée.

Le bilan de cette seconde vague est beaucoup plus modeste que celui obtenu par la première vague. À partir du début de 1942, les navires sont le plus souvent en convoi. Il n'est plus nécessaire de disperser des escadres pour courir après les corsaires, puisque les dégâts qu'ils peuvent causer sont maintenant minimes.

### 1.6. Bilan final de la guerre de course

Le bilan d'ensemble est très modeste. Mais il faut distinguer le cas des corsaires cuirassés de celui des corsaires marchands.

Le rôle des corsaires cuirassés était de s'attaquer aux convois pour détruire un maximum de navires marchands alliés. Leurs croisières ont été trop brèves pour atteindre cet objectif. Même au début de la guerre, ces croiseurs étaient un peu voyants et attiraient les escadres alliées. Leur menace, en particulier lors de la croisière du *Scharnhorst* et du *Gneisenau*, était cependant tellement forte qu'elle suffisait à elle seule à désorganiser en profondeur le trafic allié. Cependant, la pression exercée par les escadres britanniques était assez forte pour limiter la durée et le nombre des sorties. Ces coûteux navires se montreront tout aussi efficaces en restant au port, mobilisant contre leur éventuelle sortie des forces importantes.

Le rôle principal des corsaires marchands était de disperser les forces alliées, pour laisser le champ libre aux croiseurs et aux U-Boote. La destruction des navires marchands isolés était secondaire. Cette mission a été remplie par la première vague, jusqu'à la fin de 1941. L'entrée en guerre des USA, la généralisation du système des convois sur toutes les mers du globe, ont rendu de plus en plus rares les navires navigant seuls et les cibles ont disparu. La seconde croisière du *Michel* montre bien la difficulté de la mission des corsaires marchands à cette époque. Il n'en reste pas moins vrai que les corsaires marchands ont provoqué des destructions et des perturbations sans aucune commune mesure avec leur nombre. L'Allemagne a mené de cette manière une guerre très économique mais sans influence stratégique. Il en aurait été tout autrement si la première vague de corsaires avait pu intervenir en soutien d'une offensive sous-marine d'envergure. La dispersion des maigres moyens d'escorte alliés aurait eu un tout autre impact.

Le tableau ci-après résume les résultats de la guerre de course.

| | ***Bâtiments*** | ***Tonnage*** | ***Pourcentage du total*** | |
|---|---|---|---|---|
| Corsaires cuirassés | (104) | 498 447 | (2,0) | 2,3 |
| Corsaires marchands | (133) | 829 644 | (2,6) | 3,8 |
| Sous-total corsaires | (237) | 1 328 091 | (4,6) | 6,1 |
| **Pertes totales alliées** | **(5 150)** | **21 570 720** | | |

## 2. LES FORCEURS DE BLOCUS

Avant de quitter les corsaires, il convient de consacrer quelques lignes à une catégorie de navires dont la mission les rend proches des corsaires, celle des forceurs de blocus.

Le blocus des côtes vise à interdire aux navires marchands d'entrer ou sortir des ports de l'ennemi. Aucun des belligérants de 1940 n'est autosuffisant. Attaquer l'adversaire par le biais de sa logistique est une forme de lutte ancienne, mais de plus en plus efficace. En particulier, les belligérants dépendent de l'extérieur pour leur approvisionnement en hydrocarbures. L'Allemagne est dans ce domaine moins dépendante que les Alliés. À la guerre des convois menée par les U-Boote et les corsaires va répondre la guerre aux forceurs de blocus allemands. Car les neutres travailleront peu pour l'Axe.

Pendant les six premières semaines de la guerre, les Alliés saisissent 338 000 tonnes de « contrebande ». Le blocus de l'Allemagne est donc immédiatement mis en place, et ne se relâchera jamais.

### *La première vague*

Tout au long de la guerre, l'Allemagne tentera d'importer avec plus ou moins de succès trois catégories de produits : l'acier suédois qui transite par la Norvège, des hydrocarbures et du caoutchouc naturel. Ses chimistes se montreront très habiles à transformer avec un facteur multiplicatif important ces produits de base en caoutchouc ou carburants de synthèse. En échange, l'Allemagne exporte surtout des machines-outils.

D'où l'acharnement avec lequel les Alliés tenteront de découvrir et détruire les forceurs de blocus qui font discrètement la navette entre l'Allemagne ou la France et le Sud-Est asiatique. La chute de la France augmente considérablement les chances des forceurs de blocus d'atteindre un port contrôlé par l'Axe. Les importations de caoutchouc passent par le port russe de Dairen, sur le Pacifique et atteignent l'Allemagne par le Transsibérien. Cette facilité est bien sûr perdue à partir de juin 1941. Les forceurs de blocus prennent alors la relève.

La première vague couvre la période allant d'avril 1941 à mai 1942. Le trafic antérieur à cette période est faible. Les mouvements de ces forceurs de blocus sont repérés, dans la mesure du possible, par les services britanniques. Mais les informations sont fragmentaires et arrivent trop tard pour être exploitées. Les moyens disponibles sont rares, malgré les tentatives de coincer les

**La première vague de forceurs de blocus**
**Avril 1941-mai 1942**

| Asie → Europe | *Navires* | *Tonnage* |
|---|---|---|
| **Bâtiments au départ** | 16 | |
| Arrivés à bon port | 12 | |
| Capturés ou coulés | 3 | |
| Demi-tour | 1 | |
| **Tonnage au départ** | | 101 755 |
| Tonnage arrivé | | 75 000 |
| Tonnage perdu | | 26 775 |
| **Europe → Asie** | | |
| **Bâtiments au départ** | 6 | |
| Arrivés à bon port | 6 | |
| **Tonnage au départ** | | 32 540 |
| Tonnage arrivé | | 32 540 |

forceurs de blocus dans la phase terminale de leur trajet. Les forceurs de blocus se camouflent, sont assistés par les U-Boote auxquels ils servent parfois de ravitailleurs. Un cargo particulièrement menacé, le *Elsa Essberger*, se réfugie dans le port espagnol de Ferrol. Sa cargaison est acheminée discrètement par de petits caboteurs, le cargo finissant d'ailleurs par atteindre Bordeaux sans encombre.

Cette première campagne est un succès pour l'Allemagne, qui ne perd que 25 % du tonnage importé. Seulement trois des seize bâtiments sont capturés ou coulés. L'un d'entre eux est coulé par méprise par le U-333 du commandant Cremer.

La valeur des biens importés ou exportés est très supérieur à ce que laisse penser les chiffres bruts. Les machines-outils sont directement utilisées par les Japonais pour leur industrie de l'armement. Les tonnes d'huiles raffinées et de caoutchouc sont multipliées par l'industrie chimique allemande. L'importance de ce trafic doit être examiné à la lumière des efforts accomplis par l'Allemagne pour mener à bien ces transports.

### *La seconde vague de forceurs de blocus*

À partir d'août 1942, les choses se compliquent sérieusement pour la seconde vague de forceurs de blocus. Et pourtant, l'intensité de la bataille de l'Atlantique est telle qu'on aurait pu imaginer que les quelques forceurs de blocus employés par les Allemands passent inaperçus. Il n'en est rien. Les Britanniques et maintenant les Américains leur font la chasse, mais sans grand succès.

Les Britanniques intensifient les patrouilles aériennes sur le golfe de Gascogne. Les moyens sont encore un peu limités. L'attaque des forceurs de blocus à proximité des côtes se heurte aux bâtiments-flak, formidablement armés qui conduisent les Britanniques à limiter ce genre d'opération coûteuse. Le trafic côtier allemand ne s'effectue que sous couvert d'une forte protection qui montre bien l'importance de l'enjeu. L'attaque des forceurs de blocus en pleine mer par des bombardiers moyens ne donne pas non plus grand-chose, en raison de l'imprécision du bombardement. En novembre 1942, trois forceurs de blocus sont coulés ou rendus inutilisables.

Les sous-marins britanniques participent également à cette chasse. La mise en œuvre dans la même zone de ces différents moyens nécessite une très bonne coordination et une navigation sans faille. Dans le feu de l'action ou par éclairage réduit, ennemis et amis se confondent dangereusement. Les aviateurs et les marins doivent être d'autant plus attentifs que l'ex *U-570*, rebaptisé *Graph* dans la Royal Navy, participe aux opérations.

La moindre erreur d'interprétation des ordres ou de navigation peut conduire à des catastrophes, comme la perte du sous-marin britannique *Unbeaten*, coulé par erreur par le Coastal Command.

Les choses sont parfois beaucoup plus simples. Ce qui est le cas du forceur de blocus italien *Cortalezzo*, qui vient se cogner par hasard le 1er décembre dans un convoi de l'opération Torch. Il est coulé par l'escorte du convoi. Le pétrolier allemand *Germania* subira exactement la même mésaventure le 12 décembre. Mais on ne peut pas compter sur ce genre de hasard pour bâtir une tactique. Les Alliés sont à cette époque peu satisfaits des résultats de leur lutte contre les forceurs de blocus.

C'est dans ce contexte qu'a été accepté en avril le très risqué projet des Royal Marines pour attaquer des cargos allemands dans le port de Bordeaux. Le major Hassler et neuf de ses hommes, très soigneusement entraînés, sont déposés dans la Gironde par le sous-marin *Tuna*. Leur cinq kayaks, alourdis par l'équipement de sabotage, sont endommagés par les remous. Seuls, deux kayaks, dont celui du major Hassler, parviennent au petit jour à proximité du port. Les quatre rescapés bénéficient de la complicité des ouvriers d'une pêcherie et peuvent se reposer. Il leur faut deux nuits et un jour pour arriver à Bordeaux. La nuit du 11 décembre, ils se glissent le long des navires, brillamment éclairés pour faciliter les opérations de manutention. Les commandos réussissent à placer leurs charges et à prendre le large sans se faire prendre. Seuls, le major Hassler et son équipier, aidés par la Résistance française, passent en Espagne et atteignent Gibraltar. Un commando s'était noyé pendant l'approche. Les autres sont pris et fusillés par les Allemands. Quatre grands cargos, dont le *Tannenfels*, sont immobilisés pour des mois. Malgré la perte de huit hommes, c'est un grand succès, obtenu, par comparaison avec la macabre comptabilité de la guerre, au moindre coût.

Un exploit similaire est renouvelé plus tard dans l'océan Indien. En septembre 1943, le major Lyon, du SOE, et 13 hommes, utilisent un ex-chalutier japonais pour s'approcher de Singapour. Trois kayaks pénètrent dans le port. Les charges de sabotage détruisent deux cargos et endommagent gravement un troisième. Les commandos regagnent l'Australie. Un an plus tard, le major Lyon monte une opération similaire. Déposés par le sous-marin *Porpoise,* les commandos sont pris et fusillés par les Japonais.

La lutte change complètement à partir de 1943. Les moyens alliés sont plus nombreux et mieux coordonnés. Les reconnaissances aériennes fréquentes sont un bon moyen de surveiller les appareillages. La reprise du décryptage du trafic des U-Boote dans l'Atlantique donne un avantage aux Alliés qui continuent à guetter les forceurs de blocus à leur entrée ou à leur sortie d'un port.

Une bonne coordination avec les renseignements collectés par l'équipe du commandant Denning donne des résultats appréciables. Les forceurs de blocus réussissent souvent à passer inaperçus, au besoin, en arborant le pavillon britannique ! Mais les mesures de sécurité prises pour faciliter leur arrivée ou leur départ, connues par les décryptages, les trahissent parfois. C'est ainsi qu'en mars 1943, le cargo *Regensburg* est intercepté et coulé lors de son passage dans le détroit de Danemark, parce que les U-Boote avaient été prévenus de son passage. La maîtrise totale du décryptage de l'ensemble du trafic radio de la Kriegsmarine, acquise depuis le début de 1943, change complètement les conditions de la chasse aux forceurs de blocus.

**La seconde vague de forceurs de blocus**
**Août 1942-avril 1943**

| **Asie → Europe** | ***Navires*** | ***Tonnage*** |
|---|---|---|
| **Bâtiments au départ** | 15 | |
| Arrivés à bon port | 4 | |
| Capturés ou coulés | 7 | |
| Demi-tour | 4 | |
| **Tonnage au départ** | | 122 900 |
| Tonnage arrivé | | 29 600 |
| Tonnage perdu | | 93 300 |
| **Europe → Asie** | | |
| **Bâtiments au départ** | 17 | |
| Arrivés à bon port | 10 | |
| **Tonnage au départ** | | 33 829 |
| Tonnage arrivé | | 9 382 |

En avril, les forceurs de blocus qui tentent de s'infiltrer dans l'Atlantique paient un lourd tribut aux patrouilles alliées. Le milieu de 1943 voit la fin de cette seconde vague. Les importations allemandes sont en baisse sensible et le taux de réussite des forceurs de blocus s'est inversé par rapport à la première période. Devant les résultats catastrophiques obtenus dans le sens Asie-Europe, celui qui intéresse le plus l'Allemagne, il n'y aura plus d'envoi massif de forceurs de blocus.

L'Allemagne a cependant toujours besoin de caoutchouc naturel. En décembre 1943, deux cargos tentent d'atteindre Bordeaux. Ils sont coulés ou endommagés. La cargaison de l'un d'eux est sauvée. En janvier 1944, trois cargos quittent le Japon et sont pistés. Ils sont tous les trois coulés par des croiseurs américains dans l'Atlantique Sud. Le contrôle exercé par les Alliés est désormais trop précis pour tenter de nouvelles importations par des navires de surface. Le sous-marin de type XX, cargo de 750 tonnes, ne sera jamais utilisé.

### *Le bilan final*

La campagne des forceurs de blocus allemands a duré trois ans. Sa grande période de succès va de janvier 1941 à mai 1942, époque pendant laquelle les Alliés n'ont que peu de moyens pour traquer ces courageux bâtiments. Ces trois années sont résumées dans ce tableau.

**Bilan des campagnes des forceurs de blocus**
**Janvier 1941-avril 1943**

| Asie → Europe | *Navires* | *Tonnage* |
|---|---|---|
| **Bâtiments au départ** | 35 | |
| Arrivés à bon port | 16 | |
| **Tonnage au départ** | | 257 770 |
| Tonnage arrivé | | 111 490 |
| **Europe → Asie** | | |
| **Bâtiments au départ** | 21 | |
| Arrivés à bon port | 15 | |
| **Tonnage au départ** | | 69 300 |
| Tonnage arrivé | | 57 000 |

Le tonnage importé est loin de ce que l'Allemagne souhaitait. Les objectifs de la seconde vague sont de 400 000 tonnes. Le plan est réduit à 200 000 tonnes. On a vu que seulement 9 000 tonnes sont arrivées à bon port. Les efforts des Alliés pour détruire les forceurs de blocus ont donc réussi.

Il serait injuste de quitter les forceurs de blocus sans parler du *Münsterland*, cargo de 6 408 tonnes dont le cas est symbolique de la dangereuse et courageuse carrière de ces bâtiments.

Le *Münsteland* est, en 1941, le ravitailleur des corsaires marchands *Atlantis*, *Komet* et *Orion*. À la fin de 1941, il rejoint le Japon, pour y charger une cargaison de caoutchouc. Le cargo effectue avec succès la dangereuse croisière du Japon à la France de février à mai 1942.

Le cargo appareille de Bordeaux le 8 octobre 1943 pour rallier Brest, puis l'Allemagne. Son départ est connu par un décryptage. Escorté de huit patrouilleurs, il quitte Brest pour Cherbourg le 22 octobre. Dans la nuit, son escorte est renforcée par cinq destroyers, ce qui montre bien l'importance de sa cargaison. Une escadre britannique composée d'un croiseur léger et de six destroyers les attend. Le croiseur *Charybdis* et un destroyer sont coulés au cours de cet engagement nocturne ; le *Münsterland* atteint Cherbourg. Il est attaqué par l'aviation britannique et endommagé. P. Clostermann raconte cette opération dans *Le Grand Cirque*. Le cargo est réparé, il appareille pour Dieppe en décembre, puis arrive le 1er janvier 1944 à Boulogne. Le mauvais temps et la chance, joints à une protection aérienne et antiaérienne puissantes, lui permettent d'échapper une nouvelle fois aux attaques de l'aviation britannique. Le 20 janvier, sa carrière aventureuse se termine. Il est sérieusement endommagé par les batteries à grande portée de Douvres, puis achevé par le Coastal Command. Les batteries de Douvres ne couleront d'ailleurs que quatre bâtiments pendant toute la guerre !

CHAPITRE 7

# *La bataille de l'Atlantique, de janvier 1942 à mai 1943*

La période précédente, d'avril à décembre 1941 avait été marquée dans l'Atlantique par la disparition du *Bismarck* et la baisse de l'activité des U-Boote, ce qui témoigne de la vigueur de la défense. Les convois arctiques ont commencé leurs rotations, sans opposition. Les bases sous-marines allemandes ont été construites sans réaction notoire de l'aviation britannique.

La poursuite des combats en Méditerranée oblige l'Allemagne à leur consacrer des moyens aériens et sous-marins qui vont faire défaut sur les autres théâtres. Le va-et-vient de la Luftwaffe entre la Méditerranée et le front russe orchestre les offensives des belligérants. Pour le moment, les Britanniques ont fait reculer Rommel.

Les événements majeurs de cette période sont l'attaque de la Russie en juin 1941 et celle de Pearl Harbour en décembre.

Le scénario de la période qui s'étend de janvier 1942 à mai 1943 est identique sur l'ensemble des théâtres. Les Allemands prennent l'initiative stratégique et sont tout près de la victoire. Puis la situation se renverse définitivement au profit des Alliés, sans que la guerre soit pour autant terminée.

Sur le front Est, les Allemands prennent Sébastopol en juin 1942, pour capituler à Stalingrad en janvier 1943.

Dans l'Atlantique, l'entrée en guerre des USA donne une vigueur nouvelle à la bataille des convois. L'offensive sous-marine connaît alors une seconde période de « temps heureux ». La période allant du second semestre de 1942 au premier semestre de 1943 marque l'apogée de la guerre sous-marine, bientôt suivie d'un renversement stratégique spectaculaire. La puissance industrielle des États-Unis permet de doter les Alliés des moyens de lutte qui leur donnent la victoire sur mer, en attendant la victoire sur terre.

Les événements prennent une tournure encore plus radicale en Méditerranée. Les Allemands sont victorieux au premier semestre. Rommel n'est stoppé que par le manque de ravitaillement, dû à la vigueur de l'attaque britannique sur ses lignes logistiques. La poussée victorieuse de Montgomery d'octobre 1942 et le débarquement allié en Afrique du Nord provoqueront la capitulation des forces de l'Axe en avril 1943.

La victoire américaine à Midway, en juin 1942, marque un tournant stratégique du même ordre dans le Pacifique. La lente reconquête américaine se met en route. L'absence de toute menace japonaise sérieuse sur leurs lignes d'approvisionnements permet aux Américains de faire l'économie d'une bataille des convois dans le Pacifique, ce qui libère un potentiel industriel important au profit du théâtre occidental.

C'est également pendant cette période que le renseignement naval allié, après avoir été mis en défaut, prend définitivement l'avantage sur son adversaire allemand. Les Alliés recommencent à décrypter le trafic des U-Boote de l'Atlantique à partir de la fin de 1942. La maîtrise des décryptages donne aux Alliés un avantage considérable.

## 1. LES OPÉRATIONS DE JANVIER À JUILLET 1942

Le 1er janvier 1942, 22 nations, dont l'URSS, signent la « Déclaration des Nations Unies », prévoyant un effort total contre les puissances de l'Axe.

Cependant, les USA font face prioritairement à la menace japonaise. Leur engagement sur le théâtre occidental est limité. Les U-Boote en profiteront, jusqu'à la mise en place des convois le long des côtes américaines, qui marque la fin de la seconde période de « temps heureux » pour les U-Boote.

## *La stratégie allemande*

En janvier 1942, les 91 U-Boote opérationnels sont répartis entre les différents théâtres d'opérations comme suit :

| *Théâtre* | *Effectif* | *Renfort prévu* |
|---|---|---|
| Méditerranée | 23 | 3 |
| Ouest Gibraltar | 6 | |
| Norvège | 4 | 16 |
| Atlantique | 12 | |
| Dans les ports | 33 | |
| En transit | 10 | |

La Méditerranée est mieux servie pour soutenir Rommel qui reprend l'initiative fin janvier. Compte tenu des risques élevés que représente le passage de Gibraltar, Dönitz considère que les U-Boote de la Méditerranée sont pris au piège et qu'il a peu de chance de les récupérer.

Le commandement allemand positionne 4 U-Boote en Norvège, puis 20 ensuite, avec des unités de surface, pour contrer un éventuel débarquement allié. La probabilité de l'ouverture d'un second front sur le théâtre occidental, pour soulager l'effort de l'URSS, pèsera désormais sur les décisions allemandes et hypothéquera une partie de leurs moyens. La Norvège sera longtemps considérée par les Allemands, et surtout par Hitler, comme étant l'un des seconds fronts possibles. D'autre part, on croit à tort, compte tenu des conditions climatiques, que les U-Boote de Norvège pourront sévir contre les convois de Mourmansk. D'où le nombre important de U-Boote positionnés dans cette région, malgré les arguments de Dönitz. Même l'argument des destructions record effectuées dans les eaux américaines ne put modifier l'opinion du grand état-major allemand. Lui aussi fait ses calculs pour estimer que, malgré ses pertes, le tonnage allié reste suffisant pour ouvrir un second front à l'Ouest. Cette décision allemande a sans doute eu un effet décisif sur le déroulement de la guerre. Si l'on considère les résultats obtenus par les 6 à 12 U-Boote ayant opéré sur les côtes américaines, il est certain qu'un effectif double ou triple aurait asphyxié l'économie de la côte Est et coupé la quasi-totalité des approvisionnements pétroliers de la Grande-Bretagne.

Par toutes sortes de prouesses techniques, Dönitz arrive à maintenir en permanence une douzaine de sous-marins dans la zone Amérique-Antilles pendant le premier semestre. Grâce à la mise en service du *U-459*, premier sous-marin ravitailleur de type XIV, il est possible de maintenir une douzaine de U-Boote de type VII dans la zone des Antilles-Floride, la plus profitable à cause de son trafic pétrolier. Fin avril, Dönitz positionne 25 unités pour une attaque frontale. Cette attaque tombe dans le vide car les USA ont enfin mis en service la technique des convois côtiers.

### *La situation des escortes*

L'ouverture de la bataille dans les eaux américaines augmente encore le déficit allié en navires d'escortes. La situation suivante date de mars 1942 :

| ***Statut*** | ***Britanniques*** | ***Américains*** |
|---|---|---|
| Besoins | 725 | 590 |
| – disponibles | 383 | 122 |
| – **manquants** | **342** | **468** |

Rien que du côté britannique, 300 unités sont en chantier aux États-Unis et 200 d'entre elles doivent être livrées d'ici la fin de 1943, ce qui ne comblera pas le déficit. Les Alliés s'attendent à des dégâts survenant avant la formation des convois ou après leur dislocation. Dans ces moments-là, les navires naviguent seuls ; ils sont donc plus vulnérables, d'où la nécessité de mettre en place le plus rapidement possible les convois côtiers aux USA. Car les Alliés ont besoin de tous leurs navires, soit pour lutter contre les Japonais, soit pour préparer l'ouverture d'un second front à l'Ouest en 1942. cette dernière hypothèse paraît irréaliste aux yeux des Britanniques tant que la guerre sur mer ne sera pas gagnée. Sous la pression des Américains et de l'URSS, on imagine un compromis. Une opération limitée à l'Ouest, ce sera le raid sur Dieppe en août 1942, est censée être le prélude du débarquement majeur prévu pour 1943. C'est à juste titre qu'ils obtiendront le report de cette échéance.

Depuis le second semestre de 1941, les convois partant des côtes américaines et canadiennes suivent la route la plus courte, la plus au Nord, ce qui permet d'économiser le combustible de l'ensemble des navires et de les faire bénéficier de la couverture aérienne des appareils basés en Islande. Les tempêtes fréquentes de cette région fatiguent beaucoup les navires et les équipages. Les escorteurs sont trop souvent en carénage, ce qui diminue leur effectif opérationnel. Mais il faudra attendre de disposer de nombreux porte-avions d'escorte avant de pouvoir naviguer plus au Sud.

### *La faiblesse du Coastal Command*

Le vice Air Marshall Joubert de la Ferté a pris le commandement du Coastal Command en juin 1941. Il devra se battre non seulement contre les Allemands, mais contre la RAF. En janvier 1942, le Coastal Command ne peut aligner chaque jour que 156 appareils, sur l'ensemble des théâtres. En mettant de côté les hydravions *Catalina* et *Sunderland*, adaptés à leur rôle, les autres appareils sont hétéroclites et dépassés. En particulier, l'ossature des avions-torpilleurs est constituée par les escadrons de *Swordfish* dont l'efficacité relative qui repose largement sur la qualité des équipages, ira cependant en décroissant. Le passage de la Manche en février par l'escadre des croiseurs de bataille allemands de Brest le montrera clairement semble-t-il.

En fait il n'en est rien. Une sévère bataille de rapports fait rage au premier semestre 1942 entre l'Amirauté, le ministère britannique de l'Air et la RAF. En mars, l'Amirauté fait ses comptes ; il en ressort que l'ensemble des appareils de la RAF et de la Navy affecté aux opérations maritimes ne couvre que la moitié des besoins. Très diplomatiquement, les chiffres de l'Amirauté sont acceptés mais le bombardement de l'Allemagne et de l'Italie reste prioritaire.

Ce n'est qu'à l'automne que les premiers *Liberator* à grand rayon d'action, équipés des premiers radars centimétriques, entreront en service.

L'Amirauté fait remarquer au passage que, malgré l'absence d'aéronavale, la coopération entre la Marine et l'Aviation fonctionne mieux du côté allemand, ce qui n'est pas tout à fait l'opinion de l'amiral Dönitz.

### *La coopération entre la marine et l'aviation allemandes*

Dès les débuts de la Luftwaffe en 1933, Gœring avait déclaré « tout ce qui vole m'appartient ». L'amiral Raeder ne réussit jamais à obtenir quoi que ce soit ; pire, il avait été décidé que la guerre sur mer faisait partie des missions de la Luftwaffe. La coopération entre la marine et l'aviation reposera pendant toute la guerre sur la bonne volonté informelle des officiers responsables ; cette bonne volonté étant souvent torpillée par Gœring. La Luftwaffe entretien et entraîne des formations spécialisées dans l'attaque des navires. Les *Stuka* et les hydravions-torpilleurs *Heinkel 115* se montreront très efficaces contre les convois arctiques et ceux de Méditerranée, mais la coopération avec la marine reste aléatoire, en particulier dans le domaine de la reconnaissance lointaine.

Dönitz obtient la mise à disposition de un à deux *Kondor* par jour qui partent de Bordeaux et se posent en Norvège. Le manque de formation des équipages à la navigation lointaine leur fait attribuer aux convois repérés des positions qui peuvent être fausses ou trop approximatives. Si bien que pour remédier à cet inconvénient, les Allemands utilisent l'avion comme une balise dont l'émission est relevée par les U-Boote ou les stations à terre. Les équipages britanniques commirent au début de la guerre les mêmes erreurs de navigation.

Avec le renforcement de la défense aérienne des Western Approaches, l'aviation allemande, à partir de 1942, ne fournira plus de moyens de reconnaissance lointaine aux U-Boote.

L'éclatement des moyens de la Luftwaffe sur tous les champs de bataille l'empêchera de protéger efficacement les U-Boote entrant ou sortant des ports. L'offensive aérienne britannique sur le golfe de Gascogne ne sera limitée que par le manque de moyens.

## 1.1. Les opérations dans l'Atlantique

Les opérations dans l'Atlantique sont marquées par l'offensive des U-Boote sur les côtes américaines et par l'évasion de Brest des trois croiseurs de bataille allemands.

### *L'impréparation américaine*

L'Amérique entre en guerre dans un état d'impréparation totale, en commettant deux erreurs notoires :

• Aux moyens matériels réduits s'ajoute le refus d'adopter les méthodes britanniques d'organisation des convois. Contrairement à l'expérience britannique qui montre qu'une faible escorte est préférable à l'absence d'escorte, l'amiral King, commandant la marine des USA, veut attendre la montée en puissance de ses moyens pour monter des escortes.

De caractère difficile, le président Roosevelt prétend qu'il se rase avec une lampe à souder, l'amiral King n'accepte aucun compromis et campe sur ses positions. Il refuse la mise sur pied d'un état-major commun chargé des escortes, pourtant demandée par Churchill. L'amiral trouve que les Anglais auraient mieux fait de bombarder les bases sous-marines françaises pour se débarrasser des U-Boote. L'évasion réussie de Brest des croiseurs allemands ne l'incite pas non plus à la coopération.

Il faut attendre juin 1942, après des pertes catastrophiques, la rupture partielle de l'approvisionnement en pétrole de la côte Est, une lettre virulente du général Marshall à l'amiral King, pour que le système des convois soit pleinement opérationnel.

Il convient cependant de noter que l'US Navy traite avec ses maigres forces le danger prioritaire, celui du Japon. Ce n'est qu'après la bataille de Midway que l'US Navy aura les coudées plus franches sur le théâtre atlantique.

• L'US Air Force, pas plus que la RAF, n'est décidée à accorder le petit nombre d'appareils à grand rayon d'action nécessaires à la protection des convois. La priorité est accordée, à tort, aux bombardements stratégiques.

La surprise américaine est d'autant plus incompréhensible que l'US Navy reçoit les analyses de R. Winn, indiquant avec justesse le nombre et la position des U-Boote. De plus, une mission américaine avait le libre accès à l'OIC depuis l'automne 1940. L'US Navy était donc parfaitement au fait des tenants et des aboutissants de la guerre sous-marine.

### *Le renseignement naval américain*

L'organisation du renseignement américain est décentralisée, tout autant que la conduite de la guerre sur mer. On a vu les Britanniques entreprendre une mission dans ce domaine dès le mois de décembre 1941. Mais il faut aller plus vite.

En janvier 1942, l'amirauté britannique envoie le commandant Winn aux États-Unis pour plaider la cause des convois et de la centralisation du Renseignement ainsi que celle de la coordination avec l'OIC. Démarche d'autant plus extraordinaire qu'à cette époque, la condescendance des officiers de l'US Navy pour ses officiers de réserve était nettement supérieure à celle manifestée par la Royal Navy au début de la guerre ! Cette démarche est tout à l'honneur de l'amirauté britannique qui fait confiance au double savoir faire du commandant et avocat Winn, alors que selon les bonnes habitudes militaires, elle aurait pu envoyer un amiral de haut rang. R. Winn réussit à convaincre un par un les amiraux concernés, jusqu'à l'amiral King. Winn doit à la fois démontrer la possibilité de prévoir les mouvements des U-Boote et celle de dérouter les convois en conséquence. Une fois convaincus, les Américains sont rapides ; ils nomment immédiatement l'homologue de Winn, le commandant Knowles, et les deux officiers commencent à travailler tout de suite. La mise sur pied de la cellule anti-sous-marine US, baptisée OP 20, est réalisée dans un temps record et la coopération avec l'OIC sera exemplaire. L'organisation donnera ses pleins résultats en 1943 et 1944.

Winn effectuera plus tard une autre mission encore plus extraordinaire, à la demande cette fois des Américains et à leur usage interne. Il s'agira d'améliorer la coopération avec la cellule convois US, dirigée par un amiral anglophobe et l'OP 20. Winn réussira cette étonnante mission de conseil en renseignement.

Ces deux missions diplomatico-militaires témoignent de l'importance d'une personnalité comme celle du commandant Winn dans la conduite de la guerre. Cette démarche de l'amirauté britannique rappelle l'attitude tout aussi prudente de l'amiral Hall, en 1917, pour convaincre les américains de la réalité du télégramme Zimmermann (cf. chapitre 10).

### *L'opération « Paukenschlag » sur les côtes américaines*

C'est dans ce contexte favorable que se déroule l'offensive américaine de l'amiral Dönitz.

Dönitz prépositionne cinq U-Boote à grand rayon d'action, de type IX, le long des côtes américaines et les fait attaquer ensemble le 13 janvier. Ce fut le second « temps heureux » des U-Boote. Aucune des mesures de sécurité habituelles du temps de guerre n'est en vigueur. Les commandants de ces 5 U-Boote trouvent vite la meilleure formule. Dans la journée, ils se posent sur le fond, à proximité de la route des cargos. Puis ils se rapprochent des côtes pour faire surface de nuit au beau milieu du trafic.

Dönitz note dans son journal que cinq semaines après la déclaration de guerre, il semble que la navigation s'effectue dans les conditions du temps de paix. Pas de *black-out* des habitations, les navires circulent avec les feux normaux et sont très visibles sur le fond éclairé des côtes. Leur trafic radio est celui du temps de paix. Les mesures anti-sous-marines sont primitives et font le jeu des U-Boote ; les patrouilleurs américains vont et viennent régulièrement à heures fixes ; il est facile d'attaquer entre deux passages. Chaque U-Boot est indépendant ; la tactique des meutes ne s'appliquant que contre les convois. Les conditions climatiques de la zone canadienne étant mauvaises, Dönitz concentre ses U-Boote au centre et au Sud de la zone, en recommandant à ses commandants de ne couler que les grosses unités, en particulier les pétroliers. Mais au 1er février, compte tenu des unités transférées en Norvège, seulement six U-Boote attaquent le trafic américain et, jusqu'en mars, leur nombre ne dépassera pas huit unités. Les commandants de ces U-Boote prennent tous les risques, y compris celui d'attaquer sur des fonds de huit à dix mètres. Les Américains s'imaginent que faire naviguer les cargos sur des fonds aussi faibles dissuade les U-Boote qui ne peuvent plonger en cas d'attaque. Il n'en est rien. Une nouvelle génération d'« As » se forme ainsi sur les côtes américaines, parmi lesquels les lieutenants de vaisseau Topp, Mützelburg, Hardegen et Mohr. Jusqu'à la fin avril, un seul U-Boot est coulé, contre 198 navires détruits, représentant 1 150 000 tonnes, dont 60 % de pétroliers. Le torpillage des pétroliers qui flambent de manière spectaculaire à proximité des côtes frappe l'opinion publique américaine qui s'imagine attaquée par une nuée de sous-marins. Les médias rapportent toutes ces catastrophes et l'espionnite fait rage. Il n'y avait pas de quoi. Deux équipes de quatre saboteurs furent débarquées ; elles se firent cueillir par le FBI dans les délais les plus brefs.

L'Amérique demande l'aide de la Royal Navy qui est elle-même à court d'escorteurs. Désireux de renvoyer l'ascenseur, Churchill et l'Amirauté envoient en mars, sur les côtes américaines, deux douzaines de chalutiers anti-sous-marins ainsi que dix corvettes. Un escadron du Coastal Command opère à partir du Rhode Island, puis dans la zone des Caraïbes où le massacre des pétroliers est critique. Dans le même temps, Churchill demande à Roosevelt l'introduction d'urgence du système des convois. Le président répond en proposant des palliatifs, comme la réduction des importations britanniques !

Pendant ce temps-là, Dönitz disperse la défense adverse en envoyant pour un temps deux U-Boote opérer au large de Freetown.

À partir du 22 avril, le sous-marin ravitailleur *U-459* réapprovisionne 12 type VII et 2 type IX en deux semaines, inaugurant ainsi une technique très profitable aux U-Boote, puisqu'elle permet d'utiliser les types VII dans les eaux lointaines. De la fin avril à la mi-juin, trois U-Boote ravitailleurs de type XIV soutiennent 20 des 37 U-Boote opérant dans la mer des Antilles. Pendant cette même période et dans cette zone, les U-Boote détruisent 148 navires, soit 750 000 tonnes, dans une impunité à peu près complète.

Dönitz positionne ainsi de Halifax à la Guyane 24 sous-marins, destinés à opérer une attaque frontale. Fin avril, cette attaque tombe dans le vide au large des côtes américaines.

En effet, l'amiral King donne son accord fin mars pour la mise sur pied progressive d'un système de convois entre la Floride et New York, pleinement opérationnel à la mi-mai, avec une couverture aérienne renforcée. La baisse de rendement des U-Boote est immédiate. Mais ils ont le champ libre dans les Caraïbes et le golfe du Mexique pour continuer leur « merry massacre » de pétroliers et de minéraliers, allant même jusqu'à canonner des installations pétrolières. En mai, les Britanniques détachent des moyens d'escorte pour monter avec les Canadiens des convois pétroliers au départ des Caraïbes. Même si le rendement des U-Boote diminue dans cette zone, leur score dans l'Atlantique atteint en juin le chiffre fatidique de 700 000 tonnes avancé par Dönitz comme matérialisant la victoire des U-Boote. Ce calcul provient d'une sous-estimation bien compréhensible de la puissance industrielle américaine. Le premier Liberty Ship avait été lancé en septembre 1941. Les États-Unis en construisirent 2 700 jusqu'à la fin de la guerre. L'adoption des méthodes industrielles de la construction automobile fit passer le délai de réalisation de 250 à 50 jours ! (cf. chapitre 4).

À partir de juillet 1943, le tonnage fabriqué par les États-Unis équilibre le tonnage coulé par les Allemands. À partir de novembre, il devient définitivement supérieur au tonnage coulé. Ni les Alliés ni les Allemands ne furent conscients de cette réalité. La bataille logistique fut donc gagnée relativement tôt. Mais la bataille navale devait encore durer deux ans et demi.

**Janvier 1942-juillet 1942**

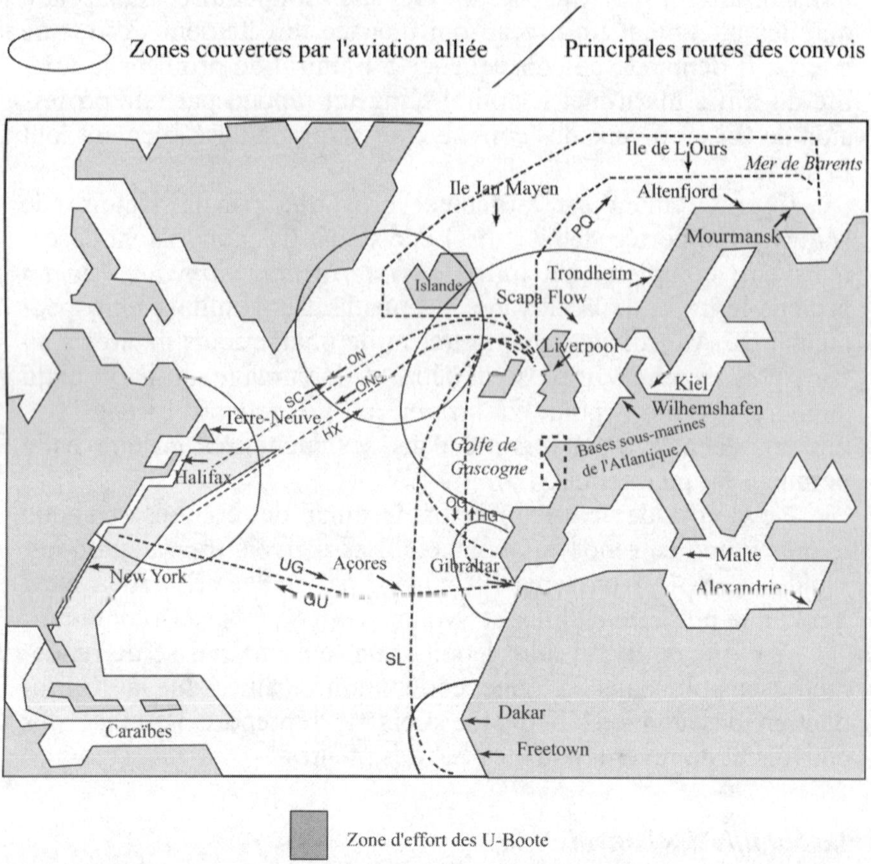


À la mi-mai, les U-Boote opérant entre le Canada et New York, toujours ravitaillés en mer par les *milchkuhe*, quittent pour un mois les côtes américaines pour attaquer avec succès les convois au centre de l'Atlantique. Devant la riposte des escortes, Dönitz les envoie dans la zone du golfe du Mexique et du canal de Panama. Dönitz veut concentrer ses moyens, qu'il juge faibles, dans l'Atlantique pour assurer durablement la victoire des U-Boote. Le dur hiver 1941-1942 a beaucoup ralenti l'entraînement des U-Boote en Baltique et les mises en service sont faibles au premier trimestre 1942. Heureusement pour les Alliés, Dönitz n'est pas suivi. Il estime que la dispersion des U-Boote leur a fait perdre 500 000 tonnes de destruction en Atlantique.

L'opinion des Alliés est bien sûr différente. Le chiffre vertigineux des pertes inquiète le commandement allié. Le général Marshall écrit le 19 juin une longue lettre à l'amiral King. Après avoir détaillé les pertes subies par les pétroliers et les minéraliers transportant la bauxite de la Guyane hollandaise, il déclare qu'elles atteignent un niveau qui menace directement l'effort de guerre. Il demande en conséquence à l'amiral de protéger la totalité du trafic maritime. L'amiral King lui répond par une profession de foi en faveur des convois, qui surprend agréablement tout le monde !

Ce revirement est largement provoqué par la victoire de Midway remportée début juin. Le système des convois va désormais être complété. En juillet l'« *interlocking convoy system* » protège le trafic de la Guyane au Canada. Les résultats sont spectaculaires. Au troisième trimestre, mille quatre cents navires sont convoyés et seuls onze sont détruits. Dommage qu'il ait fallu attendre six mois pour en arriver là. Le général Eisenhower, diplomate entre tous, regrette dans ses mémoires qu'une balle perdue n'ait pu atteindre l'amiral King !

New York devient le principal terminal des convois ainsi que le plus grand entrepôt de la planète. Les convois transatlantiques, rapides (HX-ON) ou lents (SC-ONS), partent et arrivent à New York, à la place de Halifax et Sydney.

À partir de la fin juin, Dönitz constate une baisse de rendement sensible dans la zone côtière américaine, due à l'introduction des convois. Il décide alors de reprendre l'attaque des convois et de revenir à la tactique des meutes.

### *La bataille des convois*

Les U-Boote concentrant leur effort sur les côtes américaines allègent d'autant la pression sur les convois pendant ce premier semestre 1942. Depuis novembre 1941, aucune attaque en meute ne s'est produite. Les attaques sont effectuées par les U-Boote en transit vers l'Amérique ou par ceux basés en Norvège qui attaquent les convois arctiques. Les U-Boote déplacés à la mi-mai des côtes américaines vers le centre de l'Atlantique attaquent entre autres le 11 juin le convoi ONS100, coulent quatre cargos, et la corvette des FNFL *Mimosa* est détruite par le *U-124* du capitaine de corvette J. Mohr. Il n'y aura que quatre survivants sur les soixante-neuf hommes d'équipage.

L'organisation des escortes atteint à la fin de ce premier semestre un degré d'efficacité nettement supérieur. De l'Amérique à Liverpool, cinq groupes d'escorte assurent successivement la protection des convois. Les escortes, comme leurs ennemis, commencent à pratiquer le ravitaillement en mer. Les convois sont réguliers comme des trains ; il en circule six chaque mois dans chaque sens. Les cinquante navires d'un convoi sont protégés par un groupe de sept escorteurs, composé dans l'idéal de deux destroyers et de cinq corvettes.

Les moyens techniques des Alliés progressent. Les premiers goniomètres à haute fréquence, les Huff/Duff, commencent à équiper les destroyers. Cet équipement est beaucoup plus sensible et rapide que celui des stations terrestres. Les escortes peuvent ainsi repérer rapidement et attaquer le ou les U-Boote qui pistent leur convoi, et qui émettent, même brièvement, pour renseigner le PC de Dönitz.

Les escorteurs et les avions commencent à être largement équipés du radar décimétrique. Les Allemands comprennent vite que la perte inattendue de certains U-Boote est due à ce nouveau radar.

Les avions du Coastal Command sont équipés en plus du projecteur Leigh qui leur permet de détruire plus facilement de nuit les U-Boote navigant en surface[1]. Ce projecteur prend la relève du radar qui cesse de renvoyer un écho à courte portée de la cible. Cet équipement est à la fois un moyen d'éclairage de la cible et un viseur, ce qui augmente l'efficacité des nouvelles grenades sous-marines pouvant être larguées par l'avion. Le golfe de Gascogne va bientôt devenir très dangereux pour les U-Boote en transit.

Ces nouveaux équipements rentrent progressivement en service et ils ne feront masse que dans neuf mois. Les Allemands continuent à faire l'impasse sur ces équipements. Ils vont se contenter de palliatifs, tels que les détecteurs de radar.

Pour le moment, il en faut plus pour freiner les U-Boote. Si Dönitz note l'efficacité croissante des escortes, il repère également les points faibles de la défense. Les avions alliés n'interviennent pas au centre de l'Atlantique et la protection des convois est moindre dans l'Atlantique Sud. Malgré les ponctions effectuées contre son gré pour renforcer la Norvège et la Méditerranée, l'amiral dispose d'une flotte en croissance sensible. Les 91 U-Boote opérationnels en janvier deviennent 140 en juillet, et 191 sont à l'entraînement. La structure de la flotte des U-Boote se rapproche de ce que souhaitait Dönitz au début de la guerre pour l'emporter, ce qui va lui permettre d'attaquer en force les convois de l'Atlantique, en consentant des taux de pertes plus importants.

1. Le premier succès est la destruction du U-502 le 6 juillet 1942.

Les performances atteintes par les U-Boote pendant ce premier semestre sont un encouragement de premier ordre pour Dönitz et ses équipages. Le tonnage détruit par U-Boot et par jour de mer atteint des niveaux records :

| | |
|---|---|
| Janvier 1942 | 209 tonnes |
| Février 1942 | 278 tonnes |
| Mars 1942 | 327 tonnes |
| Avril 1942 | 255 tonnes |
| Mai 1942 | 311 tonnes |
| Juin 942 | 325 tonnes |

Pendant la même période, les Alliés n'ont détruit que vingt-deux U-Boote, soit un mois de leur production. En réponse à une proclamation triomphaliste de Raeder, Dönitz répond publiquement par une analyse objective de la situation, faisant état de la montée en puissance des moyens alliés et prévoit donc des difficultés sérieuses pour les U-Boote. Cette analyse est étudiée avec d'autant plus de soins par Winn qu'elle recoupe ses propres conclusions. L'Amirauté s'attend donc à un retour en force des U-Boote dans l'Atlantique Nord, étrangement calme depuis 6 mois.

Malgré l'accroissement de leurs moyens de défense, les Alliés sont donc pleinement conscients de la montée en puissance prochaine de la bataille, d'autant plus que le B-Dienst continue à décrypter les codes des convois alors que le décryptage britannique est plongé dans le black-out.

### *Le renseignement naval allié en panne*

Le 1er février 1942, la Kriegsmarine met en service sur le réseau Triton un nouveau modèle de la machine à chiffrer Enigma, la M4 (cf. chapitre 10). Les décryptements cessent brusquement au moment où les U-Boote attaquent le trafic des côtes américaines. Jusqu'en décembre 1942 les Alliés sont ainsi privés d'une source d'information essentielle.

Pendant cette période de black-out sur la zone la plus vitale, et pendant une époque cruciale de la guerre, l'OIC renforce ses autres moyens de recherche.

Les relèvements gonio parviennent rapidement à l'OIC par un réseau spécial. La comparaison entre les relèvements et les positions connues par les décryptages avait permis de corriger des procédures donnant maintenant des résultats beaucoup plus fiables. Il est devenu possible d'éliminer des incertitudes semblables à celles qui avaient entaché la détermination de la position du *Bismarck*. L'interprétation du renseignement gonio est complétée par la connaissance de la structure des messages émis. Sans pouvoir les décrypter, on peut cependant savoir s'il s'agit d'un message météo, d'un signal d'entrée ou sortie de la zone opérationnelle ou du pistage d'un convoi. Tout ce qui a été appris lorsque les décryptages étaient effectifs revêt une importance encore plus grande lorsqu'on ne peut plus décrypter.

Les reconnaissances aériennes régulières des chantiers navals permettent d'identifier le type des sous-marins en construction jusqu'au moment de leur lancement. Le potentiel des U-Boote est connu avec une bonne précision. Ensuite, le déchiffrage du code Tetis, utilisé dans la Baltique, permet de suivre l'entraînement des U-Boote jusqu'à leur départ pour leur première croisière opérationnelle vers un port français ou norvégien.

Le déchiffrage du code Hydra, utilisé par les dragueurs de mines et les escortes des U-Boote entrant ou sortant d'un port, permet de connaître le départ et le retour de croisière d'un U-Boot. Mais entre le départ et le retour de croisière, on ne sait pas grand-chose.

En partant du potentiel connu en février, le recoupement entre ces diverses sources et les avis de destructions de U-Boot permet une mise à jour honorable du potentiel et des mouvements des U-Boote. Mais la détermination de leur position est un travail autrement plus compliqué. Le commandant Winn réussit à convaincre l'Amirauté qu'un travail d'extrapolation et de recoupement était la meilleure solution compte tenu des circonstances, même si le profit est faible.

Le potentiel et la vitesse des U-Boot sont assez bien connus pour que leur déplacement puisse être estimé. Les zones d'action sont également connues, jusqu'au premier incident qui révèle une autre zone d'action. Chaque sous-marin partant en opération est identifié par deux lettres. Tous les renseignements qui parviennent ensuite de toutes les sources doivent être attribués à l'un des U-Boote suivi par l'équipe de Winn. Le processus est itératif ; les incidents attribués à un sous-marin peuvent être réaffectés à un autre. La remise en cause permanente est de règle. Mais ce travail permet au moins d'estimer le potentiel ennemi.

La reprise du décryptage est pour la fin de l'année, après la capture d'un U-Boot en Méditerranée en octobre 1942, avec les procédures et les codes qui faisaient défaut aux décrypteurs de Bletchley Park.

Mais on ne peut pas attribuer au black-out du décryptage les mécomptes de l'évasion des croiseurs allemands et du convoi PQ17.

## *L'évasion des croiseurs allemands*

En février 1942, aidée par le manque de coordination entre le Coastal Command et la RAF et par la chance, la Kriegsmarine réussit l'exploit de faire déplacer de Brest à l'Elbe par la Manche les croiseurs de bataille *Gneisenau, Scharnhorst* et *Prinz Eugen.*

Ces bâtiments étaient à Brest depuis juin 1941 et avaient subi 229 attaques aériennes ! Ils étaient immobilisés à Brest par les avaries provoquées par ces attaques. Un jour ou l'autre, ils auraient été gravement endommagés. Hitler, persuadé de l'éventualité d'une attaque de la Norvège par les Alliés, souhaite renforcer la défense par la flotte de surface. Il demande à l'amiral Raeder de rapatrier l'escadre ou de la désarmer sur place ! L'opération débute en janvier et Hitler, contre l'avis de Raeder, parie sur la surprise et choisit de faire passer l'escadre par la Manche au lieu de contourner la Grande-Bretagne par le Nord.

Les Britanniques avaient étudié depuis plusieurs mois l'hypothèse d'un retour en Allemagne de cette escadre. Leur étude privilégie également le passage par la Manche qui permet d'éviter la menace de la Home Fleet. Dans cette hypothèse, seule l'aviation pourrait s'opposer au passage de l'escadre, puisque la Royal Navy ne dispose d'aucun navire de ligne dans le Sud de l'Angleterre.

Lorsque les destroyers qui avaient escorté le *Tirpitz* de la Baltique à Trondheim furent envoyés à Brest, une sortie de l'escadre devint évidente. Compte tenu du contexte stratégique et des renseignements disponibles, l'hypothèse du retour en Allemagne est retenue. Les dates probables, compte tenu de la marée et de l'absence de lune, sont les quelques jours suivant le 12 février 1942. Un plan d'intervention est établi et, à l'approche de l'appareillage, la voie de passage quasi obligée est copieusement minée.

Les préparatifs du mouvement, bien qu'entourés du plus grand secret, sont correctement interprétés par l'OIC. En particulier l'activité des dragueurs de mines allemands, faite de missions très ponctuelles pour camoufler le secret de l'itinéraire aux yeux des marins allemands eux-mêmes, ne put tromper le commandant

Denning et son équipe. De plus, la Résistance française, par l'intermédiaire du lieutenant de vaisseau Philippon et d'agents de l'arsenal, tenait les Britanniques au courant des préparatifs de départ. Hilarion-Philippon estime que, compte tenu de ses renseignements, l'escadre appareillera de nuit et prévient Londres. La surprise voulue par les Allemands n'existe pas et pourtant, les Britanniques vont rater l'interception.

L'escadre appareille le 11 février vers minuit et va passer inaperçue pendant un bon moment, malgré les mesures de surveillance britanniques. Le sous-marin surveillant la sortie du goulet de Brest s'était éloigné pour recharger ses batteries ; il rate la sortie de l'escadre. Les deux premières patrouilles aériennes nocturnes sont victimes d'une panne de radar. La suivante est rappelée pour une obscure raison. L'escadre allemande fonce à toute vitesse, sous couvert de la nuit puis du brouillage des radars britanniques. Elle est enfin détectée le lendemain vers 11 h alors qu'elle est déjà à hauteur de la baie de la Somme. Pour des raisons inconnues, le chasseur qui l'a repérée observe le silence radio et l'alerte n'est donnée dans le camp britannique qu'à 11 h 30 ! L'escadre allemande est à la hauteur de Calais.

La surprise des Britanniques vient de ce que le mouvement est exécuté de jour. Ils ne pouvaient pas savoir que les Allemands avaient mis en place une couverture aérienne permanente, dirigée par le colonel Galland, pour protéger leur escadre sur son trajet le plus critique. Les Britanniques sont pris de court pour coordonner les interventions des différentes catégories d'avions. De plus, l'Air Marshall Harris avait repris 200 des 300 bombardiers prévus et placé les autres sous un préavis trop long. Les attaques courageuses et désordonnées des Anglais sont repoussées par la chasse allemande et le mauvais temps s'en mêle. Les *Swordfish* qui avaient endommagé le *Bismarck* participent à l'attaque et sont tous détruits.

Lorsque l'escadre arrive à la portée des batteries lourdes anglaises, l'escadre allemande est attaquée une nouvelle fois par l'aviation, et les batteries ne peuvent tirer ! L'attaque des vedettes rapides et celles de cinq destroyers ne donne rien. Il en sera ainsi jusqu'à la nuit et rien n'arrêtera l'escadre allemande.

Cependant, les mines mouillées préventivement par les Britanniques sur le trajet supposé de l'escadre jouent leur rôle, endommagent et ralentissent les croiseurs allemands, sans d'ailleurs que l'aviation britannique soit en mesure de profiter de cet avantage. Le *Prinz Eugen* et le *Gneisenau* ne se remirent jamais de leurs avaries. Le *Prinz Eugen* est pisté par des décryptages. Quatre sous-marins britanniques l'endommagent le 23 février.

Seul, le *Scharnhorst* interviendra ensuite dans la bataille. Cette victoire tactique allemande est en réalité une victoire stratégique des Alliés qui libère les convois de l'Atlantique de la menace des grandes unités de surface allemandes. L'orgueil britannique est cependant piqué au vif et les journaux s'en mêlent. Les Allemands ont réussi ce que n'avait pu faire l'Invincible Armada ! Une commission d'enquête ne peut que souligner l'incroyable manque de coordination, voire de coopération, entre le Coastal Command et la RAF. Malgré deux ans et demi de guerre, la lutte d'influence entre la RAF et l'aéronautique navale persiste. Dans un discours devant les Communes, Churchill déclare que 3 300 sorties aériennes ont déversé 4 000 tonnes de bombes sur les croiseurs lorsqu'ils étaient à Brest, au prix de la perte de 127 appareils et 247 hommes. 398 avions ont attaqué l'escadre lors de son passage en Manche. Les résultats n'ont pas été à la mesure des efforts.

### *Le raid sur Saint Nazaire*

Le cuirassé *Tirpitz*, jumeau du *Bismarck*, est opérationnel en février 1942. Il est envoyé à Trondheim. Mais les Britanniques veulent éviter une intrusion du *Tirpitz* dans l'Atlantique, où il aurait menacé gravement les convois. À cette époque, les U-Boote font un massacre sur les côtes américaines, Rommel est vainqueur en Méditerranée et Bletchley Park ne décrypte plus le trafic des U-Boote. Il faut tout faire pour éviter l'arrivée du *Tirpitz* dans l'Atlantique. Le raid sur Saint Nazaire témoigne de l'acharnement dont firent preuve les Britanniques pour neutraliser ou détruire les grandes unités de surface allemandes. L'expérience ratée du bombardement de l'escadre des croiseurs allemands de Brest laisse peu d'espoir de réussir ce genre d'opération contre un cuirassé naturellement protégé par son fjord. Reste la stratégie indirecte.

Un plan extrêmement risqué est mis au point par le groupe des Opérations Combinées de l'amiral Mountbatten pour détruire la grande cale de Saint Nazaire. Cette installation avait été construite pour le paquebot *Normandie* ; elle avait servi plus tard pour le *Jean Bart*. Cette infrastructure est la seule de son genre sur la façade atlantique. Sa destruction suffirait à éloigner le *Tirpitz*.

Un groupe comprenant le vieux destroyer *Campbeltown*[1] et huit vedettes appareille le 27 mars de Falmouth, pour accomplir de jour une navigation de 400 milles qui le mènera de nuit dans l'estuaire de la Loire, qu'il faut remonter sur 5 milles. Par miracle, et avec l'aide d'un bombardement de diversion sur Saint Nazaire, le groupe n'est détecté que lorsque le *Campbeltown* n'est qu'à quelques centaines de mètres des portes de la cale sèche, qu'il emboutit à toute vitesse sous un feu d'enfer le 28 mars à 1 h 34, soit avec quatre minutes de retard sur l'horaire prévu ! L'étrave du destroyer est bourrée de trois tonnes d'explosifs, soigneusement camouflées, qui doivent exploser deux heures et demie après le choc. Toutes les unités transportent des commandos qui se sont entraînés sur des maquettes et qui doivent détruire les stations de pompage et la machinerie. Les combats sont d'une violence extrême. Tous les objectifs sont atteints, mais seulement la moitié des vedettes peut repartir et de nombreux commandos sont prisonniers. Probablement détraqué par le choc, le système de mise de feu du *Campbeltown* ne se déclenche que vers midi. À ce moment, une quarantaine d'officiers de haut rang est à bord pour visiter l'épave, entourée de centaines de soldats allemands venus là en badauds. Ce fut un carnage indescriptible. Dans l'après-midi, les torpilles à retardement tirées contre les portes de l'abri sous-marin, et dont personne ne s'était occupé, explosent à leur tour, provoquant une panique qui conduit les Allemands à se tirer dessus ; ils auraient perdu trois à quatre cents hommes de plus. La légèreté inhabituelle dont firent preuve les Allemands ne peut guère s'expliquer que par leur étonnement devant l'audace de ce raid qui, par ailleurs, sème le doute dans leur esprit quant à la solidité des défenses portuaires. Hitler craint un débarquement dans l'Ouest de la France et ordonne à Dönitz d'installer son PC à Paris.

### *La catastrophe du PQ17*

On a vu que les convois arctiques au profit de l'URSS furent très rapidement mis en place, aussi bien sous la pression des Américains que sous celle de Staline. À la fin de 1941, 110 navires ont atteint Mourmansk. Les conditions climatiques, plus que les Allemands, rendent ces convois pénibles. Les Britanniques au printemps 1942 sont moins enthousiastes que

1. Ex USS Buchanan, l'un des cinquante destroyers de la Grande Guerre prêtés par les USA.

leurs alliés, car ces convois commencent à subir des pertes exceptionnelles.

La crainte d'un débarquement allié en Norvège a conduit les Allemands à renforcer considérablement leur potentiel dans la région. La flotte de surface, avec le *Tirpitz,* des croiseurs lourds et des destroyers, les sous-marins, l'aviation, sont une redoutable menace sur les convois. Le *Tirpitz* est surveillé comme le lait sur le feu par d'incessantes patrouilles de *mosquito*, tant le risque est grand de le voir attaquer. Mais le cuirassé sortira rarement, autant par manque de mazout que par une prudence excessive des Allemands. Les attaques contre les convois débutent en mars avec l'amélioration des conditions climatiques et l'allongement des heures de jour. Le PQ13 est le premier convoi attaqué, le 27 mars 1942. Le *Tirpitz* manque ses proies, mais la Luftwaffe et les puissants destroyers allemands se font pressants. Avec un taux de perte de 20 %, les Britanniques souhaitent ralentir le mouvement ; d'autant plus que les opérations montées contre le *Tirpitz* n'ont rien donné. Le *Tirpitz* a cependant échappé de peu en mars au torpillage des avions du *Victorious* défendant le PQ12. Cette expérience conduit Hitler à donner des consignes de prudence excessives. Les Américains insistent pour que l'on reprenne les convois et renforcent les escortes en leur affectant en avril un cuirassé et le porte-avions *Wasp*.

En mai, la facture s'alourdit pour les Alliés avec la perte des croiseurs *Edinbourgh* et *Trinidad.* Le rythme des convois se ralentit un temps, ce qui provoque des embouteillages en Islande qui perturbent l'ensemble des convois de l'Atlantique Nord.

Pour limiter les dégâts, il est décidé d'augmenter la taille des convois et d'augmenter leur escorte ; les mouvements des convois aller et retour sont synchronisés, pour bénéficier de l'appui d'une escadre d'escorte mobile. La cible devient de ce fait encore plus attirante pour les Allemands.

Le 25 mai, le PQ16 et le QP12 se croisent. Repérés, ils subissent toutes les deux ou trois heures une attaque massive de la Luftwaffe qui dispose dans la région de 264 appareils. Dès le premier jour de l'attaque, 108 appareils sont lancés à l'attaque du convoi. le PQ16 est pisté de nuit par les U-Boote et survolé de jour en permanence par un bombardier Kondor qui tourne sans cesse au-dessus du convoi. On raconte que l'officier de quart d'un escorteur, excédé par cette ronde, aurait demandé au pilote du Kondor de tourner dans l'autre sens ; ce qu'il fit ! Les équipages des deux camps sont épuisés par quatre jours de combats incessants et le PQ16 atteint enfin Mourmansk en ayant perdu seulement sept de ses trente-cinq navires. La propagande allemande prétendra avoir détruit le convoi. Les Britanniques se préparent au pire et décident de renforcer l'escorte du prochain convoi.

Le pire arrive d'ailleurs avec le convoi suivant, le PQ17, dont la tragédie est restée dans les annales. L'amirauté britannique, alertée par l'attaché naval en Suède, craint une sortie du *Tirpitz* contre le prochain convoi ; elle souhaite interrompre les convois et attendre la fin du court été arctique pour les reprendre. Pour des raisons essentiellement politiques, elle n'est pas suivie. Tout au plus renforce-t-on la Home Fleet par un cuirassé et deux croiseurs américains. Les contraintes de la guerre en Méditerranée empêchent le renforcement des moyens aériens.

Le potentiel allemand s'est renforcé depuis le début juin. Le *Tirpitz*, le *Hipper* et quatre destroyers sont postés à Trondheim, les croiseurs *Scheer*, *Lützow* et six destroyers sont basés à Narvik. Les Allemands, dopés par l'attaque du PQ16, sont prêts à attaquer tous moyens réunis.

Le convoi PQ17, transportant 157 000 tonnes d'armement divers, pour une valeur de 700 millions de dollars (1942), appareille d'Islande le 27 juin. Les trente-six navires du PQ17 doivent croiser les trente-quatre navires vides du QP13. L'escorte est considérable. Une escadre de quatre croiseurs et trois destroyers doit accompagner le convoi jusqu'à la mer de Barents, puis faire demi-tour, tant elle est alors vulnérable. Le groupe d'escorte se compose de six destroyers, quatre corvettes, deux sous-marins, deux navires antiaérien, trois dragueurs de mines, quatre chalutiers anti-sous-marin, trois navires de sauvetages. La Home Fleet assure la couverture lointaine avec deux cuirassés, un porte-avions, trois croiseurs et quatorze destroyers. Soit un total de 51 navires de guerre. Ce qui montre à la fois l'importance de la menace allemande et celle du convoi que, précisément, les Allemands sont décidés à attaquer. En plus, 14 sous-marins, britanniques, soviétiques et français, la *Minerve*, couvrent les parages de l'Altenfjord.

Depuis l'affaire du *Bismarck,* les liens entre l'attaché naval britannique à Stockholm et ses homologues suédois se sont renforcés. Les communications entre l'amirauté allemande et ses amiraux de Norvège s'effectuent par câble ; ce câble transite par la Suède. Les services secrets suédois ont réussi à décrypter les messages. C'est ainsi que, le 18 juin, les Britanniques ont connaissance d'un ordre allemand du 14, détaillant l'attaque combinée qui attend le PQ17 à la verticale de l'île de l'Ours.

Les deux escadres allemandes sont déplacées discrètement vers le Nord de la Norvège. Le convoi est pisté par dix U-Boote et l'aviation à partir du 1er juillet et attaqué sans succès par des avions torpilleurs. Par chance, la limite des glaces est plus au Nord que prévu et le convoi peut suivre une route moins dangereuse. Le 3 juillet, le convoi atteint les parages de l'île de l'Ours. L'escadre de croiseurs prolonge son escorte. Les choses semblent aller assez bien.

Les reconnaissances aériennes britanniques du 3 juillet montrent que l'escadre de Trondheim a quitté son mouillage ; l'Amirauté n'a pas de nouvelle de celle de Narvik. En fait, le *Tirpitz*, le *Scheer*, le *Hipper* et 6 destroyers sont embusqués dans l'Altenfjord, à proximité du cap Nord.

Le matin du 4, une attaque aérienne fait perdre trois navires au convoi qui garde sa cohésion. Au même moment, le décryptage des messages du 3 apprennent à l'OIC la présence de l'escadre de l'Altenfjord ainsi que sa composition. Plus grave, le message précisait aux destroyers de mazouter, ce qui témoigne clairement du départ prochain de l'escadre. L'analyse des renseignements se poursuit. L'amiral Pound, peu au fait du travail et des possibilités de son service de renseignement, réunit son état-major dans la soirée du 4. Il demande à Denning s'il peut lui assurer que l'escadre allemande est toujours à l'Altenfjord. En toute honnêteté intellectuelle et sans avoir la possibilité de s'expliquer beaucoup, Denning ne peut qu'offrir une évidence négative. En effet, l'OIC connaît bien les procédures allemandes ; Denning et son équipe en déduisent que rien ne permet de dire que l'escadre allemande soit en mer. En effet, l'escadre allemande n'a reçu aucun des messages qui lui sont habituellement transmis en opération ; de plus, les nombreux sous-marins alliées embusqués n'ont rien vu. L'amiral Pound ne suit pas les conclusions de l'OIC ; il privilégie l'hypothèse de l'appareillage de l'escadre du *Tirpitz* pour le 5 au matin. En conséquence, ordre est donné à 22 h à l'escadre des croiseurs de faire demi-tour ; le convoi reçoit l'ordre de se disperser. Les destroyers repartent avec les croiseurs ; les autres navires de l'escorte accompagnent les cargos qui se groupent en mini-convois. Les spécialistes de l'histoire navale s'interrogent encore sur le bien-fondé de cette décision et sur les solutions alternatives. Pour quelles raisons, alors que le plan allemand était connu bien avant le départ du convoi, l'avoir laissé appareiller sans le faire escorter par la Home Fleet elle-même, alors que l'escadre de croiseurs ne pouvait rien contre l'escadre allemande ?

Dès le matin du 5, le PQ17 est attaqué par l'aviation et les U-Boote. L'escadre du *Tirpitz* sort vers midi, repérée par les sous-marins et l'aviation alliés. Comme il ne semble pas qu'on ait besoin d'elle pour détruire ce qui reste du PQ17, elle fait demi-tour dans la soirée. Les aventures tragiques des navires et des naufragés du PQ17 ont été abondamment relatées. On peut signaler le remarquable comportement du chalutier armé *Ayrshire's*, commandé par deux officiers de réserve. Il prend en charge un groupe de trois cargos. Le groupe utilise ses stocks de peinture blanche pour se camoufler du côté de la mer. Des avions allemands ne les repèrent pas. À tout hasard, les Shermann arrimés sur les ponts sont sortis de leur caisse et leurs canons sont prêts à tirer une sérieuse bordée sur un assaillant téméraire. Le groupe attend trois jours, puis entreprend de gagner des terres plus hospitalières en naviguant le long de la banquise, récupérant au passage quelques naufragés.

L'aviation et les destroyers soviétiques ne se manifestèrent que lorsque l'on n'avait plus besoin d'eux. Pour tout arranger, le *U-255* saisit à bord d'un cargo abandonné les codes en vigueur.

Sur les trente-six cargos, deux avaient fait demi-tour. Seuls, onze cargos et deux des trois navires de sauvetage rallièrent l'URSS. Les pertes humaines s'élèvent à 200 morts et de nombreux blessés, soignés dans des conditions primitives. Les pertes matérielles sont tout aussi impressionnantes :

| ***Chargement*** | ***Total transporté*** | ***Pertes*** |
|---|---|---|
| Véhicules | 4 246 tonnes | 3 350 tonnes |
| Chars | 594 tonnes | 430 tonnes |
| Avions | 297 tonnes | 210 tonnes |
| Autres | 156 492 tonnes | 99 316 tonnes |

Rien qu'en véhicules et chars, on peut considérer que le PQ17 transportait de quoi équiper largement deux divisions blindées.

Les Allemands ne perdent que cinq des 202 appareils engagés. Cet épisode illustre parfaitement le concept de *fleet in being*. La menace exercée par la seule possibilité de sortie du *Tirpitz* a conduit les Britanniques à prendre des décisions extrêmes.

Le convoi rentrant QP13 est lui aussi marqué par le destin. Alors que le convoi approche de l'Islande, une avancée de la banquise entrevue dans le brouillard fait commettre une erreur de navigation. Le convoi traverse un champ de mines britannique. Cinq navires sont perdus et deux sont endommagés. La corvette des FNFL *Roselys* rallie l'Islande surchargée de rescapés.

Au moins après ces mécomptes les convois sont-ils interrompus jusqu'à la fin de l'été.

Les pertes sont telles que les Alliés doivent renoncer à l'ouverture d'un second front à l'Ouest. Il faut, de plus, assurer la survie de Malte, point clé de la lutte contre les forces de l'Axe en Méditerranée. Jointe à l'arrêt provisoire des convois arctiques, cette situation provoque une crise avec l'URSS.

### 1.2. Les opérations en Méditerranée

On a vu à quel point à la fin de 1941 la situation navale britannique était critique. L'offensive terrestre britannique avait dû stopper à El Agheila devant l'impossibilité d'assurer son soutien logistique par la mer. L'arrivée en force de la Luftwaffe, la poussée victorieuse de Rommel, l'offensive des U-Boote, font du premier semestre 1942 le pire que connaîtront les Alliés dans cette région.

Dans l'impossibilité, faute de moyens, de compenser les pertes de la Royal Navy, le rôle de Malte, porte-avions naturel, devient primordial pour contrôler les routes maritimes. Les forces de l'Axe en sont pleinement conscientes, d'où une bataille aéronavale d'une rare intensité.

Au début janvier, l'amiral Vian couvre deux convois au bénéfice de Malte. Mais dans le même temps, l'Axe assure la sécurité de ses routes maritimes et ravitaille les troupes de Rommel. La marine italienne escorte en force ses convois et achemine en janvier 50 000 à 60 000 tonnes et en perd 41 000. Le 21 janvier 1942, Rommel contre-attaque et surprend les Britanniques qui imaginaient que l'Afrikakorps avait autant besoin de repos qu'eux-mêmes. Deux jours après, le port de Benghazi doit être évacué. La perte de cette base logistique condamne les troupes britanniques à la retraite. La perte de ses aérodromes avancés empêche la RAF de protéger les convois de Malte et isole cette île un peu plus. Le théâtre méditerranéen à cette période illustre parfaitement la complémentarité entre la marine, l'aviation et les troupes terrestres.

Au début février, l'aviation de l'Axe coule les trois navires marchand d'un convoi parti d'Alexandrie pour Malte. Quelques jours plus tard, un convoi de l'Axe parvient à Tripoli, échappant à ses poursuivants. L'offensive de Rommel est alimentée. Mais la retraite de la VIII$^{e}$ armée s'effectue en bon ordre.

En mars, deux tentatives britanniques n'atteignent que très partiellement leur but. Malgré l'astuce et la combativité des croiseurs légers et des destroyers de l'amiral Vian, qui réussit à maintenir à distance du convoi puis à faire reculer deux escadres italiennes, dont l'une conduite par le cuirassé *Littorio*, la Luftwaffe détruit aux abords de Malte les cargos du convoi. Cette bataille du 22 mars 1942 est connue sous le nom de la seconde bataille de Sirte. Elle témoigne de l'habileté manœuvrière des marins britanniques, renseignés sans qu'ils le sachent par les décryptages, bien préparés par Vian à tenir en respect un adversaire beaucoup plus puissant qu'eux. Les Italiens n'ont pu attaquer un maigre convoi protégé par les évolutions compliquées des destroyers chargés de le masquer par un écran de fumée. Les autres unités n'ont pas hésité, malgré la disproportion des forces, à attaquer sans relâche à courte distance. Une salve coordonnée d'une vingtaine de torpilles manque le *Littorio*, mais le contraint à une prudente retraite. Mais Malte commence à être à court d'avions. Chaque bataille aéronavale provoque la perte de deux ou trois unités. Le potentiel naval britannique s'affaiblit, alors que les Allemands maintiennent une vingtaine de U-Boote et que leur aviation ne rencontre qu'une opposition limitée.

Début avril, la pression de l'aviation allemande met Malte sur les genoux. Le port est miné, les dragueurs de mines et d'autres navires, dont les précieux sous-marins, sont détruits ou endommagés. L'aviation de Malte est neutralisée. En particulier, les bombardiers-torpilleurs de Malte et d'Égypte sont détruits. L'Axe en profite pour faire passer deux convois. Fin avril, une opération montée avec le porte-avions américain *Wasp* permet de faire parvenir quarante-six Spitfire à Malte. Beaucoup d'entre eux sont détruits au sol le jour même. Rommel relance son offensive le 26 mai, en attaquant les points d'appui du front de Gazala, ligne de défense de Tobrouk. La contre-attaque anglaise est stoppée par un front continu de pièces de 88 mm flak qui sauve les Allemands du désastre. On voit même le maréchal Kesselring commander l'aile gauche allemande devant Gazala à la place du général Crüwell, prisonnier des Anglais. Les points d'appui doivent être pris un par un. Celui de Bir-Hakeim, tenu par une brigade de

Français libres, tient jusqu'au 10 juin, usant quatre divisions ennemies. Cette résistance retarde Rommel de 15 jours ; ce répit est salutaire pour l'armée britannique. Tobrouk est prise le 21 juin par une attaque surprise. Les combattants des deux camps sont épuisés. Il avait été prévu fin avril de lancer en juillet-août l'opération « Hercule » destinée à la prise de Malte par des troupes soigneusement entraînées à cet effet. Rommel téléphone à Hitler, qui vient de le nommer maréchal, pour le convaincre de le laisser poursuivre son avance, soutenue par un bombardement incessant de Malte. L'île est provisoirement sauvée.

L'avance de Rommel se poursuit jusqu'à El Alamein, ligne de défense d'Alexandrie. Le front se stabilise le 17 juillet. Les troupes de Rommel ont perdu 60 % de leur effectif et les deux divisions blindées n'ont plus qu'une douzaine de chars chacune, alors que la VIIIe armée, constamment renforcée par les convois d'Afrique, le tient en échec, mais sans plus.

Il est plus que jamais urgent de couper les lignes logistiques de Rommel. Le *Wasp* fait parvenir 64 Spitfire à Malte début mai, puis il retourne vers le Pacifique ; il sera coulé le 15 septembre par un sous-marin japonais à Guadalcanal. Les avions nouvellement arrivés à Malte sont protégés par des abris creusés dans les cavernes de l'île. Ils sont renforcés peu après par 55 autres appareils. L'île peut se défendre, à condition que les approvisionnements lui parviennent. La suprématie aérienne de l'Axe, plus que la flotte italienne, conduit l'île au bord de l'asphyxie. En mai, des bombardements intenses de l'île, entraînant des pertes sévères dans les deux camps, font dire au maréchal Kesselring que Malte est neutralisée. Le mois de juin est critique pour Malte. Le général Dobbie, gouverneur de Malte, craque nerveusement. Il est remplacé par le général Gort ; Churchill lui laisse sous-entendre que la capitulation de l'île fait peut-être partie des hypothèses devant être étudiées. Trois convois partent d'Alexandrie et de Gibraltar à la mi-juin pour ravitailler l'île. Malgré de très fortes escortes, les résultats sont faibles, au prix de lourdes pertes en destroyers. Mais le spectre de la reddition est écarté.

Pendant le premier semestre de 1942, trente navires pétroliers et cargos tentent d'atteindre Malte. Seuls, sept d'entre eux y parviennent. Le convoi « Harpoon » de la mi-juin se composait de 33 navires de guerre et de 6 cargos. Deux cargos atteignent Malte, les quatre autres sont détruits, alors que l'escorte perd deux corvettes et que six autres unités sont endommagées. Bien qu'une partie de la Luftflotte 2 ait été retirée de Sicile fin avril, les

Allemands disposent à Heraklion d'une escadre spécialisée dans l'attaque des navires, en mesure d'intervenir hors de portée des Spitfire de Malte.

De janvier à juillet, l'Axe perd 190 812 tonnes en Méditerranée. Les Britanniques perdent 145 291 tonnes, dont 60 000 en juin. Alors que l'Axe ne perd en juin que 12 000 tonnes. La suprématie aérienne fait la différence.

### 1.3. Madagascar et l'océan Indien

Au début de 1942, des sous-marins allemands et japonais, soutenus par des ravitailleurs de surface, ainsi que des raiders marchands menacent les convois du Cap, à destination de Suez ou de la zone pacifique. L'amirauté britannique craint une mainmise japonaise sur Madagascar et le mouillage de Diégo-Suarez. Cette position stratégique permet de contrôler la région. Devant l'impossibilité pour les troupes de Vichy de s'opposer aux visées japonaises, comme le montre le cas de l'Indochine, les Britanniques décident de s'emparer de l'île. La France Libre ne dispose pas de moyens lui permettant de s'associer à l'opération et, de plus, les Britanniques, échaudés par l'affaire de Dakar, ne veulent plus entendre parler d'opération conjointe avec la France Libre qui sera mise devant le fait accompli. Une escadre s'empare des ports au début mai. La résistance des troupes de Vichy se poursuivra à l'intérieur jusqu'au 5 novembre. Fin mai, une attaque effectuée par des sous-marins de poche japonais dans la baie de Sidney et celle de Diégo-Suarez, où le cuirassé *Ramillies* est endommagé, justifie *a posteriori* l'action britannique. Cette attaque était une diversion couvrant le départ des escadres japonaises pour Midway.

### 1.4. Bilan du premier semestre 1942

Ce premier semestre 1942 est un dur moment pour les Alliés, une période de succès pour les Allemands. Mais les Allemands exploitent à l'extrême des ressources qu'il leur est difficile de renouveler. Les Alliés, malgré leurs pertes, planifient leur victoire dans les domaines politiques, économiques et militaires. Leur confiance est cependant ébranlée par la dure réalité des chiffres.

Le bilan de cette période aurait été encore plus lourd si les torpilles allemandes avaient fonctionné correctement. Dönitz fait remarquer qu'avec une efficacité de seulement 50 %, les performances sont inférieures à celles de 1918 ! Pour assurer la destruction de leur cible, les commandants de U-Boote compensent le manque de fiabilité de leurs torpilles en tirant une salve de deux ou trois torpilles au lieu d'en tirer une seule. Ils sont souvent à court de munitions. Il est permis de penser qu'un fonctionnement normal des torpilles allemandes aurait pour le moins retardé la victoire des Liberty Ships. À titre expérimental, les U-Boote utilisent la torpille FAT, dont la trajectoire apparente oscille autour de l'axe de la trajectoire réelle, ce qui la rend plus difficile à éviter. Les Alliés crurent à tort qu'il s'agissait d'une torpille acoustique et étudièrent la parade, ce qui allait être vraiment utile un an plus tard lors de la mise en service d'une véritable torpille acoustique.

***Bilan de cette période :***

Pertes alliées : 699 navires marchands, soit 3 800 000 tonnes.
U-Boote coulés : 31.

## 2. LES OPÉRATIONS D'AOÛT À DÉCEMBRE 1942

Après des durs combats en Méditerranée, les Alliés prennent l'initiative stratégique en débarquant en Afrique du Nord et en faisant définitivement reculer l'Afrikakorps. Dans l'Atlantique, seul un hiver rigoureux interrompt pour un temps l'offensive des U-Boote contre les convois et limite des pertes pouvant retarder les plans alliés.

En août, les Américains débarquent à Guadalcanal et commencent une bataille de reconquête qui va durer plusieurs mois. Le 19 août, le raid manqué d'une brigade canadienne sur Dieppe apporte cependant aux Alliés un enseignement majeur : il n'est plus question d'attaquer directement un port, car ils sont trop bien défendus. Il est préférable de débarquer sur des plages, quitte à fabriquer de toutes pièces un port artificiel. Ces conclusions seront prises en compte lors de la préparation des débarquements en Afrique du Nord et Normandie. Par contre, les Allemands seront persuadés qu'un débarquement majeur des Alliés passera par la conquête préalable des ports. Cette idée servira beaucoup, à l'insu des Alliés, leur plan de camouflage du débarquement de Normandie.

### 2.1. La bataille dans l'Atlantique

La mise en service des convois le long des côtes américaines oblige les U-Boote à chercher un terrain de chasse plus profitable.

Dönitz retire les derniers sous-marins opérant dans des conditions dangereuses le long des côtes américaines ; les opérations commencées dans cette zone depuis janvier sont terminées. L'amiral déplacera plusieurs fois les zones d'action de ses U-Boote pour déjouer les efforts de la défense alliée. L'effort principal s'effectuant dans l'Atlantique Nord.

### *Les opérations en août et septembre*

Les retards de l'hiver sont rattrapés et les mises en service augmentent sensiblement le nombre des U-Boote. En juillet, 140 sont opérationnels et 191 sont à l'entraînement. En octobre, 196 U-Boote sont opérationnels. La tactique des meutes prend de l'ampleur et les attaques sont effectuées par des effectifs de plus en plus nombreux. Le regroupement rassemble des sous-marins qui naviguent pendant plusieurs jours à toute vitesse, entraînant une grande fatigue des équipages. Les ravitaillements effectués par les Milchkuhe sont indispensables. L'action se reporte vers le centre de l'Atlantique où la couverture aérienne est inexistante. À cette époque, les avions alliés couvrent les convois jusqu'à 500 milles de leurs bases. Les terrains de chasse lointains sont situés dans la région de Freetown, contre les convois passant par Le Cap, et le long des côtes du Brésil et du Venezuela. Le Brésil déclare la guerre à l'Allemagne le 22 août. Comme le montre la carte, les bases alliées du Brésil pourront bientôt boucler l'Atlantique Sud, en coordination avec celles de Freetown.

Les effectifs des U-Boote sont suffisants pour consentir des taux de perte plus élevés. Car maintenant, il faut attaquer des convois dont l'escorte est parfois dangereuse, surtout si les escorteurs sont équipés du radar, ce qui n'est pas encore toujours le cas. Les U-Boote sont tout surpris de se faire canonner ou aborder de nuit ou dans la brume.

Du 5 au 13 août, le convoi SC 94, composé de 33 cargos et 7 escorteurs est attaqué par une meute de 18 U-Boote sur la route de l'Atlantique Nord. 11 cargos sont coulés contre 2 U-Boote coulés et 3 endommagés.

Lorsque les escorteurs ne disposent ni du radar ni de couverture aérienne, la facture est lourde. Début septembre, le convoi ON127 perd sept navires et un destroyer canadien ; quatre autres navires sont endommagés. Les U-Boote ne subissent aucune perte.

En août, de petites meutes remportent des succès dans la mer des Antilles. Les avions alliés équipés de radar chassent les U-Boote qui se déplacent toujours plus au Sud, au large de la Guyane. Les U-Boote y détruisent 145 000 tonnes de navires en septembre.

De juillet à septembre, les destructions élevées coûtent aux U-Boote la perte de 32 unités, soit 15 % de l'effectif. Leur rendement par jour de mer, bien que jugé satisfaisant par Dönitz, est cependant en baisse.

| | |
|---|---|
| Juillet 1942 | 181 tonnes |
| Août 1942 | 204 tonnes |
| Septembre 1942 | 149 tonnes |

L'amiral est parfaitement conscient, à juste titre, de la menace croissante du danger aérien.

### *L'affaire du* Laconia

Fin août, quatre grands sous-marins de type IX et leur ravitailleur, le *U-459*, appareillent des ports français pour opérer par surprise dans la région du cap de Bonne-Espérance. Ce départ est repéré par l'équipe de Winn qui leur attribue une action dans l'Atlantique Sud, sans qu'il soit possible de trancher entre le Brésil ou les côtes africaines. Le 12 septembre, le *U-156* du lieutenant de vaisseau Hartenstein )coule le paquebot britannique *Laconia*, transport de troupes de 19 695 tonnes. L'interrogatoire des rescapés révèle la présence de 1 800 prisonniers italiens, 811 britanniques dont 80 femmes et enfants. Pour une fois, le sauvetage passe avant la guerre. Hitler et l'amiral Raeder donnent leur accord à Dönitz pour le montage d'une opération de sauvetage. Le *Laconia* avait eu le temps de signaler son naufrage et sa position. Plusieurs sous-marins sont détournés pour participer au sauvetage et les autorités de Vichy envoient de Dakar deux navires pour repêcher les naufragés. Hartenstein, rejoint par deux autres U-Boote, signale son sauvetage sur les fréquences britanniques. Les trois U-Boote, qui périront corps et bien à leur prochaine croisière, surchargés de rescapés, remorquent de nombreux canots et font route vers la Côte d'Ivoire. Le 16, un bombardier américain attaque les U-Boote qui abandonnent les canots ; les naufragés sont récupérés par les navires français le lendemain. À la suite de cet incident, Dönitz interdit à ses commandants de repêcher désormais des naufragés. Bien qu'étant inclus dans l'acte d'accusation, cet ordre ne sera pas retenu contre Dönitz par le tribunal de Nuremberg. Un seul commandant de U-Boot, coupable d'avoir détruit les canots de sauvetage de l'une de ses victimes sans s'occuper de leurs passagers, sera fusillé par les Alliés comme criminel de guerre.

### *Les paquebots transports de troupes*

Le *Laconia* était un « petit » transport de troupes. À cette époque, six grands paquebots naviguent sous contrôle britannique. Parmi eux, les deux *Queen*, de plus de 80 000 tonnes et l'*Île-de-France*, de 43 000 tonnes. Depuis le début de la guerre, ces navires n'ont cessé de naviguer entre l'Australie, la Nouvelle-Zélande, les Indes et le Moyen-Orient. Ils sont protégés par leur vitesse, de l'ordre de 28 nœuds. À cette vitesse, aucun escorteur ne peut les assister durablement. À partir de juin 1942, la préparation des opérations en Europe conduit à augmenter la capacité de transport de ces paquebots. La capacité des *Queen* passe de 6 000 à 15 000 hommes. On imagine sans peine les effets d'un torpillage. Aussi les croisières de ces navires sont-elles pilotées avec le plus grand soin par l'OIC. Les déroutages sont fréquents, et la trajectoire des *Queen* qui opèrent entre l'Amérique et la Grande-Bretagne, est modifiée à chaque voyage dans la mesure du possible. De juillet à décembre, ces deux navires de la Cunard-White Star Company transportent 200 000 hommes sans incident majeur.

### *La relance de la construction des U-Boote*

Au cours du second semestre de 1942, Dönitz considère que les escortes sont en train de prendre l'avantage sur les U-Boote. Cet avantage est attribué aux moyens de détection qui équipent les navires et les avions alliés. L'action du Coastal Command contre les U-Boote naviguant en surface dans le golfe de Gascogne, malgré sa timidité faute de moyens, est correctement anticipée comme une menace croissante par les Allemands.

Les U-Boote sont progressivement équipés de détecteurs d'origine française qui leur permettent de savoir, mais pas toujours, s'ils sont pris ou non dans le faisceau d'un radar. Il faut alors plonger rapidement et rompre l'action de combat en cours. Les U-Boote sont équipés de pièces de DCA supplémentaires et des tactiques de couverture mutuelles entre sous-marins en surface sont essayées, sans grand succès. Il s'agit de mesures défensives qui ne peuvent satisfaire Dönitz. Il faut donc faire un effort pour améliorer les moyens d'attaque. De grands espoirs sont fondés sur les recherches du professeur Walter (cf. chapitre 3).

En septembre 1942, Hitler donne son accord pour une production massive de U-Boote, y compris le révolutionnaire Type XXI, solution de compromis issue des travaux de l'équipe du professeur Walter. La flotte s'accroît de 30 U-Boote par mois. 91 unités sur 249 étaient opérationnelles au début de l'année. À la fin de l'année, 212 U-Boote sont opérationnels sur un total de 393 !

### *Les opérations d'octobre à décembre*

La stratégie allemande conduit à concentrer les efforts au centre de l'Atlantique Nord, là où subsiste encore, dans la couverture aérienne des convois, un « trou » de 300 milles. En effet, à l'automne 1942, le Coastal Command ne dispose que de 16 Liberator, seul appareil à grand rayon d'action capable de couvrir un convoi à 800 milles de sa base. Dans cette zone, les U-Boote peuvent naviguer en surface de jour, pour repérer les convois et les poursuivre jusqu'à la limite de la couverture aérienne. Les U-Boote sont ravitaillés par les Milchkuhe et sont opérationnels plus longtemps. Ils sont disposés en 3 ou 4 lignes de surveillance. Le B-Dienst connaît assez bien les routes initiales et effectives des convois. D'autant plus que le manque d'hydrocarbures en Grande-Bretagne oblige les convois comportant des pétroliers à utiliser la route la plus courte. Avec une telle organisation, les pertes alliées ne sont limitées que par la lenteur relative des décryptages allemands et le hasard qui permet à un convoi de passer inaperçu.

Dönitz exploite également les trous de la défense adverse. La région de Trinidad, les côtes du Brésil, offrent, non sans perte, des opportunités aux U-Boote. Les navires marchands circulent encore de manière isolée, mais sur des routes déterminées, ce qui permet de les protéger par intermittence. Mais à la fin octobre, le « filon » se tarit avec la mise en place de convois.

Des renseignements d'agents conduisent Dönitz à envoyer des sous-marins dans la région de Freetown. Ils se font grenader, sans voir l'ombre d'un convoi. Les Alliés avaient ainsi détourné des U-Boote dans cette région grâce à une manœuvre d'intoxication pleinement réussie, pour camoufler les préparatifs de l'opération « Torch ».

Rappelons qu'à cette époque les Britanniques ne décryptent plus le trafic radio des U-Boote de l'Atlantique. Le travail des équipes de renseignements est compliqué et épuisant. Il faut savoir que pour des raisons obscures, probablement liées à la sous-estimation de l'importance des états-majors, l'OIC est en sous-effectif de manière chronique. Le commandant Winn), dont le savoir-faire est irremplaçable, est envoyé au repos début décembre, dans un état d'épuisement physique et intellectuel total.

En septembre, Winn et son équipe avaient supputé le déplacement vers le Sud de l'Atlantique d'un certain nombre de sous-marins. Malgré les mesures prises dans la région du Cap, les U-Boote y coulent plus de 160 000 tonnes en octobre, dont trois transports de troupe de plus de 20 000 tonnes chacun. Cette perte ne sera jamais compensée par les Britanniques. Trois U-Boote sont maintenus dans cette région. Ils poussent même leur action dans l'océan Indien, dispersant à l'extrême les moyens de défense alliés. Les U-Boote subissent des pertes. Leur robuste constitution leur permet parfois de survivre dans des conditions inespérées. Le *U-333* du commandant Cremer )est canonné de nuit par un destroyer, grâce au radar ; l'abordage est évité de justesse, mais le grenadage est violent. Malgré ses blessés et la proximité de l'ennemi, Cremer plonge. Une voie d'eau est aveuglée, mais les avaries nécessitent de faire surface. Le *U-333* sème son poursuivant dans la nuit. Le *U-126* est un nouveau bâtiment de type IXc. Grenadé, il coule à pic. L'équilibre est rétabli à 240 mètres, profondeur très au-delà du maximum prévu par les constructeurs. Il fait surface plus tard après avoir épuisé ses réserves d'air et d'énergie. Par chance, il émerge 600 mètres à l'arrière de son poursuivant qui est toujours là mais qui s'éloigne. Survivre à ces conditions extrêmes donne aux équipages un sentiment de confiance accru envers leurs possibilités et celles de leur matériel.

Le trafic allié ne cesse de croître, pour préparer les futures offensives, augmentant ainsi le nombre de cibles potentielles pour les U-Boote. Le mois de novembre 1942 est l'un des pires mois de la guerre pour les Alliés. Ils perdent 800 000 tonnes, dont 730 000 à l'actif des U-Boote, leur meilleur mois de toute la guerre. Début novembre, le convoi SC107 est attaqué pendant deux nuits par sept U-Boote qui lui coulent quinze navires. Dönitz est satisfait des rendements par sous-marin et jours de mer.

| | |
|---|---|
| Octobre 1942 | 172 tonnes |
| Novembre 1942 | 220 tonnes |
| Décembre 1942 | 96 tonnes |

Il attribue les succès de ses U-Boote à la bonne application des méthodes de combat. Il lui était assez difficile d'analyser correctement la situation des escortes.

En effet, les escortes des convois sont allégées en faveur de la préparation puis de l'exécution du débarquement en Afrique du Nord. Cet allégement des escortes, y compris le retrait des porte-avions d'escorte, n'est pas détecté par le B-Dienst.

L'accalmie de décembre et de janvier est due largement à l'allégement du dispositif des U-Boote dans l'Atlantique Nord au profit de la Méditerranée pour essayer, en vain d'ailleurs, d'entraver le dispositif allié de l'opération Torch. Dönitz s'élevant une nouvelle fois, et toujours en vain, contre une décision contradictoire avec sa stratégie à long terme.

À la mi-décembre, malgré les succès remportés en Afrique du Nord, l'amirauté britannique, devant l'extrême minceur des réserves d'hydrocarbures, devant les pertes marchandes de l'année, tout juste équilibrées par les constructions neuves, éprouve des inquiétudes quant à l'issue de la bataille logistique.

Parmi les facteurs favorables aux Alliés, il faut noter la reprise des décryptages, dont on parlera plus loin, et la réorganisation du commandement des Western Approaches.

### *L'amiral Horton*

Le 19 novembre 1942, la nomination de l'amiral Sir Max Horton, brillant sous-marinier de la première guerre mondiale, au commandement des Western Approaches, se traduira par une augmentation sensible de l'efficacité des moyens de lutte contre les U-Boote. Un sous-marinier britannique devient ainsi l'adversaire le plus direct du sous-marinier Dönitz. L'amiral Horton hérite d'un ensemble de forces dont l'efficacité doit beaucoup au travail de son prédécesseur, l'amiral sir Percy Noble. L'amiral Horton développe l'esprit combatif et manœuvrier des escortes. Le commandant Roskill écrit que l'amiral « était, sans aucun doute, le meilleur adversaire à opposer à Dönitz ». Cette phrase est citée par Dönitz dans ses mémoires, pour expliquer les difficultés croissantes des U-Boote à trouver les convois là où ils devraient être. Mais la combativité renforcée des escortes et le déroutement des convois n'expliquent pas tout. Lorsqu'il écrit ses souvenirs, Dönitz ignore tout, comme tout le monde à l'époque, de la qualité du renseignement naval britannique.

Les premiers rapports de l'amiral Horton avec l'OIC, et en particulier l'équipe de R. Winn, sont cependant difficiles. À cette époque de black-out du décryptage, le pistage des sous-marins est difficile. L'amiral Horton se plaint des mauvaises informations qui ont conduit à de sérieux mécomptes lors d'une bataille de convoi. R. Winn le reconnaît et propose à l'amiral de consacrer une demi-heure avec lui pour voir s'il était possible de mieux utiliser l'information disponible. Arrivé dans les locaux de Winn, l'amiral est confronté à l'avalanche d'informations de toutes natures que l'équipe de Winn doit traiter. L'amiral se débat deux heures sans grand succès pour essayer d'exploiter les informations. Il en conclut heureusement qu'il s'agit là d'un travail de spécialiste et renonce à son intention de faire traiter directement le renseignement par son état-major opérationnel, comme il était d'usage lors du premier conflit mondial. L'habileté diplomatique du commandant Winn permit ainsi aux Alliés de continuer à bénéficier des services rendus par la bonne organisation du travail d'état-major effectué par l'OIC. Le rôle de la qualité du travail effectué par les états-majors sur la victoire ou la défaite de leur camp est rarement mis en évidence. La qualité des états-majors joue un rôle déterminant dans la victoire des Alliés sur mer. Ce que démontrent *a contrario* les déboires de l'US Navy, alors peu organisée pour la guerre sous-marine, dans sa lutte contre les U-Boote au premier semestre 1942.

### 2.2. La bataille en Méditerranée

La prise de décision en temps de guerre est difficile et s'effectue au milieu de controverses souvent violentes. Mais à propos de Malte, les responsables britanniques sont unanimes à reconnaître son importance. Et donc, les coûteux efforts de ravitaillement de Malte se poursuivent. Il est d'autant moins question de les abandonner que la VIII$^{e}$ armée, commandée depuis le 13 août par Montgomery, tient solidement ses positions d'El Alamein, stoppe définitivement Rommel le 3 juillet et se prépare à l'offensive. La survie de Malte s'inscrit dans cette stratégie.

### *L'opération « Pedestal »*

On a vu comment le porte-avions *Wasp* avait pu faire parvenir un nombre appréciable de Spitfire à Malte. Mais tous les autres approvisionnements restent précaires. Fin juillet, la bataille aérienne est violente ; l'île perd 17 chasseurs par semaine. Le 25 juillet, les Alliés ont pris la décision de débarquer en Afrique du Nord en novembre. L'importance stratégique de Malte en est renforcée.

Une opération musclée est donc montée pour ravitailler plus complètement Malte et lui faire parvenir de nouveaux chasseurs. Le convoi se composant de 14 navires marchands et d'un porte-avions avec 38 Spitfire, appareille de la Clyde le 3 août. Il est escorté par une force principale de deux cuirassés, le *Nelson* et le *Rodney*, trois porte-avions, trois croiseurs et douze destroyers. Une escorte secondaire se compose de huit destroyers. Huit sous-marins sont embusqués entre la Sicile et la Tunisie, l'endroit le plus étroit du parcours. Enfin, une escadre de quatre croiseurs et douze destroyers accompagne le convoi et doit rester à Malte. Ce déploiement de forces, en mesure de dissuader une velléité d'intervention de la marine italienne, montre bien l'importance de Malte. Un faux convoi part d'Alexandrie le 10 et fait demi-tour le 13 ; l'amiral Vian et ses destroyers effectuent une diversion qui ne trompe pas grand monde dans la région de Rhodes.

Les Allemands repèrent le convoi le 10. La première des attaques se produit le 11, à la verticale des Baléares. Le *U-73* coule le porte-avions *Eagle*, dont les 900 survivants de son équipage de 1 160 hommes sont repêchés par l'escorte. Le convoi est attaqué jusqu'au 13, moment où il atteint une position telle qu'il puisse être couvert par l'aviation de Malte. Les forces de l'Axe n'ont pas ménagé leurs efforts, menant trois attaques par sous-marins, deux par des S-Boote italiens et sept attaques aériennes, dont l'une effectuée avec une centaine d'appareils. Mais l'aviation de l'île réussit à dissuader les navires italiens d'intervenir et un sous-marin britannique endommage sérieusement deux croiseurs italiens. Cinq navires marchands seulement sur les quatorze atteignent l'île, dont un pétrolier. À la perte du *Eagle*, il faut ajouter celle de deux croiseurs et un destroyer. Le porte-avions *Indomitable* et deux croiseurs sont endommagés. La facture est lourde pour la Royal Navy qui estime cependant que les pertes sont admissibles compte tenu de l'enjeu. L'île est ravitaillée pour trois mois.

***El Alamein***

En effet, l'attaque du ravitaillement de Rommel reprend de plus belle. En juillet et août, Rommel ne reçoit que le tiers de ses approvisionnements, détruits sur mer ou sur les 2 000 kilomètres de pistes entre Tripoli et El Alamein. Rommel essaye de prendre l'offensive fin août ; son échec marque la fin de ses initiatives stratégiques. L'aviation de Kesselring n'a pu ni approvisionner Rommel, ni lui fournir le soutien au sol. Rommel ne disposait plus, avant son offensive, que de 4,5 jours de carburants au lieu des 15 qui lui auraient été nécessaires pour monter une opération d'envergure.

C'est la RAF, celle de Malte, renforcée en octobre et celle d'Égypte qui dominera le ciel. Le maréchal Kesselring regrette beaucoup de ne pas avoir été écouté en juin et que la conquête de Malte ait été reportée à « plus tard ». La logistique de l'Axe, ce qu'ignorent les combattants des deux camps, est largement battue grâce aux décryptages alliés. Les précisions ainsi obtenues permettent de connaître, non seulement la route et les horaires, mais aussi la composition des convois. Les forces britanniques sont utilisées de manière sélective, contre les approvisionnements prioritaires, les carburants et les munitions. De juin à octobre 1942, 181 347 des 183 964 tonnes détruites, soit 45 des 47 bâtiments de l'Axe coulés, l'ont été en exploitation des décryptages. La perte en juillet 1942 de deux petits tankers, qui espéraient passer inaperçus, prive au bon moment Rommel de 2 700 tonnes de carburants divers, alors que la bataille fait rage devant El Alamein. La perte de 2 700 tonnes serait passée inaperçue sur le théâtre atlantique. En Méditerranée, une perte de cet ordre de grandeur est stratégique.

Rommel voit désormais monter en sa défaveur le rapport des forces. À la mi-septembre, ses chars ont du carburant pour 150 kilomètres. L'essentiel de l'effort de l'Allemagne est destiné aux fronts de Stalingrad et du Caucase.

Les forces britanniques, qu'il s'agisse des sous-marins de Malte ou de la RAF, interceptent l'essentiel du ravitaillement de Rommel en octobre. Ciano écrit dans son journal qu'à ce rythme de destructions, la guerre s'arrêtera faute de cargos ! Début octobre, même la situation alimentaire de l'Afrikakorps devient critique. Les U-Boote parviennent cependant à remonter la situation logistique à 16 jours de réserves à la mi-octobre. Mais à la fin octobre, la perte de trois pétroliers porte un coup définitif à la logistique de Rommel.

L'attaque de la VIII^e^ armée débute le 23 octobre à 22 h, en l'absence de Rommel. Le 25, les Britanniques coulent deux pétroliers dans le port de Tobrouk. Le 1^er^ novembre, les Britanniques coulent les cargos de la dernière chance de Rommel. Le 2 novembre, Rommel ne peut plus compter que sur 32 chars ; il en avait 490, contre 1 029 chars britanniques, au début de l'attaque. Les Britanniques sont vainqueurs le 4 novembre. Le 10 novembre, Rommel n'a plus que 10 chars. Il est immobilisé le 16 par la destruction de deux petits pétroliers qui espéraient passer inaperçus. Les forces de l'Axe reculent vers la Libye, puis la Tunisie, au rythme de leurs approvisionnements. Rommel réussit jusqu'en Tunisie à extirper ses forces des timides attaques britanniques. Les forces de l'Axe vont se faire prendre lentement en tenaille par les forces anglo-américaines débarquées au Maroc et en Algérie.

Mais le ravitaillement de Malte reste précaire, assuré tant bien que mal par des sous-marins et des mouilleurs de mines rapides. La bataille de Malte continue, au moment où son rôle devient encore plus important avec le débarquement allié en Afrique du Nord.

Cette période voit s'accumuler les événements importants. Le 30 octobre, les Britanniques capturent au large de l'Égypte le *U-559*. Ils récupèrent les documents qui vont permettre pour Noël la reprise du décryptage du trafic des U-Boote de l'Atlantique Nord.

### *L'opération « Torch »*

L'ouverture d'un second front était inévitable, voulue par les Alliés et attendue des Allemands qui attendent plutôt les Alliés en Norvège. Malgré la pression exercée par Staline, très pressé de voir des forces allemandes détachées du front de l'Est, les Alliés s'engagent dans cette voie avec une extrême prudence. Cette prudence est justifiée par la situation au premier semestre 1942, marquée par les succès maritimes et terrestres de l'Allemagne. On ne sait pas si l'URSS va résister et Rommel menace l'Égypte. Mais la victoire est cependant planifiée. La décision de débarquer en Afrique du Nord est prise le 25 juillet. L'analyse du Joint Intelligence Committee (JIC) montre que la Méditerranée est le seul point faible du dispositif allemand. C'est tout de même avec un bel optimisme que les Alliés se lancent dans une opération telle que « Torch », dont l'envergure en fait une première mondiale.

Le 14 août, Eisenhower est désigné comme commandant en chef, l'amiral Cunningham commandant les forces navales. Les plans sont approuvés début octobre et les ordres correspondants sont émis le 8. Les débarquements sont prévus à Casablanca, Oran et Alger. L'Afrique du Nord est tenue par les forces du gouvernement de Vichy. Une escadre de croiseurs et le *Richelieu* sont toujours à Dakar. Une difficile opération de prise de contact avec les autorités favorables aux Alliés donnera des résultats confus. Il faut dire que l'imbroglio politique entre les divers groupes français d'Afrique du Nord et les Alliés atteindra des sommets, abondamment décrits ailleurs. L'autre aspect stratégique est l'attitude prévisible des Allemands. Les Alliés ont la certitude qu'ils envahiront complètement la France. D'où la question de la flotte de Toulon. D'autre part, il était possible que l'Espagne soit également occupée par les Allemands, pour y concentrer des forces aériennes. L'opération « Torch », comme la plupart des opérations militaires majeures, est entourée d'incertitudes stratégiques.

L'une des précautions prise par les Alliés consiste à se débarrasser des agents de l'Abwehr qui peuplent les deux côtés de la Méditerranée. À l'automne 1941, 15 sites d'observation, dotés de matériel d'équipement infrarouge et de télescopes de nuit, sont actifs. Les agents italiens et allemands portent souvent des uniformes espagnols ; l'Espagne renseigne parfois elle-même l'Abwehr. Les Britanniques connaissent cette organisation par le décryptage des réseaux de l'Abwehr, parfois infiltrés et victimes d'opérations d'intoxication. En septembre 1942, l'augmentation des reconnaissances aériennes montre que les Allemands se doutent de quelque chose.

Plusieurs actions diplomatiques sont effectuées par les Britanniques auprès de Franco, avec des succès mitigés. Sentant le vent tourner, l'Espagne demande à Canaris le 29 décembre 1942 de cesser ses activités de renseignement ; elles diminuent, pour ne cesser qu'en juillet 1943.

Une autre précaution alliée consiste à intoxiquer les services de renseignements de l'Axe en distillant des informations sur des débarquements en Norvège, Italie, Libye, Sicile, etc. Les décryptages montrent la perplexité des états-majors adverses ! L'augmentation du trafic radio entre les PC britanniques en Méditerranée et entre ces PC et Londres incite les Allemands à en déduire qu'une grosse opération de ravitaillement de Malte se prépare. L'opération tardant à se manifester, les Allemands font venir le 4 novembre de Russie et de Norvège plusieurs groupes de Ju 88 spécialisés dans l'attaque des convois. Pour entretenir la confusion, l'escadre d'Alexandrie fait fonctionner les procédures radio utilisées lors des opérations de ravitaillement de Malte, ce qui attire au dernier moment les U-Boote vers l'Est de la Méditerranée.

Et pourtant, le service de renseignement de la Luftwaffe reconstitue le 6 novembre la composition et le nombre des convois. C'est un peu tard. Et puis surtout, cette information, jointe à d'autres informations exactes venant de l'Abwehr de Lisbonne, s'ajoute aux fausses informations venant des Alliés ou de l'Axe. Les états-majors de l'Axe, faute d'une organisation centralisée du renseignement, continuent à brasser des hypothèses.

Pour s'en tenir à l'aspect maritime des opérations, on notera que sa planification est une affaire difficile. Les moyens maritimes sont essentiellement britanniques, le gros de la flotte américaine étant engagé dans le Pacifique. Les besoins d'escorte et d'appui se montent à 160 navires de guerre. Il faut les prendre sur la Home Fleet, suspendre les convois arctiques et ceux d'Afrique, alléger les escortes dans l'Atlantique Nord. En particulier, les porte-avions d'escorte sont retirés. Tous ces mouvements passent inaperçus aux yeux des Allemands. Ils observent Gibraltar où la situation reste habituelle. L'importance des escortes est une conséquence directe des estimations du commandant Winn et de son équipe quant aux possibilités de concentration des U-Boote. L'estimation du nombre de U-Boote en service, 228, est très proche de la réalité, 212. L'effectif de 17 U-Boote en Méditerranée et de 42 entre l'Islande et Gibraltar est correctement estimé. C'est une belle performance, obtenue alors que le décryptage du réseau Triton est toujours interrompu. Winn estime Dönitz capable de concentrer 50 sous-marins la première semaine de l'opération, renforcés par 35 autres la semaine suivante. Les Alliés prévoient également de renforcer rapidement l'aviation embarquée et donc de capturer rapidement les aéroports côtiers.

L'orchestration des convois doit être telle que les convois partis des USA et d'Angleterre arrivent au bon endroit et au bon moment, sans être repérés. Les convois britanniques sont séparés en deux catégories : convois logistiques et convois d'assaut. Les convois américains suivent une route inhabituelle, hors de portée de l'aviation de reconnaissance allemande. Ils sont destinés au débarquement à Casablanca qui est à leur charge. Les autres débarquements sont conjoints.

| *Nombre de convois* | *Navires marchands* | *Escorteurs* |
|---|---|---|
| Logistiques GB : 6 | 84 | 42 |
| Assaut GB : 6 | 156 | 52 |
| US : 3 | 136 | 75 |
| **Total : 15** | **376** | **169** |

Dix des douze convois britanniques appareillent dans la seconde quinzaine d'octobre, ce qui donne une fréquence d'appareillage vers le Sud tout à fait anormale. La puissance des escortes est également anormale. L'aviation de reconnaissance allemande aurait dû relever ces anomalies. Mais la coopération entre la Luftwaffe et le Kriegsmarine, aléatoire en temps normal, était sans doute très faible à ce moment-là.

Entre le 31 octobre et le 3 novembre, les Allemands repèrent furtivement à cinq reprises une partie des convois britanniques, sans en tirer de conclusions particulières. Le groupe d'U-Boote habituellement embusqué à l'Ouest de Gibraltar, providentiellement pour les Alliés, avait été dirigé vers Freetown pour attaquer un convoi. Le débarquement est donc une surprise totale pour les Allemands. Il s'effectue de nuit, malgré la difficulté d'une telle opération, pour surprendre les défenseurs.

Un groupe de sous-marins britanniques surveille la flotte italienne ; un second groupe est au large de Toulon. Des commandos doivent s'emparer rapidement des ports d'Afrique du Nord pour éviter le sabordage des unités françaises.

Une fois de plus, la marine française va se battre contre ses ex-frères d'armes. Les deux destroyers qui essayent d'entrer par surprise à Alger sont accueillis par un feu d'enfer et désemparés. Les combats durent une quinzaine d'heures à Oran où un aviso, deux destroyers et deux sous-marins français sont coulés. Une dizaine de petits bâtiments sont sabordés. 347 marins français sont morts.

Les plus durs combats sont livrés à Casablanca. Le *Jean Bart*, avec une seule tourelle en état de tirer, 16 destroyers et avisos, 11 sous-marins, un peu d'aviation, s'opposent aux formidables forces américaines. Remarquons au passage que le *Jean Bart* est dans le même état d'inachèvement qu'en juin 1940, ce qui montre bien la faiblesse des moyens techniques dont disposait la France dans ses ports d'Afrique du Nord.

En quelques instants, trois destroyers et trois sous-marins sont détruits. Les huit bâtiments de la 2e escadre légère effectuent une sortie désespérée pour s'opposer au débarquement. Un seul des navires échappe aux obus de 406 du *Massachusetts* et aux coups de l'aviation embarquée. Les combats se poursuivent le 10 autour du *Jean Bart*. Les bombes de 500 kg de l'aviation américaine endommagent gravement ses superstructures. Le cessez-le-feu intervient en fin de journée. Sept navires de surface, cinq sous-marins, 1 000 hommes sont perdus du côté français. L'escadre de Dakar et le *Richelieu* n'ont pas bougé.

Pour tout arranger, le maréchal Pétain désapprouve la fin des combats pendant que l'amiral Darlan qui se trouve par hasard à Alger pour soigner son fils, négocie avec les Alliés qui ont exfiltré de France le général Giraud. Le ralliement de l'amiral Darlan, qui signe le cessez-le-feu, évite aux Alliés le risque de s'embourber dans une affaire qui aurait pu entraîner l'intervention des forces de l'Axe. Tout en étant évasif sur le devenir de la flotte de Toulon, Darlan assure les Alliés qu'il a donné des ordres pour qu'en aucun cas cette flotte ne tombe aux mains des Allemands. Darlan sera assassiné le 24 décembre à Alger, dans des conditions restées obscures. Son agresseur est bien rapidement fusillé le 27.

Dans l'ensemble, malgré l'inexpérience des troupes et grâce au professionnalisme de la Royal Navy, le débarquement en Afrique du Nord est donc un succès pour les Anglo-Saxons.

Les Allemands n'ont connaissance du débarquement que le 8 à 6 h 30. Sans attendre d'ordres particuliers, Dönitz dirige la quasi-totalité des sous-marins en opération dans cette zone qu'ils ne peuvent atteindre avant le 9 ou le 11. Il sera trop tard pour s'opposer au débarquement, mais Dönitz espère que ses unités pourront intervenir contre les nombreux navires devant assurer de manière permanente la logistique de l'opération. Mais les défenses anti-sous-marines des Alliés, qui ont suivi les conclusions du commandant Winn, sont très puissantes. L'aviation, le radar, des grenades sous-marines en abondance, des petits fonds, empêchent les U-Boote de tirer profit de leur combativité. Deux U-Boote coulent six navires devant Casablanca. À l'Ouest de Gibraltar, une demi-douzaine d'unités alliées sont perdues, dont le porte-avions d'escorte *Avenger*. Les U-Boote, malgré l'intensité du trafic allié, sont usés ou détruits par les escorteurs, trois sont détruits, six sont endommagés et se retirent. Le 16, il faut combler les pertes des U-Boote. Dönitz résiste à ce nouvel affaiblissement de ses moyens en Atlantique Nord ; douze sous-marins sont maintenus dans les parages de Gibraltar, et quatre sont envoyés en Méditerranée, ce qui monte leur effectif à 35. Trente-cinq sous-marins que Dönitz considère comme perdus. Quatre navires alliés dont un transport de troupes sont coulés. Entre le 7 novembre et le 15 décembre, 14 sous-marins allemands ou italiens sont détruits, dont le *U-331* qui avait coulé le *Barham* un an plus tôt. Les ordres d'attaque sont annulés le 23 décembre, ce qui met fin à l'action des U-Boote contre les opérations alliées en Afrique du Nord.

Quant à la marine italienne, marquée par les sous-marins britanniques et maintenue à distance jusqu'au 15 novembre par une escadre britannique, elle ne bouge pas. Un bref engagement se produit début décembre au large de la Tunisie. Les Italiens perdent un destroyer et endommagent un croiseur britannique.

Mais la lutte en Méditerranée n'est pas encore terminée. La course vers la Tunisie commence aussitôt, avec l'aide de l'armée française d'Afrique.

Dans l'immédiat, les Alliés récupèrent avec Dakar des possibilités étendues de protection des convois africains. Leur couverture aérienne devient continue de Gibraltar à Freetown et Dakar offre un mouillage commode aux forces d'escorte.

Le 17 novembre, le convoi « Stoneage » de quatre navires marchands escorté par sept destroyers part d'Alexandrie pour Malte. Malgré de fortes attaques aériennes, le convoi atteint l'île. Ce ravitaillement en force est le dernier du genre. Les convois de décembre ne sont pas inquiétés par l'aviation de l'Axe. En effet, l'aviation allemande disperse ses forces entre le front de l'Est, l'Afrique du Nord et la Méditerranée. C'est trop pour être efficace partout à la fois. En conséquence, l'attaque des convois de l'Axe reprend de plus belle ; près de 90 000 tonnes sont détruites en décembre. Cette bataille, menée par les escadres de destroyers et par l'aviation, se prolongera jusqu'à la reddition de l'Italie.

Les Alliés également ne peuvent être partout à la fois. Ils ne peuvent s'opposer à la prise par surprise de Bizerte et Tunis ni, ce qui est plus surprenant, au débarquement en Tunisie de la 10$^{e}$ division blindée allemande qui va bloquer les Alliés le 1$^{er}$ décembre.

Le chiffre des pertes marchandes peut sembler modeste comparé aux pertes dans l'Atlantique Nord. Les tonnes perdues en Méditerranée sont cependant plus importantes que celles perdues dans l'Atlantique. En effet, la cargaison des convois de Méditerranée est directement destinée aux combattants. La perte d'un pétrolier de 10 000 tonnes ou celle d'un cargo transportant 50 chars revêt une importance stratégique. On a vu à quel point les offensives de Rommel ou celles de la VIII$^{e}$ armée ont été conditionnées par la bonne réception des convois.

**Tonnage marchand coulé en Méditerranée**

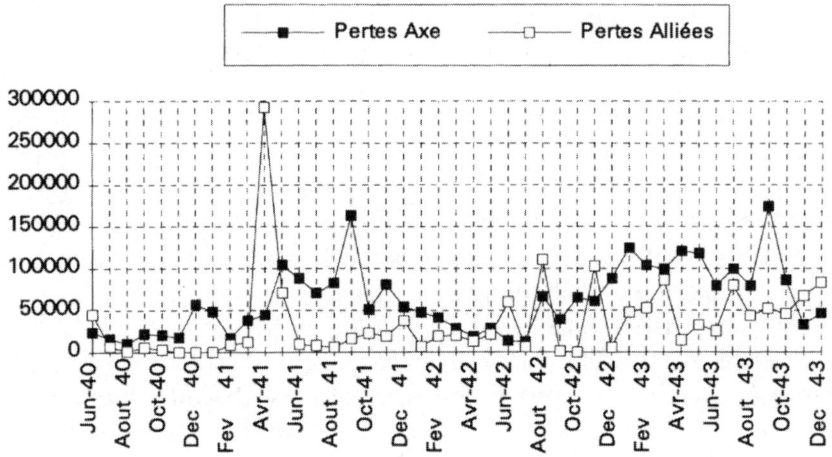


Le 19 novembre, les troupes soviétiques contre-attaquent en force à Stalingrad. La Luftwaffe va être de plus en plus aspirée par le front de l'Est ; sa présence en Méditerranée, encore forte en décembre, va diminuer, ce qui permet à l'aviation alliée de prendre progressivement le dessus.

### *Le sabordage de la flotte française*

Comme prévu, les Allemands envahissent la zone « libre » de la France le 11 novembre et foncent vers la Méditerranée ; au même moment, l'Axe établit une tête de pont en Tunisie. La flotte de Toulon est maintenue à six heures d'appareillage. Les ministres de Vichy plaident la défense contre les Anglo-Saxons, aux côtés des Allemands. Le contre-amiral Auphan est isolé ; il ne peut obtenir la reconnaissance du cessez-le-feu d'Alger, ce qui aurait justifié le ralliement de la Flotte. L'amiral de Laborde qui commande à Toulon est anglophobe et déclare qu'il ne fera rien sans l'aval du maréchal Pétain. Darlan est déchu de sa nationalité française et la presse le qualifie de « traître ». Toulon est transformé en camp retranché. Mais les bâtiments ont mis bas les feux le 20 novembre. Les permissions sont rétablies. La surveillance des routes d'accès est confiée, si l'on peut dire, à deux postes de gendarmerie. La Marine à elle seule dispose de dix bataillons pour défendre le camp. Le sabordage, préparé depuis juin 1940, est mis en place.

Le maréchal refuse toujours de donner l'ordre d'appareillage pour éviter des représailles à la France. Hitler, qui ne croit pas beaucoup à l'efficacité des flottes de surface, estime que la flotte se sabordera ; les restes seront pour l'Italie. Le camp retranché de Toulon est investi par surprise le 27. L'ordre de sabordage est cependant transmis à temps. Il affecte 90 navires, soit 250 000 tonnes. Trois sous-marins, le *Casabianca*, le *Glorieux* et le *Marsouin*, s'évadent de justesse et gagnent l'Afrique du Nord. En septembre 1943, la flotte italienne de La Spezia réussira à rallier les Alliés dans des conditions aussi difficiles que celles qui avaient cours à Toulon[1].

Les Français sont catastrophés par la perte d'une aussi belle flotte, seule assurance matérielle d'un possible redressement. Laval s'efforce d'obtenir l'indulgence de Hitler qui n'est pas mécontent de la tournure des événements. Les Italiens sont plutôt satisfaits de la disparition d'une marine rivale. La presse anglo-saxonne s'incline devant le courage des marins français qui privent l'Axe d'une force importante. De Gaulle déclare à la BBC le 27 au soir que

> « ce malheur s'ajoute à tous ses malheurs, achève de la dresser (la France) et de la rassembler dans la volonté unanime d'effacer par la victoire toutes les atroces conséquences du désastre et de l'invasion ».

Le drame de Toulon est prolongé par celui de Bizerte. Le 7 décembre, Bizerte capitule devant les troupes aérotransportées de l'Axe qui ont établi une tête de pont pour recueillir les troupes de Rommel. Les responsables locaux avaient été assaillis dans les jours précédents d'instructions contradictoires ou peu claires émanant aussi bien d'Alger que de Vichy. L'Axe capture ainsi 5 petits navires et 9 sous-marins.

### *La reconstitution d'une marine française*

Les navires français rescapés des combats de l'opération Torch rallient le camp allié. Le *Richelieu*, trois croiseurs, six des-

1. La manœuvre est préparée par des contacts secrets entre les alliés et l'entourage du maréchal Badoglio.

troyers, dix-sept sous-marins et trente-cinq autres navires, soit 142 000 tonnes, vont participer aux combats. Les grandes unités sont rénovées aux USA. Le ralliement de l'escadre d'Alexandrie, internée depuis juillet 1940, est laborieux. Les Britanniques, lassés des tergiversations de l'amiral Godfroy, finiront par ne plus verser les soldes, prises en compte par Alger en avril 1943. L'amiral se rallie à la flotte d'Afrique du Nord en mai. L'escadre ralliera péniblement Dakar le 18 août 1943.

Quant à l'escadre des Antilles, elle ne se ralliera que le 14 juillet 1943.

En août 1943, ces différentes escadres fusionnent avec les modestes FNFL qui ne comptent alors que 30 000 tonnes. Cette flotte de 200 000 tonnes est rénovée par les États-Unis à la suite des accords d'Anfa de janvier 1943. Les officiers suivent également des stages de mise à niveau, ce qui facilite la lente fusion d'hommes agités par des passions politiques qui subsisteront de manière larvée entre les gaullistes et la marine pendant des années. Cette marine de valeur, complètement subordonnée aux Anglo-Saxons, est renforcée par des navires et une aéronavale attribués par les Alliés. À la veille des débarquements de 1944, c'est une force de 350 000 tonnes, un peu moins de la moitié du tonnage de 1939, qui participera aux opérations. Compte tenu des circonstances, il s'agit d'un beau rétablissement.

### *Les convois arctiques*

On a vu que la catastrophe du PQ17 en juillet avait provoqué l'ajournement des convois jusqu'à la fin de l'été. Malgré les difficultés climatiques, les Britanniques installent des escadrons d'avions torpilleurs et de reconnaissance dans le Nord de la Russie. Leur mission prioritaire est la surveillance des grandes unités allemandes. En août, le *Scheer* fait une sortie qui ne donne pas grand-chose ; les Allemands minent les parages de la Nouvelle-Zemble ; un pétrolier soviétique seulement sera victime de ces mines.

Les quarante navires marchands du PQ18 appareillent d'Écosse le 2 septembre, escortés par des forces considérables, dont pour la première fois le porte-avions d'escorte *Avenger*. Malheureusement, ses chasseurs sont des Hurricane du premier modèle qui ne pourront pas faire grand chose contre un adversaire doté lui d'appareils efficaces. On voit à quel point la guerre interne entre la RAF et la Navy peut être insidieuse. Par mesure de sécurité, le convoi rentrant QP14 ne doit appareiller que lorsque le PQ18 arrivera à bon port.

Les Allemands espèrent bien rééditer leur succès du PQ17. Douze U-Boote sont prépositionnés sur la route possible. Les reconnaissances aériennes cherchent à pister le convoi dès son port de départ qui n'est plus l'Islande. Le convoi n'est repéré que le 8. Le *Scheer*, le *Hipper* et le *Köln* font mouvement vers l'Altenfjord. Hitler souligne alors l'importance de ces navires pour la défense de la Norvège et demande à l'amiral Raeder d'être prudent. L'opération est annulée. Le *Tirpitz*, qui se livre semble-t-il à des essais, est surveillé par la RAF comme le lait sur le feu.

L'attaque doit donc être menée par les U-Boote et la Luftwaffe. Le convoi est protégé par le mauvais temps. Repéré le 13, il est soumis à de violentes attaques aériennes. Une attaque massive de 22 hydravions-torpilleurs coule huit navires en une seule bordée. La moitié des assaillants est abattue. Les avions de l'*Avenger* sont engagés contre les reconnaissances ennemies et les formations de bombardier. Ce qui les contraint à opérer de loin et nuit à leur précision. Le décryptage ultra-rapide du trafic de la Luftwaffe permet de connaître le décollage des appareils ennemis et donc de faire décoller au bon moment les appareils de l'escorte. Pour exploiter rapidement l'analyse du trafic ennemi, une équipe « headache » (cf. chapitre 10), détachée de Bletchley Park et de l'OIC, est installée sur le croiseur amiral.

Les U-Boote essayent en vain de percer l'écran de destroyers. Les attaques se poursuivent jusqu'au 19, alors que le convoi est dans la mer Blanche ; pour une fois, quatre destroyers soviétiques ont renforcé son escorte. La Luftwaffe a coulé dix navires et a perdu une quarantaine d'appareils ; elle en avait engagé plus de 200. Les U-Boote coulent trois navires, mais trois d'entre eux sont détruits. Le destroyer *Onslow* qui va faire bientôt parler de lui, en coule un en coopération avec les Swordfish de l'*Avenger*. Les Allemands n'ont réussi ni à dissocier le convoi, ni à couler l'*Avenger*. La défense alliée prend définitivement le dessus dans l'Arctique. De août 1941 à novembre 1942, les convois à destination de Mourmansk perdent 60 navires. Ils n'en perdront plus que 5 jusqu'à la fin de la guerre.

Le 31 décembre 1942, la Kriegsmarine envoie le croiseur *Hipper* et le cuirassé de poche *Lützow*, accompagnés de leurs destroyers, à l'attaque du convoi JW51 B, allant de l'Écosse à Mourmansk. La très habile défense des destroyers britanniques, dirigée par l'*Onslow* du commandant Sherbrooke, sauve le convoi. Deux croiseurs britanniques endommagent le *Hipper*. Les navires allemands rentrent dans leurs bases. Hitler est furieux et estime inutile la flotte de surface (cf. chapitre 8).

### 2.3. Le bilan de 1942

Dans son ensemble, l'année 1942 est catastrophique pour les Alliés qui perdent près de huit millions de tonnes, soit autant que pour les années 1940 et 1941. Les constructions navales équilibrent les pertes. Mais cet équilibre est précaire, tant les U-Boote sont destructeurs. Il leur suffit de poursuivre la lancée du second semestre 1942 pour faire pencher la balance de leur côté, ce qui semble possible, compte tenu de la croissance de leur potentiel. En effet, du côté allemand, malgré des pertes plus importantes, on dispose fin 1942 de près de 200 U-Boote opérationnels. La flotte s'accroît de 70 unités par trimestre.

**Pertes brutes, toutes causes confondues**

| | ***1939-1940*** | ***1941*** | ***1942*** |
|---|---|---|---|
| **Pertes brutes** | | | |
| Tonnage | 4 747 033 | 4 328 558 | 7 790 542 |
| Navires | 1 281 | 1 299 | 1 663 |
| Sous-marins Axe | 52 | 52 | 110 |
| **Pertes mensuelles** | | | |
| Tonnage | 296 689 | 360 713 | 649 212 |
| Navires | 80 | 108 | 139 |
| Sous-marins Axe | 3,24 | 4,33 | 9,17 |
| **U-Boote opérationnels en début de période** | 39 | 22 | 91 |

Les Alliés sont convaincus de la nécessité de vaincre rapidement les U-Boote, sous peine de compromettre définitivement l'ouverture d'un second front décisif à l'Ouest.

Mais les opérations terrestres rétablissent pour le moins l'équilibre entre les deux camps. La résistance à l'offensive soviétique à Stalingrad coûte cher à l'Allemagne. Les Alliés sont solidement implantés en Afrique du Nord, où Rommel a perdu la partie. Les Américains ont été vainqueurs à Midway en juin et la reconquête est en cours avec le débarquement à Guadalcanal. Sur tous ces champs de bataille, la logistique conditionne le succès des opérations. L'issue de la bataille de l'Atlantique reste déterminante.

## 3. LES OPÉRATIONS DE JANVIER À MAI 1943

La période de janvier à mai 1943 voit la bataille de l'Atlantique atteindre son intensité maximale. Les U-Boote sont nombreux, et la tactique des meutes est appliquée avec maestria par Dönitz et son état-major. Au moment où la victoire semble être à la portée des U-Boote, les moyens de lutte et d'attaque alliés sont renforcés d'une manière soudaine et coordonnée. Les pertes allemandes augmentent en flèche, et Dönitz s'avoue provisoirement battu. Il compte sur les nouveaux U-Boote pour reprendre l'initiative.

### 3.1. La situation des états-majors en début de période

Dans chaque camp, des modifications interviennent dans l'organisation des états-majors ; elles modifient la conduite de la bataille.

#### *La reprise des décryptages britanniques*

Le changement le plus important pour la suite de la bataille se situe dans le camp allié.

En cette fin d'année, une bonne nouvelle vient en effet réconforter les Alliés. Bletchley Park, aidé par des calculateurs électromécaniques plus puissants et plus nombreux, et par la capture du *U-559* fin octobre, perce à nouveau, depuis le 13 décembre 1942 le trafic radio du réseau Triton, celui des U-Boote de l'Atlantique. Le premier lord de l'Amirauté, l'amiral Pound, envoie un message de victoire à son homologue américain, l'amiral King. L'amiral Pound en profite pour insister sur les précautions à prendre pour préserver cette source vitale pour les Alliés.

Les Alliés vont alors conserver la maîtrise des décryptages jusqu'à la fin de la guerre (cf. chapitre 10). Cette maîtrise des décryptages les aide dans un premier temps à se défendre péniblement contre les U-Boote, avant de les aider à les vaincre.

Winn et son équipe peuvent actualiser une situation qui, depuis février 1942, reposait sur un pur travail d'analyse et d'extrapolation, ce qui permit de constater que la répartition des

U-Boote entre les différentes zones et leur effectif était juste à 5 % près ; les positions individuelles pouvant être fausses. Ce remarquable résultat justifie la confiance accordée par l'Amirauté à l'équipe du commandant Winn.

La situation sous-marine est exploitée en temps réel par la cellule convois du commandant Hall qui gère les changements de routes auprès des commandements concernés. Une conférence téléphonique quotidienne de seulement 30 minutes, entre l'OIC et les grands commandements, tels que les Western Approaches et le Costal Command, permet de prendre les mesures opérationnelles urgentes, compte tenu de la dernière situation établie par Winn et son équipe de 14 personnes. Un travail de coordination similaire est effectué avec les équipes de renseignement américaines et canadiennes.

La reprise du décryptage n'est cependant pas permanente et ne constitue donc pas une arme miracle. Des délais de 3 à 4 jours sont parfois nécessaires, ce qui peut être catastrophique. En effet, un convoi parcourt en 24 heures de 170 à 240 milles, alors qu'un sous-marin en surface, bien plus rapide qu'un convoi, parcourt de 320 à 370 milles. Le suivi des U-Boote doit être quotidien, sous peine de ne pouvoir dérouter à temps un convoi menacé. Beaucoup de convois sont sauvés et la crédibilité de l'OIC auprès des opérationnels est renforcée par la diffusion de l'état des sources disponibles et donc de la valeur relative du renseignement. L'équipe du commandant Winn ne gagne pas à tous les coups, tant l'amiral Dönitz peut donner des ordres pour dérouter une meute d'un convoi à un autre. Ce qui est le cas, en janvier 1943, de la meute Dauphins, menaçant alternativement les convois GUF3 et TM1. Le changement de route des U-Boote ne fut pas décrypté et seuls deux des neufs pétroliers du TM1 atteignirent Gibraltar.

Le B-Dienst éprouvait les mêmes difficultés à décrypter à temps les deux sources les plus intéressantes pour Dönitz, le trafic des convois et la situation quotidienne des U-Boote, transmise par l'équipe de R. Winn à toutes les grandes unités et à tous les commandements concernés par la bataille de l'Atlantique.

Dans chaque camp, les énergies sont focalisées en temps réel sur l'opérationnel. On ne dispose pas du temps nécessaire pour établir des corrélations entre les mouvements de l'adversaire et d'éventuels décryptages. Tâche d'autant plus difficile que chaque camp ne connaît qu'une partie des mouvements adverses.

**Août 1942-mai 1943**

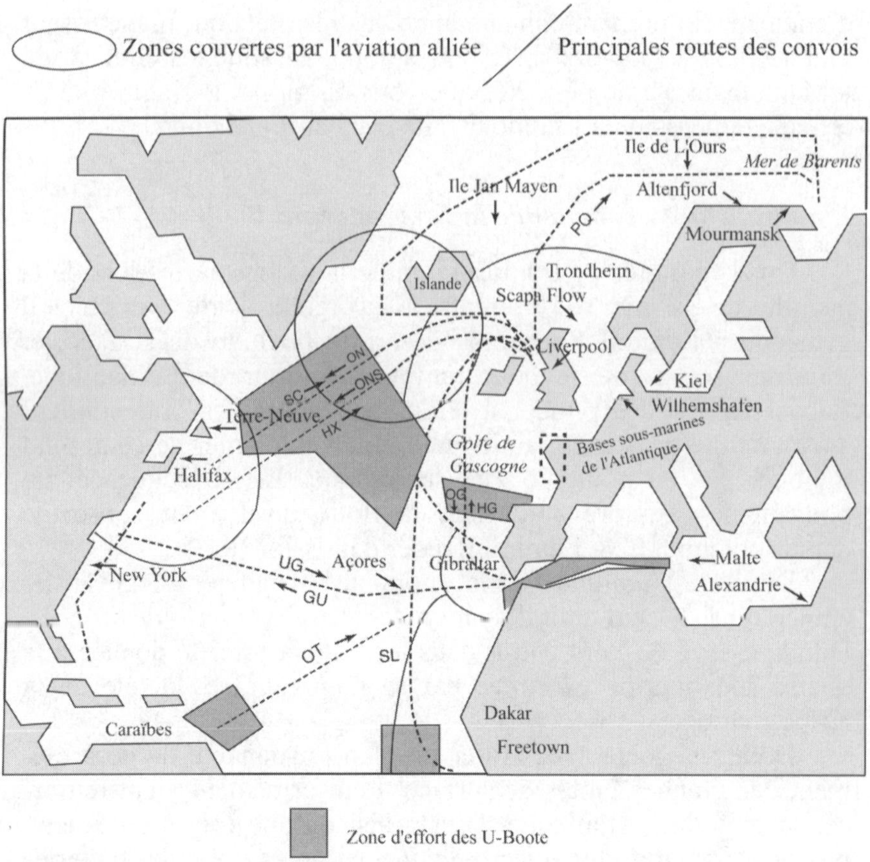


Par prudence Winn limite, à partir de mars, la précision de la situation ennemie quotidienne en ne donnant, entre autres, que les positions pouvant être supposées acquises par relèvement gonio, repérage naval ou aérien. Pendant ce temps, l'amirauté britannique, convaincue par Winn que les Allemands décryptent le code des convois, prépare un nouveau code.

L'amiral Dönitz fut surpris de constater qu'en janvier les meutes avaient raté beaucoup de convois qu'elles auraient dû trouver sur la foi des décryptages. Les spécialistes lui répondirent, une fois de plus, qu'*Enigma*, protégée par ses dizaines de millions de combinaisons, était imperméable aux méthodes connues de décryptage. Mais justement, les Britanniques utilisaient des méthodes de décryptage inédites !

Une enquête de sécurité approfondie est effectuée en pure perte sur un grand nombre d'officiers pour trouver l'éventuel traître de service. Et on imagine sans peine à quel point les services de sécurité allemands peuvent être efficaces dans ce genre d'enquête. En prenant connaissance des résultats qui blanchissent tout le monde, Dönitz dit à son adjoint, le contre-amiral Godt, « Maintenant, ça ne peut être que vous ou moi. » Il s'agirait là de la seule concession à l'humour faite par l'amiral Dönitz.

### *L'amiral Dönitz commande la Kriegsmarine*

On a vu que la piètre prestation de la Kriegsmarine lors de la bataille de la mer de Barents avait rendu Hitler furieux. Il demande à l'amiral Raeder de désarmer la flotte de surface, et d'utiliser son artillerie pour renforcer le mur de l'Atlantique. Raeder essaye d'expliquer à Hitler que les Alliés obtiendraient ainsi gratuitement une grande victoire navale. Hitler ne comprend toujours pas ce point de vue stratégique. En conséquence, ne pouvant se résoudre à détruire la flotte qu'il avait construite depuis octobre 1928, l'amiral Raeder démissionne.

Dönitz est nommé Grand amiral le 30 janvier 1943. Hitler choisit ainsi le seul amiral ayant à ses yeux remporté des succès. Dönitz essaye de faire entrer dans les faits la priorité donnée à la guerre sous-marine exprimée par sa nomination à la tête de la Kriegsmarine.

Dönitz négocie avec Hitler un plan raisonnable de désarmement des grandes unités de surface. Leur armement vient renforcer le mur de l'Atlantique. C'est ainsi qu'une tourelle de deux pièces de 203 mm du croiseur *Seidlitz* équipera l'une des batteries de l'île de Ré. Un groupe de combat, dont les grosses unités sont le *Tirpitz* et le *Scharnhorst*, regroupe en Norvège ce qui reste de la flotte de surface. La mission du groupe est d'immobiliser par sa présence les forces adverses. Dans des conditions favorables, le groupe s'attaquera aux convois arctiques. Les intentions allemandes seront contrées par les Britanniques.

L'amiral obtient l'acier et la main d'œuvre nécessaire à la réalisation du programme de construction des U-Boote et des bâtiments légers, indispensables, par exemple, à la protection du trafic côtier avec la Norvège, dont l'acier est indispensable aux industries d'armement. Un plan de construction est présenté à Hitler en avril 1943 ; ce plan ne consomme que 8,3 % de l'acier utilisé par l'Allemagne. Ce qui démontre le coût relativement réduit de la guerre sous-marine.

La production des armements allemands est curieusement décentralisée. Le ministre des armements, A. Speer, dispose de plus de 80 % du potentiel industriel, consacré essentiellement aux besoins de la Wehrmacht. Les chantiers navals commencent à souffrir des bombardements. Dönitz admire la manière dont Speer disperse ses usines. Le 31 mars, il signe un accord avec Speer, validé par Hitler, pour confier à Speer les constructions navales. En juin, il est décidé de produire désormais le nouveau sous-marin de type XXI, fabriqué selon des méthodes nouvelles (cf. chapitre 3).

Ces mesures permirent au plan de construction des U-Boote d'être réalisé, malgré les bombardements, jusqu'à la fin de la guerre. De janvier à mars 1945, la production mensuelle de sous-marins est de 26 unités. Les chiffres des années antérieures sont les suivants :

| | |
|---|---|
| 1940 | 4,1 |
| 1941 | 16,3 |
| 1942 | 19,9 |
| 1943 | 23,6 |
| 1944 | 19,5 |

Si le plan de construction des redoutables type XXI est réalisé, il n'en est pas de même de leur programme d'entraînement. La maîtrise aérienne alliée se fait de plus en plus pesante et leur permet de miner abondamment la Baltique. Ils empêchent ainsi la mise en service des nouveaux U-Boote.

Quant aux opérations, Dönitz considère en février, à tort d'ailleurs, que les Alliés ont gagné la bataille du tonnage, ce qui ne sera le cas qu'en juillet 1943. Cela ne l'empêche pas de poursuivre la bataille. L'Atlantique lui paraît rester le seul théâtre sur lequel l'Allemagne peut conserver une attitude offensive. Car partout ailleurs, en Russie, en Afrique du Nord, l'Allemagne est sur la défensive. Seuls, les dommages provoqués sur les lignes logistiques alliées de l'Atlantique peuvent modifier le cours des choses en faveur de l'Allemagne puisque tous les approvisionnements passent d'abord sur ces lignes. Pouvant aligner un grand nombre de sous-marins, bénéficiant du moral et de la combativité de ses équipages, Dönitz provoque une montée des pertes alliées telles qu'elles semblent remettre en cause le cours de la guerre. Au 1er janvier 1943, l'ordre de bataille des U-Boote opérationnels est le suivant :

| | |
|---|---|
| Atlantique | 164 |
| Méditerranée | 24 |
| Mer du Nord | 21 |
| Mer Noire | 3 |
| **Total** | **212** |

On remarque que l'essentiel de leur effectif est dans l'Atlantique. Et Dönitz considère que les sous-marins envoyés en Méditerranée sont définitivement perdus.

## 3.2. Les opérations en Méditerranée

Il convient à présent d'aborder les opérations en Méditerranée avant celles de l'Atlantique. En effet, la suprématie lentement acquise par les Alliés sur ce théâtre va leur permettre de basculer brusquement vers l'Atlantique les moyens de lutte qui vont également emporter la décision sur ce théâtre décisif.

### *La marche vers la victoire*

En janvier, la conférence de Casablanca fixe les grands axes de la stratégie offensive alliée. Il y est, entre autres, décidé de débarquer en Sicile et de renforcer les moyens de lutte dans l'Atlantique. Ce qui n'est possible qu'en pouvant retirer des moyens navals du théâtre méditerranéen.

Après avoir réussi leur mission de transport des troupes du débarquement, les marines alliées doivent maintenant ravitailler et renforcer les troupes débarquées et empêcher l'Axe de faire de même pour ses propres troupes qui mènent un combat défensif et fixent les troupes alliées en Tunisie, qu'elles soient à l'Ouest ou à l'Est de ce pays.

Un convoi rapide de transport de troupes arrive toutes les trois semaines à Alger, suivi à quelques jours d'un ou deux convois lents de ravitaillement. Troupes et approvisionnements sont ensuite acheminés vers les ports à l'Est d'Alger. Le port le plus avancé est celui de Bône, seul port bombardé par l'aviation de l'Axe. Du 8 novembre 1942 au 8 janvier 1943, l'opération Torch reçoit 437 200 combattants et 42 420 véhicules. Jusqu'en février, quatre millions et demi de tonnes sont acheminées, pour la perte étonnamment faible, à la surprise des Alliés, de seulement

229 500 tonnes, ce qui en dit long sur la puissance des moyens alliés.

Les Alliés doivent également ravitailler la VIII^e^ armée britannique qui reprend l'offensive, s'empare de Tripoli et atteint la Tunisie fin janvier. La remise en service du port de Tripoli, encombré d'épaves et de « block-ships » emplis de béton est des plus laborieuses. Compte tenu des distances et de l'état des pistes, les armées alliées ne peuvent être commodément ravitaillées que par la mer. D'où un important trafic côtier, peu attaqué par l'aviation de l'Axe. La VIII^e^ armée reprend l'offensive en mars et s'empare de la ligne Mareth. Le port tunisien de Gabès devient sa base avancée.

Les assauts de l'Axe sont contrés, non sans pertes dans les deux camps.

Sur la douzaine de sous-marins italiens pouvant menacer le trafic allié, huit seront coulés pendant les cinq premiers mois, sans avoir obtenus de résultats notoires. La flotte italienne reste dans ses ports.

Les vingt-quatre U-Boote opérationnels en janvier sont une menace beaucoup plus sérieuse. Le contrôle étroit exercé par les Alliés sur le détroit de Gibraltar rend des plus périlleuses l'entrée des U-Boote en Méditerranée. Une unité passe en janvier, deux en avril, trois en mai. Au premier trimestre sept U-Boote sont coulés. À la fin du semestre, ils ne sont plus que dix-huit. À l'Automne, il en reste une douzaine. Leur résistance s'explique probablement par la diminution du potentiel naval allié à partir de mars au profit de l'Atlantique.

Les moyens aériens de Malte sont fortement augmentés. La suprématie aérienne alliée leurs donne une efficacité décisive. Leur aviation coule la moitié des 566 000 tonnes perdues par l'Axe au premier semestre, en attaquant de préférence les ports italiens. L'attaque des convois de l'Axe provoque la perte de sept sous-marins britanniques. Ils coulent 162 000 tonnes.

Les Allemands interviennent auprès des Italiens pour renforcer leur ardeur combative. L'amiral Dönitz rend visite à Mussolini en mars mais la susceptibilité italienne rend la coopération difficile ; elle donne cependant, mais trop tardivement pour l'Allemagne, un résultat rapide. En avril, seuls dix-neuf des trente-six navires de l'Axe envoyés en Tunisie sont coulés. La situation logistique de l'Axe est cependant catastrophique. À la fin avril, les « réserves » de carburant permettent aux véhicules de parcourir de 6 à 37 miles ! La Luftwaffe a perdu 157 des

263 appareils de transports dont elle disposait dans la région au début de l'année et l'Axe n'a plus de bateaux. Le blocus Allié n'est total qu'en mai, au moment de la victoire terrestre. Il empêche l'exfiltration des forces allemandes de Tunisie. La reddition de l'Axe en Tunisie est effective le 13 mai. Comme Hitler avait refusé à Rommel l'autorisation d'évacuer ses troupes lorsqu'il était temps de le faire, les Alliés capturent 250 000 hommes, le meilleur des troupes africaines de l'Axe. Ces troupes auraient pu participer à la défense de l'Italie. De plus, l'orgueil de Mussolini et sa crainte de voir les forces de son allié s'installer durablement chez lui le conduisent à n'accepter que tardivement l'aide des Allemands pour défendre l'Italie.

### *L'exploitation de la victoire*

Les Alliés préparent sans tarder la suite des opérations. Le passage entre la Sicile et la Tunisie est déminé. Puis, pour la première fois depuis mai 1941, le trafic direct entre Gibraltar et Alexandrie est rétabli. C'est un avantage stratégique de premier ordre, évitant le passage par le cap de Bonne-Espérance et permettant des communications plus rapides avec l'Est de la Méditerranée et au-delà, vers le Moyen-Orient et les Indes.

À la fin de mai et au début de juin, quelques petites îles sont libérées des forces de l'Axe. L'île de Pantelleria, avant-poste fortifié de la Sicile, est prise le 11 juin. Pour préparer activement le débarquement, les équipages des navires britanniques en réparation aux États-Unis font traverser l'Atlantique aux bien fragiles navires de débarquement fabriqués par les chantiers américains.

La poursuite des opérations alliées vers l'Italie est correctement anticipée par le commandement allemand. Seul, le prochain objectif allié prête à discussion. Il faut dire que les Alliés ont tout fait pour ça. Les Britanniques, avec l'accord des Américains, montent en avril une délicate manœuvre d'intoxication. Le cadavre d'un faux major Martin), porteur de vrais faux documents, est mis à l'eau par un sous-marin en avril 1943 au large de l'Espagne. Le cadavre, qui semble avoir été victime d'un accident d'avion, est repêché par les Espagnols, qui transmettent les documents en mai aux Allemands. Les documents habilement préparés laissent sous-entendre un débarquement allié en Sardaigne et en Grèce, avec une diversion en Sicile. Ni les Italiens, ni Kesselring ne se laissent prendre. Mais Hitler pense autrement. Cet exemple illustre parfaitement les conséquences néfastes de la dispersion des services de renseignement de l'Axe et de leur concurrence. Faute d'un état-major interallié chargé de proposer une synthèse unique sur l'ennemi, chacun est en droit de se faire la sienne. Les mêmes causes produisant les mêmes effets, on assistera à une confusion similaire lors des opérations de Normandie.

Hitler fait donc envoyer la 1re division de Panzer en Grèce et renforcer les troupes de Sardaigne. De nombreuses petites unités, dont des S-Boote, sont également envoyées dans ces régions. La réussite de ce plan d'intoxication aurait sans doute été plus complète si les Alliés avaient attaqué la Sicile dans la foulée de leur victoire en Tunisie. La Sicile est en effet sans défense pendant quelques semaines, ce qui ne sera plus le cas en juillet, lors du débarquement allié.

À la mi-mai, Dönitz était retourné en Italie. Jugeant imminent un débarquement allié en Sardaigne et en Sicile, il demande à la marine italienne de débarquer un maximum d'approvisionnements dans ces îles. L'amiral veut éviter aux troupes à terre d'être à court de ravitaillement, comme elles le furent en Afrique. Les Italiens répondent mollement à ses demandes.

Le 17 mai, l'amiral Godfroy, commandant l'escadre française d'Alexandrie, sous contrôle britannique depuis juin 1940, se rallie à la nouvelle marine française. Les croiseurs français sont immédiatement remis en état. Ce ralliement tardif est un souci de moins et un renfort pour le camp allié.

Le semestre se termine en Méditerranée par le rétablissement total de la suprématie alliée. L'une des voies de la reconquête de l'Europe est ouverte.

## 3.3. Les opérations dans l'Atlantique

Les cinq premiers mois de 1943 sont les plus violents de la bataille de l'Atlantique. En janvier, grâce au mauvais temps et au succès du déroutage des convois, les pertes ne sont que de 200 000 tonnes. En février, elles montent à 328 000, pour atteindre en mars 627 000 tonnes. Puis les pertes tombent à 328 000 en avril et 264 000 en mai. Six U-Boote sont coulés en janvier, dix-neuf en février, quinze en mars et en avril, mais quarante et un en mai. À la fin de ce mois, Dönitz juge la situation intenable et rappelle ses U-Boote. Cette victoire alliée ne semblait pas acquise du tout au début de 1943.

### *Les principales orientations alliées*

Les bilans effectués lors de la conférence de Casablanca montrent que l'issue de la bataille de l'Atlantique conditionne la réalisation des projets d'ouverture du front Ouest. Il est donc décidé d'intensifier la lutte contre les U-Boote. La nomination de l'amiral Dönitz à la tête de la Kriegsmarine est perçue, à juste titre, comme un signal d'intensification de l'action offensive des U-Boote. Aussi les Alliés prennent-ils en ce début d'année un certain nombre de mesures.

Aussi étrange que cela puisse paraître, il faut attendre décembre 1942 pour que l'amirauté britannique demande le bombardement systématique des bases sous-marines. Depuis le début de leur construction au printemps 1941, les reconnaissances aériennes et la Résistance montrent clairement le progrès des travaux, qui se poursuivent sans encombre majeur. Comme il était impossible de détruire ces abris avec les bombes de l'époque, il est décidé à la mi-janvier de raser l'environnement de ces bases, après avoir averti les populations, dans l'espoir d'entraver ainsi l'activité. L'activité des U-Boote n'en est que peu ou pas entravée. Par contre, des villes comme Brest et Lorient sont détruites. Roskill note qu'un sous-marin fut détruit à Trondheim en juillet 1943, un autre en avril 1944 en Allemagne, et c'est tout ! Et on a vu plus haut que la production des U-Boote est dans l'ensemble conforme, jusqu'à la fin de la guerre, aux plans allemands. Rien qu'au premier semestre 1943, plus de 5 000 tonnes de bombes sont larguées sur les bases sous-marines, soit autant que sur les chantiers de construction des U-Boote. Les souffrances endurées par les populations et l'ampleur des destructions sont démesurées par rapport aux résultats d'intérêt militaire. La mansuétude dont ont fait preuve les Alliés à l'égard des bases sous-marines en construction reste un sujet d'étonnement. Le 2 décembre 1942, 118 forteresses volantes bombardent la base sous-marine de Marseille dont les travaux viennent de commencer. Le bouleversement du sol est tel que la poursuite des travaux devient impossible. Le succès de cette opération prouve *a contrario* à quel point ne pas avoir bombardé les bases en construction fut une erreur stratégique coûteuse.

Pour faire face à l'intensité croissante de la durée des combats des escortes contre les U-Boote, il devient courant de ravitailler les escorteurs à partir de l'un des pétroliers du convoi qu'ils escortent. De même, certains cargos transportent des stocks de grenades sous-marines que les escorteurs récupèrent en cas de besoin. La lutte peut ainsi durer plus longtemps. Les escortes adoptent ainsi une technique pratiquée depuis longtemps par leurs adversaires.

L'entraînement des commandants des groupes d'escorte, puis celui des groupes d'escorte eux-mêmes, est renforcé. L'amiral Horton en fait l'une des clés du succès, plus importante que l'accroissement du nombre des escorteurs. Les méthodes longtemps jugées hétérodoxes du commandant Walker entrent dans les mœurs (cf. chapitre 3). En janvier, les premières frégates britanniques de la classe River entrent en service. Plus puissantes et plus rapides que les corvettes, elles ont les moyens de passer à l'offensive. Les nouvelles frégates transportent un stock de grenades sous-marines important. Certaines sont équipées du mortier Hedgehog qui tire devant la frégate une grappe d'obus explosant au contact du U-Boot traqué, ce qui permet de conserver le contact Asdic. Les équipements de détection sont plus perfectionnés et ont une portée plus grande. L'Asdic, dont la portée atteint maintenant deux milles nautiques, renvoie ses échos sur une table traçante, ce qui rend plus clair les évolutions respectives du chasseur et de sa proie. Les U-Boote vont souffrir de plus en plus de la rapidité d'intervention de ces frégates.

Les états-majors font souvent des propositions de réorganisation des différents commandements pour augmenter l'efficacité de moyens de lutte toujours insuffisants. Le problème du commandement unique est une espèce de serpent de mer qui fait surface périodiquement dans le camp allié.

Les Britanniques, en première ligne depuis le début de la guerre, s'estiment les plus qualifiés pour commander. Les États-Unis veulent commander des forces dont ils sont le principal pourvoyeur. Le leadership militaire doit accompagner selon eux le leadership économique. Chacun défend ses positions par des arguments techniques camouflant le débat politique. On se souvient qu'à la conférence de Casablanca de janvier 1943, les Alliés avaient donné la priorité à la guerre sous-marine. Encore fallait-il concrétiser cette priorité. C'est dans ce but que l'amiral King, toujours anglophobe, provoque en mars une réunion interalliée.

Dans sa déclaration d'ouverture, l'amiral King insiste sur le peu d'efficacité des groupes d'escorte mixtes. En conséquence, en forçant la main aux Britanniques, il fait admettre que l'US Navy se consacre désormais aux convois de l'Atlantique central et Sud. La marine canadienne, quasi inexistante au début de la guerre, prend la relève des Américains dans l'Atlantique Nord, des côtes américaines et canadiennes jusqu'à la « chop line », à la verticale de l'Islande, où elle passe le relais aux escortes britanniques. Il n'est bien sûr plus question d'un commandement unique. La marine canadienne gagne dans cette affaire son statut de marine à part entière. Il faut dire que l'affrontement des états-majors stratégiques ne touche pas les états-majors tactiques. La coopération entre tous ces états-majors reste exemplaire et permet de régler rapidement et avec efficacité les nombreux problèmes complexes de coordination entre les différentes forces interalliées. Ce qui est l'une des clés de la victoire.

Le principal problème reste le manque chronique d'avions à grands rayons d'action pour assurer la protection lointaine des convois. Les Britanniques sont venus à la conférence avec un solide dossier technique, fondé sur les travaux de scientifiques tels que le professeur Blackett. Ces analyses montrent que les pertes peuvent diminuer de 65 % en augmentant la couverture aérienne de quatre sorties par jour entre le Groenland et l'Islande, ce qui nécessite le renfort de 120 appareils. Ce renforcement semble important, mais il l'est peu par rapport à la formidable force aérienne alliée en croissance rapide. En février 1943 le Coastal Command met en ligne en tout et pour tout neuf Liberator VLR, pour Very Long Range. Canadiens et Britanniques disposent d'équipages entraînés, mais sans avion. Dans l'immédiat, la conférence décide d'attribuer une trentaine d'appareils à l'Atlantique Nord. L'US Navy dispose, en effet, à ce moment d'une bonne centaine de Liberator VLR, presque tous affectés au Pacifique, où la menace sous-marine est faible. Malgré la priorité déclarée, l'amiral King, de même qu'il tarda tragiquement à mettre en place les convois sur la côte est à partir de janvier 1942, garde ses avions. Il faudra une conversation directe entre Churchill et Roosevelt, intervenant après les pertes catastrophiques de mars pour que les Liberators VLR tant attendus arrivent en Islande. Encore s'agira-t-il d'une escadrille anti-sous-marine de l'US Air Force, peu entraînée, à la place de l'escadrille opérationnelle l'US Navy que l'on aurait souhaité !

Le « trou » dans la couverture aérienne situé au milieu de l'Atlantique Nord, entre le Groenland et l'Islande, ne sera comblé progressivement qu'à partir d'avril. Au 1er juillet suivant, le Coastal Command ne possédera que 37 Liberator VLR, alors que l'US Navy en comptera 209. Il sera donc demandé beaucoup aux pilotes et à leurs avions pour compenser ce qu'il faut bien appeler l'obstruction de l'amiral King. Une équipe de savants britanniques mettra d'ailleurs au point une planification de la maintenance des appareils qui augmentera sensiblement leur disponibilité opérationnelle.

Les Alliés vont progressivement combler les faiblesses de défense des convois, puis passer à l'attaque.

***La bataille en janvier et février***

La tactique de l'amiral Dönitz est fondée sur deux observations. La première est la persistance du « trou » important dans la couverture aérienne des convois, entre le Groenland et l'Islande. La seconde observation est le repérage de la route principale des convois USA-Grande-Bretagne. Pressés par l'urgence du maintien du flux logistique entre les USA et les champs de bataille alliés, devant tenir compte des économies de mazout, les convois prennent la route la plus directe. Dans ces conditions, Dönitz maintient à l'entrée Ouest du « trou » une cinquantaine de sous-marins, répartis en deux ou trois meutes, chacune sur une ligne de plusieurs dizaines de kilomètres, pour intercepter les convois. Les grands sous-marins de type IX entretiennent des diversions dans les mers lointaines. Le décryptage d'une partie du trafic des convois, leur repérage éventuel par des moyens d'écoute permet parfois de diriger et concentrer rapidement les meutes vers leurs proies. Le décryptage en janvier et février de certains des points de situation des U-Boote diffusés par l'OIC, dont la précision est pour le moins troublante, est également une aide précieuse pour Dönitz et son état-major. L'efficacité de ce dispositif est cependant compromise par le général hiver.

Les hivers de la seconde guerre mondiale sont restés dans les annales pour leur rigueur particulière, comme si la nature avait voulu se mettre au diapason de la démesure des hommes. On se souvient du précoce hiver 1941 qui contribua fortement à la survie d'une Russie militairement mal en point. Mais la violence de l'hiver 1943 dans l'Atlantique Nord dépasse tout ce qu'on avait vu. Les convois sont aussi malmenés que les U-Boote. Des cargos sont engloutis ou brisés par des vagues monstrueuses. Les escorteurs voient leurs superstructures arrachées ou tordues par une mer aussi dangereuse que des obus. Les précieuses antennes des équipements de gonio, radio et radar sont atteintes les premières. Les escorteurs sont ainsi privés de leurs moyens de recherche et de communication ; il est souvent bien difficile de coordonner la manœuvre en cas d'attaque. Convois et escorteurs sont éparpillés par les tempêtes. Les groupes d'escorte, dont les effectifs ont été réduits pour les besoins de l'opération Torch, sont de plus handicapés par les unités en réparation pour cause de tempête.

Ce que subissent les combattants dépasse l'imagination. Les équipages sont épuisés par le seul fait de vivre dans des conditions aussi dures. Dormir, se nourrir, se tenir à son poste, ces gestes élémentaires relèvent alors de l'exploit. L'ouvrage de N. Monsarrat, *La mer cruelle*, décrit ce que pouvait être cet enfer liquide qui n'épargne personne. Les U-Boote sont obligés de naviguer en surface, quel que soit le temps, pour recharger leurs batteries et rechercher les convois. Les hommes de veille s'attachent solidement dans le kiosque. Ils sont bien évidemment trempés. La dynamique du tangage peut expédier le sous-marin, et donc les hommes de veille, sous plusieurs mètres d'eau. Le commandant H. Schaeffer décrit dans *U-977* ce gigantesque jeu d'ascenseur. Dans ces conditions, les pertes alliées de janvier marquent une accalmie. Accalmie cependant marquée par le quasi-anéantissement du convoi TM1.

Le 3 janvier, le *U-514*, opérant au large de la Trinidad, aperçois par hasard un convoi de neuf pétroliers. Il attaque, coule un pétrolier, perd le contact et rend compte au PC de Dönitz. L'amiral estime que ce précieux convoi est destiné aux troupes alliées d'Afrique du Nord. Il lance à la poursuite du TM1 les huit U-Boote de la meute Dauphin, qui se trouve à 1 560 milles de la position supposée du convoi, entre New York et les Canaries. Dans ces conditions, retrouver le convoi tient du hasard. Contrairement à ses habitudes de faire attaquer toute cible possible, Dönitz délaisse un convoi vide rencontré par hasard et concentre l'action de ses U-Boote sur les pétroliers pleins. Les hasards de la déduction sont du côté allemand. À l'aube du 8 janvier, le convoi est au centre de la ligne allemande. La bataille dure jusqu'au 11. Le convoi n'est sauvé de l'anéantissement total qu'avec l'arrivée des avions de Gibraltar. La frégate et les trois destroyers d'escorte, tous en panne de radar, trop éloignés de toute protection aérienne, ne peuvent éviter la perte de six autres pétroliers, sans aucun dommage pour les U-Boote. Ce convoi est proportionnellement le plus éprouvé de toute la guerre. La bataille du TM1 est pour janvier l'exception qui confirme la règle, puisqu'au grand désappointement des Allemands, ils ne trouvent pas les convois là où d'après leurs décryptages, ils devraient être, ce qui est la conséquence directe des décryptages alliés, dont nous avons parlé.

Les U-Boote se font plus dévastateurs en février. Parmi tous les combats de ce mois, deux batailles sont marquées par des combats particulièrement intenses. Fin janvier, en pleine tempête, le *U-456* du lieutenant de vaisseau Teichert aperçoit le convoi rapide HX 224. Faute de pouvoir être rejoint à temps par d'autres U-Boote, il attaque seul pendant trois jours et coule trois cargos. Le *U-632* repêche le 4 février le rescapé de l'une des victimes du *U-456* qui leur apprend que le convoi HX224 est suivi à deux jours par le convoi lent SC118. Cette indiscrétion est recoupée par un décryptage donnant la date de départ du SC118. Le PC de Dönitz estime que ce convoi, malgré l'attaque du HX224, suivra bien la même route. La meute Pfeil est dirigée vers le convoi, très fortement escorté, accompagné d'un porte-avions d'escorte. Une fusée éclairante est tirée accidentellement par un cargo. Le convoi est repéré et signalé au PC de Dönitz. Les escorteurs sont équipés du nouveau goniomètre Huff/Duff, donnant très rapidement le relèvement des U-Boote entourant leur convoi. Le U-Boot émetteur est localisé et coulé. Le reste de la meute est regroupé pour l'attaque, mais les escorteurs maintiennent à distance les assaillants. Le convoi perd un retardataire. À partir du 5, il est couvert par des Liberators venus d'Islande. Mais faute d'être équipé du projecteur Leigh, les Liberators ne sont plus opérationnels de nuit. Dans la nuit, un autre cargo est torpillé. Dönitz exhorte ses commandants à attaquer et les escorteurs se font agressifs. À l'aube du 7, les U-Boote sont toujours là. Deux escorteurs se précipitent sur un écho radar. Le *U-402* du lieutenant de vaisseau von Forstner se glisse dans la brèche, coule d'emblée deux navires, puis profite de la confusion pour en couler un troisième. Le convoi et l'escorte perdent leur cohésion. Trois destroyers américains viennent renforcer l'escorte, forte maintenant de 12 unités. Mais le groupe d'escorte britannique avait été constitué des unités disponibles que l'on avait trouvées. Ces unités ne sont pas habituées à manœuvrer ensemble. L'arrivée des unités américaines augmente encore l'absence de cohésion. Les résultats moyens obtenus par ces unités renforcent les idées de l'amiral Horton selon lesquelles l'entraînement des unités est plus important que leur nombre. Les U-Boote pistent toujours le convoi et attaquent pendant la nuit. Von Forstner torpille trois autres navires. Encouragé par Dönitz, von Forstner cherche une victime pour sa dernière torpille et la trouve. Mais les Liberators l'obligent à plonger plusieurs fois. La bataille avait duré quatre nuits successives. Chacun des belligérants estima par la suite que ce combat fut le plus dur de toute la guerre. Le convoi perdit treize de ses cinquante-trois navires, soit 60 000 tonnes. Trois U-Boote sont coulés, dont l'un par la corvette des Forces Navales Françaises Libres, *Lobélia* et quatre autres sont endommagés. Von Forstner va être décoré. Il n'est pas sûr que les équipages des cargos et des escorteurs aient eu seulement le temps de se reposer avant leur prochain voyage.

Cette bataille entraîne un bon nombre de U-Boote vers elle. Ils doivent ensuite se remettre de leur poursuite et être repositionnés par le PC de Dönitz, d'où une accalmie momentanée. Les autres convois passent sans encombre, mais pas pour longtemps.

Le convoi ON166 est repéré et localisé au large du Groenland le 18 février par le régiment d'écoute de la Luftwaffe de Paris qui intercepte les émissions du Liberator de couverture. Une meute est dirigée vers lui. La bataille dure du 21 au 25 et s'étend sur plus de 1 000 milles. Le convoi perd 14 navires, soit 85 000 tonnes et deux U-Boote sont détruits. À la même période, les convois ONS165, ON166 et ONS167 sont attaqués par des groupes de sous-marins ravitaillés par les deux *milchkuhe* opérant au milieu de l'Atlantique qui réussissent à maintenir opérationnels sur cette zone 27 U-Boote. Cependant, l'amiral Dönitz n'est pas satisfait des résultats. Il a le sentiment que l'aviation alliée et ses radars repèrent trop facilement ses U-Boote. Le camouflage par les Alliés du résultat de leurs décryptages tient bon ; quant aux avions, ils manquent toujours aussi cruellement du côté allié. Frappés par la capacité de regroupement des U-Boote et par leur nombre, les Alliés craignent de voir les escortes submergées par le nombre des assaillants. Bien qu'ayant perdu dix-neuf unités en février, Dönitz, parfaitement conscient de l'augmentation de ses pertes, poursuit la bataille. Les escorteurs sont plus nombreux ; ils peuvent fournir aux convois une double ligne de défense, proche et extérieure. Mais Dönitz espère compenser l'efficacité croissante de la défense adverse en la submergeant, ce qu'il est tout prêt de réussir en mars.

### *Le tournant de mars 1943*

Les Allemands sont persuadés que la précision des radars alliés est la principale cause du repérage des U-Boote, ce qui explique la capacité des Alliés à dérouter les convois au bon moment. Dönitz ordonne en conséquence à ses sous-marins de plonger pendant une demi-heure dès que leur détecteur d'émission radar leur apprend qu'ils sont repérés. Cet expédient est typique de ceux qui seront utilisés pour pallier l'absence de moyens de lutte efficaces contre la détection alliée. Cette mesure va d'ailleurs dans le sens de ce que souhaitent les Alliés. Un sous-marin en plongée ne voit plus rien ; il peut ensuite avoir du mal à retrouver ses victimes.

Dönitz se plaint, malgré la qualité des décryptages réalisés par le XB-Dienst, de ne pas avoir autant de cartes que son adversaire, l'amiral Horton. En matière de décryptage, les deux camps sont alors à égalité. Mais ni les Allemands ni les Alliés ne le savent. Par contre Dönitz se plaint à juste titre de mener sa guerre sans soutien aérien. Ce qui reste vrai, malgré le soutien apporté par Hitler à Dönitz dans ses démêlés avec Gœring, toujours aussi peu coopérant.

L'amélioration de la météo permet à Dönitz d'appliquer à fond, avec une grande efficacité, la tactique des meutes. Son état-major est resté une petite équipe. Sous la direction du contre-amiral Godt, chef d'état-major de Dönitz depuis le début de la guerre, cette équipe qui comprend des sous-mariniers chevronnés, tels que le lieutenant de vaisseau Schnee et le capitaine de corvette Hessler, est capable de réagir comme Dönitz, qui doit maintenant commander la Kriegsmarine tout entière. Un autre sous-marinier confirmé, le contre-amiral Topp, est chargé de la coordination avec les services de A. Speer pour veiller à la bonne marche du plan de construction des U-Boote.

La bataille atteint alors rapidement son intensité la plus forte de toute la guerre.

La première victime du mois est le SC121 qui évite cependant la double ligne de U-Boote répartis sur 400 milles qui le guettent. Mais la tempête disperse le convoi. Les U-Boote s'attaquent aux traînards. Ils coulent 13 navires, soit 60 000 tonnes, du 7 au 11 mars. Le convoi suivant, le HX228, est également attendu par les U-Boote. Mais les Alliés ont une vue assez juste du dispositif allemand pour dérouter le HX228 et le convoi rentrant ON169. Les U-Boote perdent la piste. Mais le décryptage d'un changement de route ordonné au HX228, encore loin des U-Boote, les remet sur sa trace. Le PC de Dönitz se trouve alors confronté à son problème binaire habituel qui est d'estimer si les Alliés connaissent ou non la position des meutes ; si oui, le convoi sera probablement dérouté, mais ce n'est pas toujours le cas.

L'hypothèse choisie dépend du contexte de chaque bataille. Cette fois-ci, tablant sur l'efficacité des moyens de repérage alliés, le PC de Dönitz estime que les Alliés connaissent la position de la meute Neuland et vont dérouter le convoi. Il n'en est rien et la meute ne coule que quatre traînards et la frégate *Harvester,* non sans pertes. La corvette des FNFL *Aconit* coule dans la même journée du 11 le *U-444* et le *U-432*. Exploit unique en son genre. La corvette fait ainsi honneur à son nom. L'aconit est en effet une fleur vénéneuse.

Les U-Boote sont immédiatement prépositionnés pour le prochain convoi. N'oublions pas que les convois se succèdent dans les deux sens avec la régularité des trains et il ne peut en être autrement. Les U-Boote de la meute Neuland sont, soit envoyés vers une « vache à lait » pour se ravitailler, soit joints à une autre meute en formation. Avec une autre, ces deux meutes forment une ligne de 500 milles. Une troisième meute, la Raubgraf, est placée plus à l'Ouest, pour boucher complètement le trou. La meute Raubgraf se fait leurrer par le groupe d'escorte du convoi ON170, commandé par le capitaine de vaisseau MacIntyre, l'un des plus habiles chasseurs de sous-marins. Mais les convois HX229 et SC122 auront moins de chance. Ils sont attaqués pendant trois jours par une quarantaine de U-Boote, qui coulent 21 navires, soit 141 000 tonnes, en perdant une seule unité. Par le nombre des unités concernées et par le tonnage coulé, cette bataille de convoi est la plus importante de toute la guerre (cf. chapitre 8). Ces batailles ne sont pas uniques. Seul, le mauvais temps limite les dégâts, évalués avec consternation par les Alliés.

Pendant les dix premiers jours de mars, les Alliés perdent sur toutes les mers 41 navires. Pendant la seconde décade, 56 sont perdus. Soit plus de 500 000 tonnes en vingt jours. Les deux tiers des pertes sont des navires ayant navigué en convoi. Le doute s'installe quant à l'efficacité des convois. À cette allure-là, les U-Boote vont gagner la bataille du tonnage et empêcher l'ouverture du second front en Europe, tant attendue par le difficile allié soviétique. Mais il n'y a pas de stratégie de rechange. Il faut faire confiance aux groupes d'escorte, aux rares Liberator VLR, aux porte-avions d'escorte qui commencent à arriver. Il faut faire confiance aux moyens de détection, en particulier au nouveau radar centimétrique dont on attend beaucoup. Et puis, Bletchley Park décrypte à nouveau le trafic des U-Boote de l'Atlantique, après quelques jours d'interruption (cf. chapitre 10).

Le balancier de la victoire change de camp avec une rapidité stupéfiante. Durant les onze derniers jours de mars, les Alliés ne perdent que 15 navires ; à comparer avec les 107 perdus pendant les vingt premiers jours. Mais les résultats du mois restent catastrophiques. Les Alliés perdent exactement 693 389 tonnes, dont 627 377 sont à l'actif des U-Boote. Seuls quinze U-Boote sont perdus dont neuf pendant les onze derniers jours, contre dix-neuf en février. Du côté allemand, on croit à la poursuite du succès. Du côté allié, on ne perçoit pas encore le retournement de situation. Les chiffres des onze derniers jours sont acquis sur une période trop courte pour avoir une valeur statistique. Le retournement de la situation devient perceptible en avril et clair en mai.

***La bataille en avril et mai***

Les batailles de mars ont dispersé les U-Boote. Beaucoup sont à court de carburant et de torpilles et doivent être ravitaillés par les *milchkuhe* ou bien rentrer au port. D'autres unités quittent leurs abris pour rejoindre le centre de l'Atlantique. Les combats ne reprennent qu'à la mi-avril. Le convoi HX233 suit une route plus au Sud et surprend l'ennemi. Un navire est perdu de chaque côté. Le HX234 emprunte la route habituelle et croise les convois sortant ONS3 et 4, ce qui fait beaucoup de cibles. Les convois ne perdent que sept navires et trois U-Boote sont coulés. Les commandants de U-Boote commencent à se plaindre de l'ubiquité de l'aviation alliée, pourtant rare et gênée par le mauvais temps. En revanche, au large de Freetown, le *U-515* du lieutenant de vaisseau Henke surprend le convoi TS37 et ses dix-huit navires. Bien qu'ayant repéré le *U-515* au moment où il émettait son compte-rendu au PC de Dönitz, le groupe d'escorte cherche à observer le silence radio et ne demande que tardivement du renfort. Le *U-515* en profite pour couler sept navires, soit 43 255 tonnes. Les Alliés seront toujours déroutés par ces attaques très au Sud qui tombent sur des convois moins bien protégés. Dönitz y envoie ses types IX, trop vulnérables dans l'Atlantique Nord. Là aussi, le salut ne peut venir que de l'aviation. Malgré cet exploit, les résultats d'avril sont en baisse sensible sur ceux de mars. Les Alliés ne perdent que 350 000 tonnes, dont 327 943 sont à l'actif des U-Boote. Cinq groupes de soutien, dont deux comprenant un porte-avions d'escorte, ont prêté mainforte aux convois attaqués. Trente Liberator VLR sont intervenus, maintenant à distance les assaillants. Quinze U-Boote ont été coulés. Si l'on considère que la première quinzaine fut relativement calme, les chiffres bruts sont relativement stables par rapport à mars. Les Alliés sont satisfaits des résultats, compte tenu du nombre de U-Boote opérationnels. Le système des convois semble à nouveau capable d'offrir une protection efficace. Dönitz ne fait pas de commentaire particulier dans ses mémoires. Mais il poursuit l'offensive.

Début mai, soixante U-Boote sont regroupés en quatre meutes. La bataille du convoi ONS5 (détaillé dans l'annexe 1) est à l'image de ce que sera désormais la quasi-totalité des attaques de convois. Le convoi est repéré par hasard, le dispositif des U-Boote étant tourné vers l'Ouest pour attaquer les convois pleins. Comme les U-Boote avaient été leurrés et avaient raté le convoi HX qu'ils guettaient, Dönitz lance une première meute de 15 unités contre le convoi. Comme sont nom l'indique, c'est un convoi lent, qui navigue à 6 nœuds. Les quarante-deux navires sont couverts par le groupe d'escorte B7 du capitaine de frégate P. Gretton, autre célèbre chasseur de sous-marins. La tempête disperse en partie le convoi. L'escorte ne peut se ravitailler en mer ; certaines unités doivent donc rallier Terre-Neuve. Les cinq destroyers du 3$^{e}$ groupe de soutien arrivent à temps. Un Liberator venu d'Islande et un hydravion canadien se relaient. Les attaques sont repoussées. Dönitz regroupe alors le gros des U-Boote disponibles et les lance contre le convoi qui est cerné par une quarantaine de sous-marins ! L'attaque principale se produit dans la nuit du cinq au six mai. Six navires avaient déjà été coulés. En vingt-quatre attaques, les U-Boote coulent six autres navires. Mais la note est lourde. Cinq U-Boote sont détruits par l'ennemi et deux autres se sont abordés et ont coulé. Compte tenu de la masse engagée, le résultat est maigre. Il semble de plus exister une limite au nombre de U-Boote engagés contre un même convoi. Nous ne sommes qu'au début du mois. Dönitz réconforte ses capitaines et la lutte continue.

Les deux camps utilisent efficacement l'arme du décryptage. Les décryptages alliés montrent que les convois HX237 et SC129 sont menacés par 36 U-Boote ; les convois sont déroutés, mais l'ordre de déroutage est à son tour décrypté par le XB-Dienst. Les U-Boote sont remis dans le droit chemin. Les ordres adressés aux U-Boote sont décryptés, mais il s'avère impossible de semer les meutes. Les convois, disposant d'un porte-avions d'escorte, couvert par les Liberator en fin de parcours, traversent les meutes. Deux U-Boote sont coulés et deux cargos sont détruits. Dönitz envoie un message pour exprimer sa colère : « Je ne vois pas d'explication à cet échec. » Ce message est décrypté par les Britanniques avec le plaisir que l'on imagine sans peine.

Les U-Boote font connaissance avec les obus du Hedgehog, plus redoutable qu'un obus de canon lorsqu'ils sont surpris en surface ou au début de plongée. Les attaques de nuit sont non seulement repoussées, mais les U-Boote sont surpris à l'extérieur du convoi par des escorteurs qui leur foncent dessus, comme s'ils voyaient la nuit. Sans compter que l'aviation d'escorte se fait dangereuse dès que le temps permet les décollages. Les groupes de soutien arrivent au bon moment pour renforcer un convoi attaqué. Déplacer les meutes vers un nouvel objectif ne change rien. Un groupe de soutien finit toujours par arriver et attaque les U-Boote pendant des heures, alors que le convoi reste protégé par son escorte normale.

L'attaque du SC130, à la fin du mois, est encore plus catastrophique pour les U-Boote. Les dix-sept unités de la meute Donau attaquent en vain le convoi. Six U-Boote sont détruits, dont le *U-954*. L'enseigne P. Dönitz, le plus jeune des deux fils de l'amiral, sert à son bord. L'escorte était sous les ordres du commandant Gretton que nous avons déjà vu à l'œuvre. Il avait demandé au commodore du convoi de pousser un peu les feux de ce convoi lent. Le commandant Gretton avait un rendez-vous à ne pas manquer, celui de la cérémonie de son mariage. Le convoi est à peine retardé par cette bataille et le commandant est à l'heure pour son mariage.

Les quatre derniers convois que Dönitz décide d'attaquer ne perdent aucun de leurs 161 navires, mais six U-Boote supplémentaires sont coulés. Chaque jour, un U-Boot au moins disparaît. Ce rythme de destruction ne permet plus leur remplacement et encore moins l'augmentation de leur nombre.

Le 24 mai, Dönitz retire ses sous-marins de l'Atlantique Nord et les regroupe au Sud-Ouest des Açores. Il pense avoir à traiter une crise temporaire qui sera surmontée avec de nouvelles armes et surtout de nouveaux sous-marins. En fait, les Alliés viennent de gagner la Bataille de l'Atlantique. En mai, un mois de pleine activité, les pertes alliées sont de 299 428 tonnes, dont 264 852 à l'actif des U-Boote. Mais 41 U-Boote ont été détruits. Six l'ont été lors de navigation de transit dans le golfe de Gascogne, ce qui marque la reprise de l'offensive aérienne qui va s'intensifier dans la période suivante.

L'ordre de retraite est décrypté par Bletchley Park. La signification ne devient claire que lorsque l'OIC constate l'arrivée de

15 U-Boote dans la zone des Açores et une baisse d'activité ennemie dans l'Atlantique Nord. La guerre n'est pas terminée. Winn sait bien que Dönitz, connaissant l'importance stratégique déterminante de la chaîne logistique circulant sur l'Atlantique Nord, ne se retire que provisoirement de cette zone. Il ne faut donc pas baisser la garde. La guerre sur mer va continuer jusqu'en mai 1945.

### *Les raisons de la victoire alliée*

Ce renversement de situation est dû à la conjonction, plus fortuite que planifiée, d'un ensemble de mesures complexes prises par les Alliés depuis plusieurs mois et dont le plein effet se fait sentir à partir d'avril :

1) Les travaux des équipes de Recherche Opérationnelle britanniques permettent d'augmenter l'efficacité des moyens de lutte :

- l'efficacité des grenades lancées d'avions passe de 4 à 20 %, en diminuant la profondeur de leur mise à feu ;
- nouveau viseur, portant l'efficacité des bombardements de U-Boote à près de 50 % ;
- réorganisation de la maintenance, portant la disponibilité des avions du Coastal Command à 60 % ;
- optimisation de la taille des convois en fonction des escortes. Il est possible de maintenir un même niveau de protection à un convoi en doublant ses navires et en n'augmentant les escorteurs que de 30 %.

2) En mars 1943, le radar centimétrique équipe enfin le Costal Command et les escorteurs. Le détecteur de radar allemand devient inefficace. La portée du radar passe de 4 000 à 10 000 mètres en surface et de 12 à 25 kilomètres pour les avions. La précision est également supérieure, ce qui permet aux avions équipés de projecteur Leigh, qui sert également de viseur, d'attaquer les U-Boote de nuit et sans être détectés. Le bruit des moteurs d'un U-Boot naviguant en surface couvre celui d'un avion.

Les escorteurs sont également équipés d'un nouveau radiogoniomètre, le « Huff/Duff », permettant le repérage quasi-instantané d'une source d'émission se trouvant hors de portée des radars. La détection des U-Boote en surface devient alors très rapide et très efficace. Avec l'avantage d'être un moyen de détection passif, donc non repérable par l'adversaire. En mai, beaucoup de U-Boote ont été ainsi repérés alors qu'hors de vue d'un convoi, ils émettaient leurs rapports au PC de Dönitz. Le combat des U-Boote nécessite un trafic radio important qui se retourne contre eux.

L'aviation anti-sous-marine commence à être dotée de deux armes nouvelles. Le MAD, Magnetic Anomaly Detector, capable de détecter la variation de champ magnétique d'un sous-marin en plongée, fait son apparition en Afrique du Nord. La première torpille d'avion à guidage acoustique Fido est utilisée pour la première fois en opération en mai 1943. Tout est prêt pour l'offensive aérienne contre les U-Boote en transit dans le golfe de Gascogne.

3) Depuis la fin de 1942, les performances de l'ASDIC ont été améliorées. La portée atteint deux milles et le champ d'exploration est plus vaste et plus directionnel. Les échos sont reportés automatiquement sur une table traçante. En août 1943, 2 690 navires de la Royal Navy sont équipés de l'ASDIC, ce qui donne une idée de l'ampleur des moyens de lutte contre les U-Boote.

Une arme nouvelle, le mortier anti-sous-marin Squid, télécommandé par l'ASDIC, équipe progressivement certains escorteurs. Ce mortier est plus dangereux qu'un canon. Il tire une salve de trois obus ; la probabilité de coup au but est plus importante que celle d'un canon. Les obus explosent à différentes profondeurs, autour du sous-marin, lui occasionnant des avaries telles qu'il est obligé de faire surface.

4) L'amiral Horton modifie les méthodes d'entraînement, la tactique. Les groupes d'escorte et les groupes de soutien deviennent des formations stables, entraînées à manœuvrer collectivement. Les commandants et le groupe suivent un entraînement permanent.

Le Coastal Command obtient très progressivement les précieux Liberator VLR. Il va bientôt pouvoir enfin passer à l'offensive contre les U-Boote rejoignant ou quittant leurs bases.

5) Retour de l'opération Torch (débarquement en Afrique du Nord) des porte-avions d'escorte, tels que le USS *Bogue*, et des groupes de soutien. Ces forces sont de nouveau disponibles pour la protection des convois. Les porte-avions d'escorte sont des grands cargos munis d'un pont en bois ; ils transportent 6 chasseurs. Les MAC ships britanniques sont également des cargos, transportant à la fois une cargaison normale et 3 ou 4 biplans Swordfish pouvant se contenter d'un pont d'envol court. Les

vaillants Swordfish que l'on équipe d'un radar et de roquettes, prolongent de manière inattendue leur existence, en rendant de très grands services.

Ces deux types de bâtiments vont jouer un rôle clé dans la protection des convois qui bénéficient d'une couverture aérienne continue. Ils peuvent en effet détecter les U-Boote pistant leur convoi, les obligeant à plonger et à perdre le contact avec le convoi. Équipés de roquettes, ils peuvent détruire un U-Boot, dont la coque n'est pas blindée.

6) Le ravitaillement en mer des groupes d'escorte et de soutien en mazout et grenades sous-marines se généralise. La chasse aux U-Boote n'est plus limitée par le carburant disponible, et peut ainsi durer des heures, alors que la durée d'immersion d'un U-Boot est limitée.

7) Le travail des équipes de renseignement britanniques et américaines sauva un certain nombre de convois. Le professeur J. Rohwer, historien allemand de la bataille de l'Atlantique, estime que 60 % des convois ont été déroutés avec succès. Seulement 16 des 174 convois de cette période perdirent plus de 4 navires. Les décryptages sont la principale source de renseignement. L'organisation de ce décryptage utilise des moyens répartis aussi bien aux USA qu'en Grande-Bretagne (cf. chapitre 10).

Les commandants Winn (situation sous-marine) et Hall (cellule convois) du côté britannique, le commandant Knowles du côté américain étaient passés maîtres dans l'exploitation de leurs sources de renseignement, et atteignirent un exceptionnel degré de coordination.

***Bilan de la période janvier-mai 1943 :***

Pertes alliées : 365 navires marchands, soit 2 001 918 tonnes.
U-Boote coulés : 96.

# CHAPITRE 8

# *Deux batailles de convois*

Il y eut d'innombrables batailles de convois. Un certain nombre d'entre elles sont évoquées dans les chapitres consacrés au récit chronologique de la bataille de l'Atlantique.

Les deux batailles exposées plus en détail dans ce chapitre sont caractéristiques dans leur genre. La bataille des convois HX229 et SC122 est représentative de la période qui marque l'apogée des U-Boote. La bataille de la mer de Barents est caractéristique de la détermination et du savoir-faire des destroyers britanniques ainsi que des hésitations de la Kriegsmarine quant à l'engagement de ses unités de surface.

## 1. LA BATAILLE DES CONVOIS HX 229 ET SC 122 DU 16 AU 22 MARS 1943

La bataille des convois HX 229 et SC 122 se situe à une époque de la bataille de l'Atlantique cruciale pour les Alliés. Les U-Boote semblent, en effet, en mesure de gagner la guerre des convois.

L'histoire des convois HX 229 et SC 122 est faite, comme toutes les autres, de drames, de chances et de malchances. Les équipages n'ayant aucun moment de vrai repos, étant continuellement sous la menace d'un torpillage.

En mars 1943, les U-Boote atteignent leur efficacité maximale. L'amiral Dönitz dispose d'un grand nombre de U-Boote. Des sous-marins ravitailleurs permettent de les maintenir sur zone plus longtemps. Le repérage et l'attaque des convois par « meutes » de sous-marins (Rudeltaktik), regroupés sur ordre du PC de l'amiral Dönitz, sont au point. Les U-Boote concentrent leurs efforts sur le « trou noir » (*Black Pit*), zone à mi-chemin du Canada et de l'Islande, dans laquelle les convois sont privés, à cette époque, de toute couverture aérienne. Cette zone est délimitée sur le schéma par les arcs de cercle. Les croix noires figurent les navires marchands coulés.

Les services de renseignement des deux camps décryptent, au début de cette bataille, une grande part du trafic radio de l'adversaire.

### *L'appareillage*

Le convoi lent SC122 quitte New York le 5 mars 1943. Il se compose de 52 navires, protégés par 9 escorteurs. Cette forte escorte est de règle pour les convois lents, plus exposés que les autres.

Les Alliés prennent une initiative heureuse. Le convoi HX 229, trop important, est scindé en deux. Un convoi HX 229 A, composé de 47 navires, doit emprunter une route plus au Nord. Les Allemands ne perçoivent pas ce changement et ce convoi ne sera pas inquiété. Le convoi rapide HX 229 quitte à son tour New York le 8 mars, avec 38 navires et 5 escorteurs. Il s'agit d'une escorte de fortune, constituée à la hâte, pour pallier l'absence de certains bâtiments du groupe d'escorte normal, partis soigner leurs avaries. Cette escorte sera donc moins efficace que l'escorte habituelle.

Ce même jour, le code météo dont le décryptage permet ensuite celui du trafic des U-Boote est modifié (cf. chapitre 10). Il ne faudra que deux semaines aux experts de Bletchley Park pour décrypter à nouveau les messages adverses. Ce délai, relativement court, sera cependant trop long pour les convois. Les Alliés, privés de renseignements pendant cette bataille, ne pourront ni dérouter les convois, ni renforcer les escortes des convois menacés. Les Alliés avaient à ce moment-là 18 convois en mer, dont l'un subissait l'attaque d'une meute de 15 U-Boote au Nord des Açores.

**Bataille des convois HX 229 et SC 122 du 16 au 22 mars 1943**

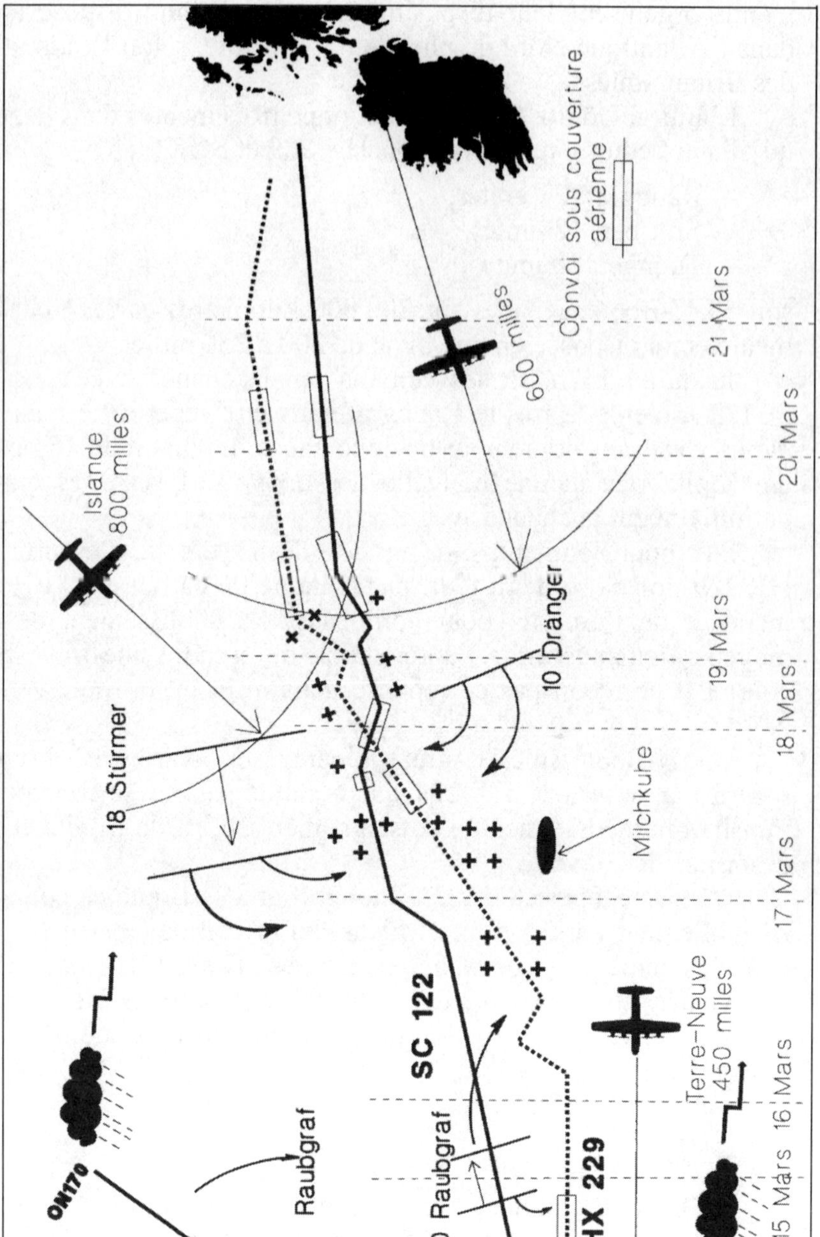

Ayant, de plus, décrypté le long message d'un garde-côte américain décrivant l'organisation des deux convois, les Allemands organisent leur dispositif. L'amiral Dönitz dispose alors dans l'Atlantique Nord de plus de 65 U-Boote, selon l'estimation des Britanniques.

L'amiral Dönitz avait prépositionné trois meutes dans la zone qu'allaient emprunter les convois HX 229 et SC122 :

- Raubgraf, 21 unités,
- Stürmer, 18 unités,
- Dränger, 10 unités,

soit 59 U-Boote, répartis sur 200 000 kilomètres carrés ! chaque meute étant disposée en une ligne de 200 à 250 milles.

Jusqu'au 15 mars, les convois ont la chance avec eux. Le SC122 traverse la meute Raubgraf sans être repéré. Le mauvais temps y est sans doute pour quelque chose. Le matin du 16, le PC de Dönitz n'a aucune nouvelle des convois. Les Alliés ont-ils définitivement la chance avec eux ?

Pas pour longtemps. L'un des destroyers de l'escorte du HX 229 doit faire demi-tour, par manque de carburant. Le commandant de l'escorte, pour compenser l'affaiblissement de ses moyens, demande alors l'autorisation de prendre une route plus courte. Il ne reçoit pas de réponse mais infléchit la route vers le Nord.

Un U-Boot isolé, rentrant réparer ses avaries en France, repère par hasard le HX 229 qui n'aurait pas dû se trouver là, transmet immédiatement le renseignement au PC de Dönitz et file désormais le convoi.

Dönitz récupère 8 des 21 Raubgraf et 2 U-Boote en cours de ravitaillement auprès d'une Milchkühe et coordonne leur action avec les unités des deux autres meutes. Les 38 U-Boote vont intervenir, sans le savoir, dans une large zone dans laquelle les convois doivent se croiser, leur offrant ainsi de nombreuses cibles.

### *La bataille*

La bataille commence dans la nuit du 16 au 17 mars et ne cessera que le 19, avec l'entrée des convois sous la couverture aérienne des Western Approaches. Les autres convois du secteur étant tout aussi menacés, il n'est pas possible de renforcer les escortes des deux convois attaqués. Le mauvais temps condamne à l'inaction les porte-avions d'escorte accompagnant d'autres convois et qui auraient pu secourir les deux convois attaqués. Les escorteurs doivent courir partout. Ils sont vite débordés, devant à la fois essayer de sauver les naufragés et lutter contre les sous-marins. Leur action est limitée par le manque de mazout. De plus, les tempêtes de neige facilitent l'approche des U-Boote qui peuvent attaquer en surface puis se dérober dans le mauvais temps, puis revenir à l'attaque. Certains U-Boote réussissent ainsi à torpiller trois ou quatre navires au cours d'une même attaque.

Le 17 est une journée catastrophique, avec 11 navires coulés. L'amiral Horton, commandant les Western Approaches, obtient, avec beaucoup d'efforts, l'intervention de quelques bombardiers Liberator à grand rayon d'action. Ces appareils interviennent un par un, à la limite de leur rayon d'action, au prix d'un exploit de leurs pilotes qui rentrent épuisés après 20 heures de vol. Ces bombardiers gênent les U-Boote pendant la journée, les empêchant de pister les convois à leur guise. Cependant, les navires marchands sont étirés, à la suite des combats, sur 100 milles. Seule, la tête du convoi est couverte par les Liberator, alors que l'arrière continue d'être attaqué. Malgré tous les efforts de la défense, les U-Boote coulent 22 navires totalisant 147 000 tonnes et ne perdent qu'une seule unité ! L'amiral Dönitz félicite chaleureusement ses équipages avec lesquels il est resté en contact au cours des combats, les encourageant à exploiter leur bonne fortune.

Cette bataille porte le score des U-Boote à 97 navires et plus de 500 000 tonnes pour les seuls 20 premiers jours de mars. À Londres, lors de la réunion de la commission anti-sous-marine du 22 mars, les commentaires sont d'autant plus pessimistes que les pertes viennent de convois fortement défendus. La victoire des U-Boote semble alors possible. Le trou dans la couverture aérienne a été fatal aux convois. À la même époque, les Alliés s'acharnent en pure perte à bombarder les bases sous-marines, alors que l'on sait bien, grâce aux efforts de la Résistance, qu'aucune des bombes en service n'est capable de percer sept mètres de béton. Cet aveuglement conduit à refuser au Coastal Command la centaine d'appareils nécessaires à une couverture aérienne totale.

Mais la riposte alliée, planifiée de longue date, se met en place en avril 1943 et renverse le cours de la guerre sous-marine. À la fin mai, Dönitz retire provisoirement, croit-il, ses meutes de l'Atlantique Nord.

## 2. LA BATAILLE DE LA MER DE BARENTS : 31 DÉCEMBRE 1942

Cet épisode de la Bataille de l'Atlantique est donné à titre d'exemple car il est représentatif de trois aspects de cette bataille :

- difficulté des convois arctiques,
- tactique de protection des convois,
- victoire tactique stratégiquement importante.

### *L'appareillage*

Le JW51 A appareille le 15 décembre. Son jumeau, dédoublé pour des raisons de sécurité, le convoi JW51 B, quitte à son tour l'Écosse pour Mourmansk, le 22 décembre 1942. Après la catastrophe du PQ17, il a été jugé utile de changer l'appellation des convois, car les marins, bien qu'ils s'en défendent, sont souvent superstitieux ! Cette nouvelle numérotation est inaugurée avec le double convoi JW51. Le voyage n'en est pas moins réputé très dangereux. La catastrophe du PQ 17, 23 navires sur 34 perdus en juillet 1942, incite à la prudence. La route passe le plus au Nord possible (figure 1), à la limite des glaces.

Les 14 navires marchands de ce « petit » convoi transportent :

- 202 tanks,
- 2 046 véhicules,
- 87 avions de chasse,
- 33 bombardiers,
- 11 500 tonnes de mazout,
- 12 650 tonnes d'essence d'aviation,
- 5 4321 tonnes de fournitures, dont les rations « K ».

Le convoi est organisé en trois files, espacées de 1 000 mètres. Les navires circulent tous feux éteints, à 400 mètres les uns des autres. Il suffit d'une minute d'inattention, à la vitesse moyenne de 8 nœuds, pour emboutir le voisin de devant ! De plus, le convoi zigzague, au rythme d'une horloge spéciale, selon le plan établi par le commodore du convoi. Bien sûr, le silence radio est total. Les signaux optiques sont utilisés, mais pas toujours bien vus dans le mauvais temps. Dans ces conditions, il faut des équipages expérimentés, courageux, et un peu de chance, pour arriver à bon port. En cas de naufrage, un séjour dans de l'eau, dont la température est voisine de zéro degré, n'est possible que quelques minutes. Et à cette période de l'année, les tempêtes sont fréquentes, avec des vents de force 10 à 12 (le maximum

1. Le Liberty Ship, ici le *Saminver*, est l'un des symboles des moyens de la victoire alliée.
© Imperial War Museum.

2. Un portrait inhabituel de l'amiral Dönitz. L'absence du sourire de commande révèle en partie la détermination de l'amiral.

3. L’amiral Sir Max Horton, ancien sous-marinier, est l’adversaire victorieux de Dönitz dans l’Atlantique.
© Imperial War Museum.

4. Le porte-avions d'escorte, ici le HMS *Audacity*, est l'une des armes de la victoire alliée.
© Imperial War Museum.

5. La corvette des FNFL *Mimosa*, comme l'*Aconit*, est l'une des nombreuses corvettes de la classe Flower.
© SIRPA/ECPA France.

6. L'*Aconit* grenadant le *U-432*, sa seconde victime de cette journée du 11 mars 1943.

7. Les FNFL à l'honneur : le LV Levasseur et son état-major, à bord de l'*Aconit*.
© SIRPA/ECPA France.

8. Le commandant Walker, dirigeant ici l'action des unités de son groupe d'escorte, est l'archétype des spécialistes de la lutte anti-sous-marine. Il a appliqué avec un rare succès ses techniques novatrices de combat.
© Imperial War Museum.

9. Malte (photo de 1944) a été l'une des clés de la victoire alliée en Méditerranée. L'Axe commit la faute stratégique de ne pas s'en emparer.
© Imperial War Museum.

10. Les hydrophones sont le seul moyen de contact entre le U-Boot et son environnement.

11. Les hydrophones ont détecté un environnement hostile. Dans le poste central, les visages sont tendus.

12. L’opérateur radio prépare un compte rendu de victoire. Le Lloyds facilite l’identification de la victime.
© SIRPA/ECPA France.

13. À bord d'un dragueur de mines, cet opérateur radio et son Enigma font, sans le savoir, le jeu des décrypteurs alliés (cf chapitre 10).

14. Proche de ses équipages, Dönitz écoute attentivement le rapport d'opération de ses commandants de U-Boot. © SIRPA/ECPA France.

15. C'est à l'efficacité de l'organisation Todt (personnage de gauche) que l'amiral Dönitz doit la rapidité de la construction des bases sous-marines.
© SIRPA/ECPA France.

16. Ravitaillement du *U-124* par le corsaire marchand *Kormoran*. Le corsaire coulera 11 navires marchands et ravitaillera de nombreux U-Boot. Le 19 novembre 1941, le *Kormoran* est endommagé par le combat livré contre sa dernière victime, le croiseur *Sidney*, et se saborde.
© SIRPA/ECPA France.

connu), et des températures extérieures de l'ordre de – 10 degrés ! Les navires sont recouverts de dix centimètres de glace. Il faut enlever cette glace qui augmente les risques de chavirage, bloque les antennes des radars et les tourelles !

Enfin, pour compléter un tableau déjà bien noir, il est souvent difficile de faire le point en raison des mauvaises conditions météorologiques. Dans cette région où le magnétisme terrestre est perturbé, les compas gyroscopiques sont seuls efficaces, à condition de n'être pas trop secoués par les tempêtes. La navigation se fait donc souvent à l'estime. Dans ces conditions, un navire s'écartant du convoi a peu de chances de le retrouver.

Le convoi est protégé par la nuit polaire. Mais il est sous la menace des navires de haute mer allemands et de l'aviation, basés dans le nord de la Norvège. La protection soviétique, très limitée, ne peut se manifester qu'à proximité de Mourmansk. De plus, la longueur du voyage oblige à surveiller de près la consommation de mazout des escorteurs, multipliée par 4 aux vitesses de combat ! Le croiseur *Sheffield* consomme 8 tonnes de mazout à l'heure à 17 nœuds, mais 30 tonnes/heure à 30 nœuds.

**Bataille de la mer de Barents – 31 décembre 1942**

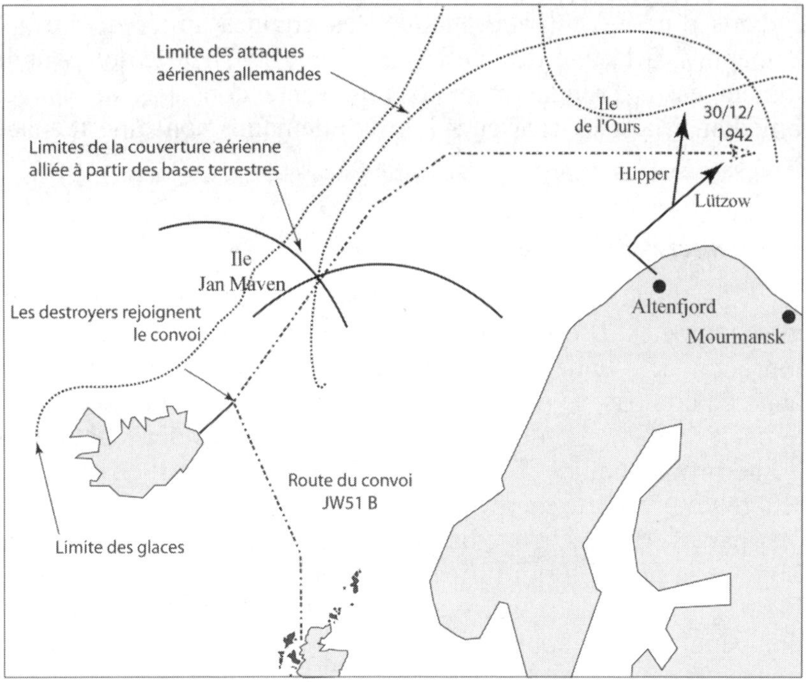

Le convoi est escorté par 6 destroyers, 2 corvettes, 1 dragueur de mines, 2 chalutiers équipés en navires de secours, sous le commandement du capitaine de vaisseau R. Sherbrooke, à bord de l'*Onslow*. Le commandant Sherbrooke a dirigé en septembre l'escorte rapprochée du dernier PQ, le PQ18 qui a été violemment attaqué par l'aviation allemande. L'*Onslow* a d'ailleurs coulé un U-Boot, en coopération avec l'aviation du porte-avions d'escorte *Avenger*. Mais cette fois-ci le mauvais temps prévisible prive l'escorte de son porte-avions, resté au port. Le commandant Sherbrooke précise avant le départ son plan de bataille. Les destroyers situés sur le flanc du convoi attaqué feront face à l'ennemi et s'interposeront entre le convoi et l'ennemi. Les autres destroyers couvriront le convoi qui se sera dérouté par un rideau de fumée. Cette tactique sera appliquée et sauvera le convoi.

En fin de parcours, dans la zone la plus dangereuse parce que très proche de la Norvège, le convoi doit bénéficier de l'escorte du JW 51 A, composée des croiseurs *Sheffield* et *Jamaïca*, sur le chemin du retour. Ce groupe est sous les ordres de l'amiral Burnett. Le *Sheffield* avait joué un rôle important dans la poursuite du *Bismarck*. Le convoi bénéficie également de la protection éloignée d'un cuirassé, d'un croiseur et de trois destroyers de la Home Fleet, entre l'Islande et l'île de l'Ours. Cette force fait la navette pour protéger au mieux les convois montants et descendants d'une éventuelle attaque des grandes unités de surface allemandes, à la tête desquelles se trouve le *Tirpitz*, qui pour le moment est à Trondheim et ne représente donc pas de danger immédiat. Mais les croiseurs lourds allemands sont une menace sérieuse.

### *Les premières difficultés*

À partir du 28 décembre, le convoi est malmené par de violentes tempêtes. Il est obligé de faire route plus au Sud, ce qui le rapproche de l'ennemi. Le même jour, le destroyer *Oribi*, en panne de compas, se perd ; son message radio ne peut être déchiffré par l'*Onslow*. Le dragueur *Bramble*, l'un des deux bâtiments de Sherbrooke équipé d'un radar à longue portée, est envoyé à sa recherche. L'escorte ne reverra plus ces navires. L'amiral Burnett n'est pas averti du changement de route du convoi, silence radio oblige et la position qui lui est indiquée par l'Amirauté est donc fausse. Par malchance, son escadre est au contraire très au Nord, pour bénéficier du couvert de la faible luminosité, alors que ses éventuels adversaires se découperont sur la lumière du Sud. À cause du mauvais temps et du silence radio, la « fortune de mer » reprend le dessus ; l'amiral ne verra jamais le convoi qu'il est censé protéger, mais qu'il contribuera cependant à sauver.

L'amirauté allemande, malmenée par Hitler qui lui reproche son inefficacité, tout en lui imposant des consignes paralysantes, projette une sortie. L'amiral Raeder obtient de Hitler l'autorisation d'attaquer le prochain convoi arctique. En effet, le mauvais temps probable diminue le danger pour les assaillants. Le plan d'attaque, baptisé Regenbogen (arc-en-ciel) est approuvé par Hitler. L'attaque en tenaille du convoi doit être menée par le croiseur *Hipper* et le cuirassé de poche *Lützow*.

La Luftwaffe repère le convoi le 24 décembre. Hitler donne son accord à l'opération et l'escadre appareille de Narvik pour l'Altenfjord, sous les ordres de l'amiral Kummetz, à bord du *Hipper*.

Un U-Boot repère le convoi le 30 décembre, le signale et le piste. Il plonge et lance une gerbe de 3 torpilles. Au même moment, le convoi effectue un changement de cap programmé et les torpilles vont se perdre. Le sous-marin, repéré par l'Asdic des escorteurs, ne peut être pourchassé que pendant seulement deux heures, pour économiser le mazout. Il échappe au grenadage, mais ne peut plus pister le convoi dont la position devient incertaine pour les Allemands. L'amirauté britannique est prévenue. La grande carte murale est mise à jour par une auxiliaire féminine particulièrement concernée, l'épouse du commandant Sherbrooke, qui va suivre la bataille avec l'angoisse que l'on imagine.

L'escadre allemande prend la mer. Faisant route au Nord, elle passe inaperçue, grâce au mauvais temps, du rideau de 8 sous-marins alliés surveillant la sortie de l'Altenfjord. Le *Hipper* et le *Lützow*, accompagnés chacun par trois destroyers, se séparent. Le *Hipper* (armement principal : 8 pièces de 203 mm) doit attaquer le premier par le Nord. Le convoi sera alors obligé de se dérouter vers le Sud, pour être détruit par le groupe *Lützow* (armement principal : 6 pièces de 280 mm). Les destroyers allemands, armés de 4 pièces de 150 mm, sont beaucoup plus puissants que les destroyers britanniques.

Le plan est simple et il a toutes les chances de se réaliser. L'amiral Kummetz se croit, à juste titre, trop éloigné de la Home Fleet pour en être menacé mais il ignore la présence de l'escadre de l'amiral Burnett qui, bien qu'en mer depuis plus d'une semaine, est restée indétectée. Les choses se présentent donc bien du côté allemand. L'escadre allemande, malgré sa puissance, se méfie cependant beaucoup de la combativité des marins britanniques. Les destroyers britanniques n'hésitent pas, en effet, à attaquer les grosses unités à la torpille. Il faut dire aussi que le mauvais temps rendant très difficile l'identification des amis et des ennemis, les deux camps se montreront prudents.

### *La bataille*

Le *Hipper* repère le convoi le 31 décembre à 7 h 20. Le *Sheffield* et le *Jamaïca* sont très au Nord du convoi, dont la position exacte leur est toujours inconnue. Les destroyers allemands sont aperçus à 8 h 20, sur l'arrière du convoi. La mauvaise visibilité nécessite de relayer les signaux optiques et l'*Onslow* n'est prévenu qu'a 8 h 45. Ordre est donné de reconnaître ces bâtiments inconnus, pouvant aussi bien être des escorteurs russes que des destroyers allemands. Ces bâtiments répondent aux signaux par des coups de canons, et l'engagement commence à 9 h 15. L'Amirauté est prévenue ainsi que l'escadre de l'amiral Burnett. La présence des trois escorteurs allemands sous-entend celle d'un navire de ligne. Les destroyers anglais se préparent pour une attaque à la torpille et, comme prévu, se placent entre le convoi et les destroyers allemands (figure 2). L'engagement dure une heure et demie.

Le *Hipper* est identifié à 9 h 39. La mauvaise visibilité l'empêche de distinguer ses propres escorteurs des navires du convoi. Le *Hipper* s'abstient donc de tirer. Les Anglais se préparent à l'attaque, malgré l'énorme disproportion des forces. Le destroyer *Achates* fait route entre l'escorte et le convoi, qu'il protège par un rideau de fumée. Le commandant Sherbrooke attaque d'abord au canon, pour soulager l'*Achates* qui a été touché, puis simule une attaque à la torpille. Il espère ainsi dissuader le *Hipper* de continuer à s'approcher. La réussite est complète : le *Hipper* se sent menacé et s'éloigne vers le Nord. Le commandant Sherbrooke garde le contact car il espère l'arrivée prochaine de l'amiral Burnett qui s'est annoncé. Mais ils sont encore bien loin et les destroyers de Sherbrooke vont passer de durs moments.

À 10 h 20, le *Hipper* revient, tire sur les destroyers qui restent cependant entre le convoi et lui. L'*Achates*, malgré de graves avaries, continue de protéger le convoi par un nuage de fumée. Le *Hipper* concentre son tir sur l'*Onslow*. Le destroyer voit arriver sur lui la première salve ; le *Hipper* tire à obus explosifs et les éclats pénètrent dans l'*Onslow*. À la seconde salve, l'*Onslow* est fortement endommagé ; la passerelle est dévastée et le commandant Sherbrooke grièvement blessé. Un œil arraché, il se fait panser et avec un rare effort de volonté il reste à son poste. Une nouvelle salve détruit la plage avant, tue les servants du canon et provoque des voies d'eau. Le destroyer n'est sauvé de la destruction totale que par la brusque abattée que lui fait exécuter Sherbrooke. Mais les destroyers restent intercalés entre le *Hipper* et le convoi. Une tempête de neige perturbe un moment le tir du *Hipper* et soulage les Anglais. Puis le *Hipper* disparaît dans un grain de neige. L'incendie est maîtrisé à bord de l'*Onslow*, qui rallie le convoi qui s'est dérouté vers le Sud, vers le groupe *Lützow*. Le plan allemand semble réussir.

On se demande encore pourquoi l'amiral Kummetz n'a pas lancé ses destroyers à l'assaut du convoi.

**Bataille de la mer de Barents**

Les destroyers font écran entre le convoi et les navires allemands

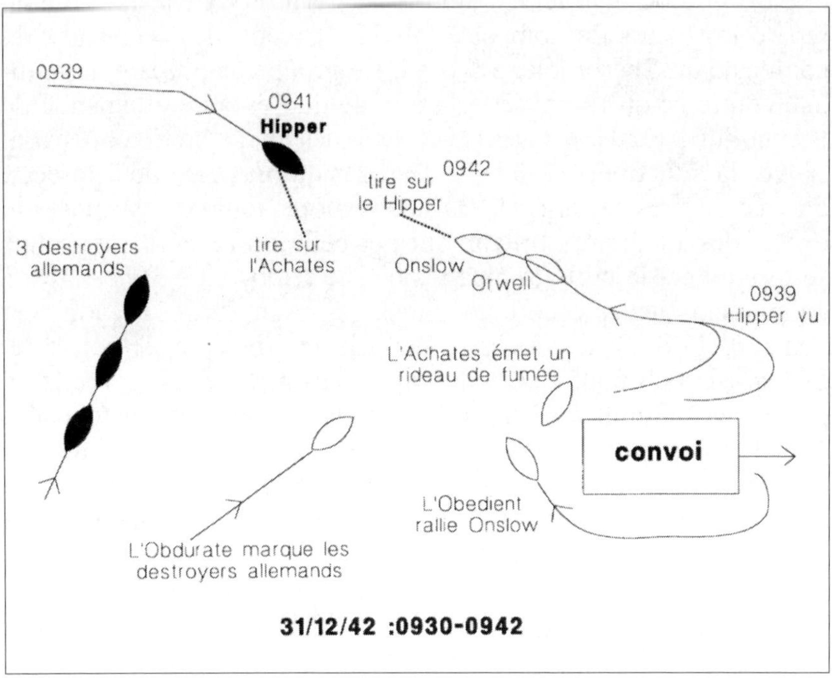


À partir de 10 h 22, le *Lützow* aperçoit les navires du convoi. La mauvaise visibilité et les grains de neige l'empêchent de distinguer les amis et les ennemis, et le convoi, sans protection sur

son flanc Sud, échappe de peu à la destruction. Le *Hipper* avait signalé son engagement contre les destroyers anglais et estimé qu'aucun croiseur n'accompagnait le convoi. La prudence allemande est assez surprenante. Le *Lützow* se rapproche du convoi mais hésite toujours à tirer, paralysé par la crainte d'atteindre le *Hipper* et ses destroyers qui combattent sur l'autre flanc du convoi. Le *Hipper* vient de détruire le *Bramble*, qui n'a retrouvé le convoi que pour se faire détruire. L'*Achates* empêche toujours l'ennemi d'approcher du convoi et le *Hipper* endommage gravement le courageux destroyer. L'*Achates* est sauvé de la destruction totale lorsque le *Hipper* reporte son tir sur l'*Obedient*, qui commande le groupe à la place de l'*Onslow*, hors de combat. L'*Obedient* doit à son tour se retirer et passe le commandement à l'*Obdurate*. Le *Hipper* est tout près du convoi ; les trois destroyers valides lui tirent dessus, le *Hipper* riposte mais hésite toujours à foncer sur le convoi. À 11 h 30, il est trop tard ; le *Hipper* est encadré par les premières salves tirées par les croiseurs de l'amiral Burnett qui arrive au bon moment.

Le groupe *Sheffield*, ignorant la position exacte du convoi, repère les lueurs du combat à 9 h 46. Il reçoit des précisions du commandant Sherbrooke à 9 h 55. Le groupe se prépare au combat, contre ce qu'il croit être la totalité de l'escadre allemande de l'Altenfjord. Seuls, la surprise et quelques coups heureux peuvent sauver la situation. À 10 h 30, le radar du *Sheffield* détecte deux grands navires. L'amiral Burnett ignore toujours la position exacte des escorteurs britanniques et celle du convoi. Le groupe se dirige vers la cible la plus visible, le *Hipper*. Le *Hipper* tire à ce moment sur les escorteurs situés dans son Sud et ne voit rien venir. À 11 h 28, le *Sheffield* identifie le *Hipper* avec certitude. Les croiseurs britanniques ouvrent le feu sur le *Hipper* avec leurs pièces de 152 mm à 11 h 30. Le *Hipper* est gravement touché à 11 h 33 et ne peut voir son ennemi, masqué par l'obscurité. Les obus britanniques crèvent la coque du *Hipper*, dont la vitesse tombe. Le *Hipper* fait face et se précipite vers ce nouvel adversaire dont il doit se rapprocher, tant la visibilité est mauvaise. Il reçoit au même moment un message de sa hiérarchie qui lui demande de ne prendre aucun risque. Le *Hipper* vire de bord et prévient le *Lützow*. Il se dérobe, couvert par ses destroyers. Trompé par la mauvaise visibilité, un destroyer allemand prend le *Sheffield* pour le *Hipper*. Il est rapidement coulé.

Au moment où le *Lützow* reçoit le message du *Hipper*, il a enfin retrouvé le convoi et tire sur l'*Obdurate*. Les bâtiments allemands se regroupent et tombent par hasard sur le groupe de l'amiral Burnett. À 12 h 29, le groupe est canonné par l'ensemble de l'escadre allemande et se dérobe, surclassé par ses adversaires, craignant de plus une attaque à la torpille par les destroyers allemands. L'escadre allemande, gênée par le tir nourri des croiseurs anglais, ne peut les identifier. Craignant la présence de destroyers d'escorte et donc une possible attaque à la torpille, elle se dérobe également. Le contact radar est perdu vers 13 h 30. Le convoi est resté intact et atteint Mourmansk sans encombre.

Les Britanniques perdent une centaine d'hommes, l'*Achates* et le *Bramble*. Le commandant Sherbrooke, un éclat entre les deux yeux, est rapatrié à bord de l'*Obedient* et sauvé. Il est décoré de la très rare et très enviée Victoria Cross. Les Allemands perdent un destroyer, le *Friedrich Eckholdt*.

### *Hitler est furieux*

En fait, les Britanniques ignorent qu'ils viennent de remporter une grande victoire stratégique. L'échec de l'escadre allemande est caché à Hitler qui ne l'apprend que 24 heures plus tard. Cet échec renforce la fureur de Hitler contre la flotte de surface et ses chefs. Le 6 janvier, pendant une heure et demie, Hitler passe sa mauvaise humeur sur l'amiral Raeder, en lui rappelant que la flotte de surface allemande n'a joué qu'un rôle fort modeste dans ce conflit, comme dans les conflits antérieurs. En conséquence, Hitler veut désarmer les grands navires et récupérer leur artillerie pour la défense des côtes. L'amiral Raeder ne réussit pas à convaincre Hitler du rôle stratégique joué par une flotte, même immobile.

L'amiral Raeder démissionne. Le 30 janvier 1943, l'amiral K. Dönitz, déjà responsable des sous-marins, devient commandant en chef de la marine allemande. La priorité est ainsi donnée aux sous-marins. La flotte de surface, partiellement désarmée, constituera une menace pour les Alliés, sans jouer un rôle actif. Les Allemands firent une autre tentative contre les convois arctiques, le 26 décembre 1943. Le cuirassé britannique *Duke of York*, protégeant le convoi, détruisit le croiseur de bataille *Scharnhorst*, dont l'appareillage avait été suivi par les décryptements britanniques (cf. chapitre 9). La flotte de haute mer allemande avait cessé d'exister.

CHAPITRE 9

# *La bataille de juin 1943 à mai 1945*

La période précédente, s'étendant de janvier 1942 à mai 1943, a vu les Alliés battre les troupes de l'Axe en Tunisie après avoir coupé les lignes logistiques de l'Afrikakorps. De nombreux moyens de lutte anti-sous-marine ont pu être ensuite transférés du théâtre méditerranéen au théâtre atlantique, sur lequel, en mars 1943, la victoire des U-Boote semblait possible. L'arrivée coordonnée des moyens alliés, au premier rang desquels il faut placer l'aviation à long rayon d'action et le décryptage, entraîne Dönitz à retirer en mai 1943 ses U-Boote de l'Atlantique.

Le fait stratégique majeur de la période allant de juin 1943 à la fin de la guerre est l'exploitation de la suprématie navale alliée, épaulée par leur suprématie aérienne, pour mener à bien les opérations de débarquement nécessaires à la reconquête de l'Europe et à la défaite de l'Allemagne. Le maintien des lignes logistiques transatlantiques sera la clé de la victoire terrestre des Alliés.

Pendant cette période, le cours de l'Histoire est à sens unique. Sur tous les fronts, les Alliés passent plus ou moins rapidement à l'offensive. La condition préalable de la reconquête est la suprématie navale. Cette suprématie s'installe progressivement sur le théâtre Atlantique-Europe après le spectaculaire renversement du printemps 1943, puissamment aidée par la maîtrise des décryptages de l'adversaire.

## 1. LA BATAILLE DE JUIN À DÉCEMBRE 1943

Les principaux événements de cette période sont la défaite des U-Boote sous les coups de l'aviation alliée, les débarquements en Sicile et en Italie puis l'armistice signé avec l'Italie. Les conférences interalliées de Téhéran fin novembre puis du Caire en décembre préparent aussi bien la poursuite de la guerre que les grandes orientations de l'après-guerre.

Avant d'exposer les grandes lignes des opérations de cette période, il convient de s'attarder sur certains des facteurs clés ayant déterminé le retournement stratégique dans la bataille de l'Atlantique.

### 1.1. Les facteurs clés pour la victoire

Ces facteurs clés sont de différentes natures tout en étant stratégiquement importants. De bonnes décisions prises à temps, des bonnes mesures d'organisation, la qualité des ressources humaines, tout est important pour gagner à long terme.

#### *Les navires de débarquement*

Cette période de la guerre est celle des débarquements. Ceux-ci n'auraient pas été possibles sans la mise au point de nouveaux types de bâtiments spécialisés. C'est une idée nouvelle. Jusqu'à cette guerre, les débarquements se sont effectués avec les bâtiments courants. Un débarquement de grande ampleur comme celui des Dardanelles avait échoué entre autres par manque de bâtiments adaptés. Il est possible que Churchill, premier lord de l'Amirauté de l'époque, se soit souvenu de ce douloureux échec en créant, dès juin 1940, une Direction des Opérations Combinées, c'est-à-dire amphibies. Sous le commandement ultérieur de Lord Mountbatten furent mises au point les techniques de débarquement et d'entraînement. Et surtout, deux types de bâtiments spéciaux sont étudiés : les LST (Landing Ships Tank) et les LCT (Landing Craft Tank).

Les Américains sont tenus informés de ces travaux dès leurs débuts. Lors d'une discussion à Washington en novembre 1941, les Américains déclarèrent que ces bâtiments n'avaient aucun intérêt dans une guerre contre l'Allemagne. Mais en janvier 1942, ils donnent la priorité à ce genre de bâtiments. Un plan de 400 unités est lancé, dont la moitié pour les Britanniques. Les chantiers américains construiront environ 80 000 engins de débarquement de toutes tailles et de tous types, dont ils firent un usage quotidien dans le Pacifique. C'est toute une branche spéciale et nouvelle de la marine qui se développe. Cette nouvelle marine contribue fortement à augmenter les besoins en officiers.

### *Les réservistes de la Royal Navy*

Il va sans dire que pour mener cette armada d'engins de débarquements comme pour diriger les milliers d'escorteurs, de l'ordre de 3 000 du côté britannique en 1943, il faut beaucoup d'officiers. Les effectifs de la Royal Navy, dont le réarmement avait été tardif, et donc les effectifs réduits, sont multipliés par six, pour atteindre, au 30 juin 1943, 57 682 officiers et 604 248 hommes. C'est peu de dire que la Royal Navy est imprégnée de traditions de professionnalisme séculaires. Au début de la guerre, les besoins ont été comblés par le rappel des retraités. Les commodores de convoi font partie de ces rappelés ; mais leur présence est également sensible dans les rangs de la Navy. L'amiral Somerville, qui prend le commandement de l'escadre de Gibraltar au début de la guerre, et le commodore Stephenson, ex-vice-amiral, rappelé pour prendre en charge le très célèbre centre d'entraînement des escorteurs de Tobermory, sont parmi les plus connus. Traditionnellement, les réservistes de la Royal Navy sont des officiers de la marine marchande. Ces professionnels de la mer sont cependant toujours sous tutelle d'un officier d'active. Et pour que les choses soient claires, les galons des officiers de réserve et ceux des officiers d'active sont différents[1] ! Mais cette ressource est vite tarie, compte tenu des énormes besoins des convois. La Navy compte aussi quelques réservistes dans les services. Le commandant Winn est un pur civil. En 1943-1944, le manque d'officiers est l'une des obsessions de l'Amirauté. Il faut donc faire appel en masse à de « vrais » réservistes, ne connaissant à peu près rien de la mer, avec tous les problèmes métaphysiques que génère l'arrivée de ces jeunes hommes dans un milieu conservateur et professionnel. Les Sea Lords et le haut-commandement se demandent ce que va devenir leur Royal Navy, investie par ces fougueux jeunes gens, plus désireux de se battre que de respecter la hiérarchie.

1. D'où l'expression « wavy navy ».

La formation qui leur est donnée est efficace ; le « pli » Royal Navy est vite pris par ces volontaires, désireux de s'intégrer et de bien faire. Ils respectent ce qui est respectable et traitent par l'humour ce qui l'est moins. La Navy retire un grand profit de ce vent de fraîcheur et des idées nouvelles qui osent s'exprimer plus librement. Car ces officiers s'étant engagés le plus souvent pour la durée de la guerre, ils n'ont donc pas de soucis de carrière, si fossilisateurs d'idées ! Bien plus, la Royal Navy se trouva si satisfaite qu'elle confia des commandements d'unités à ses réservistes. Ce qui était impensable au début de la guerre. Car un commandant de frégate ou même de corvette a souvent des officiers de carrière sous ses ordres ! Avec le recul du temps, ces considérations font sourire. Il faut les placer dans le contexte de leur époque pour en apprécier l'importance dans le déroulement de la guerre. La guerre est faite par des hommes, qui forment un tout avec leur logique rationnelle influencée par le poids de leurs traditions ; c'est-à-dire de leurs racines. L'Amirauté sera d'ailleurs assez novatrice pour utiliser les services de techniciens et de scientifiques civils. On se souvient de la hardiesse qu'avait été la nomination d'un réserviste comme R. Winn à la tête de la cellule de situation anti-sous-marine de l'OIC ; sans compter les délicates missions diplomatiques qui lui furent confiées auprès des Américains. Winn sera nommé capitaine de vaisseau. Ce qui ne s'était d'ailleurs jamais vu chez les réservistes.

La marine américaine avait bien sûr des besoins similaires. Mais les traditions étant plus récentes, l'intégration d'officiers de réserve posait moins de problèmes. Lors de la capitulation japonaise, 96 % des officiers de l'US Navy étaient des réservistes ! Quant à la marine canadienne, elle est partie de pas grand-chose. Les réservistes étaient donc majoritaires. Il en est de même dans la modeste marine de la France Libre.

Même de nos jours, et encore plus en temps de paix qu'en temps de guerre, l'intégration et l'utilisation des officiers de réserve sont des problèmes pour les officiers d'active, quoi qu'ils en disent.

### *La X$^{e}$ flotte US et le commandement interallié*

On a vu de quelle manière en mars 1943 se déroulait une conférence interalliée, et comment la mise sur pied de commandements unifiés ne put se faire, compte tenu des arrière-pensées politiques des Britanniques d'une part, des Américains d'autre part. Il était normal que la puissance déclinante de l'empire britannique se heurte à la puissance montante des États-Unis. Sans compter que les rapports avec la France Libre étaient considérés de manière différente par les Britanniques et les Américains.

Ces luttes d'influence entre alliés ne les ont nullement empêchés de mener la guerre par l'intermédiaire d'états-majors interalliés, organisation totalement inconnue des forces de l'Axe. En Méditerranée, pour ne parler que de ce théâtre, la coordination entre l'Allemagne et l'Italie est restée laborieuse. D'ailleurs, Mussolini n'avait pas informé Hitler avant de se lancer dans l'invasion de la Grèce. Le secours imprévu que dut porter l'Allemagne à l'Italie lui a sans doute coûté la victoire en Russie. La coordination entre les aviations italiennes et allemandes donna quelques résultats. La marine italienne, secouée à Tarente et au cap Matapan, fut d'un piètre secours pour les troupes africaines de l'Axe. En mai 1943, alors que la situation devenait critique pour l'Axe, Dönitz ne put obtenir une bonne coopération entre les marines italiennes et allemandes.

Plus étonnant encore est le formidable cadeau fait aux Alliés par la marine japonaise, en ne menant pas de guerre sous-marine contre les lignes logistiques américaines. L'amiral Dönitz, si habile à faire courir et à disperser les navires alliés, n'évoque pas dans ses souvenirs un besoin de coordination dans ce domaine. Une guerre sous-marine menée conjointement dans l'Atlantique et le Pacifique aurait certainement modifié le cours de la guerre.

La coopération entre les États-Unis et la Grande-Bretagne commence dès juin 1940. Les USA sont informés, par exemple, des opérations de Mers El-Kébir et Dakar. Malgré les avatars dus aux luttes d'influence, malgré les divergences stratégiques, les états-majors interalliés fonctionnent. La discussion donne une lenteur certaine aux prises de décisions, au prix de compromis parfois discutables. Mais la coordination de l'énorme machine de guerre alliée fonctionne, et l'accord essentiel sur les buts de la guerre est réalisé. La priorité de la lutte contre l'Allemagne est décidée en janvier 1943 à la conférence de Casablanca, ce qui implique la victoire dans l'Atlantique et le ravitaillement de l'allié soviétique. En ce qui concerne la bataille de l'Atlantique, l'étroite coordination qui finit par s'instaurer entre les états-majors a permis d'orchestrer au mieux l'intervention de moyens alliés. La coopération entre les amirautés britannique et américaine a cependant longtemps cherché sa voie. On se souvient des réticences américaines à suivre les leçons durement acquises par les Britanniques. La mise en place tardive des convois le long des côtes américaines en est l'exemple le plus connu. Pire, la « chop line » séparant dans l'Atlantique les zones sous responsabilité américaines et britanniques matérialise aussi deux guerres navales menées sans grande coordination et avec des méthodes différentes. Le ressentiment de l'amiral King à l'égard des Britanniques continue à s'exprimer vertement. À la conférence de Casablanca, les Britanniques lui reprochent son insuccès dans la lutte contre les U-Boote, ce qui est vrai. L'amiral King réplique que tout cela ne serait pas arrivé si des bombardements britanniques avaient empêché la construction des bases sous-marines, ce qui est également vrai ! Les nécessités de la guerre sont les plus fortes. L'US Navy prend une décision aussi bonne que tardive.

La X^e^ flotte US est créée le 1^er^ mai 1943, mais son existence n'est rendue publique qu'en novembre. La X^e^ flotte est sous le commandement direct de l'amiral King. L'histoire officielle retient que cette initiative est l'une des meilleures de l'amiral, dont l'action est par ailleurs si controversée. La X^e^ flotte ne commande directement aucun navire. Elle est un organe de coordination des forces aériennes et navales anti-sous-marines opérant sous les ordres des commandants des diverses zones atlantiques. Le Service des Convois et des Routes lui est directement rattaché, pour faire bénéficier au plus vite les convois des renseignements conduisant à leur déroutage. La division Renseignement est commune avec celle de l'US Navy. Cette décision met fin à une période un peu anarchique, davantage marquée par la concurrence entre les commandements américains que par leur coopération, pour la plus grande sérénité des U-Boote. La coopération avec l'aéronavale était particulièrement déficiente. Le commandement effectif de la X^e^ flotte est entre les mains du contre-amiral Low, chef d'état-major adjoint de l'amiral King pour la lutte anti-sous-marine. L'amiral Low avait passé l'essentiel de sa carrière dans les sous-marins. Les Américains adoptent à leur manière la solution retenue par les Britanniques en nommant l'amiral Horton, ancien sous-marinier, à la tête des Western Approaches. Francis Low est un discret amiral de 49 ans, servant efficacement l'amiral King dans ses divers commandements depuis août 1939. C'est l'amiral Low qui émet l'idée du raid sur Tokyo réalisé par le colonel Doolittle en avril 1942. L'amiral est par ailleurs une personne aimable et cordiale, n'admettant aucune différence entre réservistes et personnel d'active.

La X$^{e}$ flotte ne donne que des « conseils ». Compte tenu de leur origine, ces conseils sont suivis comme des ordres, d'autant plus que les résultats sont probants. Au cours des dix-huit mois précédant le 20 mai 1943, l'US Navy ne coule que 36 U-Boote. Au second semestre 1943, l'US Navy coule 65 U-Boote. Ce succès suffit à démontrer l'apport de la X$^{e}$ flotte. L'apport principal est l'amélioration de la coordination interalliée.

Les groupes de soutiens, qu'ils soient canadiens, britanniques ou américains, interviennent davantage en fonction des besoins communs. La bascule rapide des forces d'une zone calme à une zone menacée, l'appui mutuel ont eu raison des U-Boote, qui pratiquaient de leur côté et depuis longtemps une coordination du même genre. La coopération entre la cellule anti-sous-marine du commandant Winn et son équivalent américain, sous les ordres du commandant Knowles, permet aussi bien de dérouter à temps les convois menacés que de diriger les forces alliées les mieux placées vers une cible. Avec un atout supplémentaire du côté américain. Car le commandant Knowles porte deux casquettes d'officier de renseignements : la casquette de l'état-major de l'US Navy et celle de la X$^{e}$ flotte américaine. L'exploitation opérationnelle du renseignement est ainsi aussi rapide que possible. Le commandant Knowles avait quitté l'US Navy en 1936 pour raisons de santé. Il avait été le second de Low lorsque celui-ci commandait un destroyer. Les deux hommes se connaissent et s'estiment. C'est pourquoi l'amiral Low ne se monte pas de cellule Renseignement, sachant que tout ira bien avec le commandant Knowles, commandant-adjoint de fait de la X$^{e}$ flotte, avec des responsabilités écrasantes. L'adjoint de Knowles est le capitaine de corvette Parsons, avocat new-yorkais passionné de voile. Il est l'*alter ego* du commandant Beesly auprès de Winn. L'une des plus lourdes responsabilités de Knowles est de choisir les routes suivies par les paquebots transports de troupes. Aucun de ces paquebots ne sera inquiété par les U-Boote.

La coopération avec les Soviétiques est des plus délicates. Le sens du compromis qui caractérise l'union des Alliés occidentaux était totalement incompatible avec la dictature soviétique. La Russie mène sa guerre. L'aide des Alliés est demandée à la fois avec insistance et avec méfiance. Il n'y eut jamais de vraie coopération stratégique. On se souvient d'ailleurs de l'aide des plus limitées apportée par la Russie à la protection des convois arctiques.

Un changement important affecte à cette époque l'un des hauts commandements alliés. Le premier lord de l'Amirauté, l'amiral Sir Duddley Pound, meurt le 21 octobre 1943. Sa disparition est largement due à l'état d'épuisement qui sévit dans bien des états-majors. Il avait proposé à Churchill l'amiral Cunningham comme étant le meilleur successeur possible. Cette forte personnalité faisait un peu peur à Churchill. Mais l'amiral Cunningham, brillant commandant interallié en Méditerranée, fort de ses victoires de Tarente et du cap Matapan, ayant largement contribué par le professionnalisme de la Royal Navy au succès des débarquements en Afrique du Nord et en Sicile, est en quelque sorte plébiscité par la Royal Navy. Il prend son nouveau commandement le 15 octobre 1943. Après la reddition de la marine italienne en septembre, l'amiral aura pour tâche principale la préparation du débarquement en France.

### 1.2. Les opérations dans l'Atlantique

Le retrait des sous-marins de l'Atlantique Nord permet aux Alliés de diriger leurs forces vers d'autres cibles. Les marines alliées sont progressivement renforcées par les unités de la marine française, qui sont remises à niveau dans les chantiers américains. L'arrivée du *Richelieu* à Scapa Flow, venant renforcer pour un temps la Home Fleet en novembre 1943, est un symbole de la réconciliation entre deux marines alliées, séparées pour un temps par des événements exceptionnels.

#### *L'offensive aérienne contre les U-Boote*

L'amiral Horton avait insufflé aux groupes d'escortes un esprit de coopération, fondé sur un entraînement spécifique des commandants de groupe et de leurs escorteurs. Le maréchal de l'air Sir John Slessor, qui prend son commandement en février 1943, allait réussir une opération similaire pour le Coastal Command.

Depuis 1941, plusieurs tentatives avaient été faites par le Coastal Command pour attaquer les U-Boote en transit. Les U-Boote utilisent deux principales routes de transit. La première est utilisée par les unités entrant en service pour passer de la Baltique aux bases françaises, en contournant les Îles britanniques par le Nord. La seconde route traverse le golfe de Gascogne. Elle est pratiquée pour sortir des bases françaises et gagner le centre de l'Atlantique, et pour en revenir. On peut parler de « route », dans la mesure où les itinéraires sont peu variants. Les U-Boote ont intérêt à réduire ces temps morts, et à prendre les routes les plus courtes. Dans le golfe de Gascogne, les U-Boote utilisent des itinéraires qui permettent à l'aviation et aux destroyers de les couvrir, même si cette couverture est trop rare à leur goût. La coopération entre la marine et l'aviation est plus conjoncturelle qu'institutionnelle, et dépend parfois des mouvements d'humeur de Gœring. Bien que ces « routes » couvrent de grands espaces, il est possible d'envisager de traquer les U-Boote à l'aide des escadrilles du Coastal Command.

La première offensive aérienne débute à la mi-1942. Des grenades sous-marines adaptées permettent aux avions d'exploiter l'avantage que leur donne leur approche rapide. En juillet et août, trois U-Boote sont coulés dans le golfe de Gascogne, et trois autres sur la route du Nord, dont le sous-marin ravitailleur *U-464*. Le résultat est un peu maigre au goût des Alliés. À partir d'août, le nouveau détecteur de radar des U-Boote leur permet de plonger à temps. L'offensive est suspendue en octobre. L'étude de son échec relatif montre qu'il est nécessaire de disposer d'appareils à long rayon d'action, les fameux Liberator VLR. On attend également beaucoup du nouveau radar centimétrique, moins encombrant, beaucoup plus précis, d'une portée bien supérieure, inconnu des Allemands donc non détectable pendant un certain temps. Pour des raisons évoquées plus haut, parmi lesquelles la couverture de l'opération Torch, les Liberator VLR arrivent tardivement. L'offensive reprend en juin 1943, sur des bases nouvelles.

Les équipes de recherche opérationnelle britanniques, qui disposent du *U-570* depuis août 1941, déterminent qu'en obligeant un U-Boot à plonger toutes les trente minutes, il est dans l'impossibilité de recharger ses batteries et ses réserves d'air comprimé. La consommation est supérieure au renouvellement et le sous-marin est obligé de faire surface. Il faut, bien sûr, disposer de suffisamment d'appareils pour entretenir cette guerre d'usure.

Le second atout de cette offensive est la coordination interalliée marine-aviation. Les Alliés ont désormais les moyens de maintenir en mer des groupes de soutien, prêts à passer rapidement à l'attaque d'un objectif localisé à trois ou même cinq heures de route. Ces groupes de soutien comprennent un porte-avions d'escorte, moyen d'éclairage et d'attaque lointain.

Le groupe britannique du commandant Walker opère dans la zone Gascogne, les groupes pilotés par la X$^{e}$ flotte américaine opèrent au centre de l'Atlantique.

Enfin, la maîtrise des décryptages, utilisés avec tout son métier par la cellule anti-sous-marine du commandant Winn, fournit aux forces alliées un guide inconnu des Allemands. À partir de juin, le XB-Dienst, qui décryptait le code des convois britannique, est privé de sa principale source d'information. En mars, le XB-Dienst décrypte 175 messages émis à l'aide du code des convois ; seulement 10 messages sont exploités opérationnellement par Dönitz. Lorsque l'on considère les dégâts de mars, il est heureux pour les Alliés que les Allemands aient dispersé leurs moyens de décryptage. La Royal Navy met donc en service en juin le code Naval Cypher 5, qui ne sera que très rarement décrypté.

De leur côté, les Allemands, le plus souvent privés de soutien aérien, sont abusés par les succès remportés contre les avions alliés par des commandants particulièrement pugnaces tels que P. Cremer et son *U-333*. En conséquence, l'armement antiaérien des U-Boote est renforcé. Des types VII sont même transformés en sous-marins antiaériens ; ils jouent le rôle d'escorteur auprès d'un petit groupe de U-Boote. Car il a été décidé de les faire naviguer en surface de jour, comme d'habitude, mais de les grouper pour qu'ils se couvrent mutuellement contre les avions assaillants. Malgré les avions perdus, cette technique fait l'affaire des Alliés. Le dernier sous-marin du groupe à plonger est très souvent détruit. Un sous-marin isolé, attaqué simultanément par deux appareils, doit disperser ses feux puis plonger en catastrophe ; la destruction est souvent la conclusion de ce genre de combat.

Les avions mitraillent copieusement les servants des pièces, qui ne sont protégés que contre une attaque frontale. Les blessés et les morts sont parfois trop nombreux pour permettre au U-Boot de poursuivre sa mission, et il doit rentrer ; ce qui fait un sous-marin opérationnel de moins. Un médecin est adjoint aux équipages. L'un d'entre eux sera le seul officier restant valide après un mitraillage particulièrement sévère, et il ramènera son U-Boot à sa base. Les commandants de U-Boote se plaignent de l'omniprésence des avions alliés, et les pertes montent. Les ruses telles que celles consistant à longer les côtes espagnoles ne tiennent pas longtemps. D'autant plus que la coopération entre le Coastal Command et les forces aériennes basées à Gibraltar et au

Maroc, peu sollicitées par un ennemi en retraite, permet de boucler les issues proches et lointaines du golfe de Gascogne.

La chance reste parfois avec les U-Boote. Le *U-180* fait le voyage des Indes à la France et retour, en transportant le leader nationaliste indien Chandra Bose, qui rentre clandestinement chez lui avec deux tonnes d'or. Dans l'ensemble, les pertes sont lourdes et Dönitz, à partir de juin, met ses sous-marins au repos, en attendant les armes nouvelles qui permettront de reprendre l'offensive.

Le mois de juillet est le sommet de cette offensive aérienne. 86 U-Boote traversent le golfe de Gascogne. Cinquante-cinq sont repérés. Seize sont détruits par l'aviation et un par un escorteur. Six font demi-tour. L'aviation coule trois U-Boote au large du Portugal et en endommage un quatrième. Non sans perte pour l'aviation alliée, surtout britannique ; 14 appareils sont perdus en juillet et 22 en août. Pour faire face au manque d'avions, les Britanniques n'ont pas hésité à engager le groupe entraînement opérationnel du Coastal Command, composé d'équipages terminant leur formation, et qui se sont fort bien comportés.

En juin et juillet, sur 54 U-Boote perdus, 44 l'ont été par l'aviation.

Du 1er mai au 2 août, il n'a fallu dépenser que 1 152 heures de patrouille par U-Boot coulé. Les chiffres habituels oscillent entre 7 000 et 9 000 heures. On voit ainsi le gain d'énergie apporté par les décryptages qui guident les appareils, sans qu'ils le sachent, vers des zones intéressantes. 10 % des U-Boote en transit ont été coulés, soit 5 à 10 fois plus que pour toutes les autres périodes de la guerre. On remarque au passage à quel point la guerre aérienne contre les U-Boote est faite de vaines et sans doute soporifiques patrouilles.

À la fin de l'été 1943, moins de la moitié des U-Boote effectue plus de trois patrouilles avant d'être détruits. La propagande britannique exploite cette information, sans atteindre le moral des sous-mariniers allemands.

L'offensive aérienne s'arrête d'elle-même faute de cibles. Début août, Dönitz renonce à faire naviguer ses U-Boote en surface pendant le jour, et rappelle les survivants à leurs bases. Dönitz prépare alors une offensive d'automne, en fondant de grands espoirs sur une arme nouvelle, la torpille à guidage acoustique Zaunkönig.

Pendant la même période, une autre catégorie de sous-marin est particulièrement visée, celle des ravitailleurs.

### *L'offensive contre les U-Boote ravitailleurs*

Les deux premières vaches à lait sont entrées en service en mars et avril 1941. Les décryptages permirent à Winn et à son équipe de comprendre leur rôle. Mais il a fallu attendre le troisième trimestre 1943 pour avoir les moyens de les pourchasser. Cette lutte est coordonnée avec l'offensive contre les sous-marins en transit, car les moyens aériens sont souvent les mêmes, alors que la zone d'intervention est plus au sud et au beau milieu de l'Atlantique.

Dönitz entretient avec succès la lutte dans les mers du Sud, plus lointaines et moins protégées. Au large des côtes brésiliennes et africaines, dans l'océan Indien, il existe de bonnes opportunités pour les U-Boote. Et puis, les U-Boote des mers du Sud fixent des forces alliées. En contrepartie, il faut les ravitailler en mer. Les Allemands ne disposent que de dix sous-marins ravitailleurs spécialisés, les types XIV, baptisés vaches à lait (milchkuhe). En cas de besoin, les Allemands utilisent huit mouilleurs de mines de type XB comme pétroliers sous-marins. Il est curieux de constater à quel point les Allemands ont surestimé leur capacité à ravitailler le théâtre des mers du Sud. Bien avant l'offensive dont nous allons parler, de nombreux U-Boote se sont trouvés à court de mazout. Tout ceci réduit leurs capacités opérationnelles.

Le *U-118*, une vache à lait, est coulé à la mi-juin par les avions du Bogue, guidés par les décryptages et le Huff/Duff. D'autres décryptages avaient appris que le *U-118* avait ravitaillé 22 U-Boote. Le coup est sévère pour les Allemands. Ce succès décide l'US Navy à utiliser à fond les décryptages pour détruire les sous-marins ravitailleurs. Les Britanniques incitent l'amiral King à la plus grande prudence quant à l'exploitation de cette source vitale. Les décryptages traversent d'ailleurs une passe difficile, et prennent deux à trois semaines. Mais comme les ordres sont donnés aux U-Boote deux semaines à l'avance, ce retard n'est que relativement gênant.

En août 1943, les circonstances deviennent favorables aux Alliés pour faire la chasse aux sous-marins ravitailleurs. À cette époque, Dönitz avait envoyé les rescapés de l'Atlantique Nord à l'Ouest des Açores. L'Atlantique Nord est donc relativement calme, et les Alliés peuvent envoyer des groupes de soutien vers l'Atlantique Sud. Les manœuvres de diversion chère à l'amiral Dönitz sont moins efficaces face à des forces alliées qui couvrent de grands espaces, ou qui peuvent rallier rapidement une zone éloignée.

Les rendez-vous entre les ravitailleurs et les sous-marins sont entourés d'un grand luxe de précautions ; une seule vache à lait avait été jusque-là perdue, en mai. L'usage de la radio par les U-Boote est maintenant restreint ; il est totalement interdit dans un rayon de 250 milles autour du sous-marin ravitailleur. Mais les rares messages sont décryptés. Winn protège la source en envoyant systématiquement un avion de reconnaissance pour donner le change. Il contribue à diriger vers le point de rendez-vous les groupes américains contrôlés par la X$^{e}$ flotte et leurs porte-avions d'escorte. Trouver le point de rendez-vous est une affaire compliquée par le système de camouflage des carreaux utilisé par les Allemands. Par contre, une fois trouvés le point et l'heure de rendez-vous, la chasse peut être bonne. Les U-Boote, à court de tout, ont fâcheusement tendance à se grouper autour de leur milchkuhe, constituant ainsi une belle cible. La seconde victime est à l'actif du Coastal Command. Le 24 juillet, un Wellington repère et attaque le *U-459* lors de sa traversée du golfe de Gascogne. Le *U-459*, première milchkuhe entrée en service, se défend et endommage l'appareil. Son pilote jette délibérément l'appareil sur le U-Boot et largue ses grenades sous-marines. La vache à lait doit être évacuée et sabordée. Un survivant du Wellington et 41 sous-mariniers sont recueillis par un escorteur allié.

Le 30 juillet, un groupe de deux vaches à lait, *U-461* et *U-462*, couvert par le *U-504*, conformément à la nouvelle tactique de couverture mutuelle essayée par Dönitz, est repéré par un appareil du Coastal Command, dans le golfe de Gascogne. Les appareils appelés en renfort sont endommagés par la défense collective des U-Boote, mais les deux vaches à lait sont coulées. Le groupe du commandant Walker, appelé à la rescousse, coule le U-Boot escorteur. Les malheurs des sous-marins ravitailleurs ne sont pas terminés.

Le combatif amiral Low fait confiance à son officier de renseignement, le commandant Knowles, dont il encourage la coopération avec Winn. Les milchkuhe vont être vite anéanties, avec parfois l'un de leur client surpris en cours de ravitaillement. La première est coulée le 8 août. Les équipages bien entraînés du porte-avions *Card* se taillent la part du lion. Le *U-487* est coulé ainsi que 11 U-Boote surpris dans sa zone de ravitaillement. Les sous-marins ravitailleurs sont pour moitié coulés en exploitation des décryptages, l'autre moitié est coulée, soit en coordination avec l'offensive sur le golfe de Gascogne, soit par une chasse normale. La coordination s'est améliorée entre l'OIC et le Coastal Command, qui tient un double de la carte de situation de Winn et de son équipe. D'où le succès de la bonne coordination entre le groupe du commandant Walker et le Coastal Command dans le golfe de Gascogne.

La disparition de leurs ravitailleurs oblige les sous-marins partant en opération à ravitailler parfois leurs congénères à court de fuel. À la suite de quoi tout le monde rentre au port, et les Alliés ont doublement réussi à diminuer la puissance offensive des U-Boote. Les Allemands ne manquent pas d'imagination. Lorsque le temps le permet, le ravitaillement, une fois les manches connectées, se fait en plongée. En désespoir de cause, un U-Boot que plus personne n'attendait est rentré à la voile ! En octobre, il ne reste plus à Dönitz que deux vaches à lait, indisponibles pour cause de carénage, et trois types XB. Ces pertes sont attribuées à l'omniprésence de l'aviation alliée ; le secret des décryptages alliés continue d'être préservé. Les deux dernières vaches à lait seront coulées en avril et juin 1944.

### *Les U-Boote des mers lointaines*

Les Allemands ont plus de chance avec leurs ravitailleurs dans l'océan Indien. L'amiral Somerville n'a pas les moyens de mettre sur pied un véritable système de convois. Les U-Boote opèrent de manière individuelle, sans contact avec le PC de Dönitz. Il est très difficile de les localiser. Fin juin, les dix sous-marins de la meute Monsun quittent leurs bases françaises. Leur départ est connu grâce aux décryptages, et des forces anti-sous-marines sont dirigées vers eux. Cinq seulement arrivent au cap de Bonne-Espérance. Ils viennent renforcer leurs sept congénères et le corsaire marchand *Michel*. En juin, les alliés perdent 67 929 tonnes, et en juillet 97 214. Cette force se ravitaille auprès du pétrolier *Charlotte Schliemann*. Un autre pétrolier, le *Brake*, ravitaille les survivants de la meute Monsun. En septembre, les Alliés perdent 39 471 tonnes. Cette perte est largement à l'actif des huit sous-marins japonais opérant dans la zone. La riposte alliée est lente et difficile. Entre les U-Boote coulés et les trois envoyés de France, dont deux sont coulés au large des Açores, il ne reste plus en novembre que quelques unités, qui se retirent à Penang. Mais leurs collègues japonais restent en opération. Les forces de l'Axe, jamais très nombreuses, en moyenne sept U-Boote et huit sous-marins japonais, perturbent à peu de frais le trafic de cette vaste région et enregistrent des scores honorables. Il faudra couler leurs ravitailleurs pour les paralyser. Ce qui sera fait en février 1944.

### *L'offensive d'automne*

À l'Automne 1943, les Allemands mettent en service de nouveaux équipements :

– torpille à guidage acoustique Zaunkönig,
– torpille à propulsion électrique, ne faisant pas de bulles,
– torpille FAT, à trajectoire oscillante,
– renforcement de la DCA des U-Boote,
– nouveau détecteur radar Naxos U, capable de détecter les ondes du radar centimétrique.

La torpille acoustique, capable de revenir vers sa cible en cas d'échec, est destinée aux escorteurs. Les deux autres catégories de torpilles doivent être utilisées contre les navires du convoi. Mais ces armes nouvelles ne peuvent à elles seules inverser le cours de la bataille. La parade à la torpille Zaunkönig est trouvée dès octobre 43, sous forme d'un bruiteur, issu d'une idée canadienne, traîné derrière les escorteurs qui leurrent ainsi cette torpille. Mais l'Asdic devenait alors inopérant dans une certaine zone à cause du bruit, et les évolutions des escorteurs sont entravées par le remorquage du bruiteur. Début 1944, un nouveau bruiteur permettant d'évoluer à 20 nœuds entre en service, et court-circuite définitivement la torpille acoustique. La parade alliée semble avoir été mise en place avec une rapidité miraculeuse. Il n'y a pas de miracle, mais l'exploitation astucieuse d'un décryptage effectuée par le commandant Winn. De plus, les Alliés ont cru que la torpille FAT, introduite au printemps de 1943, était une torpille acoustique. Ce qui explique que l'étude de ses contre-mesures ait précédé la mise en service de la torpille Zaunkönig !

Les U-Boote sont également dotés de divers types de leurres, les uns destinés à l'Asdic et les autres au radar. Ce qui ne suffira pas à les mettre durablement à l'abri des destructions.

Disposant de 175 U-Boote opérationnels mieux armés, d'équipages au moral toujours aussi élevé, Dönitz relance l'offensive en septembre. En août, les U-Boote n'avaient coulé que

86 579 tonnes, l'un de leur plus mauvais chiffre depuis septembre 1939 ; 25 d'entre eux avaient été coulés. C'est avec un esprit combatif intact que les 38 sous-marins de la meute Leuthen, soutenus par une vache à lait, bien armés, ont pour mission de relancer la bataille. Le 18 septembre, leur ligne est en travers de la route des convois ONS18 et ON202. L'ordre de Dönitz à la meute est décrypté. Mais les positions sont indiquées par rapport à un point de référence donné au départ. L'équipe du commandant Winn estime au mieux la position de la meute ; les convois sont déroutés, mais pas assez. En tout cas, il est clair qu'une attaque de grand style, comme on n'en avait pas vue depuis longtemps, se prépare. Ordre est donné aux convois de se rapprocher. Les soixante-six navires marchands sont protégés par quinze escorteurs. Un groupe de soutien est envoyé vers les convois, et des Liberator les survolent dès le 19, coulant le *U-341* dès leur arrivée. Malgré l'ampleur des forces alliées, attaques et contre-attaques se succèdent jusqu'au 24. Une torpille Zaunkönig du *U-270* marque le premier coup au but de cette arme nouvelle sur un destroyer. L'aviation alliée riposte avec sa torpille acoustique Fido et coule le *U-338*. Les échanges de coups se succèdent ; les torpilles acoustiques coulent trois escorteurs et en endommagent un quatrième. Six navires marchands sont perdus, ainsi que trois U-Boote.

Une dangereuse euphorie se répand alors chez les sous-mariniers allemands. Les conditions de lancement des torpilles acoustiques sont telles qu'il est très difficile d'apprécier les coups au but, qui sont surestimés. Les commandants annoncent 12 navires coulés plus trois probables. La perte de trois U-Boote, soit tout de même dix pour cent de l'effectif, paraît faible. Six autres U-Boote endommagés, qui n'ont survécu qu'avec beaucoup de chance, ne sont pas pris en compte dans le bilan. Les résultats de septembre, bien que très éloignés de ceux de mars, sont considérés comme encourageants. Les destructions se montent à 118 841 tonnes, et seuls 9 U-Boote sont coulés.

C'est donc avec un optimisme excessif que les dix-huit unités de la meute Schliefen attaquent le SC143 début octobre. La meute est correctement positionnée par l'équipe du commandant Winn. Le combat est délibérément accepté, pour assurer le passage du HX259, plus faiblement escorté. Ce qui en dit long sur la capacité des Alliés à mettre en œuvre une telle stratégie de diversion. Trois U-Boote sont détruits. Le destroyer polonais *Orkan* est coulé, ainsi qu'un navire marchand. Les espoirs allemands s'évanouissent. D'autant plus que la torpille acoustique est maintenant leurrée. Les résultats d'octobre expriment clairement la défaite des U-Boote. Ils perdent 26 unités et ne coulent que 97 407 tonnes.

À la fin de 1943, il est clair pour Dönitz que seuls les nouveaux sous-marins « électriques », les types XXI, peuvent redonner sa force de frappe à la flotte sous-marine. Tous les espoirs sont permis. Malgré les bombardements, le rendement de l'industrie de guerre allemande est plus efficace que jamais. À la fin de 1943, 20 U-Boote seulement manquent par rapport aux prévisions ! Quatre cents U-Boote sont en service.

Mais c'est une bien triste fin d'année pour la Kriegsmarine, dont ce qui reste de la flotte de surface est durement éprouvé.

### *La surveillance du* **Tirpitz**

Le *Tirpitz*, le *Lützow* et le *Scharnhorst* sont au printemps de 1943 les trois seules grosses unités allemandes capables d'intervenir contre les convois arctiques. Les Britanniques ne peuvent s'opposer à une action de cette escadre. C'est une des raisons qui conduisent à l'interruption des convois arctiques pendant la « belle » saison. De plus, la nécessité de concentrer en mars la totalité des moyens dans l'Atlantique Nord, au plus fort de l'offensive des U-Boote, interdit toute action de la Royal Navy contre l'escadre allemande. D'autre part, il est clair aux yeux des Britanniques que les Allemands se doivent de tenter quelque chose pour éviter tout renforcement des Soviétiques. L'escadre allemande, et en particulier le *Tirpitz* et le *Scharnhorst*, est donc surveillée avec le plus grand soin.

Les deux navires allemands sont mouillés en sûreté dans l'Altenfjord. Ils changent souvent d'emplacement. Mouillés à proximité des parois d'un fjord, ils sont ainsi assez bien protégés des attaques aériennes. Une opération navale directe est bien sûr exclue, ne serait-ce qu'à cause de la protection exercée par une Luftwaffe, puissante dans cette région, et habituée à l'attaque des navires. Les Britanniques doivent donc trouver une solution originale pour détruire le *Tirpitz*.

Depuis la période élisabéthaine, la Royal Navy avait souvent attaqué une flotte ennemie au mouillage en lui envoyant des brûlots. Le descendant moderne du brûlot est le sous-marin de poche. Les Britanniques ont développé le X-craft, sous-marin d'une quinzaine de mètres, navigant à 6,5 nœuds en surface et

5 nœuds en plongée. L'armement se compose de deux charges de deux tonnes d'explosif chacune ; déposées sous le navire visé, elles explosent sous l'action d'un dispositif à retardement. L'équipage est de trois officiers et un artificier, tous volontaires. Le maniement de ces sous-marins de poche est des plus délicats. Les six unités s'entraînent à partir d'avril 1943 à pénétrer les défenses anti-sous-marines. De nombreuses missions de reconnaissance aériennes permettent de connaître les mesures de protection allemandes, ainsi que la topographie complexe de l'Altenfjord. L'attaque est fixée au 20 septembre. Les X-craft sont remorqués jusqu'à 150 milles de leurs cibles par des sous-marins classiques. Ils doivent ensuite atteindre les mouillages adverses par leurs propres moyens, à travers les champs de mines. Le résultat des dernières reconnaissances arrive en cours de route. Trois unités doivent attaquer le *Tirpitz*, deux le *Scharnhorst*, et une le *Lützow*. Le mouillage exact de ces unités étant connu grâce aux reconnaissances aériennes. Un X-craft disparaît en cours de route, et deux autres ensuite, dans des conditions restées inconnues. Les trois unités survivantes sont lancées le 22 à l'attaque du *Tirpitz*.

Le *X5* disparaît dans des conditions méconnues. Le *X6* et le *X7*, se sortant difficilement du piège des filets anti-sous-marins, mitraillés à la suite de retours en surface intempestifs, réussissent cependant à déposer leurs charges. Les Allemands, qui se remettent de la panique qui les avait agités à l'apparition des X-craft, déhalent le *Tirpitz* sur ses amarres ; ce qui va limiter les dégâts. Les quatre charges explosent, mais une seule d'entre elles atteint le *Tirpitz,* sous la salle des machines. Les Allemands sont furieux ; le navire est immobilisé jusqu'en avril 1944 ! Les lieutenants Cameron et Place, parmi les rares survivants de cette opération très risquée, recevront à leur retour de captivité la Victoria Cross, la plus prestigieuse décoration britannique, le plus souvent accordée à titre posthume. Quant au *Tirpitz*, il reste sous haute surveillance britannique.

Le *Lützow* est envoyé en Baltique pour réparation le 23 septembre. Le cuirassé de poche est traqué sans succès par l'aéronavale britannique, et réussit à quitter la Norvège sans encombre. Il ne jouera plus aucun rôle dans cette guerre et sera détruit par l'aviation alliée en avril 1945. Cette défaite tactique, comme celle subie lors de l'évasion de Brest du *Scharnhorst* et du *Gneisenau*, est cependant une victoire stratégique, puisque le cuirassé de poche quitte la zone arctique. La faiblesse en moyens d'assaut du Coastal Command est à cette occasion une nouvelle fois démontrée. Mais cette fois, les moyens aériens sont devenus suffisamment nombreux pour doter le Coastal Command. Ses escadrilles de bombardiers-torpilleurs vont s'attaquer au trafic côtier allemand, et en particulier aux forceurs de blocus (cf. chapitre 6). Le *Scharnhorst* reste la seule grande unité allemande dangereuse pour les convois arctiques. Ce danger va être éliminé à la fin de l'année.

### *La fin du* Scharnhorst

Malgré les récriminations soviétiques, les Britanniques ont interrompu les convois pendant l'été arctique. Les interminables journées étant trop favorables aux attaques aériennes. La flotte de surface allemande reste donc inactive. Les convois reprennent à la mi-novembre. Les Britanniques ont maintenant des moyens conséquents pour défendre leurs convois arctiques. Les désastres subis par les convois PQ16 et PQ17 ont servi de leçon. La défense des convois arctiques mobilise deux escadres ; l'une composée des croiseurs *Belfast*, *Norfolk* et *Sheffield*, sous les ordres de l'amiral Burnett, l'autre composé du cuirassé *Duke of York* et du croiseur *Jamaïca* sous les ordres de l'amiral Fraser commandant la Home Fleet. Ces deux escadres, accompagnées de porte-avions d'escorte et des escorteurs habituels, font la navette entre l'Islande et Mourmansk pour assurer une protection quasi permanente.

Dönitz attend une occasion favorable pour réhabiliter la flotte de surface aux yeux de Hitler.

D'autant plus qu'à cette époque, les armées allemandes reculent devant la pression des armées soviétiques. Tout renforcement du camp soviétique doit donc être évité. L'amirauté allemande, avec l'immobilisation du *Tirpitz*, ne dispose plus que du *Scharnhorst*. Ses neuf pièces de 280 mm sont une redoutable menace pour les convois et leur escorte habituelle. Les Allemands ignorent tout du nouveau dispositif de protection britannique.

Un premier convoi, le JW54A, passe sans encombre. Les convois ont changé de nom, pour faire oublier le sort du PQ17.

Le convoi JW55B quitte l'Écosse le 20 décembre pour Mourmansk. Les 18 et 19 décembre, Dönitz avait obtenu de Hitler l'autorisation d'attaquer le prochain convoi. Le *Scharnhorst* est mis en alerte.

Les préparatifs furent détectés par l'OIC. Malgré de rares décryptages, les préparatifs de reconnaissance aérienne allemande sont connus. Le commandant Denning anticipe une sortie du *Scharnhorst* et communique ses conclusions à l'amiral Fraser.

Le 21, Bletchley Park décrypte un message ordonnant au *Scharnhorst* de revenir de l'alerte avec préavis de 3 heures à l'alerte sous 6 heures. Les Allemands n'ont pas trouvé le convoi, sur lequel la menace est maintenant précise. D'autant plus que le *Scharnhorst* revient à l'alerte sous 3 heures le 22. Ce décryptage n'est réalisé que le 23.

Un hydravion repère les dix-sept navires du convoi le 22. Deux U-Boote pistent alors le convoi. Le décryptage d'un message entre le commandement des U-boote de Norvège et la Luftwaffe apprend à Denning que le convoi est localisé, à un moment où il est trop éloigné de l'escadre de l'amiral Fraser pour être protégé. L'amiral rompt le silence radio pour dérouter le convoi vers son escadre. Son message est relevé par les écoutes allemandes sans être décrypté. Ce message est attribué à un traînard du convoi. À ce moment, les décryptages permettent à l'OIC de suivre en temps quasi réel les discussions entre les commandements locaux et Berlin.

L'indécision allemande est totale quant au type d'action à entreprendre. L'amiral Schneewind, devant l'absence de renseignement relativement à la présence de la Home Fleet à proximité du convoi, choisit l'hypothèse selon laquelle la Home Fleet ne peut intervenir. Le *Scharnhorst* est mis en alerte sous une heure. L'amiral Dönitz estime que le convoi, escorté par des croiseurs, pisté par les U-Boote, est à la portée de l'escadre du *Scharnhorst*. L'amiral Bey, qui remplace au pied levé le commandant de l'escadre, appareille le 25 décembre au soir, accompagné de cinq grands destroyers, par un très mauvais temps. L'escadre allemande ne disposera le lendemain que d'un vague crépuscule entre 10 h et 14 h.

L'amiral Bey rompt le silence radio pour envoyer à minuit un message à l'amiral Schneewind.

Le décryptage immédiat de ce message, ainsi que ceux de sources diverses, conduisent Denning à conclure à l'appareillage de l'escadre allemande. Denning ne se trompe que de vingt minutes dans son calcul de l'heure de rencontre probable des deux escadres. L'amiral Fraser est averti. Il prend le risque de rompre une nouvelle fois le silence radio pour demander la position de l'escadre de l'amiral Burnett et du convoi, puis pour donner ses ordres. Ses messages sont relevés par les écoutes allemandes sans être décryptés ni exploités ! Le sort du *Scharnhorst* est désormais réglé.

À 7 h, le très mauvais temps conduit l'amiral Bey à envoyer ses destroyers à la recherche du convoi. Le *Scharnhorst* change ensuite de route, sans avertir ses destroyers ; ils ne se reverront plus.

À 8 h 40, le *Scharnhorst* bénéficie d'illuminations de Noël inattendues. Ce sont les obus éclairants tirés par les croiseurs de l'amiral Burnett. Dans ce bref engagement de dix minutes, en pleine nuit polaire, le *Scharnhorst* ne touche aucun de ses adversaires. Lui-même ne reçoit que deux obus. L'un n'explose pas, mais l'autre détruit le radar principal. C'est un coup vraiment très heureux pour les Britanniques. Malgré sa supériorité, l'amiral Bey se dégage. Ne disposant plus des vues lointaines que lui donnait son radar, l'amiral Bey rappelle ses destroyers, puis les renvoie à la recherche du convoi.

À 12 h 05, l'amiral Burnett est de nouveau au contact. L'engagement commence vingt minutes plus tard, à grande distance, de l'ordre de vingt milles. Malgré la disproportion des forces, les Britanniques attaquent, pour au moins ralentir leur adversaire et permettre à l'escadre de l'amiral Fraser de se rapprocher. Le *Scharnhorst* n'est pas touché. Par contre, le *Norfolk* est sérieusement endommagé. Et puis curieusement, comme l'avait fait le groupe *Hipper-Lützow* un an avant, l'amiral Bey, qui est à proximité du convoi, rompt le contact et rentre à l'Altenfjord. On suppose qu'il a cru être attaqué par le cuirassé britannique ; il aurait alors appliqué les consignes de retraite qu'il avait reçues pour ce cas. Mais il a la malchance de prendre une route qui le rapproche de l'escadre de l'amiral Fraser, tout en permettant aux croiseurs de l'amiral Burnett de garder le contact radar. Plus curieusement encore, l'amiral Bey se sépare à 14 h 18 de ses destroyers, qu'il renvoie au port. Il est possible qu'il ait eu pitié de ses destroyers, que leur surdimensionnement et leur surarmement rendent peu efficaces par très gros temps. Le *Scharnhorst* se prive ainsi de ses vues et de sa couverture lointaine.

Il est localisé par l'escadre de l'amiral Fraser à 16 h 17. Les Britanniques se rapprochent dans le crépuscule polaire. Le *Duke of York* et le *Jamaïca* ouvrent le feu trente minutes plus tard, à 15 000 mètres, c'est-à-dire à bout portant. Le *Scharnhorst,* qui n'a rien vu venir, est touché dans sa chaufferie, et sa vitesse tombe. Elle est rétablie mais, pendant ce temps mort, les destroyers britanniques se sont approchés. Ils attaquent des deux côtés, obligeant le *Scharnhorst* à zigzaguer et à disperser ses feux. Les destroyers britanniques se préparent à pratiquer leur redoutable spécialité, l'attaque à la torpille. Ils lancent cinquante torpilles. Comme le *Bismarck*, le *Scharnhorst* montre une étonnante, mais vaine, résistance aux coups. Avant de couler pavillon haut, il a encaissé onze torpilles, une quinzaine d'obus de 357 du *Duke of York*, et sans doute autant des croiseurs. Dans la fumée du combat et le crépuscule, personne ne voit la fin du navire allemand. Les Britanniques ne recueilleront que 36 des 1 839 hommes d'équipage.

Cette bataille, qui marque la victoire définitive du canon sur la cuirasse, est le dernier combat singulier de l'histoire navale. Leur art de la mer, qui permit aux Britanniques d'utiliser les mauvaises conditions météo mieux que les Allemands, la maîtrise du radar, qui permet des contacts à 40 km, les décryptages correctement exploités, tout ceci a conduit à la victoire. La flotte de surface allemande est ainsi réduite à pas grand-chose. La menace s'allège considérablement sur les convois arctiques.

### *L'efficacité de l'équipe du commandant Winn*

La masse d'information issue des décryptages couvre toutes sortes de sujets. Le commandant Winn et son équipe « fréquentent » ainsi de loin les U-Boote et le monde des sous-mariniers depuis le début de la guerre. Jusqu'au printemps 1943, la priorité a été donnée à l'exploitation des renseignements de *situation*, d'un intérêt aussi immédiat que vital pour les convois.

Les renseignements de *documentation* ont un intérêt à long terme. On accumule ainsi des quantités d'informations de toutes natures, pas toujours exploitables au premier degré. Tout est bon à prendre. Le portrait de l'adversaire se constitue petit à petit, dans le désordre lié au hasard de la collecte des renseignements. Ils permettent de tracer au fil des mois un portrait de plus en plus détaillé de l'adversaire. Tracer le premier trait de ce portrait consiste à évaluer les effectifs, à déterminer les différents types de sous-marins, leur potentiel offensif et le danger qu'ils représentent. L'évaluation de ce que l'on appelle traditionnellement *l'ordre de bataille* adverse est en 1943 d'une grande précision. Le recoupement entre les rapports des U-Boote, dûment décryptés, et ceux des convois, permet de déterminer les pertes avec une bonne précision. Il est maintenant possible de connaître quels sont les

U-Boote qui ne répondent plus à l'appel du PC de Dönitz. Le bilan des actions anti-sous-marines ainsi effectué permet d'affiner les techniques de lutte, pour le plus grand profit des Alliés. Il est même possible de relativiser un succès local des U-Boote. En décembre, la seule interception de convoi réussie par les Allemands est provoquée par un U-Boote qui se trompe dans l'interprétation du point de référence lui permettant de trouver le bon carreau. Il se dirige 200 milles plus loin du point ordonné par Dönitz et connu de l'équipe de Winn. Et le U-Boot rencontre par hasard le convoi dérouté !

L'activité des U-Boote à l'entraînement, les lancements et les entrées en service sont également connus par les décryptages. Une information aussi pointue que l'entrée en service de l'*Enigma* marine avait été correctement annoncée ; les décryptages n'en avaient pas été interrompus (cf. chapitre 10). La salle de situation sous-marine de l'OIC connaît ainsi mieux que Dönitz la situation des U-Boote !

Un autre aspect du renseignement de documentation consiste à percer la personnalité des chefs adverses, ainsi que d'autres informations révélatrices de la combativité, du potentiel offensif lié à l'expérience, et du moral. La plupart des commandants de sous-marins sont connus de l'équipe Winn.

Le capitaine de frégate P. Beesly, le brillant second du commandant Winn, rapporte dans son ouvrage *Very Special Intelligence* cette étonnante statistique sur l'expérience des commandants de U-Boote en décembre 1943.

| ***Durée du commandement opérationnel en mois*** | ***Nombre de commandant s*** | ***Pourcentage*** |
|---|---|---|
| Moins de 3 mois | 50 | 30 |
| 4-6 | 27 | 16 |
| 7-9 | 30 | 18 |
| 10-12 | 21 | 13 |
| 13-15 | 24 | 15 |
| 16-18 | 7 | 3 |
| 19-21 | 4 | 2 |
| 22-24 | 4 | 2 |
| 25-27 | 1 | 1 |
| | **168** | |

Ce tableau est étonnant à plusieurs titres. 64 % des commandants ont moins de dix mois de mer. Ce qui en dit long sur les pertes supportées par les sous-mariniers. Et la guerre n'est pas terminée. Les chiffres collectés du côté allemand à la fin de la guerre montrent que le total de 168 U-Boote opérationnels en décembre 1943 est on ne peut plus exact. L'équipe du commandant Winn et les Alliés ont vraiment une connaissance détaillée et précise de la Kriegsmarine.

### *Les Açores*

Avant de quitter l'Atlantique, il convient de dire quelques mots sur le cas du Portugal. Le Portugal, très ancien allié de la Grande-Bretagne, et on se souvient des guerres napoléoniennes, était resté prudemment à l'écart de la guerre, tout comme son voisin espagnol d'ailleurs. Une neutralité, bienveillante à l'égard des Allemands, avait fait des Canaries et des Açores une zone refuge pour les ravitailleurs de la Kriegsmarine. Ces parages sont à l'abri de l'aviation alliée. Mais aucun des belligérants n'a sérieusement envisagé de prendre ces îles par la force. Car le coût de la défense contre une contre-attaque adverse paraît prohibitif, compte tenu de la distance.

Le Portugal, craignant que sa façade Atlantique n'attire les convoitises allemandes, avait donc manifesté une prudence extrême. D'autant plus que la menace potentielle de l'armée espagnole, dont la puissance est nettement supérieure à celle de l'armée portugaise, incite encore plus à la prudence.

Mais le docteur Salazar penche pour le camp allié. Les Britanniques, qui veulent ménager le Portugal, avant-poste commode pour espionner l'Espagne fasciste, discutent cependant des Açores avec Salazar depuis l'automne 1941. Il s'agit pour le Portugal d'échanger des bases aériennes aux Açores contre une protection alliée. Les discussions traînent, en attendant que la situation militaire se décante, d'autant plus que les Américains, prêts à monter un coup de force, veulent s'associer à l'opération, ce qui ne rassure pas Salazar. Mais, le vent de l'histoire semblant tourner en faveur des Alliés, un accord est signé en août 1943, avec effet en octobre. La couverture aérienne de l'Atlantique Nord et Sud par l'aviation alliée est à peu près totale. Les U-Boote ne sont désormais relativement à l'abri de l'aviation alliée que dans les mers lointaines.

## 1.4. Les opérations en Méditerranée

Les troupes américaines se sont aguerries dans les combats d'Afrique du Nord. La supériorité aérienne et navale des alliés est totale. Le temps est venu de poursuivre l'offensive vers l'Italie. La première étape est l'invasion de la Sicile. Il est intéressant de s'attarder un peu sur le débarquement en Sicile. L'opération est menée avec des moyens et des techniques tenant compte des expériences antérieures, et servira de modèle au débarquement de Normandie. Les Alliés sont à même d'évaluer le volume et la disposition des forces navales et aériennes nécessaires au maintien de la sécurité absolue de la partie navale.

La Kriegsmarine renforce en juin la sécurité de ses communications en mettant en service en Méditerranée l'*Enigma* M4 sur un nouveau réseau, baptisé Medusa. Fort de l'expérience acquise, Bletchley Park décrypte immédiatement ce nouveau réseau.

### *Le débarquement en Sicile*

Les Alliés mènent une guerre de moyens, dans laquelle la tactique a finalement peu d'importance, sauf sur mer, où il faut aller chercher l'ennemi. Cette pensée militaire anglo-saxonne donnera aux offensives alliées un caractère processionnel, exploitant peu les possibilités d'offensives éclair permises par l'emploi des unités blindées et mécanisées. Les leçons que l'on aurait pu tirer de l'étude des tactiques allemandes ne sont pas exploitées. En particulier, l'attaque de la Sicile, qui aurait pu se faire dans la foulée de la reddition des forces de l'Axe en Tunisie, n'est planifiée que pour juillet. Les défenses de l'Axe, inexistantes en mai, se sont renforcées en juin. Même si l'incertitude quant au lieu du prochain débarquement allié est soigneusement entretenue par les Britanniques avec l'épisode du faux major Martin, le renforcement des défenses de l'Axe est général. Les Alliés doivent assurer la sûreté de leurs forces de débarquement, ce qui n'est pas acquis.

Les U-Boote constituent toujours une menace sérieuse. Ils sont dix-huit en juin. Malgré la puissance des contre-mesures alliées, l'abondance du trafic leur permet des scores non négligeables. Jusqu'à la fin de l'année, les Alliés perdent en moyenne 12 navires par mois, soit 57 000 tonnes. Les quarante-cinq sous-marins italiens ne couleront aucun navire marchand de toute l'année 1943, tout en subissant de lourdes pertes.

L'aviation de l'Axe dispose d'excellentes bases aériennes en Sardaigne, Italie du Sud, Sicile et Crète. Cette aviation coulera 41 navires au second semestre 1943, soit 225 450 tonnes. Ces pertes, importantes pour un théâtre restreint, sont cependant inférieures à ce que craignaient les Alliés, compte tenu du renforcement de la Luftwaffe. En juin, des forces de l'ordre de 1 300 appareils sont disposées sur le pourtour de la Méditerranée centrale. Une bonne partie de ces avions vient du front russe, dont les combats se déplacent vers l'Ouest et le Sud.

Les dispositions navales alliées, on dirait aujourd'hui la *gesticulation*, aussi fortes aux deux extrémités du bassin font craindre aux Allemands une action possible dans les Balkans. D'où ces renforcements aériens. Mais dans ces forces, on ne compte que 200 bombardiers à long rayon d'action opérationnels. L'aviation italienne, dépassée, peu motivée, ne participe plus beaucoup à l'attaque des convois. On comprend la satisfaction relative des Alliées quant aux résultats limités obtenus par cette aviation.

La marine italienne, comme beaucoup en Italie, sent le vent tourner. L'amiral Riccardi refuse à Dönitz un commandement unique, sous direction allemande, pour faire face aux inévitables débarquements. La marine italienne, encore puissante, préserve son indépendance. Mais les Alliés se doivent de prendre en compte cette menace potentielle, qui se compose essentiellement de 6 cuirassés et navires de bataille, 7 croiseurs et 32 destroyers.

La poursuite de l'offensive alliée est conditionnée par l'arrivée à bon port des considérables renforcements transportés par les convois partant de Grande-Bretagne et des États-Unis. L'organisation maritime alliée, sous les ordres de l'amiral Cunningham, est au point. Les convois se rejoignent parfois à Gibraltar. Début juin, un convoi de 129 navires remplit sa mission sans encombre, avec une protection combinée, navale et aérienne, conséquente. Mais toutefois, personne n'imagine dans le camp allié que des armadas de ce genre puissent laisser longtemps les Allemands indifférents. Mais l'organisation de la défense, de Gibraltar à Alexandrie, est bien coordonnée, et la concentration des forces et leur relève peut être rapide. Le 26 juin, un convoi de 41 navires est attaqué au large du cap Bon par environ 200 appareils. La chasse disperse les assaillants, pris à partie, grâce au radar, bien avant qu'ils n'atteignent le convoi. Les Allemands ne marquent pas un seul coup au but.

Les Alliés ne veulent prendre aucun risque. Les îles du détroit de la Sicile, Pantelleria et Lampedusa, qui auraient pu servir de base d'attaque à des sous-marins ou des S-Boote ennemis, sont prises à la mi-juin. Le plan final, approuvé seulement le 13 mai, utilise les possibilités d'un nouveau véhicule amphibie américain, le DUKW, qui permet des transbordements faciles entre les navires et les plages. Ce qui évite aux Alliés de devoir capturer un port, et leur permet au contraire de choisir des points de débarquement tactiquement avantageux.

L'opération Husky est planifiée pour le 10 juillet, par une nuit noire, peu favorable pour l'aspect naval, mais offrant en conséquence une bonne probabilité de surprise. Une force aérienne de 4 000 appareils est engagée. Cette force est cependant répartie sur les aérodromes d'Afrique du Nord et de Libye, trop éloignés des côtes siciliennes. L'appui au sol des unités débarquées ne peut se faire qu'à partir de Malte, dont la capacité d'accueil est limitée. Les Américains, ayant acquis l'habitude de traiter ce genre de problème dans le Pacifique, construisent en un temps record un aérodrome sur l'îlot voisin de Gozo. Des bombardements stratégiques sur les aéroports italiens doivent assommer la Luftwaffe pour un temps.

Le plan naval orchestre les mouvements d'environ 2 500 navires et engins de débarquement majeurs, dont 1 600 sont britanniques. La marine française n'est pas encore remise techniquement au niveau des marines alliées et ne participe pas à l'opération. Les secteurs américains et britanniques sont éloignés l'un de l'autre, et les plages à l'intérieur de chaque secteur sont elles aussi éloignées les unes des autres. Les six contre-amiraux responsables chacun d'une plage ont une lourde tâche de coordination. Aussi, pour la première fois dans l'histoire navale, est ressenti le besoin de disposer de navires de commandement spécialement équipés, surtout en moyens de transmission, pour ces grandes opérations amphibies. Des précédents débarquements en Algérie et au Maroc est également apparue une nouvelle spécialité militaire, celle des troupes de plages de débarquement. Le flot, continu dans les deux sens, d'une grande quantité d'hommes et d'équipements, peut vite tourner à la pagaille. Ces troupes sont très utiles pour faire évacuer les plages au plus vite, pour éviter que leur surpopulation n'attire des réactions ennemies. De l'opération de Dieppe avait été retirée la nécessité de former des spécialistes des engins de débarquement. Toutes ces troupes nouvelles sont en place, et l'expérience acquise en Sicile sera utile pour le débarquement de Normandie.

Les convois partent des ports d'Afrique du Nord et d'Égypte. La 1re division canadienne arrive directement de Grande-Bretagne, couverte par l'escadre du contre-amiral Vian. Les trajets sont longs et très différents les uns des autres. La planification des mouvements et de leur protection est une affaire complexe. Mais les 22 convois alliés arrivent de manière coordonnée sur les plages à l'aube du 10 juillet. Les convois n'ont été attaqués que par trois U-Boote, qui coulent quatre unités alliées. Deux des trois assaillants seront d'ailleurs coulés avant la fin du mois. Une force de 115 000 Britanniques et 66 000 Américains est ainsi débarquée sans incident majeur. Les navires de débarquement terminent leur tâche dans l'après-midi et repartent à Malte. Ils vont assurer la navette logistique entre Malte et la Sicile. La première réaction aérienne allemande ne se produit qu'à 13 h, sans succès notoire, à part un navire-hôpital.

Pendant les trois semaines suivantes, les sous-marins de l'Axe tentent leur chance contre ces cibles surabondantes. Outre les quatre navires cités plus haut, ils coulent deux LST américains et endommagent deux croiseurs. Trois U-Boote et neuf sous-marins italiens sont coulés. Les avions de l'Axe sont plus dangereux. Ils coulent 41 509 tonnes et endommagent plusieurs bâtiments de guerre, dont le porte-avions *Indomitable*. D'autre part, le manque de formation des servants de DCA Américains les conduit à abattre 33 des 144 DC3 transportant une division aéroportée américaine. Cette tragédie fera date. Les appareils alliés couvrant le débarquement de Normandie seront munis de larges bandes blanches peintes sur les ailes, pour être plus facilement reconnus.

La conquête de l'île est terminée le 17 août. Les troupes de trois divisions allemandes aguerries, soit 40 000 hommes, avaient achevé leur évacuation en bon ordre et avec leurs équipements, depuis 24 heures. Les Alliés les retrouveront bientôt en Italie. L'évacuation de 62 000 Italiens s'était effectuée de manière indépendante. Les évacuations se sont effectuées de jour et de nuit, avec un très fort appui des batteries côtières du détroit de Messine. À la grande surprise des Allemands, l'aviation alliée n'intervient que tardivement et de manière peu efficace. Empêcher l'évacuation des troupes de l'Axe, comme cela avait été fait en Tunisie, n'a pas cette fois été jugé prioritaire. Il faut dire que l'étroitesse du détroit de Messine et la puissance de l'artillerie de l'Axe auraient rendu une intervention très risquée.

***Le débarquement en Italie et ses conséquences***

Mussolini est destitué le 25 juillet. Le maréchal Badoglio prend la tête du gouvernement, et déclare poursuivre la guerre aux côtés de l'Allemagne. Cette attitude prudente est dictée par la présence des troupes du maréchal Kesselring, bien décidé à se défendre et à faire perdre un maximum de temps aux Alliés. Le bombardement des grandes villes italiennes provoque l'ouverture de négociations secrètes à Madrid. Pendant ce temps, une discussion se tient entre les états-majors allemands et italiens pour étudier la suite des opérations. La bizarrerie de certaines discussions intrigue pour le moins les Allemands. Ils ont bien raison d'être inquiets. Il est prévu que l'Italie demandera un armistice au moment du débarquement allié, début septembre. La plus grande partie de la flotte italienne devant à ce moment passer sous contrôle allié.

Pour une fois, les Alliés auraient bien poursuivi l'offensive vers l'Italie dans la foulée du succès en Sicile. La complexité des opérations navales qui accompagnent les combats en Sicile occupe totalement les états-majors, qui n'ont pas le temps de planifier les prochains débarquements. Des discussions interalliées épineuses portent sur la répartition des forces aériennes et navales. Salerne, au sud de Naples, est finalement choisi comme point de débarquement. Salerne est facilement couvert par l'aviation alliée basée en Sicile. Prendre rapidement Naples et son port semble réalisable. Les troupes terrestres veulent bénéficier de la surprise. Il est donc décidé, malgré la difficulté de la partie navale, de débarquer par nuit noire, sans préparation aérienne. Les convois qui partent directement d'Afrique du Nord doivent se ravitailler en mer, et passer inaperçus des sous-marins ennemis. Sept cents navires, groupés en 15 convois transportent les combattants de quatre divisions alliées, qui débarquent le 9 septembre. Le 3 septembre, une escadre britannique avait appuyé le passage en force du détroit de Messine par une brigade britannique, qui prend Regio de Calabre, qui devient la tête de pont de la 8e armée britannique.

Conformément aux accords secrets entre l'Italie et les Alliés, la flotte italienne quitte La Spezia le 9 à l'aube. Les trois cuirassés *Roma*, *Vittorio Veneto* et *Italia* (ex *Littorio*) sont accompagnés de

6 croiseurs et 8 destroyers. Une escadre alliée, comprenant un destroyer de la nouvelle marine française, est chargée de convoyer l'escadre italienne. Cette escadre est attaquée dans l'après-midi par 11 Dorniers 217 venus de France. Ils sont spécialisés dans l'emploi d'une arme nouvelle, la bombe radioguidée FX1400, porteuse d'une charge perforante de 1 400 kg, larguée à haute altitude. Les Italiens, croyant avoir affaire aux Alliés, laissent les avions s'approcher. Le cuirassé *Roma* est incendié ; il explose avec son équipage, dont l'amiral commandant l'escadre. Le malheureux cuirassé italien est la première victime des munitions « intelligentes ». La majeure partie de l'escadre de Tarente rejoint à son tour les Alliés. La flotte italienne, qui a réussi à préserver le secret de ses préparatifs, échappe aux sous-marins allemands et se regroupe à Malte.

On imagine mal l'émotion des marins britanniques et alliés devant ce défilé naval inattendu. Les cuirassés *Warspite* et *Valiant* participent pour la seconde fois de leur carrière à la reddition d'une flotte. Ils avaient en effet accueilli la flotte du Kaiser le 21 novembre 1918. La reddition d'une marine, la pire manifestation de la défaite, est un événement d'une extrême rareté. Le reste de la flotte italienne, ainsi que 168 navires marchands, s'est sabordé plutôt que de tomber aux mains des Allemands. Les Alliés récupèrent 183 591 tonnes de navires marchands. La flotte italienne reprendra du service aux côtés des Alliés lors des opérations qui conduiront à contrôler définitivement la Méditerranée.

L'armistice se passera beaucoup moins bien pour l'armée italienne, laissée sans ordre, qui se fera durement étriller par les Allemands, dont les réactions sont rapides et violentes. Le maréchal Kesselring, disposant de bonnes troupes, dirige alors une efficace guerre défensive qui ne cessera qu'en mai 1945.

La principale réaction allemande à Salerne vient de l'aviation. Les écrans de fumée déployés par les escorteurs et l'aviation alliée empêchent la Luftwaffe d'obtenir des résultats significatifs.

Trois U-Boote quittent Toulon pour attaquer la flotte alliée. La protection est efficace ; les U-Boote ne couleront que deux navires de cette armada. Par contre, l'escadrille de Dornier spécialisée dans la mise en œuvre de la bombe FX1400 attaque le 11. Trois croiseurs alliés sont gravement endommagés. Le 16, la flotte, qui appuie très efficacement de ses feux les troupes à terre aux prises avec une contre-attaque allemande, est de nouveau attaquée par la même escadrille de Dornier. Le cuirassé *Warspite*, durement touché, est remorqué par miracle à Malte.

Une tempête éprouve de nombreux petits bâtiments alliés dans la nuit du 28 au 29. À ce moment, les Alliés contrôlent la situation, et les effets de la tempête sont sans conséquence tactique. Il n'en aurait pas été de même si elle s'était produite le 15 ou le 16, lors de la contre-attaque allemande. Les dieux de la météo sont également aux côtés des Alliés.

Le 6 octobre, l'état-major naval s'installe à Naples. En un mois, les Alliés ont réussi à prendre le pas sur un ennemi disposant de bonnes troupes et de défenses côtières conséquentes.

En octobre, neuf U-Boote sont en opérations. Ils sont les survivants des 47 U-Boote entrés en Méditerranée depuis septembre 1941. Leurs seuls succès sont remportés le long des côtes d'Afrique du Nord, où ils coulent cinq navires. Ce qui est peu, compte tenu de l'importance des convois alliés.

### *La reconquête de la Corse*

Le passage de l'Italie dans le camp allié enlève aux Allemands l'essentiel de leurs moyens navals en Méditerranée. Il ne leur est plus possible de conserver le contrôle des îles, offrant de commodes porte-avions naturels à la Luftwaffe. L'évacuation de la Sardaigne et de la Corse est ordonnée par Hitler le 12 septembre qui, contrairement à ses habitudes, n'impose pas à ses troupes une résistance inutile. Le capitaine de vaisseau von Liebenstein, qui avait si bien conduit l'évacuation de la Sicile, pilote l'évacuation de la Sardaigne et de la Corse. Les Alliés sont trop occupés à Salerne pour envoyer des moyens navals contrecarrer ces évacuations habilement menées, protégées par des moyens aériens non négligeables. L'aviation alliée intervient surtout pour détruire au sol une bonne partie de l'aviation de transport allemande. Les plans alliés ne prévoient rien de spécial à propos de ces îles. C'est avec une satisfaction certaine qu'est accueillie la nouvelle de la capture de la Corse le 4 octobre par des troupes et des navires français, dont le sous-marin *Casabianca*. L'île est nettoyée de ses derniers îlots de résistance. Elle est le premier territoire français libéré, et de plus par l'armée française renaissante. Les Alliés récupèrent ainsi à peu de frais une plate-forme de premier ordre pour leur aviation, à proximité de l'Italie du Nord.

### *Les combats en Méditerranée orientale*

Les Alliés vont pouvoir songer à reprendre le contrôle des îles du Dodécanèse. Elles disposent de pistes et de ports commodes, ayant servi de base d'attaque des convois partant d'Alexandrie. Reprendre ces îles offre plusieurs avantages stratégiques. Elles sont un pas pour la libération de la Grèce. La présence alliée devrait inciter la Turquie à rejoindre le camp allié, avec la perspective de pouvoir utiliser le passage des détroits turcs en toute sécurité, pour ravitailler plus commodément l'URSS par le Sud.

Sept mille Allemands tiennent solidement Rhodes. Les Alliés ont d'autres priorités, et n'exploitent pas le moment de flottement qui est créé par l'armistice italien. Il est trop tard pour s'attaquer à Rhodes. Entre le 10 et le 17 septembre, les petites îles telles que Cos, Samos et Leros sont prises. Mais se maintenir dans ces îles lointaines n'est pas une petite affaire.

Malgré les demandes de Dönitz et du général von Weichs, Hitler refuse de laisser évacuer les îles du Dodécanese et de l'Adriatique. La Luftwaffe est renforcée en Crète et en Grèce. Fin septembre, l'Allemagne reprend en main les îles de l'Adriatique, Corfou et Céphalonique, et contre-attaque en mer Égée. L'aviation coule deux destroyers alliés à Leros. Bien que les préparatifs d'une opération amphibie allemande aient été repérés en Grèce, les Alliés ne peuvent s'opposer à la reconquête de Cos et de Leros. Des opérations combinées, y compris le largage de parachutistes, le tout couvert par une aviation nombreuse, permettent aux Allemands de reconquérir les îles. Faute de couverture aérienne suffisante et prolongée, la marine britannique repousse un assaut, mais pas les autres. La résistance allemande en Italie pose trop de soucis à Eisenhower pour qu'il imagine se priver d'une seule escadrille au profit de ces opérations britanniques, dont l'intérêt semble secondaire aux yeux des Américains. Les marines britannique et grecque perdent six destroyers, deux sous-marins et une dizaine de navires côtiers, sans compter les troupes prisonnières. Les Allemands n'évacueront la mer Égée qu'en octobre 1944. Les convois destinés à l'URSS vont devoir continuer à affronter l'Arctique.

Cet épisode n'est pas complètement négatif pour les Alliés. Les Allemands ont engagé des forces aériennes et terrestres qui auraient sans doute été opposées aux Alliés en Italie. Les difficultés des Alliés, stoppés sur les rives du Garigliano depuis la mi-novembre, auraient encore été plus importantes.

Les Allemands se trouvent confrontés à l'épineux problème consistant à ravitailler leurs 18 divisions des Balkans. La mer est la principale voie, compte tenu des combats en Yougoslavie. À la mi-octobre, la Royal Navy coule sept des neuf navires d'un convoi parti de Venise. En décembre, les Allemands mènent des opérations pour contrôler la côte de Fiume à Split. De petites barges venues d'Allemagne en pièces détachées font des sauts de puces le long de cette côte pour assurer les ravitaillements jusqu'en Grèce.

Les Britanniques, en liaison avec les partisans de Tito, utilisant des MTB (motor torpedo boat), entreprennent une guerre d'embuscades dans ces multiples îlots de la côte yougoslave, en liaison avec l'aviation. Ces opérations complexes détruisent en décembre la moitié des approvisionnements ennemis. Les Allemands doutent de la possibilité de se maintenir dans les Balkans dans ces conditions.

***Le raid aérien sur Bari***

De leur côté, les U-Boote rescapés, ils sont treize en novembre, attaquent sans beaucoup de succès. La coopération marine-aviation est forte. L'attaque du convoi KMS34 le 11 et 12 décembre se traduit par la perte de deux U-Boote, qui avaient coulé à la torpille acoustique trois escorteurs. Le bombardement de Toulon le 24 novembre endommage pour un temps cinq U-Boote.

Les convois sont surtout menacés par la Luftwaffe, dont les bombardiers-torpilleurs attaquent à la tombée du jour par groupes d'une trentaine. Les transports de troupes sont particulièrement visés. Deux, et seulement deux peut-on dire, sont coulés. Le *Rohna* est coulé par une bombe planante HS293. 1 000 soldats américains périssent dans ce naufrage.

Dans la nuit du 2 au 3 décembre, la Luftwaffe attaque en masse le port de Bari, encombré de navires alliés de toutes sortes. L'explosion d'un transport de munitions provoque la perte de 16 autres navires. Le port est inutilisable pendant plusieurs semaines.

Malgré ces réactions allemandes, les Alliés assurent la sécurité des convois. 1 012 navires sont convoyés en décembre ; 18 sont perdus. Le trafic en Méditerranée est alors plus important que dans l'Atlantique. Les grandes unités alliées regagnent l'Atlantique ou le Pacifique et l'océan Indien, ainsi qu'un certain nombre d'escorteurs. À la fin de l'année, les destroyers et dragueurs de mines des marines françaises et italiennes assurent une bonne part de la sécurité des convois.

Le théâtre principal reste l'Atlantique. Car l'année 1944 doit être celle du débarquement en France. Sa préparation nécessite un effort logistique jamais vu. Les U-Boote sont toujours là, et ils attendent leur heure, avec des armes nouvelles.

### 1.5. Le bilan de 1943

Les chiffres de 1943 comparés à ceux de 1942 expriment le retournement définitif de la situation stratégique. Ces chiffres étaient connus ou estimés par chacun des belligérants, et les ordres de grandeur étaient justes.

L'autre événement chiffré majeur de cette période est la victoire des chantiers navals alliés en juillet, période à partir de laquelle le tonnage construit devient supérieur au tonnage détruit. Dönitz pensait avoir perdu cette bataille du tonnage depuis février. Le taux de destruction mensuel des sous-marins, après avoir doublé de 1941 à 1942 fait plus que tripler de 1942 à 1943.

**Pertes, toutes causes confondues**

| | ***1939-1940*** | ***1941*** | ***1942*** | ***1943*** |
|---|---|---|---|---|
| **Pertes brutes** | | | | |
| Tonnage | 4 747 033 | 4 328 558 | 7 790 542 | 3 220 137 |
| Navires | 1 281 | 1 299 | 1 663 | 597 |
| Sous-marins Axe | 52 | 52 | 110 | 264 |
| **Pertes mensuelles** | | | | |
| Tonnage | 296 689 | 360 713 | 649 212 | 268 345 |
| Navires | 80 | 108 | 139 | 50 |
| Sous-marins Axe | 3,24 | 4,33 | 9,17 | 22 |
| **U-Boote opérationnels en début de période** | 39 | 22 | 91 | 212 |

## 2. LA BATAILLE DE JANVIER À JUIN 1944

Bien qu'ayant conscience d'avoir perdu la bataille des convois, l'amiral Dönitz n'en envoie pas moins ses sous-marins et leurs équipages à l'attaque. Leur rôle stratégique est maintenant de fixer les forces alliées, dans l'espoir de retarder le cours de la guerre. Les 436 U-Boote permettent à Dönitz de disposer en ce début d'année de 168 unités opérationnelles. De quoi faire largement courir les escorteurs et provoquer des dégâts dans les convois.

Les Alliés piétinent en Italie, mais contrôlent la Méditerranée. Les Soviétiques rompent le siège de Leningrad fin janvier et entrent en Estonie. Leur offensive de printemps les conduira à reprendre Sébastopol fin mai. La reconquête du Pacifique central se poursuit. L'offensive japonaise dirigée vers l'Inde est stoppée à Imphal en juin.

En février et mars, les décryptages apprennent aux Alliés les intentions stratégiques de Dönitz :

- renforcer la pression en Méditerranée et Arctique,
- conserver un bon nombre de U-Boote en réserve pour contrer un débarquement en Norvège ou en France,
- disperser au maximum les U-Boote en opération,
- attendre les nouveaux U-Boote pour reprendre l'offensive.

La dispersion des forces et le maintien d'un bon nombre d'unité en réserve font l'affaire des Alliés. La montée en puissance constante des moyens de lutte, y compris dans le domaine du décryptage, leur assure une suprématie navale totale, s'appuyant sur une vigilance de tous les instants.

## 2.1. Les opérations dans l'Atlantique

### *Un crime de guerre*

Le manque de sous-marins ravitailleurs diminue beaucoup les possibilités des U-Boote dans les mers lointaines. Mais les groupes de chasse américains font bonne garde, et ajoutent plusieurs victimes à leur tableau de chasse. En mars, le *U-852* coule de nuit un navire grec au large de l'île Ascension. Pour protéger sa présence, le commandant fait couler les canots de sauvetage. Trois rescapés atteignent le Portugal, après six semaines de survie en mer, et dénoncent cet acte de piraterie. En octobre 1945, le commandant du *U-852* et deux officiers sont fusillés. Cet acte est le seul crime de guerre que l'on ait imputé aux sous-mariniers.

### *Le passage de Gibraltar*

Dönitz envoie des renforts en Méditerranée. Le passage de Gibraltar, bien que périlleux pour les U-Boote, n'est pas impossible, en raison des mauvaises conditions d'emploi de l'Asdic dans ces eaux très particulières. La rencontre des eaux de l'Atlantique et de celles de la Méditerranée provoque la création à toutes les profondeurs de multiples couches dont la salinité et la température sont différentes, et qui perturbent la propagation du son. Deux U-Boote passent début janvier, suivis par quatre autres à la fin du mois. En février, une escadrille américaine de Catalina arrive à Gibraltar. Elle est équipée d'une arme de détection nouvelle le MAD, Magnetic Air Detector. Cet équipement permet de détecter un sous-marin en plongée dans des eaux peu profondes. Les Catalina ainsi équipés, baptisés « Madcats », disposent également de roquettes dont la trajectoire part de l'arrière de l'appareil. De telle sorte qu'elles puissent être tirées dans le même passage que celui ayant donné le contact.

La coopération marine-aviation permet de détruire trois des douze U-Boote qui forcent le passage au premier trimestre.

À la mi-mai, trois U-Boote tentent le passage. Deux passent et le troisième est coulé par un Madcat. Il n'y aura plus d'autre tentative de passage. Du début de la guerre à la fin de 1944, 95 U-Boote ont forcé le passage, dans un sens ou dans l'autre. Soixante-deux ont réussi à passer, onze seulement ont été détruits ; les autres ont été endommagés et ont dû retourner au port. Ces chiffres montrent à quel point il faut se garder des idées toutes faites. L'étroitesse du passage, sa surveillance continue par les Alliés, inciterait à imaginer des taux de succès plus importants. Il n'en est rien, à cause de conditions locales particulières.

### *Le retour des U-Boote dans les Western Approaches*

Au début de l'année, une trentaine de U-Boote se trouvent dans l'Atlantique Nord. Une vingtaine sont en place par groupes de deux ou trois entre l'Irlande et l'Islande. Le temps des meutes est terminé, et ces petits groupes sont chargés de faire courir les escortes et les fixer dans cette zone. Les dix autres attendent les convois africains et ceux de Gibraltar au nord-est des Açores. Malgré l'intervention de l'aviation de patrouille, les Allemands perdent la trace des convois repérés. Les groupes de soutien alliés et leurs avions détruisent cinq U-Boote. Les survivants vont rejoindre les petits groupes de la zone Nord. Huit convois sont en mer dans cette zone. L'OIC connaît assez bien la présence des U-Boote pour permettre une concentration et une coordination des moyens alliés encore jamais vues. Les trois semaines qui suivent le 27 janvier, lorsqu'un U-Boot repère deux convois et signale sa trouvaille à la fois à Dönitz et à l'OIC par décryptage interposé, sont celles d'un incessant combat, à vitesse réduite compte tenu de la surface du champ de bataille, entre l'Irlande et le nord-est des Açores. Les forces alliées se composent des cinq bâtiments et des deux porte-avions d'escorte du commandant Walker, d'une escadrille de Beaufighter du Coastal Command, sans compter les escadrilles couvrant normalement la zone. Trois autres groupes de chasse et un troisième porte-avions d'escorte sont prêts à intervenir. Les Alliés prennent très au sérieux la coopération, bien tardive dans cette guerre, entre les U-Boote et les nouveaux appareils de patrouille lointaine de la Luftwaffe.

Les appareils de patrouille allemands sont éloignés ou éliminés, et les deux premiers U-Boote sont coulés par l'aviation le 28. Pendant vingt-sept jours, le groupe du commandant Walker, ravitaillé en mer, court d'un convoi menacé à un autre, aidé sans le savoir par les décryptages ou directement par l'aviation. Six U-Boote sont coulés par le groupe, qui perd une unité, endommagée par une torpille acoustique (cf. chapitre 3). Un seul navire marchand a été coulé, et deux appareils du Coastal Command détruits. Les autres groupes coulent cinq autres U-Boote. Au total, la moitié de l'effectif des U-Boote engagés est détruite, ainsi que plusieurs appareils de patrouille maritime allemands. Lorsque le commandant Walker et ce qui reste de son groupe regagnent Liverpool le 25 février, ils sont accueillis par une foule qui célèbre à sa manière une victoire, qui, il faut bien le dire, est largement britannique.

### *L'apparition du schnorchel*

R. Winn est promu en janvier capitaine de vaisseau, du jamais vu pour un réserviste de la Royal Navy. Cette reconnaissance du remarquable travail qu'il a effectué depuis le début de la guerre avec son équipe est encore plus justifiée par la précision des renseignements atteinte en ce début d'année. Les décryptages fonctionnent avec une régularité suffisante pour que la situation des U-Boote soit exploitée de manière offensive. Winn connaît mieux que Dönitz la situation réelle des U-Boote. En particulier, Winn sait que 20 U-Boote sont engagés dans la bataille de février, et non pas 26 comme le croit Dönitz. L'étude des décryptages comparée à celle des rapports d'opération des groupes d'escorte permet à Winn de déterminer que la torpille acoustique a probablement coulé deux U-Boote. Dönitz, qui ignore que la torpille acoustique est dangereuse pour ses U-Boote et qu'elle est leurrée par les escorteurs alliés, donne des consignes de prudence quant à l'emploi de cette arme, dont l'efficacité va ainsi décroître. L'équipe de Winn a également un temps d'avance sur Dönitz dans un autre domaine, celui de la connaissance de l'efficacité du schnorchel.

En février 1944, les deux premiers U-Boote équipés du schnorchel entrent en service (cf. chapitre 3). Le *U-264*, chassé pendant sept heures le 19 février par le groupe du commandant Walker, est le premier à être ainsi équipé. Le sous-marin coule, mais son équipage est sauvé, puis interrogé. Le *U-406* avait été coulé quelques jours auparavant. Parmi les survivants, on compte des techniciens et des scientifiques chargés de tester le nouveau dispositif. La Royal Navy connaît alors mieux que Dönitz les premières constatations sur l'emploi du schnorchel. Malgré cette capture, il est certain que les U-Boote finiront par dominer cette technique, et devenir ainsi de véritables sous-marins, beaucoup plus difficiles à repérer. L'Amirauté s'attend à un durcissement de la guerre sous-marine. Mais on verra dans les mois suivants que le schnorchel est d'un emploi difficile, et qu'il ne peut à lui seul relancer une guerre sous-marine.

### *La dernière meute*

Malgré les pertes, les U-Boote poursuivent la lutte. Les survivants des batailles de février sont regroupés en une meute positionnée à l'Ouest de l'Irlande, baptisée Preussen (la Prusse), qui se compose de 16 unités. Ce nom symbolique entre tous pour des Allemands n'est bien sûr pas choisi au hasard par le PC de Dönitz. Mais l'augmentation du moral ne peut compenser toujours la supériorité des moyens alliés. La meute est repérée et attaquée. L'une de ces attaques est restée célèbre par la combativité du *U-358*, commandé par le lieutenant de vaisseau Manke. Le U-Boot est chassé par deux, puis trois, puis quatre destroyers. Ses manœuvres astucieuses lui permettent pendant des heures d'échapper aux effets du grenadage et aux obus de Hedgehog. Il est probable que le sous-marin ait plongé jusqu'à 300 mètres. Une attaque groupée consomme 104 grenades pour rien. Mais les assaillants peuvent attendre que le sous-marin remonte, car il doit le faire. Mais il ne remonte pas, et le contact Asdic montre que le U-Boot est toujours là. Le temps tourne à la tempête et deux escorteurs sont rappelés à Gibraltar. La chasse dure déjà depuis trente-quatre heures. Cinq heures plus tard, l'écho Asdic devient très fort, le U-Boot remonte. Il coule l'un de ses poursuivants, le *Gould*, en lui envoyant une torpille acoustique. Le *U-358*, dont on se demande comment il a pu tenir en plongée aussi longtemps et rester combatif, remonte peu après. Il est endommagé par les canons du *Affleck*, puis coulé à la grenade. Le *Affleck* repêche l'équipage du *Gould* et un seul marin allemand. Cette chasse continue de 39 heures est la plus longue de toute la guerre.

Les autres unités de la meute sont pourchassées par plusieurs groupes américains, britanniques et canadiens. Le *U-575*, l'une des unités de la meute Preussen, est équipé lui aussi du schnorchel. Il coule la corvette *Asphodel*. Avant d'être lui-même détruit, il envoie au PC de Dönitz un long message, décrypté avec intérêt par les Britanniques, exposant les avantages et les inconvénients du schnorchel. Le lieutenant de vaisseau Boehmer est d'un enthousiasme modéré. La vision périscopique est limitée et le bruit des diesels est repérable. De plus, le bruit interdit l'emploi des hydrophones. Le 22 mars, sept unités de la meute Preussen ont été détruites.

Le même jour, Dönitz rappelle les sous-marins restant en Atlantique Nord, reconnaissant l'impossibilité d'attaquer les convois. De janvier à mars, 105 convois composés de 3 360 navires marchands ont traversé l'Atlantique. Trois seulement ont été perdus. Trente-six U-Boote ont disparu dans ces combats, dont vingt-neuf sur la route des convois. Le 1er mai, il ne reste que 5 U-Boote dans l'Atlantique.

Les U-Boote n'ont pas eu plus de succès contre les convois arctiques. De très fortes escortes, bien pourvues en porte-avions d'escorte, forment un barrage infranchissable pour les 30 à 35 unités opérationnelles dans cette zone. Les modestes apparitions de la Luftwaffe sont vite contrées par l'aviation embarquée.

Dönitz, en accord avec Hitler, constitue une réserve pour attaquer les flottes d'un débarquement en France que l'on sent maintenant très proche. L'amiral compte reprendre le combat avec les nouveaux sous-marins de type XXI et XXIII, appuyés par une aviation de patrouille maritime mieux entraînée à la coopération avec la marine.

## *Les S-Boote*

Les combats dans les eaux côtières britanniques sont conduits par les S-Boote, très dangereuses vedettes lance-torpilles, bien armées et menées par des équipages combatifs, stimulés par un style de combat proche de ceux des corsaires de jadis. Pendant toute la guerre, les S-Boote ne couleront que 230 000 des 21 570 720 tonnes détruites par l'ensemble des forces allemandes. Mais ces petits bâtiments, capables de filer 40 nœuds, entretiennent un climat d'insécurité permanent, mobilisent des forces ennemies importantes et paralysent le trafic le long des côtes Sud de l'Angleterre. Les résultats obtenus sont élevés par rapport à l'investissement. Malgré leurs moteurs diesels les S-Boote sont très vulnérables ; touchés, ils flambent et explosent rapidement. Leurs équipages, malgré un armement puissant, essaient bien sûr d'éviter le combat. Les S-Boote, comme leur équivalent britannique, les MTB, combattent de préférence la nuit.

Les vedettes allemandes et britanniques, à la suite d'un accord tacite rarement rompu, repêchent souvent les pilotes de leurs avions respectifs abattus au-dessus de la Manche ou de la mer du Nord.

Depuis le début de l'année, de nombreux combats opposent les S-Boote et les MTB britanniques, qui attaquent le trafic allemand le long des côtes des pays occupés. La concentration d'unités se préparant au débarquement attire les S-Boote. Le 13 mai, un groupe de S-Boote est surpris par la frégate des FNFL *La Combattante* et une frégate britannique. *La Combattante* est une spécialiste du combat contre les S-Boote ; une nuit de combat peut la conduire à tirer 300 obus. Cette nuit-là, elle coule le *S-147* et le *S-141*. L'enseigne Klaus Dönitz figure parmi les victimes du *S-141*. L'amiral perd ainsi le second de ses fils, un an après la disparition de Peter Dönitz à bord du *U-954*. La frégate française aura plus tard le malheur de couler par méprise un MTB britannique.

La frégate participe ensuite à l'appui rapproché des troupes du débarquement, et transporte le général de Gaulle en France. Elle participe activement à la poursuite et à la destruction des convois allemands qui tentent de s'exfiltrer du Havre. Le 23 février 1945, *La Combattante* patrouille le long des côtes hollandaises. L'unique torpille d'un sous-marin de poche coupe en deux la frégate. Elle coule, entraînant dans la mort 67 hommes. Cent dix-sept hommes sont sauvés par des MTB britanniques. Le nom de la frégate sera plus tard attribué à la première d'une série de vedettes particulièrement réussies, plus connues sous le nom de « vedettes de Cherbourg »[1].

### *La réorganisation des convois*

Les Alliés ont d'autres problèmes à résoudre pour préparer le débarquement. Les escortes sont allégées, pour que les unités ainsi libérées puissent s'entraîner. Le système des convois est donc réorganisé. Trois catégories de convois, rapides, moyens et lents, naviguent à dix, neuf et huit nœuds. Ils remplacent les anciens convois rapides (HX) et lents (SC) connus depuis le début de la guerre.

Comme il l'a déjà été indiqué, les équipes de recherche opérationnelle britanniques avaient montré que l'on peut doubler les unités d'un convoi en augmentant l'escorte de seulement 30 %. Cette économie d'escorte, permise par la flexibilité des groupes de soutien, la maîtrise aérienne, l'organisation alliée, conduit à des convois de plus de 100 navires ! On imagine difficilement l'énorme travail d'état-major et de coordination nécessaire pour mener à bon port, en avril 1944, pas moins de 236 convois. Pour éviter la congestion des ports, les navires les plus rapides sont détachés des convois à la fin du voyage. Le débarquement, mené selon les normes logistiques américaines, nécessite en effet l'acheminement d'une montagne d'approvisionnements en tout genre. Rien n'arrête plus désormais ces flux logistiques. Le système des convois, avec ses porte-avions d'escorte et ses destroyers, s'est révélé comme le meilleur moyen de lutte, à la fois offensive et défensive, contre ses assaillants de toutes natures, U-Boote, corsaires marchands et même grandes unités de surface. Bien entendu, le système des convois, si péniblement mis en œuvre par les Américains, n'est plus contesté par qui que ce soit.

### *Le commandant Gallery*

Les groupes de soutien dont l'action est coordonnée par la X$^{e}$ flotte américaine sont actifs dans l'Atlantique central et Sud. Le 28 mai, un groupe centré autour du porte-avions *Block Island* repère le *U-549* à l'Ouest des Açores. Après une nuit de chasse au Sonar, le lieutenant de vaisseau Krankenhagen décide de combattre avant d'être détruit. Il tire cinq torpilles, le maximum

1. Les vedettes vendues à Israël ont pu appareiller en urgence à la veille de la guerre du Kippour, avec l'aide des autorités françaises.

possible, en une seule salve. Deux torpilles acoustiques détruisent le *Block Island*, et un destroyer est très endommagé. Les trois autres détruisent corps et bien le *U-549*. La combativité des U-Boote n'est pas un vain mot, et le moral est toujours aussi haut, malgré les pertes.

Le capitaine de vaisseau Gallery commande un groupe de soutien constitué autour du porte-avions d'escorte *Guadalcanal*. Tel le capitaine Ahab obsédé par Moby Dick, le commandant Gallery veut capturer un U-Boot. Du moins est-ce de cette manière que l'histoire est contée. Les Britanniques ont capturé un U-Boot en 1941, et les enseignements ont été partagés avec les Alliés. Mais il est toujours utile de s'emparer d'instructions de chiffrement à jour. Le commandant Gallery obtient l'accord et le soutien de sa hiérarchie, pour monter une opération qui sera filmée de bout en bout.

Les Américains font un large usage du cinéma pour soutenir une propagande qui est souvent de bonne qualité. Des cinéastes comme John Ford, qui finira contre-amiral, participent à cette mission. John Ford, alors capitaine de vaisseau, tournera un très intéressant film, dans lequel John Wayne est le commandant en second d'une flottille de PT boats, ces vedettes lance-torpilles qui livrent un combat d'embuscade aux navires japonais. Ce film dont le titre américain est *They were expandable*, c'est-à-dire « consommable » montre les choix douloureux que doit effectuer le commandement. Montré au public le 20 décembre 1945, la qualité et la vérité du film lui valent un très honnête succès commercial.

Le commandant Gallery surveille de près l'entraînement de l'équipage de prise, composé de spécialistes des explosifs et des transmissions, et de sous-mariniers capables de se saisir d'un U-Boot dans les délais les plus brefs. Le commandant Knowles, l'équivalent de Winn du côté américain, signale la présence du *U-505*, un type IXC au large des côtes africaines. Le commandant Gallery ignore que l'information vient d'un décryptage.

Le U-Boot est pisté pendant des semaines, et ne coule rien. Le commandant Gallery espère le coincer lorsqu'il prendra le chemin du retour. La chasse s'ouvre le 2 juin, et l'attaque se produit le 4. Le U-Boot endommagé par le grenadage fait surface et son équipage l'évacue. Il est immédiatement conduit à l'intérieur, afin de ne pas voir la suite des opérations. L'équipage de prise désamorce de justesse les charges de sabordage. Le *U-505*, menacé par une voie d'eau, est ramené par miracle à

Norfolk, maintenu à flot par la seule vitesse de son destroyer remorqueur. On peut le voir au Musée des Sciences et de l'Industrie de Chicago.

La capture du *U-505* est une bonne opération pour les Alliés, qui mettent la main sur le fameux « carnet d'adresses » utilisé pour le camouflage des positions. Plus inquiétante est la découverte de la mise en place prochaine du système Kurier, fondé sur des changements de fréquence en cours d'émission (cf. chapitre 10). Au début de 1945, l'un des officiers captifs fait parvenir en Allemagne un message informant de la capture des documents de chiffrement du *U-505*. Les experts allemands voient dans cette capture l'explication de l'apparente facilité avec laquelle les Alliés ont détruit les sous-marins ravitailleurs au cours de l'été 1944. Il ne s'agit donc, pensent-ils, que d'un succès occasionnel, et leur confiance envers les procédures Enigma en est renforcée.

### *Le débarquement en Normandie*

Le débarquement a été effectué en juin 1944, date au plus tôt la plus raisonnable pour espérer réussir. Avant cette date, malgré le désir des Américains et des Soviétiques, ce n'était pas possible.

Les plans d'un débarquement en Europe sont étudiés par les Américains dès leur entrée en guerre. C'est en effet la seule solution pour battre les armées hitlériennes. Comme les Américains sont pressés et ne doutent de rien, ils envisagent de débarquer en Europe au second semestre 1942. Or, les Américains, comme il l'a déjà été évoqué, ne sont nullement préparés à la guerre. Les Britanniques doivent donc déployer des trésors de diplomatie pour faire comprendre à leurs bouillants alliés, sans les vexer, qu'un débarquement prématuré serait voué à l'échec. Il suffit de se souvenir que la réussite du débarquement en Afrique du Nord, à un moment où les U-Boote battent leurs records de destruction, relève quasiment du miracle. Quant au débarquement lui-même, on peut dire qu'il a réussi en grande partie grâce au professionnalisme de la Royal Navy. Les hasards de la réussite de Torch conduisent à nouveaux les Britanniques, lors de la conférence de Casablanca en janvier 1943, à convaincre les Américains de poursuivre la préparation alliée par un débarquement en Sicile. Cette opération réussie est une répétition du débarquement majeur futur. Elle montre également les besoins en entraînement.

Le plan initial est approuvé en août 1943, à la conférence de Québec, dans des conditions plus favorables aux Alliés, qui ont alors les coudées franches en Atlantique Nord. Il est donc possible d'envisager un débarquement en France au printemps 1944. À cette même conférence est adoptée une idée capitale pour le succès du débarquement, la construction d'un port artificiel sur les plages, en attendant la prise de Cherbourg, le grand port le plus proche. Personne n'a à cette époque la moindre idée de la manière de réaliser ce projet, qui sera pourtant mené à bien.

Le général Eisenhower est désigné comme commandant en chef le 6 décembre 1943. La partie navale, l'opération Neptune, est confiée à l'amiral britannique Ramsay, désigné pour ce poste dès juin 1942. L'amiral est directement impliqué dans les débarquements d'Afrique du Nord et de Sicile. Il est donc parfaitement préparé à sa tâche. Le plan naval est un volume de 700 pages, réglant en détail la mission des 4 000 bâtiments de toutes natures impliqués dans l'opération. Ce nombre impressionnant est tout juste suffisant. Le plan naval doit être en mesure de contrer deux menaces principales.

La première menace est celle exercée par ce qui reste de la flotte de surface allemande. Le *Tirpitz*, endommagé par les X-craft britanniques, est de nouveau en état, malgré les raids infructueux de l'aéronavale britannique. Les cuirassés de poche *Scheer* et *Lützow*, les croiseurs lourds *Prinz Eugen* et *Hipper*, quatre croiseurs et un nombre respectable de destroyers et de S-Boote, sont parfaitement capables d'intervenir en force dans un cas aussi extrême qu'un débarquement majeur. Pour contrer cette menace, la Home Fleet se doit de conserver des forces qui auraient bien été utiles en Normandie.

La seconde menace est celle exercée, encore et toujours, par les U-Boote, dont la combativité ne fait aucun doute. Il faut donc, expérience des débarquements en Méditerranée à l'appui, prévoir le volume de forces capable de contrer cette menace. Cette menace est plus difficile à estimer, mais le commandant Winn est aidé de manière imprévue par le hasard.

Le 29 janvier 1944, le PC de Dönitz est alerté par un avion de patrouille maritime qui signale une flotte de 200 à 300 navires au large de Lorient. Il ne s'agit en fait que d'une modeste flottille de chalutiers. Mais les effets du message, aussitôt décrypté, sont suivis avec intérêt par Winn et son équipe. Très rapidement, il est ordonné à tous les U-Boote navigant dans le golfe de Gascogne et dans les Western Approaches de rallier cette flotte en surface, à toute vitesse, sans se préoccuper des mines ou de l'aviation alliée. Cette prompte réaction fait penser à un plan prédéterminé. La mission est prioritaire, puisque les précautions d'usage sont oubliées devant l'urgence de l'intervention. Les Alliés ont ainsi une idée de ce que sera la réaction allemande. Le commandant Winn estime en février que sur les 400 unités dont dispose Dönitz (en réalité 436), 225 (en réalité 268) sont à l'entraînement en Baltique. La précision du renseignement est plutôt bonne. Winn estime ensuite qu'une quarantaine de type VII basés en France, renforcés par une cinquantaine d'unités venant de la mer Baltique suivis par trente-cinq autres unités venant de Norvège, seront en mesure d'attaquer la flotte de débarquement. Seuls, les U-Boote de moyen tonnage, les types VII, peuvent intervenir efficacement dans les eaux peu profondes de la Manche.

Deux semaines avant le jour *J*, le décryptement d'un message du PC des U-Boote à leur officier de liaison auprès du commandement Ouest fournit à l'équipe du commandant Winn des précisions inattendues. Le dispositif allemand prévoit une force d'une quarantaine d'unités, en mesure d'intervenir le jour *J* ou *J* + 1 au plus tard. Des lignes de patrouilles sont tendues entre le sud de l'Angleterre et la Bretagne, en cas d'opération dans la région bordelaise. Les autres U-Boote disponibles sont en attente au sud du golfe de Gascogne.

Les U-Boote sont attendus de pied ferme par les 286 frégates, corvettes et destroyers en tout genre, répartis sur les flancs de la flotte de débarquement. Sur un espace aussi réduit, on peut considérer que ce dispositif est un véritable mur. La protection avancée est assurée par des patrouilles aériennes de jour et de nuit, grâce au radar. L'effectif des appareils engagés est tel que chaque mille carré entre l'Irlande et Brest est survolé toutes les demi-heures.

Les Alliés doivent également se débarrasser des champs de mines, dont l'extrémité Ouest barre les côtes de Normandie. Le déminage est une opération complexe, mais cette opération-là est encore plus complexe. Il s'agit de draguer, le plus tard possible, les chenaux définis dans le plan naval. La précision est de rigueur, car ces chenaux seront les voies étroites qu'emprunteront les 4 126 bâtiments de l'opération. Soixante missions de déminages, pilotées entre autres par le contre-amiral Vian, toujours à la pointe du combat, débutent au crépuscule du 5 juin. Cette opération de déminage est facilitée par le long et patient effort de renseignement effectué par l'équipe du commandant Denning. Jour après jour, les informations très fragmentées concernant les champs de mines allemands ont été collectées et exploitées. Pour tromper l'ennemi, les Allemands font en effet effectuer leurs opérations de minage ou de déminage en plusieurs fois, par des petites formations et des missions courtes, de telle sorte que l'état-major soit la seule entité capable d'avoir une vue d'ensemble. Ces ruses ne sont pas suffisantes pour tromper les experts du commandant Denning.

La mission est exécutée avec succès ; un seul navire sera perdu le jour *J* à cause d'une mine. Dans les dix jours suivants, les Allemands envoient les S-Boote mouiller des mines classiques. Par contre, les nouvelles mines « oyster » (huître), équipées d'un détonateur à pression, larguées par la Luftwaffe, ne peuvent être draguées. Une trentaine de bâtiments sont perdus, dont quatre destroyers et deux dragueurs de mines.

L'autre succès de cette mission est encore plus inattendu. Cette armada de dragueurs de mines laisse les Allemands totalement indifférents ! Cet indice important n'est semble-t-il pas transmis et encore moins exploité. C'est l'une des nombreuses surprises du jour *J*. Et pourtant, cet indice, recoupé avec la formidable augmentation du trafic naval le long des côtes Sud de l'Angleterre, est très significatif. Les Britanniques utilisent en avril et mai leurs X-craft pour des missions de reconnaissance sur les plages. Il est surprenant que les Allemands ne songent pas à faire de même, faisant une impasse de premier ordre sur le renseignement. Ils sont pourtant privés de l'apport du décryptage du trafic des convois depuis juin 1943 ; les patrouilles aériennes sont aussi rares que risquées, tant la supériorité aérienne alliée est importante et ils ne disposent d'aucun agent en Grande-Bretagne[1]. Cela dit, les Allemands s'attendent depuis longtemps au débarquement. Il est tout de même surprenant, même si leur dispositif est prêt, qu'ils ne cherchent pas à en savoir un peu plus. Il faut dire que le plan de déception mis au point par les Britanniques, le plan « Fortitude », fonctionne de manière inespérée.

L'approche de la flotte de débarquement n'est pas détectée. Les radars allemands sont soit détruits, soit brouillés, y compris ceux du Pas-de-Calais, pour entretenir le doute. Mais dès que le débarquement est devenu certain, la réaction de Dönitz est rapide, mais confuse. De nombreuses modifications sont faites par rapport au plan initial, et il faut du temps pour diffuser les ordres. Les Alliés sont aidés de manière inattendue par l'une des nombreuses intuitions d'Hitler, la crainte d'un débarquement en

1. Les agents de l'Abwehr ont tous été pendus ou travaillent comme agents « retournés » sous le contrôle des Britanniques. L'Abwehr est totalement intoxiqué.

Norvège. Cette intuition bloque une soixantaine de U-Boote dans les ports norvégiens !

D'autre part, sur les trente-cinq U-Boote qui se dirigent des ports de l'Atlantique vers la Normandie dans la journée du 6 juin, neuf seulement sont équipés du schnorchel. Dönitz incite ses commandants à attaquer tout navire ennemi, quel qu'il soit ; il faut affaiblir l'ennemi à tout prix. Le prix est très lourd.

Dönitz écrit dans ses mémoires que les semaines qui suivirent le débarquement furent les plus dures de toute la guerre pour les sous-mariniers. Il leur faut d'abord s'approcher de la zone de déploiement alliée. Pour les unités ne disposant pas du schnorchel, c'est une mission impossible. Les U-Boote sont pris à partie dès qu'ils quittent leurs bases. Les premières victimes sont détruites dès le jour *J*, qu'elles soient couvertes ou non par des destroyers. Quatre destroyers allemands sont ainsi détruits, les seules unités de surface qui auraient pu être menaçantes. En effet, la dangereuse flottille de S-Boote du Havre est neutralisée par un bombardement massif du port. La ville est elle-même très éprouvée.

Les U-Boote équipés du schnorchel ne peuvent naviguer que la nuit. De jour, le dispositif est trop repérable. Les U-Boote passent la journée postés au fond. La nuit, ils naviguent à 1 ou 2 nœuds, pour que le sillage du schnorchel ne les fasse pas repérer. Ceux partis de Brest atteignent leur objectif à *J* + 9. Les équipages sont épuisés par cette approche, éprouvante physiquement et nerveusement. Quelques unités ainsi équipées arrivent à se faufiler de Norvège jusqu'au secteur Est du dispositif allié. Aucun de ces U-Boote n'est repéré. Mais l'intensité de la surveillance entrave leur action. Ils ne coulent que 4 destroyers, 12 transports et 4 navires de débarquement. Sept autres navires sont endommagés. Le bilan est bien maigre, compte tenu de l'abondance des cibles. Du 6 juin à la fin août, vingt des trente-cinq U-Boote équipés du schnorchel ont été détruits. Au total, pendant cette période, soixante-six U-Boote sont détruits. Ils n'ont pas eu la même chance que le *U-763*, qui attaque un convoi militaire et coule un transport le 5 juillet. Il s'attaque dans la soirée à un autre convoi. Les torpilles se perdent et le grenadage est intense. Le livre de bord fait état de l'explosion de 252 grenades à proximité du bâtiment, 61 à distance moyenne et 41 à longue distance ; soit en tout 354 grenades. L'atmosphère est irrespirable ; l'équipage survit grâce aux appareils respiratoires à cartouche de potasse. Certains marins sont pris de vomissements et de malaises. Le lieutenant de vaisseau Cordes[1] ne sait plus très bien où il est. Le 7 au matin, après des heures de calme, il remonte à l'immersion périscopique. Cordes se repère et reprend sa navigation. En fait, d'erreurs de navigation en erreurs de navigation, il se retrouve à Spithead, dans la baie de Portsmouth, le saint des saints de la Royal Navy ! Il plonge prudemment et s'échappe du piège dans la soirée, dans le sillage d'un convoi, et regagne Brest sans dommage le 14. Les Britanniques ne connaîtront cet incident qu'après la guerre.

Au total, 105 navires alliées de tous types sont coulés pendant les deux premières semaines, dont 74 pendant la première semaine. La défensive alliée a donc pris rapidement le dessus. 44 unités sont perdues à cause des mines mouillées par les S-Boote.

Fin août, les U-Boote, lourdement chargés, évacuent leurs bases françaises et gagnent la Norvège. Malgré les efforts du Coastal Command, 22 des 26 U-Boote partis de France atteignent la Norvège sans encombre. Les groupes d'escorte sont trop occupés en Manche pour leur donner la chasse.

Par contre, la retraite des unités de surface est plus périlleuse. Des groupes de soutien, renforcés de manière intensive par le Coastal Command, sont spécialement affectés à cette tâche. Les groupes bénéficient également, sans le savoir, du soutien des décrypteurs de Bletchley Park. Ces forces coulent une cinquantaine de petits bâtiments et les quatre grands destroyers dont disposait la Kriegsmarine en Atlantique.

Une nouvelle phase de la guerre sous-marine se prépare. Les opérations tentées contre la flotte de débarquement ont bien montré le danger des U-Boote équipés du schnorchel. Malgré la difficulté d'emploi de cette invention, les U-Boote possèdent maintenant des facilités d'approche importantes. La lenteur et la longueur des déplacements rendent l'estimation de leur vitesse très difficile. Si leur départ peut être toujours repéré grâce aux décryptages, leur trace est ensuite vite perdue.

Mais surtout, les communications radio sont réduites à peu de choses. L'abandon de la tactique des meutes diminue considérablement le trafic. Les U-Boote opèrent maintenant de manière individuelle, comme ils le faisaient au début de la guerre. Ils reçoivent leurs instructions au départ de croisière. Une antenne déployée à la profondeur d'immersion périscopique leur permet de recevoir des messages en plongée. Ils n'émettent plus de

1. Il disparaît le 7 avril 1945 avec son U-1196.

comptes-rendus. Dönitz et le commandant Winn sont à égalité. Ils ne savent plus où sont les U-Boote !

## 2.2. Les opérations en Méditerranée

Il est entendu entre les Alliés que les opérations en Normandie n'interrompront ni la marche vers Rome, ni les opérations de contrôle de la mer Égée. L'espoir de décider la Turquie à rejoindre les Alliés est toujours vivace, avec l'objectif d'acquérir ainsi une voie plus commode pour ravitailler l'URSS.

### *Le débarquement d'Anzio*

La progression des armées alliées en Italie s'effectue avec une lenteur qui fait la joie de la propagande allemande. La célèbre chanson britannique *It's a long way to Tiperary* est transformée en *It's a long way to Rome.* Ce qui est d'ailleurs le cas.

Les armées alliées piétinent devant les lignes de défense allemandes, appuyées sur des obstacles naturels bloquant toute la largeur de la péninsule. Depuis Salerne, les Alliés n'ont progressé que de 110 kilomètres. Le maréchal Kesselring, commandant en chef les troupes Allemandes d'Italie, a reçu la mission de fixer les Alliés. Il s'y emploie avec succès, aidé par la stratégie hésitante de ses adversaires, qui favorisent la prudence à l'esprit offensif. Les Alliés n'exploitent pas leur supériorité numérique. Churchill est furieux. Liddell Hart cite dans son *Histoire de la seconde guerre mondiale* ce télégramme du 19 décembre 1943 adressé par Churchill à l'état-major britannique. « La stagnation de toute la campagne sur le front italien devient scandaleuse... La négligence de toute action amphibie sur la côte adriatique et sur la côte Ouest a été désastreuse... Il est peu d'exemples, même dans cette guerre, d'un tel gaspillage de forces aussi précieuses. » Notons au passage que le « même dans cette guerre » en dit long sur l'opinion de Churchill quant à la manière dont la guerre est menée !

La ligne « Gustave », s'appuyant sur le cours du Garigliano, à 120 kilomètres de Rome, bloque les Alliées depuis novembre 1943. Le nom du verrou central de la ligne est dans toutes les mémoires : Cassino. Un débarquement au Nord de cette ligne, donc dans le dos des Allemands, coordonné avec une poussée décisive sur la ligne Gustave devrait permettre aux Alliés d'avancer rapidement vers Rome.

Le port d'Anzio est le seul endroit possible. Les plans définitifs sont arrêtés en janvier. Deux divisions, une britannique et une américaine, doivent débarquer. La pénurie relative de navires spécialisés conduit à reporter à plus tard les opérations en mer Égée et dans l'océan Indien. L'amiral Lowry, de l'US Navy, dirige le plan naval.

Un plan de diversion soigneusement orchestré simule des préparatifs d'opération dans différents endroits, y compris le Sud de la France. Les Allemands sont trop occupés par la bataille immédiate pour s'interroger sur le futur. La bataille est sévère, et les tentatives de percée Alliées échouent. La possibilité de jonction rapide entre la tête de pont d'Anzio et les armées alliées semble très douteuse. Il ne s'agit plus pour les Alliés que d'établir une tête de pont, dont le rôle est loin d'être clair. Aucun ordre d'exploitation de ce débarquement pour attaquer les lignes allemandes à revers n'est donné. Le télégramme de Churchill n'a pas suffi à réveiller l'imagination des états-majors alliés.

Le débarquement s'effectue sans opposition les 22 et 23 janvier 1944. L'aviation allemande intervient en force à la tombée de la nuit. Quatre destroyers et un navire-hôpital sont détruits. Une tempête occasionne aussi des pertes. L'attaque des navires-hôpitaux conduit les Alliés à équiper des LST pour l'évacuation sanitaire rapide des blessés. Cette organisation sera très appréciée des blessés de Normandie, évacués directement vers les hôpitaux de Grande-Bretagne. La flotte alliée va continuer à fournir des feux antiaériens et à appuyer les troupes débarquées. De nombreuses unités sont retirées de ce théâtre en avril, pour rejoindre la flotte se préparant au débarquement de Normandie. Le croiseur français *Émile Bertin* viendra en mai apporter le soutien de ses pièces. Dans son ensemble, le plan naval est un succès. Il n'en est pas de même de la partie terrestre de l'opération.

La tête de pont est consolidée pendant une semaine. Pendant cette même semaine, le maréchal Kesselring réorganise son dispositif. Non seulement la ligne Gustave tient bon, mais la tête de pont est contre-attaquée. Les 5 divisions alliées maintenant en place souffrent des tirs d'artillerie adverses. Pendant la seconde quinzaine de février, les Allemands sont tout près de la victoire. L'offensive est arrêtée début mars, avec le retour du beau temps et de l'aviation d'assaut alliée, des généraux plus offensifs et le soutien massif de l'artillerie navale. Les archives allemandes mentionnent ce déluge de 20 000 obus, qui contribue beaucoup à stopper leur avance à proximité des plages. La tête de pont est une position assiégée. Mais elle a le mérite de fixer cinq divisions allemandes. Cette situation reste inchangée jusqu'en mai et la victoire de Cassino. Victoire dans laquelle les troupes de montagne françaises jouent un rôle déterminant. Mais les troupes de la tête de pont restent passives, et n'exploitent pas la retraite allemande.

### *La bataille des convois*

Les Alliés doivent non seulement couvrir les besoins des armées, mais s'occuper également des populations civiles. Les convois de Méditerranée sont plus nombreux que jamais. De nouvelles « lignes » sont créées, à destination entres autres de Naples, qui devient un terminal très important. Malgré la participation des marines française et italienne, il n'y a jamais assez d'escorteurs. Aussi est-il nécessaire de coordonner les mouvements des convois de Méditerranée et d'Afrique, pour les grouper pendant une partie du parcours et leur donner une escorte commune.

Pendant toute l'année 1944, la protection des convois de Méditerranée reste un souci constant.

La principale menace vient de la Luftwaffe. Malgré les pertes, une force de plus d'une centaine de bombardiers modernes est maintenue dans les bases du Sud de la France. Les bombardiers-torpilleurs Heinkel 111, les bombardiers en piqué Ju 88, qui disposent d'un calculateur de tir, sont les adversaires les plus fréquents. L'escadrille de Dornier 217 mettant en œuvre la bombe radioguidée est toujours là. Mais cette munition est chère et rare. Un destroyer de la flotte d'Anzio sera coulé par cette arme.

L'aviation alliée fournit une couverture aérienne permanente, qui suffit entre autres à éliminer ou mettre en fuite les appareils de reconnaissance adverses. Si les convois sont accompagnés de croiseurs antiaériens, ils ne bénéficient pas de porte-avions d'escorte, qui sont attribués en priorité au théâtre atlantique, avec le succès que l'on sait. C'est la chasse basée à terre qui intervient, avec un temps de réponse supérieur à celui d'une aviation embarquée. L'absence de radars à longue portée rend la détection des attaques difficile, tout comme le bon acheminement des escadrilles de contre-attaque. L'aviation allemande bénéficie donc souvent de bonnes opportunités d'attaque par surprise. En particulier lorsqu'elle utilise le couvert de la côte espagnole, ou lorsqu'elle s'embusque derrière les îles.

Le long des côtes d'Afrique du Nord existe pour les convois un passage obligé d'une quarantaine de milles nautiques. En janvier et février, des groupes de trente à quarante appareils s'attaquent deux fois sans grand succès aux convois. Une demi-douzaine d'appareils allemands est détruite et un navire marchand est perdu à chaque attaque. En mars, les attaques s'effectuent de nuit, à l'aide d'éclairants. Les rideaux de fumée et une DCA dense limitent fortement les dégâts. Trois convois sont attaqués en avril. La nuit du 20 avril, le UGS38 est attaqué au large d'Alger par une soixantaine d'appareils. Un destroyer américain et deux navires marchands sont coulés, deux autres endommagés. En attendant des navires-radar plus efficaces, la coopération marine-aviation est renforcée. La nuit du 11 mai, les dix-huit navires marchands du UGS40 sont attaqués le long des côtes algériennes par soixante-deux Ju 88, couverts par des chasseurs. Les reconnaissances allemandes avaient été repérées la veille, indices d'une attaque probable, et un comité d'accueil d'une centaine de chasseurs casse l'attaque allemande. Aucune des 91 torpilles n'atteint son but et seize appareils allemands sont détruits. Les attaques suivantes sont de moindre envergure.

Les U-Boote sont toujours là. Ils sont treize en janvier, mais ne causent aucun dommage. L'équipe du commandant Winn signale alors un probable renforcement. En février et mars, neuf U-Boote tentent le passage de Gibraltar. Deux sont coulés et un autre doit faire demi-tour. Deux autres sont détruits lors du bombardement de Toulon par l'US Air Force le 11 mars. En février, deux U-Boote s'attaquent à la flotte d'Anzio. Deux LST et le croiseur *Penelope* sont détruits. Deux autres U-Boote attaquent au large de Palerme. Ils coulent un destroyer avant d'être détruits. Un convoi perd deux navires marchands au large de Bougie, coulés par le même U-Boot. Le *U-371* échappe alors à une chasse de trois jours et demi. En mai, les U-Boote remportent quelques succès, coulent plusieurs escorteurs alliés, endommagent le destroyer français *Sénégalais*, ainsi que plusieurs navires marchands. Le *Sénégalais* chassait depuis des heures un U-Boot ayant attaqué le grand convoi GUS 38 et mis hors de combat l'USS *Menges* avec une torpille acoustique. Le second du *Sénégalais*, le capitaine de corvette Petit, est un ancien sous-marinier, connaissant bien les côtes de Kabylie où essaye de se réfugier l'agresseur. Il estime que le U-Boot s'est réfugié sur un banc ne figurant pas sur les cartes. L'Asdic lui donne raison. Après un grenadage et une veille d'une journée, le *U-371* profite de la nuit pour faire surface. Repéré au radar, il est coulé au canon, mais lance une torpille acoustique. La torpille détruit l'arrière du *Sénégalais* et lui tue 14 hommes. Le bâtiment sera remorqué aux États-Unis, réparé, et servira des années.

Quatre U-Boote sont coulés dans ces différents combats, à la suite de chasses dépassant les trente heures. Ils ne sont plus que onze ; beaucoup de pertes pour des résultats très faibles. En 1943, les U-Boote avaient coulé 59 navires, soit 241 215 tonnes. Les cinq premiers mois de 1944, ils ne coulent que 10 navires, soit 76 760 tonnes. La Luftwaffe a coulé 61 217 tonnes pendant la même période. À partir de juin, les U-Boote ne couleront plus aucun navire marchand. Les onze U-Boote seront tous détruits d'ici la fin de l'année. Il est probable que la victoire alliée aurait été beaucoup plus difficile si les Allemands avaient pu donner suite à leur projet d'équiper du schnorchel tous les U-Boote de Méditerranée.

La flotte d'Alexandrie est renforcée, car la présence allemande dans l'Est de la Méditerranée est toujours dangereuse. Le cuirassé *Richelieu* participe à ces luttes. Cinq grands navires ravitailleurs allemands sont détruits. La plupart des transports sont effectués à l'aide d'une grande quantité de caïques et autres bâtiments locaux, qui n'en sont pas moins pourchassés pour autant. Aucune statistique ne vient témoigner du tribut payé par les marins de la mer Égée à ces luttes ; leurs bâtiments sont trop petits pour être pris en compte. Les capacités de transport des caïques sont limitées et la situation logistique devient critique pour la garnison de la Crète. La Turquie, toujours attentiste, n'a toujours pas rejoint le camp allié. Le 9 mai, les Soviétiques reprennent Sébastopol, et les Allemands évacuent la Crimée. De nombreux navires allemands passent en mer Égée par les détroits turcs, et viennent renforcer les garnisons de Cos et Leros. Fin mai, un convoi vital part du Pirée pour la Crète ; il est totalement détruit. L'énergie avec laquelle les Allemands soutiennent leurs garnisons en mer Égée montre la justesse des positions de Churchill.

La disparition des grandes unités ennemies met en valeur la combativité des petits navires de combat alliés. La zone la plus active est l'Adriatique. Il s'agit pour les Alliés d'empêcher les Allemands de ravitailler les troupes d'Italie et des Balkans par la mer, en utilisant des petits bâtiments, et d'aider Tito à fixer des forces allemandes. Une dizaine de destroyers basés à Bari mènent une guerre de coups de main et d'embuscades, bombardant des objectifs terrestres et débarquant des commandos de destruction. Ces combats sont menés par des personnages hauts en couleur, parfois vétérans des commandos du désert. L'un des ces plus virulents combattants est l'amiral Sir Walter Cowan, à la pointe du combat malgré ses soixante-trois ans ! L'aviation alliée le jour, les destroyers la nuit, paralysent le trafic allemand. Ils perdent plusieurs navires marchands et deux sous-marins. En février, les grands destroyers français *Le Malin*, *Le Terrible* et *Le Fantasque*, capables de filer 40 nœuds, rejoignent la flottille britannique. Les reconnaissances aériennes effectuées le soir leur fournissent des objectifs que leur vitesse leur permet d'atteindre à l'aube. En mars, les trois destroyers font le vide en Adriatique. Ce qui n'empêche pas les Allemands de se montrer toujours aussi combatifs. Leurs besoins logistiques sont très inférieurs aux normes alliées. Fin mai, Tito et son état-major échappent de justesse aux Allemands. Ils sont évacués par une opération aérienne britannique, soutenue par un débarquement de diversion dans une île dalmate.

Des destroyers basés en Corse s'attaquent de la même manière aux convois côtiers allemands entre la France et le Nord de l'Italie. Leur situation logistique devient assez critique pour que les Allemands bombardent Bastia fin avril avec trois destroyers ex-italiens et tentent de miner la sortie du port, le tout sans résultat notoire. Malgré les succès remportés par les flottilles alliées, le trafic allemand n'est cependant pas totalement interrompu, et soutient les troupes d'Italie et des Balkans.

## 3. LA BATAILLE DE JUILLET 1944 À MAI 1945

La guerre est loin d'être terminée. Les troupes Alliées sont surprises par la rapidité du repli allemand après la bataille de Falaise en août. Les états-majors tardent à exploiter leur avantage. L'opération « Market-Garden » du 17 septembre échoue à cause « d'un pont trop loin », celui d'Arnhem. La résistance allemande sur le front Ouest s'organise, et la progression alliée se fait très lente. En décembre, l'offensive des Ardennes menace un moment le dispositif allié. Puis la lente progression reprend. Ce n'est que le sept mars 1945 que la prise du pont de Remagen permet la percée définitive sur le front Ouest.

Rome a été prise le 4 juin 1944. Mais la résistance allemande est toujours aussi efficace. En janvier, le front est stabilisé. Il le sera jusqu'en avril 1945. Le 2 mai 1945, la capitulation des forces allemandes d'Italie est effective.

Le 15 août, les armées alliées débarquent dans le Sud de la France. Sur ce théâtre, les troupes françaises constituent les trois-quarts de l'effectif. Elles poursuivent leur offensive jusqu'au cœur de l'Allemagne.

Les Allemands se retirent de la mer Égée en septembre et octobre 1944. Les Britanniques entrent au Pirée le 15 octobre. La guerre civile couve en Grèce, et éclate en décembre. Churchill a obtenu de Staline que la Grèce soit exclue de la zone soviétique. Les Britanniques soutiennent donc le gouvernement monarchiste de Papaandréou contre les maquis communistes. Les combats cessent en janvier 1945.

Mais en attendant, les U-Boote sont toujours dangereux. L'effort des alliés dans la lutte anti-sous-marine ne peut donc se relâcher.

### 3.1. La fin des opérations en Méditerranée

La prise de Rome le 4 juin 1944 provoque une forte augmentation du trafic naval allié. C'est une période difficile bien que peu spectaculaire pour les marines alliées, qui doivent subvenir aux besoins militaires et à des besoins civils impressionnants. Rien qu'en juin, 496 navires arrivent à Naples.

#### *Les controverses stratégiques alliées*

Au début du second semestre 1944, les Alliés mènent trois batailles distinctes, mais interconnectées. La première bataille est la maîtrise de la côte Ouest de l'Italie, pour soutenir la V$^{e}$ armée américaine. La deuxième bataille est engagée en Adriatique, pour soutenir la VIII$^{e}$ armée britannique et les partisans de Tito. La troisième bataille vise le contrôle de la mer Égée, avec comme objectif d'inciter la Turquie à rejoindre les Alliés. La lutte est menée avec des forces interalliées qui ne sont plus seulement anglo-américaines, mais également françaises. La coordination tactique devient du grand art.

La coordination stratégique est plus difficile. La controverse américano-britannique sur la stratégie à mener en Méditerranée atteint son pic. Les Américains ont défendu contre les Britanniques le projet d'un débarquement dans le Sud de la France, en soutien du débarquement de Normandie. Ce principe a été arrêté en août 1943, lors de la conférence de Québec. Les Britanniques, Churchill en tête, persistent à estimer qu'une poussée définitive en Italie du Nord, après la prise de Rome, conduira plus facilement les armées alliées vers le Danube. Ces armées atteindraient donc l'Europe centrale avant les Soviétiques. Churchill, plus que les Américains, est conscient des ambitions staliniennes.

Le piétinement des Alliés en Italie conduit les Britanniques à remettre l'hypothèse danubienne sur le tapis, estimant que la fixation des troupes allemandes d'Italie a le même résultat qu'un débarquement en Provence. Le général Eisenhower défend tout ce qui peut contribuer au succès de « Overlord », et souhaite disposer rapidement d'un second grand port français, après celui de Cherbourg. Celui de Marseille lui semble tout indiqué. Les Américains trouvent également tout indiqué d'employer l'armée française renaissante, qui vient de faire ses preuves en Italie, à participer à la libération de son pays. Fin juin, l'état-major britannique conjure Churchill d'abandonner ses projets, dans l'intérêt de la coopération anglo-américaine. D'autant plus que les Américains sont les grands dispensateurs des moyens, et qu'ils disposent ainsi de quoi faire valoir leur point de vue. Hitler craignait pourtant beaucoup une attaque en Europe centrale. Et il a fallu neuf mois aux Alliés pour vaincre sur le front Ouest, neuf mois qui ont permis à l'Armée Rouge de reconquérir l'Europe centrale. La controverse historique reste toujours aussi fascinante.

### *Le débarquement en Provence*

Les troupes françaises avaient reconquis la Corse par une opération amphibie aussi réduite qu'efficace. Ce qui, pour une fois, donne des idées à l'état-major allié, pour monter une opération du même style. C'est ainsi qu'une division coloniale française est débarquée par surprise sur île d'Elbe le 17 juin. La résistance allemande est forte, et le débarquement est très difficile. La bataille est menée en deux langues, les Français demandant des soutiens aussi bien à l'aviation américaine qu'aux bâtiments britanniques et français qui les appuient de leurs feux. Les plages sont inadaptées au bon emploi des embarcations d'assaut. Mais les mules font parfaitement l'affaire ! Cette opération, rendue inutile par la progression des Alliés sur la côte italienne, permet cependant de confirmer la doctrine en matière de débarquement. C'est une bonne préparation au débarquement en Provence, l'opération « Dragoon », dont la date du 15 août est arrêtée début juillet.

Le premier échelon de l'opération « Dragoon » se compose de trois divisions d'assaut américaines et d'une brigade blindée française. Une division aéroportée US, des commandos français et des Rangers doivent se saisir de points clés. Le second échelon se compose de sept divisions françaises, sous le commandement du général de Lattre de Tassigny. Les trois divisions américaines et deux divisions françaises sont prélevées sur l'armée d'Italie. Les Américains ne peuvent pas mieux montrer aux Britanniques à quel point l'Italie est pour eux un théâtre secondaire.

Le plan naval est dirigé par l'amiral américain Hewitt, qui a contribué au succès des débarquements d'Afrique du Nord et de Sicile. Ce plan orchestre les mouvements de 881 bâtiments et 1 370 petits bâtiments d'assaut. Trente-quatre navires de guerre français, sous les ordres directs de l'amiral Lemonnier, dont le vieux cuirassé *Lorraine*, participent efficacement aux opérations, aidés par leur connaissance des lieux. Les opérations navales et terrestres sont un succès rapide et complet. Quelques petits bâtiments allemands sont détruits le premier jour. Les 18 et 19, des torpilles pilotées *Marder* tentent une vaine attaque contre les flottilles de débarquement. L'unique U-Boot laissé valide par les bombardements américains de mars prend la mer sans être détecté. Le *U-230* s'échoue accidentellement et son équipage le détruit. La guerre sous-marine en Méditerranée occidentale est terminée.

En septembre, les Allemands tentent depuis l'Italie plusieurs attaques de la flotte de débarquement avec des Marder, des S-Boote et même un sous-marin de poche à un seul homme d'équipage, le *Molch*. Les Alliés s'étaient préparés pour de telles attaques, qui ne se traduisent que par de nouvelles pertes allemandes.

Fin septembre, les Alliés coulent en mer Égée les trois derniers U-Boote de Méditerranée.

En juin 1943, les Allemands avaient également acheminé en pièces détachées à Constanza, sur la mer Noire, six petits sous-marins de 300 tonnes. Ces petites unités coulent des caboteurs soviétiques, et mobilisent des forces importantes à leurs trousses. Fin août, un bombardement soviétique en détruit trois. Les trois autres fuient l'avance russe et se sabordent sur les côtes turques le 10 septembre. La guerre sous-marine en Méditerranée est achevée.

Des combats entre petites unités se poursuivront en Adriatique jusqu'au retrait total des troupes allemandes. Mais la bataille des convois est totalement terminée en Méditerranée. Un nombre croissant de navires marchands naviguent isolément et, en septembre, les feux de navigation sont à nouveau permis dans certaines zones.

### *Le bilan final*

Soixante-huit U-Boote ont été perdus en Méditerranée. Ils ont coulé 449 206 tonnes de navires marchands et 24 grands navires de guerre britannique. Parmi eux, le cuirassé *Barham* et les porte-avions *Ark Royal* et *Eagle*. Les U-Boote ont surtout mobilisé contre eux des moyens navals et aériens considérables. Vu sous cet angle, le prix payé par les U-Boote n'est pas excessif. Par contre, quatre-vingt-quatre sous-marins italiens ont été coulés, pour des résultats négligeables. La flotte de surface italienne a fait les frais du soutien des troupes de l'Axe en Afrique. La marine marchande italienne est réduite à peu de choses. Un bon nombre de navires marchands français saisis par l'Axe ont également disparu. Le bilan est lourd pour les deux anciennes puissances de Méditerranée occidentale et centrale. La France et l'Italie ne s'en remettront pas totalement.

**Graphique des pertes marchandes de l'Axe en Méditerranée**

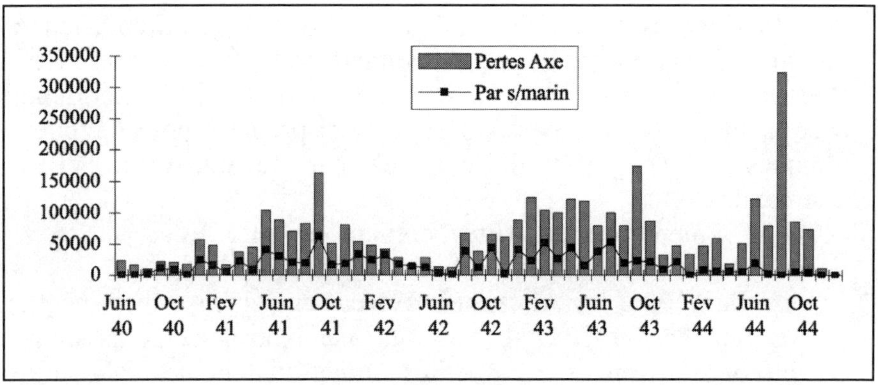


La pointe de septembre 1943 est due aux sabordages, lors de la reddition de la flotte italienne. Les Italiens ont sabordé les bâtiments marchands pour éviter qu'ils ne tombent aux mains de leurs ex-alliés allemands. Le pic d'août 1944 est le résultat de l'évacuation des ports par les Allemands. 273 000 tonnes de navires marchands ont été sabordées dans les ports. Les autres pertes du mois sont le résultat de l'action des Alliés pour empêcher les évacuations.

À la fin de 1944, les sous-marins britanniques ont coulé plus de 27 % du total. Certains mois, leur score atteint la moitié des pertes ennemies. Les pertes de 1945 sont négligeables par rapport au total.

La comparaison des pertes totales marchandes de chacun des belligérants montre bien que la défaite de l'Axe sur ce théâtre est largement logistique.

| *juin 1940-mai 1945* | *Unités* | *Tonnage* |
|---|---|---|
| Pertes alliées | 413 | 1 740 250 |
| Pertes de l'Axe | 3 082 | 4 147 523 |

Il faut se souvenir que les tonnes coulées en Méditerranée sont en quasi-totalité des tonnes de fret militaire. La comparaison entre les tonnes coulées dans l'Atlantique et celles coulées en Méditerranée est donc trompeuse. Quand on sait que la dernière offensive de Rommel a échoué en grande partie pour un manque de 2 000 tonnes de carburant, soit un petit pétrolier de l'époque, l'acharnement avec lequel chaque camp a traqué les navires marchands de l'adversaire se comprend aisément.

## 3.2. Les opérations dans l'Atlantique au second semestre 1944

Bien que la défaite allemande soit inéluctable, la bataille se poursuit dans l'Atlantique jusqu'en mai 1945. Le dispositif allié ne se relâche pas plus que l'ardeur combative des U-Boote. Cette ardeur est soutenue au début de la période par l'espoir de disposer des nouveaux sous-marins.

### *Les nouveaux U-Boote*

Le 13 septembre 1944, le vice-amiral Abe, attaché naval japonais à Berlin, envoie un long télégramme à Tokyo. Ce télégramme, déchiffré par les Britanniques, détaille la visite qu'il a faite à Dantzig, le principal chantier de construction des nouveaux U-Boote de type XXI et XXIII (cf. chapitre 3). Les performances du type XXI, le sous-marin océanique, et celles du type XXIII, le sous-marin côtier, inquiètent fortement les Alliés. Elles les mettent largement à l'abri des moyens de lutte de l'époque.

Winn noircit fortement le tableau, surestimant les entrées en service de ces nouveaux adversaires. Il estime que 74 types XXI et 25 types XXIII peuvent être en service en avril 1945. En réalité, deux types XXI prendront la mer en avril 1945. Les types XXIII entrent en opération en février 1945 ; aucune des huit unités ayant opéré autour des Îles britanniques ne sera ni repérée ni perdue.

Winn est sans doute plus conscient que certains responsables de l'Amirauté de la nécessité, malgré une probable victoire, de ne pas baisser la garde. En septembre 1944, on ne peut que constater l'inefficacité des bombardements massifs effectués sur les ports et les chantiers allemands. La production est active. Dönitz dispose en octobre 1944 de 401 U-Boote, dont 141 sont opérationnels. Cette force peut être appliquée à un théâtre maintenant restreint, et être donc dangereuse, voire capable de saturer les moyens alliés. Mais les intentions offensives allemandes sont limitées par les possibilités logistiques et techniques, et les contre-mesures alliées se mettront en place rapidement.

### *La zone d'action des U-Boote*

Les U-Boote rescapés sont à l'abri dans leurs bases norvégiennes. Leur champ d'action est à peu près aussi limité qu'il l'était au début de la guerre.

Les opérations dans les eaux lointaines sont limitées par la destruction des sous-marins ravitailleurs. Seuls, les grands sous-marins de type IX peuvent intervenir, mais pour une durée limitée. Car le manque d'abri à leur taille en Norvège les oblige à venir d'Allemagne. Les cinq navires marchands coulés par le *U-1232* en octobre 1944 au large d'Halifax ne peuvent changer le cours de la guerre. Et l'aventure du *U-802* qui réussit à passer trois semaines dans l'estuaire du Saint-Laurent en août 1944, et à s'en retourner sans avoir été repéré et sans avoir coulé quoi que ce soit, est tout au plus curieuse. Les groupes de soutien américains font bonne garde.

Les rares unités en opération dans l'océan Indien, soutenues par les Japonais, provoquent peu de dégâts, mais mobilisent à leur poursuite des forces alliées importantes. Dönitz continue à disperser les forces alliées.

La principale menace exercée par les 50 à 70 U-Boote opérationnels est concentrée maintenant autour des Îles britanniques et des convois arctiques.

Les moyens aériens alliés sont déplacés du Sud vers le Nord de l'Écosse, pour surveiller le passage des U-Boote. Malgré la coopération marine-aviation, aucun des 16 U-Boote qui passent en août n'est attaqué. Les résultats des mois suivants ne sont guère plus brillants. Le schnorchel, utilisé avec circonspection, protège les U-Boote. Mais la lenteur du déplacement limite d'autant la période d'activité opérationnelle, la visibilité et la mobilité tactique. Les convois de l'Atlantique sont donc peu menacés. Les convois côtiers le sont davantage.

Le radar, qui avait considérablement aidé les Alliés à vaincre les U-Boote de l'Atlantique au printemps 1943, ne leur est plus que d'un secours limité contre le schnorchel, trop petit pour être repéré. Comme les U-Boote sont maintenant silencieux, l'organisation alliée du repérage gonio et du décryptage est alors d'un rendement très faible. Le balancier de la guerre des moyens techniques quitte le camp allié. L'Asdic est toujours là, bien qu'il donne de moins bons résultats dans le remous des eaux côtières qui provoquent de faux échos, et les avions aussi. Mais les combats sont des combats de proximité, comme au début de la guerre. Avec une différence importante, la puissance des groupes d'escorte alliés. Plus de 400 bâtiments opèrent autour des Îles britanniques.

Le peu d'efficacité du Coastal Command s'explique en partie par le grand nombre de fausses alertes au schnorchel. Les avions se dispersent après des pistes fantômes, dont un certain nombre d'inoffensives baleines font les frais ! La trace du schnorchel sur l'eau ressemble en effet à celle d'une baleine.

En octobre 1944, Winn et l'OIC avouent leurs difficultés à tenir à jour la situation des U-Boote. Il avait été estimé que les trajets au schnorchel seraient de l'ordre de dix jours. Les départs et les arrivées de U-Boote restant connus grâce aux décryptages, on espérait pouvoir extrapoler leurs déplacements. Mais en réalité, compte tenu de la prudence de leurs commandants, des difficultés de navigation, les U-Boote restent de 50 à 70 jours en immersion, se déplaçant à des vitesses très variables. Le silence radio étant de règle, il devient bien difficile de les situer.

Mais les U-Boote doivent se méfier de l'organisation technique britannique. Il faut peu de choses pour attirer la foudre. En septembre, le *U-867* demande à être remorqué. Le message est décrypté et exploité rapidement. Trois U-Boote se déroutent pour lui prêter assistance. Le *U-867* et le *U-858* sont ainsi coulés. Le 29 novembre, un décryptage apprend qu'un groupe de trois sous-marins doit atteindre une zone à l'Ouest de Shannon. Le *U-322* et le *U-400* sont coulés avant d'atteindre leur zone de patrouille ; le *U-772* est coulé au large de l'île de Wight, après avoir coulé trois cargos.

Mais en novembre et décembre, un seul U-Boot est coulé. Les autres sont peu efficaces. Trois unités, les *U-478*, *U-462* et *U-722*, remportent à elles seules l'essentiel des succès.

La route des convois est infléchie et ils atteignent maintenant la Grande-Bretagne par le Sud de l'Irlande. La protection aérienne offerte par les bases des Açores permet ainsi d'éloigner les convois des U-Boote et du mauvais temps.

### *Les opérations dans les eaux côtières jusqu'en décembre 1944*

Cette nouvelle campagne débute donc en septembre 1944. Mais sur la vingtaine de U-Boote embusqués autour de la Grande-Bretagne, seul le *U-482* (von Matushka) obtient quelques succès. Il coule quatre navires marchands et une corvette. Du 16 août au 26 septembre, son sous-marin parcourt 2 729 milles, dont 256 en surface, sans être repéré. Le *U-1199* reste embusqué cinquante jours au large de l'Écosse. Ces chiffres donnent une idée des nouvelles conditions de combat des U-Boote, et sur la difficulté de les localiser. Sur cette vingtaine de sous-marins, deux sont coulés et deux sont détruits. Dönitz avait demandé à ses commandants de U-Boote de se comporter de manière inhabituelle. Par exemple, d'attaquer entre la côte et la cible, et de se retirer en direction de cette même côte. Cet exercice nécessite une navigation très précise, mais elle surprend les Britanniques.

Les Britanniques doivent donc à nouveaux assurer la couverture aérienne des convois même à proximité des côtes. De plus, d'importants chenaux minés protègent les voies d'accès aux ports. Ces mines ne feront aucune victime en 1944.

Les Allemands agrandissent les abris des bases norvégiennes, sous le regard attentif des reconnaissances alliées. Les chantiers sont bombardés en octobre, et des sous-marins non protégés sont détruits. Les abris terminés restent intacts. En novembre, le bombardement des canaux utilisés pour acheminer les tronçons de U-Boote à leur chantier d'assemblage ralenti leur entrée en service. À la fin de l'année, les premiers types XXI pouvant entrer en service sont détruits ou endommagés. Ces bombardements sont les premiers ayant eu une influence directe sur le potentiel sous-marin de l'ennemi.

En novembre et décembre, une vingtaine de U-Boote, comme en septembre, sont en opération. Malgré l'abondance des cibles, ils ne coulent que onze navires marchands et deux frégates. Parmi les pertes se trouve le transport de troupes *Léopoldville*, coulé devant Cherbourg avec 800 soldats américains. La puissance des escortes incite les U-Boote à la prudence. Mais cinq d'entre eux seulement sont coulés, dont un seul par le Coastal Command, dont les forces continuent à se disperser sur les fausses pistes et les baleines. Une étude faite après guerre montre que seulement 98 des 216 schnorchels vus en étaient vraiment !

À la fin de l'année, Dönitz s'estime satisfait. Il a mobilisé ses forces pour soutenir la bataille des Ardennes, en décembre 1944 ; les Allemands coulent 135 000 tonnes, dont 59 000 à l'actif des U-Boote. On est tout de même très loin des scores de 1942, et même de ceux de 1940. Avec une différence de taille, la pleine puissance de la machine de guerre alliée.

Dönitz apprécie la situation de manière relative. Dans la zone d'opération, le rendement par sous-marin est aussi élevé que celui d'août 1942. Mais en 1942, un sous marin, sur cent jours de mer, en passait quarante dans son secteur opérationnel. Au dernier trimestre de 1944, à cause des nouvelles conditions de combat et des facilités perdues avec les bases françaises, un sous-marin ne passe plus que neuf jours dans son secteur. Le nombre de sous-marins est tel que le taux de perte revient autour de 10 % des bâtiments à la mer, ce qui redevient acceptable et regonfle, si besoin en était, le moral des sous-mariniers.

L'Amirauté fait des constatations du même ordre, d'autant plus que six bâtiments ont été coulés fin décembre dans la Manche. L'arrivée des types XXI et XXIII est donc inquiétante. Mais leur entrée en service est sérieusement ralentie par une intense campagne de minage de la Baltique, à partir de septembre. La densité de mines est telle que, faute d'un nombre suffisant de dragueurs, l'entraînement des nouveaux sous-marins est paralysé.

L'augmentation des pertes conduit la Suède à fermer ses ports aux navires de l'Axe le 27 septembre. Les Soviétiques atteignent le golfe de Finlande et la Lituanie en octobre. Dantzig, principal lieu d'assemblage des types XXI, est menacé.

Les résultats de cette fin d'année 1944 sont réconfortants pour les Alliés.

Depuis septembre, pas moins de 12 168 navires marchands ont été acheminés vers la zone des combats. Les U-Boote n'en ont coulé que 16, et ont perdu 55 des leurs.

## *L'Arctique et la fin du* **Tirpitz**

Lorsque le succès du débarquement en Normandie semble assuré, l'Amirauté envisage de reprendre les convois arctiques. Le *Tirpitz* et ses cinq destroyers, sans compter une trentaine de U-Boote basés dans le Nord de la Norvège, exercent une menace telle qu'elle conduit à un renforcement des escortes. Chaque convoi est menacé par une force de 6 à 19 U-Boote. La pression allemande est donc toujours aussi forte. Malgré son renforcement par un groupe de 40 Ju88 en octobre, la Luftwaffe se montrera très discrète.

Le cas du *Tirpitz* préoccupe particulièrement l'Amirauté. Le *Tirpitz* avait une première fois été immobilisé par l'attaque des sous-marins de poche britanniques en septembre 1943. On se souvient qu'en avril 1944, à la suite d'un décryptage exploité de manière astucieuse, une attaque aérienne l'avait une nouvelle fois endommagé alors qu'il s'apprêtait à reprendre ses essais. En juillet, une opération combinée avec les trois porte-avions de la Home Fleet n'avait rien donné. Au moins ces opérations avaient-elles incité Hitler à craindre une menace sur la Norvège. Ce qui avait obligé Dönitz à immobiliser une force sous-marine importante loin des plages de débarquement.

Cette force sous-marine est malmenée lors de l'attaque aéronavale britannique de juillet. Les Britanniques avaient prévu une interception possible de la flotte à son retour, et les moyens aériens sont renforcés. Quatre U-Boote sont détruits. Les U-Boote ne sont pas équipés du schnorchel. Ils naviguent en surface, et comptent, comme dans le golfe de Gascogne, sur leur armement antiaérien renforcé pour éloigner les avions. Cette tactique ne réussit pas davantage à les sauver.

Les trente-trois bâtiments du JW59 appareillent d'Écosse le 15 août. La Home Fleet appareille en même temps, pour une nouvelle attaque aéronavale du *Tirpitz*, qui ne donne rien. Le *U-354* croise cette flotte par hasard. Il coule une frégate et en endommage une autre avant d'être détruit. Le convoi, pisté à distance par neuf U-Boote, est bien protégé par ses deux porte-avions d'escorte, qui profitent du beau temps pour maintenir des patrouilles permanentes. Un destroyer est coulé, il n'y a que neuf survivants, et son agresseur est coulé. Les convois suivants ne perdent que deux navires marchands, ceux du RA60, attaqué par 17 U-Boote. Les décryptages permettent de connaître la position des lignes de patrouille adverses. Cette information est utilisée pour attaquer les U-Boote, car les escortes ont une puissance telle qu'il est maintenant possible d'éviter de dérouter les convois et d'accepter le combat avec les U-Boote et la Luftwaffe.

En octobre, le JW61 bénéficie d'une protection supplémentaire particulièrement élaborée. Les 19 U-Boote lancés à sa poursuite s'épuisent en vain contre un convoi bidon, émettant du bon endroit de vrais faux messages, y compris des comptes-rendus de reconnaissance de la Luftwaffe. Les décryptages, effectués à cette époque pratiquement en temps réel, permettent de contrôler la manœuvre. Et pour rester jusqu'au bout dans le vrai faux, un dernier vrai faux message apprend aux intéressés la bonne arrivée du convoi ! Le JW61 arrive à bon port sans incident. Les Britanniques étaient passés maîtres dans de telles manœuvres d'intrusion et d'intoxication depuis leurs premiers essais lors de la bataille d'Angleterre.

En septembre, le *Tirpitz* est endommagé par les bombes de 5 tonnes d'une escadre de Lancaster. Le navire doit être remorqué à Tromsö. Il cesse ainsi d'être une menace directe pour les convois.

À la même époque, l'attaque contre le trafic côtier allemand est intensifiée. Des transports acheminent l'acier suédois et des troupes, pour renforcer la défense de l'Allemagne. Ils sont attaqués par l'ensemble des moyens aériens et navals, y compris les MTB et une escadre de la Home Fleet, qui anéanti un convoi de quatre navires et ses six escorteurs. La densité des moyens alliés est telle que les états-majors doivent limiter le champ d'action et la fréquence des sorties de ces différentes forces.

La résistance norvégienne, malgré la brutalité de la répression, est toujours aussi active. Elle renseigne en particulier les Britanniques sur les convois allemands. L'attaque s'effectue alors selon les moyens disponibles. C'est ainsi que le sous-marin français *Rubis* mouille ses mines avec adresse sur le passage présumé d'un convoi, détruisant en décembre deux caboteurs et deux chasseurs de sous-marin. C'est un spécialiste de ce genre d'opération sur les côtes norvégiennes. D'avril 1940 à décembre 1944, sous les ordres du capitaine de corvette Cabanier, futur amiral, puis de son second, le capitaine de corvette Rousselot, il effectue vingt-deux opérations de mouillage de mines. Ses mines ont probablement détruit dix-sept ou dix-huit bâtiments marchands, ainsi qu'une dizaine de patrouilleurs ; il a endommagé le *U-600* et coulé à la torpille un navire marchand.

Le *Rubis* a été cité cinq fois ; il est le premier navire des FNFL ayant été décoré de la croix de la Libération. Le commandant Rousselot est l'officier allié le plus décoré par les Britanniques. Il commande le même équipage depuis le début de la guerre. À bout de souffle, le *Rubis* est retiré du service fin décembre 1944. Sa brillante carrière et l'attachement de son équipage lui vaudront d'éviter le chalumeau des démolisseurs. Immergé au large de la plage de Saint-Tropez, il est maintenant visité par les plongeurs.

Le sous-marin de poche britannique X.24 réussit l'exploit de s'infiltrer dans le port de Bergen, pour déposer les charges qui détruisent le dock flottant. Il retrouve son sous-marin remorqueur et tous deux rentrent à leur base sans être inquiétés.

La lutte continue. Fin octobre, pas moins de dix-huit U-Boote attendent le convoi rentrant RA61. La très forte escorte disperse les U-Boote. Les mauvaises conditions Asdic sont favorables à la survie des U-Boote, qui échappent à leurs chasseurs.

Le mouillage exact du *Tirpitz* est maintenant connu. Le 29 octobre, trente-huit Lancaster, armés de bombes de 5 tonnes, gênés par les nuages, ratent le cuirassé. Les conditions météo s'améliorent. Le 12 novembre 1944, le *Tirpitz* est coulé par les bombes de 5 tonnes de l'escadrille de Lancaster briseurs de barrage. Le cuirassé chavire, emprisonnant dans sa coque près de 1 000 hommes. La flotte de surface de la Kriegsmarine est définitivement hors de combat.

On peut s'étonner de l'acharnement avec lequel les Britanniques ont combattu le *Tirpitz*. Par sa seule présence, le cuirassé oblige les Britanniques à immobiliser à Scapa Flow la Home Fleet, et à renforcer progressivement l'escorte des convois arctiques. Les moyens ainsi immobilisés ne sont plus disponibles sur d'autres théâtres. Rien, mieux que cet épisode, ne peut illustrer le concept de « fleet in being ». Le *Tirpitz* n'a tiré que quelques coups de canon contre les installations alliées du *Spitzberg*. Mais, comme son frère-jumeau le *Bismarck*, il pouvait sortir à tout moment et provoquer des destructions considérables. L'Amirauté était sans doute consciente des hasards qui avaient permis la destruction du *Bismarck ;* il était prudent de sa part de ne pas compter sur un hasard aussi heureux contre le *Tirpitz*. Il faut se souvenir que les Britanniques manquent de cuirassés modernes. Un seul d'entre eux est affecté à la Home Fleet. Lorsqu'une menace de sortie du *Tirpitz* est devenue probable, le *Richelieu* est venu renforcer la Home Fleet.

Les Alliés sont certainement très satisfaits du manque de détermination des Allemands à utiliser leur cuirassé qui, à bien des moments, avait le champ libre, en particulier par gros temps. Peut-être faut-il voir également dans l'échec du *Tirpitz* l'échec du renseignement naval allemand, qui n'a pu indiquer les moments favorables à l'intervention du *Tirpitz* et des autres grandes unités basées en Norvège. Cet échec du renseignement est largement dû à la mauvaise coopération entre la Luftwaffe et la Kriegsmarine, provoqué par l'obstination de Gœring à garder ses avions.

Au second semestre de 1944, aucun des 159 navires marchands n'a été perdu lors des voyages aller. Deux des 100 navires rentrants ont été perdus, ainsi qu'un destroyer. Neuf U-Boote ont été détruits.

### *Le bilan de 1944*

Ce bilan montre encore mieux que celui de 1943 la victoire navale des Alliés.

| | *1939-1940* | *1941* | *1942* | *1943* | *1944* |
|---|---|---|---|---|---|
| **Pertes brutes** | | | | | |
| Tonnage | 4 747 033 | 4 328 558 | 7 790 542 | 3 220 137 | 1 045 629 |
| Navires | 1 281 | 1 299 | 1 663 | 597 | 205 |
| Sous-marins Axe | 52 | 52 | 110 | 264 | 240 |
| **Pertes mensuelles** | | | | | |
| Tonnage | 296 689 | 360 713 | 649 212 | 268 345 | 87 136 |
| Navires | 80 | 108 | 139 | 50 | 17 |
| Sous-marins | 3,24 | 4,33 | 9,17 | 22 | 20,00 |
| **U-Boote opérationnels en début de période** | 39 | 22 | 91 | 212 | 168 |

Mais les Alliés sont conscients de l'étroitesse de la marge séparant sur mer la victoire de la défaite. En cette fin d'année, le schnorchel pose un problème difficile. De plus, l'efficacité des décryptages, déjà réduite par le silence radio prolongé, est encore diminuée par la mise en service progressive à partir de décembre 1944 de clés de chiffrement propres à chaque U-Boot. Ce qui rend le décryptage pratiquement impossible. L'expérimentation du système de transmission Kurier n'annonce rien de bon pour les Alliés (cf. chapitre 10).

### 3.3. La fin des opérations dans l'Atlantique

Malgré leur succès sur toutes les mers, les Alliés craignent un retour déterminant de la guerre sous-marine.

#### *Les perspectives au début de 1945*

Le commandant Winn et son équipe suivent de près les progrès de la construction des nouveaux U-Boote, qui reste très active. En janvier 144 U-Boote sont opérationnels et 281 sont à l'instruction. En avril, 166 sont opérationnels et 263 sont à l'instruction (cf. annexe 1). La menace est toujours aussi sérieuse, surtout avec la généralisation du schnorchel.

Dantzig est toujours aux mains des Allemands, et la construction des types XXI et XXIII se poursuit. Bien que le minage de la Baltique ralentisse beaucoup l'entraînement et donc les mises en service, l'impact exact est difficile à mesurer. La brusque intrusion d'une trentaine de types XXI dans l'Atlantique provoquerait des pertes supérieures à celles du printemps 1943. Comme le silence radio prive les Alliés du bénéfice des décryptages, les perspectives paraissent critiques. Le type XXI est à peu près invulnérable. Le rush final des armées alliées est donc observé avec la plus grande attention par l'équipe de situation sous-marine du commandant Winn. D'autant plus que les décryptages ont permis de connaître les officiers sélectionnés pour commander ces nouvelles unités. Ce sont tous des officiers de premier ordre, dont on peut attendre une combativité au-dessus de la moyenne.

Au début février, un message de Dönitz à ses commandants de U-Boote est décrypté. Il annonce une intensification prochaine de la guerre sous-marine. Une semaine plus tard, le premier type XXIII entre en service actif. D'autres messages de Dönitz sur le même thème sont décryptés en février. À la conférence de Yalta, les Alliés pressent Staline de prendre Dantzig. La crainte des nouveaux sous-marins tourne à la phobie. Ce n'est que le 19 mars qu'un décryptage apprend au commandant Winn la présence à Bergen du *U-2511*, le premier type XXI en opération, commandé par un as, le capitaine de corvette A. Schnee. Heureusement, des ennuis techniques le retardent jusqu'au 30 avril. La menace était sérieusement surestimée.

Le renforcement des moyens allemands au Nord de la Norvège fait craindre le retour des ennuis pour les convois arctiques. Les U-Boote sont concentrés dans les parages de la presqu'île de Kola, région où les conditions Asdic sont mauvaises. Malgré de patientes négociations, il ne peut être obtenu des Soviétiques qu'ils fassent un petit effort pour aider au balayage de ces U-Boote, embusqués devant leur porte.

Quant à la menace sur les convois de la Manche, elle est tout aussi sérieuse. La totalité de la logistique alliée passe par la Manche, et en particulier les précieux carburants. Il suffirait de quelques types XXIII pour menacer un approvisionnement qui est suffisant, mais sans plus. À l'automne 1944, il avait fallu arrêter l'approvisionnement en carburant de l'armée Patton au profit des Britanniques, lors de l'offensive vers Arnhem. Début 1945, 37 groupes d'escorte, soit 426 navires de guerre de type escorteur, opèrent autour des Îles britanniques. On y attend l'ennemi en force.

Au début de cette cinquième année de guerre, les convois semblent de nouveau en danger. Mais le temps va jouer en faveur des Alliés.

### *La fin des opérations dans l'Arctique*

L'armistice finlando-soviétique du 4 septembre avait surpris les Allemands. Neuf divisions, soit 170 000 hommes, retraitent jusqu'à Narvik. Ils sont évacués par mer vers l'Allemagne au début de l'année. Ces convois nocturnes sont attaqués par les Britanniques, tous moyens réunis. La multitude d'îles offre des possibilités de camouflage bien exploitées par les Allemands. Les transports s'effectuent au compte-gouttes, et les attaques britanniques sont peu efficaces, malgré l'important effort de renseignement effectué par le commandant Denning et son équipe. Les derniers destroyers allemands regagnent la Baltique en avril 1945.

Les U-Boote et les Ju 88 guettent toujours les convois arctiques, sans succès notoire, hormis contre les escorteurs. Ils ne coulent en 1945 que quatre navires marchands et quatre escorteurs. Le JW66 est le dernier convoi pour Mourmansk de la guerre. Il quitte l'Écosse le 16 avril. Ses 22 navires marchands sont escortés par 18 navires, un croiseur et deux porte-avions d'escorte. Un autre groupe d'escorte précède le convoi pour disperser les U-Boote. Pas moins de 21 U-Boote attendent le convoi dans les parages de Kola. Les Soviétiques ont fait un effort pour déminer les accès. Rien n'arrête le convoi. Un seul U-Boot est endommagé. Le bilan final des convois arctiques est le suivant :

| ***Convois arctiques*** | ***Navires partis*** | ***Navires arrivés*** | ***Bâtiments coulés*** |
|---|---|---|---|
| Convois Est-Ouest | 811 | 720 | 57 |
| Convois Ouest-Est | 720 | 678 | 42 |
| Escorteurs perdus | | | 18 |
| U-Boote perdus | | | 38 |

Les 720 navires arrivés à bon port ont transporté quatre millions de tonnes de fret, dont 5 000 chars et 7 000 avions. Pour donner une très faible idée de la valeur de cet apport, on peut remarquer que la plus grande bataille de chars de la guerre, celle de Koursk, a mobilisé 2 000 chars soviétiques. Les équipages civils et militaires alliés ont perdu 2 800 hommes. La moitié des pertes est imputable aux U-Boote, la seconde moitié à l'aviation. Outre 38 U-Boote, les Allemands ont perdu le *Scharnhorst* et trois grands destroyers.

### *La fin des opérations côtières*

En ce début de 1945, la bataille des convois côtiers est plus importante que jamais. Le port d'Anvers, libéré après trois mois de combats et la prise de Walcheren, est le principal terminal logistique allié. La Hollande est encore aux mains des Allemands. Une cinquantaine de S-Boote et autres petites unités trouvent dans les estuaires de l'Escaut et du Rhin et leurs ramifications un terrain de chasse à leur mesure. L'effort allemand se porte donc sur le trafic entrant et sortant d'Anvers. L'aviation participe à cet effort. Le principal danger est celui des mines. Mais les Allemands délaissent le minage, pour ne pas gêner l'action des dizaines de sous-marins de poche prêts à intervenir. Il aurait suffit d'un seul grand cargo coulé dans l'estuaire pour paralyser le trafic.

La lutte contre cet ennemi très mobile, opérant de nuit, est très difficile. Les 118 attaques aériennes de janvier ne causent aucun dommage aux unités allemandes, qui n'obtiennent d'ailleurs que de très maigres résultats. La solution alliée viendra en février, lorsque l'équipement radio des frégates permettra une coopération efficace avec l'aviation.

Les combats de février sont plus meurtriers. Sept navires sont torpillés et quinze sont victimes des mines. La frégate FNFL *La Combattante* est coulée, probablement par un Seehund. Seuls quatre S-Boote sont détruits. Mais des dizaines de sous-marins de poche sont perdus. Les Allemands poursuivent cependant la lutte avec le même acharnement, sans obtenir les résultats escomptés. Les escortes alliées sont trop puissantes. Le commandant Roskill donne cette intéressante statistique sur l'activité de ces petites unités. Le moins qu'on puisse dire, c'est que leurs résultats n'ont pas été à la mesure de leur combativité et des risques encourus. Les caractéristiques de ces petites unités sont données dans le chapitre 3.

**Activité des S-Boote et des autres petites unités dans les eaux côtières de janvier à mai 1945**

| *Type de bâtiment* | *Sorties* | *Pertes* | *Pertes alliées par torpillage* | *Pertes alliées par mine* | *Bâtiments endommagés par torpille* | *Bâtiments endommagés par mine* |
|---|---|---|---|---|---|---|
| S-Boot | 351 | 10 | (6)<br>12 972 | (25)<br>75 999 | (1)<br>1 345 | (7)<br>26 408 |
| Seehund | 142 | 35 | (9)<br>18 451 | – | (3)<br>18 384 | – |
| Biber et Molch | 102 | 70 | – | (7)<br>491 | – | (2)<br>15 156 |
| Linsen | 171 | 54 | – | – | – | – |
| **Total** | 766 | 169 | (15)<br>31 423 | (32)<br>76 490 | (4)<br>19 729 | (9)<br>41 924 |

De leur côté, les Britanniques poursuivent leurs attaques contre les convois côtiers qui évacuent les forces allemandes du Danemark et de la Norvège. Le minage de la Baltique est tel que le golfe de Dantzig devient impraticable en janvier. Le minage des détroits danois donne également de bons résultats.

Les Britanniques ont mené durant toute la guerre une campagne continue de minage[1], essentiellement conduite par l'aviation. Cette campagne a coûté aux Allemands plus de 600 000 tonnes de pertes, soit 20 % des 3 230 129 tonnes perdues. Les mines de l'Axe ont provoqué 10 % des pertes marchandes alliées. Le minage, outre ses effets directs, a un autre avantage, celui de paralyser le trafic, à moins d'un incessant effort de

1. Cf. Annexe 5 : La guerre des mines.

déminage. En ce début d'année, les moyens de déminage allemands sont saturés.

En avril et mai, les attaques contre les convois côtiers allemands atteignent son pic. Les Mosquito et les Typhoon, équipés des roquettes qui furent fatales à de nombreux panzer en Normandie, font des ravages. Ils coulent 116 955 tonnes et en endommagent 117 929, et cette lutte s'arrête le 4 mai. La marine marchande allemande est détruite en totalité.

### *La fin des combats dans l'Atlantique*

Il est certain qu'en janvier, une bonne partie des 144 U-Boote opérationnels, équipés du schnorchel, menace les convois à proximité des Îles britanniques, et en particulier les approches Ouest de la mer d'Irlande. La crainte de l'arrivée des types XXI et XXIII augmente encore les soucis des états-majors. Cette crainte est justifiée par la difficulté pour les Alliés d'apprécier l'impact du minage de la Baltique sur les entrées en service des nouveaux sous-marins. Le minage est réalisé de manière intensive par le Coastal Command à partir d'août 1944, en liaison étroite avec les décryptages et l'OIC. Comme les moyens sont limités et que la Baltique est vaste, le minage d'une zone donnée est limité. Il suffit de larguer assez de mines pour entretenir l'insécurité, obliger les U-Boote à choisir une nouvelle zone d'entraînement, et mobiliser les dragueurs adverses. Dès qu'une nouvelle zone d'exercice est connue par décryptage, elle est minée à son tour. Par manque de moyens de dragage, la Kriegsmarine estime en janvier qu'un ou deux types XXI seront opérationnels au premier trimestre, au lieu des quarante escomptés. Les Alliés n'en savent rien, et poursuivent jusqu'en mai leur campagne de minage.

Ce n'est qu'après la guerre que l'on saura que l'entraînement était pratiquement paralysé. En ce début d'année, la prudence est de mise. Les Alliés ne peuvent pas savoir si leur inéluctable victoire terrestre se produira avant ou après l'arrivée massive des nouveaux sous-marins. C'est pourquoi les 426 escorteurs en tout genre qui opèrent autour des Îles britanniques ne semblent pas de trop. Pas plus que les 420 appareils du Coastal Command basés dans cette même zone. Le trafic est tel qu'il n'est pas possible d'assurer la couverture aérienne de tous les convois.

Aussi est-il décidé d'étendre la campagne de minage commencée en automne. Les accès Nord et Sud de la mer d'Irlande sont barrés. D'autres champs de mines sont disposés entre

Portsmouth et Le Havre, ainsi qu'au Nord-Ouest de l'Écosse. Ce qui limite fortement les possibilités d'infiltration des U-Boote.

Le radar centimétrique est généralisé. Il est assez sensible pour détecter un schnorchel. Mais l'abondance des débris de toutes sortes qui flottent en temps de guerre provoque des quantités de fausses alertes. Bien que le détecteur de radar des U-Boote ne couvre que la bande métrique, les conditions d'émission sont telles que les signaux centimétriques sont souvent captés. Ce qui suffit à déclencher une plongée immédiate.

Les bombardiers disposent également du radar et du projecteur Leigh pour les attaques de nuit. L'arsenal anti-sous-marin est complété par deux inventions américaines. La première est la bouée acoustique « Sono », qui transmet par radio le bruit des hélices d'un U-Boot en plongée. L'avion patrouilleur peut ensuite intervenir avec la torpille acoustique « Fido ».

Fin janvier, trente-neuf U-Boote sont répartis autour des Îles britanniques, surtout à l'ouest, et cinq autres sont un peu plus loin à l'ouest. Six U-Boote réussissent à s'infiltrer en mer d'Irlande. Tous n'ont pas la même chance que le *U-1055*, qui coule trois bâtiments et s'échappe. Les autres coulent un bâtiment avant d'être rapidement contre-attaqués et coulés. En février, une cinquantaine de U-Boote sont en position. Les U-Boote arrivent de Kiel, sont équipés et entraînés en Norvège, et partent en patrouille. La pression se maintient jusqu'à la fin de la guerre, malgré les pertes.

Les types XXIII s'attaquent aux côtes britanniques en février. Le 25 février, le *U-2322* coule un cargo. Il échappe sans difficulté grâce à sa vitesse en plongée, supérieure à 12 nœuds. Aucun des huit types XXIII engagés ne sera inquiété. Mais huit sous-marins révolutionnaires ne peuvent plus changer le cours de l'Histoire. Les armes nouvelles allemandes étaient bien réelles. Mais les choix antérieurs, portant sur d'autres priorités, ne leur laissèrent aucun rôle dans la conduite de la guerre. Les contre-mesures alliées intervinrent au bon moment pour retarder leur construction et, surtout, leur mise en service opérationnelle.

La riposte alliée, s'appuyant sur une bonne coopération marine-aviation, fait des ravages, particulièrement dans la Manche.

Le commandant Roskill résume dans ce tableau l'intensité de ces derniers mois de lutte autour de la Grande-Bretagne.

| | *U-Boote coulés par les escor-teurs* | *U-Boote coulés par l'aviation* | *U-Boote partagés marine aviation* | *U-Boote coulés pour autre cause* | *Navires marchands coulés* | *Escor-teurs coulés* |
|---|---|---|---|---|---|---|
| Janvier | 4 | – | – | 2 | (7)<br>30 426 | – |
| Février | 9 | 1 | 1 | 1 | (11)<br>28 920 | 3 |
| Mars | 9 | 4 | – | 2 | (10)<br>44 728 | 3 |
| Avril-Mai | 10 | 6 | 1 | 6 | (10)<br>52 125 | 2 |
| Total | 32 | 11 | 2 | 11 | (38)<br>156 199 | 8 |

Les Mosquito et les Typhoon contrôlent de près les détroits danois, route de transit obligée entre Kiel et la Norvège. Du 1er avril au 8 mai, ils détruisent 37 U-Boote en transit ; 18 autres sont détruits dans les ports.

Fin mars, Dönitz envoie six types IX équipés du schnorchel vers les côtes américaines. Cette dernière meute, la Seewolf, est détectée par un décryptage. Ce groupe n'a de meute que le nom, et les sous-marins tentent d'opérer de manière isolée. Le branle-bas de combat est général dans l'US Navy. Des agents allemands font courir le bruit que ces sous-marins sont équipés de la version maritime du V2, dont Londres avait souffert. Quatre U-Boote sont détruits entre le 16 et le 24. Ils n'avaient coulé qu'un destroyer ; un autre est endommagé. Les deux autres U-Boote ne seront vus qu'à la fin de la guerre.

La guerre sous-marine se poursuivit jusqu'à la dernière minute de la guerre. En avril 1945, les U-Boote coulent 73 000 tonnes.

Le 30 avril, Hitler désigne Dönitz comme son successeur. C'est donc l'amiral qui se charge des derniers jours de guerre.

Le 4 mai, les Alliés captent sans le décrypter un message inhabituel de Dönitz, qu'ils interprètent à juste titre comme étant le signal de la fin des hostilités. Cinquante-cinq U-Boote sont dans l'Atlantique et trente-trois sont en transit. Le 5 mai, le mot code « Regenboden », le signal du sabordage, est transmis. Les deux types XXI réussissent, pour le sport, à pénétrer la défense d'un convoi et repartent sans être détectés. Il était temps que la guerre sous-marine se termine. Douze types XXI étaient prêts à prendre la mer, et 91 étaient à l'entraînement. Le 7 mai, un Catalina oblige le *U-320* à se saborder, et un type XXIII, le *U-2326* coule deux navires marchands au large du Firth of Forth et regagne Kiel le 14. Ce sont les dernières victimes de la guerre sous-marine.

L'amiral von Friedebourg, l'adjoint de Dönitz, signe la reddition des U-Boote. L'Amirauté leur ordonne le 8 mai de se rendre. Beaucoup sont immergés, ou peu pressés d'obéir. Les premières redditions ne se produisent que le 9. 156 U-Boote se rendent et 221 se sabordent. Le *U-977* se ravitaille et se cache, puis met le cap sur l'Argentine. C'est une croisière de trois mois, dont plus de soixante jours en plongée, grâce au schnorchel[1].

Il convient de remarquer que la puissance des escortes n'a pas conduit les U-Boote à renoncer à la lutte autour de la Grande-Bretagne, qui s'est poursuivie jusqu'au bout. Alors qu'au printemps 1943, Dönitz avait retiré ses U-Boote de l'Atlantique. Malgré un rapport de forces beaucoup plus favorable aux Alliés qu'il ne l'était en 1943, l'efficacité des U-Boote remontait la pente à la fin de la guerre. Les craintes des amirautés alliées étaient donc pleinement justifiées. Il est heureux pour les Alliés que la priorité à la guerre sous-marine n'ait été donnée que tardivement. Faire de la guerre sous-marine une arme de suprématie stratégique était une idée trop neuve pour l'ensemble des belligérants. Nous avons vu que ni les assaillants, qui n'avaient pas assez de sous-marins, ni les démocraties, qui avaient trop peu d'escorteurs, n'avaient pris en compte cette option stratégique entre les deux guerres. La montée des risques de conflit n'avait pas non plus stimulé la pensée stratégique. La victoire Alliée s'est pourtant jouée sur mer. Mais on a vu à quel prix. L'équilibre entre la victoire ou la défaite s'est joué à quelques mois.

Après guerre, l'Union soviétique sera la seule puissance à entretenir une impressionnante flotte de sous-marins d'attaque[2].

### *Bilan final de la bataille de l'Atlantique*

Des chiffres plus détaillés sont donnés dans l'annexe 6. Ce tableau n'est qu'un court résumé de la bataille.

1. Odyssée racontée par H. Schaeffer, son commandant. U-997. Julliard, 1952.
2. Cf. Annexe 4.

**Pertes, toutes causes confondues**

| | *1939-1940* | *1941* | *1942* | *1943* | *1944* | *1945* |
|---|---|---|---|---|---|---|
| **Pertes brutes** | | | | | | |
| Tonnage<br>Navires<br>Sous-marins<br>Axe | 4 747 033<br>1 281<br>52 | 4 328 558<br>1 299<br>52 | 7 790 542<br>1 663<br>110 | 3 220 137<br>597<br>264 | 1 045 629<br>205<br>240 | 438 821<br>105<br>151 |
| **Pertes mensuelles** | | | | | | |
| Tonnage<br>Navires<br>Sous-marins | 296 689<br>80<br>3,24 | 360 713<br>108<br>4,33 | 649 212<br>139<br>9,17 | 268 345<br>50<br>22 | 87 136<br>17<br>20,00 | 54 853<br>13<br>18,88 |
| **U-Boote opérationnels en début de période** | 39 | 22 | 91 | 212 | 168 | 144 |

Il convient d'ajouter à ces pertes les 175 bâtiments de guerre alliés perdus, dont le plus grand nombre est britannique.

Les Alliés avaient réussi à faire traverser l'Atlantique à 268 millions de tonnes de matériel de guerre et de subsistances.

Les Alliés prennent le plus grand soin à connaître le sort des U-Boote, car on peut toujours craindre l'action de quelques francs-tireurs n'ayant pas capté l'ordre de reddition. Sans compter les rumeurs d'évasion de dignitaires nazis à bord de U-Boote. Dès la fin des hostilités, le commandant Beesly, adjoint du commandant Winn, part pour l'Allemagne, pour dresser le bilan exact de la flotte sous-marine. Il travaille avec l'amiral Godt et le capitaine de corvette Hessler pour établir le destin de chacun des 1 170 sous-marins pris en compte par la Kriegsmarine depuis 1935.

CHAPITRE 10

# *La guerre des codes et des télécommunications*

Ce chapitre présente une synthèse des techniques de renseignement mises en œuvre par chacun des belligérants. Les chapitres précédents montrent à quel point l'analyse du trafic radio de l'adversaire pouvait avoir une influence directe sur la conduite des opérations. Les décryptages, avant la reconnaissance aérienne et les agents sur le terrain, sont la principale source d'information. Il est donc fait une large place à l'exposé rapide des techniques de cryptage et de décryptage[1].

## 1. LE CADRE GÉNÉRAL

Si le souci de cacher ses intentions à l'adversaire en codant les messages est vieux comme le monde, les techniques de chiffrement utilisées au cours de la seconde guerre mondiale sont radicalement différentes.

### 1.1. L'évolution des techniques de chiffrement

L'activité des services de renseignements est permanente, que l'on soit en temps de paix ou en temps de crise ou de guerre.

1. De nombreux sites Internet décrivent de manière détaillée les différentes machines à chiffrer.

L'intensité de l'effort est variable, mais il ne peut être nul. Il est en effet nécessaire de former puis d'entraîner les spécialistes concernés. Il est de plus toujours utile d'essayer de savoir ce qui se passe à droite et à gauche pour éviter de se laisser surprendre. Connaître les intentions de l'adversaire nécessite souvent de percer le camouflage qui protège sa correspondance.

### *Le camouflage des messages*

L'interception puis le déchiffrement des messages civils ou militaires est un art difficile, mais qui ne date pas d'aujourd'hui. L'histoire attribue à Jules César l'invention du chiffre. Chaque lettre du message est décalée de trois lettres par rapport à l'alphabet : A est remplacé par D, B par E, etc. Le système paraît simple, mais lors de son introduction il avait l'avantage de la nouveauté. Ce qui surprend l'adversaire et le laisse dans l'impossibilité de lire la correspondance adverse pendant un certain temps.

Selon les possibilités et les connaissances disponibles, chaque époque a donné naissance à des génies du chiffrage et du décryptage. Le développement des mathématiques conduit au XVI<sup>e</sup> siècle le napolitain Porta à proposer son système de chiffrement polyalphabétique. Son procédé est développé peu après par le diplomate français Blaise de Vigenère. Trop complexes, ces procédés attendront les temps modernes pour être exploités, et sont exposés dans ce chapitre.

Plus près de nous, les travaux du commandant Bazeries méritent une attention particulière. Ce cryptologue français de la fin du XIX<sup>e</sup> siècle a, entre autres, mis au point le *cryptographe*, l'ancêtre des machines à chiffrer utilisant des roues, câblées ou non. Un alphabet désordonné est inscrit sur la tranche de chacune des vingt rondelles du *cryptographe*, enfilées sur un axe dans un ordre donné qui constitue la clé du système. Les vingt premières lettres du message en clair sont composées sur le cryptographe. Les rondelles sont bloquées, puis l'opérateur relève la séquence chiffrée sur l'une quelconque des lignes. Le destinataire, dont le cryptographe est réglé de manière identique, compose les lettres chiffrées, puis bloque les rondelles. Il cherche ensuite l'unique alignement auquel correspond un texte clair. Cet appareil fut rejeté par les autorités militaires, qui lui préférèrent un « César » amélioré, aisément décryptable.

Les belligérants de la première guerre mondiale, compte tenu de la stabilité du front, déploient d'importants efforts de chiffrement et de décryptage. En effet, la guerre des tranchées utilise largement le téléphone pour ses communications avec l'échelon immédiatement supérieur. Mais les liaisons stratégiques entre des grands commandements parfois très éloignés les uns des autres nécessitent l'emploi d'une technique nouvelle, la radio. La radio a tout changé dans la guerre des codes.

## *L'ère de la radio*

La radio fournit aux écoutes adverses un volume des messages considérablement augmenté par rapport à l'époque où il fallait mettre la main sur les messages. Mais les techniques de camouflage, exposées ensuite dans ce chapitre, restent limitées. Le travail des décrypteurs est relativement facilité par une masse de messages codés et chiffrés de manière identique. Encore faut-il détecter les messages utilisant une même technique de chiffrement, et déterminer ensuite cette technique.

Des équipes nombreuses remplacent donc les espions. Elles enregistrent systématiquement le trafic adverse, ce qui est nécessaire pour appliquer avec succès les techniques de décryptage. Aujourd'hui comme hier, tout le monde écoute tout le monde. La guerre électronique donne des moyens considérables aux spécialistes, aussi bien pour camoufler leurs propres messages que pour essayer de percer le camouflage des « autres ».

La partie qui s'est jouée entre les forces de l'Axe et les Alliés entre 1939 et 1945 dans le domaine du décryptage est passionnante à tous points de vue. Bien que des agents aient joué un rôle parfois déterminant[1], les décryptages ont été pour les deux camps la principale source de renseignement. Cet aspect de la guerre tient un rôle important dans la bataille de l'Atlantique. Le dessous des cartes, préservé par les Anglo-Saxons jusqu'en 1974, est époustouflant. La déclassification progressive des archives apporte sans cesse des lumières nouvelles.

Le survol rapide de l'histoire des décryptements liés à la bataille de l'Atlantique conduit cependant à évoquer des faits liés indirectement au sujet. Le cheminement du renseignement s'effectue en effet par des méandres parfois surprenants. Dans un

1. Pour les agents britanniques, cf. J.-C. Masterman, *The double cross system*, Pimlico, 1972.

conflit mondial, il faut être à l'écoute de bien des événements pour être en mesure d'obtenir des informations vitales.

### *Codes et chiffres*

Sans entrer dans les détails, il est utile de faire la différence entre un « code » et un « chiffre » avant de s'aventurer dans le sujet.

L'emploi des codes et des chiffres est destiné bien sûr à préserver pour un temps donné le contenu d'un message. Les techniques de chiffrement sont utilisées en fonction de la durée pendant laquelle on veut protéger la signification du message. Car la notion de secret est limitée dans le temps, selon l'importance du message. Une information stratégique telle que la date du débarquement en Normandie, décidée des mois à l'avance, fait l'objet d'une protection absolue. Un message tactique peut se contenter d'une protection courte, à la mesure de la durée de son effet.

Coder un message consiste à remplacer un mot ou une phrase-type en clair par un mot conventionnel ou un groupe de chiffres. Par exemple, la phrase-type « je rentre au port » est codée par le mot « papillon » ou par le groupe « 80356 », ou par un bigramme tel que « AF », etc. Le système semble en lui-même hermétique. Mais la répétition des messages permet à la longue de les percer à jour. Avec le temps, ils peuvent être lus. Mais ils offrent l'avantage réel de condenser un message par l'emploi de phrases-types. La sécurité d'un message codé est renforcée par son chiffrement.

Chiffrer un message, codé ou non d'ailleurs, consiste à remplacer les lettres en clair par des chiffres ou des lettres déterminés par la technique de chiffrement utilisée, transposition ou substitution. Car les systèmes de chiffrement sont tous une variante de l'une de ces deux techniques, exposées brièvement à la fin de ce chapitre. La traduction en clair d'un message chiffré est appelée « déchiffrement » lorsque la clé est connue, « décryptement » lorsque cette clé est inconnue. Ce qui est le cas du trafic chiffré sur l'Enigma intercepté par les Alliés qui doivent « casser » le chiffre adverse.

Le chiffrement est rendu encore plus complexe par l'emploi de « clés » changées le plus souvent possible, par exemple tous les jours, en fonction d'instructions périodiques connues de tous les utilisateurs. Ce qui est nécessaire afin que les intéressés puissent se comprendre. Lorsqu'une machine à chiffrer est utilisée, la clé donne les positions de départ des organes de chiffrement de la machine.

Les messages émis par les militaires sont le plus souvent codés puis chiffrés, pour des raisons de sécurité évidentes. Ce qui signifie que la tâche des décrypteurs est double : il faut d'abord « casser » le code, puis « casser » le chiffre ! Malgré l'extraordinaire difficulté de cette tâche, les décrypteurs des deux camps font des merveilles.

## *L'expérience de la première guerre mondiale*

Dès sa mise en service, la radio offre aux décrypteurs des opportunités déterminantes.

### *Les exploits marquants*

En août 1914, sur le front de Prusse orientale, les écoutes radio allemandes apprennent à Hindenburg que les deux armées russes qui le surclassent en nombre ne peuvent se soutenir mutuellement. La bataille est livrée successivement contre chacune des armées russes qui sont défaites.

Dans le camp français, le capitaine Georges Jean Painvin, polytechnicien, officier de réserve, s'intéresse au décryptage pour combler son désœuvrement. Il devient un expert de premier ordre et casse en mai 1918 un chiffre allemand particulièrement subtil, « l'ADFGVX ». Décryptant le 2 juin un message de la veille, il donne à l'état-major le renseignement qui permet de déterminer la localisation de l'ultime offensive allemande qui est repoussée. Ce message est resté dans l'histoire comme le « *télégramme de la victoire* ».

Le décryptage en 1917 du « *télégramme Zimmermann* » par la célèbre « *Room 40* » britannique est déterminant pour l'entrée en guerre des États-Unis. Ce télégramme, bien que partiellement décrypté, informe l'ambassadeur d'Allemagne à Mexico du déclenchement de la guerre sous-marine totale le 1^er^ février 1917, tout en persuadant les USA de rester neutres. Dans le cas de l'entrée en guerre des États-Unis, l'Allemagne encouragerait le Mexique et le Japon à rejoindre son camp. En contrepartie, l'Allemagne soutiendra les efforts du Mexique pour récupérer ses territoires perdus du Texas, de l'Arizona et du Nouveau-Mexique. Mais les Britanniques ne peuvent communiquer ce message, pourtant de première importance, aux Américains, sans révéler du même coup qu'ils interceptent le trafic transmis par câble des « neutres », y compris les USA ! Un biais est trouvé en demandant aux Américains les copies des télégrammes envoyés par l'ambassadeur d'Allemagne à Washington à son correspondant au Mexique en espérant y trouver le télégramme Zimmermann, ce qui est le cas. Ces télégrammes sont chiffrés par un code bien connu des Britanniques. Le décryptage est cette fois-ci complet. Le président Wilson est convaincu, et l'Amérique entre en guerre le 6 avril 1917. Cet épisode est significatif de la difficile maîtrise de l'art du Renseignement et de son importance stratégique. Cette leçon-là ne fut pas oubliée, comme en témoignent les missions diplomatico-militaires du commandant Winn auprès de l'amirauté américaine.

#### *La conservation de l'expérience*

En 1918, les cryptologues de chacun des camps décodent et déchiffrent la plupart des messages adverses. Mais entre les deux guerres les méthodes de transmissions bénéficient de progrès techniques notables, aussi bien dans le développement des télécommunications que dans celui des machines à chiffrer. La tâche des décrypteurs devient très compliquée, voire théoriquement impossible. Les Britanniques ont la sagesse de cultiver l'expérience acquise. Une petite équipe d'experts, parmi lesquels A. Knox, un ancien de la « room 40 », cultive l'art du décryptage au sein de la *Government Code and Cypher School* (GC&CS). Créé en 1919, cet organisme centralise en principe la totalité des décryptages. Ce résultat ne sera atteint que progressivement (cf. *infra*). Les Français ne cultivent pas leur expérience. Les Allemands et les Polonais déploient de gros efforts dans ce domaine.

### ***Le progrès du chiffrement et ses contraintes***

L'usage des télécommunications, à usage civil et militaire, explose entre les deux guerres. La sécurité est recherchée par l'usage de machines chiffrantes, mécaniques ou électromécaniques, dont le principal organe est constitué par des roues ou des rotors câblés. Ces machines diffèrent par leur nombre de roues et de rotors internes, choisis parmi un total, variable selon les procédures. La logique de mouvement des roues et rotors est également différente.

*Les machines à chiffrer*

La situation est sensiblement différente chez les adversaires potentiels.

Les Allemands font un large usage de machines à chiffrer, dont la plus répandue est l'Enigma. Les 40 000 Enigma sont utilisées pour les transmissions tactiques des différentes armées. Cette machine, dont le décryptage est déterminant pour la victoire des Alliés dans l'Atlantique, est décrite ci-après. L'Italie et la France utilisent les machines « à engrenages variables » inventées par le Suédois Boris Hagelin. Les armées japonaises n'utiliseront que des chiffrements manuels. Par contre, la diplomatie japonaise met en service dès 1931 la machine à chiffrer « Red » qui évolue en « Purple », selon l'appellation des Américains qui décryptent cette machine dès 1940 (cf. *infra*).

Les armées américaines mettent en service plusieurs machines, dont la plus perfectionnée, la « Sigaba » poursuivra sa carrière après-guerre. Les machines alliées ne seront pas décryptées.

Jusqu'à une date récente, il avait été considéré que l'amirauté britannique, par conservatisme, s'était refusée en 1935 d'utiliser une machine à chiffrer, la Typex, à l'instar de la RAF et de l'armée de terre[1]. L'étude de documents déclassifiés montre que cette assertion doit être fortement nuancée[2].

En 1926, le gouvernement britannique confie à un comité le soin d'étudier la conception d'une machine à chiffrer destinée aux trois armées. La défense n'étant pas la priorité de l'époque, les travaux s'enlisent. L'un des membres du comité monte un accord privé avec la RAF en 1934 pour mettre au point la Typex, dérivée de l'Enigma commerciale. La Typex comporte 5 rotors, choisis parmi 10. Seuls, les trois rotors centraux tournent pendant la frappe. Les organes d'entrée et sortie sont des imprimantes. La RAF reçoit la première de ses machines en 1935. En juin 1938, le comité passe commande de 350 machines. L'Amirauté commande 630 machines en octobre 1939, dont la moitié destinée à ses navires. Mais la production de la Typex est désespérément lente. La machine est beaucoup plus complexe que l'Enigma ; son cycle de production s'élève à deux ans ! Et puis la Grande-Bretagne manque de moyens et de techniciens. Les trois armées réclament sans cesse ces précieuses machines. En mai 1944 la

1. Hinsley, *British Intelligence*, vol. 2, p. 631.
2. « The Admiralty and cipher machines during the second World War: Not so stupid after all », Ralph Erskine, *The Journal of Intelligence History*, 2002, vol. 2.

production cumulée atteint 5 500 machines ; elle n'atteindra que 12 000 à la fin de la guerre, chiffre à comparer aux 40 000 Enigma.

En conséquence, instruite par le décryptage de l'Enigma qui repose largement sur la rupture de la chaîne cryptographique, la Royal Navy n'affecte la Typex qu'aux vaisseaux amiraux de chaque flotte et pour les seules communications stratégiques. La machine ne fut jamais utilisée pour les communications tactiques à la mer. En 1942 et 1943, alors que la bataille de l'Atlantique atteint ses sommets, la Royal Navy ne peut absolument pas équiper en machines à chiffrer la totalité des escorteurs américains, canadiens et britanniques, ni les commandements, ni les appareils de l'Aéronavale et du Coastal Command.

C'est donc faute de pouvoir équiper tous ses utilisateurs que l'Amirauté utilise des codes manuels.

La Royal Navy utilise ainsi successivement plusieurs codes, décodés et décryptés par le service de renseignement de la Kriegsmarine de 1936 jusqu'à la mi-43, pour le plus grand profit des U-Boote. Le commandant Winn explique alors les raisons qui le conduisent à conclure que le code des convois est probablement décrypté par l'adversaire. À cette époque, la maîtrise des décryptements du trafic chiffré par les Enigma donne des résultats tels qu'il devient possible de consacrer des efforts à la mise au point d'un nouveau code, le Naval Cypher 5, qui restera imperméable aux efforts allemands.

Les Américains, davantage par souci du secret qu'à la suite des difficultés de production, n'équipent pas la Royal Navy de leur Sigaba. En revanche, l'US Navy développe un dispositif pour permettre la communication entre Typex et Sigaba. Désigné par CCM (Combined Cipher Machine), le dispositif est en place en avril 1944 et sécurise les télécommunications lors du débarquement en Normandie et ultérieurement. De plus, Allemands et Japonais considérant que les machines à chiffrer sont indécryptables ne tentèrent jamais de les attaquer.

### *La sécurité du chiffrement*

Pour expliquer l'apparente inertie des responsables au sujet d'un code que l'on soupçonne d'être plus ou moins lu, il convient de souligner qu'il est très difficile de prouver la réalité des décryptages adverses, qui font l'objet d'une protection particulière. La preuve absolue est donnée par le décryptage sur un réseau adverse d'un message que l'on a soi-même émis. Ce qui suppose la maîtrise des décryptages adverses qui, pour le trafic des U-Boote de l'Atlantique Nord, n'est opérationnelle qu'à partir de janvier 1943.

La protection contre le décryptage est assurée par des mesures préventives, telles que des changements de procédures et des tables de chiffrement et surchiffrement, qui elles-mêmes sont supposées hermétiques. D'autre part, la mise en place d'un nouveau code ou le changement d'une procédure est une opération lourde et longue. Il faut distribuer à temps les nouveaux documents de telle sorte que tous les intéressés puissent utiliser la nouvelle procédure à partir de l'heure H prévue. On imagine sans peine la confusion qui résulterait de l'envoi de messages rédigés avec le code périmé. Les amirautés allemande et britannique ne peuvent changer qu'un seul code à la fois. Les autres codes continuant éventuellement à être lus par l'adversaire. Signalons qu'en août 1940, le remplacement par la Royal Navy de son Naval Cypher 1 par le NC2 prive les Allemands pendant plusieurs mois d'une source d'information qui leur avait été fort utile pendant la campagne de Norvège. Mais jusqu'à la mi-43, les décrypteurs du XB-Dienst réalisent de belles percées dans les codes britanniques. Ils sont aidés par la faiblesse des tables de surchiffrement.

Par exemple, en juin 1942, un utilisateur du Naval Cypher 3 veut transmettre le groupe « Sous-marin ennemi en vue ». Le livre du code indique le groupe numérique correspondant, 5634. L'opérateur doit maintenant surchiffrer son message à l'aide d'une table, la « M », qui lui indique le groupe 3648. Le plus souvent, le surchiffrement est effectué de manière additive, sans les retenues ; la Royal Navy préfère le surchiffrement soustractif. Dans le cas cité :

| | | |
|---|---|---|
| « Sous-marin ennemi en vue », code | : | 5634 |
| Table de surchiffrement | : | 3648 |
| Groupe transmis | : | 2096 |

La sécurité repose dans le nombre de groupes que propose la table de surchiffrement pour un même groupe du code. La sécurité est assurée si un groupe aussi souvent utilisé que celui-ci peut être surchiffré de plusieurs manières pendant la validité de la table. Malheureusement, les 216 000 groupes du Naval Cypher 3 émis en juin 1942 sont en moyenne surchiffrés 14 fois avec le même groupe. Par exemple, en supposant que les écoutes allemandes interceptent la totalité du trafic, les décrypteurs ont en main 14 fois le groupe 2096, ce qui leur facilite la tâche. La sécurité aurait été assurée avec une moyenne de 2 ; dans ce cas, le groupe 2096 ne figurerait que deux fois.

La table « M » est changée tous les mois jusqu'à mi-septembre 1942 ; elle devient ensuite bimensuelle. Elle permet alors de sécuriser 30 000 groupes.

La sécurité des codes britanniques est ainsi très inférieure, par exemple, à celle du code de la marine japonaise JN-25. Jusqu'à la fin de 1942, la table de surchiffrement contient 50 000 groupes et passe ensuite à 100 000. Et ceci pour transmettre des informations très similaires à celles rencontrées dans la plupart des marines. La protection cryptographique du JN-25 est donc théoriquement meilleure. Ce qui ne l'a pas mis à l'abri de l'attaque victorieuse menée par le colonel Tiltman, l'expert principal de Bletchley Park pour les codes manuels. En août 1939, il réussit plusieurs percées dans ce code, trois mois après sa mise en service ! L'expérience est partagée avec les Américains, Australiens et Néo-Zélandais. Le décryptage du JN-25 par les Américains sera l'un des facteurs de leur victoire à Midway en juin 1942.

Malgré ce qui vient d'être rapporté, le JN-25 reste un code bien protégé. Les décryptages ne portent que sur une faible partie du volume, environ 10 %, ce qui peut parfois être décisif. Mais ce code ne sera jamais décrypté en temps réel, comme le sera le trafic des U-Boote à partir de la mi-43.

## 1.2. L'attaque des télécommunications adverses

Avant même de s'attaquer au décryptage des messages de l'ennemi, la première information attendue par un état-major est la localisation de l'ennemi.

### *Techniques de localisation de l'adversaire*

Sur un champ de bataille aussi vaste que l'Atlantique, il est important d'essayer de déterminer la position et les mouvements des navires et des U-Boote, ce qui est à l'époque un problème difficile, comme en témoigne la croisière du *Scharnhorst* et du *Gneisenau* en février et mars 1941. Malgré la qualité du travail de renseignement effectué par l'OIC et le commandant Denning, les croiseurs de bataille allemands coulent 116 000 tonnes et atteignent Brest sans être inquiétés. Les escadres britanniques lancées à leurs trousses les ont manqués plusieurs fois de peu. Dans le même ordre d'idée mais malgré un volume énormément plus important, en novembre 1942, les convois acheminant les troupes et le matériel nécessaires au débarquement en Afrique du Nord ne sont pas détectés par les Allemands.

La principale source d'information permettant de localiser des navires est l'écoute permanente du trafic radio adverse, que l'on exploite de manière coordonnée de trois manières :

- relèvement goniométrique de la position de l'émetteur. Le message doit être capté au même moment par deux ou mieux, trois stations, pour que le point soit précis. Il faut donc être à l'écoute sur la bonne fréquence. L'adversaire utilise plusieurs fréquences sur un même réseau, et les change périodiquement pendant la journée. Les stations d'écoute doivent être nombreuses pour être efficaces. Vers la fin de la guerre, les belligérants utilisent pour les messages les plus importants des postes qui permettent de changer la fréquence en cours de message ;
- décryptage des messages, pour connaître l'organisation et les intentions de l'adversaire. Ce qui conduit chaque camp à limiter autant que possible son trafic radio et à faire beaucoup d'efforts pour décrypter le trafic adverse. Les décryptages fournissent également des informations sur les procédures-types et les habitudes des opérateurs ; ces informations permettent d'affiner les méthodes de décryptage et, avec un peu de chance, d'exploiter ensuite même partiellement des messages non décryptés ;
- analyse du trafic. Cette technique ne repose que sur l'analyse physique du volume du trafic, celle des fréquences, des réseaux et des indicatifs, sans s'occuper de la signification des messages. L'identification des indicatifs et des opérateurs permet de reconstituer tout ou partie de l'ordre de bataille adverse. La « frappe » de l'opérateur du cuirassé amiral japonais *Yamato* était caractéristique ; le *Yamato* est ainsi repéré même lorsqu'il change d'indicatif. Les Japonais, conscients du danger de repérage des indicatifs de leurs navires, les changent quelques semaines avant leur entrée en guerre avec les États-Unis. Ce qui fournit par ailleurs aux Américains un indice supplémentaire de l'imminence du déclenchement des hostilités.

Le volume du trafic permet d'identifier la station principale, qui émet plus que les autres ; il devient alors possible de reconstituer une chaîne hiérarchique. C'est ainsi que lors de la poursuite du *Bismarck*, l'analyse du trafic permet de constater que le contrôle opérationnel du *Bismarck* passe de Kiel à Brest ; la destination du cuirassé devient ainsi des plus probables. L'activation de certains réseaux spécialisés permet entre autres de remarquer la montée en alerte d'une unité. Par exemple, un trafic plus élevé émis dans un port, sur le réseau des dragueurs de mines ou sur celui des remorqueurs, laisse supposer l'arrivée ou le départ d'une unité importante. Lorsque l'on dispose du temps et des moyens nécessaires, on peut se protéger de ce genre d'analyse en émettant des messages bidon qui occupent les fréquences. Le passage de la veille à l'activation du réseau est ainsi plus difficilement détectable.

Ces techniques sont utilisées avec plus ou moins de succès par les deux camps. Seul, le silence radio permet d'échapper aux analyses adverses. Mais la guerre moderne est une grosse utilisatrice de télécommunications !

### *Le décryptage et la protection du trafic radio*

Les convois et leurs escortes pratiquent le silence radio. Les communications se font le plus souvent par signaux optiques ; mais les convois reçoivent des messages. D'une part, il faut bien émettre quelques messages, entre autres par mauvais temps. Mais surtout, la formation des convois nécessite un trafic radio important, largement décrypté par les Allemands. En effet, la composition définitive d'un convoi n'est connue qu'au dernier moment. L'escorte et le gros du convoi sont alors ancrés en rade, et le directeur du port ne dispose que de la radio pour transmettre ces informations essentielles au commandant du groupe d'escorte et au commodore du convoi.

D'autre part, la répétition sur un réseau décrypté d'un message émanant d'un réseau non décrypté donne des indications précieuses sur celui-ci. Ce qui est le cas, par exemple, des messages météo et des comptes-rendus de dragage des chenaux côtiers effectués par les Allemands, retransmis sur le réseau Triton. La retransmission de ces messages sur des réseaux connus permet de connaître les calages quotidiens de l'Enigma. Lorsque Bletchley Park est à court de points d'attaque, l'amirauté britannique organise donc périodiquement des opérations de minage, réduites à leur plus simple expression (opérations *garden*), dans le seul but de percer les réglages d'Enigma !

Les deux camps fondent tout ou partie de leurs décryptages sur la présence et la répétition inévitable de certains mots, tels que les adresses, les indicatifs, certains noms, les dates et la structure-type de certains messages. Les indicatifs sont changés périodiquement et leur ordre dans les listes de diffusion est également modifié. Ce qui n'arrête pas pour autant les décrypteurs. Lorsqu'une station est fixe, son changement d'indicatif ou de fréquence ne trompe personne. À partir de mi-43 il ne faut que 15 minutes aux décrypteurs britanniques pour trouver les réglages à l'aide des mots probables d'un message. Cette recherche est effectuée à l'aide des « bombes », machines électromécaniques, qui testent les hypothèses. Il y a 60 réglages possibles pour l'Enigma de la Wehrmacht et de la Luftwaffe, 336 pour l'Enigma marine !

Les adversaires ont une organisation du renseignement et du décryptage différente.

### *L'organisation britannique du décryptage*

Les Britanniques centralisent la quasi-totalité des décryptages stratégiques à Bletchley Park[1], dans la banlieue de Londres, où la *Government Code and Cypher School* (GC&CS) s'est installée à l'approche de la guerre. En effet, non seulement il faut protéger cette activité vitale des bombardements, mais il faut également faire face à l'inévitable montée des effectifs qui atteindront 7 000 personnes. Les autorités britanniques et américaines font appel aux personnels les plus qualifiés, qu'ils soient civils ou militaires. Bletchley Park est une organisation civile rattachée à l'Intelligence Service (SIS ou IS), lui-même émanant du Foreign Office. L'IS est commandé par le général Menzies. Les Britanniques font largement appel à leurs meilleurs mathématiciens, tel Alan Turing. Les joueurs d'échecs et les cruciverbistes sont également très employés, sans parler des linguistes. L'effectif le plus important est constitué par les auxiliaires féminines de la Royal Navy, les « WRENS », chargées du travail ingrat de surveiller le déroulement du programme des « bombes ». Ces milliers de personnes accompliront toutes l'exploit de préserver le secret sur leurs activités pendant 30 ans, jusqu'au feu vert officiel, mais avec une discrétion certaine.

1. Les stations « Y » de Malte, Alexandrie et de l'Asie réalisent le décryptage de certains codes.

Churchill, qui apprécie beaucoup les renseignements obtenus grâce aux décryptages, visite Bletchley Park en septembre 1941, lors de la première embellie dans la bataille de l'Atlantique. Il félicite les équipes, leur parle des « œufs d'or » que sont leurs décryptages, et leur donne l'ordre de conserver le secret sur leurs activités jusqu'à nouvel ordre ! Mais il est tout de même surpris par le haut niveau de folklore de tous ces brillants esprits. Il dit en aparté au général Menzies, « je vous avait bien recommandé de ne reculer devant rien pour monter Bletchley Park mais je ne pensais pas avoir été suivi à ce point là ! » On a parlé de « l'anarchie créatrice » régnant à Bletchley Park, dont les équipes jouissent d'une liberté intellectuelle totale. La synergie intellectuelle qui découle de cette fusion des énergies se montrera d'une rare efficacité. La concentration des moyens permet de s'attaquer à la quasi-totalité des codes adverses. Après évaluation de leur importance relative, des centaines de codes seront décryptés, permettant d'acquérir une documentation précieuse sur la cryptologie adverse. Cette attaque massive est l'une des clés du succès. Car le décryptage d'un réseau apparemment secondaire, tel que celui de la Reichbahn ou celui des ports, permet de briser d'autres codes plus complexes lorsqu'ils retransmettent les messages d'un réseau décrypté.

La centralisation des spécialistes des différentes armées, effective dès le début de la guerre, et les recoupements rapides auront des effets dévastateurs pour l'ennemi. C'est ainsi que le décryptage d'un message entre Athènes et Berlin, émis sur un réseau de la Luftwaffe, permet aux Britanniques de confirmer la destination du *Bismarck* en mai 1941. À lui seul, ce message aurait suffi à provoquer la perte du *Bismarck*. La concentration des moyens permet de mettre en commun les analyses recueillies sur l'ensemble des théâtres et donc de mener une offensive générale contre les codes adverses. D'où le décryptage du trafic de la marine italienne, à partir du moment où, en juin 1941, il sera chiffré sur l'Enigma puis sur la machine C38 propre à l'Italie. Le décryptage du trafic de Vichy chiffré sur la machine C36, venant d'ailleurs du même fournisseur que la C38, sera tout aussi effectif. Un certain nombre de codes japonais subiront le même sort.

La centralisation des spécialistes facilite également, entre autres, la mise en service à Bletchley Park en février 1944 du

Colossus, l'un des deux ancêtres directs[1] de l'ordinateur. Cette machine permet, après bien des efforts, de casser le trafic chiffré sur la Lorenz SZ 42, l'un des trois types de « Geheimschreiber », machines beaucoup plus complexes qu'Enigma, et dont l'usage est réservé aux communications stratégiques.

L'entrée en guerre des États-Unis conduit à une coopération des plus fructueuses dans le domaine du renseignement et du décryptage. Chaque organisation continue l'attaque des codes qu'elle maîtrise, tout en faisant bénéficier l'autre allié des informations intéressantes pour ses domaines de responsabilité. Cette organisation sera par exemple mortelle pour les sous-marins ravitailleurs qui seront victimes des « Hunter killer group » de l'US Navy, guidés sans qu'ils le sachent par les décryptages. Cependant, cette coopération est parfois limitée par des impératifs stratégiques lorsque qu'Américains et Britanniques estiment nécessaire de protéger des intérêts jugés vitaux. Deux cas méritent d'être signalés :

- l'usage de la Sigaba réservé aux seuls Américains ;
- à la mi-42, le retard apporté par les Britanniques à la mise au point de la bombe à quatre rotors. En fait, ils ne voulaient pas avouer aux Américains que le trafic des U-Boote n'était plus décrypté depuis la mise en service de l'Enigma à quatre rotors en février 1942.

### *L'exploitation du renseignement*

Le décryptage n'a aucune valeur s'il ne peut être exploité rapidement.

Bletchley Park transmet la synthèse de ses travaux aux cellules de renseignement de la RAF et de l'armée de Terre, qui sont ensuite responsables de leur exploitation. La mise au point des procédures de diffusion est délicate, tant la préservation du secret est importante. Le code « Ultra » couvrant les renseignements obtenus par décryptage est en lui-même un secret ! D'où quelques mécomptes avant que la bonne solution ne soit mise au point.

Seul, l'Operational Intelligence Centre (OIC) de l'Amirauté reçoit les décryptements bruts. Les opérations maritimes sont un domaine comprenant un nombre d'acteurs relativement limité, et les décryptages directs peuvent être interprétés plus facilement

1. Le Colossus est une machine qui est plus analogique que numérique. L'ENIAC américain est plus numérique qu'analogique. L'union de ces deux logiques donnera naissance à l'ordinateur.

par les officiers traitants. De plus, le dialogue est permanent entre l'OIC et Bletchley Park ; ce qui facilite l'évaluation des cas litigieux.

L'exploitation des décryptages par les spécialistes du renseignement de l'OIC conduit à recouper ou rapprocher entre eux des dizaines de messages, émis à des périodes différentes, par des émetteurs également différents. Pendant longtemps, le renseignement naval est fondé sur le seul décryptage du trafic de la Luftwaffe lorsqu'elle doit couvrir des navires ; d'où une gymnastique intellectuelle particulière. Ce difficile travail nécessite des équipes performantes, en sous-effectif chronique, dotées d'une bonne mémoire, travaillant souvent à la limite de l'épuisement intellectuel. Ce qui est par exemple le cas du capitaine de frégate Winn, complètement épuisé en décembre 1942. Le professeur J. Rohwer, historien allemand de la guerre sous-marine, estime que R. Winn et son équipe de la « Submarine Tracking Room » ont dérouté avec succès 60 % des convois. En particulier, le tonnage évalué entre 1 million et 1,5 million de tonnes sauvé grâce aux décryptages du second semestre de 1941 a permis aux Alliés de dégager le tonnage supplémentaire dont ils eurent besoin pour l'opération « Torch ». Ce témoignage peu suspect de complaisance permet d'apprécier l'importance des travaux de décryptages et de leur bonne exploitation.

Le décryptement du trafic radio des U-Boote de l'Atlantique Nord, secteur le plus important, n'a cependant été possible que d'août 1941 à janvier 1942, en janvier et février 1943, puis de la fin mars 1943 à la fin de la guerre. Encore faut-il avoir le temps et les moyens nécessaires à l'exploitation des renseignements ainsi obtenus ; ce qui n'est pas toujours le cas.

L'efficacité de cette organisation permet cependant aux Alliés de limiter les pertes jusqu'au renversement de mi-43, condition nécessaire à la planification du débarquement en Normandie. Il ne s'en est fallu que de quelques mois pour que les armes nouvelles allemandes telles que le V2 et le sous-marin de type XXI n'entrent en service. Il n'existait aucune parade à ces armes nouvelles !

La protection des convois côtiers britanniques pose des problèmes particuliers. En effet, les avions allemands et les S-Boote sont à pied d'œuvre. Le délai de décryptage est trop long pour en faire un usage opérationnel. Aussi les Britanniques mettent-ils en place à partir du printemps 1941 des équipes « Headache ». Ces équipes assistent les commandements opérationnels à terre, puis les escorteurs en mer. Elles sont en mesure d'exploiter immédiatement le trafic émis sur le réseau VHF entre les S-Boote et les appareils qui les éclairent ou les appuient. Certains de ces messages sont bien sûr codés ; mais ils le sont de manière simple, pour être exploités en temps réel. Cette organisation permet aux convois de bénéficier par exemple d'une couverture aérienne ponctuelle, qui suffit souvent à dissuader l'assaillant. Des équipes « Headache » rejoindront également les croiseurs chargés de la couverture des convois arctiques, pour capter et interpréter au plus tôt les messages de la Luftwaffe. Remarquons au passage à propos du nom donné à ces équipes que même en pleine guerre, l'humour britannique ne perd pas ses droits !

Le problème inverse est l'attaque du trafic côtier allemand, grand pourvoyeur de minerai suédois, acheminé de Norvège à la Baltique. Ce trafic sera progressivement interdit aux Allemands. Les décryptages jouent un grand rôle dans cette victoire, dont l'arme principale est la mine. En effet, les destructions par mines sont beaucoup plus importantes et moins coûteuses que les attaques aériennes directes.

| ***Juillet 1942 à juin 1943*** | ***Mines larguées*** | ***Attaques aériennes directes*** |
|---|---|---|
| Cargos coulés | 275 | 68 |
| Nombre de sorties air | 6 035 | 10 767 |
| Pertes | 283 | 369 |

Les décryptages permettent de connaître l'emplacement des barrières de mines protectrices ennemies, ainsi que les chenaux dragués. En minant ponctuellement un chenal venant d'être dragué, ce qui annonce souvent un passage, la probabilité de détruire un bâtiment ennemi est élevée. Le procédé possède également l'avantage d'épuiser le potentiel de dragage adverse.

### *L'organisation allemande du décryptage*

L'organisation du Renseignement allemand est décentralisée, y compris à l'intérieur d'une même armée. Les services sont souvent concurrents, parfois ennemis, et la coopération limitée. L'absence d'une organisation commune, au moins au niveau stratégique, rend les services allemands très vulnérables aux manœuvres d'intoxication adverses. Les opérations en Méditerranée, en particulier « Torch », et plus encore la préparation du débarquement de Normandie, démontrent cette vulnérabilité paralysante.

Cette dispersion interdit une offensive générale contre les codes adverses, à l'instar de ce que font les Alliés. Une conception étroite du secret et de la répartition des tâches exclut pratiquement la synergie et la coopération entre civils et militaires. Le renseignement stratégique restera donc assez faible. Par contre, le renseignement tactique se montre efficace, souvent supérieur à celui des Alliés.

La Kriegsmarine dispose avec le Beobachtungdienst (B-Dienst) d'un service de renseignement et de décryptage (XB-Dienst) de premier ordre. Il ne faut que de 6 à 8 mois aux cryptologues allemands pour « casser » un code. D'août 1940 à septembre 1941, période d'intense décryptage du trafic des U-Boote par Bletchley Park, le XB-Dienst n'est pas suffisamment opérationnel pour aider les U-Boote. Le service se rattrape ensuite. Seul, un petit nombre de messages peut être décrypté à temps pour avoir un intérêt opérationnel, et ce décryptage doit souvent beaucoup à la chance. Selon J. Rohwer, au plus fort de la bataille de l'Atlantique, les 20 premiers jours de mars 1943, le XB-Dienst décrypte 170 messages concernant les convois. Seuls, 10 messages peuvent être décryptés à temps pour en faire un usage opérationnel. Quand on voit les résultats obtenus par les U-Boote pendant cette période (cf. chapitre 8), on n'ose pas imaginer ce qu'auraient été les résultats d'un décryptage plus abondant et plus rapide !

Les experts britanniques estiment que l'efficacité du B-Dienst, 1 000 personnes sous les ordres du capitaine de vaisseau Bonatz, fut au moins équivalente à celle de 50 U-Boote.

Il convient de remarquer que la dispersion des décrypteurs allemands entre plusieurs services, l'absence de coopération avec les mathématiciens civils ne leur permettent pas, faute de moyens intellectuels, d'oser s'attaquer au décryptage des machines à chiffrer alliées. Le dogme de l'inviolabilité d'Enigma sera de règle pendant toute la durée du conflit. Au nom de ce dogme, rien ne sera tenté pour lutter contre les machines à chiffrer adverses. La capture d'une Typex de la RAF à Dunkerque en juin 1940, sans ses rotors, renforce curieusement les idées allemandes quant à l'inviolabilité de ces machines. Alors que les améliorations de la Typex par rapport à l'Enigma auraient pu conduire les cryptologues allemands à s'interroger sur les raisons de ces différences par rapport à leur Enigma. Faute d'avoir concentré toutes les énergies possibles sur ce sujet, l'idée selon laquelle une autre machine puisse être utilisée pour percer le secret des machines à chiffrer ne germera pas non plus. Alors que la victoire des Alliés sur Enigma a été acquise à la suite de la concentration de bien des énergies, d'horizons différents.

***Les succès des décrypteurs allemands***

Le XB-Dienst, faute de moyens en personnel, utilisant des techniques essentiellement manuelles, ne s'attaque qu'aux codes maritimes alliés qui lui semblent être les plus importants. Il s'est attaqué avec succès aux codes de la Royal Navy suivants :

*Administrative Code*, utilisé pour la routine des ports. Le code est parfois surchiffré. Il est attaqué bien avant la guerre et lu couramment lorsqu'elle éclate. Il est remplacé en août 1940 par le *Naval Code No 1*. Code tout aussi décrypté, malgré les fréquents changements de procédures et de tables de surchiffrement. Les informations ainsi collectées sont d'un intérêt opérationnel moyen.

Le *Naval Cypher 1* est le code opérationnel. L'expérience acquise dans le décryptage du Naval Code 1 permet de décrypter en avril 1940 30 à 50 % des interceptions, et dans un délai opérationnel. Mais le trafic entre les grands commandements, surchiffrés à l'aide de tables spécifiques, restera pratiquement inviolé. En août 1940, il est remplacé par la *Naval Cypher 2*, qui reste impénétrable jusqu'en septembre 1941. Ce code est remplacé en janvier 1942 par le *Naval Cypher 4*. Le XB-Dienst n'obtient que des succès limités. Le succès de Torch en témoigne, et renforce la confiance de l'Amirauté envers ses codes. Conclusion pour le moins hasardeuse !

Le *Naval Cypher 3* est introduit en juin 1941 pour les liaisons entre les marines alliées dans l'Atlantique. À partir de janvier 1942, ce code est utilisé de manière intensive pour tous les messages concernant les convois. Il sert également à chiffrer la situation quotidienne des U-Boote élaborée par le commandant Winn ! Ce code est utilisé sans les améliorations de procédures dont bénéficie avec succès le *Naval Cypher 4*. Aussi le XB-Dienst décrypte-t-il ce code (*Naval Cypher 3*) dès février 1942, au moment où l'introduction de l'Enigma M4 prive les marines alliées d'une source d'information essentielle. Ce parallèle est assez étonnant, et montre l'étroitesse de la marge qui sépare le succès de l'échec.

La reprise du décryptage de Triton, y compris la clé « officier », à partir de janvier 1943 révèle le décryptage par l'adversaire de messages chiffrés venant du Naval Cypher 3. Le changement de ce code est une affaire interalliée complexe, qui ne devient effectif qu'en juin 1943, avec la mise en service du *Naval Cypher 5*, qui remplace les NC 3 et 4. Le Naval Cypher 5 ne sera jamais décrypté. L'Amirauté utilise également à cette date la machine à chiffrer interalliée (CCM) pour les communications avec les commandements à terre. Des groupes de chiffrements particuliers sont réservés aux positions. Le XB-Dienst perd ainsi sa principale source d'information, au moment où les Alliés maîtrisent le décryptage de Triton. Autre parallèle étonnant, inverse de celui de février 1942.

Le *Merchant Navy Code* est mis en service en janvier 1940. Il est décrypté en mars. Les tables de surchiffrement sont capturées à Bergen en mai, ce qui accélère le décryptage. Et pourtant, les tables de surchiffrement sont changées pour chaque convoi. Ce code est remplacé en avril 1942 par le *Merchant Ships Code*, plus élaboré, offrant donc une protection renforcée. Les tables sont saisies par un U-Boot sur une prise quatre semaines avant son entrée en vigueur ! Le décryptage de ce code devient la source principale d'information après l'introduction du Naval Cypher 5. Mais à partir de décembre 1943, les nouvelles tables de chiffrement des positions enlèvent beaucoup de leur intérêt aux décryptages. Il est possible de considérer qu'en matière de décryptage, le XB-Dienst est dans le noir quasi absolu à partir de 1944.

### 1.3. Le trafic radio des U-Boote

Le commandement direct de chaque U-Boot par l'état-major implique que chaque unité contacte au moins une fois par jour le PC.

#### *La radio, talon d'Achille des U-Boote*

L'amiral Dönitz est obligé d'utiliser beaucoup la radio pour commander ses sous-marins. La complexité des procédures, la précision et la rigueur, malgré l'ampleur du trafic, la concentration de ce dernier vers un ou deux PC, font des transmissions de l'Ubootwaffe une organisation de premier ordre, sans équivalent dans l'histoire militaire.

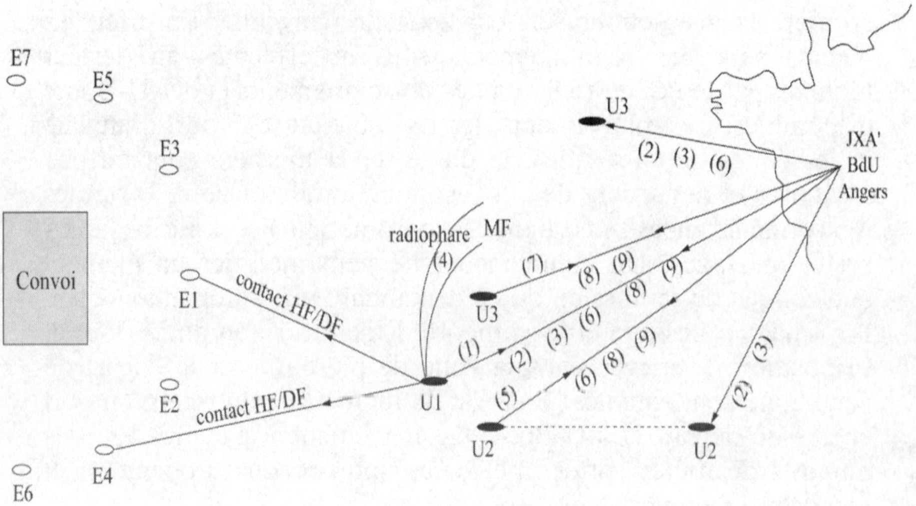


**I/ Procédure d'attaque des U-Boote**

(1) U1 à JXA' : message B' de prise de contact.

(2) JXA' à U1, U2 et U3 : répétition du B' de U1.

(3) JXA' à U1, U2 et U3 : ordre de rallier U1.

(4) U1 à U2 et U3 : radiophare MF à H + 15 et H + 45.

(5) U2 à JXA' : message B' de prise de contact.

(6) JXA' à U1, U2 et U3 : répétition du B' de U2.

(7) U3 à JXA' : message B' de prise de contact.

(8) JXA' à U1, U2 et U3 : répétition du B' de U3.

(9) JXA' à U1, U2 et U3 : ordre d'attaque.

**II/ Riposte des Alliés**

Les escorteurs E1 et E4 relèvent au HF/DF l'émission (1) de U1. À défaut de le couler immédiatement, l'escorte doit obliger U1 à rester en plongée afin de l'empêcher de faire radiophare et de rameuter U2 et U3. L'attaque en « *wolf-pack* » est alors déjouée et le convoi, changeant de cap, poursuit sa traversée.

Hormis le cas des missions spéciales, les U-Boote reçoivent en mer les instructions sur leur zone de patrouille. En effet, les meutes sont des regroupements souvent effectués au dernier moment par le PC, en fonction des renseignements et des U-Boote disponibles. Les mouvements des U-Boote entre le port d'attache et les zones de patrouilles, la durée de la mission, sont un peu aléatoires et dépendent de la consommation de mazout. D'où des mouvements incessants, dont la coordination nécessite de nombreux messages. Un commandant ne peut modifier un élément quelconque de sa mission qu'en demandant une autorisation à son PC. Chaque message émis comporte l'identification du U-Boot et sa position. L'arrivée dans la zone de patrouille et le départ de cette zone sont signalés. Il en est de même lors du retour au port et lors du départ. Les U-Boote en mer émettent par message des rapports de toutes sortes, météo, comptes-rendus d'opération et rapports techniques.

Les U-Boote transmettent tous leurs messages à un PC unique, qui transmet ensuite ses ordres après avoir effectué les synthèses nécessaires. Inversement, le PC transmet aux U-Boote des renseignements de synthèse ou des ordres, qui feront les délices des décrypteurs alliés. Le schéma des transmissions entre les U-Boote et leur PC a été réalisé par Jean Montangon, l'un des neufs marins français formés par les Américains à l'usage du HF/DF équipant les frégates « DE » données à la nouvelle marine française. Qu'il en soit remercié.

Ce trafic, centralisé et intense, nécessité par la conduite des « meutes », est l'un des talons d'Achille des U-Boote. L'amirauté allemande est consciente du risque, mais s'estime protégée par ses procédures et l'état des techniques, contre les deux dangers principaux :

- le repérage radiogoniométrique,
- le décryptage des messages.

### *Le danger du repérage radiogoniométrique.*

Ce danger est limité par l'emploi de codes, remplaçant des mots ou des phrases conventionnelles par des abréviations. La durée de transmission est ainsi réduite, de quinze à vingt secondes. De plus, les changements de fréquences, en fonction de la zone géographique et du moment de la journée, compliquent le repérage. Les équipements de radio sont de très bonne qualité et la station émettrice transmet son message directement, sans un signal permettant à la station réceptrice de s'accorder ! La brièveté des émissions réduit donc considérablement le risque de repérage. Mais le U-Boot qui piste un convoi émet un signal fixe de trois minutes, à H + 15 et H + 45, sur une fréquence particulière, pour attirer ses congénères sur le convoi. C'est la technique du radiophare, le « homing », qui peut se montrer des plus dangereuses si le signal est relevé par la gonio des escorteurs. Mais ceci ne sera possible qu'à partir de 1943. Au début de la guerre, un U-Boot émettant du milieu de l'Atlantique ne risque pas grand-chose. Et même en mai 1941, l'interprétation du relèvement gonio du *Bismarck* reste difficile. En effet, le repérage est limité en raison du nombre stations d'interception, très faible au début de la guerre, et de leur localisation. Ce nombre diminue avec la perte des stations françaises après juin 1940.

*Le service « Y »*

Entre les deux guerres, la guérilla bureaucratique conduit chacune des armées britanniques à utiliser ses stations d'écoute de manière indépendante. Un comité idoine est cependant créé dès 1924, avec un sous-comité chargé d'étudier l'organisation centralisée des stations d'interception. Mais chaque armée continue à travailler comme bon lui semble, et pas nécessairement dans son domaine. C'est ainsi que les stations de la Royal Navy ne travaillent qu'à 50 % sur les télécommunications des marines potentiellement adverses. Même la crise de Münich ne change rien à cette dispersion des efforts. Situation d'autant plus paradoxale que le décryptage est censé être centralisé à GC&CS depuis 1919. Tout change à l'approche de la guerre lorsqu'il est décidé de déménager GC&CS de Londres à Bletchley Park. Aucune armée ne peut plus alors espérer « récupérer » ses spécialistes émigrés dans cette lointaine banlieue. Le service « X » de Bletchley Park centralise alors toutes les interceptions et tous les relevés goniométriques ; il est également responsable de l'organisation des stations d'interception regroupées dans le service « Y ».

Cette centralisation est d'autre part dictée par deux impératifs techniques :

– La centralisation des interceptions s'est imposée lorsqu'il devint évident que les Allemands utilisaient une Enigma. La centralisation du si difficile décryptage implique que soit centralisée sa « matière première », les interceptions.

Il vaut mieux qu'un message soit intercepté par plusieurs stations pour éliminer les erreurs d'écoute et de transcription du morse.

– Identifier avec certitude la position de l'émetteur aide les décrypteurs et les analystes à comprendre la nature du message. Un message émis du milieu de l'Atlantique a probablement une signification différente de celui émis de la région de Berlin. Au début de la guerre, délimiter la position de l'émetteur est techniquement difficile.

En effet, les stations sont initialement peut nombreuses. En septembre 1939, les Britanniques ne peuvent mettre en œuvre que 10 stations en Grande-Bretagne, 3 en Méditerranée et 2 en Asie. Encore faut-il distinguer les stations HF, les plus nombreuses, et MF. La position de l'émetteur ne peut être déterminée que par recoupement de plusieurs relèvements. Une erreur d'une minute correspond en latitude à un mille nautique. Une incertitude de trois degrés, courante sur de longues distances au début de la guerre, correspond à 180 milles en latitude ! Il faut impérativement plusieurs stations pour réduire la taille du « chapeau » dans lequel se situe l'émetteur.

De plus, déterminer avec certitude de quelle direction provient l'interception n'a au début rien d'évident. Paradoxalement, un émetteur relevé au 270 peut en réalité être situé au 90 ; l'incertitude est de 180°. Pour « lever l'incertitude », l'opérateur doit se livrer manuellement à la recherche de la direction provoquant l'extinction du signal et celle, à l'opposée, où la puissance est la plus forte ; l'émetteur est alors dans le plan du cadre. Encore faut-il avoir le temps d'effectuer cette recherche que la brièveté des messages rend parfois impossible. Lever l'incertitude sera ultérieurement facilitée par la réception du message sur un tube cathodique.

Les Britanniques adoptent un modèle standard de station d'interception goniométrique, la « cabane Adcock ». Mesurant quatre mètres de côté, elle est entourée de quatre antennes verticales de 10 mètres de hauteur, placées aux quatre points cardinaux. L'équipe de veille, deux ou trois Wrens, fonctionne selon le mode des quarts de la marine. Les opératrices se relaient toutes les 20 à 30 minutes, tant l'attention est extrême. Elles transmettent le relèvement par télex à la station « X ». Toutes les stations sont calées sur l'heure de la BBC. C'est en effet l'heure du relèvement qui permet à la station « X » de les recouper pour calculer la position de l'émetteur. Les interceptions situant l'émetteur en mer sont retransmises à la cellule gonio de l'OIC pour que l'exploitation en soit aussi rapide que possible.

*Le Huff/Duff*

La montée en puissance de la marine canadienne puis l'entrée en guerre des États-Unis multiplie le nombre de stations terrestres et embarquées. Le progrès décisif est accompli à la fin de 1942 par la mise en service d'appareils embarqués de faible volume, à repérage instantané, équipant un grand nombre d'escorteurs. Il s'agit du « Huff/Duff », d'origine française. La Royal Navy a fait développer son propre système en s'inspirant des recherches d'avant-guerre.

Les ingénieurs français Deloraine et Busignies travaillent sur cet équipement depuis 1938 à la demande de la Marine et de l'Aviation françaises, dans les laboratoires de la société LCT filiale de la société américaine ITT, géant mondial des télécommunications. Les travaux sont couronnés de succès ; plusieurs équipements sont mis en service. Les plans et les prototypes sont dispersés après la défaite. Contactés par le président d'ITT, Deloraine, Busignies et deux autres ingénieurs sont judicieusement exfiltrés de France avec leurs plans et leurs familles par les Américains en décembre 1940. Les travaux reprennent aux États-Unis et aboutissent à la mise au point d'équipements terrestres puis maritimes.

Les escorteurs alliés, équipés soit avec l'appareil britannique soit avec le HF/DF américain, disposent ainsi d'un moyen de localisation d'une portée supérieure à celle du radar de l'époque. Le HF/DF devient une arme offensive. Les U-Boote pisteurs de convoi mais également le U-Boot émettant un message standard de quinze secondes seront souvent victimes de cette technique de repérage. Les escorteurs du convoi ONS.5 utilisent avec succès leurs Huff/Duff (cf. Annexe 1).

Le réglage de la fréquence de veille du Huff/Duff est manuel. L'appareil serait inopérant sans le tableau des fréquences adverses remis périodiquement aux opérateurs. L'établissement de ces tableaux est réalisé à partir des écoutes, dont l'information brute est recoupée par les experts en radio alliés, qui connaissent – tout comme leurs collègues allemands – les contraintes de transmission.

Le réseau des stations de repérage est devenu très dense en 1943-1944. C'est ainsi qu'en mai 1944, le *U-66*, à court de carburant au large du cap Vert, demande une solution de remplacement après la destruction du dernier ravitailleur, le *U-488*. Cette opération inhabituelle nécessite un trafic radio particulier. Un message de 45 secondes est capté par 26 stations. Le sous-marin est coulé dans l'heure suivante par le USS *Buckley*. Trente-six hommes sont sauvés. Les Allemands font des efforts constants pour limiter la longueur des messages, attribuant l'essentiel des repérages des U-Boote à l'efficacité de la détection gonio alliée, puis à celle des radars. Cette précaution leur semble d'autant plus nécessaire qu'ils se croient à l'abri du second danger pouvant affecter la sécurité de leur trafic radio.

### *Le danger du décryptage du trafic radio.*

Les Allemands s'estiment bien protégés par l'emploi de leur machine à chiffrer ou déchiffrer les messages, codés ou non, la machine Enigma. Ils ont, tout au long de la guerre, malgré quelques crises d'espionnite, une confiance absolue en l'inviolabilité du trafic de niveau tactique chiffré avec Enigma. En effet, la combinatoire des rotors de chiffrement offre des centaines de millions de possibilités de chiffrement, orchestrées par des clés changées tous les jours. Les Allemands savaient bien que des Enigma tomberaient aux mains de l'ennemi, ce qui se produit en mai 1940 lors de la campagne de Norvège. Mais la possession d'une Enigma est inopérante sans la connaissance de ses réglages. La Kriegsmarine utilise dès 1926 l'Enigma commerciale légèrement modifiée. En octobre 1934, elle adopte une Enigma militaire, identique à celle utilisée par la Luftwaffe et la Wehrmacht. Ses opérateurs, et ses procédures plus complexes que celles des autres armées, sont au point. Des précautions sont prises pour éviter que ces équipements secrets tombent entre les mains de l'ennemi. Par exemple, les procédures et les instructions sont imprimées avec une encre soluble, pour être détruites rapidement en cas de capture.

#### *Les réseaux*

Une autre manière de protéger le trafic radio est de le compartimenter par la multiplication des réseaux. Cette mesure est de plus dictée par les contraintes techniques qui déterminent les fréquences les plus performantes selon la position de l'émetteur.

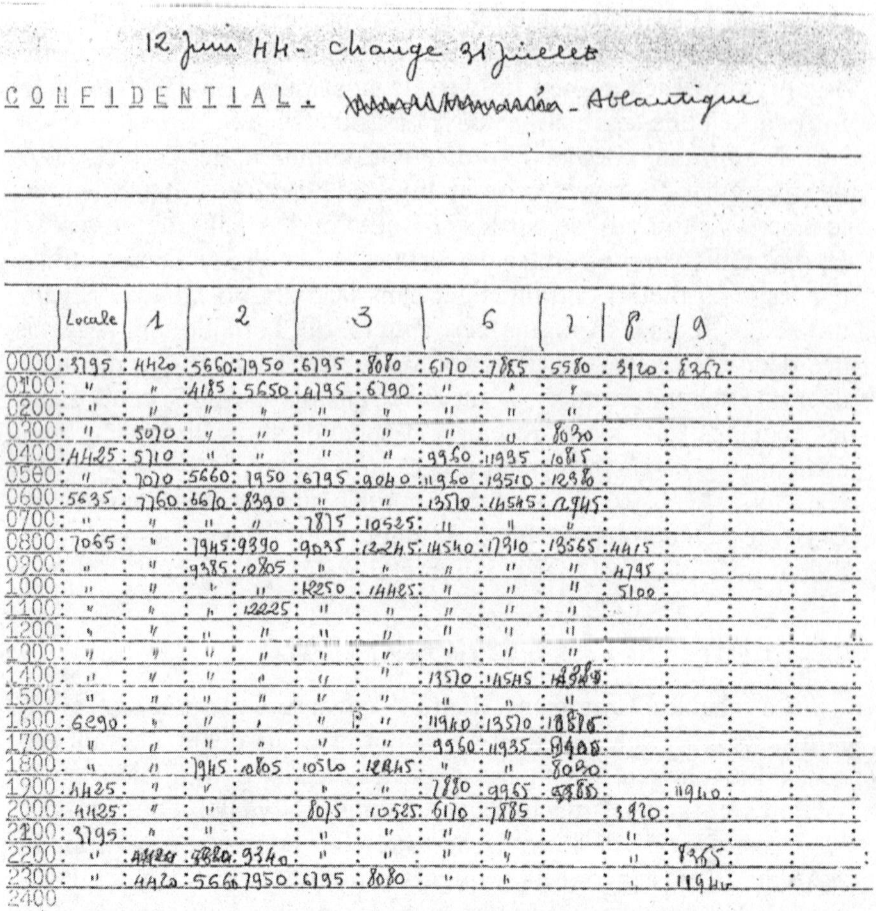

12 Juin 44 - change 31 Juillet

CONFIDENTIAL. - Atlantique

| | Locale | 1 | 2 | | 3 | | 6 | | 7 | 8 | 9 |
|---|---|---|---|---|---|---|---|---|---|---|---|
| 0000 | 3795 | 4420 | 5660 | 7950 | 6795 | 8080 | 6170 | 7885 | 5580 | 3920 | 8362 |
| 0100 | " | " | 4185 | 5650 | 4795 | 6790 | " | " | " | | |
| 0200 | " | " | " | " | " | " | " | " | " | | |
| 0300 | " | 5070 | " | " | " | " | " | " | 8030 | | |
| 0400 | 4425 | 5710 | " | " | " | " | 9960 | 11995 | 10815 | | |
| 0500 | " | 7070 | 5660 | 7950 | 6795 | 9040 | 11960 | 19510 | 12980 | | |
| 0600 | 5635 | 7760 | 6670 | 8390 | " | " | 13570 | 14545 | 12945 | | |
| 0700 | " | " | " | " | 7875 | 10525 | " | " | " | | |
| 0800 | 7065 | " | 7945 | 9390 | 9035 | 12245 | 14540 | 17910 | 13565 | 4415 | |
| 0900 | " | " | 9385 | 10805 | " | " | " | " | " | 4795 | |
| 1000 | " | " | " | " | 12250 | 14485 | " | " | " | 5100 | |
| 1100 | " | " | " | 12225 | " | " | " | " | " | | |
| 1200 | " | " | " | " | " | " | " | " | " | | |
| 1300 | " | " | " | " | " | " | " | " | " | | |
| 1400 | " | " | " | " | " | " | 13570 | 14545 | [illegible] | | |
| 1500 | " | " | " | " | " | " | " | " | " | | |
| 1600 | 6290 | " | " | " | " | " | 11940 | 13570 | [illegible] | | |
| 1700 | " | " | " | " | " | " | 9950 | 11935 | [illegible] | | |
| 1800 | " | " | 7945 | 10805 | 10560 | 12845 | " | " | 8030 | | |
| 1900 | 4425 | " | " | | " | " | 7880 | 9965 | [illegible] | | 11940 |
| 2000 | 4425 | " | " | | 8075 | 10525 | 6170 | 7885 | | 3920 | |
| 2100 | 3795 | " | " | | " | " | " | " | | " | |
| 2200 | " | 4420 | 5660 | 9340 | " | " | " | " | | " | 8365 |
| 2300 | " | 4420 | 5660 | 7950 | 6795 | 8080 | " | " | | " | 11940 |
| 2400 | | | | | | | | | | | |

Tableau de fréquences établi par l’US Navy et remis aux opérateurs HF/DF français lors de leur stage à Casco Bay, dans le Maine. Les numéros de colonne correspondent aux zones de l’Atlantique et de la Méditerranée.

L’organisation des fréquences doit être telle qu’elle évite les embouteillages, ce qui se produirait si tout le monde utilisait la même fréquence, tout en permettant la rapidité des transmissions. De là à répartir les fréquences en fonction d’un emploi spécifique, il n’y avait qu’un pas, franchi par toutes les armées. D’où l’organisation du trafic radio selon des réseaux spécialisés. Les troupes terrestres utilisent des réseaux spécifiques, pour une région donnée, pour les opérations, le renseignement, l’artillerie, la logistique, etc. La spécialisation de ces réseaux permet d’employer des codes et des formats de messages spécifiques, qui renforcent la sécurité. En effet, le décryptage du trafic d'un réseau particulier ne donne qu'une vision très partielle des choses. Cette organisation est toujours utilisée de nos jours. En 1944-1945 la Luftwaffe à elle seule utilise environ 200 réseaux.

L'amirauté allemande utilise une vingtaine de réseaux, pour des usages et des zones géographiques déterminées. Par exemple, le réseau Triton, utilisé par les U-Boote de l'Atlantique, le réseau Hydra, utilisé par les unités de surface, ou le réseau Thetis, utilisé par les U-Boote à l'entraînement dans la Baltique. Chaque réseau utilise des réglages Enigma particuliers, qui compliquent la tâche des décrypteurs. Mais l'arme est à double tranchant. Un message décrypté sur un premier réseau et retransmis sur un second trahit les réglages du second réseau. La spécialisation du réseau peut également se transformer en piège. Le décryptage du réseau des chantiers navals permet de suivre la mise en service des nouveaux U-Boote ; en comparant ces informations avec les pertes connues, il était possible d'estimer le nombre d'unités en service.

## 2. LA LUTTE DES ALLIÉS CONTRE ENIGMA

La machine Enigma est d'abord l'aventure commerciale d'un industriel allemand, le docteur Scherbius, au début des années 1920. La machine est même exportée. Mais les militaires aussi s'intéressent à cette machine. Le colonel Fellgiebel, commandant les transmissions de l'armée de terre, fait adopter et modifier le procédé. L'existence d'une Enigma militaire est connue dès 1928 par les Polonais, faisant le lien entre la version commerciale et la version militaire de la machine.

### 2.1. Description de la machine Enigma

La machine est électromécanique et se compose de quatre organes :

- le clavier d'entrée, sur lequel l'opérateur frappe les lettres du message en clair ;
- le tableau de connexion des fiches mobiles, première étape du chiffrement ;
- les différents tambours et rotors de chiffrement. Rotors et tambours sont munis d'un câblage interne, de telle sorte que les positions d'entrée et sortie du signal soient différentes. Le mouvement des rotors est automatique ;
- le tableau de sortie. Une lampe s'allume pour désigner la lettre chiffrée devant être transmise.

La même machine est utilisable aussi bien pour le chiffrement que pour le déchiffrement.

La machine commerciale ne comportait pas de tableau de connexion, et elle ne disposait que de trois rotors de chiffrement. Les cryptologues allemands la rendirent théoriquement indécryptable en lui ajoutant le tableau de connexion et en augmentant le nombre des rotors possibles.

Le schéma ci-contre présente les deux modèles, Standard et Marine. Les trois rotors et le tambour de renvoi sont dotés d'un câblage interne faisant correspondre deux à deux les 26 contacts d'entrée et sortie. Les rotors sont mobiles, par l'intermédiaire d'un ergot. Le choix de 3 rotors parmi un jeu de 5, leur ordre dans la machine et les contacts du tableau de connexion sont modifiés quotidiennement par des instructions. De plus, l'opérateur utilise une clé de surchiffrement différente pour chaque message.

La méthode de chiffrement est celle de la *substitution*. La lettre initiale est remplacée par une autre lettre, choisie automatiquement par la machine parmi des millions de possibilités.

La frappe d'une lettre fait tourner le rotor de droite d'une position ; selon la position d'un ergot, le rotor adjacent peut également tourner d'un cran, et son voisin de même. Les rotors extrêmes tournent au moins d'un cran toutes les 26 frappes ; le rotor central tourne au moins d'un cran toutes les 25 frappes. La lettre tapée sur le clavier d'entrée, qui ne comporte que les 26 lettres, est ainsi transformée 16 fois :

1 : tableau de connexion. Il se compose de 26 prises femelles. Des cavaliers établissent un contact entre deux lettres. Par exemple, A devient F (et F devient A) ;
2 : la lettre F est transformée 2 fois par chaque rotor, une fois en entrée et une fois en sortie ;
3 : la lettre est transformée 2 fois par le tambour de renvoi ;
4 : la lettre est à nouveau transformée 2 fois par chaque rotor, une fois en entrée et une fois en sortie ;
5 : après avoir été transmise par le tambour d'entrée-sortie, la lettre est à nouveau transformée par le tableau de connexion. Le résultat se lit sur le tableau de sortie. Un voyant s'allume, et un second opérateur note la lettre.

La frappe immédiate d'un autre A donnera un autre résultat, puisque le premier rotor a tourné d'une position. La mécanique revient à son état initial au bout de 16 900 frappes. Compte tenu de la brièveté des messages, ce système évite en fait qu'une même lettre soit chiffrée de manière identique dans un même message.

## Comparaison des organes de l'Enigma militaire normale et de l'Enigma Marine M4

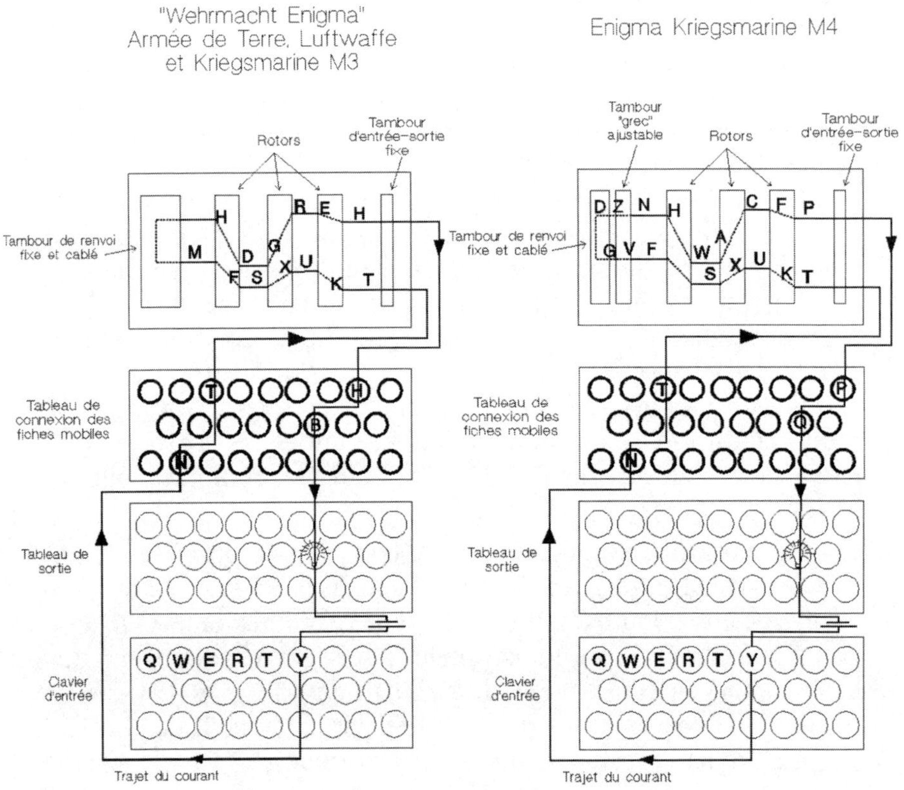


Schéma de monsieur G. Bloch

ATL08

L'Enigma Marine, compatible avec les modèles des autres armées, est spécifique sur deux points :

- les rotors disposent de deux ergots. Les mouvements des rotors et donc les substitutions sont différents. Les 3 rotors mis en place chaque jour sont choisis parmi un jeu de 8 rotors, dont trois sont spécifiques à la marine ;
- le « tambour grec », réglable, dont la position initiale varie chaque jour, introduit 2 substitutions supplémentaires. Les opérateurs choisissent selon leurs instructions l'un des deux tambours à leur disposition. Ce tambour n'équipe que l'Enigma M4, introduite sur le seul réseau Triton le 1er février 1942. Les opérateurs disposeront d'un second tambour grec le 1er juillet 1943. Ce qui ne gênera pas outre mesure les décrypteurs alliés.

Il suffit d'utiliser les rotors communs et de placer le tambour grec dans une certaine position pour rendre cette machine compatible avec celles de la Wehrmacht et de la Luftwaffe, ou compatible avec les Enigma M3 utilisées dans les autres réseaux de la Marine. Ce point est capital pour le décryptage, puisqu'il peut révéler le calage des rotors de la M4.

Pour couronner le tout, les procédures de la marine sont plus complexes et les opérateurs irréprochables. D'où la nécessité de capturer des instructions de réglage de la machine pour déchiffrer les messages émis avec les réglages capturés, pour avoir une chance de décrypter ensuite les messages émis selon d'autres réglages, que les décrypteurs doivent déterminer. Ce qui explique pourquoi les décrypteurs stockent systématiquement les messages interceptés, dans l'espoir de les décrypter un jour et d'apprendre ainsi une foule de choses.

L'histoire des étapes du décryptage des Enigma est une affaire complexe. Sans entrer dans les détails techniques, les grandes lignes de cette histoire, capitale pour la victoire des Alliés, sont exposées. Il s'agit d'une histoire de longue haleine, qui commence par la lutte contre l'Enigma normale. L'expérience acquise dans ce domaine par les Alliés leur sera indispensable mais insuffisante pour vaincre l'Enigma marine.

## 2.2. Les travaux polonais, français et britanniques

Comme le craignent les Polonais, les Allemands préparent la revanche dans tous les domaines, y compris celui de la cryptologie.

### *Les premiers travaux polonais*

La Pologne est recréée par le traité de Versailles en 1919. Coincée entre l'Allemagne et la Russie, voisins hostiles, il lui apparaît que la cryptologie peut être un facteur de sécurité. Les excellents spécialistes polonais n'ont aucun mal à décrypter le trafic radio de la Reichwehr et de la Kriegsmarine. Les décryptages deviennent impossibles en février 1926 pour la Kriegsmarine et en juillet 1928 pour la Reichwehr. Les Polonais en déduisent que les Allemands utilisent une machine à chiffrer. Il devient rapidement certain que la machine à chiffrer est une Enigma commerciale modifiée, sans que l'on puisse déterminer la ou les modifications. À l'automne 1931, les efforts de reconstitution des câblages internes des rotors sont toujours aussi vains. Mais l'analyse de la structure des messages semble montrer que leurs six premières lettres sont probablement une clé.

### *L'apport des services français aux travaux polonais*

Les Alliés n'auraient peut-être remporté aucun succès contre Enigma sans l'aubaine de l'apport d'un espion, que les services français traiteront avec une grande habileté psychologique.

#### *L'espion du siècle*

En octobre 1931, le capitaine Bertrand, du Service de Renseignement français, spécialiste des stations d'écoute, « traite » les documents relatifs à la machine Enigma transmis par un espion allemand, Hans Thilo Schmidt, le célèbre « HE » (Asche), qui ne sera découvert par la Gestapo qu'en 1943, et pour une tout autre affaire. HE occupe divers postes de responsabilité dans les organisations allemandes chargées de la mise au point des codes. Il assure la liaison entre son service et le « Forschungsamt ». Ce service est créé à la demande de Hitler dès sa prise du pouvoir et confié à son ami H. Gœring. Le Forschungsamt est chargé d'espionner les Allemands, civils et militaires, en interceptant les communications téléphoniques et radio. Les stations d'écoute se multiplient ; certaines sont installées dans les ambassades pour compléter le travail des espions. Hans Thilo Schmidt, dont les motivations sont complexes, apparemment financières, cultive son personnage de nazi fidèle, membre du parti. Son frère, Rudolf Schmidt, est alors l'une des étoiles montantes de la Wehrmacht. Il deviendra l'un des généraux les plus experts dans le domaine des blindés. Il apporte sans le savoir des informations importantes à son frère, telle la date probable de l'invasion de la Pologne.

Parmi les informations stratégiques transmises par HE il convient de signaler la communication des conclusions de la conférence secrète des dirigeants nazis du 5 novembre 1937 qui fixe la stratégie de conquête de l'Europe du III^e^ Reich. Bouleversé, HE communique immédiatement l'information, via une « boîte aux lettres », à l'ambassade française à Berlin. Celle-ci a la mauvaise idée d'informer Paris par radio, en utilisant un code qu'HE avait déclaré être décrypté. Le message est effectivement intercepté et décrypté. Hitler, furieux, diligente une enquête pour découvrir cette « taupe » au cœur du III^e^ Reich ! L'enquête se poursuit malgré la guerre et aboutit à l'arrestation de HE en 1943. Les interrogatoires ne porteront que sur le plan de guerre de novembre 1937. La Gestapo n'imagine pas qu'Enigma ait pu être vendue à l'ennemi. HE n'en dira rien. Il se suicide en prison, probablement avec l'aide de ses enfants.

Asche est sans doute l'un des espions majeurs, peut-être le plus important de toute l'histoire du Renseignement. L'histoire de Asche est racontée en détail dans l'ouvrage du colonel P. Paillole, *Notre espion chez Hitler*.

Les documents « HE » indiquent le mode d'emploi de l'Enigma mais ils sont muets sur ses câblages internes. Devant le manque d'intérêt manifesté par l'État-major français pour cette découverte, Bertrand obtient l'autorisation de transmettre ses informations aux Polonais et aux Anglais. Les cryptologues anglais, comme leurs collègues français, estiment l'Enigma indécryptable par les méthodes traditionnelles.

Les Polonais se disent intéressés ; ils promettent au capitaine Bertrand de le tenir au courant de l'avancement de leurs travaux. Ils ne le feront pas.

*Les travaux polonais*

Les Polonais, grâce aux documents HE transmis par leur allié français, déterminent les câblages internes des rotors de chiffrement, reconstituent la machine et décryptent les messages de 1933 à 1938. La méthode de décryptage est un exploit du jeune (22 ans) mathématicien Rejewski et de sa petite équipe. Elle repose sur l'exploitation d'une erreur de procédure, la répétition de la clé spécifique de chaque message. Cette duplication avait été introduite par les cryptologues allemands à des fins pédagogiques, pour rôder les procédures. En effet, les deux transcriptions successives en clair de la clé doivent être identiques. Tout écart signifie une anomalie. Les spécialistes allemands n'avaient bien sûr pas imaginé que cette duplication de la clé, qui pour eux n'était pas une faute de procédure, aurait des conséquences aussi importantes. Mais la méthode de décryptage n'était que théoriquement possible. Il fallait disposer d'un grand nombre de messages émis le même jour, donc avec les mêmes réglages Enigma, pour se lancer dans des recherches d'une longueur extrême. Les cryptologues ne disposaient alors d'aucun calculateur de grande puissance.

À la fin de 1932, Rejewski, aidé par de nouveaux documents Asche transmis par les services français, guidé par son intuition quant à la logique du câblage entre le clavier et le tambour d'entrée-sortie, reconstitue la totalité des câblages. Dans le même temps, un ingénieur avait modifié progressivement une Enigma civile pour reconstituer le modèle militaire. L'exploitation de la duplication de la clé spécifique de chaque message, l'observation de certaines habitudes des opérateurs, permet aux Polonais de décrypter les messages Enigma dès le début de 1933. La technique de décryptage est manuelle. Elle repose sur l'emploi de cartes perforées, dont la juxtaposition sur une table lumineuse permet de déterminer les configurations possibles de l'Enigma. C'est une méthode très longue. Rejewski, pour des raisons de sécurité, ignorera jusqu'en 1939 que les documents qui lui ont permis de vaincre Enigma venaient des services français.

Hans Thilo Schmidt transmet des fascicules de configurations Enigma aux services secrets français jusqu'en août 1938 ; il communique d'autres informations importantes jusqu'en mai 1940.

Grâce aux documents HE fournis de 1933 à 1938, les décrypteurs polonais suivent, en partie à l'aide de leurs propres sources de renseignement, les changements introduits dans les calages et les procédures Enigma. Ils mettent au point des méthodes et une machine électromécanique qui les aident à déterminer plus rapidement qu'en utilisant les cartes perforées les réglages quotidiens d'Enigma. À la fin de 1938, ils disposent ainsi des machines testant les réglages possibles, les « bombes », qui permettent d'envisager dans un avenir proche des décryptements systématiques. Le pas consistant à utiliser une machine pour vaincre une autre machine est franchi.

Le 15 décembre 1938, en prélude à une éventuelle invasion de la Pologne, les Allemands mettent en service deux rotors de chiffrement supplémentaires, baptisés d'ailleurs « rotors de mobilisation ». Grâce à une erreur de procédure relevée sur le réseau des SS, les Polonais reconstituent les câblages de ces nouveaux rotors. Ces deux rotors supplémentaires décuplent les possibilités de leur ordonnancement, qui passent de 6 à 60. Les Polonais ne peuvent décupler ni le nombre des « bombes », ni celui de leurs décrypteurs. Ils n'obtiennent que des résultats partiels.

### *La coopération entre Anglais, Français et Polonais*

Les Britanniques s'intéressent à Enigma à partir de 1936. Les Allemands engagés dans la guerre d'Espagne utilisent Enigma. Les Anglais ne réussissent pas à reconstituer les câblages internes. En revanche, en modifiant l'Enigma commerciale, ils mettent au point leur propre machine à chiffrer, la « Type X », qui ne sera jamais décryptée.

#### *Les décryptages jusqu'en juin 1940*

Le capitaine Bertrand provoque une réunion en janvier 1939 à Paris. Les Polonais et les Britanniques sont muets sur leurs travaux. La tension internationale monte ; les Polonais invitent leurs partenaires fin juillet. À la surprise générale, ils leur font part de l'état de leurs travaux, et remettent à chacun un exemplaire de l'Enigma militaire.

Les Anglais progressent, sur la base des travaux polonais. Fin septembre 1939, une équipe franco-polonaise, en coopération étroite avec les Britanniques, s'attaque au décryptage, au sein du « PC Bruno », sous les ordres du commandant Bertrand. Pour des questions de moyens et d'organisation, l'essentiel du décryptage Enigma est fait par les Britanniques. L'équipe franco-polonaise[1] se concentre sur les codes manuels.

Les deux équipes, rejointes par une partie des experts polonais exfiltrés de leur pays, coordonnent leurs efforts et les résultats s'améliorent lentement. Les délais moyens de décryptage passent de vingt et un jours en janvier 1940 à un jour en mai. C'est une performance remarquable pour une technique de décryptage manuelle. Le décryptage est rapide, mais il est mal exploité sur le plan opérationnel, faute d'un système de diffusion efficace. Cet enseignement sera très bien exploité par les Britanniques lors de la suite des opérations. Le PC Bruno disparaît en juin 1940. Les cryptologues polonais restent en France jusqu'en

1. Renforcée par deux républicains espagnols ayant travaillé sur les codes allemands et italiens pendant la guerre civile espagnole.

novembre 1942, travaillant avec Bertrand dans un nouveau service de décryptage clandestin installé près d'Uzès. Certains résultats sont communiqués par radio aux Britanniques après chiffrement sur l'Enigma remise par les Polonais ; ce trafic est intercepté par les Allemands, qui ne peuvent le décrypter. Après l'invasion de la zone sud, Bertrand et son équipe ne laissent aucune trace de leurs travaux. Arrêtés, Bertrand et les Polonais arrivent à convaincre les Allemands que seuls les codes manuels ont été attaqués ! Relâchés, Bertrand et deux Polonais parviendront en Angleterre. Mais les Polonais seront tenus à l'écart des travaux de Bletchley Park.

*La percée britannique*

Le 1^er^ mai 1940, les Allemands effectuent un changement planifié de longue date dans les procédures Enigma quotidiennes ; la duplication de la clé spécifique de chaque message est supprimée. Les techniques de décryptement alliées, fondées sur la duplication de la fameuse clé, deviennent inopérantes au pire moment.

Cependant, dès le 21 mai 1940, les Anglais décryptent, jusqu'à la fin de la guerre, le réseau « rouge » de la Luftwaffe. Ce réseau, utilisé pour le trafic général de la Luftwaffe, est étudié en détail par Bletchley Park dès septembre 1939. Ils ne font un usage opérationnel et déterminant de ces décryptages que lors de la fin de la Bataille d'Angleterre.

Cette date du 21 mai 1940 marque la naissance de « Ultra », dont le secret sera préservé jusqu'en 1973 ! À cette date, le général Bertrand publie un ouvrage, *Enigma ou la plus grande énigme de la guerre 1939-1945*, dans lequel il est question pour la première fois du décryptage d'Enigma. L'ouvrage est malheureusement passé inaperçu du public, mais le succès dans les milieux concernés est immédiat. Le gouvernement britannique est interpellé aux Communes, et des explications, très incomplètes d'ailleurs, commencent à être données. Deux ouvrages, entre autres, traiteront le sujet, tout en maintenant des zones d'ombres. Il s'agit des quatre mille pages de l'officiel *British Intelligence in the Second World War*, rédigé par le professeur Hinsley, l'un des analystes de Bletchley Park, et de *Very Special Intelligence* de P. Beesly, l'adjoint du commandant Winn à la cellule de situation sous-marine de l'OIC. Mais jusqu'à cette date, rien ne fut révélé. Il faut remarquer au passage que les Polonais et les Français ont très bien réussi à camoufler les documents qui auraient pu mettre l'occupant allemand sur la voie ; ils ont ainsi contribué efficacement à la lutte contre Enigma et à la préservation du secret de cette lutte. L'amiral Dönitz et les sous-mariniers survivants n'apprendront cette nouvelle sensationnelle qu'à ce moment. On imagine difficilement l'ampleur de leur stupéfaction !

La miraculeuse percée des Britanniques s'explique probablement par des causes multiples, qui sont encore largement méconnues. Parmi les causes connues, il faut noter la mise en œuvre des deux premières « bombes » expérimentales britanniques. Cette recherche est menée sans aucun lien avec les travaux polonais. Ces machines, conçues par Turing et améliorées par le mathématicien de Cambridge Welshmann, qui a rejoint Bletchley Park, sont beaucoup plus performantes que celles des Polonais. Mais les deux machines utilisables ne sont qu'une aide aux travaux qui restent basés, jusqu'en mai 1940, sur l'emploi des cartes perforées.

Mais surtout, la technique de décryptage est fondée sur la recherche de mots probables et des formules stéréotypées, les « cribs », dont l'existence avait été révélée par l'analyse des centaines de messages interceptés depuis le début de la guerre. Cette technique s'affranchit donc des particularités de procédure sur lesquelles était fondée la technique polonaise. Ce qui explique pourquoi l'arrêt de la duplication de la clé ne gêna pas outre mesure les décrypteurs britanniques.

Signalons que la technique de décryptage par la recherche de « mots probables », qui évite de tester toutes les combinaisons possibles, est attribuée au cryptologue français Bazeries [1], dont il a déjà été question. Une autre des bonnes idées des cryptologues britanniques est d'avoir utilisé la psychologie. En se mettant à la place des opérateurs allemands, ils se sont demandés ce qu'ils pouvaient bien faire pour se simplifier la vie tout en respectant les procédures. Ce qui permettra de trouver des astuces accélérant la vitesse des décryptages.

Le décryptage constant et rapide du réseau de la Luftwaffe est doublement important. Ce réseau est également utilisé pour la coopération entre l'armée de terre et l'aviation, ou entre la marine et l'aviation. Non seulement son décryptage facilite la guerre aérienne britannique, mais il donne de plus de précieuses indications sur les mouvements, les positions, les unités de la Wehrmacht, ou les mouvements des navires bénéficiant d'une couverture aérienne.

1. Technique dont il s'est servi pour décrypter le « grand chiffre » de Louis XIV, un code chiffrant les syllabes usuelles du français.

**Bataille de l'Atlantique**
Septembre 1939-mai 1945
La guerre des codes secrets

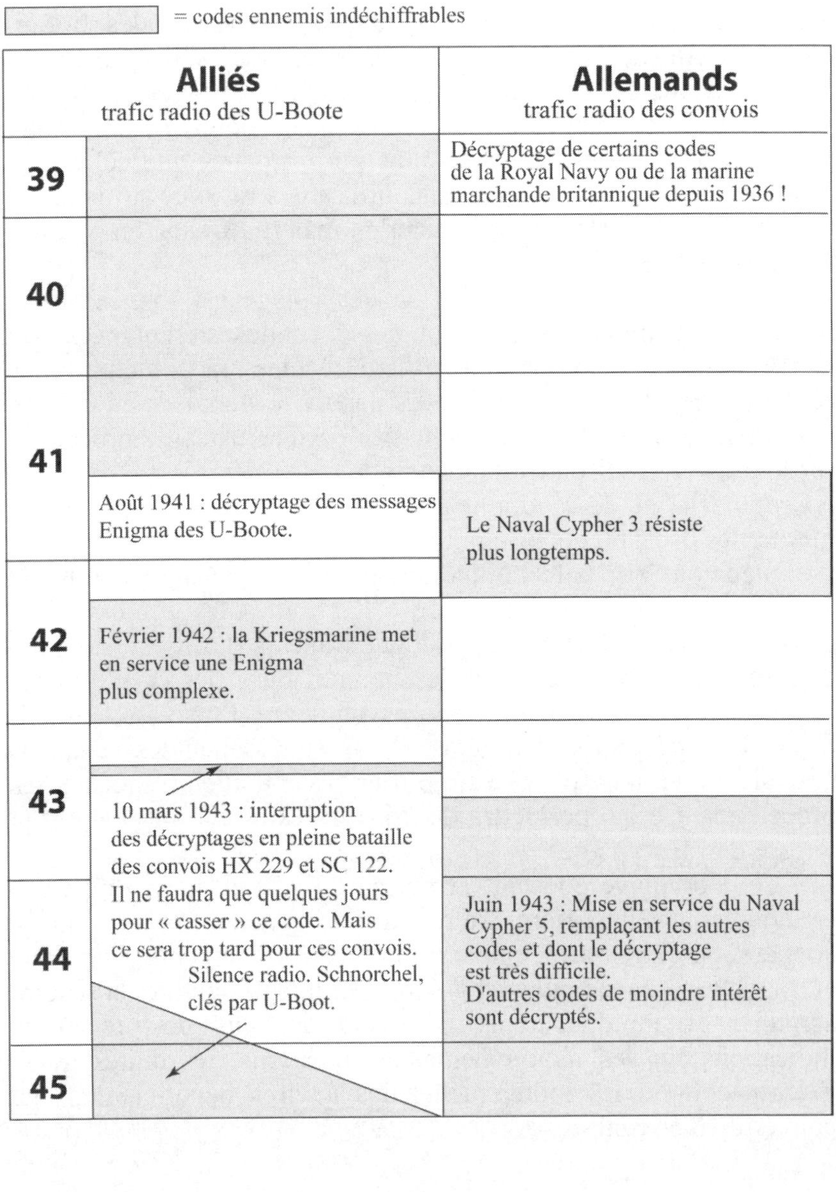

Les Britanniques font un usage opérationnel du décryptage de plusieurs réseaux de la Luftwaffe lors de la phase finale de la Bataille d'Angleterre. Probablement d'une importance encore plus grande que le renseignement tactique, ces décryptages donnent aux Britanniques la connaissance précise du potentiel aérien adverse. La probabilité de résister à l'offensive aérienne allemande paraît alors favorable, de peu d'ailleurs. La Grande-Bretagne s'engage dans la bataille qui décidera du sort de la guerre en connaissant en partie les cartes adverses. Que se serait-il passé sans ce renseignement stratégique inestimable ?

La coopération avec les Français et les Polonais, de l'avis du professeur Hinsley, a fait gagner au moins six mois aux Britanniques dans la mise au point opérationnelle de la technique de décryptage. Cette reconnaissance est cependant faite du bout des lèvres, en annexe du premier volume de *British Intelligence*. Le professeur J. Rohwer n'hésite pas à exprimer que sans les travaux des Polonais, Bletchley Park n'aurait probablement pas réussi à « casser » le trafic chiffré avec l'Enigma.

Mais Ultra n'exercera une influence directe sur les opérations navales qu'à partir d'août 1941. Il faudra attendre l'été 1942 pour en faire bénéficier les opérations terrestres, en Afrique du Nord.

## 2.3. La percée d'Ultra dans le domaine maritime

On imagine sans peine l'importance du décryptement du trafic de la Kriegsmarine pour les Britanniques. Ils ne ménagent pas leurs efforts dans ce domaine. Et pourtant, la percée d'Ultra dans le domaine maritime fut difficile.

La difficulté ne vient pas de l'Enigma marine, plus complexe, comme on l'a vu plus haut. Les rotors spécifiques ont été capturés en 1940. Mais la combinatoire des 3 rotors choisis parmi les 8 possibles fait passer les arrangements de 60 pour l'Enigma normale à 336 pour l'Enigma marine. Ce qui augmente d'autant la durée de la recherche des réglages.

### *La complexité des procédures*

La difficulté vient des procédures et des codes de l'amirauté allemande, particulièrement complexes. L'étude détaillée des procédures, telle qu'il est possible de la faire aujourd'hui, montre à quel point les Allemands pouvaient s'estimer protégés par leur complexité ; ce qui renforçait leurs certitudes quant à l'inviolabilité d'Enigma.

C'est ainsi que les positions sont données à partir d'un système de quadrillage difficile à percer. Les lettres désignant le carré, par exemple « CK » sont chiffrées à partir d'une table de bigrammes, changée périodiquement. CK devient alors BTDR. En novembre 1941 est introduit le système du « carnet d'adresses ». Le choix des éléments de l'adresse, tels que le nom du destinataire, son prénom, la rue et la ville, détermine le chiffrement des positions. Le décryptage des positions devient quasi impossible, sauf lorsque l'on peut obtenir un relèvement gonio du message, ce qui relève du miracle. Le système ne sera percé qu'avec la capture du *U-505* par le commandant Gallery en juin 1944 (cf. chapitre 9).

En août 1941, pour augmenter – si besoin en était – le moral des équipages et introduire un esprit de compétition, les U-Boote ne sont plus désignés par leur numéro, mais par le nom de leur commandant.

La Kriegsmarine s'ingéniera sans cesse à augmenter la sécurité de ses messages. De plus, le trafic est compartimenté en plusieurs réseaux. Seuls, les particularités de procédures, le recoupement avec d'autres messages et, surtout, les relèvements gonio offrent une petite chance de percer cette protection.

### *La percée et les difficultés britanniques*

Les cryptologues de Bletchley Park se cassent les dents sur les messages de la Kriegsmarine. Ils demandent qu'une opération soit montée pour capturer une Enigma marine et ses documents. C'est ainsi qu'à l'instigation de Harry Hinsley, un raid est monté en février 1941 dans les îles Lofoten, et que deux chalutiers-météo sont capturés en mai et juin. Les éléments confisqués sont incomplets ; ils ne permettent que de décrypter le trafic de février et mars. Ce n'est pas suffisant pour percer durablement le trafic des U-Boote.

#### *La première embellie alliée*

La capture providentielle du *U-110*, le 8 mai 1941, permet aux équipes britanniques, disposant ainsi d'une Enigma marine et de ses procédures complètes pour deux mois, de réaliser une avancée spectaculaire. Les décryptages sont opérationnels à partir du 1er août 1941.

L'amiral Dönitz se méfie. Malgré les assurances qui lui sont données sur l'inviolabilité d'Enigma, il met en service en octobre 1941 un nouveau réseau, baptisé « Triton », réservé aux sous-marins de l'Atlantique Nord, le théâtre le plus important à ses yeux. Ce qui n'arrête pas les décryptements britanniques. Mais des indices conduisent les décrypteurs britanniques à envisager la possibilité de l'adjonction d'une quatrième « roue » sur l'Enigma marine. Cette quatrième roue est d'ailleurs utilisée prématurément par quelques opérateurs. En décembre 1941, un opérateur commet une telle erreur ; il croit la corriger en retransmettant immédiatement son message selon la technique normale des trois rotors. Les cryptologues de Bletchley Park se doutent qu'il s'agit du même message, transmis une première fois de manière erronée ; ils reconstituent avec ce seul message le câblage de cette quatrième roue !

Le 1er février 1942, la mise en service de la nouvelle Enigma-Marine, la M4, sur le réseau Triton, interrompt le décryptage allié. Ce grand « black-out » intervient à un moment crucial, celui de l'entrée en guerre des États-Unis et de l'apogée de la guerre sous-marine.

Nous avons vu les différences entre cette nouvelle Enigma et ses congénères. La multiplication des substitutions possibles pose un problème quasi insoluble aux décrypteurs. En effet, bien que l'arrivée de ce quatrième « tambour » ait été anticipée, les nouvelles Bombes ultra-rapides à quatre rotors ne sont pas prêtes. Les efforts de Bletchley Park sont à cette époque centrés sur l'attaque du trafic des Enigma à 3 rotors. Le nombre des Bombes est toujours trop faible. Douze sont opérationnelles en décembre 1941, 30 en août 1942 et 49 à la fin de l'année. Il est possible d'attaquer une Enigma-Marine à 4 roues avec une Bombe à trois roues, mais le temps de recherche devient prohibitif ; il est multiplié par 26. Le décryptement d'un message de mars 1942, transmis à la fois sur le réseau Triton et sur un autre réseau qui, lui, était décrypté, nécessite 17 jours de traitement pour 6 Bombes à trois roues ! Bletchley Park manque donc de Bombes. Mais ce n'est pas tout.

### *La reprise des décryptages*

Au début de 1942, la Kriegsmarine change le code des messages météo, dont un exemplaire avait été capturé sur le *U-110*. Les messages météo des U-Boote sont ensuite retransmis sur le réseau général des Enigma à trois rotors ; souvent décrypté, il permettait aux experts de Bletchley Park de déterminer les réglages quotidiens du réseau Triton. Cette source devient inopérante. Reconstituer le nouveau code météo aurait pris un temps fou. Il est de nouveau nécessaire de se procurer une Enigma et ses documents. La chance est avec les Alliés.

Le 30 octobre 1942, après neuf heures de grenadage et près de 300 grenades, le *U-559* est capturé par le destroyer HMS *Petard* au large d'Alexandrie, en pleine nuit. Le second, l'enseigne Fasson, et un matelot plongent et atteignent le sous-marin dont l'équipage est recueilli par la baleinière du destroyer. Les deux hommes passent des quantités de documents à l'équipe de prise qui les a rejoints. Le sous-marin est très endommagé et fait eau rapidement. Désirant récupérer un maximum de documents, ils coulent avec le sous-marin.

Cette prise fournit aux Britanniques deux documents essentiels nécessaires à la reprise du décryptage : le nouveau code météo et le nouveau code des messages courts. Le décryptement d'un premier message le 13 décembre 1942 est considéré par les hauts responsables alliés comme une victoire, célébrée dans la plus grande discrétion. Des efforts de décryptement considérables, la mise en service de « bombes » plus puissantes et plus nombreuses, permettent la reprise opérationnelle des décryptages à partir de janvier 1943, paroxysme de la guerre sous-marine. Il ne sera plus interrompu, sauf sur de courtes périodes. Faute de moyens, ces décryptements ne pourront être exploités de manière offensive contre les U-Boote qu'à la mi-1943. Du moins l'OIC est-il en mesure de dérouter de l'ordre de 50 % des convois menacés.

En août 1943, 7 000 personnes décodent, en temps réel 2 000 messages par jour ! Pendant toute la guerre, les Anglais utilisent les renseignements ainsi obtenus avec prudence, pour préserver cette source. Dans la mesure du possible, ils s'efforcent de détourner les Allemands de toute idée de décryptage en envoyant, par exemple, un message de félicitation à une unité supposée être à l'origine de la perte d'un U-Boot. Ou bien, une reconnaissance aérienne faite après le décryptage pouvait donner le change. Les précautions les plus importantes sont celles prises pour la traque et la destruction des sous-marins ravitailleurs qui, eux-mêmes, pratiquent un silence radio rigoureux. Lorsque la zone prévue pour le ravitaillement est connue, les navires alliés en sont tenus à l'écart dans un rayon de 100 milles. Ce n'est qu'à partir du moment où la « vache à lait » signale son arrivée à ses clients que la chasse est ouverte ; en effet, la localisation peut, aux yeux des Allemands, avoir été obtenue par un relèvement gonio. Bien entendu, les unités en mer ignorent complètement qu'elles ont été guidées par les décryptages.

*Préserver le secret des décryptages*

Les amirautés alliées, qui elles sont dans le secret, ont parfois des sueurs froides lorsque des incidents peuvent permettre aux Allemands de découvrir le pot aux roses. Une alerte sérieuse se produit en Méditerranée les 12 et 13 avril 1943, lorsqu'un décryptage de messages de la Luftwaffe indique aux Alliés le départ d'un convoi double composé d'un pétrolier, de deux cargos et des escorteurs habituels. La Luftwaffe trouve bizarre la présence sur la route du convoi d'un groupe de destroyers alliés, alors que le convoi est en retard, et qu'il n'a pu être repéré par l'aviation. Les destroyers sont bien sûr postés là en toute connaissance de cause ! Le convoi est finalement détruit par l'aviation alliée. Les Allemands estiment que la présence des destroyers est probablement due à des reconnaissances aériennes qu'ils n'ont pas repérées. Les amirautés alliées renforcent les mesures de prudence dans l'exploitation opérationnelle des décryptages. Une autre alerte sérieuse se produit en mars 1944. La Kriegsmarine modifie ses procédures Enigma en pure perte, car Bletchley Park surmonte très rapidement cette difficulté. Les Alliés sont alors sur la piste du *U-488*, le dernier des sous-marins ravitailleurs de type XIV en service, pisté grâce aux décryptages. La zone de ravitaillement est connue ; elle a été transmise aux U-Boote avec la nouvelle procédure Enigma. D'où un grand luxe de précautions prises à la demande des Britanniques, qui se méfient de l'enthousiasme dangereux des marins américains. Les navires alliés doivent s'éloigner de 100 milles de la zone de ravitaillement, et attendre qu'un message émis dans cette zone par un U-Boot puisse donner le change aux Allemands. Un groupe américain comprenant le porte-avions d'escorte *Block Island*, en patrouille dans la zone de ravitaillement, malgré les instructions, coule deux U-Boote qui attendaient leur ravitailleur. Le premier lord de l'Amirauté envoie un message de reproche à l'amiral King. Celui-ci réplique avec beaucoup de bon sens que cette affaire ne peut que confirmer aux Allemands à quel point l'Atlantique est devenu malsain pour les U-Boote. De plus, il fait remarquer que les nombreux déroutages de convois sont beaucoup plus dangereux pour la sécurité d'Ultra que cette histoire de U-Boote. Cet incident n'éveille pas plus que les autres la méfiance des Allemands. Le *U-488* est coulé en avril par un groupe américain[1], ainsi que deux U-Boote attendant leur ravitailleur. Le groupe naval est piloté, sans qu'il le sache, par un décryptage.

Les Allemands décryptent le trafic britannique jusqu'à la mi-1943. Ces décryptages leur apprennent notamment l'extraordinaire précision des renseignements sur les U-Boote. Les enquêtes de sécurité concluent toujours à l'inviolabilité d'Enigma, et les succès britanniques sont attribués à d'autres causes. Le renforcement des mesures de sécurité ne pourra interrompre les décryptages adverses.

Cependant, le décryptage du trafic de l'adversaire n'est jamais total. La rapidité du décryptage, de quelques heures à quelques jours, rend ou non les renseignements exploitables. Le décryptage est toujours un exercice de corde raide, nécessitant la conjonction d'éléments aussi ténus qu'indispensables. En mars 1943, une nouvelle modification du code météo interrompt le décryptement du réseau Triton. Les messages météo, d'une brièveté extrême grâce à leur code d'une concision tout aussi extrême, sont transmis sur l'Enigma M4 en position M3 ; ce qui donne le calage des rotors ! On s'attend, au pire moment de la guerre sous-marine, à un nouveau black-out de plusieurs mois. Les cryptologues de Bletchley Park accomplissent un nouvel exploit, et le décryptage n'est interrompu que pendant neuf jours. Mais ces quelques jours sont fatals aux convois SC122 et HX229 (cf. chapitre 8).

*Les succès anglo-américains*

Bletchley Park dispose alors de 60 Bombes à trois rotors. De plus, le code utilisé pour les comptes-rendus de combat et d'opérations avait été saisi sur le *U-559*. Les messages correspondants sont transmis, comme les messages météo, sur l'Enigma M4 en version M3. Les cryptanalystes disposent donc d'un nouveau moyen d'attaque des messages émis sur l'Enigma M4. La coopération avec l'OIC, et en particulier avec l'équipe du commandant Winn, grand connaisseur des mœurs des U-Boote, permet d'accélérer la mise au point de la nouvelle méthode de décryptage. La mise en service le 1er juillet 1943 d'une seconde « quatrième » roue, le tambour Gamma, n'interrompt pas les

1. Porte-avion d'escorte *Croatan* et *Guadalcanal*.

décryptages. Non seulement les décrypteurs britanniques maîtrisent leur sujet, mais de plus les Bombes à quatre rotors entrent en service en juin 1943, et leur nombre ne cesse de croître, surtout aux États-Unis. Le décryptement des messages émis sur le réseau Triton devient alors, jusqu'à la fin de la guerre, une routine quotidienne. À partir de la fin de 1943, la puissance des Bombes installées aux USA permet de répartir le travail de décryptage des deux côtés de l'Atlantique.

Cependant, les messages interceptés ne sont pas tous déchiffrés. Mais, même sans être décrypté, le repérage d'une transmission, sa localisation par radiogoniométrie, l'analyse physique du message, l'identification du réseau, constituent une information précieuse pour les spécialistes. En effet, pour accélérer la rédaction, la transmission et l'exploitation des messages, il est d'usage de « formater » les messages selon l'information contenue. C'est ainsi qu'il était possible de savoir, en analysant la structure physique d'un message, sans le décrypter, qu'il s'agit d'un U-Boot entrant ou sortant de sa base, ou signalant la position d'un convoi. Dans les cas les meilleurs, la localisation du U-Boot émetteur et la connaissance des positions amies permettent alors de déterminer le convoi menacé et de le dérouter.

Ces procédures de transmission existent dans les marines alliées et allemandes. Les spécialistes du renseignement de chaque camp sont, dans ce domaine, à égalité. Le contact quotidien avec l'ennemi, par radio interposée, permet à la longue, de prendre en compte la personnalité des commandants d'unité pour affiner les prévisions sur le comportement tactique de l'adversaire. R. Winn était souvent en mesure d'anticiper les décisions de Dönitz.

L'entrée en guerre des États-Unis facilite pendant quelques mois la tâche du B-Dienst, tant les Américains sont inexpérimentés en matière de sécurité des télécommunications.

Le second semestre 1943 voit s'accumuler contre les U-Boote les nouvelles techniques de détection et de lutte. Les Anglais modifient également à cette période le code des convois, qui ne sera jamais décrypté par les Allemands. Le commandant Winn protège les décryptages en transmettant les messages opérationnels par la technique imparable du « *one time pad system* », exposé brièvement ci-après.

Les décryptements alliés atteignent alors une efficacité maximale, avec la mise en service de « bombes » ultra-rapides, conçues par A. Turing pour déterminer les réglages de l'Enigma M4. Ces machines sont construites et utilisées aux États-Unis. Les résultats sont transmis à Bletchley Park en toute sécurité par câble sous-marin.

Mais ces machines sont inefficaces sans l'extraordinaire ingéniosité des cryptologues alliés qui les guident, dans leur recherche toujours plus précise des mots probables et dans l'exploitation croisée des décryptages de réseaux différents, y compris diplomatiques.

*Le décryptement des réseaux diplomatiques japonais*

Les messages chiffrés par les diplomates japonais sur les machines « red » ou « purple » sont décryptés par les services américains. Le général Oshima, ambassadeur du Japon à Berlin, rencontre souvent les principaux responsables civils et militaires du Troisième Reich ; il connaît ainsi la situation réelle de l'Allemagne et en informe Tokyo et… les Alliés ! Il décrit de manière admirative les performances du nouveau sous-marin de type XXI. Les Alliés retarderont sa mise en service en bombardant les chantiers navals et en minant la Baltique pour réduire l'entraînement des équipages.

L'ambassadeur envoie également le compte-rendu détaillé de ses visites aux usines d'armement ou au mur de l'Atlantique. Un long message relate ainsi la visite des défenses atlantiques effectuée les 4 et 5 mai 1944, soit un mois avant le débarquement ! L'ordre de bataille allemand, le détail des fortifications, les intentions allemandes, sont mises à jour au profit exclusif de Tokyo, croit-on. Les décrypteurs américains n'en perdent pas une miette, et partagent leur trésor avec les Britanniques.

De même, les Américains connaissent avant l'ambassadeur du Japon à Washington le message qu'il doit transmettre au président Roosevelt pour justifier l'attaque de Pearl Harbour ! Mais à la suite de hasards malheureux, l'alerte ne parvient à Pearl Harbour que pendant l'attaque.

Les Alliés jouissent d'un avantage primordial dans l'espionnage des télécommunications. Les communications entre Berlin et Tokyo ne peuvent que s'effectuer par radio et peuvent donc être interceptées. Par contre, les communications entre la Grande-Bretagne et l'Amérique s'effectuent par câble, à l'abri des interceptions. Les communications entre Roosevelt et Churchill restent secrètes. Le câble permet, entre autres, à partir de 1943, de transmettre de Bletchley Park aux États-Unis les messages

Enigma interceptés. La détermination des réglages effectués par les « bombes » ultra-rapides mises en œuvre par les Américains est ensuite transmise à Bletchley Park. Le câble facilite ainsi la division du travail de décryptage allié, en toute sécurité et rapidité.

### *Les principaux réseaux décryptés*

Bletchley Park concentre ses efforts de décryptage sur les réseaux de la Kriegsmarine les plus importants. Certains ne seront jamais décryptés, soit par manque de documentation, soit parce que leur trafic est trop faible pour se prêter à l'analyse. Ce tableau résume la situation à l'été 1943.

| ***Nom allemand*** | ***Description*** | ***Mise en service*** | ***décryptage*** |
|---|---|---|---|
| Heimisch, puis Hydra le 1/1/43 | D'usage général pour tous navires et autorités en Baltique et mers proches. La clé « officier » est plus difficile et plus longue à décrypter. | 09/1939 | À partir d'août 1941 |
| Ausserheimisch, puis Aegir le 1/1/43 | D'usage général pour tous navires dans les mers lointaines. Ce qui est le cas des corsaires cuirassés et marchands. | 09/1939 | Jamais décrypté |
| Thetis | Pour les U-Boote à l'entraînement dans la Baltique. | 09/1939 | Jamais décrypté |
| Neptun | Pour le haut-commandement, lors des opérations des grandes unités de surface. | 05/1941 | Jamais décrypté |
| Süd | D'usage général pour tous navires et autorités en Méditerranée et mer Noire. Les U-Boote utilisent Triton de 01/42 à 06/43. Utilisent ensuite un réseau particulier. La clé « officier » est plus difficile et plus longue à décrypter. | De 04/1941 au 1/10/43 | Septembre 1942 |
| Triton | Utilisé par les U-Boote de l'Atlantique. Ceux de l'Arctique utilisent Hydra. La clé « officier » est plus difficile et plus longue à décrypter. | De 10/1941 au 24/05/43 | décembre 1942 |
| Medusa | U-Boote en Méditerranée. La clé « officier » est plus difficile et plus longue à décrypter. | De 06/1943 à 10/1944 | Juin 1943 |
| | Chiffre du B-Dienst ! | De 02/1943 à mai 1945 | Juin 1944 |

À partir de la mi-1944, le décryptage du trafic radio des U-Boote devient de plus en plus compliqué, pour devenir pratiquement impossible à partir d'avril 1945. La généralisation progressive du schnorchel implique un silence radio croissant et les procédures de transmission se compliquent également.

L'évacuation des bases françaises s'accompagne de la mise en place de clés de chiffrement particulières à chaque base assiégée. Le trafic radio de ces bases ne présente qu'un intérêt limité, mais il ne sera jamais décrypté. Pire, cette procédure est ensuite mise en place pour les U-Boote de la Baltique ; la généralisation du système est effective en février 1945. Ce trafic-là est indécryptable, compte tenu du nombre de réseaux et de la minceur du trafic émis par chacun. Notons au passage que ce système complexe témoigne de la haute compétence des transmetteurs de la Kriegsmarine.

Le pire serait advenu si la guerre s'était prolongée, avec la généralisation du système *Kurier*. Les Alliés sont mis sur la voie avec les documents capturés sur le *U-505*. Il s'agit de l'emploi d'un émetteur à variation de fréquence, envoyant des messages condensés, récupérés sur un tube cathodique puis photographiés pour être exploités. Cette technique en est à ses débuts, et les essais effectués en août 1944 sont peu concluants pour les Allemands, mais inquiétants pour les Alliés, qui ne captent aucun des messages. Les Britanniques travaillent d'arrache-pied sur la contre-mesure, l'ancêtre du scanner. Les essais allemands reprennent à la mi-novembre, et les Alliés décryptent le système début décembre. C'est un très bref succès. Jusqu'à cette date, les fréquences d'évasion étaient indiquées chaque jour aux U-Boote concernés par un message normalement décrypté par Bletchley Park. À partir du 9 décembre, les fréquences sont indiquées par une table embarquée ! Il ne reste plus qu'à capturer un U-Boot, et à développer le scanner. Le système Kurier reste au stade des essais ; le scanner allié n'est au point qu'en avril 1945. Il était temps que la guerre s'arrête.

### *L'importance relative des décryptages*

Pour modérer les idées fausses que l'on pourrait avoir sur l'importance du renseignement en général et du décryptage en particulier, il faut se rendre compte que ces moyens ne peuvent gagner une guerre à eux seuls. La connaissance de l'horaire des trains est d'un piètre secours pour celui qui est ficelé sur la voie. Les renseignements ne sont efficaces que si l'on dispose des moyens de les exploiter à temps. Il faut non seulement décrypter rapidement, mais analyser puis transmettre le renseignement aux opérationnels, qui doivent également analyser le problème à leur niveau. Si par hasard on dispose de moyens d'intervention, encore faut-il qu'ils puissent arriver à temps.

D'autre part, des quantités d'informations ne sont pas utilisées, ne serait-ce qu'en raison de l'énorme masse de renseignements que procurent les décryptages. Certains renseignements ne peuvent être exploités que par un travail de rapprochement et de recoupement subtil. Il faut non seulement être intrigué par un faisceau de renseignements, mais avoir le temps et les moyens de comprendre leur importance par une analyse au deuxième ou troisième degré. Entre le 5 et le 12 décembre 1944, Bletchley Park décrypte très normalement les demandes de bulletins météo envoyées aux U-Boote opérant dans l'Atlantique Nord. Personne ne remarque alors que ces demandes sont beaucoup plus nombreuses que d'habitude, et que les réponses sont urgentes. Ce n'est qu'après guerre que les cryptologues et l'OIC se rendront compte que les Alliés avaient eu en main l'un des rares indices de préparation d'une offensive à l'Ouest, celle des Ardennes.

Les victoires allemandes et alliées étaient le résultat de l'emploi coordonné des différents moyens de lutte. Le renseignement et le décryptage sont l'un de ces moyens, sans plus.

### 3. LE CHIFFREMENT DES MESSAGES TRANSMIS PAR LA RÉSISTANCE

Les réseaux de Résistance, en particulier en France et en Norvège, ont joué un rôle aussi dangereux qu'important pour fournir aux Alliés de précieux et irremplaçables renseignements sur bien des points clés de la Bataille de l'Atlantique. Le cas du *Bismarck*, pisté par la résistance norvégienne, a déjà été évoqué. Lorsqu'à partir de 1942 les U-Boote sont à l'abri de leurs bases, les reconnaissances aériennes deviennent inopérantes. La résistance locale devient l'une des sources de renseignement. C'est ainsi qu'à Lorient, les départs et les arrivées des sous-marins sont repérés grâce aux blanchisseries ! Les ballots de linge sont identifiés par le numéro du sous-marin. L'arrivée du linge du U-99 signifie son retour. La récupération de ce même linge est faite généralement 48 heures avant l'appareillage. L'effectif des U-Boote est précisé par les informations collectées par les employés français de l'arsenal. L'organisation lorientaise, affiliée au réseau « Alliance », est dirigée par l'ingénieur du génie maritime Jacques Stosskopf, qui passe aux yeux de beaucoup pour être « vendu » aux Allemands. Il est arrêté en février 1944 et fusillé en septembre en même temps que des dizaines de membres d'Alliance. Ce n'est qu'en 1945 que les Lorientais apprendront la vérité.

Les messages transmis en morse par les radios de la Résistance sont chiffrés pour des raisons de sécurité bien compréhensibles. Comme il n'était pas question de doter les réseaux de machines à chiffrer, il leur est proposé des méthodes plutôt compliquées. Et pourtant, les réseaux sont loin de disposer du temps et de la sérénité nécessaires à l'emploi de chiffres complexes. Le rappel de ces méthodes nous donne l'occasion d'exposer brièvement les principes généraux du chiffrement.

L'ouvrage de P. Lorain, *L'armement clandestin de la Résistance*, détaille les techniques de chiffrement utilisées.

### 3.1. La clé

La plupart des méthodes de chiffrement ont en commun l'usage d'une clé. La détermination de la clé est effectuée selon des méthodes diverses, connues de chaque correspondant. Par exemple, on convient de choisir la clé dans un livre dont les correspondants possèdent la même édition. Le colonel Remy utilise ainsi le Petit Larousse, dont la possession n'est pas suspecte d'une activité clandestine. La clé est un mot dont le nombre de lettres est également déterminé ; par exemple, 5 lettres. Il faut maintenant trouver une méthode pour dénicher dans le livre le mot de 5 lettres, toutes différentes, utilisé pour un message donné.

Par exemple, à partir du numéro du jour dans le mois, il est convenu de trouver la clé dans la page dont le numéro est celui du jour plus 6. Si le message est émis le 30, la clé sera trouvée page 36. Il est convenu ensuite de choisir comme clé le huitième mot de 5 lettres non répétitives de la page. S'il n'y en a pas dans la page, on passe à la page suivante. Cette clé est ensuite appliquée au texte du message, clair ou camouflé, selon la méthode de chiffrement utilisée. La sécurité apportée par une clé est directement fonction de sa longueur.

La clé de chiffrement est essentielle pour les deux techniques de chiffrement, transposition et substitution.

### 3.2. Le carré de Vigenère

Ce système inventé au XVI^e siècle, amélioré progressivement, est utilisé pendant la seconde guerre mondiale. Les machines à chiffrer utilisent le même principe.

**Chiffrement par alphabets multiples**

**Carré de Vigenère**

| | **A** | **B** | **C** | **D** | **E** | **F** | **G** | **H** | **I** | **J** | **K** | **L** | **M** | **N** | **O** | **P** | **Q** | **R** | **S** | **T** | **U** | **V** | **W** | **X** | **Y** | **Z** |
|---|---|---|---|---|---|---|---|---|---|---|---|---|---|---|---|---|---|---|---|---|---|---|---|---|---|---|
| **A** | A | B | C | D | E | F | G | H | I | J | K | L | M | N | O | P | Q | R | S | T | U | V | W | X | Y | Z |
| **B** | B | C | D | E | F | G | H | I | J | K | L | M | N | O | P | Q | R | S | T | U | V | W | X | Y | Z | A |
| **C** | C | D | E | F | G | H | I | J | K | L | M | N | O | P | Q | R | S | T | U | V | W | X | Y | Z | A | B |
| **D** | D | E | F | G | H | I | J | K | L | M | N | O | P | Q | R | S | T | U | V | W | X | Y | Z | A | B | C |
| **E** | E | F | G | H | I | J | K | L | M | N | O | P | Q | R | S | T | U | V | W | X | Y | Z | A | B | C | D |
| **F** | F | G | H | I | J | K | L | M | N | O | P | Q | R | S | T | U | V | W | X | Y | Z | A | B | C | D | E |
| **G** | G | H | I | J | K | L | M | N | O | P | Q | R | S | T | U | V | W | X | Y | Z | A | B | C | D | E | F |
| **H** | H | I | J | K | L | M | N | O | P | Q | R | S | T | U | V | W | X | Y | Z | A | B | C | D | E | F | G |
| **I** | I | J | K | L | M | N | O | P | Q | R | S | T | U | V | W | X | Y | Z | A | B | C | D | E | F | G | H |
| **J** | J | K | L | M | N | O | P | Q | R | S | T | U | V | W | X | Y | Z | A | B | C | D | E | F | G | H | I |
| **K** | K | L | M | N | O | P | Q | R | S | T | U | V | W | X | Y | Z | A | B | C | D | E | F | G | H | I | J |
| **L** | L | M | N | O | P | Q | R | S | T | U | V | W | X | Y | Z | A | B | C | D | E | F | G | H | I | J | K |
| **M** | M | N | O | P | Q | R | S | T | U | V | W | X | Y | Z | A | B | C | D | E | F | G | H | I | J | K | L |
| **N** | N | O | P | Q | R | S | T | U | V | W | X | Y | Z | A | B | C | D | E | F | G | H | I | J | K | L | M |
| **O** | O | P | Q | R | S | T | U | V | W | X | Y | Z | A | B | C | D | E | F | G | H | I | J | K | L | M | N |
| **P** | P | Q | R | S | T | U | V | W | X | Y | Z | A | B | C | D | E | F | G | H | I | J | K | L | M | N | O |
| **Q** | Q | R | S | T | U | V | W | X | Y | Z | A | B | C | D | E | F | G | H | I | J | K | L | M | N | O | P |
| **R** | R | S | T | U | V | W | X | Y | Z | A | B | C | D | E | F | G | H | I | J | K | L | M | N | O | P | Q |
| **S** | S | T | U | V | W | X | Y | Z | A | B | C | D | E | F | G | H | I | J | K | L | M | N | O | P | Q | R |
| **T** | T | U | V | W | X | Y | Z | A | B | C | D | E | F | G | H | I | J | K | L | M | N | O | P | Q | R | S |
| **U** | U | V | W | X | Y | Z | A | B | C | D | E | F | G | H | I | J | K | L | M | N | O | P | Q | R | S | T |
| **V** | V | W | X | Y | Z | A | B | C | D | E | F | G | H | I | J | K | L | M | N | O | P | Q | R | S | T | U |
| **W** | W | X | Y | Z | A | B | C | D | E | F | G | H | I | J | K | L | M | N | O | P | Q | R | S | T | U | V |
| **X** | X | Y | Z | A | B | C | D | E | F | G | H | I | J | K | L | M | N | O | P | Q | R | S | T | U | V | W |
| **Y** | Y | Z | A | B | C | D | E | F | G | H | I | J | K | L | M | N | O | P | Q | R | S | T | U | V | W | X |
| **Z** | Z | A | B | C | D | E | F | G | H | I | J | K | L | M | N | O | P | Q | R | S | T | U | V | W | X | Y |

ligne : texte en clair → n u i t  d e  c h i n e
colonne : clé : rouge → r o u g  e r  o u g e r

e i c z

Ligne N
Colonne R

texte chiffré

**Alphabets changeants selon une clé**

**O R S E M**
**3 14 16 3 14**

Décalage de 3 lettres, etc...

### *Le principe*

Au XVI$^{e}$ siècle, les cryptologues italiens sont les maîtres du genre. Le napolitain Porta est considéré comme le père de la cryptographie moderne. Sa méthode de chiffrement, développée par Blaise de Vigenère, diplomate français, est celle de la *substitution*. À une lettre du message, clair ou codé, est substituée une autre lettre, prise dans des alphabets multiples.

Le « carré de Vigenère » se compose de 26 alphabets verticaux. Chaque alphabet est obtenu en décalant l'alphabet précédant d'une lettre.

Cette technique est utilisée d'une manière plus élaborée par les réseaux reliés au SOE. Les alphabets sont mélangés d'une manière aléatoire. Un tel carré est par exemple reproduit sur le mouchoir de chiffrement que l'on peut voir à Lyon, au musée de la Résistance.

On écrit la clé au-dessous du texte à chiffrer. Chaque lettre du message est remplacée par une lettre de l'un des 26 alphabets. La lettre du texte détermine la ligne, la lettre de la clé détermine la colonne, à l'intersection desquelles on trouve la lettre chiffrée.

La première lettre chiffrée « e » est à l'intersection de la ligne « n », première lettre du message clair et de la colonne « r », première lettre de la clé. La seconde lettre chiffrée « i », est à l'intersection de la ligne « u », seconde lettre du message clair, et de la colonne « o », seconde lettre de la clé. Et ainsi de suite.

Une amélioration notoire du procédé de détermination de la clé rend le système inviolable.

### *Le* « **One time pad system** »

À partir de la mi-1943, le SOE introduit dans ses réseaux le système de chiffrement à partir d'une grille Vigenère et de clés ne servant que pour un seul message. Les agents sont munis d'une grille Vigenère qui leur est propre, ainsi que de feuillets microfilmés contenant des blocs de 5 lettres dont la suite est incohérente et aléatoire. Il existe des grilles séparées pour le chiffrement et le déchiffrement. L'agent choisit autant de groupes que nécessaire pour que la longueur de la clé soit identique à celle de son message, quitte à le compléter par des lettres nulles. Le chiffrement s'effectue avec la grille Vigenère, comme indiqué ci-dessus. L'agent détruit ensuite les groupes utilisés. Le message ne peut alors être déchiffré que par la station réceptrice. L'agent est approvisionné en grilles de clés à la demande. Ces grilles lui sont parachutées ou acheminées par une mission Lysander. L'introduction de ce système simple marque la fin du décryptage par les Allemands des messages émis par les réseaux dépendants du SOE.

L'OIC utilise également ce procédé depuis 1941 pour transmettre aux opérationnels les renseignements précis obtenus à partir des décryptages Enigma.

Aujourd'hui, malgré les ordinateurs, le « *one time pad system*[1] » reste le procédé le plus long à décrypter, si tant est qu'il le soit.

### 3.3. Méthode de la double transposition

Cette méthode est présentée dans *Les Mémoires d'un agent secret de la France Libre*, du colonel Rémy. Elle est utilisée pendant toute la guerre par les réseaux dépendant du BCRA de la France Libre. Cette méthode est aussi compliquée à appliquer qu'à déchiffrer, mais elle n'est cependant pas inviolable. Elle est représentative des méthodes de chiffrage par *transposition*, qui consistent à mélanger les lettres du message selon une méthode convenue, que le message soit ou non codé. Il est permis d'imaginer que les informations sur le départ de Brest du *Scharnhorst* et du *Gneisenau*, données par le lieutenant de vaisseau Philippon, recruté par le colonel Rémy, sont chiffrées de cette manière avant d'être transmises à Londres.

Le message est écrit sous la clé ; ici, le mot « rouge ». Chaque lettre de la clé détermine ainsi une colonne de lettres ou de signes appartenant au message.

On numérote ensuite les colonnes selon l'ordre des lettres de la clé dans l'alphabet. La colonne du « e » de rouge porte le numéro 1, le « e » étant alphabétiquement la première des lettres de la clé. La colonne 2 est celle du « g », et ainsi de suite.

La première transposition est celle des colonnes. On écrit ainsi d'abord le contenu de la colonne 1, celle du « e », et ainsi de suite.

1. Que l'on peut traduire par « clé pseudo-aléatoire à usage unique ». La clé, égale à la longueur du message, est pseudo-aléatoire car il faut bien que les deux correspondants possèdent l'algorithme de génération de la clé.

**Bataille de l'Atlantique**

Exemple de chiffrement utilisé par la Résistance (message fictif)
Méthode de la « double transposition »

### 1. Permutation des colonnes.

Le message est écrit sous la clé.

Le choix de la clé dépend d'une convention établie entre les correspondants.

Les lettres sont numérotées selon leur ordre dans l'alphabet.

Les colonnes sont ensuite permutées selon l'ordre des lettres de la clé.

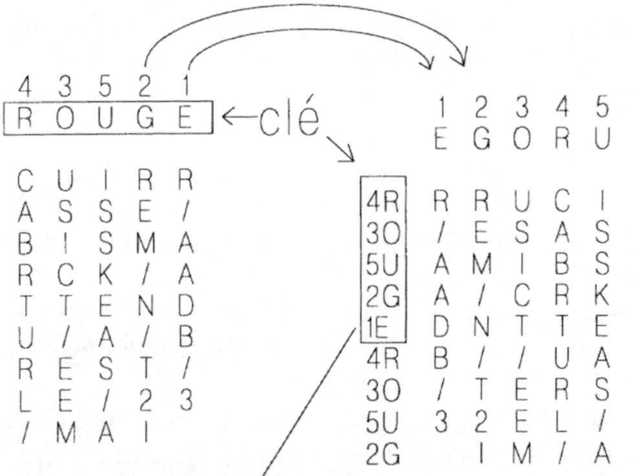


### 2. Permutation des lignes.

Transmision des lignes obtenues après la permutation des colonnes. dans l'ordre des lettres de la clé. la clé étant écrite en colonne.

**DNTTE A/CRK /ESAS RRUCI AMIBS**
**.IMA /TERS B//UA 32EL/**

Pour effectuer la seconde transposition, on écrit la clé verticalement, le long du message obtenu après la première transposition. Le message définitif se compose de groupes de 5 signes, chaque groupe étant une ligne du message transposé. Les groupes sont placés dans l'ordre de la clé. Le premier groupe est constitué par les 5 lettres de la ligne du « e ».

Pour déchiffrer, on fait la même chose à l'envers. Il ne faut pas se tromper de clé ! On imagine le travail des chiffreurs, se livrant à cette opération complexe tout en risquant à chaque instant d'être surpris par la Gestapo. La charge de travail des centrales londoniennes chargées du déchiffrement n'en est pas moins importante. La surcharge de travail est souvent de règle. Les réseaux importants, tels que « Alliance » de Marie-Madeleine Fourcade, ou « La Confrérie Notre Dame » du colonel Rémy, envoient chaque mois, en période de pleine efficacité, 2 000 à 3 000 messages ! On comprend ainsi que l'arrivée probable du *Bismarck* à Brest, transmise par le commandant Philippon à un moment où les Britanniques avaient perdu la trace du cuirassé, n'ait pas été exploitée à temps pour être opérationnelle.

## 4. CONCLUSION

Bien que les codes et chiffres soient utilisés depuis des siècles, leur emploi a connu un développement de masse avec l'emploi de la radio dès les premiers jours de la Grande Guerre. Mais la préservation du secret conduit les historiens, et le public, à patienter des dizaines d'années avant de découvrir un sujet passionnant, mais peu commode, tant les aspects techniques et stratégiques sont imbriqués. Il est encore plus ardu de déterminer la part jouée par cette guerre secrète sur l'issue de la guerre.

Pour se limiter à la bataille de l'Atlantique et dans le cadre limité d'une conclusion, qu'il soit permis de poser quelques questions :

- Les U-Boote auraient-ils été aussi efficaces s'ils n'avaient été mis le plus souvent à l'affût des convois à la suite des décryptages, relativement peu nombreux, réalisés par le XB-Dienst ?
- Les Alliés auraient-ils pu débarquer en Afrique du Nord tout en maintenant la chaîne logistique entre les États-Unis et la Grande-Bretagne, sans les centaines de navires

sauvés au second semestre 1941 grâce aux décryptages britanniques et à leur bonne exploitation ?

- Le débarquement en Normandie aurait-il eu lieu en 1944 sans la victoire dans l'Atlantique acquise au second semestre 1943, obtenue par l'action complémentaire du renseignement, reposant sur les décryptages, et de l'aviation ?
- Le débarquement en Normandie aurait-il été lancé sans la certitude du succès du plan de déception Fortitude, dont les Alliés pouvaient suivre les effets dans le commandement allemand grâce à leur maîtrise des décryptages ?

Il a semblé pertinent d'accorder dans cet ouvrage une large place au chiffrement et aux télécommunications, techniques qui ont conjointement explosé depuis les années 1980. Les armées, comme chaque individu[1], bénéficient ou pâtissent de ces développements techniques, sans pouvoir s'en passer. Non seulement les armées, mais également les fournisseurs d'accès Internet et de services associés protègent leurs télécommunications par des codes d'accès et des procédures. Pas plus qu'Enigma, ces forteresses cryptographiques ne sont inviolables[2]. La guerre entre l'obus et la cuirasse prend simplement une forme nouvelle.

La mainmise sur les réseaux de l'ennemi serait-elle l'arme absolue du futur, dans le cadre d'une guerre menée par des troupes de cyber-guerriers ?

1. Dans de nombreux pays, mais pas dans tous.
2. Ni le PGP, ni même la cryptographie quantique ne sont inviolables (cf. revue *Nature photonics* du 29/08/10) du moins sur un plan théorique...

## ANNEXE 1

# *La bataille du convoi ONS5 28 avril-6 mai 1943*

Rien n'égale le témoignage des survivants pour faire revivre l'intensité des batailles de convois. Que se passait-il en mer ? Par quoi une bataille se concrétise-t-elle pour les équipages et les navires ? Il nous reste les rapports d'opération pour essayer de nous représenter ces combats. La bataille du ONS5 est particulièrement dramatique et violente. Elle marque de plus un renversement stratégique en faveur des Alliés.

L'histoire de ce convoi est présentée sous forme d'un tableau d'événements. Ceci pour essayer de mieux sentir la densité des tâches qui assaillent les navires du convoi. Les faits sont relevés à partir du rapport d'opération du convoi, présenté dans *The Defeat of the German U-Boats*, publié en 1994 par l'historien américain D. Syrett.

Le style du tableau est volontairement télégraphique : la date est indiquée sous la forme 28/04 pour le 28 avril, l'heure sous la forme 1200 pour midi ; le point d'interrogation suivant parfois l'heure indique que celle-ci est estimée. L'appellation britannique Huff/Duff est remplacée par son équivalent américain HF/DF, le tout pour gagner de la place. De même BdU désigne le commandement des U-Boote. Les mesures de distance sont données en kilomètres pour faciliter la lecture.

Le texte et les extrapolations qui complètent les données du rapport ont été validés à l'aide des souvenirs de l'amiral Menes, Brestois, qui fut probablement l'un des plus jeunes enseignes des Forces Navales

Françaises Libres, qu'il rejoint en 1940, âgé de 17 ans. Il fut embarqué sur la corvette *Lobélia*, sous les ordres du commandant de Morsier.

Le convoi ONS5 est formé le 22 avril 1943 au large de l'île Islay, à l'ouest de l'Écosse, célèbre par la qualité de ses whiskies. C'est un convoi lent Écosse-Amérique de navires vides, navigant sur lest. Trop légers, les bâtiments auront du mal à conserver la formation par gros temps.

Ces 43 navires marchands sont escortés par le groupe B7, sous les ordres du capitaine de frégate P. Gretton, futur amiral, l'un des plus habiles commandants de groupe d'escorte. Son groupe se compose des destroyers HMS *Duncan*, chef d'escorte, et HMS *Tay*, tous deux équipés du Huff/Duff ; des corvettes HMS *Sunflower*, HMS *Snowflake*, HMS *Loosestrife* et HMS *Pink* ; des chalutiers *Northern Gem* et *Northern Spray* ; des pétroliers ravitailleurs *Argon* et *British Lady*. Le mazoutage en mer n'en est qu'à ses débuts dans les marines alliées ; la technique n'est pas encore au point et va réserver des surprises désagréables à l'escorte.

## Les options stratégiques

Le convoi prend une route très au Nord, choisie par l'Amirauté pour éviter les concentrations d'U-Boote repérées grâce aux décryptages. Les faux messages émis par certains U-Boote pour simuler la présence d'une meute là où il n'y en a pas ne trompent pas les Alliés. L'amiral Dönitz place ses meutes sur la foi de décryptages réalisés par le B-Dienst, ou en se fondant sur la connaissance acquise de longue date des routes et du rythme des convois alliés.

Deux tiers de l'effectif des U-Boote est déployé à l'Est de la Nouvelle-Écosse, sur un arc de cercle montant vers le Groenland. Le tiers restant est au Nord-Ouest des côtes britanniques. Ces barrages sont établis aux limites Est et Ouest du « trou » de l'Atlantique nord, un espace de 600 milles nautiques qui n'est pas encore couvert par l'aviation alliée. Cependant, les U-Boote sont obligés d'être placés le plus près possible des zones de départ des convois, pour essayer de les intercepter avant que l'éventail des routes possibles ne devienne trop large. Les U-Boote sont donc déployés à la limite du rayon d'action des avions de patrouille maritime. Des conditions météo favorables, ou un équipage prenant des risques en cas de menace précise, peuvent amener un appareil à surprendre des U-Boote se croyant en sécurité.

Cette route très au Nord, à la limite des glaces, rendra la navigation plus dangereuse et allongera le trajet de deux jours, augmentant ainsi la consommation de mazout des escorteurs. Le potentiel d'autonomie des escorteurs sera l'un des soucis permanents du commandant du groupe d'escorte ; certaines unités devront quitter le convoi pour aller se ravitailler.

L'amiral Dönitz et ses sous-mariniers sont dopés par leurs victoires de mois de mars. La première quinzaine d'avril a été consacrée au ravitaillement en mer de certains U-Boote et au redéploiement général des meutes. La lutte a ensuite repris son cours. L'amiral Dönitz et son état-major maîtrisent parfaitement leur outil militaire. Mais malgré l'habileté tactique avec laquelle le BdU exploite au mieux ses maigres renseignements pour redéployer ses U-Boote et former de nouvelles meutes, l'avantage restera à la défense du convoi ONS5.

| ***Date/heure /météo*** | ***Événement*** | ***Réaction ou conséquence.*** | ***Résultat*** |
|---|---|---|---|
| Mi-avril | Meute Meise positionnée au N-E Terre-Neuve | Tentative d'intercepter convois sur route nord. | Dispositif repéré par décryptage. Convois déroutés vers le sud. |
| 22/04 | Appareillage convoi. *HMS Duncan* se ravitaille en mazout | Le pétrolier américain *Argon* n'est utilisable que par temps calme. | Possibilités de mazoutage en mer limitées. |
| 22/04 2200 | Un cargo retourne en Écosse suite avarie de machine | | 42 navires |
| 24/04 jour | Un appareil du Coastal Command couvrant le convoi coule le U-710. | | U-710 coulé. |
| 25/04 – grains modérés | Couverture aérienne. Les cargos éprouvent difficultés pour conserver la formation | Attention renforcée pour regrouper les isolés. | Fatigue supplémentaire des équipages. |
| **26/04** | *HMS Vidette* et trois navires marchands venant d'Islande rejoignent le convoi | | 45 navires. Escorte renforcée. |
| 26/04 Tempête | Collision entre 2 cargos | L'un doit rallier l'Islande. | 44 navires |
| 27/04 Temps plus calme | Ravitaillement *HMS Duncan et Vidette.* Un cargo a des ennuis de machine. | Le cargo doit rallier l'Islande. | 43 navires |
| *27/04 journée* | *Suite décryptage concernant ONS3 et ONS4 BdU regroupe U-Boote dans nouvelle meute Star opérant plus au Nord que Meise.* | *Contrôle BdU sur meute Star difficile suite mauvaises conditions de transmission.* | *Menace sur convoi allégée.* |
| 27/04 Nuit | Couverture aérienne suspendue jusqu'à nouvel ordre car aucun U-Boot vu depuis 3 jours. | | Le convoi ne semble pas menacé. |

…/…

…/…

| | | | |
|---|---|---|---|
| 28/04 0530 | Relèvement HF/DF par *HMS Duncan*. | Ce U-Boot de la meute Meise piste le SC 127 au sud du ONS 5. | Gretton espère passer inaperçu. |
| 28/04 1110 | Relèvement HF/DF par *HMS Duncan* à proximité convoi. | **Le convoi est repéré.** *HMS Snowflake* envoyé en recherche. Convoi dérouté 35 degrés tribord. | U-Boot repoussé ou retardé. Protection rapprochée affaiblie. |
| 28/04 1230 | Fort relèvement HF/DF par *HMS Duncan* à proximité convoi. | *HMS Duncan* et *Snowflake* effectuent une longue recherche pour chasser le U-Boot pistant le convoi et faisant le radiophare au bénéfice du reste de la meute. | U-Boot repoussé ou retardé. Protection rapprochée affaiblie. |
| 28/04 1600 | Retour convoi à route initiale | Le déroutage allonge la route et augmente la consommation de mazout. | Le déroutage est-il efficace ? |
| 28/04 1610 | Fort relèvement HF/DF par *HMS Duncan* à proximité convoi. | Des U-Boote sont sur l'arrière du convoi. *HMS Tay* envoyé en recherche. | Protection rapprochée affaiblie. |
| 28/04 1641 | Fort relèvement HF/DF par *HMS Duncan* à proximité convoi. | *HMS Vidette* envoyé en recherche sur probable second U-Boot. | Protection rapprochée affaiblie. |
| 28/04 1800 ? | USN Catalina venant d'Islande voit U-560 goniométré par stations terrestres sur arrière convoi. | Trop tard pour recherche conjointe. | Le convoi est pisté. Attaque nocturne possible. |
| 28/04 1838 | Fort relèvement HF/DF par *HMS Duncan* et *Tay* à proximité convoi. | *HMS Duncan* et *Tay* effectuent une recherche. Relèvement HF/DF par *HMS Duncan* qui voit un U-Boot en surface à 2000 mètres qui plonge. Pas de contact Asdic ; 10 grenades. *HMS Tay* reste sur zone jusqu'à la nuit. | Protection rapprochée affaiblie. Grenadage entendu par les U-Boote ; peu les rendre plus circonspects et retarder leur remontée du convoi. |
| 28/04 2000 | Forts relèvements HF/DF par *HMS Duncan* et *Tay* à proximité convoi. | Les U-Boote sont sur le babord et l'arrière du convoi ; vont essayer de remonter vers l'avant du convoi. Renforcement de la protection bâbord. | Protection tribord dégarnie. |
| 28/04 2140 | Contact radar par *HMS Sunflower*. | *HMS Sunflower* attaque ; le U-Boot plonge ; début recherche. | U-Boot repoussé ou retardé. Protection rapprochée affaiblie. |

…/…

.../...

| | | | |
|---|---|---|---|
| 28/04 2204 | Contact Asdic douteux par *HMS Sunflower*. | Deux grenades ; mise à feu accidentelle artifice éclairant. | U-Boot repoussé ou retardé ; corvette rejoint escorte. |
| 28/04 2245 | Contact radar par *HMS Duncan* à 3,5 km. | *HMS Duncan* attaque ; le U-Boot plonge. | U-Boot repoussé ou retardé. |
| 28/04 2314 | Contact radar par *HMS Duncan* à 2,5 km. | *HMS Duncan* attaque ; le U-Boot plonge ; grenadage. | U-Boot repoussé ou retardé. |
| 28/04 2335 | Contact radar par *HMS Duncan* à 4 km. | *HMS Duncan* attaque ; le U-Boot plonge ; grenadage. | U-Boot repoussé ou retardé. |
| 29/04 0132 | Contact Asdic par *HMS Snowflake* à 1,3 km. | *HMS Snowflake* attaque ; le U-Boot plonge ; grenadage. Contact perdu. | U-Boot repoussé ou retardé. *Snowflake* se place entre le U-Boot et le convoi. Grenadage de dissuasion. |
| 29/04 0136 | Contact Asdic sur bâbord convoi par *HMS Snowflake* à 2 km. | *HMS Snowflake* attaque ; le U-Boot plonge ; sa torpille manque de peu la corvette. Plusieurs passes de grenadage. | U-Boot repoussé ou retardé. *Snowflake* rejoint convoi. |
| 29/04 0200 ? | Contact Asdic sur arrière convoi par *HMS Tay*. | *HMS Tay* attaque ; le U-Boot plonge ; grenadage. | U-Boot repoussé ou retardé. *Tay* rejoint convoi. |
| 29/04 matin Mauvais temps. | Point de situation. L'escorte a riposté dix fois pendant la nuit. Mission de couverture par Liberator annulée à cause mauvais temps. | L'agressivité de l'escorte a dissuadé les U-Boote d'attaquer. Reprise possible attaque aube ou tombée nuit. | *HMS Tay* placé à l'arrière du convoi ; *HMS Duncan* reste en tête. Les relèvements HF/DF seront meilleurs. *HMS Tay* chassera le U-Boot pistant le convoi. |
| 29/04 0338 | Relèvement HF/DF par *HMS Duncan* sur avant convoi. | Des U-Boote ont réussi à remonter le convoi et peuvent passer à l'attaque. *HMS Vidette* envoyé en recherche. | Protection rapprochée affaiblie. *Vidette* rejoint convoi à 0525. |
| *29/04 0529* | *U-258 torpille un cargo de la file tribord. Le U-Boot cherche à se protéger en naviguant sous le convoi.* | *HMS Duncan cherche U-Boot à l'intérieur convoi et envoi HMS Snowflake protéger un retardataire.* | *42 navires. Pertes totales convoi = 1. Protection rapprochée affaiblie.* |

.../...

…/…

| | | | |
|---|---|---|---|
| 29/04 0600<br>? | *HMS Snowflake* rejoint retardataire et obtient contacts Asdic douteux. | Grenadage de dissuasion. | *Snowflake* rejoint convoi. |
| 29/04 0600<br>? | *HMS Duncan* remonte convoi. Chalutier *Northern Gem* attaque contact Asdic. | *HMS Duncan* effectue recherche. | Sans résultat. |
| 29/04 0620 | Relèvement HF/DF par *HMS Duncan*. *Northern Gem* repêche équipage cargo torpillé ; essaye de le couler au canon. | *HMS Vidette* envoyé en recherche. | Protection rapprochée affaiblie. *Vidette et Duncan* rejoignent convoi. |
| 29/04 0700<br>? | Point de situation. Convoi menacé par 3 ou 4 U-Boote navigant à l'avant du convoi. Le cargo torpillé n'est toujours pas coulé. | *HMS Tay* envoyé couler le cargo. | Protection rapprochée affaiblie. Plusieurs U-Boote sont en bonne position pour attaquer. |
| 29/04 1630 | Relèvement HF/DF montrent 2 U-Boote navigant sur bâbord convoi et se dirigeant vers l'avant. | D'autres U-Boote remontent le convoi. *HMS Sunflower* envoyé en recherche. Aucun contact ; grenadage de dissuasion. | Protection rapprochée affaiblie. |
| **29/04 2300** | Destroyer *HMS Oribi* (HF/DF) détaché du SC127 rejoint groupe escorte. | | Protection renforcée. |
| 29/04 Nuit | Plusieurs relèvements HF/DF. | *HMS Duncan* et *Sunflower* effectuent plusieurs attaques. | Plusieurs U-Boote repoussés ou retardés. |
| 30/04 0445<br>Temps se dégrade | Reprise couverture aérienne. Compte tenu des difficultés de la navigation aérienne sur grande distance, un seul des 2 Liberator trouve convoi. Ce genre de raté est fréquent. | Recherche conjointe sur avant convoi sans résultat. | Liberator obligé interrompre mission à cause conditions météo |
| 30/04 0600 | *HMS Tay* rejoint convoi après avoir coulé cargo torpillé. | | Protection renforcée. |
| 30/04 0800<br>? | *HMS Oribi* ravitaillé par pétrolier *British Lady*. | | Possibilités tactiques renforcées. |
| 30/04 1200<br>Tempête | Tempête. | Ravitaillement des autres escorteurs impossible. | Autonomie des escorteurs limitée |
| 30/04 1900<br>**Ouragan** | | Convoi en danger d'être dispersé. Mais U-Boote gênés pour remonter le convoi. | Mobilité des combattants des deux camps limitée. Fatigue des équipages. |

…/…

…/…

| | | | |
|---|---|---|---|
| 30/04 2200 | Relèvement HF/DF lointain par *HMS Duncan*. | | Les U-Boote sont toujours là. |
| 30/04 2300 | Contact radar par *HMS Snowflake* à 3,5 km. | *Snowflake* attaque, tire au canon sur U-Boot qui plonge. Pas de contact Asdic. Grenade de dissuasion. | U-Boot repoussé ou retardé. *Snowflake* rejoint convoi. |
| 30/04 2314 | Relèvement HF/DF sur l'avant du convoi par *HMS Duncan*. | *HMS Vidette* détaché de l'écran tribord pour grenadage de dissuasion. *HMS Duncan* quitte l'écran bâbord pour faire de même. | U-Boote repoussés ou retardés. Escorteurs rejoignent convoi |
| 01/05 **Tempête force 10** | Plusieurs des navires du convoi ne peuvent tenir la formation et se dispersent. | | Possibilités tactiques nulles pour les 2 camps |
| 01/05 matinée | 2 avions US survolent convoi. 1 Liberator ne trouve pas convoi. | Attaquent U-Boot 60 milles sud convoi | U-Boot repoussé ou retardé. |
| 01/05 après-midi | 2 Liberator survolent convoi. | Recherches coordonnées. | Pas de U-Boot. Cargo retardataire à 30 milles. |
| *01/05 après-midi ?* | *U-954 envoi message à BdU : opérations impossibles à cause du mauvais temps.* | *Opération meute Star annulée. Seuls 5 U-Boote ont été au contact.* | *BdU peut redéployer ces U-Boote.* |
| *01/05 2029* | *U-628 de la meute Specht signale un convoi.* | *BdU estime qu'il s'agit SC128. Dirige 17 U-Boote meute Specht vers le convoi.* | *Menace sur ONS5 augmente suite proximité des deux convois.* |
| *02/05 0500* | *U-628 signale contact perdu ; convoi dérouté vers l'Est.* | *BdU complète sa situation ennemie.* | *Menace sur ONS5 augmente.* |
| *02/05 0912* | *BdU reçoit message convoi repéré suite tir d'éclairants.* | *BdU complète sa situation ennemie.* | *Menace sur ONS5 augmente.* |
| ***02/05 0928*** | *Point de situation BdU.* | *BdU ordonne à 13 U-Boote meute Star de se diriger S-E vers meute Specht pour intercepter ONS5.* | ***ONS5 menacé par trentaine U-Boote.*** |
| *02/05 journée* | *BdU exhorte par message ses U-Boote à attaquer : « avec 31 U-Boote, on doit arriver à un résultat ».* | *Ce type de message devient fréquent pour soutenir « jeune » génération de commandants impressionnée par aviation alliée et rapidité coordination escorteurs-aviation.* | *Un fort effectif U-Boote devient nécessaire pour compenser leur baisse relative de combativité.* |

…/…

.../...

| | | | |
|---|---|---|---|
| 02/05 journée | Météo moins mauvaise | Épuisant travail de recherche et de regroupement gros consommateur de mazout. | Convoi vulnérable. |
| **02/05 2000** | Les 4 destroyers du 3e groupe de soutien rejoignent convoi. | Vient de Terre-Neuve. Destroyers pas modifiés pour longues escortes. Réserves de mazout faibles. | **Escorte provisoirement renforcée à 12 unités.** |
| *02/05 soirée* | *BdU informé position convoi suite tirs d'éclairants* | *BdU complète sa situation ennemie.* | *Position et route convoi plus précises pour BdU.* |
| 03/05 aube **Tempête** | Convoi de nouveau dispersé. Les soutes du pétrolier *British Lady* sont presque vides. | 32 navires regroupés. 6 autres avec un destroyer à 50 milles derrière. Un destroyer cherche les 4 autres. | Certaines unités bientôt à court de mazout. |
| *03/05 matin* | *BdU redispose meutes Star et Specht. Meutes non repérées par OIC.* | *BdU espère intercepter SC128. Rapproche ses U-Boote sans le savoir de la route ONS5.* | *SC128 passera au-delà des lignes de surveillance ennemies.* |
| **03/05 1400** | ***HMS Duncan* part mazouter à Terre-Neuve.** | **Commandement transmis à capitaine de corvette Sherwood sur *HMS Tay*.** | **Protection affaiblie par le départ d'un destroyer HF/DF.** |
| ***03/05 1646*** | *BdU redéploie 20 U-Boote meute Amsel sud ligne Specht-Star.* | *Messages décryptés par Bletchley Park le 05/05 1443, trop tard pour dérouter convoi.* | ***ONS5 menacé par quarantaine U-Boote.*** |
| 04/05 aube | 3 destroyers et 1 chalutier envoyés mazouter vers Islande et Terre-Neuve. | | Escorte réduite à 8 unités. |
| **04/05 1200** | E-M Western Approaches détache les 5 unités 1er groupe escorte en soutien ONS5. | Groupe commandé par capitaine de frégate Brewen sur sloop *HMS Pelican*. Part de Terre-Neuve ; jonction avec ONS5 prévue 0605 aube. | Moral escorte ONS5 renforcé. |
| 04/05 journée | Reprise couverture aérienne. Nombreux contacts HF/DF. | Catalina canadien coule U-630 30 milles arrière convoi | U-Boot détruit. Pas d'attaque pendant la journée |
| *04/05 1637* | *Suite messages U-Boote au contact ONS5 BdU redispose 17 unités Specht-Star pour former meute Fink.* | *Messages d'accusé réception goniométrés par stations terrestres puis décryptés le 05/05 1241. 1er groupe escorte force l'allure.* | *L'étau se resserre autour du ONS5.* |

.../...

…/…

| | | | |
|---|---|---|---|
| 04/05 1915 | Relèvement HF/DF sur l'avant du convoi par *HMS Oribi*. Le convoi regroupe 30 navires. | *HMS Oribi* attaque. Un destroyer et 4 cargos routés séparément. | Rejoint escorte à 2230 Escorte réduite à 7 unités. |
| *04/05 2051* | *BdU redéploie 10 unités meute Amsel.* | *Messages goniométrés par stations terrestres.* | *L'étau se resserre autour du ONS5.* |
| 04/05 2109 | Contacts radar par *HMS Vidette* sur 2 U-Boote opérant sur tribord convoi. | Attaque, grenadages sévères et précis. 1 U-Boot au moins endommagé ou coulé. | Rejoint escorte à 2350. |
| 04/05 2200 | Contact radar par *HMS Snowflake* sur 1 U-Boote opérant sur bâbord convoi | Attaque aux éclairants et au canon sur U-Boot plongeant. Grenadage. Torpille évitée. Contact perdu. | Rejoint escorte à 2334. Convoi attaqué des 2 côtés. |
| *04/05 2228* | *Retardataire torpillé par U-707 6 milles en arrière.* | *Cargo coule en 2 minutes. 11 survivants repêchés par chalutier Northern Spray.* | *Pertes totales convoi = 2. Début attaque nocturne.* |
| 04/05 2254 | 3 cargos torpillés. | *Northern Spray* repêche 132 survivants ; soit en tout 143 naufragés à bord. | Pertes totales convoi = 5. |
| 05/05 0122 | Contact radar par *HMS Snowflake* sur 1 U-Boote opérant sur bâbord arrière convoi | Attaque aux éclairants et au canon sur U-Boot plongeant. Grenadage. Soutien par *HMS Oribi*. Contact perdu. | Retours escorteurs à 0400 |
| *05/05 0306* | *Contact HF/DF par HMS Tay sur U-358 attaquant tête colonne bâbord. Le U-Boot se réfugie probablement sous le convoi.* | *U-358 torpille 2 cargos. HMS Tay effectue plusieurs passes grenadage.* | *Pertes totales convoi = 7.* |
| 05/05 0312 | Contact radar par *HMS Loosestrife* sur tribord convoi. | *HMS Loosestrife* tire éclairant ; repère U-Boot plongeant ; grenadage. | U-Boot repoussé ou retardé. |
| 05/05 0312 | Contact radar par *HMS Loosestrife* à 2,4 km. | *HMS Loosestrife* tire éclairant ; repère U-Boot plongeant ; grenadage. | U-Boot repoussé ou retardé. |
| 05/05 0340 | *HMS Loosestrife* voit l'un des cargos torpillé mais toujours à flot avec survivants autre cargo. | Repêche les 61 survivants des 2 cargos. Tire sur cargo qui semble couler. | Cargo coulé plus tard au canon par U-628. *Loosestrife* rejoint convoi à 0850. |
| 05/05 0500 | Escorte prend son dispositif de jour. | *HMS Offa* et *Oribi* très en avant convoi. | 7 escorteurs. |
| 05/05 0700 | Chalutier *Northern Spray* détaché à Terre-Neuve pour déposer naufragés. | | Les escorteurs devront participer aux sauvetages. |

…/…

.../...

| | | | |
|---|---|---|---|
| 05/05 0810 ? | Contact HF/DF par *HMS Oribi* sur avant convoi. | *HMS Oribi* envoyé en recherche ; voit 1 U-Boot à 0857 puis 2 autres à 0910. Plusieurs passes grenadage. | 1 U-Boot endommagé. *HMS Oribi* rejoint sa place à 1340. |
| 05/05 0900 | *HMS Tay* entre dans convoi pour mazouter auprès *British Lady*. *HMS Offa* essaye faire de même avec pétrolier US *Argon*. | La consommation de mazout augmente beaucoup lorsqu'un escorteur se déroute pour chasser un sous-marin et doit ensuite rejoindre rapidement le convoi. | Escorte affaiblie. |
| 05/05 0954 | *HMS Pink* escorte 4 retardataires 8 milles arrière convoi. Contact Asdic à 2,2 km. | Attaque ; 6 passes de grenadage ; U-Boote détruit ou endommagé. *HMS Pink* fait route vers ses 4 cargos. | U-192 détruit. Retardataires sans protection. |
| *05/05 1100* | *HMS Offa abandonne tentative mazoutage. 1 cargo torpillé sur tribord convoi.* | *Recherche par HMS Tay et Sunflower. Contact Asdic ; grenadage. HMS Sunflower couverte par HMS Snowflake repêche 66 survivants du cargo.* | *Pertes totales convoi = 8. Potentiel mazout HMS Offa reste limité.* |
| Période 04/05 1200 au 05/05 1200 | Point fait par OIC après la bataille. | 28 U-Boote ont été au contact. Plusieurs U-Boote endommagés dont 3 ou 4 retirés opération. | L'attitude agressive de l'escorte semble efficace. |
| *05/05 1126* | *BdU envoie messages indiquant possibilité 40 U-Boote attaquer ONS5 ; encourage U-Boote à participer à victoire probable.* | *BdU pense destruction convoi possible.* | *Les Alliés pensent de même. Ont pris les mesures de renforcement possibles.* |
| 05/05 1200 | *HMS Offa* mazouté par *British Lady*. | Mazoutage terminé à 1600. | Potentiel mazout *HMS Offa* remonte. |
| **05/05 1300** | Déploiement meutes Fink et Amsel décrypté par Bletchley Park en 21 heures. | Le décryptage du trafic des U-Boote de l'Atlantique nord est opérationnel depuis le début 1943. | Effectif et numéro U-Boote connus. |
| *05/05 1452* | *Torpillage de l'un des 4 retardataires groupe Pink par U-584.* | *HMS Pink à 3 milles des retardataires. Arrive à l'épave ; effectue recherche ; repêche 61 survivants à 1600.* | *Pertes totales convoi = 9. HMS Pink rejoint les 3 ratardataires à 1700.* |
| 05/05 1611 ? | Torpillage 3 cargos tribord convoi. | Début manœuvre de sauvetage et protection. | Pertes totales convoi = 12. |

.../...

.../...

| | | | |
|---|---|---|---|
| 05/05 1745 | Convoi dérouté 90° bâbord. Couverture aérienne pendant 2 heures. | *HMS Tay* couverte par *HMS Oribi* et *Offa* repêche survivants. | Convoi reprend route initiale à 1838. |
| *05/05 1830* | *BdU ordonne à 2 U-Boote au contact faire radiophare pour attirer autres unités vers convoi.* | *U-Boote encouragés à rester en surface et tirer sur avions avec leur armement AA.* | *La menace augmente.* |
| 05/05 1839 | Contact asdic par *HMS Offa.* | Attaque ; grenadages. | U-Boot endommagé ou détruit. |
| 05/05 1850 | Contact HF/DF par *HMS Pink* sur avant convoi retardataire ; autre contact HF/DF à 1945. | Interception probable de messages radiophares émis à H + 15 et H + 45 pendant 3 minutes. *HMS Pink* à court de mazout et grenades ; craint attaque nocturne ; fait zigzaguer son convoi. | *HMS Pink* et ses 3 retardataires arrivent à bon port le 0905. Convoi renforcé depuis 0605 2300 par *HMS Sennen* du 1er groupe escorte. |
| 05/05 2000 ? **Brouillard dense** | Point de situation : abondance des contacts HF/DF. Commandant Sherwood craint attaque massive nocturne. | Convoi navigue à 7 nœuds. BdU estime 15 U-Boote au contact. La consommation de grenades a été forte et les escorteurs doivent les économiser. | Deux changements de route effectués pendant nuit. |
| 05/05 2040 Brouillard dense | Contact radar par *HMS Sunflower* sur bâbord convoi. | Attaque ; contact sonar ; grenadage. Attaque second U-Boot repéré au radar ; évite torpille repérée à l'asdic ; tire au canon ; enrayage. Se dirige vers 3e contact radar ; U-Boote plonge ; évite gerbe torpilles. | 3 U-Boote repoussés ou retardés. *HMS Sunflower* retourne vers convoi à 2120. |
| 05/05 2123 Brouillard dense | Contact radar par *HMS Snowflake* sur bâbord convoi. | Attaque ; tir au canon ; U-Boot plonge ; grenadage. Second contact radar ; U-Boot plonge ; grenadage. Contact asdic sur 3e U-Boot ; grenade de dissuasion. | 3 U-Boote repoussés ou retardés. *HMS Snowflake* rejoint convoi à 2230. |
| 05/05 2126 Brouillard dense | Contact radar par *HMS Loosestrife* sur tribord convoi. | Attaque ; tir au canon ; U-Boot touché plonge ; grenadage ; contact perdu. | 1 U-Boot repoussé ou retardé et endommagé. *HMS Loosestrife* rejoint convoi à 2209. |
| 05/05 2134 Brouillard dense | Contact asdic par *HMS Sunflower* sur tribord convoi. | Recherche. Tir au Hedgehog sur autre contact asdic. Tir aux éclairants sur autre contact radar. U-Boot vu mais perdu dans brume. | 3 U-Boote repoussés ou retardés. *HMS Sunflower* rejoint convoi à 2344. |

.../...

.../...

| | | | |
|---|---|---|---|
| 05/05 2234<br>Brouillard<br>dense | Contact radar par *HMS Loosestrife* sur tribord convoi. | Attaque ; U-Boot tire torpille et plonge ; grenadage ; U-Boot touché ; fait surface et explose. | U-638 coulé. *HMS Loosestrife* rejoint convoi à 2305 ? |
| **06/05 0000**<br>Brouillard<br>dense | Les 4 unités 1^er^ groupe escorte approchent ONS5 ; effectuent recherche sur avant convoi. | Prise de contact avec ONS5 prévue pour 0400. | Moral escorte ONS5 renforcé. |
| 06/05 0022<br>Brouillard<br>dense | Contact radar par *HMS Snowflake* sur bâbord avant convoi. | Attaque ; tir au canon ; U-Boot plonge ; grenadage. Second contact Asdic ; U-Boot plonge ; 1 grenade. Contact radar sur 3^e^ U-Boot ; demande soutien *HMS Tay* qui tire sur U-Boot plongeant ; contact asdic ; garde sa dernière grenade en réserve. | 2 ou 3 U-Boote endommagés, repoussés ou retardés. |
| 06/05 0026<br>Brouillard<br>dense | Contact radar par *HMS Vidette* sur tribord convoi. | Recherche ; tir éclairants ; contact perdu ; tir 1 grenade. | U-Boot repoussé ou retardé. *HMS Vidette* rejoint convoi vers 0200. |
| 06/05<br>0100 ?<br>Brouillard<br>dense | Contact radar par *HMS Loosestrife* sur tribord convoi. | Recherche ; contact asdic ; grenadage. | U-Boot endommagé et repoussé ou retardé. *HMS Loosestrife* rejoint convoi vers 0139. |
| 06/05 0149<br>Brouillard<br>dense | *HMS Sunflower* détaché pour soutenir *HMS Snowflake.* | Recherche radar. | Protection rapprochée affaiblie. |
| 06/05 0154<br>Brouillard<br>dense | Contact radar par *HMS Snowflake* sur bâbord convoi à 3,2 km. | Attaque au canon ; U-Boot touché ; tentative abordage du U-125 ratée ; U-Boot trop près pour tirer ; perte contact. Recherche ; contact radar ; abordage avec *Sunflower* évité de peu. U-125 se saborde ; permission repêcher survivants refusée. | U-125 détruit. *HMS Snowflake* rejoint convoi à 0218. |
| 06/05 0208<br>Brouillard<br>dense | Contact asdic par *HMS Vidette* sur tribord convoi. | Attaque au hedgehog ; 2 coups au but ; remous en surface. | 1 U-Boot endommagé. |
| 06/05 0243<br>Brouillard<br>dense | Contact asdic par *HMS Sunflower* sur bâbord convoi à 1,2 km. | Recherche ; contact radar ; aborde U-533 qui s'échappe. | U-Boot endommagé et repoussé ou retardé. |

.../...

.../...

| | | | |
|---|---|---|---|
| 06/05 0242 Brouillard dense | Contact asdic par *HMS Oribi* sur bâbord convoi. | Attaque ; aborde et coule U-531. | U-531 détruit. *HMS Oribi* endommagé rejoint convoi. |
| 06/05 0327 Brouillard dense | Contact radar par *HMS Loosestrife* sur tribord convoi à 4 km. | Recherche ; grenadage de dissuasion. Nouveau contact radar à 0400. | U-Boot repoussé ou retardé. |
| 06/05 0402 Brouillard dense | *HMS Loosestrife* signale à *HMS Snowflake* qu'un U-Boot traverse arrière convoi de tribord vers bâbord et se dirige vers lui. Le U-Boot cherche et trouve une protection à l'intérieur du convoi. | Contact radar par *HMS Snowflake ;* tir à l'aide radar ; contact asdic ; U-Boot tire 4 torpilles ; grenadage par *HMS Loosestrife ;* contact perdu. | U-Boot repoussé ou retardé. Les escorteurs rejoignent convoi. |
| 06/05 0407 Brouillard dense | Unités 1^er^ groupe escorte obtiennent contacts HF/DF et radar. Contact radar par *HMS Pelican* à 5,3 km. | *HMS Pelican* exploite contact ; contact asdic ; surprend U-438 en surface. Tir au canon ; plongée en catastrophe ; grenadage ; explosion sous-marine ; aucun survivant. | U-438 détruit. |
| 06/05 0915 Brouillard dense | Frégates *HMS Spey* et *Wear* effectuent recherche sur arrière convoi. Contacts radar puis asdic. | U-Boot surpris en surface ; échappe tir au canon et plonge. Grenadage par *HMS Wear* ; contact perdu. | U-Boot repoussé ou retardé. |
| *06/05 matin* | *BdU reçoit nombreux messages U-Boote endommagés obligés rejoindre leurs bases. Signalent avoir été surpris en surface malgré nuit et brouillard.* | *BdU estime impossible contourner efficacité radar et aviation.* | *BdU prépare messages pour nouveaux ordres.* |
| *06/05 1214* | *BdU ordonne rompre opération contre ONS5.* | *Unités encore opérationnelles meutes Fink et Amsel dirigées vers autres zones de recherche.* | *Fin bataille ONS5.* |
| Jours suivants | Décryptage des messages envoyés par BdU à chaque unité pour changement de mission. | Les U-Boote doivent envoyer accusé réception. Messages également décryptés. | Permet à OIC de faire bilan des pertes U-Boote. |

## L'apport du radar et du Huff/Duff

L'histoire de la guerre sous-marine montre que la bataille du ONS5 marque le début de la défaite définitive des U-Boote. Mais la Bataille de l'Atlantique va se poursuivre jusqu'au dernier jour de la guerre. La défaite des U-Boote contre le ONS5 est le résultat de la conjonction de plusieurs facteurs.

Les deux adversaires décryptent le trafic adverse, avec plus ou moins de bonheur. Le B-Dienst avait bien repéré le SC127, mais les décryptages alliés ont permis de contourner les meutes. À tel point que le destroyer *HMS Oribi* est détaché du SC127, jugé en sécurité, pour soutenir le ONS5. Pire pour les Allemands, les décryptages alliés, même incomplets, leur permettent de s'assurer que trois convois navigants à 100 milles du ONS5, les convois SC128, HX235 et ON180, n'ont pas été vu par les nombreux U-Boote positionnés dans leurs zones et ne sont pas directement menacés. C'est donc en prenant un risque calculé que deux groupes de soutien sont envoyés vers le ONS5.

Le mauvais temps a beaucoup limité les possibilités de la couverture aérienne alliée. Ce qui permet aux U-Boote de gagner leurs nouvelles zones de patrouille sans être trop inquiétés. Les brèves apparitions des avions sont cependant efficaces : un appareil du Coastal Command coule le U-710 au tout début de la navigation du ONS5 ; puis un Catalina canadien coule le U-630 le 4 mai. Un certain nombre de U-Boote a été gêné par les rares patrouilles et a dû rester en plongée.

La plus mauvaise surprise éprouvée par les U-Boote, comme en témoignent leurs messages, est la capacité des escorteurs à les détecter malgré la nuit et le brouillard. Les escorteurs mettent en œuvre les deux moyens de détection qui seront désormais fatals aux U-Boote : le radiogoniomètre hautes fréquences, le HF/DF, et le radar centimétrique, plus précis et d'une plus grande portée que celle du modèle antérieur. À cette époque, les caractéristiques de ce radar sont inconnues des Allemands. Le détecteur dont sont équipés les U-Boote ne les protège donc plus. La puissance des escortes et la présence, même occasionnelle, d'une couverture aérienne des convois, obligent les U-Boote à attaquer plus que jamais la nuit. L'emploi du HF/DF fait repérer les U-Boote qui naviguent à la limite de leur visibilité du convoi le jour et qui se rapprochent la nuit pour conserver le contact. Le rapport d'opération montre bien la complémentarité entre le HF/DF et le radar. Le premier contact est souvent obtenu par le HF/DF ; l'escorteur fonce vers la source de l'émission, en localisant alors la cible grâce au radar. De nuit, les U-Boote qui tentent de s'approcher du convoi à distance de tir sont le plus souvent détectés au radar. Et si le brouillard complique l'approche des U-Boote, il ne gêne en rien les escorteurs, qui peuvent surprendre leur cible et l'approcher de très près, tant la brume modifie les conditions de propagation du son. Mais la brume permet également aux U-Boote de remonter le convoi en naviguant à 5 000 mètres des escorteurs. D'ailleurs, tout au long de cette bataille, on voit les U-Boote essayer de remonter vers l'avant du convoi pour gagner leur position d'attaque la plus efficace. Les U-Boote tentent d'appliquer l'une de leur technique de protection favorite, consistant à s'infiltrer dans le convoi s'ils naviguent en surface, ou sous le convoi, pour se camoufler après un torpillage.

Mais les instruments de détection des escorteurs sont efficaces parce qu'ils sont mis au service de la tactique agressive des escorteurs. Les techniques d'attaque, mises au point par le commandant Walker, puis enseignées à l'école tactique des Western Approaches par le commandant Roberts, sont entrées dans les mœurs. Sans cette formation et l'entraînement correspondant, le commandant Sherwood n'aurait peut-être pas aussi brillamment assuré l'intérim de son chef.

Les escorteurs attaquent donc tous les contacts. Il vaut mieux dégarnir pour une ou deux heures la protection rapprochée du convoi et attaquer les U-Boote avant qu'ils n'arrivent à leur distance de torpillage. Le commandant de l'escorte envoie si possible un escorteur soutenir celui qui a obtenu le premier contact, pour mener une attaque rampante. Le grenadage, offensif ou de dissuasion, endommage ou secoue l'assaillant, et rend prudent ses congénères. Car les explosions sous-marines s'entendent de loin, à l'oreille ou dans les hydrophones d'excellente qualité dont sont équipés les U-Boote.

## Des équipages surmenés

En se plaçant maintenant du côté des escorteurs, il est bien difficile de se représenter l'intensité de leur action. Le tableau ci-dessous n'est qu'une faible représentation de la réalité. Il montre cependant ce que pouvait être les réactions de l'escorte. L'escorte effectue une soixantaine de sorties, sans compter les opérations de recherche, parfois en coordination avec la couverture aérienne, qui mobilisent à chaque fois un ou deux bâtiments. Les sorties relevées dans le tableau sont la réponse directe ou indirecte à l'attaque d'un U-Boot. Le hasard des angles d'attaque est tel que certains escorteurs ont été beaucoup plus sollicités que d'autres.

Les sept premiers jours de navigation sont calmes. Le convoi n'est repéré que le matin du 28. Les U-Boote au contact attaquent sans succès, repoussé ou retardé par la réaction vigoureuse de l'escorte.

L'escorte effectue dix-sept sorties dans la nuit du 29 au 30, dont neuf à la charge du seul *HMS Duncan*, bâtiment du commandant de l'escorte. L'escorte se donne beaucoup de mal pour chasser le premier U-Boot au contact du convoi, puisqu'il va faire radiophare pour attirer ses congénères.

Non seulement le commandant Gretton doit diriger l'ensemble de ses unités, mais il participe en plus à la chasse aux U-Boote. Si bien que le commandant d'un groupe d'escorte, une fois pris le contact avec l'adversaire, n'a sans doute pas une seule minute de repos. On ne note que deux ou trois interventions les nuits suivantes, jusqu'à l'arrivée de la tempête. Il ne faut pas croire que les autres escorteurs et leur équipage se reposent pendant que d'autres interviennent. La première attaque met la bordée de quart aux postes de combat. Le passage de l'ensemble de l'équipage aux postes de combat est une décision contraignante, prise le plus souvent par le commandant du groupe d'escorte. En effet, le branle-bas de combat mobilise tout l'équipage, si bien que chaque homme doit puiser dans ses réserves d'énergie pour tenir le coup. Pendant 3 ou 4 jours, chacun à bord reste à son poste, essayant de dormir entre deux alertes, se nourrissant des sandwiches apportés par les cuisiniers. La nervosité est générale, car les escorteurs et le bâtiment du commodore sont calés sur la même fréquence. Après des combats aussi intenses que celui du ONS5, ou de celui du ONS18, l'enseigne Ménès, l'un des officiers de la corvette FNFL *Lobélia*, est capable, comme l'équipage tout entier, de dormir 48 heures[1] !

La tempête éloigne le danger des U-Boote, mais elle est une source de fatigue supplémentaire. Il est en effet impossible de dormir et de s'alimenter, tant les escorteurs sont secoués. La situation est un peu meilleure sur les cargos, beaucoup plus lourds et moins secoués par la mer. Mais les risques d'abordage sont importants ; les navires marchands de cette époque n'ont pas de radar, et il leur faut un effort d'attention soutenu. Le convoi est très vulnérable lorsque le temps se calme, car les unités sont dispersées. Les escorteurs doivent les regrouper au plus vite. Certaines unités sont au-delà de la portée des radars, et la recherche peut durer longtemps. Les cargos isolés sont la proie favorite des U-Boote. La formation d'un mini-convoi couvert par un seul destroyer, tels les quatre navires protégés par *HMS Pink*, affaibli fortement la protection d'ensemble en dispersant les moyens. Ce qui limite cependant les risques ; le mini-convoi perd une unité pendant une chasse du *HMS Pink*, qui se rattrape plus tard en coulant un nouvel agresseur. Le rythme des interventions augmente pendant le gros de l'attaque. On note huit interventions pendant la nuit du 4 au 5, onze dans la journée du 5 et dix-huit la nuit du 5 au 6, malgré le brouillard. De la soirée du 4 à celle du 6, les équipages n'ont pas une minute de repos. Les escorteurs sont aux postes de combat, avec, malgré le radar, la tension supplémentaire due au brouillard. De plus les navires marchands ont le plus grand mal à tenir la formation et à éviter les abordages.

## Le bilan

L'amiral Dönitz est sans doute près de la vérité en disant que le brouillard a été favorable au convoi. Dans la nuit du 5 au 6, paroxysme de la bataille, les dix-huit sorties de l'escorte coulent 4 U-Boote, alors que le convoi reste intact. Six cargos avaient été coulés la nuit précédente, malgré huit sorties de l'escorte. Pire, cinq cargos ont été coulés de jour. Les onze sorties de l'escorte n'ont pas arrêté les deux ou

1. Témoignage recueilli par l'auteur

trois U-Boote auteurs des pertes, qui ont sans doute profité des contre-attaques sur d'autres U-Boote pour s'infiltrer dans l'écran défensif. Une fois de plus, la marge séparant la victoire de la défaite est faible.

Le bilan de l'agressivité de l'escorte, connu rapidement par les décryptages, ne peut qu'encourager les autres groupes d'escorte. Outre les deux U-Boote détruits par l'aviation, s'ajoutent les cinq détruits par les escorteurs. Dans des conditions mal connues, le U-439 et le U-659 se sont abordés et coulés le 3 mai. Cinq U-Boote ont été gravement endommagés et douze autres ont subi des avaries diverses. Une vingtaine de messages émanent de U-Boote obligés de plonger ou de s'éloigner face aux attaques des escorteurs. Les U-Boote de type IX, plus grands et plongeant moins vite que les types VII, ont été plus touchés que ceux-ci. Les types IX seront affectés désormais à l'Atlantique Sud. L'amiral Dönitz note dans ses souvenirs l'importance du radar et de la radiogoniométrie adverse, sans d'ailleurs soupçonner l'existence du HF/DF. Mais il ne soupçonne ni la percée des Alliés dans sa forteresse cryptographique, ni la présence des porte-avions d'escorte. Le pire pour les U-Boote est encore à venir, mais ils vont bientôt gratifier leurs adversaires d'une surprise désagréable : la torpille acoustique.

Le tableau résume les principaux événements par période. Les chiffres entre parenthèses sont le nombre d'interventions.

| ***Période (interventions de l'escorte)*** | ***Unité*** | ***Nombre d'inter-ventions*** | ***Pertes convoi*** |
|---|---|---|---|
| 22 au 28 avril soir | | | |
| Nuit du 28 au 29 avril (17) | *Duncan* | 9 | |
| | *Snowflake* | 4 | |
| | *Sunflower* | 2 | |
| | *Tay* | 2 | |
| Journée du 29 (2) | *Sunflower* | 1 | |
| *Oribi* vient du SC127 | *Tay* | 1 | |
| Nuit du 29 au 30 (2) | *Duncan* | 1 | 1 |
| | *Sunflower* | 1 | |
| Journée du 30 – **Tempête** | | | |
| Nuit du 30 avril au 1er mai (3) | *Duncan* | 1 | |
| | *Snowflake* | 1 | |
| | *Vidette* | 1 | |
| Journée du 1er – couverture air | | | |
| Nuit du 1er au 2 mai | | | |
| Journée du 2 – météo meilleure | | | |
| Nuit du 2 au 3 – renfort 3e groupe | | | |
| Journée du 3 – départ *Duncan* | | | |
| Nuit du 3 au 4 | | | |
| Journée du 4 – couverture air | | | |
| Nuit du 4 au 5 (8) | *Loosestrife* | 3 | 6 |
| | *Oribi* | 1 | |
| | *Snowflake* | 2 | |
| | *Tay* | 1 | |
| | *Vidette* | 1 | |
| Journée du 5 (11) | *Offa* | 2 | 5 |
| | *Oribi* | 2 | |
| | *Pink* | 3 (U-192) | |
| | *Snowflake* | 1 | |
| | *Sunflower* | 1 | |
| | *Tay* | 2 | |
| Nuit du 5 au 6 - **Brouillard** (18) | *Loosestrife* | 5 (U-638) | |
| Renfort 1er groupe | *Oribi* | 1 (U-531) | |
| | *Pelican* | 1 (U-438) | |
| | *Snowflake* | 5 (U-125) | |
| | *Sunflower* | 4 | |
| | *Vidette* | 2 | |
| Journée du 6 (2) | *Sprey* | 1 | |
| | *Wear* | 1 | |

ANNEXE 2

# *La marine marchande norvégienne*

Au printemps de 1940, la Norvège intéresse fort les belligérants ; soit pour couper « la route du fer » suédois transitant par ses ports, soit pour conserver cette route et s'emparer d'une bonne base d'attaque contre l'Angleterre. L'Allemagne est la plus rapide. Le 9 avril, la Norvège, qui n'a même pas mobilisé malgré les informations reçues de la Grande-Bretagne, fait les frais d'une opération combinée qui reste un modèle du genre. La défense des ports principaux est solide : trois croiseurs allemands sont coulés, le *Scharnhorst*, le *Gneisenau* et le *Lützow* sont endommagés. Malgré le débarquement franco-britannique de Narvik, la situation devient intenable. Le roi Haakon et son gouvernement se réfugient en Angleterre le 5 mai.

La plus grande richesse de la Norvège est alors sa flotte marchande, la quatrième du monde avec plus de 4 millions de tonnes. La troisième est celle du Japon, 6 millions de tonnes, la deuxième celle des États-Unis, 9 millions de tonnes, la première celle de la Grande-Bretagne avec 20 millions de tonnes.

La Grande-Bretagne dépend complètement de la mer, et sa flotte n'y suffit pas. La guerre augmente les besoins, et il faut trouver du tonnage supplémentaire, en particulier des pétroliers. D'où un appel aux neutres qui, à l'instar de la Norvège, veulent surtout éviter les dommages de la guerre. La Grande-Bretagne prend prétexte de la reddition du Danemark pour considérer sa flotte marchande comme appartenant à l'Allemagne ; en conséquence, les navires marchands danois sont réquisitionnés pour la durée de la guerre ! Churchill aimerait bien s'emparer d'une flotte aussi importante que la flotte norvégienne. La présence sur le sol anglais du gouvernement norvégien en exil rend la chose difficile. D'autant plus que le gouvernement norvégien avait placé sa flotte sous son contrôle fin avril, et que les armateurs sont regroupés dans une organisation, la Nortraship, avec des bureaux à Londres et à New York. Bien que les combattants norvégiens soient sous contrôle opérationnel britannique, leur gouvernement souhaite montrer sa souveraineté en réglant lui-même leurs soldes. D'où un équilibre instable, défini par des accords formels, entre les désirs d'indépendance norvégiens et les besoins de la Grande-Bretagne.

Les Norvégiens ne peuvent cependant pas avoir le beurre et l'argent du beurre. En novembre 1940, la situation est la suivante :

- le bureau de Londres de la Nortraship administre la moitié de la flotte qui navigue sous contrôle britannique. Le fret est payé en livres sterling, pour un coût fixe défini dans un accord ;
- la seconde moitié de la flotte est libre. Elle travaille pour ses clients et le fret est payable en dollars, selon les variations de l'offre et de la demande. Le trésor de guerre de la Norvège, pour ses besoins actuels et futurs est celui-ci.

Poussant le bouchon un peu plus loin et compte tenu du délabrement des finances britanniques, la Nortraship demande au printemps 1941 à être payée intégralement en dollars. La loi prêt-bail est fort opportunément votée par les États-Unis le 11 mars, et approvisionne les Britanniques en dollars.

La pression conjointe des Américains et des Anglais ne peut que l'emporter. Fin 1941, les trois-quarts de la flotte norvégienne naviguent pour le compte des Alliés ; mais le fret est payé en dollars.

L'entrée en guerre des États-Unis les conduit à renforcer leur contrôle sur les flottes marchandes alliées. Le reste de la flotte norvégienne rentre dans l'économie de guerre. Mais les intérêts commerciaux à long terme sont maintenus. La Nortraship continue en effet à affréter ses navires dans le cadre de relations commerciales privées.

La moitié de la flotte norvégienne disparaît dans la guerre.

ANNEXE 3

# *Le commandant Winn Un héros méconnu (1903-1972)*

Rodger Winn[1] est un marin manqué. Une attaque de poliomyélite l'atteint dans son enfance. Il se rééduque seul, ce qui en dit long sur sa force de caractère ; mais les portes de la Royal Navy lui deviennent inaccessibles. Il se tourne vers le droit et fait de solides études à Cambridge puis à Harvard. Ce séjour aux États-Unis sera pour lui d'une grande utilité pendant la guerre. Il s'inscrit au barreau en 1928 et devient un avocat coté.

À la déclaration de la guerre, il demande à rejoindre la Réserve Volontaire de la Royal Navy (RNVR[2]) comme interrogateur de prisonniers allemands. Les circuits insondables de la bureaucratie militaire le conduisent, en août 1939, à la cellule anti-sous-marine de l'OIC, (Operationnal Intelligence Centre), l'élément opérationnel du Renseignement de la Royal Navy. Cette affectation un peu hasardeuse va se révéler rapidement comme une des plus judicieuses qui soit.

Aussi curieux que cela puisse paraître, le renseignement naval est à cette époque une technique balbutiante, parce que mise en sommeil entre les deux guerres. L'OIC a magistralement été mis sur pied par le capitaine de frégate Denning, mais les effectifs ne sont pas à la hauteur

1. Source principale : Patrick Beesly, *Very special Intelligence*, Hamish Hamilton, 1980.
2. Royal Navy Volonteer Reserve.

des besoins. Chacun est amené à remplir plusieurs tâches qui auraient dû être entre les mains de spécialistes. L'amiral Godfrey, directeur du renseignement naval dont l'OIC est l'un des éléments, est un non-conformiste aux idées larges, convaincu que rien de ce qui se passera ne pourra être comparé avec ce qui fut vécu lors de la Grande Guerre. La plupart des subordonnés de l'amiral pensent de même.

En particulier, le rêve de ne disposer que de renseignements certains, recoupés et donc indiscutables, doit être temporisé par les moyens disponibles, dont la minceur doit être compensée par un effort d'imagination, éventuellement non conformiste. La guerre sous-marine fait rage immédiatement. Mais les renseignements sur les U-Boote sont rares jusqu'à la première époque du décryptage de leur trafic radio au second semestre 1941. La Royal Navy a besoin de renseignements pour essayer de limiter la catastrophe. La cellule anti-sous-marine est alors dirigée par un officier très traditionaliste, peu versé dans les acrobaties intellectuelles. Les renseignements certains n'existent qu'en quantité infime et la cellule anti-sous-marine ne semble pas en mesure, selon cet officier, d'aider le commandement, qui commence cependant à douter du bien-fondé de la méthode suivie par ce responsable de la « tracking room ».

Depuis son entrée en fonction, Winn intègre les événements et leur contexte avec son intelligence d'avocat. Il analyse les dossiers militaires avec autant de finesse que ses dossiers juridiques, pour essayer de pénétrer les motivations et le comportement possible de son client et celui de la partie adverse. Ce qui conduit Winn à se mettre à la place de Dönitz et de ses sous-mariniers pour imaginer, argumentation à l'appui, des comportements probables. Le capitaine de frégate Thring, dont Winn est l'adjoint, est radicalement opposé à cette démarche. Il estime que le rôle de son service se limite à déterminer le nombre et la localisation des sous-marins ennemis. De son côté, Winn apprécie beaucoup la liberté des échanges et des confrontations d'opinions qui sont de mise à l'OIC. Il entretient également de bonnes relations avec Harry Hinsley, jeune historien dont les études interrompues par la guerre et ses pairs l'ont conduit de Cambridge à Bletchley Park. Il est l'un des analystes de la « hutte 4 », cellule chargée de rendre exploitables les décryptages du trafic de la Kriegsmarine effectués par la « hutte 8 ». Au début de la guerre, les décryptages sont rares. Esprit curieux, Hinsley cherche à obtenir des informations à l'aide d'une voie d'approche nouvelle, l'analyse physique du trafic radio. De nos jours, le « Sigint[1] », l'analyse des fréquences, de la localisation des émetteurs et de leur puissance, celle des procédures, sont des techniques habituelles. Il en est tout autrement en 1939. Pire, Hinsley est en avance sur les esprits. Pendant la campagne de Norvège, il détecte les probables menaces pesant sur le porte-avions HMS *Courageous*. L'Amirauté ne

1. Signal Intelligence.

croit pas Hinsley ; le porte-avions est coulé. Winn, comme Hinsley, ne dispose que de très rares renseignements directs. Il étudie les méthodes d'Hinsley, mais peine à convaincre son chef de les utiliser. Très probablement, Winn parle « boutique » et méthode avec ses collègues des autres sections. Des bruits doivent courir. Hasard ou non, en décembre 1940, alors que Winn est seul de quart à la « tracking room », le capitaine de frégate Kemp, responsable de la cellule « relèvements gonio », vient observer le « plot », la carte sur laquelle la situation navale est reportée. Il remarque deux pétroliers navigant isolément sur des routes proches l'une de l'autre. D'où une discussion avec Winn pour savoir si un danger menace ces précieux navires. Winn ne dispose que de deux renseignements. Un relèvement gonio donne la position d'un U-Boot. Par ailleurs, les caractéristiques du message intercepté l'incitent à croire que le message annonce le retour du sous-marin vers sa base de Lorient. Sa route peut le conduire à intercepter l'un ou l'autre de ces pétroliers. Cette analyse est probabiliste, mais Kemp obtient de manière extraordinaire le déroutage de l'un des navires, qui atteindra la Grande-Bretagne sain et sauf. L'autre bâtiment est intercepté et coulé. L'histoire fait un certain bruit. Est-elle l'origine, à la fin de l'année, de l'action de l'amiral Godfrey pour convaincre l'Amirauté de nommer Winn à la tête de la cellule anti-sous-marine ? Nommer un civil à un poste aussi important est en soi une révolution dans un milieu aussi traditionnel que la Royal Navy, et tout à son honneur. Selon P. Beesly, le « first sea Lord » lui-même a probablement pris la décision finale. Winn est commissionné capitaine de frégate (RNVR), grade identique à celui des responsables des autres cellules. Un avancement fulgurant, mais pas unique ; Winn était déjà passé de civil à lieutenant de vaisseau[1]. Encore plus surprenant, il sera en 1944 le premier réserviste de la Royal Navy nommé capitaine de vaisseau, honoré de nombreuses décorations britanniques et américaines.

Winn dirige sa cellule, où les « civils » sont majoritaires, comme une équipe. Son adjoint est également un officier de réserve, P. Beesly, auteur de l'indispensable document que constitue son ouvrage *Very Special Intelligence*.

Winn travaille en parfaite coopération avec ses homologues, en particulier le commandant Denning pour la cellule « surface » et le commandant Hall pour la cellule « convois ». Il en est de même avec les décrypteurs et les analystes de Bletchley Park. Le succès du renseignement naval britannique doit beaucoup à ce travail d'équipe et à la synergie créatrice entre les divers acteurs de cette pièce.

La première embellie du second semestre 1941 est habilement exploitée par la « tracking room ». Les décryptages permettent de dérouter de nombreux convois et de sauver des centaines de bâtiments. Mais les décryptages sont également analysés en détail pour alimenter

1. Comme son éminent collègue Ian Fleming, assistant personnel de l'amiral Godfrey.

de nombreuses fiches, base d'une documentation précieuse sur les procédures, les habitudes, les officiers et les U-Boote. Le succès de Winn et de son équipe est le fruit d'un travail de bénédictin, sous une pression intellectuelle intense. Le pire moment est la période de « black out », de février à décembre 1942, lorsque le décryptage est interrompu et que des pertes sont terribles. S'appuyant sur la documentation accumulée en 1941, la « tracking room » travaille de manière probabiliste. Son estimation du nombre et de la localisation des U-Boote sera d'ailleurs ensuite validée à la reprise des décryptages. Mais ce travail est épuisant. Winn est fauché par le surmenage en décembre ; son cas semble désespéré. Dopé par sa volonté et par la timide reprise du décryptage, Winn se contente de quatre semaines de repos.

L'Amirauté est pleinement consciente des qualités relationnelles de Winn. Elle fait appel aux talents de l'avocat-officier à deux occasions.

Dire que les États-Unis ne sont pas préparés à la guerre est un euphémisme. Les Américains refusent de mettre en place des convois dans leur zone, ce dont profitent largement les U-Boote. L'amiral King doit réorganiser dans l'urgence l'US Navy pour se battre sur deux fronts. La menace japonaise est traitée en priorité. Sur le front de l'Atlantique, l'amiral estime qu'il ne vaut mieux aucune escorte que des escorteurs inexpérimentés. La Royal Navy, expérience à l'appui, pense exactement le contraire.

D'autre part, l'amiral King n'est pas satisfait de l'organisation du renseignement, qu'il trouve trop bureaucratique. Bien qu'étant l'un des officiers comptant la plus forte ancienneté, il est d'une souplesse d'esprit supérieure à celle de bon nombre de ses subordonnés, auxquels il reproche leur difficulté à prévoir les mouvements de l'ennemi. Son vieil ami, le contre-amiral Ghormley, officier de liaison auprès de la Royal Navy, l'informe de l'efficacité des méthodes hétérodoxes de Winn.

En avril 1942, alors que la situation des convois est catastrophique sur la côte Est des États-Unis, l'amiral King demande qu'on lui envoie Winn pour qu'il expose ses méthodes pour aider l'US Navy à mettre en place une cellule anti-sous-marine. L'Amirauté en profite pour confier à Winn une autre mission, celle de convaincre le redoutable King d'instaurer la protection des convois de la côte Est.

Winn réussit cette double mission. Les Américains réagissent vite. Le chef de la future « tracking room » US est désigné pendant le séjour de Winn. Il s'agit du capitaine de frégate Knowles. Ex-officier d'active, il a dû quitter le service pour raisons de santé. Il n'a aucune expérience du renseignement. Mais il est un réserviste actif, connaissant bien l'US Navy en tant qu'éditeur de *Our Navy*, son journal interne, ce qui le conduit à intégrer une grande quantité d'informations, à l'instar de ce qui ce pratique dans la fonction « renseignement ». Le choix se révèle judicieux, car le courant passe immédiatement entre Winn et Knowles. La « tracking room » US est mise en place en juin. La coopération entre

Knowles et Winn est restée dans les annales et conduira Winn à effectuer une seconde mission aux États-Unis.

Knowles, qui est venu en juillet travailler avec Winn à l'OIC, comprend parfaitement que la coopération entre Winn et son homologue de la cellule « convois » est la clé du succès. Rentré chez lui, Knowles ne peut obtenir la coopération de l'amiral commandant la cellule convois US. Anglophobe, et son cas n'est pas unique, il fait de son mieux pour ignorer Knowles, manifestement « vendu » aux Anglais. Knowles fait appel à Winn pour amener l'amiral à coopérer.

Et puis la guerre continue, avec ses hauts et ses bas. Au début de 1943, le recoupement de certains faits persuade Winn que le code des convois est décrypté par les Allemands, ce qu'ils faisaient d'ailleurs depuis le début de la guerre. Un code totalement nouveau est utilisé à partir de juin et ne sera jamais décrypté. Pendant la crise de mars 1943, Winn, statistiques à l'appui, démontre l'efficacité des convois à un moment tellement critique que l'Amirauté et Churchill lui-même en doutent. À partir de la mi-43, Winn connaît mieux que Dönitz la situation des U-Boote. Pire, à certains moments, Dönitz écrit dans ses mémoires qu'il a souvent l'impression que l'ennemi, en l'occurrence Winn et Knowles, lit « par-dessus son épaule ».

Le renseignement britannique s'est illustré de bien des manières et s'est laissé convaincre, entre autres, de l'utilité d'entretenir une « radio noire » émettant en Allemand, diffusant à la suite d'un énorme travail de documentation venant de toutes les sources possibles, un cocktail de vraies et fausses nouvelles, dans le but d'atteindre en particulier le moral des sous-mariniers. La station « Radio Calais » est très écoutée. En 1944, l'usage du schnorchel se généralise et complique énormément la localisation des U-Boote et leur attaque. Winn propose d'annoncer dans un faux message supposé émis par le commandement allemand, technique d'intoxication habituelle, la présence de nouveaux champs de mines, doublant pratiquement la surface occupée par les vrais. Par un hasard extraordinaire, une mine dérivante venue d'un vrai champ de mines endommage un U-Boot dans un champ de mines fictif. La crédibilité de « Radio Calais » en est accrue ! Les U-Boote évitent ces zones et sont conduits à naviguer dans des parages où les escorteurs alliés montent la garde.

Après la guerre Winn rejoint le barreau. En 1965, il est nommé « Lord Justice of Appeal », la plus haute juridiction britannique, Chambre des Lords mise à part. Sir Charles Rodger Noel Winn décède le 4 juin 1972. La victoire des Alliés dans l'Atlantique doit beaucoup à cette personnalité exceptionnelle.

ANNEXE 4

# Les convois et la guerre froide

## La troisième guerre mondiale

Pendant les années de la guerre froide, les états-majors des deux camps se sont préparés à faire face aux diverses situations qui résulteraient du passage de la guerre froide à la guerre chaude. La course aux armements s'est développée aussi bien dans le domaine des armements nucléaires que dans celui des armements classiques. L'hypothèse majeure prêtée aux Soviétiques est de se créer une balance des forces qui leur soit très favorable dans le domaine des forces classiques pour emporter la décision sur l'OTAN dans des délais tellement rapides qu'ils neutralisent le recours à l'arme nucléaire stratégique.

Le Pacte de Varsovie ne mésestime pas cependant la force de résistance des armées de l'OTAN en Allemagne. En pratique, et de manière un peu idéale, l'OTAN doit tenir le choc assez longtemps pour permettre aux renforcements en matériel et en hommes venus des États-Unis d'atteindre l'Europe. L'OTAN peut alors espérer renverser la situation stratégique à son profit et conduire le Pacte de Varsovie à la table des négociations.

De la même manière que lors des deux premières guerres mondiales, le salut des Occidentaux vient des États-Unis par la mer. Il est donc vital pour les Soviétiques de détruire les convois alliés avant qu'ils n'atteignent l'Europe s'ils veulent gagner la troisième guerre mondiale.

Les armements utilisés par les deux camps ont bénéficié de l'extraordinaire progrès technique que le monde a connu depuis 1945.

Mais, si les performances des armements sont sans commune mesure avec celles de leurs ancêtres de la seconde guerre mondiale, leur coût a augmenté d'une manière encore plus importante qui rend exorbitant, dans toutes les armes, le coût du kilo d'armement. La quantité des armements des deux camps est donc limitée par leurs coûts. Et même si le Pacte de Varsovie jouit d'une supériorité numérique dans tous les domaines, la violence de la guerre sera telle que ces précieux armements seront relativement vite épuisés.

Il en résulte une différence essentielle avec la seconde guerre mondiale. Le taux d'attrition en hommes et en matériel est tel que personne n'imagine que la guerre puisse durer plus de trois semaines. Sur terre comme sur mer il faut donc agir très vite.

### La flotte sous-marine soviétique

De 1956 à 1985 la marine soviétique a connu un développement remarquable sous l'impulsion de l'amiral Gorshkov. Privilégiant la quantité sur la qualité, l'amiral dirige la création d'une marine moderne, qu'il s'agisse de la flotte de surface, de la flotte sous-marine, ou de l'aéronautique navale. De la même manière que lors de la seconde guerre mondiale, la victoire sur les convois alliés nécessite une flotte sous-marine d'attaque et une aéronavale puissantes.

Dès ses débuts, l'Union soviétique, contrairement aux autres marines, accorde une grande importance aux sous-marins. En 1939, elle possède en effet la flotte de 300 sous-marins dont rêve l'amiral Dönitz. À cette date, 180 sous-marins sont en service et 90 en construction[1]. Pour différentes raisons, ses sous-marins ne jouent qu'un rôle limité pendant la seconde guerre mondiale. À partir de 1950, l'Union soviétique construit de nombreux sous-marins de tous types qui lui donnent pendant quelques années une avance technique certaine, aussi bien dans le domaine de la propulsion que dans celui des missiles. La marine soviétique est à son apogée dans les années 1980 qui nous intéressent ici. Même si elle pêche par certains défauts de conception qui ont provoqué quelques accidents, sa flotte sous-marine semble en mesure d'assurer victorieusement sa double mission, défendre ses côtes et attaquer victorieusement les convois alliés dans l'Atlantique Nord. Le tableau ci-après détaille la flotte sous-marine d'attaque telle qu'elle était connue de l'OTAN en 1985. Sa géographie oblige la marine soviétique à répartir ses forces entre quatre principaux théâtres d'opérations :

- flotte du Nord, basée dans la région de Mourmansk. Sa mission principale est d'interdire l'accès à la mer de Barents, et de s'attaquer aux convois et aux flottes américaines et alliées dans l'Atlantique Nord. L'estimation de l'effectif des sous-marins d'attaque est indiquée dans le tableau ;

1. Source principale des données chiffrées : *Jane's fighting ships*, 1986-1987.

- flotte de la Baltique ;
- flotte de la mer Noire et de la Caspienne ;
- flotte du Pacifique.

| *Catégorie* | *Classe OTAN* | *Nucléaire/ diesel* | *Nombre* | *Missile de croisière* | *Portée (km)* | *Flotte du Nord* |
|---|---|---|---|---|---|---|
| **Lance-missiles de croisière** | **SSG et SSGN** | | | | | |
| | Oscar | N | 4 | SSN-19 | 500 | |
| | Papa | N | 1 | SSN-15 | 45 | |
| | Charlie II | N | 6 | SSN-2 | 80 | |
| | Charlie I | N | 11 | SSN-2 | 45 | |
| | Echo II X | N | 20 | P6 | 500 | |
| | Juliet X | D | 16 | P6 | 500 | |
| **TOTAL** | | | **58** | | | **38** |
| **Nucléaires d'attaque** | **SSN** | | | | | |
| | Alfa | N | 6 | SSN-16 | 120 | |
| | Victor III | N | 21 | SSN-16 | 120 | |
| | Victor II | N | 7 | SSN-15 | 45 | |
| | Victor I | N | 16 | SSN-15 | 45 | |
| | Echo I | N | 5 | | | |
| | November X | N | 12 | | | |
| | Hotel II | N | 6 | | | |
| **TOTAL** | | | **73** | | | **50** |
| **Patrouille** | **SS** | | | | | |
| | Kilo | D | 13 | | | |
| | Tango | D | 18 | | | |
| | Foxtrot | D | 60 | | | |
| **TOTAL** | | | **91** | | | **35** |

X : Sans revêtement anéchoïde.

L'armement le plus dangereux est maintenant le missile de croisière, qui permet au sous-marin d'attaquer à grande distance de sa cible. Les missiles de croisière sont équipés d'un autodirecteur radar, parfois complété dans la phase terminale par un autodirecteur infrarouge. Les lance-missiles de croisières possèdent également des torpilles, très perfectionnées par rapport à celles de la seconde guerre mondiale. Ces possibilités d'attaque à grande distance obligent les flottes à élargir considérablement leur périmètre de défense. L'avion joue alors un rôle primordial. Une flotte sans couverture aérienne court les plus grands risques.

Les flottes de l'OTAN sont donc menacées dans l'Atlantique Nord par environ 90 sous-marins à propulsion nucléaire et 35 à propulsion diesel. De plus, ces flottes sont menacées par une aéronautique navale performante.

### L'aéronautique navale

Les unités de l'OTAN sont menacées dans l'Atlantique Nord par l'aéronautique navale soviétique basée dans la presqu'île de Kola. Deux appareils à grand rayon d'action interviennent dans le cas développé ici.

- Tupolev TU-20 Bear. Ce bel avion, équipé de quatre turbopropulseurs à double hélice, existe en de multiples versions. Les versions C, patrouille maritime, et D, guerre électronique, vont participer à l'attaque des convois. Ces appareils peuvent accomplir des missions durant une vingtaine d'heures. Ils préparent l'intervention d'un appareil qui fait figure d'épouvantail, le Backfire.
- Tupolev TU-26 Backfire. Ce bombardier à géométrie variable vole à mach 2,3 et son autonomie est proche de 13 000 kilomètres. Il est armé de 2 missiles AS-6 d'une autonomie de 700 à 800 kilomètres. Environ une centaine de bombardiers Backfire, Badger et Blinder seraient aux ordres de la flotte du nord.

### Les études disponibles

Malgré son importance, le cas de la protection des convois de l'Atlantique Nord ne semble pas avoir suscité beaucoup d'études[1]. Fort heureusement, ce qui est maintenant de la rétro histoire a été traité dans le passé par deux romans d'anticipation consacrés à la troisième guerre mondiale.

- Le général britannique Sir John Winthrop Hackett, commandant l'Armée Britannique du Rhin et commandant en parallèle le groupe d'armées nord de l'OTAN dans les années 1960, publie en 1978 un roman intitulé *La troisième guerre mondiale, août 1985*. Cet ouvrage, très impersonnel, ressemble beaucoup à un essai ou à une étude d'état-major de l'OTAN. Les bases techniques et stratégiques de l'ouvrage sont donc des plus solides.
- En 1986 le très célèbre romancier américain Tom Clancy publie son passionnant roman *Tempête rouge*. Conseillé sans aucun doute par ses nombreux amis du Pentagone, l'auteur livre une vision de la troisième guerre mondiale très documentée. Bien que l'auteur ne le précise pas, son roman commence probablement le 31 janvier 1987.

---

1. La *Revue Historique des Armées* semble totalement muette sur ce point.

Se situant à la même époque, les deux ouvrages sont fondés sur la même vision stratégique, celle de l'OTAN. En cas de conflit la Chine est supposée rester neutre. L'Union soviétique n'a alors qu'un seul ennemi, l'OTAN.

Dans une première phase, les armées de l'OTAN reculent sous la formidable pression du Groupe des forces soviétiques d'Allemagne[1]. Mais victorieuse dans l'Atlantique Nord, l'OTAN bénéficie ensuite des renforcements qui lui permettent de rétablir la situation.

L'ouvrage de Sir John Hackett se termine de manière dramatique par un échange de frappes nucléaires. L'Union soviétique tente d'infléchir le cours de la guerre en détruisant une ville britannique. En représailles, la Grande-Bretagne détruit à son tour une ville russe. Ces frappes nucléaires ne modifient en rien un rapport de force devenu favorable à l'OTAN. Au contraire, les personnages de Tom Clancy réussissent à terminer le conflit sans recourir au nucléaire.

La vision des auteurs quant à la bataille dans l'Atlantique Nord est cependant assez similaire.

## La bataille selon Sir John Hackett

Le Groupe des forces soviétiques d'Allemagne attaque le 1er août, alors que le conflit couvait depuis plusieurs mois dans les théâtres périphériques. Les forces terrestres de l'OTAN ont donc eu le temps de se préparer au choc. Il en est de même en ce qui concerne l'acheminement des renforts. Le 10 août, l'opération *Cavalry* est lancée. Quatre convois de chacun douze navires appareillent des États-Unis. Chaque convoi est couvert par un groupe d'escorte comprenant un porte-avions. De plus un groupe de soutien comprenant un porte-avions, deux croiseurs antiaériens et quatre frégates ASM, est en mesure d'intervenir au profit d'un convoi attaqué.

Le potentiel de patrouille maritime soviétique est initialement diminué par la destruction de six Bear. Par ailleurs, l'auteur ne mentionne pas une éventuelle guerre menée par chaque camp contre les satellites adverses.

Pendant les deux premiers jours de leur traversée, les convois sont couverts par l'aviation basée à terre aux États-Unis, au Canada et à Terre-Neuve. L'auteur ne fait pas état des bases islandaises. Pendant les deux jours suivants, la couverture aérienne des convois se limite à celle offerte par leur porte-avions d'escorte et par les appareils de patrouille maritime Orion, de l'US Navy, basés aux Açores. Il existe donc au milieu du trajet une zone où la couverture aérienne réduite est favorable aux sous-marins ennemis. Cette situation reproduit le *trou noir* de l'Atlantique Nord dans lequel l'amiral Dönitz concentrait ses meutes de

1. 300 000 hommes

U-Boote en 1942 et 1943. Pendant les deux jours suivants, les convois sont à nouveau sous la protection de l'aviation alliée.

### *11 août*

La première attaque se produit donc le 11 août. Deux Charlie lancent leurs seize missiles. Huit sont détournés ou abattus mais les huit autres coulent deux navires marchands un porte-avions et une frégate. L'escorte coule l'un des Charlie. L'autre Charlie doit revenir à sa base pour recharger ses missiles ou bien, selon sa mission, il peut intervenir comme sous-marin d'attaque avec ses torpilles. Quatre heures plus tard le convoi est à nouveau attaqué par deux autres Charlie qui lancent leurs seize missiles. Comme lors de la première attaque huit missiles sont détournés ou abattus mais les autres coulent un transport et deux frégates. Six heures plus tard deux autres Charlie lancent leurs seize missiles et, selon la règle statistique précédente, huit missiles coulent un porte-avions léger et une frégate. Le convoi a donc été attaqué par six des douze Charlie que comptait la flotte du Nord en 1976. Au cours de cette première phase, les sous-marins lance-missiles sont seuls intervenus et ont très logiquement pris pour cible les navires d'escorte. Un seul d'entre eux a été coulé car la grande vitesse des convois rend difficile la détection ASM menée par les escorteurs et les hélicoptères.

La marine soviétique a ensuite combiné une attaque coordonnée menée conjointement par l'aéronavale et les sous-marins d'attaque. Quarante Backfire tirent leurs quatre-vingts missiles AS-6. Cinquante sont détruits ou détournés mais trente coulent sept marchands et cinq bâtiments d'escorte. Cependant vingt Backfire sont détruits par l'aviation alliée. Mais deux heures après, l'attaque des sous-marins tombe dans le vide. Non seulement le convoi a été détourné mais l'arrivée du groupe de soutiens disperse les sous-marins dont trois sont coulés.

Dans l'ensemble, l'attaque des convois de *Cavalry* a été déjouée. En effet, l'OTAN a provoqué la dispersion des sous-marins adverses en les faisant courir après deux convois rapides qui ont appareillé avant ceux de *Cavalry* et qui naviguent sur des routes excentrées.

### *12 août*

Les convois de Cavalry sont maintenant couverts par deux groupes de soutien comportant chacun un porte-avions. D'autre part, les appareils des porte-avions américains arrivés au large de la Norvège pilonnent les bases aéronavales soviétiques de la presqu'île de Kola. Cependant, les sous-marins soviétiques coulent un navire de transport et deux escorteurs.

***13 août***

Les convois sont maintenant couverts par les sous-marins, les navires de surface et les aéronavales française et britannique. Trente-six des quarante-huit navires marchands atteignent Le Havre et Cherbourg. La marine soviétique a donc échoué dans sa tentative d'empêcher l'arrivée des renforts en hommes et en matériel. Elle n'a pas non plus réussi à empêcher ou ralentir l'arrivée des porte-avions de l'US Navy au large de la Norvège. La balance des forces devient alors favorable à l'OTAN qui a donc gagné la guerre.

Cependant, malgré le respect dû aux travaux des stratèges de l'OTAN et dans la mesure où le scénario développé par le général Hackett reflète leur pensée, deux points méritent d'être soulignés.

- Le développement des missiles de croisière augmente considérablement la vulnérabilité des convois. Non seulement ils peuvent être attaqués à grande distance mais le nombre de missiles est tel qu'il peut saturer les moyens de défense adverse. La réponse de l'OTAN à cette menace consiste d'une part à disperser les sous-marins et à neutraliser l'aéronavale soviétique sur ses bases de la presqu'île de Kola. Encore faut-il admettre que la marine soviétique se laisse aller à disperser ses sous-marins d'attaque au lieu de les concentrer sur les convois qu'ils seraient capables d'anéantir.
- L'évaluation de la force sous-marine laisse également perplexe. En plus des douze Charlie que l'on voit intervenir dans le scénario la flotte du Nord met également en ligne en 1976 seize sous-marins nucléaires d'attaque de la classe Victor capables eux aussi de lancer des missiles de croisière. La menace sous-marine connue à l'époque de la rédaction de l'ouvrage semble donc sous-estimée. La sous-estimation devient critique en considérant les effectifs de la flotte du Nord en 1985, date de la troisième guerre mondiale décrite par le général Hackett. Il semble surprenant que l'OTAN ait sous-estimé à ce point la croissance du potentiel de la marine soviétique.

Le roman de Tom Clancy repose sur des données complètement différentes.

## Tempête rouge

Le 11 mars 1985, Mikhail Sergeyevich Gorbachev est élu secrétaire général du parti communiste de l'URSS, trois heures après le décès de son prédécesseur, Konstantin Chernenko. Quelle que soit la date à laquelle se situe le roman de Tom Clancy, probablement 1987[1], le

1. Le sous-marins nucléaire lance-missiles *Chicago*, l'un des héros du roman, est entré en service en septembre 1986.

changement intervenu à la tête de l'Union soviétique n'est pas pris en compte. La génération des hommes politiques ayant connu la Seconde Guerre mondiale dirige donc le pays et le Pacte de Varsovie. Dans leur esprit, la logique de guerre l'emporte encore sur la logique de la paix par la négociation. Ces dirigeants n'ont pas pris en compte les énormes dégâts provoqués par la course aux armements qui consomment au moins plus de 30 % du produit national brut au détriment de tous les autres secteurs de l'économie et de la vie publique. Aussi lorsqu'un attentat provoque la perte de 30 % des ressources pétrolières du pays, la catastrophe est telle que le Politburo ne voit de salut que dans la guerre.

Pendant la dizaine d'années qui sépare le roman de Tom Clancy de celui de John Hackett, l'Union soviétique s'aligne en quantité et surtout en qualité sur la course aux armements menée par l'Amérique reaganienne. L'écart technique qui séparait les armements occidentaux des armements soviétiques est largement comblé. De plus, les forces soviétiques maintenant très bien équipées conservent l'avantage du nombre. Au milieu des années quatre-vingts et malgré la guerre menée en Afghanistan, le Groupe des forces soviétiques d'Allemagne protège ses infrastructures tout en s'équipant des matériels les plus modernes. Dans ce contexte la capacité de l'OTAN à contenir le choc initial en Allemagne jusqu'à l'arrivée des renforcements en provenance des États-Unis s'annonce difficile. D'autre part, la prolifération dans les deux camps des missiles nucléaires tactiques ne modifie pas l'hypothèse de la recherche par l'Union soviétique d'une victoire rapide à l'Ouest n'engageant que des moyens classiques. Bien entendu l'OTAN sortira vainqueur du conflit. Le roman de Tom Clancy semble être à cet égard comme une espèce d'avertissement.

### *Les clés du roman*

Connaissant à fond les ficelles de son métier, Tom Clancy introduit dans son ouvrage des éléments qui non seulement renforcent son intérêt romanesque mais contribuent à expliquer ce qui fait alternativement le succès des uns et des autres.

Les personnages, comme dans tout roman qui se respecte, sont au cœur de la logique qui provoque l'enclenchement des différentes phases de l'action. La mise en œuvre des armements modernes, même si elle est aidée et simplifiée par la technique, reste effectuée par des hommes avec leurs qualités et leurs pesanteurs. Qu'ils soient sur le terrain ou dans un état-major les hommes conservent une influence sur les événements en accomplissant les actes décisifs ou en raisonnant correctement. La guerre est si violente et si rapide que malgré l'automatisme de nombreux armements la maîtrise du temps et donc celle de la coordination des actions reste entre les mains des hommes qui mènent le combat dans chacun des camps. Au-delà des nécessités de la forme romanesque, la mise en avant du facteur humain semble des plus réalistes.

La seconde clé du roman est la description détaillée des armements et des contraintes de leur mise en œuvre. Même si l'auteur ne nous fait grâce d'aucun détail technique des armements américains, la description des armements soviétiques est également menée de manière réaliste. Ces armements sophistiqués sont destinés à gagner du temps. Employés rapidement et massivement leur consommation effrénée conduit à un épuisement rapide des stocks. De plus le camp soviétique est également menacé par le manque de carburant. Il doit donc gagner le plus rapidement possible la bataille de l'Atlantique Nord.

Selon le scénario classique imaginé par l'OTAN, les Soviétiques ont l'avantage dans la première phase des combats. Le renversement de la situation ou au moins la stabilisation du front dépend plus que jamais de la maîtrise des océans.

### *Les coups d'ouverture*

Là non plus le déclenchement de la guerre n'est pas une surprise. Les satellites américains détectent les explosions se manifestant dans les champs pétrolifères de Sibérie mais sans pouvoir les interpréter. Par contre, une fois prise la décision de déclencher un conflit, l'Union soviétique a besoin de quatre mois d'entraînement intensif pour préparer ses forces terrestres. En effet, l'armée soviétique est une armée de conscription. Seuls, les officiers sont des professionnels. Le manque de sous-officiers de carrière est l'un des défauts de cette armée. Les sous-officiers sont sélectionnés parmi les appelés ; ils ne sont vraiment opérationnels que dans les derniers six mois de leurs deux ans de service militaire[1]. Bien entendu ces manœuvres sont repérées par les moyens de renseignements de l'OTAN qui peut donc anticiper les événements. L'OTAN met ses unités sur le pied de guerre. Dans le domaine maritime l'US Navy rassemble les navires de transport de sa flotte de réserve, qu'ils soient civils ou militaires. Selon Tom Clancy, seule une centaine de navires est disponible dans l'Atlantique Nord. Les navires civils sont préparés dès le temps de paix à leur éventuelle mobilisation. Ils sont affrétés en cas de conflit et gardent leurs équipages civils. Ils semblent être équipés de rampes de missiles antiaériens à courte portée. Il ne s'agit en aucune manière de mobiliser les flottes marchandes comme le firent les belligérants de la Seconde Guerre mondiale.

L'ouverture des hostilités est marquée dans chaque camp par une action d'éclat.

L'aviation américaine fait intervenir ses tout nouveaux chasseurs furtifs Stealth. En une nuit, ils isolent les deux échelons du Groupe des

1. Le service militaire est de trois ans dans la marine. L'encadrement y est donc mieux assuré.

forces soviétiques d'Allemagne en détruisant plus d'une trentaine de ponts par des bombes guidées par un faisceau laser ainsi que les colonnes de camions transportant les éléments de ponts flottants. Sont également abattus cinq très modernes Mainstay, appareils dont l'équipement radar leur permet de traiter simultanément 50 cibles dans un rayon de 400 kilomètres. L'OTAN acquiert ainsi un avantage dans la guerre électronique. En n'ayant plus à combattre que le premier échelon soviétique, les armées de l'OTAN disposent d'un rapport de forces qui leur est moins défavorable. Leur résistance sera donc plus longue et donnera une petite marge de manœuvre pour l'acheminement des renforts venus des USA.

De leur côté, les Soviétiques réussissent un coup de maître en s'emparant par surprise de l'Islande. Cette île, qui fut si utile aux Alliés lors de la seconde guerre mondiale pour protéger leurs convois, va maintenant jouer le rôle inverse en faveur du Pacte de Varsovie. De plus, cette capture neutralise la barrière d'hydrophones SOSUS qui permettait à l'OTAN de détecter les sous-marins soviétiques entrant dans l'Atlantique Nord. Cependant un grain de sable va bientôt gripper cette opération. Un officier américain et trois Marines s'enfuient et se postent à différents points d'observation. Grâce à la radio que l'officier a eu la bonne idée d'emporter il est en mesure de transmettre des informations précieuses au commandement américain.

### *Les premiers combats dans l'Atlantique*

Bien que le roman de Tom Clancy soit avare de dates il semble que les premiers convois de renforts à destination de l'Europe partent dès les premiers jours de la guerre. Ces convois ont peu de chances de passer inaperçu. En effet, les Soviétiques ont augmenté leurs moyens de reconnaissance en mettant sur orbite quatre satellites supplémentaires qui viennent renforcer les six satellites habituels. Les Américains disposent de six ou sept missiles antisatellites. Ils vont progressivement éliminer les satellites soviétiques. Mais au début de la guerre les Soviétiques disposent des moyens de détecter les convois. Les navires des convois sont beaucoup plus vulnérables que ceux de la seconde guerre mondiale. Ils sont quatre ou cinq fois plus volumineux et offrent ainsi de belles cibles à l'électronique des missiles adverses.

Lorsque le convoi suivi par le roman appareille, une trentaine de sous-marins soviétiques est déjà déployée alors qu'une vingtaine d'Alpha et de Charlie sort à grande vitesse de la presqu'île de Kola. Les trente navires du convoi sont protégés par douze bâtiments d'escorte et sont couverts pendant les deux premiers jours de leur parcours par les Orion de l'aéronavale américaine. Pour contrer la menace aérienne qui ne manquera pas de s'ajouter à la menace sous-marine, l'OTAN a constitué un puissant groupe de soutien comprenant trois porte-avions :

– *USS Nimitz*, bâtiment nucléaire de plus de 100 000 t dont le groupe aérien se compose de quatre-vingt-dix appareils ;
– *USS Saratoga*, bâtiment classique de plus de 80 000 t transportant un groupe aérien de plus de soixante-dix appareils ;
– *Foch*, porte-avions de la Marine Nationale française déplaçant environ 35 000 t et dont le groupe aérien se compose d'une quarantaine d'appareils.

Ces trois bâtiments sont protégés par une douzaine d'escorteurs antiaériens et anti-sous-marins dont le très moderne croiseur antiaérien *USS Ticonderoga*.

Alors que les convois et le groupe du soutien sont en mer, ils apprennent qu'une vingtaine de navires marchands naviguant isolément a déjà été coulée par les sous-marins soviétiques.

L'aviation joue un rôle primordial dans ce roman. C'est ainsi que le groupe du *Nimitz* est très astucieusement attaqué par l'aéronavale soviétique. Un écran de reconnaissance formé par dix Bear couvrant un front de 1 000 milles marins guide vers leurs cibles quatre-vingts Badger. Ce bombardier subsonique beaucoup moins performant que le Backfire transporte deux missiles de croisière Kelt. Protégés par un brouillage électronique les bombardiers lancent dans de bonnes conditions leurs 160 missiles. Cette attaque est une ruse car le Kelt, un « vieux » missile de croisière, ne transporte aucune charge explosive. La place laissée libre est occupée par un réservoir supplémentaire et un dispositif de brouillage électronique qui simule sur les radars américains la signature du Badger. C'est ainsi que quatre escadrilles de douze Tomcat équipés chacun de quatre missiles air-air Phoenix à un million de dollars pièce se ruent à l'assaut de ce qu'ils croient être l'ennemi. Les appareils tirent la totalité de leurs missiles sur ces leurres dont ils n'abattent que la moitié. La ruse continue à produire ses effets lorsque soixante-dix Backfire qui suivaient les Badger lancent à leur tour un missile de croisière perfectionné, l'AS-6. 140 missiles se dirigent ainsi vers les bâtiments alliés qui se croient toujours attaqués par des Badger. En moins de cinq minutes les navires tirent la totalité de leurs missiles air-air à la fois sur les leurres et les vrais missiles de croisière. Le *Ticonderoga* tire automatiquement en trois minutes ses quatre-vingt-seize missiles air-air. Les Soviétiques réussissent ainsi à saturer complètement la défense antiaérienne adverse. Le *Nimitz* est sévèrement touché, et le *Saratoga* est privé de ses radars. Le *Foch* est détruit ainsi que le transport d'assaut *Saipan* qui coule avec ses 2 500 Marines. Les seuls appareils pouvant s'opposer aux Backfire sont les huit chasseurs Crusader du *Foch,* retirés du service dans l'US Navy depuis plusieurs années. Ils vengent cependant leur porte-avions en abattant chacun un Backfire. Le groupe du *Nimitz* se dirige en avant toute à plus de quarante nœuds vers la Grande-Bretagne pour réparer ses dommages laissant les convois de l'Atlantique Nord sans protection aérienne. En survolant l'Islande les régiments de chasseurs soviétiques utilisent un axe d'attaque qui ne peut être détecté par les radars adverses. Seul, l'officier américain qui s'est échappé pourra signaler le passage des bombardiers soviétiques se dirigeant vers le Sud.

C'est ainsi que le convoi marchand, après avoir été attaqué par huit sous-marins, est à son tour attaqué par une escadrille de Backfire qui tire sur lui vingt-quatre missiles. La belle défense antiaérienne des frégates de couverture et des navires marchands limite les dégâts mais sept navires marchands sont perdus. Le convoi doit encore parcourir 1 500 milles avant d'atteindre l'Europe. Pendant les deux derniers jours du trajet les convois sont protégés par un rideau de sous-marins français et par les aviations française et britannique.

À l'issue de la première semaine de combats soixante navires marchands ont été coulés. Pour diminuer la menace aérienne les convois sont déroutés vers le sud ce qui rallonge leur route de plus de 500 milles. En contrepartie, les Backfire doivent eux aussi parcourir une distance plus grande et ne peuvent plus transporter qu'un seul missile. Un convoi est attaqué chaque jour. Alors que le gros des sous-marins n'est pas encore en place, l'aéronavale soviétique donne au pacte de Varsovie un avantage certain dans l'Atlantique Nord. De plus, l'OTAN ne peut empêcher le débarquement en Norvège d'une brigade soviétique manifestement chargée de remettre en état les aérodromes endommagés aux premiers jours de la guerre. La menace aérienne va probablement augmenter. De manière certaine quatre-vingts Backfire sont intervenus soit une force double de celle envisagée dans l'essai du général Hackett. Les satellites américains révèlent la présence de trois bases de Backfire dans la presqu'île de Kola. Ce qui laisse supposer l'existence d'un troisième régiment de Backfire.

La puissance du premier échelon soviétique a obligé les forces de l'OTAN à céder du terrain en Allemagne. L'élan soviétique est cependant ralenti par l'attaque systématique des postes de commandement et des centres de transmission détectés grâce aux moyens de guerre électronique de l'OTAN. C'est ainsi que le PC du Groupe des forces soviétiques d'Allemagne est détruit avec ses officiers. Le manque d'initiative qui leur est coutumier oblige ainsi les armées du Pacte à marquer le pas pendant trente-six heures. Ce temps gagné est précieux, mais la situation ne peut être rétablie que si les renforts parviennent à temps.

D'où la nécessité de se débarrasser des dangereux Backfire malgré la neutralisation provisoire du groupe *Nimitz*. L'idée germe dans la tête d'un astucieux officier de renseignement américain d'attaquer les bombardiers soviétiques sur leurs bases de la presqu'île de Kola à leur retour de mission, ce qui n'a rien d'évident.

Donnant la priorité au récit et aux astuces techniques le roman laisse cependant dans l'ombre l'information stratégique majeure que constitue l'évaluation de la menace sous-marine en Atlantique Nord.

Certes il est rendu compte d'attaques sous-marines qui ne donnent cependant pas l'impression d'une attaque en force. Ce qui semble bien commode pour la suite du roman et la seconde phase des opérations.

***Les adversaires se neutralisent***

L'OTAN reprend progressivement en main le contrôle des opérations dans l'Atlantique Nord. Un rideau de vingt sous-marins se met en place de part et d'autre de l'Islande et rend très improbable l'intrusion de nouveaux sous-marins soviétiques en Atlantique Nord. Mais plus d'une trentaine est en mesure de menacer les convois de l'OTAN.

La destruction de la plupart des avions ravitailleurs indispensables pour les opérations à grande distance des bombardiers soviétiques limite la menace que faisaient peser les Backfire qui ne peuvent plus désormais que transporter un seul missile.

Utilisant à son tour les ruses de l'aviation américaine, les bombardiers soviétiques attaquent avec succès les bases écossaises de la RAF, limitant ainsi le soutien aérien qui pourrait être apporté aux convois.

Pendant ce temps, une partie de la flotte du Pacifique traverse de nuit le canal de Panama sans être détectée et en bénéficiant de la neutralité de Cuba. Contrairement à l'avantage dont bénéficient les Américains en Islande grâce à leur courageux officier espion, les Soviétiques, malgré la puissance et l'efficacité prêtée alors au KGB, n'ont curieusement aucun agent posté dans la zone pourtant si sensible du canal de Panama.

L'USAF met en place des moyens aériens à Terre-Neuve, aux Bermudes et aux Açores. Les convois sont ainsi couverts en permanence par une patrouille aérienne.

Le front terrestre s'est plus ou moins stabilisé par l'emploi de moyens de combat à haute technicité. Mais dans les deux camps les matériels de pointe, leurs munitions et surtout les combattants ont connu des taux d'attrition effrayants. Le Pacte de Varsovie doit compter avec des réserves de carburant ridicules qui ne lui permettent qu'un mois de combat. Le KGB estime que l'OTAN ne dispose plus en Europe que de deux semaines de munitions. Un jeune et dynamique général soviétique a redressé la situation sur le front Ouest, mais il doit attendre l'arrivée des divisions de réserve pour compléter ses effectifs et lancer une offensive définitive sur Hambourg[1]. Compte tenu des délais de mise en place de cette offensive celle-ci ne peut réussir que si les convois de l'OTAN sont auparavant détruits dans l'Atlantique Nord, ce qui, jusqu'à présent, n'a pas été complètement réussi. Le facteur temps devient décisif.

1. De manière quelle que peu extraordinaire, il obtient du Politburo l'initiative du déclenchement du feu nucléaire tactique, dans le but de ne surtout pas l'utiliser.

### *La course contre la montre*

La course contre la montre doit bien entendu être gagnée par l'OTAN.

Grâce aux moyens de renseignements des USA, qui ont l'avantage dans ce domaine, l'astucieux officier de renseignement a proposé à sa hiérarchie un plan pour détruire les Backfire sur leurs bases à leur retour de mission. La réussite de ce plan suppose une coordination parfaite entre l'obtention des renseignements, leur transmission et le déclenchement de l'attaque. Quatre sous-marins américains lance-missiles, dont L'USS *Chicago*, couverts par deux sous-marins britanniques, se mettent en place à l'entrée de la mer de Barents.

Pendant ce temps le convoi décisif pour l'OTAN quitte les États-Unis. Ses quatre-vingts navires marchands sont couverts par les grands porte-avions USS *America* et *Independance*, transportant chacun soixante-dix à quatre-vingts aéronefs, ainsi que par une puissante escorte antiaérienne et anti-sous-marine. Bien entendu un convoi aussi énorme est vu par un satellite d'observation soviétique. Une attaque massive de Backfire est immédiatement lancée. Privés de la moitié des Bear les précédant, abattus par l'aéronavale du convoi, déroutés par les chasseurs qui les menacent, les Backfire ne réussissent que très imparfaitement leur mission qui ne ralentit pas le convoi. Le toujours courageux officier américain posté en Islande signale le retour des Backfire. L'opération Doolittle[1] est alors déclenchée. L'USS *Chicago* et les trois autres sous-marins américains lancent soixante missiles de croisière Tomahawk qui se dirigent par des voies détournées vers la presqu'île de Kola. Alors que les Backfire viennent de se poser les missiles larguent au-dessus de leurs bases des centaines de « bombinettes » qui détruisent les appareils soviétiques.

Le convoi majeur n'est plus menacé que par six sous-marins dont trois sont détruits. Le convoi atteint le port du Havre sauvegardé par la marine et l'aviation françaises au prix de lourdes pertes.

Le débarquement des Marines en Islande n'est plus qu'une formalité rondement menée. Les cuirassés USS *Iowa* et *New Jersey* pilonnent les positions soviétiques avec leurs énormes obus de 406 mm guidés par un radar miniature fixé sur l'obus lui-même. Ils sont couverts par le *Nimitz* rafistolé en un temps record par les Britanniques[2].

De nombreuses péripéties agrémentent la fin du roman mais la guerre est bel et bien gagnée par l'OTAN.

1. Ainsi nommée en souvenir du première raid de bombardement mené sur Tokyo en avril 1942 par le colonel Doolittle qui avait réussi à faire décoller ses bimoteurs du porte-avions USS *Hornet*.
2. Épisode qui rappelle le rafistolage éclair de l'USS *Yorktown* en mai 1942. Il rejoint les deux autres porte-avions et participe à la victoire de Midway en juin 1942.

**Conclusion provisoire**

En conclusion, même si l'importance accordée aux aéronavales des deux camps est pleinement justifiée, la victoire de l'OTAN semble acquise sans qu'elle ait eu à souffrir d'une attaque massive menée par les nombreux sous-marins soviétiques, aussi bien à l'aide de leurs missiles de croisière que de leurs torpilles. Volontairement ou non le roman de Tom Clancy tout comme celui du général Hackett semble sous-estimer la menace sous-marine :

- En effet, ce que l'on peut imaginer quant à l'effectif des sous-marins soviétiques opérant dans l'Atlantique Nord semble sous-estimé du simple au double si l'on se réfère aux chiffres fournis par le Jane's.
- La capture de l'Islande provoque la neutralisation de la barrière hydrophonique de l'OTAN. Il est pour le moins curieux que les soviétiques n'en profitent pas pour faire passer rapidement un grand nombre de sous-marins dans l'Atlantique Nord.
- D'autre part, à aucun moment, il n'est montré une quelconque tentative de coordination d'attaques sous-marines à l'aide, par exemple, de meutes de trois ou quatre sous-marins.

Enfin, la possession de l'Islande permet aux bombardiers soviétiques d'attaquer les convois par le Sud ce qui oblige l'escorte à se renforcer au nord du convoi. Compte tenu de la portée des missiles de croisière dont disposent les sous-marins soviétiques, il semble étonnant qu'aucune attaque coordonnée entre les sous-marins, attaquant le flanc sud, et les Backfire, attaquant le flanc nord, n'ait été envisagée. Il serait intéressant de savoir si cette hypothèse avait été jugée irréalisable par les experts du Pentagone ou s'il s'agit d'une facilité que s'est permise le romancier.

*Le guidage de missiles de croisière*

La sous-estimation de la menace sous-marine soviétique est sans aucun doute une facilité que s'accorde le romancier. Mais il est une autre impasse qui fait douter de l'utilité des milliers d'heures consacrées par les états-majors de l'OTAN à préparer d'éventuels engagements contre le Pacte de Varsovie. Ces études se situent toutes dans le cadre d'un conflit majeur de courte durée dans lequel le facteur vitesse est essentiel. Le meilleur usage du facteur vitesse est l'anticipation du comportement de l'adversaire.

Après la chute du mur de Berlin, les échanges entre les états-majors de l'OTAN et ceux des pays de l'Est permettent de constater à quel point l'évaluation de l'ordre de bataille du pacte de Varsovie effectuée par l'OTAN est juste. Les services de renseignement des pays de l'OTAN sont en particulier parfaitement renseignés à la fois sur la localisation des régiments de Backfire dans la presqu'île de Kola et sur leur doctrine d'emploi. D'ailleurs, l'essai du général Hackett mentionne l'attaque de ces aérodromes lorsque les porte-avions américains arrivent au large de la Norvège.

Dans le roman de Tom Clancy, l'effet de surprise ne joue pas puisque la montée en puissance du Pacte de Varsovie est suivie pas à pas. Dans ces conditions il semble surprenant que les États-Unis n'aient pas anticipé l'attaque de l'aéronavale soviétique contre les convois. La réplique à la prise de l'Islande serait alors l'astucieuse attaque des bases de la presqu'île de Kola par des missiles de croisière tirés par des sous-marins de l'US Navy prépositionnés des semaines avant l'ouverture effective des hostilités. Cette attaque n'intervient que tardivement dans le roman, suspense oblige.

La faisabilité technique d'une telle opération est d'ailleurs infiniment plus probable que celle de l'attaque coordonnée d'un convoi par une nuée de missiles ayant fâcheusement tendance à se ruer vers les signatures électroniques les plus importantes en délaissant les autres.

En effet, la solution technique adoptée aujourd'hui pour éviter cet inconvénient consiste à réduire le champ à l'intérieur duquel un missile de croisière peut s'écarter du contact radar initial sur lequel il a été lancé. Une attaque menée par une escadrille de dix ou douze appareils se présentant sur un très large front pour attaquer le flanc un convoi peut donc atteindre un grand nombre d'objectifs sans craindre la concentration excessive de missiles sur les signatures électroniques les plus importantes. L'allocation des cibles qui en résulte n'est qu'une apparence issue du meilleur guidage des missiles. Il ne s'agit en aucune manière d'un système coordonné d'allocation de cibles effectuée par le commandant de l'escadrille.

Les aéronavales de l'époque du roman ne disposent évidemment pas d'une telle facilité. Il semble donc que Tom Clancy pêche par optimisme en décrivant l'attaque massive du groupe du *Nimitz*.

Cela dit, cette difficulté technique peut être contournée par des attaques échelonnées dans le temps. Le convoi localisé lors de la première attaque ne parcourt que peu de chemin avant d'autres attaques de harcèlement intervenant par exemple toutes les heures ou toutes les deux heures. Dans ce cas, l'épuisement de la réserve des missiles antiaériens du convoi et de son escorte reste une faiblesse évidente.

### *Scénario plus conforme à la balance des forces*

Les officiers de la Marine nationale consultés par l'auteur jouissent d'une retraite bien méritée, mais auraient été au cœur de l'action si une troisième guerre mondiale avait été déclenchée dans les années quatre-vingts[1]. La problématique de la protection des convois dans une telle hypothèse ne leur semble pas avoir fait l'objet de considérations

1. L'auteur remercie vivement les officiers de la Marine nationale ainsi que ses correspondants chez les constructeurs de systèmes pour l'aide apportée à la mise au point de cette annexe.

critiques lors de leur stage à l'École Supérieure de Guerre Navale. Ces officiers participèrent ensuite à de nombreux exercices de protection de convois. Certes, la bataille était rude, avec des pertes de part et d'autre, mais les convois passaient. Cette vision optimiste repose sur une analyse raisonnée de la balance des forces. Le tableau ci-après présente une estimation des données critiques[1]. Le potentiel de l'US Navy est réparti pour moitié entre le Pacifique et l'Atlantique.

| ***Catégorie*** | ***URSS Flotte du Nord*** | ***US Navy Atlantique*** |
|---|---|---|
| S/M Lance-missiles de croisière | 38 | |
| S/M Nucléaires d'attaque | 50 | |
| **Total sous-marins** | **98** | **50** |
| Croiseurs lance-missiles | 0 | 16 |
| Destroyers lance-missiles | | 20 |
| Porte-avions | 0 | 7 |
| Backfire | 120 | |
| Aéronefs de chasse (7 x 48) | | 336 |

L'US Navy, pour ne citer qu'elle, aligne donc au moins, dans l'Atlantique, à l'époque du roman :

- 7 porte-avions
- 16 croiseurs antiaériens utilisant le système antimissiles Aegis
- une vingtaine de destroyers lance-missiles
- 50 sous-marins nucléaires d'attaque.

De plus, le groupe aérien de chaque porte-avions comprend quatre Hawkeye capables de se relayer pour assurer la veille aérienne lointaine.

Puisque l'attaque soviétique n'est pas une surprise et que la priorité doit être accordée à l'Atlantique Nord, il est permis de penser que les moyens affectés à cette zone soient renforcés.

L'attaque massive de l'aéronavale soviétique se serait donc probablement heurtée à une double barrière de protection constituée par au moins deux groupes de porte-avions répartis du nord au sud entre l'Islande et la route des convois. Il est également probable que les Hawkeye du groupe Nord auraient détecté le déploiement des Bear et auraient dirigé vers eux les escadrilles d'attaque de l'un des porte-avions, perturbant ou empêchant l'acquisition des cibles par les Bear.

1. Jane's fighting ships 1986-87. Les forces des autres nations de l'OTAN auraient probablement protégé les atterrages et n'auraient dans ce cas participé que de manière marginale à la protection des convois entre les USA et les atterrages ouest de l'Europe.

Cependant, il semble licite d'imaginer que le groupe de porte-avions ait été détecté ne serait-ce que par un seul Bear pour rendre possible une attaque de saturation telle que l'imagine Tom Clancy. Mais la présence de deux ou trois croiseurs Aegis diminue le risque de voir s'épuiser la capacité de défense antiaérienne du groupe. Il suffit cependant que quelques missiles franchissent le barrage pour neutraliser un ou plusieurs porte-avions. Mais la seconde ligne de défense reste intacte ! L'aéronavale soviétique, amoindrie par sa première attaque ne peut attaquer avec la même vigueur ni le second groupe de porte-avions ni le convoi le plus important.

Cette hypothèse est prise en compte par Tom Clancy puisque l'attaque du convoi principal est repoussée et que le gros du convoi reste intact.

De plus, les groupes aériens des porte-avions comportent des moyens anti-sous-marins importants. Ce qui aurait probablement rendu hasardeuse une attaque menée par des Charlie tirant leurs missiles de croisière.

La prise en compte de la balance des forces conduit à la vision d'une éventuelle troisième Bataille de l'Atlantique plus équilibrée bien que l'estimation de la menace sous-marine soviétique reste difficile à évaluer. Cependant, les conclusions initialement déduites de la balance des forces doivent être tempérées par le taux de disponibilité de ces forces. Il semble que malgré les efforts réalisés, les sous-marins soviétiques souffrent à cette époque d'une fiabilité inférieure à celle des unités de l'OTAN. De manière parfaitement discutable, leur taux de disponibilité semble avoir été voisin de 50 %. En cas de crise, la disponibilité des sous-marins nucléaires des marines de l'OTAN était au moins de l'ordre de 80 %. Les forces sous-marines semblent donc être assez proche d'un relatif équilibre. Mais les étendues océaniques sont si vastes…

Bien entendu, d'autres hypothèses peuvent être formulées quant aux possibilités tactiques. Ces hypothèses doivent prendre en compte la réalité de la balance des forces, ce qui conduit à des récits nettement moins romanesques, proches de l'essai du général Hackett.

Quoi qu'il en soit *Tempête rouge* est à la fois un roman passionnant et une mine d'informations dont beaucoup gardent encore probablement leur valeur aujourd'hui.

ANNEXE 5

# *La guerre des mines*

Depuis la première édition de cet ouvrage des documents américains et britanniques ont été déclassifiés. Ils apportent de très utiles compléments à l'information disponible en 1995[1]. Il a donc semblé utile d'offrir quelques lumières, tant stratégiques que techniques, à une forme de guerre plus gênante pour l'ennemi par son existence même que par les dégâts limités qu'elle provoque.

Qu'elles soient terrestres ou maritimes, les mines modifient la géographie du champ de bataille en rendant impraticables les voies de communication. Son caractère discret et son action sournoise fait de la mine une arme particulièrement redoutable traitée avec le plus grand respect. Si en dehors d'un coup direct les canons n'arrêtent ni troupes terrestres ni les navires, les mines constituent un obstacle infranchissable sauf à consentir des pertes qui relèvent purement et simplement de l'action suicide.

L'arme est relativement récente. Elle apparaît de manière quelque peu anecdotique lors de la guerre civile américaine pendant laquelle deux navires nordistes sont victimes des mines sudistes pourtant primitives. À la même époque, la marine impériale russe utilise cette arme avec un succès certain lors de la guerre de Crimée. La marine du Tsar persévère lors de la guerre russo-japonaise.

Pendant la Première Guerre mondiale les belligérants protègent leurs atterrages en mouillant de vastes champs de mines. Environ 250 000 engins sont répandus dans les océans. Les mines de cette

1. Les données chiffrées restent cependant hétérogènes, ne serait-ce que par le caractère partiel des archives allemandes conservées. D'où un relatif déséquilibre des analyses, quelque peu frustrant pour l'auteur et ses lecteurs. Le Net donne maintenant accès à des sites historiques officiels qui fournissent une documentation abondante et de qualité.

époque sont dites « à orin » ; la mine proprement dite est maintenue à la profondeur voulue par l'intermédiaire d'une chaîne ou d'un orin qui la relie à un socle qui repose au fond de la mer.

Bien entendu, il sera fait « encore mieux » lors de la Seconde Guerre mondiale au cours de laquelle environ 500 000 mines seront mouillées tant en Europe qu'en Méditerranée. Le progrès technique s'est appliqué à cette arme comme aux autres. Si environ la moitié des engins est constituée de mines à orin, explosant le plus souvent par contact, l'autre moitié est constituée de mines dites « à influence ». Cette arme nouvelle, de forme le plus souvent cylindrique, est déposée soit par des navires soit par des avions, directement sur le fond de la mer. L'engin explose sous l'influence du changement du flux magnétique ou du flux acoustique ou de la pression, provoqué par le passage d'un navire, ou par une combinaison de facteurs.

### Les champs de mines défensifs

Les champs de mines défensifs peuvent couvrir des surfaces considérables. La Grande-Bretagne est défavorisée par son insularité. La carte[1] indiquant les champs de mines déclarés par la Grande-Bretagne et l'Allemagne en 1939 et 1940 montre l'étendue des champs de mines britanniques. L'Allemagne peut se contenter d'un champ de mines relativement réduit, le Westwall, protégeant ses ports de la mer du Nord.

En septembre 1939 la Grande-Bretagne protège dans l'urgence le Pas-de-Calais et la partie centrale de sa côte Est. De la même manière que lors de la Première Guerre mondiale, un projet grandiose, le « Barrage du Nord », entre les îles Orkneys et la Norvège, est demandée par le gouvernement britannique. L'Amirauté, qui se souvient que ce barrage qui avait coûté deux ans d'efforts n'avait été terminé que deux mois avant la fin des hostilités, n'est donc pas enthousiasmée par le renouvellement de l'expérience. De toute manière le manque de navires mouilleurs de mines retarde l'opération. Cependant, l'Amirauté lance en urgence la production des 180 000 mines nécessaires à ce barrage pour le coup exorbitant de 20 millions de livres, se disant probablement que ces mines étaient de toute manière bonnes à prendre. Elles sont utilisées à la fin de 1939 pour étendre considérablement la protection de la côte est, et pour l'augmenter en 1940.

Les menaces augmentent considérablement après la chute de la France avec l'arrivée à proximité des côtes britanniques des U-Boote et de l'aviation allemande. L'Amirauté sécurise les accès Sud des ports de Cardiff et Liverpool, principaux terminaux des convois transatlantiques, par un champ de mines barrant le canal Saint-Georges entre le Sud de l'Irlande et le pays de Galles. L'Amirauté se lance dès juillet 1940 dans

1. Adaptation de la carte figurant dans S.W Roskill *The war at sea*, HMSO 1961, tome 1, p. 65.

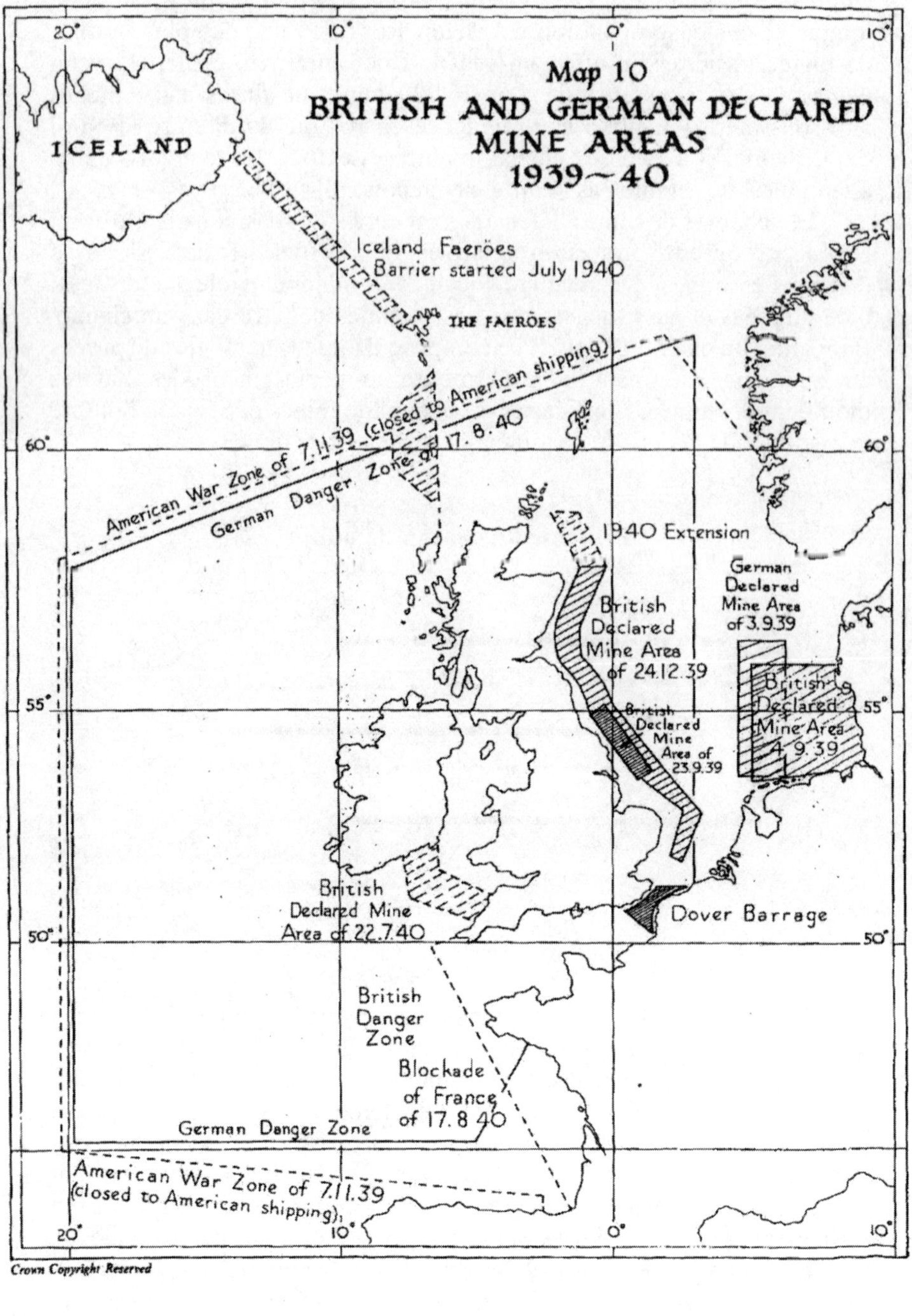
Map 10
BRITISH AND GERMAN DECLARED
MINE AREAS
1939~40
ICELAND
Iceland Faeröes
Barrier started July 1940
THE FAERÖES
American War Zone of 7.11.39 (closed to American shipping)
German Danger Zone of 17.8.40
1940 Extension
British
Declared
Mine Area
of 24.12.39
British
Declared
Mine
Area of
23.9.39
German
Declared
Mine Area
of 3.9.39
British
Declared
Mine Area
4.9.39
British
Declared Mine
Area of 22.7.40
Dover Barrage
British
Danger
Zone
Blockade
of France
of 17.8 40
German Danger Zone
American War Zone of 7.11.39
(closed to American shipping)
20°
10°
0°
10°
60°
55°
50°

la réalisation du gigantesque champ de mines barrant l'accès à l'Atlantique entre l'Islande et les îles Féroë. Les mines initialement commandées pour le « Barrage du Nord » y seront employées. Cette longue et coûteuse opération est, selon Roskill, l'une des plus inutiles de toute la guerre. En effet, un seul U-Boot aurait été coulé, et aucun navire de surface allemand[1]. Les 26 000 mines destinées aux « pièges anti-sous-marins » supposés protéger le chenal du Nord, entre le Nord de l'Irlande et l'Écosse, chenal d'entrée de tous les convois transatlantiques, ne semble pas avoir été beaucoup plus efficace.

Les champs de mines défensifs sont certes dissuasifs mais n'offrent cependant qu'une protection relative. Leur efficacité dépend de la densité des mines. De manière idéale, les mines devraient être aussi bien alignées et aussi denses que des pommes de terre dans un champ. En réalité, un champ de mines se compose de lignes parallèles disposées en quinconce de manière à permettre le déplacement des navires mouillant les mines. L'efficacité du champ de mines dépend du nombre de lignes et de la densité de mines sur chacune des lignes.

**Principe du champ de mines**

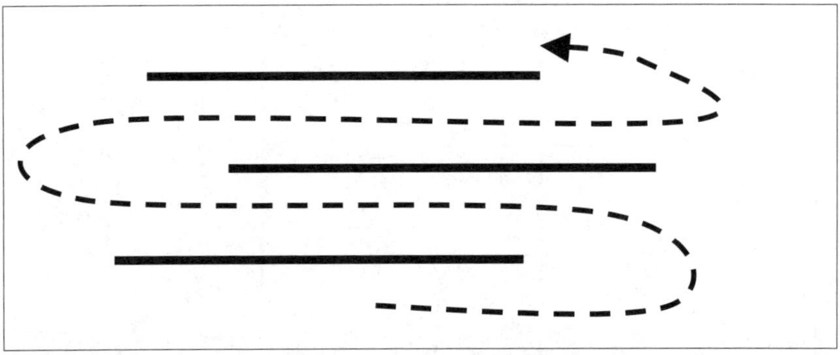

La restriction des zones permises au trafic s'applique aussi bien aux navires amis qu'aux navires ennemis. Le trafic « ami » est ainsi concentré dans des chenaux que l'ennemi ne tarde pas à découvrir, lui offrant de la même manière des cibles également plus denses. De plus, à partir de juillet 1940, les mouilleurs de mines britanniques opèrent sous l'œil de l'aviation allemande. Ils sont attaqués par cette aviation qui fait également des ravages dans les convois côtiers. Ces convois sont également attaqués par les U-Boote et les vedettes rapides allemandes.

Les champs de mines défensifs n'offrent donc qu'une protection limitée. Leur mise en place est délicate, longue et coûteuse, et nécessite

1. S.W Roskill *The war at sea*, HMSO 1961, tome 1, p. 264.

l'cmploi de navires spécialisés. L'Amirauté considère cependant après guerre que la protection de la côte fut appréciable et que celle des côtes Sud fut correcte.

Avant de passer aux champs de mines offensifs, il convient de dire quelques mots au sujet de la technique des mines.

**Les mines**

Sans entrer dans les détails techniques, voici des schémas facilitant l'approche de la problématique des mines.

Le schéma « German Underwater Ordnance-Mines » est extrait d'un très intéressant document américain déclassifié « German Anderwater Ordnance-Mines », publié en juin 1946 par le « Bureau of Ordnance » de l'US Navy.

Ce document présente une remarquable synthèse sur la guerre des mines menée par l'Allemagne, ainsi que des explications techniques sur le fonctionnement des mines. Le document est accessible sur le site : http://www.lexpev.nl/downloads/germanunderwaterordnancemines1946 .pdf.

GERMAN UNDERWATER ORDNANCE—MINES OP 1673A

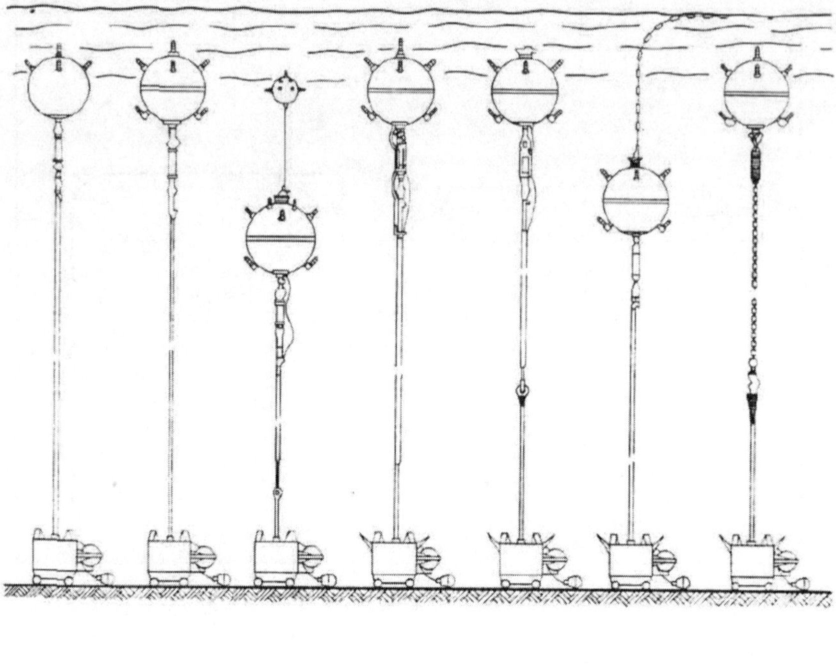

Le schéma permet de comprendre le principal inconvénient des mines à orin : le socle (crapaud) maintenant la mine au fond et contenant l'orin représente environ la moitié du poids de l'engin et diminue d'autant la masse consacrée à la partie dangereuse de la mine. Non seulement la mine est lourde et encombrante mais de plus elle ne peut être mouillée que par un navire spécialisé, qu'il s'agisse d'un bâtiment de surface ou d'un sous-marin. Le nombre de ces bâtiments est nécessairement limité par la pénurie relative des ressources.

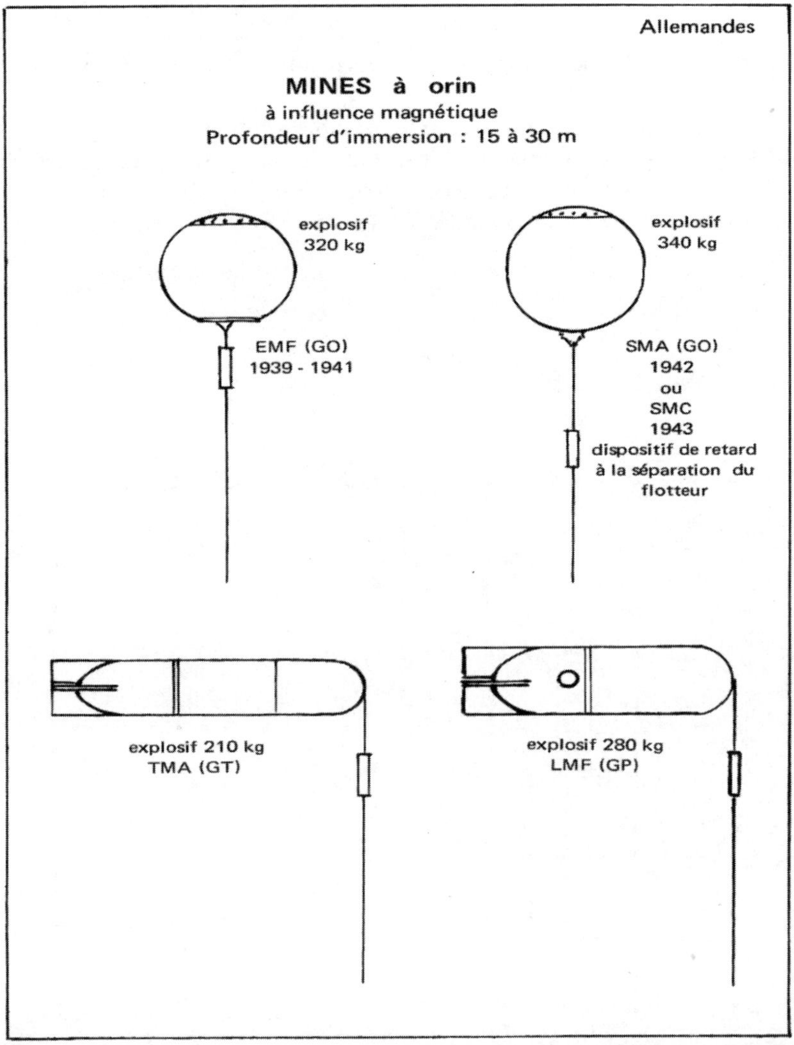

Les mines représentées dans ce schéma sont mises à feu par contact par l'intermédiaire des « cornes ». Le contact avec la corne active une chaîne pyrotechnique, soit par un processus mécanique, soit par un processus chimique ; dans ce cas, le contact libère un acide dans un réservoir d'eau qui devient alors conducteur du courant qui déclenche le détonateur. Le contact de l'avant-dernière mine à droite est effectué par une ligne flottante principalement adaptée à la destruction des sous-marins.

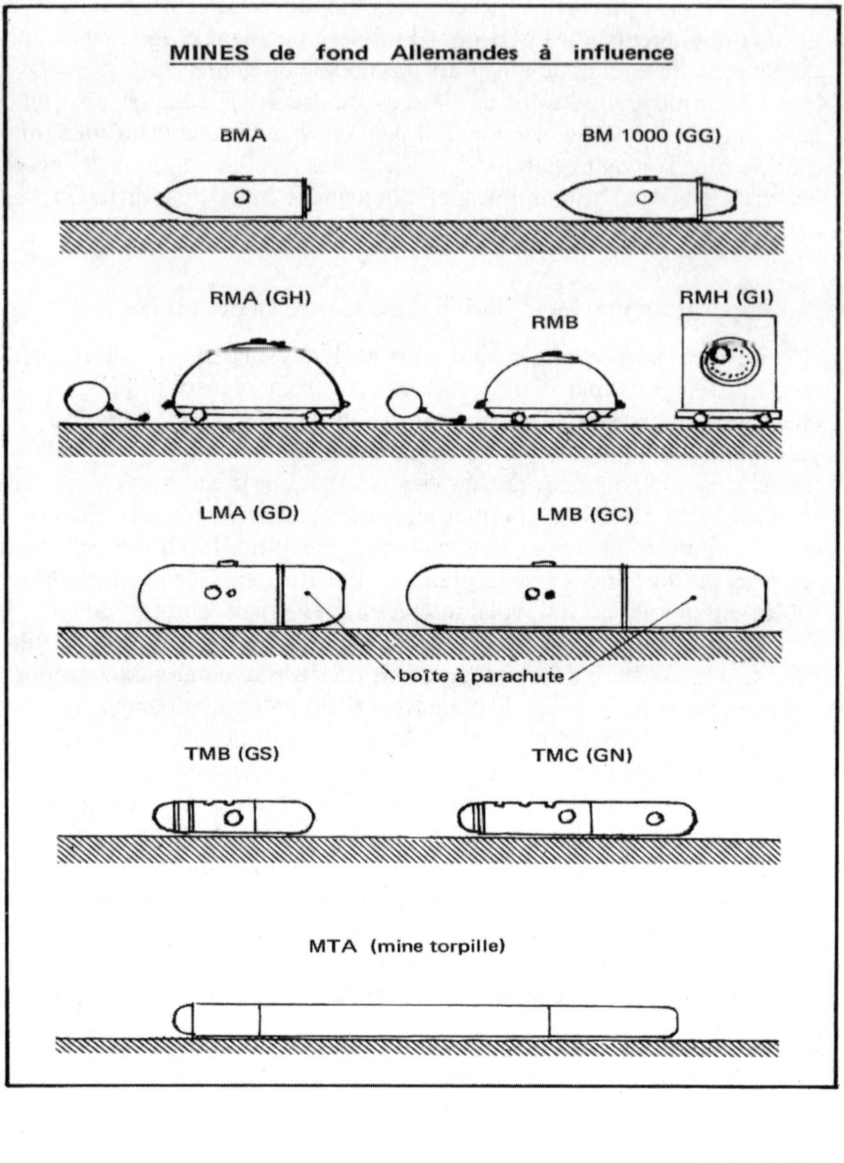

Le schéma montrant les mines à orin à influence magnétique vient du manuel édité en 1972 par le ministère de l'Intérieur au titre de la Protection Civile : « Notice sur le désobusage et le débombage pour servir à l'instruction des démineurs »[1], documents de référence toujours utilisé.

Les mines à orin sont utilisées pour les champs de mines défensifs. Les champs de mines offensifs, placés dans des endroits ciblés, occupent des surfaces réduites et sont constitués le plus souvent par des mines de fond à influence.

Un paragraphe est consacré à la fin de cette annexe à la mine magnétique allemande LMB dont le fonctionnement et les pièges anti-déminage sont encore de nos jours un modèle du genre.

La forme cylindrique des mines de fond est adaptée aux tubes lance-torpilles des sous-marins qui peuvent ainsi les déposer incognito. Mais le plus souvent ces mines sont larguées par l'aviation. À cet égard, les organisations britanniques et allemandes sont très différentes et dépendent des rapports entre la marine et l'aviation.

## La coopération marine-aviation dans la guerre des mines

Le manque de coopération entre la Kriegsmarine et la Luftwaffe, souvent regrettée par l'amiral Dönitz, a déjà été souligné dans les chapitres précédents. Le vice-amiral Friedrich Ruge[2] apporte des précisions complémentaires. La création d'une aéronautique navale est totalement abandonnée en janvier 1938. La démission forcée du maréchal von Blomberg permet aux nazis de renforcer leur mainmise sur l'institution militaire. Sans aucune opposition de Hitler, et malgré les réserves formulées par le grand amiral Raeder, Göring déclare non seulement « tout ce qui vole m'appartient », mais entrave de plus la coopération entre la Kriegsmarine et la Luftwaffe. L'amiral Ruge précise que Göring ne fera aucun effort pour s'intéresser aux contraintes stratégiques et techniques de la marine. C'est en toute indépendance que la Luftwaffe fera développer en 1941, par une firme privée, un nouveau modèle de mine largable sans parachute, en repartant de zéro, sans tenir compte de l'expérience acquise par la marine[3]. En attendant, la Kriegsmarine a les plus grandes peines du monde à lui faire accepter au printemps de 1940 les 50 000 mines à mise de feu magnétique qu'elle estime devoir être mouillées dans les endroits qu'elle a déterminés. De fait, la Luftwaffe décide elle-même des objectifs qu'elle attaque ainsi que des dates et des endroits qu'elle décide de miner. Au début de l'été 1940, les Stuka remportent de spectaculaire succès en attaquant à la

1. L'auteur remercie vivement le capitaine de frégate Gérard et le major Houssais, éminents plongeurs-démineurs de la Marine Nationale, qui l'ont aidé pour ce survol de la guerre des mines.
2. Friedrich Ruge, *La guerre navale 1939- 1945*, Presses de la cité, 1955, p. 50.
3. *German underwater ordnance mines*, US Navy, 1946, p. 19.

bombe le trafic côtier britannique. La propagande nazie diffuse largement des images spectaculaires qui finissent par intoxiquer Goering lui-même. La bombe lui paraît supérieure à la torpille et à la mine, des engins compliqués. Cette croyance retarde sérieusement l'entraînement des équipages et la formation d'escadrilles de torpillage et plus grave, de minage, à un moment où les Britanniques n'ont pas encore les moyens de nettoyer leurs chenaux. Lorsque ce retard est rattrapé, il est trop tard.

Pire, un sentiment de confiance excessif conduit la Luftwaffe à larguer des mines dans des endroits inappropriés, sans grande précision, parfois de manière prématurée et en petite quantité de telle sorte que l'effet de masse ne peut être atteint. C'est ainsi qu'en novembre 1939 des mines magnétiques sont larguées par erreur dans un marécage et récupérées par les Britanniques. Les démineurs de l'armée de Terre prennent de grandes précautions pour désamorcer cette mine. La découverte de son fonctionnement permettra la mise au point de contre-mesures.

La dispersion des efforts est toujours de mise lorsque la Kriegsmarine met au point la mine à pression (Oyster). La Luftwaffe émet des objections et entreprend ses propres recherches sans disposer de personnels et d'équipements aussi développés que ceux de la Marine pour conduire les tests de manière efficace.

Sans avoir des conséquences aussi graves, le manque de coordination entre la Marine et l'Armée de terre sévit également. Dans les territoires occupés, la Marine n'est responsable que de la sécurité des ports. L'armée développe de manière indépendante ses multiples mines, en particulier celles utilisées pour la défense des plages. L'absence de coordination conduit une fois de plus au gaspillage des moyens d'études et de production.

Les Britanniques sont pleinement conscients de l'avantage des mouillages de mines offensifs par l'aviation, seule capable d'atteindre des zones critiques très protégées, hors d'atteinte des navires de surface et des sous-marins. Quatre acteurs interviennent dans cette opération. L'Amirauté et le ministère de l'Air sont conjointement responsables de la production et de la répartition des mines, ainsi que de l'allocation des moyens aériens entre les différents objectifs stratégiques. L'aviation en mesure d'effectuer ces largages de mines est constituée par le Coastal Command, sous contrôle opérationnel de la marine, et par le Bomber Command, qui ne dépend que de l'armée de l'Air. Au début de la guerre, le Coastal Command ne dispose pas des appareils qui lui auraient permis de larguer des mines en grande quantité sur des objectifs lointains. L'Amirauté fait donc largement appel aux appareils du Bomber Command, commandé par le maréchal de l'air Harris, qui a laissé dans l'histoire le souvenir d'un personnage peu ouvert à la discussion. L'été 1940 et la décision de la Grande-Bretagne de poursuivre la guerre conduit à la mise sur pied d'une commission chargée de faire des propositions pour améliorer la coopération marine-aviation dans ce domaine des mines. Après de mûres réflexions, le pragmatisme britannique l'emporte. Il est décidé de ne rien changer à une coopération qui ne fonctionne pas si mal et qui doit de toute manière s'adapter à l'évolution de la guerre. L'Amirauté obtient alors du Bomber Command au moins une opération de minage par semaine sur les objectifs qu'elle a choisis, ce qui est loin de couvrir la totalité des besoins.

L'emploi de l'aviation est significatif de la guerre des mines offensive. Il s'agit alors de mouiller ou de larguer des mines en nombre réduit dans des endroits particulièrement vulnérables, et bien sûr sans se faire voir de l'adversaire. L'ennemi ne découvrira le plus souvent le minage que lorsque l'un de ses navires en est victime. Ce qui le conduit à suspendre le trafic et à entreprendre une longue action de déminage, d'autant plus risquée qu'il ignore la nature des mines.

**Le minage offensif des Allemands**

Le petit nombre de sous-marins disponibles au début de la guerre conduit à utiliser les mines pour attaquer le trafic côtier britannique, en principe protégé par ses propres champs de mines. La Luftwaffe participe largement à cette offensive, notamment dans l'estuaire de la Tamise, mais également les sous-marins et les destroyers. Les sous-marins s'infiltrent à proximité des ports de la Manche et prennent de grands risques pour mouiller à faible profondeur des mines magnétiques expulsées de leurs tubes lance-torpilles. Du 17 octobre 1939 au 9 février 1940 des destroyers effectuent neufs opérations au cours desquelles ils mouillent 1 800 mines dont la moitié de mines de fond a mise à feu magnétique, pour compliquer le dragage, sur la route suivie par les convois entre l'estuaire de la Humber et le sud de la Tamise. Cette opération nécessite une navigation aussi précise qu'hasardeuse dans les passages laissés libres dans les champs de mines britanniques, qui sont loin d'être étanches, en se fondant uniquement sur les renseignements collectés par le deuxième bureau de la Kriegsmarine. Du point de vue allemand il s'agit d'une période faste pour la guerre des mines qui provoque des dégâts qui ne seront pas égalés par la suite de la guerre : 400 000 t de navires de commerce, quinze dragueurs et deux destroyers, sont coulés. De plus le cuirassé *Nelson*, les croiseurs *Belfast* et *Adventure* ainsi que deux destroyers sont endommagés[1].

L'ouverture du front Est diminue le potentiel aérien disponible pour le minage des côtes britanniques et l'attaque directe des convois côtiers. Comme le montrent les graphiques extraits du document américain, les besoins de la Kriegsmarine ne seront désormais que partiellement satisfaits.

1. Friedrich Ruge, *La guerre navale 1939- 1945*, Presses de la Cité 1955, p. 66.

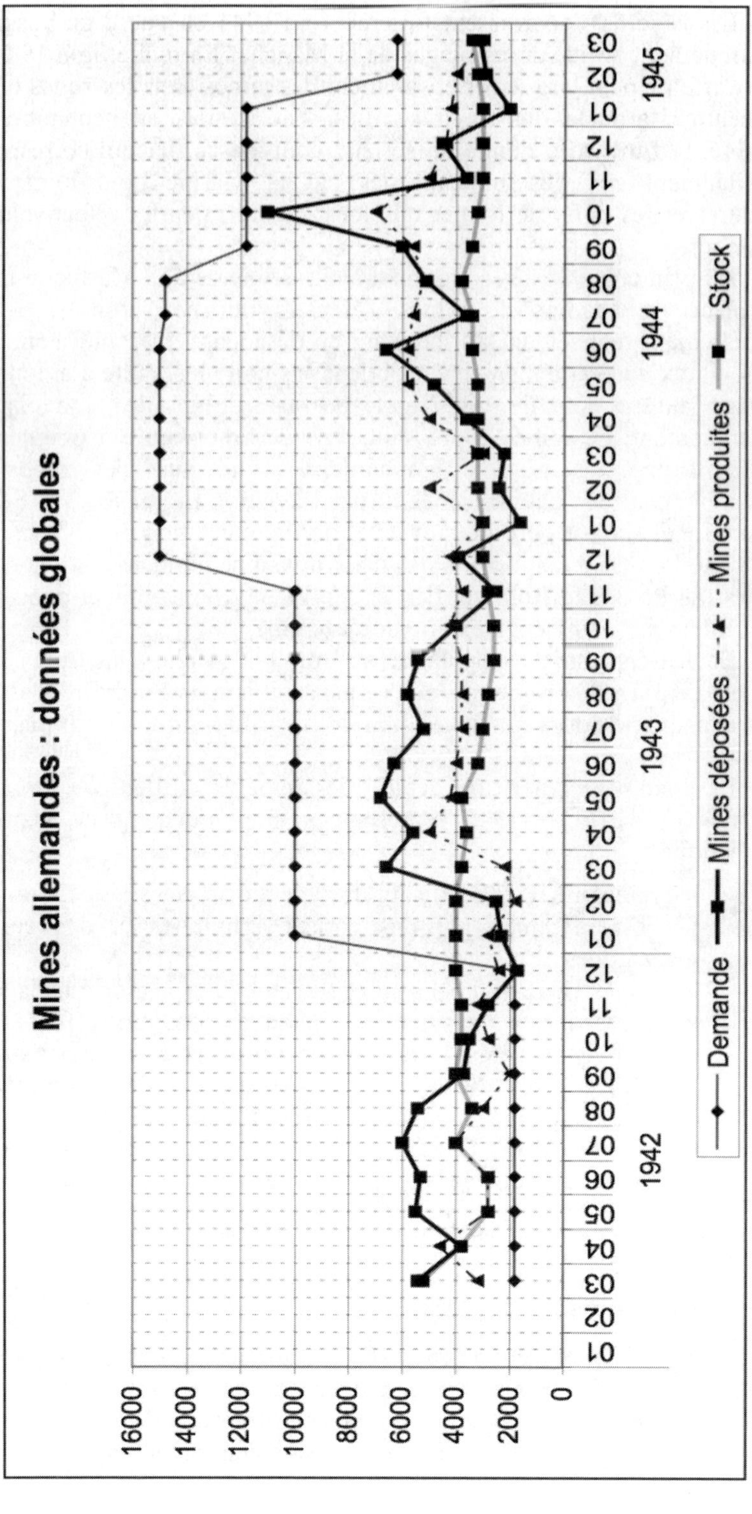
Mines allemandes : données globales
16000
14000
12000
10000
8000
6000
4000
2000
0
01 02 03 04 05 06 07 08 09 10 11 12 01 02 03 04 05 06 07 08 09 10 11 12 01 02 03 04 05 06 07 08 09 10 11 12 01 02 03
1942
1943
1944
1945
Demande
Mines déposées
Mines produites
Stock

Les besoins s'accroissent fortement en 1944 en vue d'un possible débarquement Allié sur les plages de la Manche. En mai et juin 1944 la Luftwaffe ne peut larguer offensivement des mines dans les zones où se concentre l'armada des navires alliés. Par contre, en septembre et octobre, la Luftwaffe donne un sérieux coup de collier qui correspond sensiblement aux besoins exprimés par la Marine pour miner les estuaires et les ports de la mer du Nord, ce qui ralentira effectivement les Alliés.

Au printemps de 1944 Rommel avait demandé à la Marine la mise en place de champs de mines défensifs qui ne seront que très partiellement réalisés, la Marine étant en désaccord avec lui quant aux lieux et aux dates. Le maréchal n'obtient pas non plus, faute d'avions, le largage autour de l'île de Wight, passage obligé des convois du débarquement, de mines à pression (Oyster) impossible à draguer. Il n'obtient pas non plus le bombardement préventif des zones de rassemblement des navires alliés ni par l'aviation ni par les V1. Selon l'amiral Ruge, c'est pour obtenir de Hitler la réalisation de ces mesures ainsi que la mise à disposition des deux divisions blindées stationnées à l'ouest de Paris que Rommel part le 5 juin en Allemagne, et donc non pas seulement pour l'anniversaire de sa femme.

Dans l'ensemble l'Allemagne se trouve à la tête d'un stock permanent de 3 à 4 000 mines qu'elle ne parvient jamais à utiliser, ayant de plus consommé pour leur fabrication des ressources qui auront manqué ailleurs.

Le document américain détaille les mines mouillées ou larguées par type à partir de 1942 représentées graphiquement de manière synthétique :

- les mines EMC (30 %) sont du type à orin classique. La mise à feu est effectuée par des cornes chimiques et des cornes mécaniques ;
- les mines UMB (20 %) sont également du type à orin mais sont destinées à être mouillées à grande profondeur, 150 mètres, pour attaquer, selon le réglage de l'orin, soit les sous-marins, soit les navires de surface. L'orin est équipé de couteaux capables de couper le câble utilisé pour leur dragage ;
- les mines LMB (20 %), à mise de feu magnétique, ont également été larguées en très grand nombre.

Ces trois mines représentent 70 % du total mouillé ou largué.

## Les contre-mesures britanniques

La première des contre-mesures est la défense des côtes par les moyens maritimes et aériens qui empêchent les navires et les avions ennemis de mouiller ou larguer des mines. Mais cette défense n'est pas étanche ou ne le devient que progressivement avec la montée en puissance des moyens de lutte. Il en est de même de l'attaque des bases aériennes de l'ennemi. Le dragage[1] de mines reste ensuite le principal moyen de sécuriser les chenaux de navigation. Les dragueurs de mines de la Royal Navy ne peuvent suffire devant l'ampleur de cette tâche permanente. Aussi sont-ils rejoints par des bâtiments civils. Le tableau ci-après donne le détail des navires affectés tant au dragage des mines à orin que les mines magnétiques en septembre 1942, pic probable atteint par cette flotte[2].

| **Royal Navy** | | |
|---|---|---|
| **Côtes de Grande Bretagne** | | |
| **Unités affectées au draguage de mines en septembre 1942** | | |
| **Pertes de septembre 1938 à septembre 1942** | | |
| | Quantité | Pertes |
| Dragueurs | 162 | 10 |
| Corvettes | 20 | 0 |
| Dragueur à aubes | 6 | 9 |
| Destructeurs de mines | 2 | 3 |
| Chalutiers ASM | 54 | 8 |
| Chalutiers non transformés | 240 | 54 |
| Chalutiers dragueurs mines magnétiques | 107 | 34 |
| Autres dragueurs mines magnétiques | 103 | 7 |
| Autres petits bâtiments | 30 | 15 |
| **Total** | **804** | **140** |

Cette flotte impressionnante de 800 unités, armées par 60 000 hommes, est constituée majoritairement par des navires de pêche qui n'ont besoin que d'un minimum de transformation pour être aptes au dragage des mines à orin. La technique consiste à remorquer un câble maintenu entre deux eaux par des flotteurs qui lui donnent la forme d'un gigantesque hameçon. Le câble est muni de couteaux spéciaux capables de couper l'orin d'une mine. Une fois libérée la mine remonte à la surface. Elle est ensuite détruite au canon ou remorquée avec d'autres dans un endroit propice à l'énorme explosion que provoque leur destruction.

Le dragage est effectué par plusieurs bâtiments qui adoptent des formations déterminées par leur nombre. Il est nécessaire d'effectuer plusieurs passages à fin d'être à peu près certain d'avoir sécurisé une zone, ou bien d'avoir pu adopter la formation en « K », réputé être efficace à 100 % contre les mines à orin, avec trois dragueurs devant et deux derrière, dans les intervalles.

1. Dragage au sens large incluant toutes les techniques de nettoyage (minesweeping).
2. S.W. Roskill *The war at sea*, HMSO, 1961, tome 2, p. 253. Ce tableau est unique. D'ou la conclusion qu'il s'agit de l'effectif maximum atteint par cette flotte.

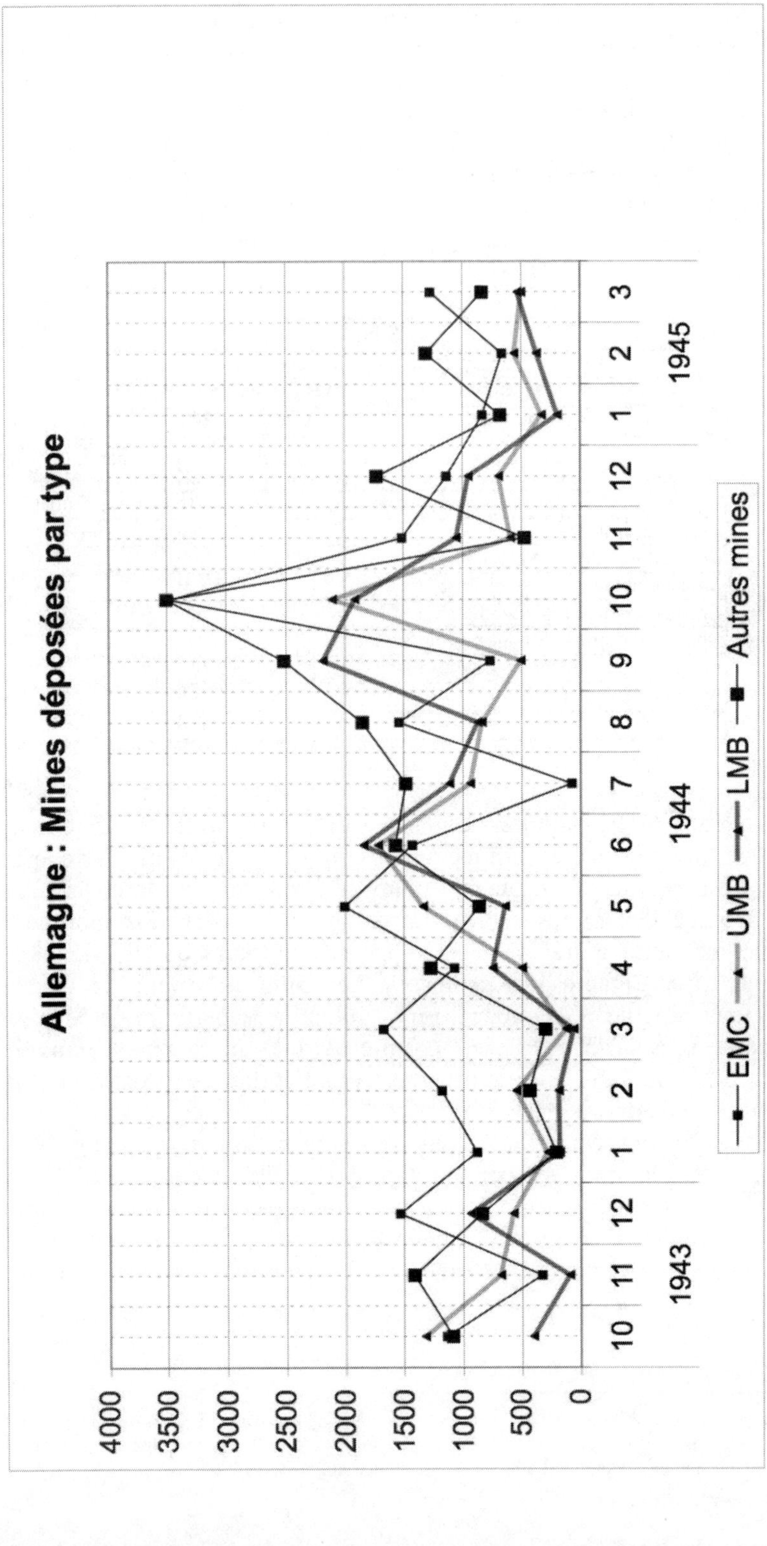
Allemagne : Mines déposées par type
4000
3500
3000
2500
2000
1500
1000
500
0
10 11 12 1 2 3 4 5 6 7 8 9 10 11 12 1 2 3
1943
1944
1945
EMC
UMB
LMB
Autres mines

Combattre les mines de fond est beaucoup plus difficile. Par chance, la Grande-Bretagne est involontairement aidée par les aviateurs allemands dont la technique de largage est approximative au début de la guerre. C'est ainsi que les démineurs britanniques s'attaquent avec succès au désamorçage d'une mine magnétique larguée dans un marais, comme il l'a été évoqué plus haut. Le mystère des naufrages par mine survenus dans des zones réputées sures s'éclaircit en même temps qu'augmente la perplexité de ceux qui s'attaquent à la mise au point des deux contre-mesures principales.

– La première contre-mesure consiste à démagnétiser les coques métalliques en les frottant avec un câble parcouru par un courant électrique qui modifie leur champ magnétique. Il faudra plusieurs mois pour mettre au point cette technique qui est appliquée prioritairement aux dragueurs de mines et ensuite à de nombreux navires affectés à l'escorte des convois ainsi qu'à des navires marchands. La coûteuse technique consistant à ceinturer la coque d'un navire avec un câble en cuivre parcouru par un courant électrique n'a été appliquée qu'à deux paquebots transports de troupes et au porte-avions *Ark Royal*.
– La protection du dragueur étant assurée, il est doté d'un long câble électrique parcouru par un courant dont l'intensité est calculée pour faire exploser les mines magnétiques.

Cette technique de dragage, opérationnelle en juin 1940, prend le pas sur un procédé aérien des plus dangereux. Des bombardiers Wellington et même des hydravions Sunderland ont été équipés d'un cercle en cuivre d'une quinzaine de mètres de diamètre. En volant à dix ou vingt mètres au-dessus de la mer le courant circulant dans le cercle fait exploser les seules mines mouillées à faible profondeur. La marine allemande suivra d'ailleurs la même logique, tout aussi dangereuse pour les pilotes, en commençant à équiper des Junker 52 d'un cercle en cuivre avant d'adopter la technique du câble électrique remorqué.

La mine magnétique allemande est, par ailleurs, étudiée avec profit pour la mise au point de la mine magnétique anglaise dont l'étude avait été abandonnée entre les deux guerres. Celle-ci ne sera prête qu'en 1941.

Les techniciens Allemands conserveront toujours une longueur d'avance dans cette forme de guerre. Imaginant les contre-mesures adverses, ils sont conduits des 1940 à doubler la mise à feu magnétique par une mise à feu acoustique.

Là aussi, la destruction de dragueurs démagnétisés conduit les Britanniques à penser à la mise à feu acoustique sur laquelle ils travaillent eux-mêmes. La contre-mesure consiste à équiper les dragueurs d'un bruiteur fixé à l'avant faisant exploser la mine devant le navire, qui n'en est pas moins fortement secoué. Mais pour les courageux équipages de ces dragueurs le pire est encore à venir.

La réalisation de « Neptune », volet naval du débarquement en Normandie, implique l'engagement d'une force de 255 dragueurs pour sécuriser les chenaux. Le dragage, qui commence fin mai sans inquiéter les Allemands, semble à première vue efficace puisqu'aucun navire allié n'est détruit par mine le « D day ». Dès la première nuit d'aviation allemande bombarde les plages et largue également des mines de fond. Cette réaction avait été anticipée par les Alliés qui poursuivent activement leurs dragages de mines. Cependant, des accidents inexpliqués conduisent à penser que non seulement les mines allemandes sont équipées du dispositif déjà connu de comptage des navires, qui provoque la mise à feu après un certain nombre de passages, mais que peut-être un nouveau type de mines est utilisé. Ce n'est que le 24 juin qu'est acquise la certitude de la mise en service d'une mine dont la mise à feu est provoquée par l'augmentation de la pression de l'eau lors du passage d'un navire. Cette mine ne peut être draguée. La seule contre-mesure, au demeurant peu efficace, consiste à faire détonner des charges qui provoqueront l'explosion de ces mines « Oyster ».

Les Alliés et particulièrement la Grande-Bretagne doivent maintenir leur effort de dragage de mines jusqu'à la fin de la guerre. Les 17 % de dragueurs perdus ne donnent qu'une faible idée du courage obstiné des équipages qui ont vécu cet obscur aspect de la guerre navale. Il peut sans aucun doute être dit la même chose des équipages allemands.

Au total, en ne provoquant que 6,5 % des pertes marchandes alliées, le bilan des campagnes allemandes de minage peut sembler mince[1].

Ce jugement doit être nuancé, non seulement par les importantes flottilles de dragage de mines que les Alliés doivent maintenir, mais aussi par les perturbations subies par leur trafic et le temps qui leur aura été nécessaire pour nettoyer les zones maritimes abandonnées par les Allemands.

## Temps gagné, temps perdu

Les états-majors allemands comprennent parfaitement qu'à la suite de leur débarquement en Normandie les Alliés doivent remettre en état le plus rapidement possible les ports de la Manche par lesquels doit arriver la quasi-totalité de leur ravitaillement. En prévision de l'évacuation ou de la reddition des ports la destruction méthodique des infrastructures est entreprise avec le plus soin. Comme il est hors de question d'évacuer les stocks de mines celles-ci sont utilisées pour interdire toute navigation dans les bassins et les chenaux d'accès. Le mouillage de mines très diverses complique énormément le dragage et

1. Les chiffres disponibles du côté britannique, exposés ci-après, montrent que le coût relativement réduit de ces largages est une observation s'appliquant probablement à l'Allemagne.

fait perdre un maximum de temps à l'ennemi. Et à la guerre, le temps perdu par les uns peut être gagné par les autres. Le temps que les Allemands espéraient gagner n'est pas connu. Les exemples ci-après donnent une idée des retards infligés aux Alliés avant qu'ils puissent utiliser les ports reconquis.

La garnison de Cherbourg capitule le 26 juin1944. Deux flottilles commencent immédiatement le dragage. Mais la perte de dix dragueurs conduit à penser que les Allemands ont fait de leur mieux pour rendre les techniques de dragages traditionnelles complètement inefficaces. Aussi est-il fait appel à des équipes de volontaires experts en déminage et dépiégeage. Si le premier navire à fort tirant d'eau peut entrer au port le 16 juillet, ce n'est qu'après trois mois d'efforts que le débit du port atteint l'objectif prévu.

Un rush à travers le Nord de la France et la Belgique permet de capturer Anvers dès le 4 septembre. Le rêve de pouvoir utiliser rapidement ce grand port s'évanouit rapidement. Bien entendu, les infrastructures sont détruites. De plus les Allemands tiennent solidement l'île de Walcheren à l'entrée de l'estuaire de l'Escaut bloquant ainsi les navires alliés. Les dernières résistances allemandes ne sont que difficilement vaincues le 8 novembre. Malgré les combats, le déminage des quatre-vingt milles marins de chenaux a été entrepris par les deux extrémités de l'estuaire au prix de mille difficultés. Le port est officiellement ouvert le 28 novembre, soit quatre-vingts jours après sa capture. La précarisation de la logistique des armées de Montgomery qui en est résulté est l'une des causes de l'échec de l'opération Market Garden qui aurait du conduire à la capture du cours inférieur du Rhin et de ses ponts, dont celui d'Arnehm. Le temps perdu par les Alliés a permis aux Allemands de se réorganiser suffisamment pour leur faire perdre cette bataille. La guerre en sera prolongée jusqu'en mai 1945. Ce qui confirme qu'à la guerre le temps gagné par les uns est souvent perdu par les autres.

Mais à ce jeu du minage et du déminage les Britannique sont gagnants sur les deux tableaux, celui de la limitation ou de l'interruption de la navigation et celui de l'épuisement des ressources allemandes de déminage.

### Le minage offensif des Britanniques

Au début de la guerre, la protection des convois transatlantiques est la tâche prioritaire à laquelle se consacrent des moyens maritimes et aériens qui auraient pu se livrer à des minages offensifs[1]. Les moyens aériens sont alors extrêmement limités aux possibilités du vaillant biplan Swordfish du Coastal Command. Aussi la Royal Navy tente-t-elle d'utiliser ses bâtiments rapides pour mouiller des mines devant les

1. *Sources* : http://www.naval-history.net/xGM-Ops-Minelaying.htm et Roskill.

ports allemands. Mais l'exercice consistant à envoyer ses propres navires traverser des champs de mine adverse se révèle rapidement trop coûteux et ces opérations sont abandonnées. En avril 1940 l'anticipation de l'attaque de la Norvège par les Allemands et trop tardive ; les mouilleurs de mines sont rappelés pour assurer la protection des bâtiments britanniques et français qui vont bientôt intervenir. L'occupation de la Norvège puis celle des côtes hollandaises, belges et françaises, change complètement les données du problème.

De juillet à octobre 1940 l'essentiel des moyens est consacré à se protéger de l'invasion en attaquant les ports dans lesquels l'Allemagne concentre les moyens de débarquement. Cette tâche est essentiellement allouée aux faibles moyens aériens dont dispose alors la Grande-Bretagne. Mais le minage offensif des côtes norvégiennes est assuré en quasi-totalité par les sous-marins britanniques et le français *Rubis*[1], qui attaquent dès le début d'avril 1940.

L'arrivée des U-Boote dans les ports français fait du minage des chenaux d'accès un objectif supplémentaire. En attendant les moyens aériens, les sous-marins britanniques interviennent en août et septembre. Devant également intervenir en Méditerranée, ils ne reprendront ce minage qu'à la fin de 1941. Le *Rubis* effectuera plusieurs campagnes de ce type en 1942.

Le sous-marin est particulièrement adapté à l'attaque du trafic côtier allemand le long des côtes norvégiennes. Cet objectif est de première importance. En effet, les lingots de fer suédois sont acheminés vers l'Allemagne par voie maritime, essentiellement en longeant les côtes norvégiennes mais également par la Baltique. Le sous-marin peut discrètement se poster pour observer l'organisation du trafic côtier. Les informations ainsi recueillies seront utilisées aussi bien par les sous-marins que par l'aviation britannique. Tout au long de la guerre l'attaque de ce trafic sera un objectif prioritaire dans le but de limiter l'approvisionnement en fer de l'Allemagne. La « route du fer » devient ainsi de plus en plus périlleuse sans être totalement « coupée », comme il l'avait été annoncé quelque peu prématurément en avril 1940 par le gouvernement français. Les Allemands, longtemps indifférents à la diminution progressive de leurs capacités de transport maritime, ne renforceront que tardivement leurs défenses. Entre juillet 1940 et juillet 1942 les Allemands perdent le quart de leur capacité de transport maritime, initialement de l'ordre de 4 200 000 tonnes. Les pertes atteignent même le trafic en mer Baltique où les conditions de navigation sont à peu près identiques à celles du temps de paix. Le programme de construction de navires marchands lancé tardivement ne comble que partiellement les pertes. L'amiral Dönitz est parfaitement conscient du problème. Il propose en 1942 que la Kriegsmarine prenne

1. Dont l'équipage décide de rester en Grande-Bretagne et de rejoindre les Forces Nationales Françaises Libres. Le *Rubis* poursuivra ses missions sous le contrôle opérationnel de la Royal Navy.

le contrôle du trafic marchand de la même manière que le fait son adversaire l'amirauté britannique. Hitler refuse. De plus, en faisant planer une menace de débarquement, en attaquant sans cesse le trafic côtier soit directement par l'aviation soit par des mouillages et largages de mines, la Grande-Bretagne oblige ainsi l'Allemagne a immobiliser en Norvège d'importantes forces défensives aériennes, maritimes et terrestres, qui bien entendu, feront défaut ailleurs.

La compilation des chiffres donnés par Roskill permet de présenter cette guerre des mines en quelques tableaux et graphiques.

Ce premier tableau montre que le minage offensif a été réalisé essentiellement par l'aviation.

| **Royal Navy 1939-1945** | | | |
|---|---|---|---|
| **Mouillages de mines défensifs et offensifs** | | | |
| **Type de mouillage** | **Quantité** | **% catégorie** | **% total** |
| Defensif | 159992 | | 60 |
| Piège ASM | 26546 | | 10 |
| **S/T défense** | **186538** | **71** | |
| Offensif : navires | 11223 | | 2 |
| Offensif : navires côtiers et sous-marins | 10443 | | 7 |
| Offensif : aviation | 55646 | | 21 |
| **S/T offensif** | **77312** | **30** | |
| Total | 263850 | 100 | 100 |

Aussi n'est-il pas surprenant que l'essentiel des pertes infligées à l'ennemi provient également des mines larguées par l'aviation.

| **Royal Navy 1939-1945** | | |
|---|---|---|
| **Mouillage de mines offensifs : Pertes infligées** | | |
| **Navires / Aviation** | **Quantité %** | **Pertes %** |
| navires | 28 | 13 |
| Aviation | 72 | 87 |
| | 100 | 100 |

Le graphique suivant montre l'évolution de cette offensive aérienne. De juin 1940 au début de 1942 les moyens aériens sont extrêmement réduits. D'où la curieuse coïncidence entre la courbe figurant le nombre des appareils engagés et celle indiquant le nombre de mines larguées. Il arrive même certains mois que le nombre de mines larguées soit inférieur au nombre d'appareils engagés dont certains ont été détruits par l'aviation adverse avant d'avoir pu remplir leur mission.

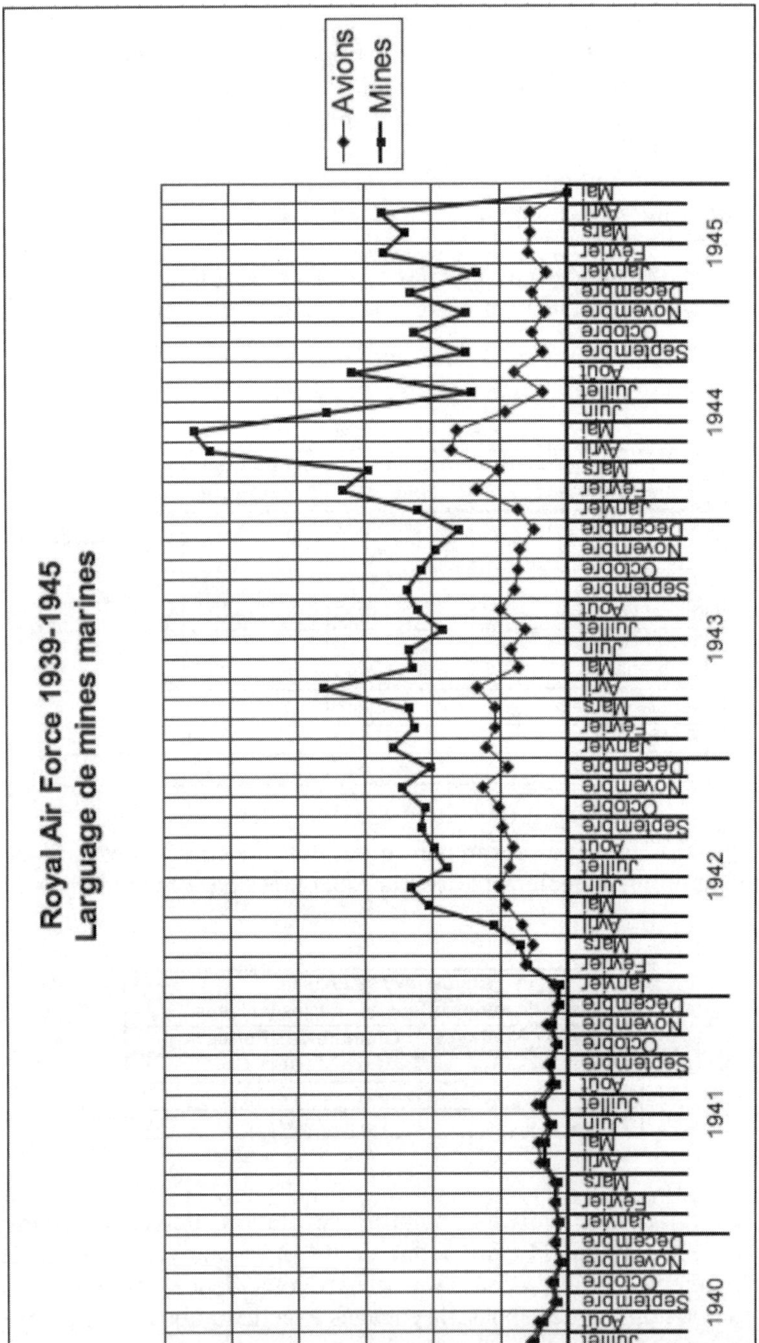
Royal Air Force 1939-1945
Larguage de mines marines
Avions
Mines
3000
2500
2000
1500
1000
500
0
1940
1941
1942
1943
1944
1945
Juin
Juillet
Aout
Septembre
Octobre
Novembre
Décembre
Janvier
Février
Mars
Avril
Mai

Les deux courbes grimpent à partir de février 1942. En effet, l'Amirauté effectue un sérieux effort de minage en prévision du possible passage par la Manche de l'escadre allemande de Brest, ce qui arrive effectivement. Les mines jouent leur rôle et endommagent le *Scharnhorst* et le *Gneisenau*. D'où le pic de la courbe des destructions atteignant 62,000 tonnes ! Au-delà de cette anecdote qui exprime cependant une victoire stratégique, le graphique montre qu'à partir du printemps de 1942 non seulement les deux courbes augmentent mais l'écart entre ces deux courbes augmente également. Non seulement un plus grand nombre d'appareils est prêté par le Bomber Command mais de plus leur capacité de transport augmente énormément avec la mise en service de quadrimoteurs tel le Halifax. Chaque mois environ un millier de mines est largué avec une précision qui augmente elle aussi. Les appareils sont équipés de radars et ils sont guidés avec précision vers leur objectif par un système de rayons électroniques du même genre que celui que la Luftwaffe avait utilisé avec succès pendant la bataille d'Angleterre en 1940. Le pic d'avril 1942 accompagne les massives opérations de bombardement de l'Allemagne effectuées par la Royal Air Force et l'US Air Force. Cet effort aérien allié bloque en Allemagne les appareils de la Luftwaffe qui aurait pu intervenir en Tunisie où la campagne entre dans sa phase terminale. Un effort sans précédent est effectué en avril et mai 1944 pour diminuer la capacité d'intervention de la Kriegsmarine contre l'énorme flotte Alliée devant participer au débarquement en Normandie. Les opérations de largage sont ensuite conduites jusqu'à la fin de la guerre avec une forte augmentation en 1945.

Le graphique ci-après montre le résultat de la guerre de mines offensive exprimé en tonnes de navires civils et militaires détruits ou endommagés.

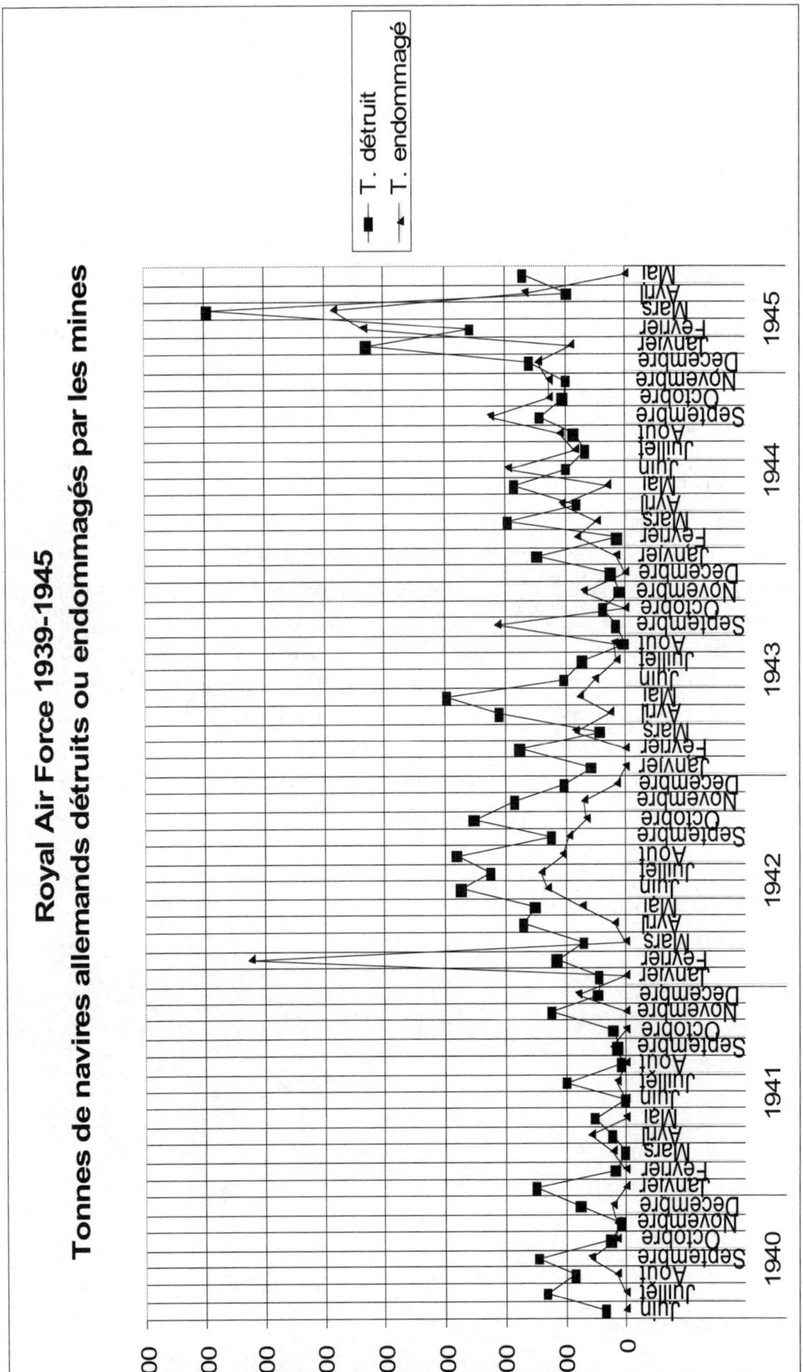
Royal Air Force 1939-1945
Tonnes de navires allemands détruits ou endommagés par les mines
T. détruit
T. endommagé
80000
70000
60000
50000
40000
30000
20000
10000
0
1940
1941
1942
1943
1944
1945

La courbe des destructions augmente sensiblement du printemps de 1942 à 1943. Pendant cette période, l'intensification de la campagne de minage produit pleinement ses effets en surprenant les Allemands. Ceux-ci mettent au point les contre-mesures qui leur donnent un répit de six mois avant l'offensive de 1944. En 1945 les pertes allemandes augmentent en flèche. Ce qui traduit la réussite totale de la Grande-Bretagne dans cette forme de guerre. Non seulement le trafic marchand est extrêmement réduit mais de plus la capacité allemande de dragage de mines est complètement saturée[1], aussi bien le long des côtes norvégiennes qu'en mer Baltique.

Le minage intensif de la mer Baltique est également un moyen détourné de retarder l'entrée en service des redoutés nouveaux sous-marins de type XXI et XXIII. En effet, l'entraînement de leurs équipages est paralysé par le minage des eaux dans lesquelles ils doivent évoluer. Un seul type XXI prendre la mer en mai 1945. Cette grande victoire stratégique a de plus été acquise avec un minimum de pertes aériennes, comme pour l'ensemble des opérations de minage. En oscillant autour de 3 à 4 % des appareils engagés, le minage par voie aérienne est l'une des opérations les plus profitables de cette guerre[2].

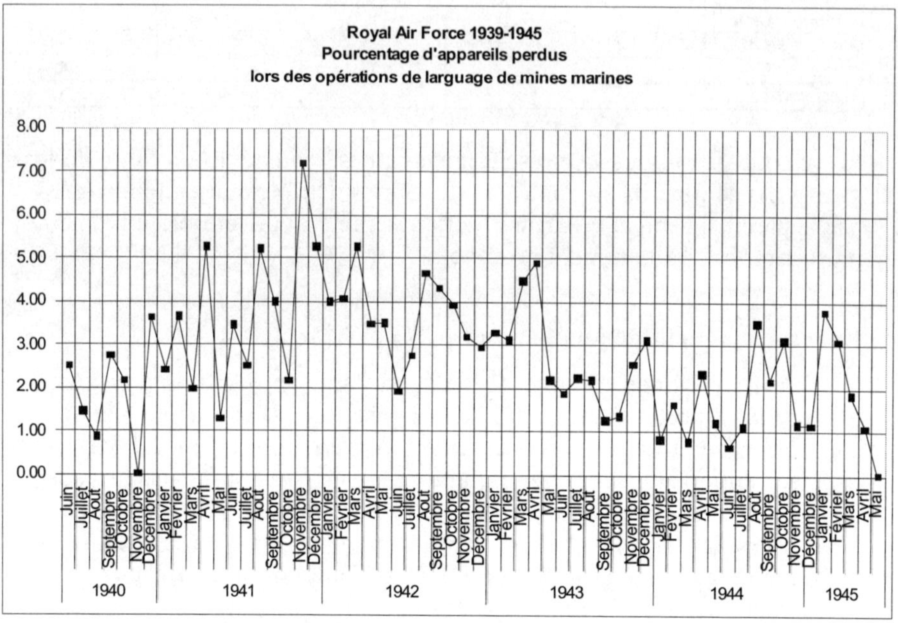


1. La connaissance de la capacité allemande de dragage de mines est lacunaire. L'amiral Ruge, responsable du dragage de la Hollande à la frontière espagnole, indique qu'il avait réquisitionné pour cette tâche environ 250 navires civils.
2. Le taux de perte en opérations aériennes atteint 50 % dans l'aviation d'assaut (Typhoon) probablement un sommet.

La rentabilité du minage par voie aérienne peut également s'apprécier en la comparant avec l'autre principale méthode d'attaque du trafic côtier, l'attaque aérienne directe. Cependant, au second semestre de 1942, la mise en service prématurée des Beaufighter et Mosquito provoque des pertes conduisant au retrait opérationnel de ces appareils afin que l'entraînement des équipages soit complété. Il faut attendre la mi-1943 pour que ces appareils puissamment armés permettent au Coastal Command de monter des attaques d'une grande efficacité. Ces attaques se poursuivent jusqu'à la fin de la guerre et en particulier en mai 1945 où ces appareils se montreront mortels pour les sous-marins tentants de s'échapper de Norvège.

L'efficacité comparative de ces deux types d'attaques peut s'exprimer par le nombre de tonnes détruites ou endommagées pour chaque appareil engagé.

| Royal Air Force 1939 - 1945 | | | | | |
|---|---|---|---|---|---|
| Efficacité comparée du minage offensif et de l'attaque directe | | | | | |
| **Minage aérien offensif** | | | | | |
| | Sorties | T. détruit | T. endommagé | T. D+E | Pertes |
| Avr 40 - Mai 45 | 19204 | 704772 | 469806 | 1174578 | 520 |
| Pertes % | | | | | 2.70% |
| T. par sortie | | | | **61.16 T** | |
| **Attaque directe** | | | | | |
| Avr 40 - Mai 45 | 62910 | 599790 | 567934 | 1167724 | 1171 |
| Pertes % | | | | | 1.80% |
| T. par sortie | | | | **18.56 T** | |

Le tableau ci-dessus présent une synthèse couvrant la totalité de la guerre. Avec plus de soixante et une tonnes détruites ou endommagées par appareil, le minage offensif aérien semble avoir été effectivement une opération militairement profitable.

## La mine magnétique allemande LMB

La Luft Minen Bombe (LMB) est larguée par avion et force d'abord le respect par la qualité de sa fabrication. Bien que ce matériau soit alors rare et affecté prioritairement à l'aviation, la mine LMB est réalisée entièrement en aluminium et tous ses composants sont démagnétisés. Même après avoir passé des dizaines d'années dans l'eau, elles apparaissent comme neuves, n'ayant pas souffert de l'oxydation et prêtes à fonctionner. En effet, la qualité de sa fabrication reste irréprochable tout au long de la guerre.

L'engin, dont la descente est freinée par un parachute, peut être utilisé, soit comme mine marine, soit comme bombe. Elle transporte une très forte charge explosive de 600 kilos. Son désamorçage est rendu extrêmement complexe par la qualité des systèmes de mise à feu et de leurs piégeages. La mise à feu magnétique peut être doublée par une mise à feu à dépression. Ce dispositif a été ajouté pour éviter que la mine ne soit remontée à la surface. Le dispositif fait exploser la mine lorsqu'elle est dans moins de 8 m d'eau, ce qui est le cas lorsqu'elle tombe sur la terre ferme ou qu'elle est remontée du fond de l'eau.

L'amorçage des systèmes sensibles est purement mécanique. Un système complexe et précis de leviers, cames et pistons, se met en route lors de la descente. Il accomplit la totalité de ses mouvements si la chute dure au moins neuf secondes. Si la mine est larguée trop bas, sa chute dure moins de neuf secondes, l'amorçage du système magnétique n'est pas terminé et la mine explose.

Le choc provoqué par le contact avec l'eau libère un mécanisme qui s'exécute en dix-sept secondes à la suite duquel le détonateur à dépression est armé. Lorsque les démineurs comprennent ce mécanisme, ils mettent au point un outil qui piège le système à dépression mais ne leur laisse que dix-sept secondes pour désamorcer la mine[1]. Les techniciens allemands prêtent probablement autant d'ingéniosité aux démineurs britanniques qu'à leurs propres démineurs. Ce qui les conduit à piéger la fusée pour empêcher son démontage une fois bloqué le système à dépression. Les démineurs britanniques déterminent ce piège en s'interrogeant sur les causes probables des accidents de déminage, toujours mortels.

La pression hydrostatique met également en route un système d'horlogerie dit 6/6. Selon un réglage effectué avant le largage, le mécanisme bloque le fonctionnement de la mine soit pendant six heures soit pendant six jours. L'issue de ce mécanisme alimente le circuit électrique nécessaire au fonctionnement de la mise à feu magnétique.

La mine est également équipée d'un compteur ne provoquant la mise à feu qu'après un nombre de passages de navires préréglé avant le largage.

Le cœur du système (ALA) est constitué par la mise à feu magnétique qui est en elle-même une merveille de mécanique dont le dessin ne donne qu'une faible idée. Il faut voir et toucher ce système pour en apprécier l'extraordinaire qualité. Il est d'ailleurs possible que les techniciens allemands aient péché par un excès de qualité qui les conduit à réaliser une prouesse technique. Le système ultrasensible dont la verticalité est assurée par sa suspension à la cardan et des roulements à billes amagnétiques adapte automatiquement le déclenchement de la mise à feu en fonction du magnétisme de l'endroit où repose la mine. Ce calibrage, qui ne dure que quelques minutes, est effectué par un pendule dont les mouvements sont réglés par un mécanisme d'horlogerie.

La mécanique du ALA est contenue dans un boîtier boulonné sur le corps de la mine. Là aussi, les techniciens allemands ne sous-estiment

1. D'où le titre *17 secondes pour survivre* du livre de Yvan Southall consacré aux démineurs de la Marine Nationale. Ouvrage réédité en 1993 chez Calmann-Levy.

pas d'ingéniosité des démineurs ennemis. Sur certains modèles, l'un des boulons est piégé.

Dans les mines utilisées de nos jours, l'électronique a remplacé la plus grande partie de la mécanique. Mais la logique des opérations qui conduisent à l'armement des systèmes de mise à feu de la LMB reste semble-t-il un modèle à suivre aussi bien pour la mise au point des systèmes que leur éventuelle désamorçage. Sans compter que tous les ans les démineurs s'attaquent, soit à la destruction, soit au désamorçage de mines datant de la seconde guerre mondiale.

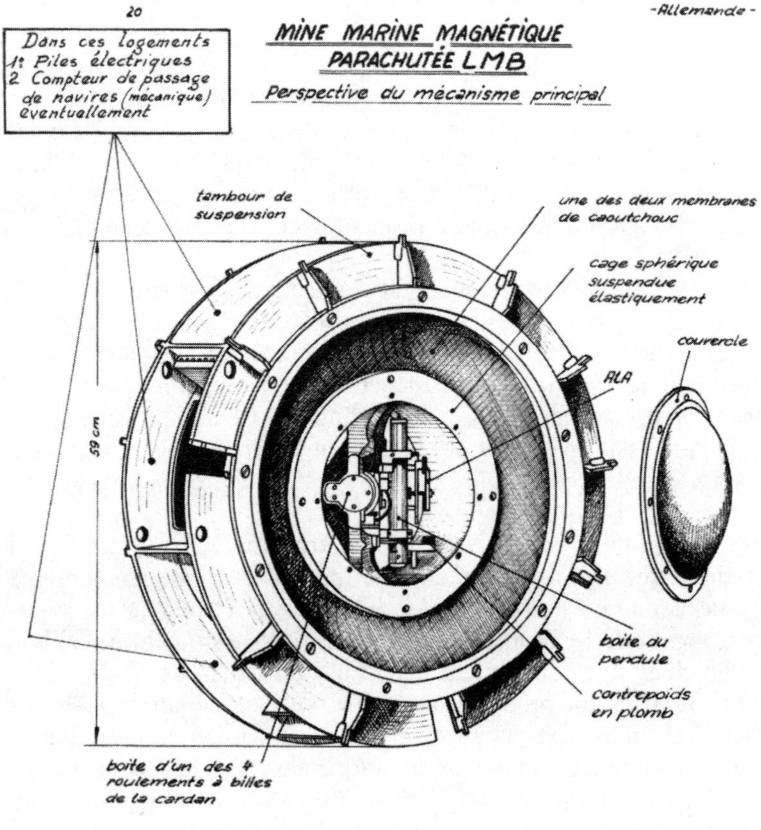

**Mine de fond LMB**
Détails du mécanisme principal

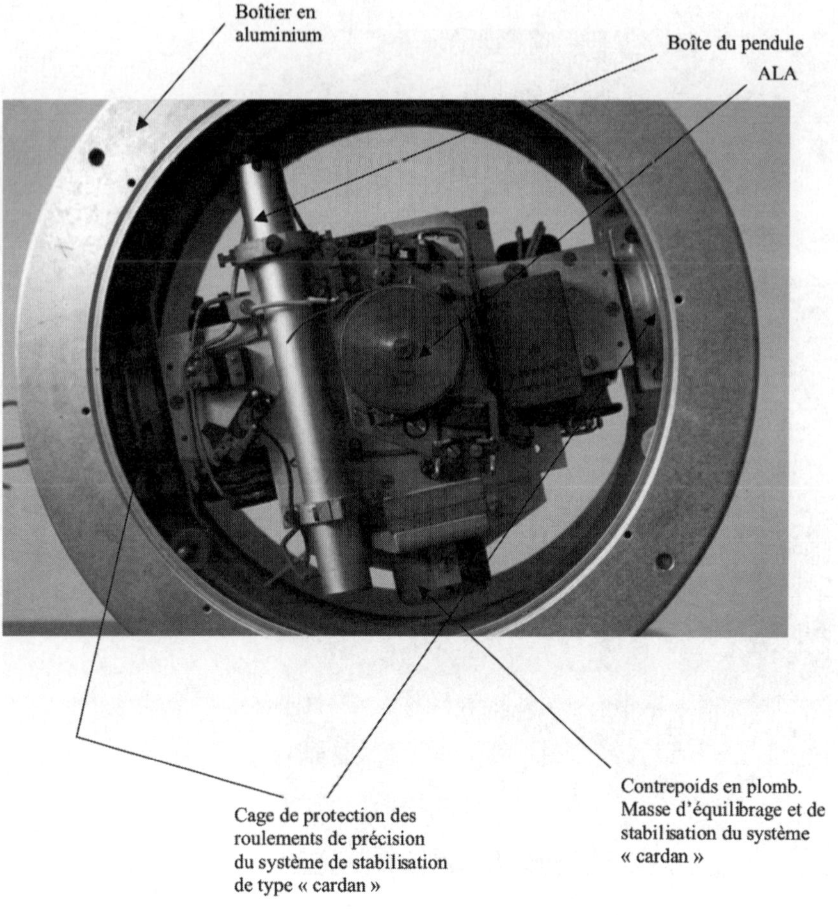


© L. Lê Quan Tho.

**Mine de fond LMB**
Détails du mécanisme principal

© L. Lê Quan Tho.

**Mine de fond LMB**
Détails du mécanisme principal

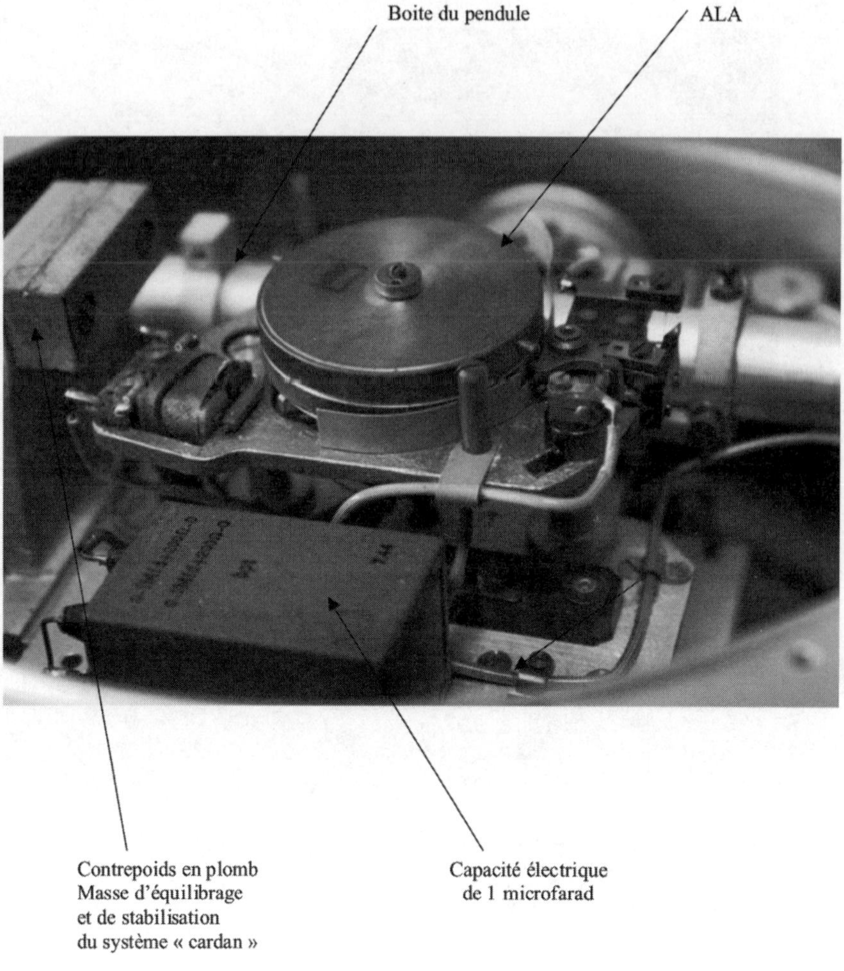

**Mine de fond LMB**
Détails du mécanisme principal

# ANNEXE 6

# *Les chiffres-clés de la bataille*

Les chiffres-clés de la bataille sont extraits de deux sources.

La première source est l'ouvrage de référence que constitue *The war at sea* du capitaine de vaisseau Roskill.

Ces chiffres indiscutables, détaillés, constituent la base de toute analyse chiffrée de la bataille.

La seconde source est l'ouvrage du professeur J. Rohwer, *U-Boote.* Les chiffres d'origine britannique sont corrigés sur des points de détail. En effet, une étude approfondie des archives allemandes montre, par exemple, que tel sous-marin supposé détruit par l'aviation était, en fait, déjà accidenté ; la perte change de cause. D'autre part, une exploitation détaillée des archives permet de déterminer si la perte d'un navire allié ayant sauté sur une mine peut être imputée à l'action des U-Boote lorsque la mine a été mouillée par l'un d'entre eux. Il est ainsi possible de revenir sur l'origine de la perte de tel ou tel navire marchand. Ces ajustements ne modifient pas le cours de l'Histoire. Ces deux sources sont utilisées car leurs particularités permettent de mettre en valeur certains aspects de la bataille.

## 1. Tonnage mensuel allié coulé par les forces allemandes

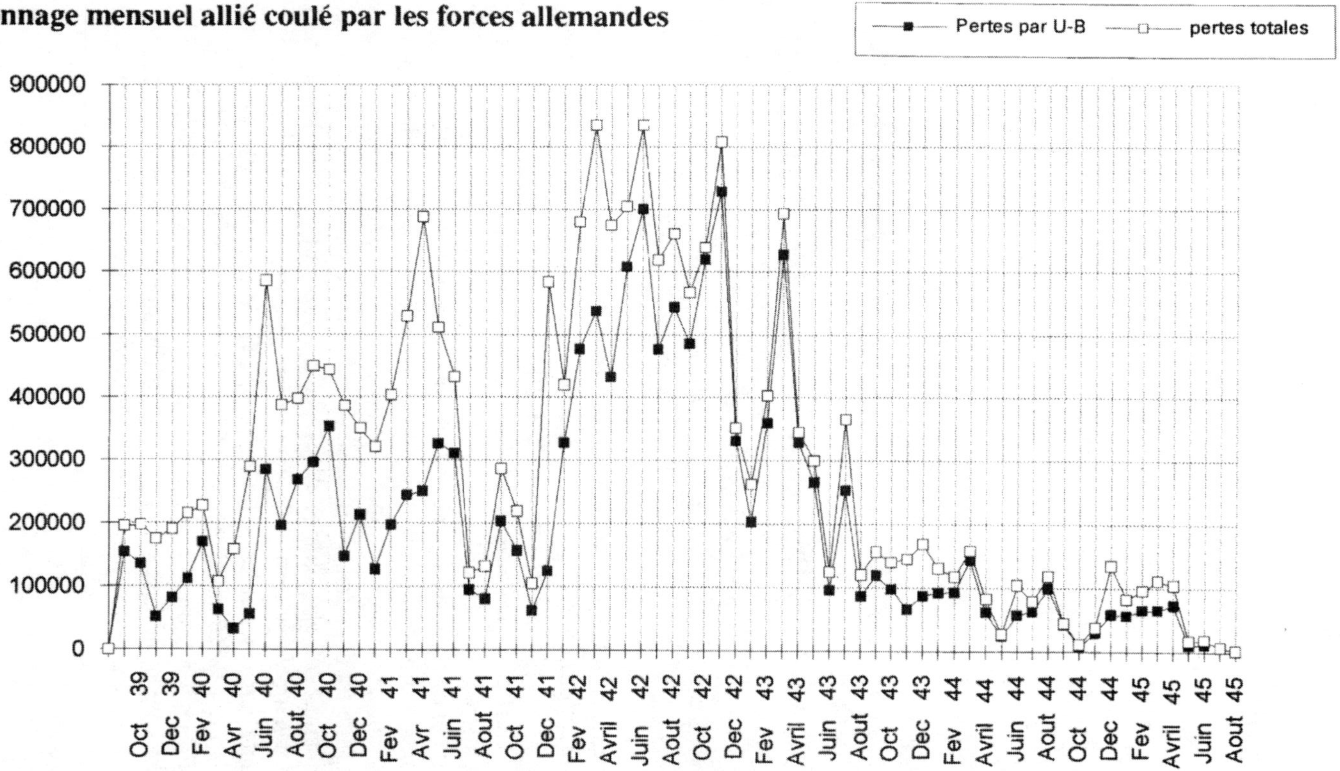


La superposition des deux courbes, celle du tonnage coulé par les U-Boote et celle du tonnage total coulé, tous moyens allemands réunis, montre leur relative corrélation, ce qui montre que l'action des U-Boote a été amplifiée par celle des autres moyens, aviation et mines. Mais après la défaite des U-Boote en mars 1943, les autres moyens n'ont pu prendre la relève. Les Alliés maîtrisaient de mieux en mieux la défense des convois et la contre-attaque des assaillants. La Luftwaffe était trop prise par les opérations terrestres pour compenser efficacement l'action des U-Boote ; elle n'avait d'ailleurs pas les moyens nécessaires pour disputer aux Alliés leur maîtrise de l'air, sur terre ou sur mer.

## 2. Tonnage mensuel coulé par les U-Boote

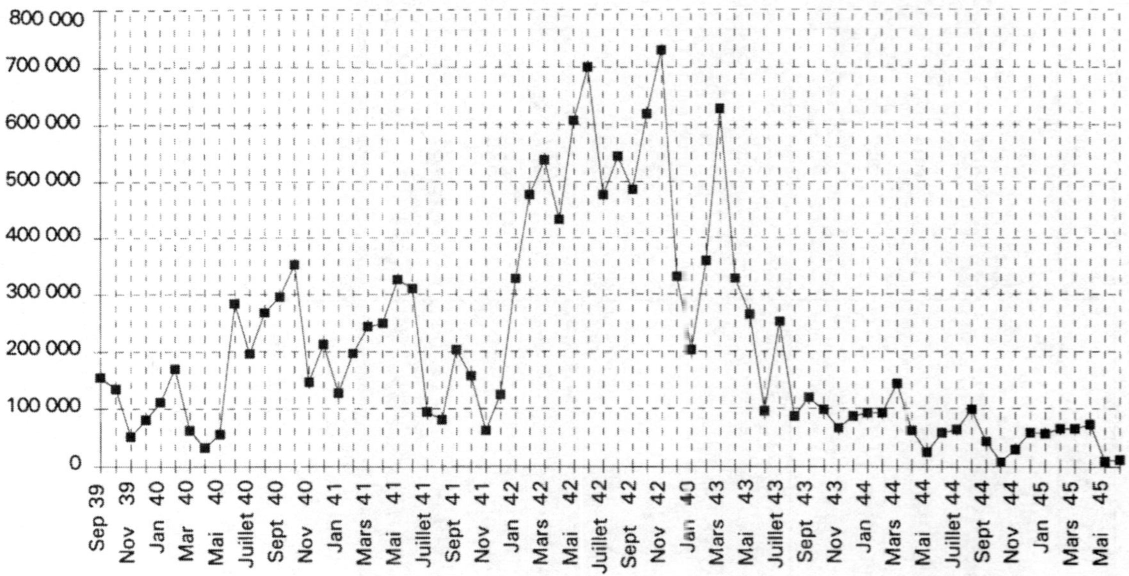


Remarquer :

— l'intensification du tonnage détruit à partir de juin 1940,

— la diminution des pertes au second semestre 1941, résultat des efforts britanniques dans le domaine de l'entraînement et de la coordination des moyens de défense des convois,

— l'accroissement spectaculaire des pertes, de janvier 1942 à mars 1943,

— le retournement définitif en faveur des Alliés à partir d'avril 1943. A cette date, tous les moyens dont disposent les Alliés entrent en action, compte tenu des hasards de l'Histoire, de manière simultanée :

. nombreux navires d'escorte, libérés de leur tâche de protection des convois d'Afrique du Nord après la victoire des Alliés dans cette région,

. mise à disposition d'avions à long rayon d'action assurant la couverture aérienne sur la totalité du parcours,

. emploi de nombreux porte-avions d'escorte,

. nouveau radar centimétrique,

. décryptage quasi permanent du trafic radio des U-Boote,

. arrêt définitif du décryptage par les Allemands du trafic radio des convois à partir de juin 1943.

## 3. Tonnage coulé par les U-Boote par jour de mer

(Chiffres partiels)

| *Mois* | *Tonnes* |
|---|---|
| Juin 1940 | 514 |
| Juillet 1940 | 593 |
| Août 1940 | 664 |
| Septembre 1940 | 758 |
| Octobre 1940 | 920 |
| Janvier 1942 | 209 |
| Février 1942 | 278 |
| Mars 1942 | 327 |
| Avril 1942 | 255 |
| Mai 1942 | 311 |
| Juin 1942 | 325 |
| Juillet 1942 | 181 |
| Août 1942 | 204 |
| Septembre 1942 | 149 |
| Octobre 1942 | 172 |
| Novembre 1942 | 220 |
| Décembre 1942 | 96 |

## 4. Bilan simplifié de la bataille de l'Atlantique

| | Nombre de mois | Pertes | | | Pertes mensuelles | | |
|---|---|---|---|---|---|---|---|
| | | *Tonnage allié* | *Unités* | *U-Boote* | *Tonnage/ mois* | *Unités/ mois* | *U-Boote/ mois* |
| 1er semestre 1940 | 10 | 2 336 002 | 702 | 34 | 233 600,20 | 70,20 | 3,40 |
| 2e semestre 1940 | 6 | 2 411 031 | 579 | 18 | 401 838,50 | 96,50 | 3,00 |
| **Total 1939-1940** | **16** | **4 747 033** | **1 281** | **52** | **296 689,56** | **80,06** | **3,25** |
| 1er semestre 1941 | 6 | 2 884 307 | 760 | 19 | 480 717,83 | 126,67 | 3,17 |
| 2e semestre 1941 | 6 | 1 444 251 | 539 | 33 | 240 708,50 | 89,83 | 5,50 |
| **Total 1941** | **12** | **4 328 558** | **1 299** | **52** | **360 713,17** | **108,25** | **4,33** |
| 1er semestre 1942 | 6 | 4 147 251 | 988 | 29 | 691 208,50 | 164,67 | 4,83 |
| 2e semestre 1942 | 6 | 3 643 291 | 675 | 81 | 607 215,17 | 112,50 | 13,50 |
| **Total 1942** | **12** | **7 790 542** | **1 663** | **110** | **649 211,83** | **138,58** | **9,17** |
| 1er septembre 1943 | 6 | 2 125 743 | 393 | 127 | 354 290,50 | 65,50 | 21,17 |
| 2e semestre 1943 | 6 | 1 094 394 | 204 | 135 | 182 399,00 | 34,00 | 22,50 |
| **Total 1943** | **12** | **3 220 137** | **597** | **262** | **268 344,75** | **49,75** | **21,83** |
| 1er semestre 1944 | 6 | 619 203 | 118 | 127 | 103 200,50 | 19,67 | 21,17 |
| 2e semestre 1944 | 6 | 426 426 | 87 | 113 | 71 071,00 | 14,50 | 18,83 |
| **Total 1944** | **12** | **1 045 629** | **205** | **240** | **87 135,75** | **17,08** | **20,00** |
| **Total 1945** | **8** | **438 821** | **105** | **151** | **54 852,63** | **13,13** | **18,88** |
| **1939-1945** | **72** | **21 570 720** | **5 150** | **867** | **299 593,33** | **71,53** | **12,04** |

## 5. Pertes mensuelles des Alliés en tonnes et pertes mensuelles des U-Boote

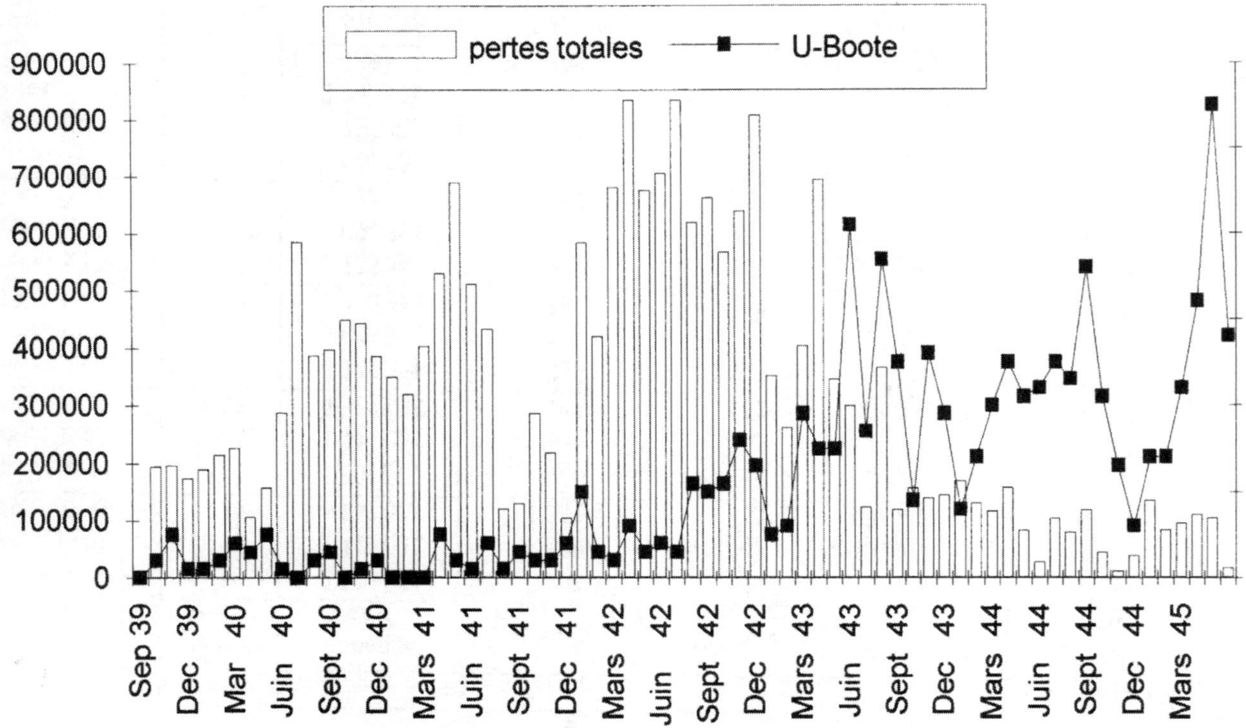


Ces deux courbes, tenues aussi à jour que possible par chaque camp, résument la lutte entre les U-Boote et les convois. On remarque que les U-Boote payent cher leurs succès à partir du second semestre de 1942. Le taux de leurs pertes augmente de manière spectaculaire à partir d'avril 1943. La symétrie inversée entre les deux courbes de pertes exprime clairement la victoire des Alliés, malgré l'effort de construction des U-Boote.

# 6. Croissance de la flotte des U-Boote

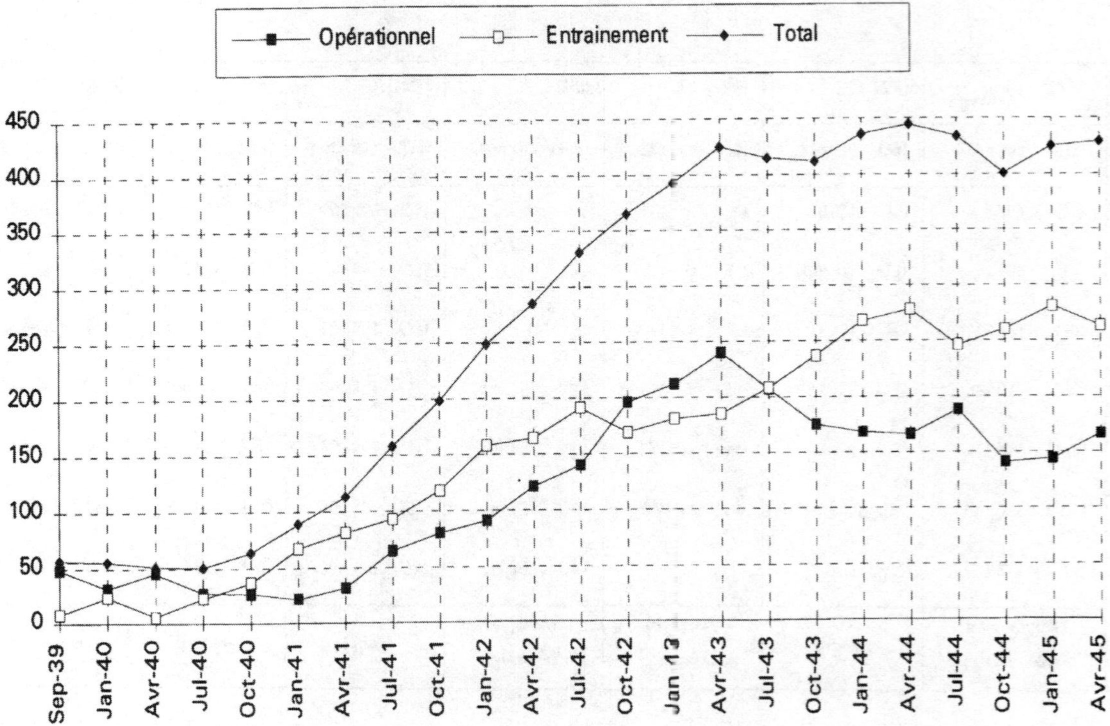


L'amiral Dönitz ne dispose des 300 sous-marins qu'il aurait souhaité disposer au début de la guerre qu'au second semestre 1942, ce qui l'encourage à consentir les pertes élevées montrées ci-dessus. Il lui semblait alors disposer des moyens lui permettant de remporter la bataille des convois.

## 7. Détail des pertes alliées, en tonnage et nombre d'unités coulées, par cause de perte

| *Année* | *Sous-marins* | *Aviation* | *Mines* | *Corsaires cuirassés* | *Corsaires marchands* | *S-Boote* | *Causes inconnues et autres* | *Total* |
|---|---|---|---|---|---|---|---|---|
| 1939 | 421 156 (114) | 2 949 (10) | 262 542 (78) | 61 337 (15) | 0 | 0 0 | 7 253 (4) | 755 237 (221) |
| 1940 | 2 186 158 (471) | 580 074 (192) | 509 889 (201) | 96 986 (17) | 366 644 (54) | 47 985 (23) | 203 905 (101) | 3 991 641 (1 059) |
| 1941 | 2 171 754 (432) | 1 017 422 (371) | 230 842 (111) | 201 823 (40) | 226 527 (44) | 58 854 (29) | 421 336 (272) | 4 328 558 (1 299) |
| 1942 | 6 266 215 (1 160) | 700 020 (146) | 104 588 (51) | 130 461 (31) | 194 625 (30) | 71 156 (23) | 323 632 (223) | 7 790 697 (1 664) |
| 1943 | 2 586 905 (463) | 424 411 (76) | 108 658 (37) | 0 0 | 41 848 (5) | 15 138 (6) | 43 177 (10) | 3 220 137 (597) |
| 1944 | 773 327 (132) | 120 656 (19) | 95 855 (28) | 7 840 (1) | 0 0 | 26 321 (13) | 21 630 (12) | 1 045 629 (205) |
| 1945 | 281 716 (56) | 44 351 (6) | 93 663 (28) | 0 0 | 0 0 | 10 222 (5) | 8 869 (10) | 438 821 (105) |
| **Total** | **14 687 231 (2 828)** | **2 889 883 (820)** | **1 406 037 (534)** | **498 447 (104)** | **829 644 (133)** | **229 676 (99)** | **1 029 802 (632)** | **21 570 720 (5 150)** |
| **Pourcentage** | **68,1 (54,9)** | **13,4 (15,9)** | **6,5 (10,3)** | **2,3 (2,0)** | **3,8 (2,6)** | **1,1 (2,0)** | **4,8 (12,3)** | |

## 8. Détail des pertes alliées, en tonnage et nombre d'unités coulées, par zone géographique

| *Année* | *Atlantique nord* | *Côtes britanniques* | *Atlantique sud* | *Méditerranée* | *Océan Indien* | *Pacifique* | *Total* |
|---|---|---|---|---|---|---|---|
| 1939 | 249 195 (47) | 455 953 (165) | 49 383 (8) | 0 | 706 (1) | 0 0 | 755 237 (221) |
| 1940 | 1 805 494 (349) | 1 793 748 (650) | 55 269 (8) | 64 183 (13) | 173 416 (24) | 99 531 (15) | 3 991 641 (1 059) |
| 1941 | 2 421 700 (496) | 740 293 (350) | 133 916 (29) | 501 363 (158) | 73 155 (20) | 458 131 (246) | 4 328 558 (1 299) |
| 1942 | 5 471 222 (1 006) | 214 885 (91) | 464 233 (75) | 365 127 (73) | 724 485 (205) | 550 745 (214) | 7 790 697 (1 664) |
| 1943 | 1 654 379 (284) | 52 484 (25) | 258 325 (43) | 635 658 (137) | 486 324 (82) | 132 967 (26) | 3 220 137 (597) |
| 1944 | 175 013 (31) | 277 905 (77) | 52 841 (9) | 159 545 (30) | 322 802 (50) | 57 523 (8) | 1 045 629 (205) |
| 1945 | 122 729 (19) | 233 331 (73) | 10 792 (2) | 14 374 (2) | 8 982 (3) | 48 613 (6) | 438 821 (105) |
| **Total** | **11 899 732 (2 232)** | **3 768 599 (1 431)** | **1 024 759 (174)** | **1 740 250 (413)** | **1 789 870 (385)** | **1 347 510 (515)** | **21 570 720 (5 150)** |
| **Pourcentage** | **55,1 (43,3)** | **17,5 (27,8)** | **4,7 (3,4)** | **8,2 (7,5)** | **8,3 (7,5)** | **6,2 (10,0)** | |

## 9. Détail des pertes de U-Boote par cause et par théâtre

| | *Atlantique nord et côtes britanniques* | *Atlantique ouest et côtes américaines* | *Atlantique central et sud* | *Afrique du Sud et océan Indien* | *Mer du Nord Baltique et Arctique* | *Méditerranée* | *Pertes en cours de déplacements* | *TOTAL* | *Pertes par mois* |
|---|---|---|---|---|---|---|---|---|---|
| 1. Sept. 1939-juin 1940 | 10 | — | — | — | 11 | — | 2 | **23** | 2,3 |
| 2. Juillet 1940-mars 1941 | 12 | — | — | — | — | — | 1 | **13** | 1,4 |
| 3. Avril 1941-déc. 1941 | 18 | — | 1 | — | 1 | 5 | 3 | **28** | 3,11 |
| 4. Janv. 1942-juillet 1942 | 4 | 11 | 1 | — | 2 | 7 | 6 | **31** | 4,43 |
| 5. Août 1942-mai 1943 | 73 | 8 | 9 | 1 | 5 | 19 | 31 | **146** | 14,6 |
| 6. Juin 1943-août 1943 | 6 | 6 | 10 | 2 | 1 | 5 | 46 | **76** | 25,3 |
| 7. Sept. 1943-mai 1944 | 66 | 3 | 1 | 3 | 14 | 12 | 47 | **146** | 16,2 |
| 8. Juin 1944-mai 1945 | 73 | 10 | 2 | 6 | 24 | 2 | 50 | **167** | 13,9 |
| Sous-total | 262 | 38 | 24 | 12 | 58 | 50 | 186 | **630** | 9,13 |
| Détruits dans les ports | | | | | | | | **81** | |
| Avaries, accidents | | | | | | | | **80** | |
| Sabordages à la fin de la guerre | | | | | | | | **215** | |
| Capturés à la fin de la guerre | | | | | | | | **164** | |
| TOTAL | | | | | | | | **1 170** | |

L'Atlantique Nord a bien sûr été le théâtre qui vit la destruction du plus grand nombre de U-Boot. Il s'agit de sous-marins détruits par les escortes ou les groupes de chasse. A partir du second semestre de 1943, les pertes en cours de déplacement atteignent des chiffres importants qui témoignent de l'emploi fait par les Alliés de leur supériorité aérienne. De même, les sous-marins détruits dans les ports ont été victimes des bombardements Alliés. On peut être surpris du nombre relativement important de sous-marins, 80, perdus par avarie ou accident.

## 10. Détail des pertes des U-Boote par cause

| U-Boote coulés par cause et année | | | | | | | | |
|---|---|---|---|---|---|---|---|---|
| Cause | 1939 | 1940 | 1941 | 1942 | 1943 | 1944 | 1945 | Total |
| Escorteurs | 5 | 11 | 24 | 33 | 59 | 68 | 46 | **246** |
| Aviation terrestre | 0 | 1 | 3 | 35 | 116 | 51 | 39 | **245** |
| Aviation embarquée | 0 | 1 | 0 | 1 | 24 | 16 | 1 | **43** |
| Aviation partagée | 0 | 0 | 0 | 1 | 0 | 1 | 0 | **2** |
| Escorteurs et aviation terrestre | 0 | 2 | 1 | 6 | 10 | 12 | 2 | **33** |
| Escorteurs et aviation embarquée | 0 | 0 | 1 | 0 | 3 | 11 | 0 | **15** |
| Sous-marins | 1 | 2 | 1 | 2 | 5 | 7 | 3 | **21** |
| Bombardement | 0 | 0 | 0 | 0 | 2 | 24 | 36 | **62** |
| Mines aviation | 0 | 0 | 0 | 3 | 1 | 8 | 4 | **16** |
| Mines navires | 3 | 2 | 0 | 0 | 0 | 1 | 3 | **9** |
| Autres causes | 0 | 2 | 4 | 4 | 12 | 32 | 10 | **64** |
| Inconnue | 0 | 3 | 1 | 2 | 5 | 11 | 7 | **29** |
| **Total** | **9** | **24** | **35** | **87** | **237** | **242** | **151** | **785** |

A partir de 1943 l'aviation provoque le renversement stratégique au profit des Alliés. L'aviation terrestre est particulièrement efficace en 1943. Les U-Boote prennent ensuite des précautions.
Le graphique suivant reprend les lignes « escorteurs » et « aviation » pour mieux montrer leur importance.

## 11. Partage des pertes des U-Boote entre les escorteurs et l'aviation

| U-Boote coulés par escorteurs et aviation | | | | | | | | |
|---|---|---|---|---|---|---|---|---|
| Cause | 1939 | 1940 | 1941 | 1942 | 1943 | 1944 | 1945 | Total |
| Escorteurs | 5 | 11 | 24 | 33 | 59 | 68 | 46 | 246 |
| Aviation | 0 | 2 | 3 | 37 | 140 | 68 | 40 | 290 |
| Escorteurs et aviation | 0 | 2 | 2 | 6 | 13 | 23 | 2 | 48 |
| Total | 5 | 15 | 29 | 76 | 212 | 159 | 88 | 584 |

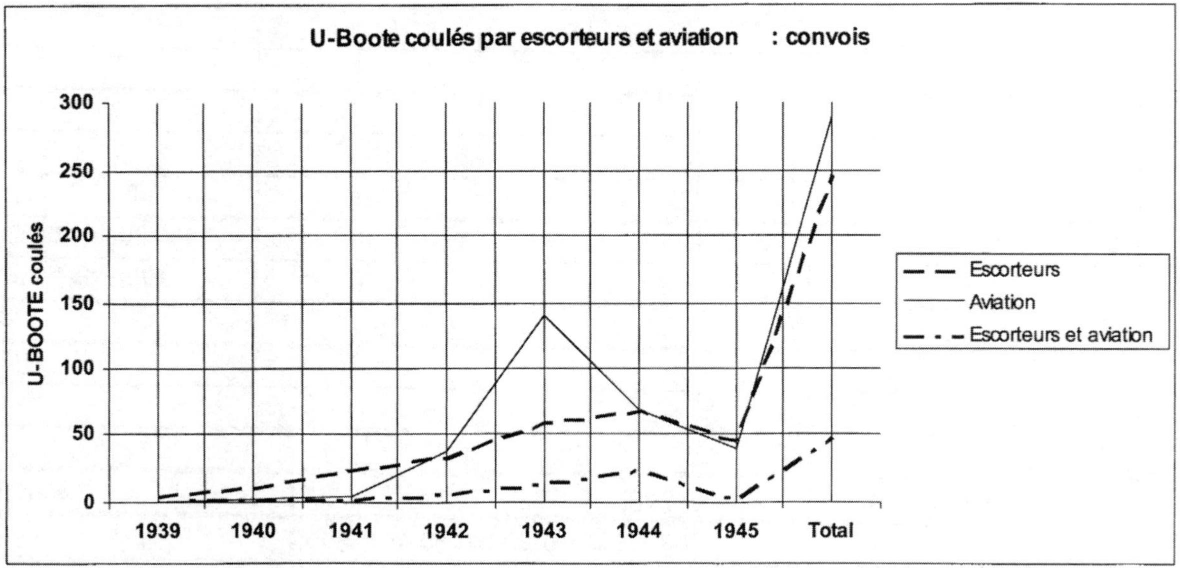


Après un pic en 1943, l'aviation intervient à part égale dans les pertes des U-Boote. Les pertes provoquées par la coopération entre les escorteurs et l'aviation sont moindres, mais stratégiquement importantes. Les U-Boote coulés soit menaçaient des convois ou bien furent des ravitailleurs et leurs clients surpris par les groupes de chasse de l'US Navy. L'aviation a permis de doubler les pertes et d'assurer la sécurité des convois.

## 12. Pertes comparées des navires marchands et des U-Boote par théâtre

| *Zones géographiques* | *Navires et tonnage* | | *U-Boote coulés* | *Navires coulés / U-Boote coulés* |
|---|---|---|---|---|
| Atlantique nord et côtes britanniques | 1 318 | 6 845 540 | 262 | 5,03 |
| Atlantique ouest et côtes américaines | 665 | 3 397 215 | 38 | 17,50 |
| Atlantique central et sud | 328 | 1 919 571 | 24 | 13,61 |
| Afrique du Sud et océan Indien | 156 | 861 662 | 12 | 13,00 |
| Mer du Nord et Arctique | 170 | 587 378 | 58 | 2,93 |
| Méditerranée | 142 | 509 016 | 50 | 2,84 |
| Pertes par mines, Mer du Nord et Atlantique | 52 | 195 582 | | |
| Sous-total | 2 831 | 14 315 964 | 444 | 6,37 |
| Autres pertes | 265 | 1 934 770 | | |
| Pertes en cours de déplacements | | | 186 | |
| Sous-total | 3 096 | 16 250 734 | 630 | 4,91 |
| Détruits dans les ports | | | 81 | |
| Avaries, accidents | | | 80 | |
| Sabordages à la fin de la guerre | | | 215 | |
| Capturés à la fin de la guerre | | | 164 | |
| TOTAL | | | 1 170 | |

Le ratio entre les sous-marins détruits et les navires coulés est établi sur les 444 U-Boote directement coulés par les escortes et les groupes de chasse. Il n'est pas surprenant de constater que la défense a été plus efficace sur les théâtres bénéficiant d'un effort stratégique. On peut cependant être surpris de constater le prix très élevé payé par les U-Boote dans les zones mer du Nord-Arctique et Méditerranée. l'offensive des U-Boote sur les côtes américaines fut catastrophique pour les Alliés au premier semestre 1942, qui enregistra 70 % des pertes de ce théâtre ! On mesure ainsi le coût élevé du retard apporté par les Américains à l'organisation des convois. Le ratio de perte très favorable aux U-Boote, 1 sous-marin détruit pour 17,5 navires détruits témoigne de la relative inefficacité des techniques de lutte anti-sous-marine de l'US Navy à cette époque.

# BIBLIOGRAPHIE


J.-J. Antier, *Les convois de Mourmansk*, Presses de la Cité, 1981.

P. Beesly, *Very Special Intelligence*, Hamish Hamilton, 1977.

Bertrand, *Enigma ou la plus grande énigme de la guerre, 1939-1945,* Plon, 1973.

G. Bloch, *Enigma avant Ultra*, 1988 (déposé au SHD, Vincennes).

K. Broome Williams, *Secret Weapon,* Naval Institute Press, Annapolis, 1996 (tout sur le Huff-Duff).

J.-G. Bunker, *Liberty ships*, Naval Institute Press, Annapolis, 1972.

L.-G. Buchheim, *Le Bateau*, France Loisirs, 1982. DVD disponible.

*Les Corvettes FNFL*, Service Historique de la Marine, 1966.

J. Costello, *La bataille de l'Atlantique*, Albin Michel, 1994.

M. Deloraine, *Des ondes et des hommes, jeunesse des télécommunications et de l'ITT*, Flammarion, 1974 (le père avec H. Busignies du HF-DF US).

Amiral Dönitz, *10 ans et 20 jours*, Plon, 1959.

Hachette, *Connaissance de l'Histoire*, numéro 1, mars 1978.

F.-H. Hinsley, *British Intelligence in the Second World War*, HMSO, 1979-1983.

P. Kemp, *U-Boats destroyed – German Submarine losses in the World Wars*, Armas & Armour, 1997.

D. Kohnen, *Commanders Winn and Knowles: winning the U-Boat war with intelligence 1939-1945*, The Enigma Press, 1999.

Liddell Hart, *Histoire de la seconde guerre mondiale*, Fayard, 1973.

Ph. Masson, *Une guerre totale, 1939-1945*, Tallandier, 1990.

– *La marine française et la guerre 1939-1945*, Tallandier, 1991.

N. Monsarrat, *La mer cruelle*, Livre de Poche (réédité par Phébus en 1999 ; un roman vrai de la vie à bord des escorteurs écrit par un réserviste ayant lui-même commandé une frégate ; le pendant de *Das Boot*. Le DVD est intéressant mais de moins bonne qualité).

P. Paillole, *Notre espion chez Hitler,* Robert Laffont, 1985.

J.-P. Pallud, *U-Boote*, Heimdal, 1989.

D. Pope, *La bataille de la mer de Barents*, France-Empire, 1960.

J. Rohwer, *U-Boote*, Gerhart Stalling, Hambourg, 1962.

S.-W. Roskill, *The War at Sea*, HMSO, 1961.

F. Ruge, *La guerre navale, 1939-1945,* Presses de la Cité, 1955 (cet ouvrage rédigé par un amiral de la Kiregsmarine complète celui de l'amiral Dönitz).

H. Schäffer, *U-977*, Julliard, 1952.

Y. Southall, *17 secondes pour survivre,* Calmann-Levy, 1993.

D. Syrett, *The Defeat of the german U-Boots,* South Carolina University Press, 1984.

*The Battle of the Atlantic 1939-1945*, The 50th anniversary International Naval Conference, Greenhill books, London, Naval Institute Press, Annapolis, 1994 (une « bible » par ses 639 pages, la qualité des intervenants et sa bibliographie. Un document indispensable).

*Time Life*, « Les sous-marins allemands », 1981.

D. van der Vat, *The Atlantic Campaign*, Grafton books, 1992.

C. Wollenberg, *Marinship at War*, Sausalito historical society, 1990.

# SITES INTERNET

http://www.uboatarchive.net/

http://www.uboat.net/

http://www.wlb-stuttgart.de/seekrieg/

http://www.bletchleypark.org.uk/

http://www.nmm.ac.uk/ (Royal Navy)

http://www.naval-history.net/ (Royal Navy)

http://www.ibiblio.org/hyperwar/USN/usn-Chron/ (Chronologie officielle US de la guerre navale dans l'Atlantique et le Pacifique)

http://en.wikipedia.org/wiki/Main_Page

# INDEX DES NOMS DE PERSONNES

# INDEX DES NOMS DE VAISSEAUX

**Code marine** : MF (marine française de différents statuts) – KM (Kriegsmarine), RM (Italie). La marine n'est indiquée que pour les navires de guerre et assimilés – HMS (Royal Navy) – USS (US Navy).

# INDEX DES NOMS DE LIEUX

# INDEX DES NOMS DE CONVOIS

# INDEX DES NOMS PROPRES

# TABLE DES CARTES ET DES GRAPHIQUES

## Campagnes & Stratégies

LE JUTLAND (1916). *La plus formidable bataille navale de tous les temps*, François-Emmanuel Brézet.

YORKTOWN (1781). *La France offre l'indépendance à l'Amérique*, Raymond Bourgerie, Pierre Lesouef.

CONTRE-GUERILLA EN ESPAGNE (1808-1814). *Suchet pacifie l'Aragon*, Jean-Louis Reynaud.

LA BATAILLE D'ANGLETERRE (1940). *La bataille aérienne décisive de l'Histoire*, Patrick Facon.

DENAIN (1712). *Louis XIV sauve sa mise*, Gérard Lesage.

L'AMIRAL DE RUYTER AU COMBAT (1607-1676). *Le Zélandais qui fit trembler l'Angleterre*, Hubert Granier.

BULGNEVILLE (1431). *L'Etat bourguignon prend pied en Lorraine*, Bertrand Schnerb.

BEVEZIERS (1690). *La France prend la maîtrise de la Manche*, Jean Meyer.

LA CAMPAGNE DE BIRMANIE (1942-1945). *L'armée des Indes défait les Japonais*, Pierre Lesouef.

LA NOCHE TRISTE (1520). *La dernière victoire du Peuple du Soleil*, Paul Hosotte.

LE SIÈGE DE MEXICO (1521). *La mort du Cinquième Soleil*, Paul Hosotte.

MAGENTA ET SOLFERINO (1859). *Napoléon III et le rêve italien*, Raymond Bourgerie.

LA GUERRE DE VENDÉE (1793-1796), Yves Gras.

MERS EL-KEBIR (1940). *La rupture franco-britannique*, Hervé Coutau-Bégarie, Claude Huan.

PALIKAO (1860). *Le sac du Palais d'Eté et la prise de Pékin*, Raymond Bourgerie, Pierre Lesouef.

VENISE ET LA PORTE OTTOMANE (1453-1566). *Un siècle de relations vénéto-ottomanes de la prise de Constantinople à la mort de Soliman*, Marie F. Viallon.

LA BATAILLE DE L'ATLANTIQUE (1939-1945). *La victoire logistique et celle du renseignement, clés de la victoire des armes*, 2e éd., Guy Malbosc.

FONTENOY (1745). *Louis XV, arbitre de l'Europe*, Jean-Pierre Bois.

LA CAMPAGNE DU MEXIQUE (1862-1867). *La fin de l'hégémonie européenne en Amérique du Nord*, Jean Avenel.

LA BATAILLE DE GETTYSBURG (1864). *Le tournant de la guerre de Sécession*, Lee Kennett.

LA BATAILLE DE MALPLAQUET (1709). *L'effondrement de la France évité,* André Corvisier.

L'ARMÉE DE L'AIR DANS LA TOURMENTE. *La bataille de France (1939-1940)*, 2e réimp., Patrick Facon.

LA GUERRE DES BOXERS (1900-1901). *Tseu-Hi évite le pire*, Raymond Bourgerie, Perre Lesouef.

L'ARME BLINDÉE FRANÇAISE. *Tome 1 : Mai-juin 1940 ! Les blindés français dans la tourmente – Tome 2 : 1940-1945 ! Dans le fracas des batailles*, Gérard Saint-Martin.

L'AFFAIRE DU RIO DE LA PLATA (1838-1852), Jean-David Avenel.

L'ARMÉE DE L'AIR DES ANNÉES NOIRES. *Vichy 1940-1944*, Claude d'Abzac-Epezy.

LA BATAILLE D'ABOUKIR (1798). *Nelson contrarie la stratégie de Bonaparte*, Michèle Battesti.

SUFFREN DANS L'OCÉAN INDIEN (1781-1783). *L'empire des Indes à la portée du roi de France*, Claude des Presles.

LA GUERRE ISRAÉLO-ARABE D'OCTOBRE 1973. *Une nouvelle donne militaire au Proche-Orient*, Pierre Razoux.

NASAN (1952-1953). *La victoire oubliée*, Jacques Favreau, Nicolas Dufour.

LES FLOTTILLES CÔTIÈRES DE PIERRE LE GRAND À NAPOLÉON. *De la Baltique à la Manche*. Maurice Dupont.

LA FIN D'UN EMPIRE. *Les derniers jours de l'Isle de France et de l'Isle Bonaparte*, Roger Lepelley.

EN MAI 1940, FALLAIT-IL ENTRER EN BELGIQUE ?, 2e éd., Bruno Chaix.

INTERVENTIONS ALLIÉES PENDANT LA GUERRE CIVILE RUSSE (1918-1920), 2e éd., Jean-David Avenel.

LA BATAILLE NAVALE DES « CARDINAUX » (20 NOVEMBRE 1759), Guy Le Moing.

DE GENGIS KHAN À QOUBILAÏ KHAN. *La grande chevauchée mongole*, 2e éd., Dominique Farale.

LA BATAILLE DE LÉPANTE (1571), Henri Pigaillem.

LES ERREURS STRATÉGIQUES DU IIIe REICH PENDANT LA DEUXIÈME GUERRE MONDIALE, 3e éd., Bernard Schnetzler.

LES ERREURS STRATÉGIQUES PENDANT LA PREMIÈRE GUERRE MONDIALE, 2e éd., Bernard Schnetzler.

SALAMINE ET LES GUERRES MÉDIQUES (480 avant Jésus-Christ), Henri Pigaillem.

L'INDÉPENDANCE DES PAYS DE LA BALTIQUE (1918-1920), Jean-David Avenel et Pierre Giudicelli.

LA GUERRE DES SIX JOURS (5-10 JUIN 1967). *Du mythe à la réalité*, 2e éd., Pierre Razoux.

LA BATAILLE DES MONTS NEMENTCHA (ALGÉRIE 1954-1962). *Un cas concret de guerre subversive et contre-subversive*, Dominique Farale.

DAKAR 1940. *La bataille fratricide*, Hervé Coutau-Bégarie et Claude Huan.

BLENHEIM 1704. *Le prince Eugène et Marlborough contre la France*, Henri Pigaillem.

1914. *Une Europe se joue sur la Marne*, Patrick Garreau.

ANTIETAM. *Le jour le plus sanglant de la guerre de Sécession*, Frédéric Naulet.

LA PREMIÈRE GUERRE AÉRIENNE, 1914-1918, Lee Kennett.

HOA BINH (NOVEMBRE 1951-FÉVRIER 1952). *De Lattre attaque en Indochine*, Philippe Fouquet-Lapar.

LOUIS XIV À LA CONQUÊTE DES PAYS-BAS ESPAGNOLS. *La guerre oubliée (1678-1684)*, Bertrand Jeanmougin.

L'ARMÉE DE L'AIR DE LA VICTOIRE (1942-1945), Patrick Facon.

LA CONFÉDÉRATION SUDISTE, 1861-1865. *Mythes et réalités*, Serge Noirsain.

LA BÉRÉZINA. *Une victoire militaire*, Fernand Beaucour, Jean Tabeur, Lidia Ivtchenko.

JEANNE D'ARC. *La politique par d'autres moyens*, Jean Cluzel.

LES ERREURS STRATÉGIQUES DES GAULOIS FACE À CÉSAR, Philippe Richardot

LA GUERRE HISPANO-AMÉRICAINE DE 1898. *La naissance de l'impérialisme américain*, Jean-David Avenel.

LES PLAINES D'ABRAHAM. *Québec 1759-1760. L'adieu à la Nouvelle-France ?*, Gérard Saint-Martin.

LA DÉFAITE FRANÇAISE : UN DÉSASTRE ÉVITABLE. *TOME 1 : Le 16 mai 1940, il fallait rester en Belgique – Tome 2 : Le 16 juin 1940, Non à l'Armistice !*, Jacques Belle.

HISTOIRE DES LUTTES ENTRE LA RUSSIE ET LES TURCO-MONGOLS, Dominique Farale.

EYLAU *(8 février 1807). La campagne de Pologne, des boues du Pultusk aux neiges d'Eylau*, Frédéric Naulet.

FRIEDLAND *(14 juin 1807). La campagne de Pologne, de Danzig aux rives du Niémen*, Frédéric Naulet.

LA GUERRE RUSSO-TURQUE (1768-1774) ET LA DÉFENSE DES DARDANELLES. *L'extraordinaire mission du baron de Tott*, Ferenc Toth.

KOURSK, LES QUARANTE JOURS QUI ONT RUINÉ LA WEHRMACHT (5 juillet-20 août 1943), Jean Lopez.

LES TURCS FACE À L'OCCIDENT. *Des origines aux Seldjoukides*, Dominique Farale.

L'INDÉPENDANCE DES PROVINCES UNIES. *Cent ans de sièges et de guerres (1559-1659)*, Kees Schulten.

LA CONQUÊTE MUSULMANE DE L'EGYPTE. *(639-646)*, Louis Chagnon.

STALINGRAD. *La bataille au bord du gouffre*, Jean Lopez.

DÉFENSES ET SIÈGES DE PARIS (1814-1914), Marie-France Sardain.

PARIS CONTRE LA PROVINCE ! *Les guerres de l'Ouest, 1792-1796*, Jean Tabeur.

LA TURQUIE OTTOMANE ET L'EUROPE. *Du XIVe siècle à nos jours*, Dominique Farale.

MORAT (1476). *L'indépendance des cantons suisses*, Pierre Streit.

ROMMEL ET LA STRATÉGIE DE L'AXE EN MÉDITERRANÉE *(février 1941-mai 1943)*, Vincent Arbarétier.

LES BATAILLES DÉCISIVES DE L'HISTOIRE DE FRANCE, Gérard Blier.

WARERLOO (1815). *La double incertitude*, Kees Schulten.

WAGRAM (5 ET 6 JUILLET 1809). *Le canon tonne sur les bords du Danube*, Frédéric Naulet.

MOHACS (1526). *Soliman le Magnifique prend pied en Europe centrale*, Janos B. Szabo et Ferenc Toth.

BERLIN. *Les offensives géantes de l'Armée rouge – Vistule-Oder-Elbe (12 janvier-9 mai 1945)*, Jean Lopez.

LA FIN DE LA CAMPAGNE DE FRANCE. *Les combats oubliés des Armées du Centre (15 juin-25 juin 1940)*, Gilles Ragache.

TANNENBERG (1914). *Sacrifice russe pour la France ?*, Pierre Rigoux.

LES PRISONNIERS DE GUERRE FRANÇAIS. Enjeux militaires et stratégiques (1914-1918 et 1940-1945), Evelyne Gayme.

LE SIÈGE DE L'ALCAZAR DE TOLÈDE (JUIN-SEPTEMBRE 1936), Alain Huetz de Lemps.

LES DÉBARQUEMENTS EN ANGLETERRE. *De César à Hitler*, Général Gilbert Forray.

Cet ouvrage a été achevé d'imprimer en novembre 2010
dans les ateliers de Normandie Roto Impression s.a.s.
61250 Lonrai (Orne)
N° d'impression : 104183
Dépôt légal : novembre 2010

*Imprimé en France*